国家出版基金项目
NATIONAL PUBLICATION FOUNDATION

中華博物通考

總主編 張述錚

農耕卷

本卷主編
王勇

上海交通大學出版社

圖書在版編目（CIP）數據

中華博物通考. 農耕卷 / 張述錚總主編 ; 王勇本卷
主編.—上海：上海交通大學出版社, 2024.1
　　ISBN 978-7-313-24695-0

　　Ⅰ.①中… Ⅱ.①張… ②王… Ⅲ.①百科全書—中
國—現代②農業史—中國 Ⅳ.①Z227 ②S-092

　　中國國家版本館CIP數據核字(2023)第238279號

責任編輯：韓敏悦
裝幀設計：姜　明

中華博物通考·農耕卷

總 主 編：張述錚
本卷主編：王　勇
出版發行 上海交通大學出版社　　　　地　　址：上海市番禺路951號
郵政編碼：200030　　　　　　　　　電　　話：021-64071208
印　　製：蘇州市越洋印刷有限公司　　經　　銷：全國新華書店
開　　本：890mm×1240mm　1 / 16　　印　　張：33.25
字　　數：688千字
版　　次：2024年1月第1版　　　　　印　　次：2024年1月第1次印刷
書　　號：ISBN 978-7-313-24695-0
定　　價：418.00元

《中華博物通考》學術顧問

（按姓氏筆畫排序）

王 方	王 釗	王子舟	王文章	王志强	仇正偉	孔慶典	石雲里
田藝瓊	白庚勝	朱孟庭	任德山	衣保中	祁德樹	杜澤遜	李 平
李行健	李克讓	李德龍	李樹喜	李曉光	吳海清	佟春燕	余曉艷
邱永君	宋大川	苟天林	郝振省	施克燦	姜 鵬	姜曉敏	祝逸雯
祝壽臣	馬玉梅	馬建勛	桂曉風	夏興有	晁岱雙	晏可佳	徐傳武
高 峰	高莉芬	陳 煜	陳茂仁	孫 機	孫 曉	孫明泉	陶曉華
黃金東	黃群雅	黃壽成	黃燕生	曹宏舉	曹彥生	常光明	常壽德
張志民	張希清	張維慎	張慶捷	張樹相	張聯榮	程方平	鈕衛星
馮 峰	馮維康	楊 凱	楊存昌	楊志明	楊華山	賈秀娟	趙志軍
趙連賞	趙榮光	趙興波	蔡先金	鄭欣淼	寧 强	熊遠明	劉 静
劉文豐	劉建美	劉建國	劉洪海	劉華傑	劉國威	潛 偉	霍宏偉
魏明孔	聶震寧	蘇子敬	嚴 耕	羅 青	羅雨林	釋界空	釋圓持
鐵付德							

《中華博物通考·農耕卷》編纂委員會

主　　編：王　勇

副 主 編：李　鷹

撰 稿 人：王　勇　　李　鷹　　楊春輝　　張慧玲　　江永紅　　黃田田　　劉遠鑫
　　　　　王朋飛

導　論

——縱論中華博物學的沉淪與重建

引　言

　　在中國當代，西方博物學影響至巨，自鴉片戰争以來，屈指已歷百載。何謂"西方博物學"？"西方博物學"是以研究動植物、礦物等自然物爲主體的學科，但不包含社會領域的社會生活，至19世紀後期已完成學術使命，成爲一種保護大自然的公益活動，但國人却一直承襲至今。中華久有自家的博物學，已久被忘却，無人問津，這一狀况實是令人不安。前日偶見《故宫裏的博物學》問世，精裝三册，喜出望外，以爲我中華博物學終得重生，展卷之後始知，該書是依據清乾隆時期皇室的藏書《清宫獸譜》《清宫鳥譜》《清宫海錯圖》（"海錯"多指海中錯雜的魚鱉蝦蟹之類）繪製而成，其中一些并非實有，乃是神話傳説之物。其内容提要稱"是專爲孩子打造的中華文化通識讀本"，而對博物院内琳琅滿目的海量藏品則隻字未提。這就是説，博物院雖有海量藏品，却與故宫裏的博物學毫不相干，或曰并不屬於博物學的研究範圍。此書的編纂者是我國的著名專家，未料我國這些著名專家所認定的博物學仍是西方的博物學。此書得以《故宫裏的博物學》的名義出版，又證我國的出版界對於此一命題的認同，竟然不知我中華久有自家的博物學。此書如若改稱《故宫裏的皇室動物圖譜》，則名正言順，十分精彩，不失爲一部别具情趣的兒童讀物，但原書名却無意間形成一種誤導，孩子們可能會據此認定：唯有鳥獸蟲魚之類才是中華文化中的大學問，故而稱之爲"博物學"，最終會在其幼小心靈裏留下西方博物學的深深印記。

何以出現這般狀況？因爲許多國人對於傳統的中華博物及中華博物學，實在是太過陌生！那麼，何謂"博物"？本文指稱的"博物"，是指隸屬或關涉我中華文化的一切可見或可感知之物體物品。何謂"中華博物學"？"中華博物學"的研究主體是除却自然界諸物之外，更關涉了中國社會的各個方面各個領域，進而關涉了我中華民族的生息繁衍，關涉了作爲文明古國的盛衰起落，足可爲當代或後世提供必要的藉鑒，是我國獨有、無可替代的學術體系。故而重建中華博物學，具有歷史的、現實的多方面實用價值。我中華博物學起源久遠，至遲已有兩千年歷史，祇是初始没有"博物學"之名而已。時至明代，始見"博物之學"一詞。如明楊士奇《東里續集》卷一八評述宋陸佃《埤雅》曰："此書於博物之學蓋有助焉。"此一"博物之學"，可視爲"中華博物學"的最早稱謂。又，《四庫全書總目提要》卷一三六評清陳元龍《格致鏡原》曰："〔此書〕分三十類：曰乾象，曰坤輿，曰身體，曰冠服，曰宫室，曰飲食，曰布帛，曰舟車，曰朝制，曰珍寶，曰文具，曰武備，曰禮器，曰樂器，曰耕織器物，曰日用器物，曰居處器物，曰香奩器物，曰燕賞器物，曰玩戲器物，曰穀，曰蔬，曰木，曰草，曰花，曰果，曰鳥，曰獸，曰水族，曰昆蟲，皆博物之學。"此即古籍述及的"中華博物學"最爲明確、最爲全面的定義。重建的博物學於"身體"之外，另增《函籍》《珍奇》《科技》等，可以更全面地融匯古今。在擴展了傳統博物學天地之外，又致力於探索浩浩博物的淵源、流變，以及同物异名與同名异物的研究，致力於物、名之間的生衍關係的考辨。"博物學"本無須冠以"中華"或"中國"字樣，在當代爲區别於西方的"博物學"，遂定名爲"中華博物學"，或曰"中華古典博物學"。"中華博物學"，國人本當最爲熟悉，事實却是大出所料，近世此學已成了過眼雲烟，少有問津者，西方博物學反而風靡於中國。何以形成如此狀況？何以如此本末倒置？這就不能不從噩夢般的中國近代史談起。

一、喪權辱國尋自保，走投無路求西化

清王朝自鴉片戰争喪權辱國之後，面對列强的進逼，毫無氣節，連連退讓，其後又遭

甲午戰爭之慘敗，走投無路，於是由所謂"師夷之長技"，轉而向日本求取西化的捷徑，以便苟延殘喘。日本自 19 世紀始，城鄉不斷發生市民、農民暴動，國內一片混亂。1854年 3 月，又在美國鐵艦火炮脅迫之下，簽訂《神奈川條約》。四年後再度被迫與美國簽訂通商條約。繼此以往，荷、俄、英、法，相繼入侵，條約不斷，同百年前的中國一樣，徹底淪爲半封建半殖民地社會，當權的幕府聲威喪盡。1868 年 1 月，天皇睦仁（即明治天皇）下達《王政復古大號令》，廢除幕府制度，但值得注意的是仍然堅守"大和精神"，并未全部廢除自家原有傳統。同年 10 月，改元明治，此後的一系列變革措施，即稱之爲"明治維新"。維新之後，否定了"近習華夏"，衝決了"東亞文化圈"，上自天皇，下至黎民，勠力同心，在"富國強兵、置產興業"的前提之下，遠法泰西，大力引入嶄新的科學技術，從而迅速崛起，廢除了與列強的一切不平等條約，成爲令人矚目的世界強國之一。可見"明治維新"之前，日本內憂外患的遭遇，與當時的中國非常相似。在此民族存亡的關鍵時刻，中國維新派代表人物不失時機，遠渡東洋，以日本爲鏡鑒，在引進其先進科技的同時，也引進了日本人按照英文 natural history 的語意翻譯成的漢語"博物學"，雖并不準確，但因出於頂禮膜拜，已無暇顧及。況且，自甲午戰爭至民國前期，日源語詞已成爲漢語外來語詞庫中的魁首，遠超英法俄諸語，且無任何外來語痕迹，最難識別。如"民主""科學""法律""政府""美感""浪漫""藝術界""思想界""無神論""現代化"等，不勝枚舉。國人曾試圖自創新詞，但敗多勝少，祇能望洋興嘆。究其原因，并非民智的高下，也并非語種的優劣，實則是國力強弱的較量，國強則國威，國威則必擁有強勢文化，而強勢文化勢必涌入弱國，面對強勢文化，弱國豈有話語權？西方的"博物學"進入中國，遒勁而又自然。

　　那麼，西方博物學源於何時何地？又經歷了怎樣的發展變化？答曰：西方博物學發端於古希臘亞里士多德（公元前 384—前 322）《動物志》之類著述，又經古羅馬老普林尼（公元 23—79）的《自然史》，輾轉傳至歐洲各國。其所謂博物除卻動植物外，更有天文、地理、人體諸類。這是西方的文化背景與知識譜系，西人習以爲常，喜聞樂見。在歐洲文藝復興和美洲地理大發現之後，見到別樣的動物、植物以及礦物，博物學得到長足發展。至 19 世紀前半期，博物學形成了動物學、植物學和礦物學三大體系，達於鼎盛。至 19 世紀後期，動物學、植物學獨立出來，成爲生物學，礦物學則擴展爲地質學，博物學已被架空。至 20 世紀，博物學已不再屬於什麼科學研究，而完全變成一種生態與環境探索，以供民衆休閑安居的社會活動。其時，除却發端於亞里士多德的"博物學"之外，也有後起的"文化博物學"（Cultural Museology），這是一門非主流的綜合性學科，旨在研究人類一切文化遺産，試圖展示并解釋歷史的傳承與發展，但在題材視野、表達主旨等方面與中華傳統博物學仍甚有差异。面對此類非主流論説，當年的譯者或視而不見，或有意摒弃，其志在振興我中華。

在尋求救國的路途中，仁人志士們目睹了西方先進文化，身感心受，嚮往久之。"試航東西洋一游，見彼之物質文明，莊嚴燦爛，而回首宗邦，黯然無色，已足明興衰存亡之由，長此以往，何堪設想？"（吴冰心《博物學雜誌》發刊詞，1914 年 1 月，第 1 ~ 4 頁），此時仁人志士們滿腔熱血，一心救國。但如何救國，却茫茫然，如墮五里霧中。這一救國之路從表象上觀察似乎一切皆以日本爲鏡鑒，實則迥别於"明治維新"之路，未能把握"富國强兵、置産興業"之首要方嚮，而當年的執政者却祇顧個人權勢的得失，亦無此遠大志嚮。仁人志士們雖振臂疾呼，含泪吶喊，祇飄摇於上層精英之間，因一度失去民族自信、文化自信，而不知所措，矛頭直指孔子及千載儒學，進而直指傳統文化。五四運動前夜，北京大學著名教授錢玄同即正告國人"欲驅除一般人之幼稚的野蠻的頑固的思想"，就必須要"廢孔學"，必須要"廢漢文"（錢玄同《中國今後的文字問題》，載 1918 年 4 月 15 日《新青年》第 4 卷第 4 號）。翌年，五四運動爆發，仁人志士們高舉"德謨克拉西"（民主）、"賽因斯"（科學）兩面大旗，掀起反帝反封建的狂濤巨瀾，成爲中國近現代史上的偉大里程碑，中國人民自此視野大開。這兩面大旗指明了國家强弱成敗的方嚮。但與此同時，仁人志士們又毫不猶豫，全力以赴，要堅决"打倒孔家店"。於是，孔子及其儒家學説成了國弱民窮的替罪羊！接踵而至的就是對於漢字及其代表的漢文化的徹底否定。偉大革命思想家魯迅也一直抨擊傳統觀念、傳統體制，1936 年 10 月，在他逝世前夕《病中答救亡情報訪員》一文中，竟然斷言："漢字不滅，中國必亡！"而新文化運動的主要人物之一胡適更是語出驚人："我們必須承認我們自己百事不如人，不但物質機械上不如人，不但政治制度不如人，并且道德不如人，知識不如人，文學不如人，音樂不如人，藝術不如人，身體不如人。"中華民族是"又愚又懶的民族"，是"一分像人，九分像鬼的不長進民族"（胡適《介紹我自己的思想》，1930 年 12 月亞東圖書館初版《胡適文選》自序）。這是五四運動前後一代精英們的實見實感，本意在於革故鼎新，但這些通盤否定傳統文化的主張，不啻是在緊要歷史關頭的一次群情失控，是中國文化史中的一次失智！在這樣的歷史背景、這樣的歷史氣勢之下，接受西方"博物學"就成了必然，有誰會顧及古老的傳統博物學？

在引進西方博物學之後，國人紛予效法，試圖建立所謂中華自家的博物學，於是圍繞植物學、動物學兩大方面遍搜古今，窮盡群書，着眼於有關動植物之類典籍的縱橫搜求，但這并非我中華的博物全貌，也并非我中華博物學，況且在中華古典博物學中，也罕見西方礦物學之類著作，可見，試圖以西方的博物學體系，另建中華古典博物學，實在是削足適履、邯鄲學步。自 1902 年始，晚清推行學制改革，先後頒布了"壬寅學制""癸卯學制"。1905 年，根據《奏定學堂章程》，已將西方博物學納入中學的課程設置。其課程分爲植物、動物、礦物、人體生理學四種，分四年講授。1912 年中華民國成立後，江浙等地出現過博物學會和期刊，稍後武昌高等師範學校設立了博物學系，出版過《博物學雜誌》，主要研究動物學、植物學及人體生理學，隨後又將博物學系改稱生物學系，《博物學雜誌》也相應改稱《生物學雜誌》，重走了西方的老路。北京高等師範學校也有類似經歷，甚爲盲目而混亂。至 30 年代，發現西方博物學自 20 世紀始，已轉型爲生態與環境探索，國人因再無興趣，對西方博物學的大規模推廣、學習在中國遂告停止，但因影响至深，其餘風猶存。

二、中華典籍浩如海，博物古學何處覓？

應當指出，中國古代典籍所載之草木、鳥獸、蟲魚之類，亦有別於西方，除卻其自身屬性特徵外，又常常被人格化，或表親近，或加讚賞，體現了另一種精神情愫。如動物龜、鶴，寓意長壽（其後，龜又派生了貶義）；豺、狼、烏鴉、貓頭鷹，或表殘忍，或表不祥；其他如十二生肖，亦各有象徵，各有寓意。而那些無血肉、無情感的植物，同樣也被賦予人文色彩。如漢班固《白虎通·崩薨》載："《春秋含文嘉》曰：天子墳高三仞，樹以松；諸侯半之，樹以柏；大夫八尺，樹以欒；士四尺，樹以槐；庶人無墳，樹以楊、柳。"足見在我國古老的典制禮俗中，松、柏、欒、槐、楊、柳，已被賦予了不同的屬性，被分爲五等，楊、柳最爲低賤；就連如何埋葬也分爲五等，嚴於區別，從墳高三仞到無墳，成爲天子到庶人的埋葬標志。實則墳墓分爲等級，早在公元前 3300 年至公元前 2300 年的良渚古城遺址已經發現。這些浩浩博物，廣泛涉及了古老民族和古老國度的典制與禮俗，我國學人也難盡知，西方的博物學又當如何表述？

可見西方博物學絕難取代中華古典博物學，中華古典博物學的研究範圍，遠超西方博物學，或可說中華古典博物學大可包容西方博物學。如今，這一命題漸引起國內一些有識之士、專家學者的關注。那麼，中華古典博物學究竟發端於何時何地？有無相對成型的體系？如何重建？答曰：若就人類辨物創器而言，上古即已有之，環宇盡同。若僅就我中華文獻記載而言，有的學者認爲當發端於《周易》，因爲"易道廣大，無所不包"（《四庫全書總目提要》卷九），或認爲發端於《書・禹貢》，因爲此書廣載九州山河、人民與物產。《周易》《禹貢》當然可以視爲中華博物學的源頭。而作爲中華博物學體系的領銜專著，則普遍認爲始於晋代張華《博物志》。而論者則認爲，中華博物學成爲一門相對獨立的學科體系，當始於秦漢間唐蒙的《博物記》，此書南北朝以來屢見引用，張華《博物志》不過是續作而已。對此，前人久有論述。如《四庫全書總目提要》卷一四二曰："劉昭《續漢志》注《律曆志》引《博物記》一條，《輿服志》引《博物記》一条，《五行志》引《博物記》二條，《郡國志》引《博物記》二十九條……今觀裴松之《三國志》注（《魏志・太祖紀》《文帝紀》《吳志・孫賁傳》等）引《博物志》四條，又於《魏志・涼茂傳》中引《博物記》一條，灼然二書，更無疑義。"再如宋周密《齊東野語・野婆》曰："《後漢・郡國志》引《博物記》曰：'日南出野女，群行不見夫，其狀甚且白，裸袒無衣襦。'得非此乎？《博物記》當是秦漢間古書，張茂先（張華，字茂先）蓋取其名而爲《志》也。"再如明楊慎《丹鉛總錄》卷一一："漢有《博物記》，非張華《博物志》也，周公謹云不知誰著。考《後漢書》注，始知《博物記》爲唐蒙作。"如前所述，此書南北朝典籍中多有引用，如僅在南朝梁劉昭《續漢志》注中，《博物記》之名即先後出現了三十三次之多。據有關古籍記載，其內包括了律曆、五行、郡國、山川、人物、輿服、禮俗等，盡皆實有所指，無一虛幻。故在明代有關前代典籍分類中，已將唐蒙《博物記》與三國魏張揖《古今字詁》、晋呂靜《韻集》、南朝梁阮孝緒《古今文詁》、唐顏元孫《干祿字書》、宋洪适《隸釋》等字書、韵書并列（見明顧起元《說略》卷一五），足見其學術地位之高，而張華《博物志》則未被錄入。

至西晋已還，佛道二教廣泛流傳，神仙方士之說大興，於是張華又衍《博物記》爲《博物志》，其書內容劇增，自卷一至卷六，記載山川地理、歷史人物、草木蟲魚，這些當是紀要考訂之屬，合乎本文指稱的名副其實的博物學系統。此外，又力仿《山海經》的體例，旨在記載异物、妙境、奇人、靈怪，以及殊俗、瑣聞等，諸多素材語式，亦幾與《山海經》盡同，若"羽民國，民有翼，飛不遠……去九嶷四萬三千里"云云，并非"浩博實物"，已近於"志怪"小説。張華自序稱其書旨在"博物之士覽而鑒焉"，張序指稱的"博物之士"，義同前引《左傳》之"博物君子"，其"博物"是指"博通諸種事物"，虛虛實實，紛紛紜紜，無所不包。此類記述，正合世風，因而《博物志》大行其道，《博物記》則漸被冷落，南北朝之後已失傳，其殘章斷簡偶見於他書，可輯佚者甚微。後世輾轉相引，又常與《博物志》混同。《博物志》至宋代亦失傳，今本十卷爲采摭佚文、剽掇他書而成，真僞雜糅，亦非原作。其後又有唐人林登《續博物志》十卷，緊接《博物志》之後，更拓其虛幻内容，以記神异故事爲主，多是叙述性文字，其條目篇幅較長，宋代之後也已亡佚。再後宋人李石又有同名《續博物志》十卷，其自序稱："次第仿華書，一事續一事。"實則并不盡然，華書首設"地理"，李書改增爲"天象"，其他内容，間有與華書重複者，所續多是後世雜籍，宋世逸聞。此書雖有舛亂附會之弊，仍不失爲一部難得的繼補之作。李書之後，又有明人游潛《博物志補》三卷，仍係補張華之《志》，旨趣體例略如李石之《續志》，但頗散漫，時補時闕，猥雜冗濫。李、游一續一補，盡皆因仍張《志》，繼其子遺。以上諸書之所謂"博物"，一脉相承，注重珍稀之物而外，多以臚列奇事异聞爲主旨，同"浩博實物"的考釋頗有差异。游潛稍後，明董斯張之《廣博物志》五十卷問世，始一改舊例，設有二十二類，下列子目一百六十七種，所載博物始於上古，達於隋末，不再因仍張《志》而爲之續補，已是擴而廣之，另闢山林，重在追溯事物起源，其中包括職官、人倫、高逸、方技、典制，等等。其後，清人陳逢衡著有《續博物志疏證》十卷、《續博物志補遺》一卷，對李石《續志》逐條研究探索，并又加入新增條目，成爲最系統、最深入的《續》説。其後，徐壽基又著有《續廣博物志》十六卷，繼董《志》餘緒，於隋代之後，逐一相繼，直至明清，頗似李石之續張華。但《廣志》《續廣志》之類，仍非以專考釋"浩博實物"爲主旨。我國第一部以"博物"命名而研究實物的專著，當爲明末谷應泰之《博物要覽》。該書十六卷，惜所涉亦不過碑版、書畫、銅器、窑器、瑪瑙、珊瑚、珠玉、奇石等玩賞之器物，皆係作者隨所見聞，摭録成帙；所列未廣，其中碑版書畫，尤爲簡陋，難稱浩博，其影響遠不及前述諸《志》，但所創之寫實體例，則非同尋常。而最具權威者，當是明末黄道周所著《博物典彙》，該書共二十卷，所涉博物，始自遠古，達於當朝，上自天文地理，下至草木蟲魚，盡予囊括，并以其所在時代最新的觀點、視野，對歷代博物著述進行了彙總研究。如卷一關於"天文"之考釋，下設"渾天""七曜"，"七曜"下又設"日""月""五星"，再後又有"經星圖""緯星圖""二十八宿"。又如卷七關於"后妃"，下設"宮闈內外之分""宮闈預政之誡"，緊隨其後的即教育"儲貳"之法，等等，甚爲周嚴。

以上諸書就是以"博物"命名的博物學專著。在晚清之前，代代相繼，發展有序，並時有新的建樹。

與這些博物學專著相並行，相匹配，另有以"事"或"事物"命名，旨在探索事物起源的博物學專著。初始之作爲北魏劉懋《物祖》十五卷，稍後有隋謝昊《物始》十卷，是對《物祖》的一次重大補正。《物始》之後，有唐劉孝孫等《事始》三卷，又有五代馮鑑《續事始》十卷，是對《事始》的全面擴展與開拓。《續事始》之後，另有宋高承《事物紀原》十卷，此書分五十五個類目，上自"天地生植"，中經"樂舞聲歌""輿駕羽衛""冠冕首飾""酒醴飲食"，直至"草木花果""蟲魚禽獸"，較《物祖》《物始》尤爲完備，遂成博物學的百代經典。接踵而來者有明王三聘《古今事物考》八卷，效法《紀原》之體，自古至今，上至天文地理，下至昆蟲草木，中有朝制禮儀、民生器用、宮室舟車，力求完備，較之他書尤得要領，類居目列，條理分明，重在古今考釋，一事一物，莫不求源溯始，考核精審。此書載錄服飾資料尤爲豐富，如卷一有上古禮制之種種服式，非常全面，卷六所載後世之巾冠、衣、佩、帶、襪、履舃、僧衣、頭飾、妝飾、軍服等百餘種，考證多引原書原文，確然有據，甚爲難得。就全書而言，略顯單薄。明徐炬又有《古今事物原始》三十卷，此書仿高承《紀原》之體，又參《事物考》之章法，以考釋制度器物爲主，古今上下，盡考其淵源，更有所得，凡日月星辰、山川草木，亦必確究其淵源流變，但此與天地共生之浩浩博物，四百餘年前的一介書生，豈可臆測而妄斷？爲此而輾轉援引，頗顯紛亂。且鳥獸花草之起首，或加偶語一聯，或加律詩二句，而後逐一闡釋，實乃蛇足。其書雖有此瑕疵，却不掩大成。與王、徐同代的還有羅頎《物原》二卷（《四庫》本作一卷），羅氏以《紀原》不能黜妄崇真，故更訂爲十八門，列二百九十三條，條條錘實。如，刻漏、雨傘、鋦子（用於連合破裂器物的兩腳釘）、酒、豆腐之類的由來，多有創見。惜違《紀原》明記出典之體，又背《事物考》之道，凡有考釋，則溷集衆說爲一。如，烏孫公主作琵琶，張華作苔紙，皆茫然不知所本。不過章法雖有差失，未臻完美，但其功業甚巨，《物原》成爲一部研究記述我國先民發明創造的專著。時至清代，陳元龍又撰

《格致鏡原》一百卷。何謂"格致鏡原"？意即格物致知，以求其本原。此書的子目多達一千七百餘種，明代以前天地間萬事萬物盡予羅致，一事一物，必究其原委，詳其名號，廣博而精審，終成中華古典博物學的巔峰之作。

以上兩大系列專著，自秦漢以來，連續兩千載，一脉相承，這并非十三經、二十六史之類的敕編敕修，無人號令，無人支持，完全出自一種無形的力量，出自文化大國、中華文脉自惜自愛的傳承精神，從而構成浩大的博物學體系。在我國學術研究史中，在我國圖書編纂史中，乃至於世界文化史中，當屬大纛獨立，舉世無雙！本當如江河之奔，生生不息，終因清廷喪權辱國、全盤西化而戛然中斷。

三、博物古學歷磨難，科技起落何可悲！

回顧我國漫長的文化史可知，中華博物學是在傳統的"重道輕器"等陳腐觀念桎梏下，以强大的民族自覺精神、民族意志爲推動力，砥礪前行，千載相繼，方成獨立體系，因而愈加難得，愈加可貴。

"重道輕器"觀念是如何出現的？何謂"道器"？兩者究竟是何關係？《周易·繫辭上》曰："形而上者謂之道，形而下者謂之器。"何謂"道"？所謂道乃"先天地生"，無形無象、無聲無色、無始無終、無可名狀，爲"萬物之所然也，萬理之所稽也"（見《韓非子·解老》），是指形成宇宙萬物之本原，是形成一切事理的依據與根由。何謂"器"？器即宇宙間實有的萬物，包括一切科技發明，至巨至大，至細至微，充斥天地間，而盡皆不虛，或有實物可見，或有形體可指。器即博物，博物即器。"道器關係"本是一種有形無形、可見與不可見的生衍關係，并無高下之分，但在傳統文化中却另有解釋。如《周禮·考工記序》曰："坐而論道，謂之王公；作而行之，謂之士大夫；審曲面埶，以飭五材，以辨民器，謂之百工。"又曰："智者創物，巧者述之，守之世，謂之百工。百工之事，皆聖人之作也。"此文突顯了"道"對於"器"的指導與規範地位。"坐而論道"，可以無所不論，民生、朝政、國運、天下事，當然亦在所論之中。"道"實則是指整體人世間的一種法則、一種定律，或說是我古老的中華民族所創造的另一種學說。所謂"論道者"，古代通常理解爲"王公"或"聖人"，實則是代指一代哲人。《考工記序》却將論道與製器兩者截然分開，明確地予以區別，貶低萬衆的創造力，旨在維護專制統治，從而確定人們的身份地位。坐而論道者貴爲王公，親身製器者屬末流之百工（"審曲面埶，以飭五材、以辨民器"，謂觀察金、木、皮、玉、土之曲直、性狀，據以製造民人所需之器物）。《考工記序》所記雖名爲"考工"，實則是周代禮制、官制之反映，對芸芸衆生而言，這種等級關係之誘惑力超乎尋常，絕難抵禦，先民樂於遵從，樂於接受，故而崇敬王公，崇敬聖人，百代不休。因而在中國古代，科學技術大受其創。

"重道輕器"的陳腐觀念，在中國古代影響廣遠，"器"必須在"道"的限定之下進行，不得隨意製作，不得超常發揮，"道"漸演化爲統治者實施專政的得力手段。"坐而論道"，似乎奧妙無盡。魏晉時期，藉儒入道，張揚"玄之又玄"，乃至於魏晉人不解魏晉文章，本朝人爲本朝人作注，史稱"玄學"。兩宋由論道轉而談理，一代理學宗師應運而生，闡理思辨，超乎想象，就連虛幻縹緲的天宮，亦可談得妙理聯翩，後世道家竟繪出著名的《天宮圖》來。事越千載，五四運動時期，那些新文化運動主將們聯手痛搗"孔家店"，却不攻玄理，"論道""崇道""樂道""惜道"，滾滾而來，遂成千古"道"統，已經背離《易》《老》的本義。出於這樣的觀念，如何會看重"形而下"的博物與博物學？

那麼，古代先民又是如何看待與博物學密切相關的科學技術？《書・泰誓下》載，殷紂王曾作"奇技淫巧，以悦婦人"，爲百代不齒，萬世唾罵。何謂"奇技淫巧"？唐人孔穎達釋之曰："奇技謂奇異技能，淫巧謂過度工巧……技據人身，巧指器物。"所謂"奇技淫巧"，今大底可釋爲超常的創造發明，或可直釋爲科學技術。論者認爲，"百代不齒，萬世唾罵"者并不在於"奇技淫巧"這一超常的創造發明，而在於紂王奢靡無度，用以取悦婦人的種種罪孽。至於紂王是否奢靡無度，"以悦婦人"，今學界另有考證。紂王當時之所以能稱雄天下，正是由於其科技的先進，軍事的强大，其失敗在於大拓疆土，窮兵黷武，導致內外哀怨，決戰之際又遭際叛亂。所謂"以悦婦人"之妲己，衹是戰敗國的一種"貢品"而已，對於年過半百的老人并無多大"媚力"。關於殷商及妲己的史料，最早見於戰國時期成書的《國語・晋語一》，前後僅有二十七字，并無"酒池肉林""炮烙之刑"之類記載，後世史書所謂紂王對妲己的種種寵愛，實是一種演繹，意在宣揚"紅顔禍水"之説（此説最早亦源於前書。"紅顔禍水"，實當稱之爲"紅顔薄命"）。在中國古代推崇"紅顔禍水"論，進而排斥"奇技淫巧"，從而否定了科技的力量，否定了科技强弱與國家强弱的關係。時至周代，對於這種"奇技淫巧"，已有明確的法律限定："作淫聲、異服、奇技、奇器以疑衆，殺！"（見《禮記・王制》）這也就是説，要杜絕一切新奇的創造發明，連同歌聲、服飾也不得超乎常規，否則即犯殺罪！此文自漢代始，多有注疏，今擇其一二，以見其要。"淫聲"者，如春秋戰國時鄭、衛常有男女私會，謳歌相引，被斥爲淫靡之聲；"奇技"者，如年輕的公輸班曾"請以機窆"，即以起重機落葬棺木，因違反當時人力牽挽的埋葬禮節，被視爲不恭。一言以蔽之，凡有違禮制的新奇科技、新奇藝術，皆被視爲疑惑民衆，必判以重罪。這就是所謂"維護禮制"，其要害就是維護統治者的統治地位，故而衣食住行所需器物的質材及數量，無不在尊卑貴賤的等級制約之中。如規定平民不得衣錦綉，不得鼎食，商人、藝人不得乘車馬，就連權貴們娛樂時選定舞蹈的行列亦不可違制，違制即意味着不軌，意味着僭越。杜絕"奇技淫巧"，始自商周，直至明清而未衰。我國著名的四大發明，千載流傳，未料却如同國寶大熊猫一樣，竟由後世西方科學家代爲發現，實在可悲！四大發明、大熊猫之類，或因史籍隱冷，疏於查閱，或因地處山野，難以發現，姑可不論，但其他很多非常具體的發明創造，雖有群書連續記載，也常被無視，或竟予扼殺。如漢代即有超常的"女布"，因出自未嫁少女之手而得名（見《後漢書·王符傳》），南北朝時已久負盛名，稱"女子布"（見南朝宋盛弘之《荆州記》）。宋代又稱"女兒布"，被贊爲"布帛之品……其尤細者也"（見宋羅濬《寶慶四明志·郡志四》）。其後歷代製作，不斷創新，及至明清終於出現空前的妙品"女兒葛"。"女兒葛"爲細葛布的一種，其物纖細如蟬翼紗，又如傳説中的"蛟女絹"，僅重三四兩，捲其一端，整匹女兒葛便可出入筆管之中，精美絕倫，明代弘治之後曾發現於四川鄰水縣，但却被斷然禁止。明皇甫録《下陴記談》卷上："女兒葛，出鄰水縣，極纖細，必五越月而後成，不減所謂蟬紗、魚子纈之類，蓋十縑之力也。予以爲淫巧，下令禁止，無敢作者。"對此美妙的"女兒葛"，時任順慶府知府的皇甫録，并沒給予必要的支持、鼓勵，反而謹遵古訓，以杜絕"奇技淫巧"爲己任，堅決下達禁令，并引以爲榮。皇甫録乃弘治九年（1496）進士，爲官清正，面對"奇技淫巧"也如此"果斷"！此後清代康熙年間，"女兒葛"再現於廣東增城縣一帶，其具體情狀，清屈大均《廣東新語·貨語·葛布》中有翔實描述，但其遭遇同樣可悲，今"女兒葛"終於銷聲匿迹。在中國古代，類似的遭遇，又何止"女兒葛"？杜絕"奇技淫巧"之風，一脉相承，何可悲也。

但縱觀我華夏全部歷史可知，一些所謂的"奇技淫巧"之類，雖屢遭統治者的禁弃，實則是禁而難止，况統治者自身對禁令也時或難以遵從，歷代帝王皇室之衣食住行，幾乎無一不恣意追求舒適美好，爲了貪圖享樂，就不得不重視科技，就不得不啓用科技。如

"被中香爐"（爐內置有炭火、香料，可隨意旋轉以取暖，香氣縷縷不絕。發明於漢代）、"長信宮燈"（燈內裝有虹管，可防空氣污染。亦發明於漢代）的誕生，即明證。歷代王朝所禁絕的多是認定可能危及社稷之類的"奇技淫巧"，并未禁止那些有利於民生的重大發明，也没有壓抑摧殘黎民百姓的靈智（歷史中偶有以愚民爲國策者，祇是偶或所見的特例而已）。帝王們爲維護其統治地位，以求長治久安，在"重道輕器"的同時，也極重天文、曆算、農桑、醫藥等領域的研究，凡善於治國的當權者，爲謀求其國勢得以强盛，則必定大力倡導科技，《後漢書‧和熹鄧皇后紀》所載即爲顯例。和熹皇后鄧綏（公元81—121），深諳治國之道，兼通天文、算數。永元十四年（102），漢和帝死後，東漢面臨種種滅頂之灾，鄧綏先後擁立漢殤帝和漢安帝，以"女君"之名親政長達十六年，克服了有史以來最嚴重的十年天灾，剿滅海盜，平定西羌，收服嶺南三十六個民族，將九真郡外的蠻夷夜郎等納入版圖，恢復東漢對西域的羈縻，征服南匈奴、鮮卑、烏桓等，平息了內憂外患，使危機四伏的東漢王朝轉危爲安。正是在這期間，鄧綏大力發展科技，勉勵蔡倫改進造紙術，任用張衡研製渾天儀、地動儀等儀器，并製造了中尚方弩機，這一可以連續發射的弩機，其射程與命中率令時人驚嘆，成爲當時世界上最具殺傷力的先進武器（此外，鄧綏又破除男女授受不親的陳腐觀念，創辦了史上最早的男女同校學堂，并通過支持文字校正與字詞研究，推動了世界第一部字典《說文解字》問世）。這就爲傳統的博物研究提供了巨大的空間，因而先後出現了今人所謂的"四大發明"之類。實際上何止是"四大發明"？天文、曆算等領域的發明創造，可略而不論。鄧綏之前，魯班曾"請以機窆"的起重機，出現於春秋時期，早於西方七百餘年。徐州東洞山西漢墓出土的青銅透光鏡，歐洲和日本人稱其爲"魔鏡"，當一束光綫照射鏡面而投影在墻壁上時，墻上的光亮圈內就出現了銅鏡背面的美麗圖案和吉祥銘文。這一"透光鏡"比日本"魔鏡"早出現一千六百餘年，而歐洲的學者直到19世紀纔開始發現，大爲驚奇，經全力研究，得出自由曲面光學效應理論，將其廣泛運用於宇宙探索中。今日，國人已能够恢復這一失傳兩千餘載的原始工藝，千古瑰寶終得重放异彩！鄧綏之後，又創造了"噴水魚洗"，亦甚奇妙，令人大開眼界。東漢已有"雙魚洗"之名（見明梅鼎祚《東漢文紀》卷三二引《雙魚洗銘》），未知當時是否可以噴水。"噴水魚洗"形似現今的臉盆。盆內多刻雙魚或四魚，盆的上沿兩側有一對提耳，提耳的設置，不祇是爲了便於提動，同時又具有另外一個功用，即當手掌撫摩時，盆內還能噴射出兩尺高的水柱，水面形成一片浪花，同時會發出樂曲般的聲響，十分神奇。今可確知，"噴水魚洗"興起於唐宋之間（見宋王明清《揮塵前錄》卷三、宋何薳《春渚紀聞》卷九），當是皇家或貴族所用盥洗用具。魚洗能夠噴水，其道理何在？美國、日本的物理學家曾用各種現代科學儀器反復檢測查看，試圖找出其導熱、傳感及噴射發音的構造原理，雖經全力研究，但仍難得以完整的解釋，也難以再現其效果。面對中國古代科技創造的這一奇迹，現代科學遭遇了空前挑戰，祇能"望盆興嘆"。

中華民族，中華博物學，就是在這樣複雜多變的背景之下跌宕起伏，生存發展，在晚清之前，兩千餘年來，從未停止前進的步伐，這又成爲中華民族的民族性與中華博物學的一大特點。

四、西化流弊何時休，誰解古老博物學？

自晚清以還，中華博物學沉淪百年之久，本當早已復蘇，時至今日，幸逢盛世，正益修典，又何以總是步履維艱？豈料經由西學東漸之後，在我國國內一些學人認定科學決定一切，無與倫比，日積月纍，漸漸形成了一種偏激觀念——"唯科學主義"，即以所謂是否合於科學，來判定萬事萬物的是非曲直，科學擁有了絕對的話語權。"唯科學主義"通常表現爲三種態度：一、否認物質之外的非物質。凡難以認知的物質，則稱之爲"暗物質"。這一"暗"字用得非常巧妙，"暗"，難見也！於是"暗物質"取代了"非物質"；二、否認科學之外的其他發現。凡是遇到無從解釋的難題，面對別家探索的結論，一律斥爲"僞科學"。三、否認科學範圍以外的其他一切生產力，唯有科學可以帶動社會發展，萬事萬物必須以科學爲推手。

何謂"科學"？中國古代本有一種認識論的命題，稱之爲"格致"，意謂"格物致知"，指深究事物原理以求得知識，從而認識各種客觀現象，掌握其變化規律。這種哲學我國先秦諸子久已有之，雖已歷千載百代，但却未得應有的重視，終被西方科學所取代。自16世紀始，歐洲由於文藝復興，挣脱了天主教會的長期禁錮，轉向於對大自然的實用性的探索，其代表作即哥白尼的"日心說"與伽利略天文望遠鏡的發明，同時出現牛頓的力學，這是西方的第一次科技革命。這一時期已有"科學"其實，尚無後世"科學"之名，起始定名爲英語science一詞，源於拉丁文，本意謂人世間的各種學問，隸屬於古希臘的哲學思想，是一種對於宇宙間萬事萬物的生衍關係的一種想象、一種臆解，原本無甚稀奇，此時已反響於歐洲，得以廣泛流傳。至 18 世紀，新興的資產階級取得政權，爲推行資本主義，又大力發展科學，西方科學已處於世界領先地位。時至 19 世紀 60 年代後期及 20 世紀初，歐洲發生了以電力、化學及鋼鐵爲新興產業的第二次科技革命，英語 science 一詞迅速擴展於北美和亞洲。日本明治維新時期，赴歐留學的日本學者將 science 譯成"科學"，學界認爲是藉用了中國科舉制度中"分科之學"的"科學"一詞，如同將英文 natural history 的語意翻譯成漢語"博物學"一樣，也并不準確，中國的變法派訪日時，對之頂禮膜拜，欣然接受，自家固有的"格致"一詞，如同國學中的其他語詞一樣被弃而不用，"科學"一詞因得以廣泛流傳。"科學"當如何定義？今日之"科學"包括了自然科學、社會科學、思維科學以及交叉科學。除却嚴謹的形式邏輯系統之外，本是一種具體的以實踐爲手段的實證之學。實踐與實證的結果，日積月累，就形成了人類關於自然、社會和思維的認知體系，成爲人類評斷事物是非真僞的依據。但科學不可能將浩渺無盡的宇宙及宇宙間的萬事萬物盡皆予以實踐、實證，能够實踐、實證者甚微，因而科學總是在不斷地探索，不斷地補正，不斷地自我完善之中，其所能研究的領域與功能實在有限。當代科學可以在指甲似的晶片上，一次性地裝載五百億電晶體，可以將重達六噸以上的太空船射向太空，并按照既定指令進行各種探索，但却不能造出一粒原始的細胞來，因爲這原始細胞結構的複雜神秘，所蘊含的奇妙智慧，人類雖竭盡全力，却至今無法破解。細胞來自何處？是如何形成的？科學完全失去了話語權！造不出一粒原始的細胞，造一片樹葉尤無可能，造一棵大樹更是幻想，遑論萬千物種，足證"科學"并非萬能的唯一學問。況且，"暗物質"之外，至少在中國哲學體系中尚有"非物質"。何謂"非物質"？"非物質"是與"物質"相對而言，區别於"暗物質"的另一種存在，正如前文所述，它"無形無象、無聲無色、無始無終、無可名狀"，在中國古代稱之爲"道"。"道"可以不遵循因果關係，可以無中生有，爲"萬物之所然也，萬理之所稽也"，可以解釋萬物的由來，可以解釋宇宙的形成。今以天體學的的視野略加分析，亦可見"唯科學主義"的是非。人類賴以生存的地球，其直徑約爲 12 742 公里，是太陽系中的第三顆小行星。太陽系的直徑約爲 2 光年，太陽是銀河系中數千億恒星之一，銀河系的直徑約爲 10 萬光年，包括 1 千億至 4 千億顆恒星，而宇宙中有一千至兩千億銀河系，宇宙有 930 億光年。一光年約等於 9.46 萬億公里。地球在宇宙中祇是一粒微塵，如此渺小的地球人能創造出破解一切的偉大科學，那是癡人説夢！中華先賢面對諸多奧妙，面對諸多不可思議的現象，提出這一"無可名狀"之"道"，當然并非憑空想象，自有其觀測與推理的依據，這顯然不同於源自西方的科學，或曰是西方科學所包容不了的。先賢提出的"無可名狀"的"道"，已超越物質的範圍，或曰"道"絕非"暗物質"所能替代的。這一"無可名狀"的"道"，在當今的別樣的時空維度中已得到初步驗證（在這非物質的維度中滿富玄機）。論者提出這一古老學説，旨在證明"唯科學主義"排斥其他一切學説，過分張揚，不足稱道，絕無否定或輕忽科學之意。百年前西學東漸，尤其是西方科學的傳入，乃是我中華民族思維與實踐領域的空前創獲，是實踐與思維領域的一座嶄新的燈塔，如今已是家喻户曉，人人稱贊，任誰也不會否認科學的偉大，但却不能與偏激的"唯科學主義"混同。後世"科學"一詞，又常常與"技術"連稱爲"科學技術"，簡稱"科技"。何謂"技術"？"技術"一詞來源於希臘文"techs"，通常指個人的技能或技藝，是人類利用現有實物形成新事物，或改變原有事物屬性、功能的方法，或可簡言之曰發明創造。科學技術不同於科學，也不同於技術，也不是科學與技術的簡單相加。科學技術是科學與技術的有機結合體系，既是人類認識世界和改造世界的成果或產物，又是人類認識世界和改造世界最有力的工具或手段，兩者實難分割。某些技術本身可能祇是一種技法，而高深技術的背後則必定是科學。

出於上述"唯科學主義"偏激觀念，重建中華博物學就遭致了質疑或否定，如有學者認爲，中國古代祇有技術而没有科學，哪有什麽中華博物學？中華博物學被看作"前科學時代的粗糙的知識和技能的雜燴"，是一種"非科學性思考"，没有什麽科學價值，當然也就没有重建的必要，因爲西方博物學久已存在，無可替代。中國古代當真"祇有技術而没有科學"麽？前文已論及"科學"與"技術"很難分割，在中國古代不祇有"技術"，同樣也有"科學"。回眸世界之歷史長河，僅就中西方的興替發展脉絡略作比較，就可以看到以下史實：當我中華處於夏禹已劃定九州、建有天下之際，西方社會多處於尚未開化的蠻荒歲月；當我中華已處於春秋戰國鋼鐵文化興起之際，整個西方尚處於引進古羅馬文明的青銅器時代；當我宋代以百萬册的印數印刷書籍之際，中世紀的西方仍然憑藉修士們成年纍月在羊皮卷上抄寫複製；著名的火藥、指南針等其他重大發明姑且不論，單就中國歷朝歷代任何一件發明創造而言，之於西方社會也毫不遜色，直至清代中葉，中國的科技一直處於世界領先地位。英國科學家李約瑟主編的七卷巨著《中國科學技術史》，即認爲西方古代科學技術85%以上皆源於中國。這是西方人自發的没有任何背景、没有任何色彩的論斷，甚爲客觀，迄今未見异議。此外又有學者指出，中華傳統博物學不祇擁有科技，又超越了科技的範疇，它是"關於物象（外部事物）以及人與物的關係的整體認知、研究範式與心智體驗的集合"，"這種傳統根本無法用科學去理解和統攝"，中華古典博物學"給我們提供的'非科學性思考'，恰恰是它的價值所在"（余欣《中國博物學傳統的重建》，載《中國圖書評論》，2013 年第 10 期，第 45 ～ 53 頁）。這無疑是對"唯科學主義"最有力的批駁！是的，本書極重"科技"研究，又不拘泥於"科技"，同樣重視"非科學性思考"。

中華古典博物學的研究主體是"博物"，是"博物史"，通過對"博物""博物史"的探索，而展現的是人，是人的生存、生活的具體狀況，是人的直觀發展史。中華傳統博物學構成了物我同類、天人合一的博大的獨立知識體系，是理解和詮釋世界的另一視野，這種視野中的諸多"非科學性思考"的博物，科學無法全面解讀，但却是真真切切的客觀存在。所謂傳統博物學是"前科學時代的粗糙的知識和技能的雜燴"，是"非科學性思考"的評價，甚是武斷，祇不過是一種不自覺的"唯科學主義"觀念而已。另將"科學"與"技術"分割開來，強調什麼"科學"與否，這一提法本身就不太"科學"。對此，本書前文已論及，無須複述。我國作爲一個古老國度，在其漫長的生衍過程中，理所當然地包容了"粗糙的知識和技能"。這一狀況世界所有古國盡有經歷，并非中國獨有。"粗糙的知識"的表述似乎也并不恰當，"知識"可有高下深淺之分，未聞有粗糙細緻之別。這所謂"粗糙"，大約是指"成熟"與否，實際上中華傳統博物學所涉之"知識和技能"，并非那麼"粗糙"，常常是合於"科學"的，有些則是非常的"科學"。英國科學家李約瑟等認定古代中國涌現了諸多"黑科技"。何謂"黑科技"？這是當前國際間盛行的術語，即意想不到的超越科技之科技，可見學界也是將"科學"與"技術"連體而稱，而并非稱"黑科學"。認定中國古代"祇有技術而沒有科學"，傳統博物學是"前科學時代的粗糙的知識和技能的雜燴"之說，頗有些"粗糙"，準確地説頗有些膚淺！這位學者將傳統博物學統稱爲"前科學時代"的產物，亦是一種妄斷，也頗有些隨心所欲！何謂"前科學時代"？"前科學時代"是指形成科學之前人們僅憑五官而形成的一種感知，這種感知在原始社會時有所見，但也并非全部如此，如鑽木取火、天氣預測、曆法的訂立、灸砭的運用等，皆超越了一般的感知，已經形成了各自相對獨立的科學。看來這位學者并不怎麼瞭解中國古代科技史，并不太瞭解自家的傳統文化，實屬自誤而誤人。

中華博物學的形成及發展歷程，與西方顯然不同。西方博物學萌生於上古哲人的學説，其後則以自然科學爲研究主體，遍及整個歐洲，全面進入國民的生活領域。在這樣的文化背景之下，西方日益强大，直接影響和推動了社會的發展，因而步入世界前列。我中華悠悠數千載，所涉博物，形形色色，浩浩蕩蕩，逐漸形成了中華獨有的博物學體系，但面臨的背景却非常複雜，與西方比較是另一番天地，那就是貫穿數千載的"重道輕器"觀念與排斥"奇技淫巧"之國風，這一觀念、這一國風，其表現形式就是重文輕理，且愈演愈烈。如中國久遠的科舉制度，應試士子們本可"上談禮樂祖姬孔，下議制度輕鼃玄"（見明高啓《送貢士會試京師》詩），縱論古今國事，是非得失，而朝廷則可藉此擇取英才，因而國家得以强盛。時至明代後期，舉國推行的科舉制度竟然定型爲千篇一律的八股文，泯滅了朝廷取才之道，一代宗師顧炎武稱八股之禍勝似"焚書坑儒"（見《日知錄·擬題》）。清代後期爲維護其獨裁統治，手段尤爲專橫强硬，又向以"天朝"自居，哪裏會重視什麼西方的"科學技術"？"科學技術"的落伍最終導致文明古國一敗塗地，這也就是"李約瑟難題"的答案！"科學"之所以成爲"科學"，是因爲其出自實踐、實證，實踐、實證是科學的生命。實踐、實證又必須以物質爲基礎，這正與我中華博物學以浩浩博物爲研究主體相合！但中華博物學，或曰博物研究，始終被置於正統的國學之外，這一觀念與國風，極大地制約了中華博物學的發展。制約的結果如何？可以毫不誇張地説，直接阻礙了中國古代社會的歷史進程。

五、中華博物知多少，皓首難解千古謎

中華博物如繁星麗天，難以勝計，其中有諸多別樣博物，可稱之爲"黑科技"者，令人百思不得其解。如八十餘年前四川廣漢西北發現的三星堆古蜀文化遺址，距今約四千八百年至三千年左右，所在範圍非常遼闊，遠超典籍記載的成都平原一帶，此後不斷探索，不斷有新的發現，成爲 20 世紀人類最偉大的考古發現之一。該遺址內三種不同面貌而又連續發展的三期考古學文化，以規模壯闊的商代古城和高度發達的青銅文明爲代表的二期文化最具特點。二期文化中青銅器具占據主導地位，極爲神奇。衆多的青銅人頭象、青銅面具，千姿百態。還有舉世罕見的青銅神樹，該樹有八棵，最高者近 4 米，共分三層，樹枝上栖息有九隻神鳥，應是我國古籍所載"九日居下枝"的體現；斷裂的頂部，當有"一日居上枝"的另一神鳥，寓意九隻之外，另一隻正在高空當班。青銅樹三層

九鳥，與《山海經・海外東經》中所載"扶桑""若木""九日居下枝，一日居上枝"正同。上古時代，先民認爲天上的太陽是由飛鳥所背負，可知九隻神鳥即代表了九個太陽。其《南經》又曰："有木，其狀如牛，引之有皮，若纓、黃蛇。其葉如羅，其實如欒，其木若蓲，其名曰建木。"何謂"建木"？先民認爲"建木"具有通天本能，傳說中伏羲、黃帝等盡皆憑藉"建木"來往神界與人間。由《山海經》的記載可知，這神奇物又來源於傳統文化，大量青銅文化明顯地受到夏商文明、長江中游文明及陝南文明的影響。那些金器、玉器等禮器更鮮明地展現出華夏中土固有的民族色彩。如此浩大盛壯，如此神奇，這一古蜀國究竟是怎樣形成的？又是怎樣突然消失的？詩人李白在《蜀道難》中曾有絕代一問："蠶叢及魚鳧，開國何茫然？"意謂蠶叢與魚鳧兩位先帝，是在什麼時代開創了古蜀國？何以如此茫茫然令人難解？今論者續其問曰："開國何茫然，失國又何年？開失兩難知，千古一謎團。"三星堆的發掘并非全貌，僅占遺址總面積的千分之一左右，只是古蜀文化的小小一角而已，更有浩瀚的未知數，國人面臨的將是另一個陌生的驚人世界。中華民族襟懷如海，廣納百川，中外文化相容并包，故而博大精深。這些百思不得其解的神奇之物，向無答案，確屬於所謂"非科學性思考"，當代專家學者亦爲之拍案。"唯科學主義"面臨這些"黑科技"的挑戰，當然也絕難詮釋。以下再就已見出土，或久已傳世之實物爲例。上世紀 80 年代，臨潼始皇陵西側出土了兩乘銅車馬，其物距今已有兩千二百餘年，造型之豪華精美，被譽爲世界"青銅之冠"，姑且不論。兩輛車的車傘，厚度僅 0.1 ～ 0.4 厘米，一號車古稱"立車"或"戎車"，傘面爲 1.12 平方米，二號車傘面爲 2.23 平方米，而且皆用渾鑄法一次性鑄出，整體呈穹隆形，均勻而輕薄，這一鑄法迄今亦是絕技，無法超越。而更絕的是一號立車的大傘，看似遮風擋雨所用，實則充滿玄機，此傘的傘座和手柄皆爲自鎖式封閉結構，既可以鎖死，又可以打開，同時可以靈活旋轉 180 度，隨太陽的方位變化而變化，亦可取下插入野外，遮烈日，擋風雨，賞心隨意。令人尤爲稱奇的是，打開傘柄處的雙環插銷，傘柄與傘蓋可各獨立，傘柄就成了一把尖銳的矛，傘蓋就成了盾，可攻可守。這一 0.1 ～ 0.4 厘米厚的盾，其抗擊力又遠勝今人的製造技術，令今人望塵莫及，故國際友人贊之爲罕見的"黑科技"。此外分存於西安與鎮江東西兩方的北宋石刻《禹迹圖》，尤爲奇異。此圖參閱了唐賈耽《海內華夷圖》，并非單純地反映宋代行政區劃及華夷之間的關係，而是上溯至《禹貢》中的山川、河流、州郡分布，下至北宋當世，已將經典與現實融爲一體。此圖長方約 1 平方米，宋朝行政區劃即達三百八十個之多，五個大湖，七十座山峰，更有蜿蜒數千里的長江、黃河等江川八十餘條；不祇是中原的地域，尚有與之接壤的大理、吐蕃、西夏、遼等區域，這些區域的山野江河亦有精準的繪製。作爲北宋時代的製圖人，即使能够遍踏域内、域外，也絕難僅憑一己的目力俯瞰全景。此圖由五千一百一十個小方格組成，每一小方格皆爲一百平方公里，所有城市、山野江河的大小距離，盡包容在這些格子裏，全部可以明確無誤地測算出來，其比例尺與今世幾無差異。如此細密精準，必須具有衛星定位之類的高科技纔能繪製出來，九百年前的宋人是憑藉什麽儀器完成的？此一《禹迹圖》較之秦陵銅車馬，更超乎想象，詭异神奇，故而英國學者李約瑟評之爲“世界上最神秘、最杰出的地圖”，美國國家圖書館將一幅19世紀據西安圖打製的拓本作爲館藏珍品。中國古代“黑科技”，又何止臨潼銅車馬與《禹迹圖》？

　　除却上述文獻記載與出土及傳世之物外，另一些則是實見於中華大地的奇特自然景觀，這些百思不得其解的神奇之物，散處天南海北，自古迄今，向無答案，亦屬於所謂“非科學性思考”，當代專家學者亦爲之拍案。“唯科學主義”面臨這些“黑科技”的挑戰，當然也絕難詮釋。我中華大地這些神奇之物，在當世尤應引起重視，國人必須迎接“超科技時代”的到來。如“應潮井”，地處南京市東紫金山南麓定林寺前。此井雖遠在深山之間，却與五公里外的長江江潮相應，江水漲則井水升，江水退則井水降，同處其他諸井皆無此現象。唐宋以來，已有典籍記載，如《江南通志·輿地志·江寧府》引唐段成式《酉陽雜俎》：“蔣山有應潮井，在半山之間，俗傳云與江潮相應，嘗有破船朽板自井中出。”《景定建康志·山川志三·井泉》：“應潮井在蔣山頭陁寺山頂第一峰佛殿後。《蔣山塔記》云：‘梁大同元年，後閣舍人石興造山峰佛殿，殿後有一井，其泉與江潮盈縮增减相應。’”何以如此，自發現以來，已歷千載，迄今無解。以上的奇特之物，多有記載，名揚天下，而另一些奇物，却久遭冷落，默默無聞。如“靈通石”，亦稱“神石”“報警石”，俗稱“猪叫石”。該石位於太行大峽谷林縣境内高家臺輝伏巖村。石體方正，紫紅色，裸露於地面約4立方米，高寬各3米，厚2米，象是一頭體積龐大的臥猪，且能發聲如猪叫。傳聞每逢大事（包括自然灾害、重大變革等）來臨之前，常常“鳴叫”不止，大事大叫數十天，小事則小叫數日，聲音忽高忽低，一次可叫百餘聲，百米之内清晰可聞。但其叫聲祇能現場聆聽，不可録音。何以如此怪异？同樣不得而知！中華博物浩浩洋洋，漫漫無涯，可謂無奇不有，作爲博物之學，亦必全力探究，这也正是中華博物學承担的使命。

六、中華博物學的研究範圍與狀況，新建學科的指嚮與體式如何？

中國當代尚未建立博物學會，也没有相應的報刊，人們熟知的則是博物院館，而博物院館的職責在於收藏、研究并展出傳世的博物，面對日月星辰、萬物繁衍以及先民生息起居等數千年的古籍記載（包括失傳之物），豈能勝任？中華博物全方位研究的歷史使命衹能由新興的博物學承擔。古老中華，悠悠五千載，博物浩茫，疑難連篇，實難解讀，而新興的博物學却不容迴避，必須做出回答。

本書指稱的博物，包括那些自然物，但并不限於對其形體、屬性的研究，體現了博物古學固有的格致觀念，且常常懷有濃厚的人文情結，可謂奥妙無窮，這又迴别於西方博物學。

如"天宇"，當做何解釋？在中國傳統文化中是與"宇宙"并存的稱謂，重在強調可見的天體和所有星際空間。前已述及，天體直徑可達930億光年以上，實際上可能遠超想象。這就出現了絶世難題：究竟何謂天體？天體何來？戰國詩人屈原在其《天問》篇中，曾連連問天："上下未形，何由考之？""馮翼惟象，何以識之？""明明闇闇，惟時何爲？"千古之問，何人何時可以作答？天宇研究在古代即甚冷僻，被稱爲"絶學"。中國是天宇觀測探索最爲細密的文明古國之一，天象觀測歷史也最爲悠遠，殷墟甲骨、《書》《易》諸經，盡有記載，而歷代正史又設有天文、曆律之類專志，皇家設有司天監之類專職機構，憑此"觀天象、測天意"，以決國策。於是，天文之學遂成諸學之首。天宇研究的主體是天空中的各種現象，這些現象又以各種星體的位置、明暗、形狀等的變化爲主，稱之爲星象。星象極其繁複，難以辨識。於是，在天空位置相對穩定的恒星就成爲必要的定位標志。在人們目力所及的範圍内，恒星數以千計，簡單命名仍不便查找和定位，我華夏先民又將天空劃分爲若干層級的區域，將漫天看似雜亂無章的恒星位置相近者予以組合并命名，這些組合的星群稱之爲星宿。古人視天上諸星如人間職官，有大小、尊卑之分，故又稱星官，因而就有了三垣二十八宿，成爲古天宇學最重要理論依據，這一理論西方天文學絶難取代。

再如古代類書中指稱的"蟲豸"，當代辭書亦少有確解。何謂"蟲豸"？舉凡當今動物學中的昆蟲綱、蛛形綱、多足綱，以及爬行動物中的綫形動物、扁形動物、環節動物、軟體動物中形體微小者，皆爲蟲豸之屬。蟲豸形雖微小，然其生存之久、種類之繁、分布之廣、形態之多、數量之巨，從生物、生態、應用、文化等角度，其意義和價值都大異於其他各類動物，或說是其他各類動物所不能比擬的。蟲豸之屬，既能飛於空，亦能游於水，既能潛於土，亦能藏於山，形態萬千，且各具靈性，情趣互異，故古代典籍遍見記叙，不僅常載於詩文，且多見筆記、小説中。先民又常憑藉其築穴或搬遷之類活動，以預測氣象變化或靈異別端，同樣展現了一幅具體生動的蟲文化畫卷，既有學術價值，又充滿趣味性。自《詩》始，就出現了咏蟲詩，其後歷代從蝶舞蟬鳴、蟻行蛇爬中得到靈感者代不乏人，或以蟲言志，或以蟲抒懷，或以蟲爲比，或以蟲爲興，甚至直以蟲名入於詞牌、曲牌，如僅蝴蝶就有“蝴蝶兒”“玉蝴蝶”“粉蝶兒”“蝶戀花”“撲蝴蝶”“撲粉蝶”等名類。唐歐陽詢《藝文類聚》收集有關蟬、蠅、蚊、蝶、螢、叩頭蟲、蛾、蜂、蟋蟀、尺蠖、螳、蝗等蟲類的詩、賦、贊等數量浩繁，後世仿其體例者甚多，如《事物紀原》《五雜俎》《淵鑑類函》《古今圖書集成·禽蟲典》等，洋洋大觀。不僅詩詞歌賦，在成語、俗語中，言及蟲豸者，亦不可勝數，如莊周夢蝶、蠌首蛾眉、金蟬脱殼、螳螂捕蟬、螳臂當車、蚍蜉撼樹、作繭自縛、飛蛾撲火（詞牌名爲“撲燈蛾”）等；不僅見諸歷代詩文，今世辭章以蟲爲喻者，仍沿襲不衰，如以蝸喻居、以蝶喻舞、以蟬翼喻輕薄、以蛇蠍喻狠毒等，比比皆是，不勝枚舉。

　本博物學所指稱博物又包括了人類社會生活的各方面、領域，自史前達於清末民初，有的則可直達近現代，至巨至微，錯綜複雜。而對於某一具體實物，必須從其初始形態、初始用途的探討入手，而後追逐其發展演變過程，這樣纔能有縱橫全面的認定，從而作出相應的結論，這正是新興博物學的使命之一。今僅就我中華民族時有關涉者予以考釋。今日，國人對於古代社會生活實在太過陌生，現當代權威工具書所收錄的諸多重要的常見詞目，常常不知其由來，遭致誤導。如“祭壇”一詞，《漢語大詞典·示部》釋文曰：

　　祭壇：供祭禮或宗教祈禱用的臺。劉大傑《中國文學發展史》第一章三：“無論藝術哲學都得屈服於宗教意識之下，在祭壇下面得着其發展生命了。”艾青《吹號者》詩：“今日的原野呵，已用展向無限去的暗綠的苗草，給我們布置成莊嚴的祭壇了。”亦指上壇祭祀。侯寶林《改行》：“趕上皇上齋戒忌辰，或是皇上出來祭壇，你都得歇工（下略）。”

　以上引用的三個書證全部是現代漢語，檢索此條的讀者可能會認定“祭壇”乃無淵源的新興詞，與古漢語無關。豈不知《晋書·禮志下》《舊唐書·禮儀志三》《明史·崔亮傳》

諸書皆有“祭壇”一詞，又皆爲正史，并不冷僻。《漢語大詞典》爲證實“祭壇”一詞的存在，廣予網羅，頗費思索，連同侯寶林的相聲也用作重要書證。侯氏雖被贊爲現代語言大師，但此處的“祭壇”，并非“供祭禮或宗教祈禱用的臺”，“祭”與“壇”爲動賓語結構，并非名詞，不足爲據。還應指出，“祭壇”作爲人們祭祀或祈禱所用實體的臺，早在史前即已出現，初始之時不過是壘土爲臺罷了。

此外，直接關涉華夏文化傳播形式的諸多博物更是大异於西方。如“文具”初稱“書具”，其稱漢代大儒鄭玄在《禮記・曲禮上》注中已見行用。千載之後，宋人陶穀《清異錄・文用》中始用“文具”一詞。文具泛指用於書寫繪畫的案頭用具及與之相應的輔助用具。國人憑藉這些文具，創造了最具特色的筆墨文化、筆墨藝術，憑藉這些文具得以描述華夏五千載的燦爛歷史。中華傳統文具究有多少？國人最爲熟悉的莫過於“文房四寶”，實際又何止“文房四寶”？另有十八種文房用具，定名爲“十八學士”，宋代林洪曾仿唐韓愈《毛穎傳》作《文房職方圖贊》（簡稱《文房圖贊》，即逐一作圖爲之贊）。實際上遠超十八種，如筆筒、筆插、筆掭、筆洗、墨水匣、墨床、水注、水承、水牌、硯滴、硯屏、印盒、帖架、鎮紙、裁刀、鉛槧、算袋、照袋、書床、筆擱、高閣，等等，已達三十種之多。

“文房四寶”“十八學士”之類中華獨具的傳統文化，今國人熟知者已不甚多，西方博物又何從涉及？何可包容？

七、新興博物學的表述特點，其古今考辨的啓迪價值

當代新興博物學所展現的是中華博物本身的生衍變化以及其同物异名、同名异物等，其主旨之一在於探尋我古老的中華民族的真實歷史面貌，温故知新，從而更加熱爱我们偉大的中華文明。

偉大的中華民族，在歷史上產生过許多杰出的思想觀念，比如，我中華民族風行百代的正統觀念是“君爲輕，民爲本，社稷次之”（見《孟子・盡心下》），這就是强调人民高於君王，高於社稷（猶“國家”），人民高於一切！古老的中華正統對人民如此愛護，如此尊崇，在當今世界也堪稱難得。縱觀朝代更迭的全部歷史可知，每朝每代總有其興起及消亡的過程，有盛必有衰。在這部《通考》中，常有實例可證，如有關商代都城“商邑”的

記載，就頗具代表性。試看，《詩·商頌·殷武》："商邑翼翼，四方之極。"鄭玄箋："極，中也。商邑之禮俗翼翼然……乃四方之中正也。"孔穎達疏："言商王之都邑翼翼然，皆能禮讓恭敬，誠可法則，乃爲四方之中正也。"《詩》文謂商都富饒繁華，禮俗興盛，足可爲全國各地的學習楷模。"禮俗"在上古的地位如何？《周禮·天官·大宰》曰："以八則治都鄙：一曰祭祀，以馭其神……六曰禮俗，以馭其民。"這是説周代統治者以禮俗馭其民，如同以祭祀馭鬼神一樣，未敢輕忽怠慢，禮俗之地位絶不可等閑視之。古訓曰："倉廩實而知禮節，衣食足而知榮辱。"（見《史記·管晏列傳》）此處的"禮節"是禮俗的核心内容，可見禮俗源於"倉廩實"。"倉廩實"展現的是國富民強，而國富民強，必重禮俗，禮俗展現了國家的面貌。早在三千年前的商代，已如此重視禮俗。"商邑翼翼"所反映的是上古時期商都全盛時期的繁華昌明，其後歷代亦多有可以稱道的興盛時期，如"漢武盛世""文景盛世"、唐"貞觀盛世""開元盛世"、宋"嘉祐盛世"、明"永宣盛世"、清"康乾盛世"等，其中更有"夜不閉户，路不拾遺"的佳話。盛世總是多於亂世，或曰温飽時代總是多於飢寒歲月。唐代興盛時期，君臣上下已萌生了甚爲隨和的禮儀狀態，不喜三拜九叩之制，宋元還出現了"衣食父母"之類敬詞（見宋祝穆《古今事物類聚别集》卷二〇、元關漢卿《竇娥冤》第二折），這正體現了"王者以民爲天，民以食爲天"（見《漢書·酈食其傳》）的傳統觀念。中國歷史上的黎民百姓并非一直生活在水深火熱之中，在漫長的歲月中也常有温飽寧静的生活，因而涌現了諸多忠心報國的詩詞。如"但使龍城飛將在，不教胡馬度陰山"（唐王昌齡《出塞二首》之一）；"忘身辭鳳闕，報國取龍庭"（王維《送趙都督赴代州得青字》）；"僵卧孤村不自哀，尚思爲國戍輪臺"（宋陸游《十一月四日風雨大作》）；"奇謀報國，可憐無用，塵昏白羽"（宋朱敦儒《水龍吟·放船千里凌波去》）。

　　久已沉淪的傳統博物學今得重建，可藉以知曉我中華兒女擁有的是何樣偉大而可愛的祖國！偉大而可愛的祖國，江山壯麗，蘭心大智，光前裕後，莘莘學子尤當珍惜，尤當自豪！回眸古典博物學的沉淪又可確知，鴉片戰争給中華民族帶來的是空前的傷害，不衹是漢唐氣度蕩然無存，國勢極度衰微，最爲可怕的是傷害了民族自信，爲害甚烈。傷害了民族自信，則必會輕視或否定傳統文化，百代信守的忠義觀念、仁義之道，必消失殆盡，代之而來的則是少廉寡耻，爾虞我詐，以崇洋媚外爲榮，這一狀況久有持續，對青少年的影響尤甚，怎不令人痛心！時至當代，正全力弘揚中華優秀傳統文化，全力推行科技創新，踔厲奮發，重振國風，這又怎不令人慶幸！

　　新興博物學在展現中華博物本身的生衍變化進而展現古代真切的社會生活之外，又展現了一種獨具中華風采的文化體系。如常見語詞"揚州瘦馬"，其來歷如何？祇因元馬致遠《天净沙·秋思》中有"西風古道瘦馬"之句。自2008年山西吕梁市興縣康寧鎮紅峪村發現元代壁畫墓以來，其中的一首《西江月》小令："瘦藤高樹昏鴉，小橋流水人家，古道西風瘦馬，夕陽西下，已獨不在天涯。"在學界引發了關於《天净沙·秋思》的爭論熱議。由《西江月》小令聯想元代的另一版本："瘦藤老樹昏鴉，遠山流水人家，古道西風瘦馬，夕陽西下，斷腸人去天涯。"於是有學人又認爲此一"瘦馬"當指"揚州藝妓"，意謂形單影隻的青樓女子思念遠赴天涯的情郎——"斷腸人"，但這小令中的"瘦馬"之前，何以要冠以"古道西風"四字？則不得而知。通行本狀寫天涯游子的冷落凄凉情景，堪稱千古絕唱，無可置疑。那麼何以稱藝妓爲"瘦馬"？"瘦馬"一詞，初見於唐白居易《有感》詩三首之二："莫養瘦馬駒，莫教小妓女。後事在目前，不信君看取。馬肥快行走，妓長能歌舞。三年五年間，已聞換一主。"金董解元《西厢記諸宮調》中的《仙吕·賞花時》又載："落日平林噪晚鴉，風袖翩翩吹瘦馬。"此處的"瘦馬"無疑確指藝妓。稱妓女爲人人可騎的馬，後世又稱之爲"馬子"，是一種侮辱性的比擬。何以稱"瘦"？在中國古代常以"瘦"爲美，"瘦"本指腰肢纖細，故漢民歌曰："楚王好細腰，宮中多餓死。""細腰"强調的是苗條美麗。"好細腰"之舉，在南方尤甚，揚州的西湖所以稱之爲"瘦西湖"，不祇是因其狹長緊連京杭大運河，實則是因湖邊楊柳依依，芳草萋萋，又有荷花池、釣魚臺、五亭、二十四橋，美不勝收，較之杭州西湖有一種別樣的美麗。國人何以推崇揚州？《禹貢》劃定九州之中就有揚州，今之揚州已有兩千五百餘年的歷史。其主城區位於長江下游北岸，可追溯至公元前486年。春秋時期，吴王夫差在此開鑿了世界最早的運河——邗溝，建立邗城，孕育了唯一與邗溝同齡的運河城；因水網密布，氣候温潤，公元前319年，楚懷王熊槐在此建立廣陵城（今揚州仍沿稱"廣陵"），遂成爲中華歷史名城之一。此後歷經魏晋等朝代多次重修，至隋文帝開皇九年（589），廣陵改稱揚州。揚州除却政治地位顯赫之外，又是美女輩出之地，歷史上曾有漢趙飛燕、唐上官婉兒及南唐風流帝王李煜先後兩任皇后周薔、周薇，號稱"四大美女"。隋煬帝楊廣又在此開鑿大運河，貫通至京都洛陽旁連涿郡，藉此運河三下揚州，尋歡作樂。時至唐代，揚州更是江河交匯，四海通達，成爲全國性的交通要衝，故有"故人西辭黄鶴樓，煙花三月下揚州。孤帆遠影碧空盡，唯見長江天際流”的著名詩篇（唐李白《黃鶴樓送孟浩然之廣陵》，今之揚州已遠離長江）。揚州在唐代是除却長安之外的最爲繁華的大都會，商旅雲聚，青樓大興，成爲文壇才士、豪門公子醉生夢死之地。唐王建《夜看揚州市》詩贊曰：“夜市千燈照碧雲，高樓紅袖客紛紛。”詩人杜牧《遣懷》更有名作：“落魄江湖載酒行，楚腰纖細掌中輕。十年一覺揚州夢，贏得青樓薄幸名。”此“楚腰纖細掌中輕”之用典，即直涉楚靈王好細腰與趙飛燕的所謂“掌中舞”兩事。杜牧憑藉豪放而婉約的詩作，贏得百世贊頌，此詩實是一種自嘲、以書懷才不遇之作，却曾遭致史家“放浪薄情”的詬病。大唐之揚州，確是令人嚮往，令人心醉，故而詩人張祜有“人生只合揚州死”（見其所作《縱游淮南》）之感嘆。元代再度大修的京杭大運河弃洛陽直達北京，揚州之地位愈加顯赫。總之，世界這一最古最長的大運河歷代修建，始終離不開揚州。時至明清，揚州經濟依然十分繁盛，仍是達官貴人喜於擇居之地，兩淮鹽商亦集聚於此，富甲一方，由此振興了園林業、餐飲業，娛樂中的色情業也應運而生，養“瘦馬”就是其中的一種，一些投機者低價買進窮苦人家的美麗苗條幼女，令其學習言行禮儀、歌舞繪畫及其他媚人技能技巧，而後以高價賣至青樓或權貴豪門，大發其財。除却“揚州瘦馬”之外，又催生了著名的“揚州八怪”，文化藝術色彩愈加分明。

“揚州瘦馬”本是一種當被摒弃的陋習，不足爲訓，但這一陋習所反映出的却是關聯揚州的一種別樣的文化，反映了揚州古今社會的經濟發展與變化，這當然也是西方博物學替代不了的。

結　語

綜上所述可知，中華博物學是學術研究中的另一方天地，無可替代，必須重建，且勢在必行。如何重建？如何展現我中華博物獨有的神貌？答曰：中華博物絕非僅指博物館的收藏物，必須是全方位的，無論是宮廷裏，無論是山野間，無論是人工物，無論是天然品，無論是社會中，無論是自然界裏，皆應廣予收錄考釋。考釋的主旨，乃探索我中華浩浩博物的淵源、流變。此一博物學甚重“物”的形體、屬性及其淵源流變，同時又關注其得名由來，重視兩者間的生衍關係。通常而言（非通常情況當作別論），在人類社會中有其物必當有其名，有其名亦必有其物。此外，更有同物異名，或同名異物之別。探

究 "物" 本體的淵源流變并釐清名物關係，這就是中國古典博物學的使命，這也正是最爲嚴密的格物致知，也正是最爲嚴肅的科學體系。但中國古典博物學，又必須體現《博物記》以還的國學傳統，必須體現博大的天人視野及民胞物與情懷，有助於我中華的再度振起，乃至於世界的安寧和諧。而那些神怪虛無之物，則不得納入新的博物學中，祇能作爲附錄以備考。如何具體裁定，如何通盤布局，并非易事，遠超想象。因我中華民族是喜愛并嚮往神話的古老民族，又常常憑藉豐富的想象對某種博物作出判斷與解讀，判斷與解讀的結果，除却導致無稽的荒誕之外，又時或引發別樣的思考，常出乎人們的所料，具有別樣的價值。如水族中的 "比目魚"，亦稱 "王餘魚" "兩鯐" "拖沙魚" "鞋底魚" "板魚" "箬葉"，俗稱 "偏口魚"，爲鰈形目魚類之古稱。成魚身體扁平而闊，兩眼移於頭的另一端，習慣於側臥，朝上的一面有顏色鮮明的眼睛，朝下一面似無眼睛，先民誤以爲祇有一眼，必須相互比并而行。此一判斷與解讀，始自漢代《爾雅·釋地》："東方有比目魚焉，不比不行。" 郭璞注："狀似牛脾⋯⋯一眼，兩片相合乃得行。今水中所在有之，江東又稱爲王餘魚。" 事過千載，直至明代李時珍《本草綱目》問世，盡皆認定比目魚僅有一隻眼，出行必須各藉他魚另一眼（見《本草綱目·鱗四·比目魚》）。傳統詩文中用比目魚以比喻形影不離的情侶或好友，先民爭相傳頌，百代不休，直至 1917 年徐珂的《清稗類鈔》問世，始知比目魚兩眼皆可用，不必兩兩并游（《清稗類鈔·動物篇》）。古人憑藉想象，又認爲尚有與比目魚相對應的 "比翼鳥"，見於《爾雅·釋地》："南方有比翼鳥焉，不比不飛。" 這一 "比翼鳥"，僅一目一翼，須雌雄并翼飛行，如同比目魚一樣，亦用以比喻形影不離的情侶或好友。"比目魚" "比翼鳥" 之類虛幻者外，後世又派生了所謂 "連理枝"，著名詩作有唐白居易《長恨歌》曰："在天願爲比翼鳥，在地願爲連理枝。" 何謂 "連理枝"？"連理枝" 是指自然界中罕見的偶然形成的枝和幹連爲一體的樹木。"連理枝" 之外，又出現了 "并蒂蓮" 之類。"并蒂蓮" 亦稱 "并頭蓮" "合歡蓮" 等，是指一莖生兩花，花各有蒂，蒂在花莖上連在一起的蓮花。這種 "連理枝" "并蒂蓮"，難以納入下述的世界通行的階元系統，也難依照林奈創立的雙名命名法命名，但却又是一種不可忽視的實物，是大自然所形成的另一種奇妙的實物。此一 "并蒂蓮" 如同 "比目魚" "連理枝" 一樣，亦用以喻情侶或好友，同樣廣見於傳統詩文。歲月悠悠，始於遠古，達於近世，先民對於我中華博物的無限想象以及與之并行的細密觀察探索，令人嘆爲觀止，凡天地生靈、袞袞萬物，無所不及，超乎想象，從而構成了一幅文明古國的壯闊燦爛畫卷。

　　這當是歷經百年沉淪、今得復蘇的我國傳統的博物學，這當是重建的嶄新的全方位的中華博物學。

　　中華博物學除却遵循發揚傳統的名物學、訓詁學、考據學及近世的考古學之外，也廣泛汲取了當代天文、地理、生物、礦物、農學、醫學、藥學諸學的既有成就，其中動植物的本名依照世界通行的階元系統，分爲界、門、綱、目、科、屬、種七類。又依照瑞典卡爾·馮·林奈（瑞文Carl von Linné）創立的雙名命名法命名。"連理枝""并蒂蓮""比目魚""比翼鳥"之屬旁及龍、鳳、麒麟、貔貅等傳説之物，則作爲附録，劃歸相應的動物或植物卷中。這樣的研究章法，這樣的分類與標注，避免了傳統分類及形狀描述的訛誤或不確定性，即可與國際接軌。綜合古今中外，論者認爲《中華博物通考》的研究主體，可劃歸三十六大類，依次排列如下：

　　《天宇》《氣象》《地輿》《木果》《穀蔬》《花卉》《獸畜》《禽鳥》《水族》《蟲豸》《國法》《朝制》《武備》《教育》《禮俗》《宗教》《農耕》《漁獵》《紡織》《醫藥》《科技》《冠服》《香奩》《飲食》《居處》《城關》《交通》《日用》《資産》《珍奇》《貨幣》《巧藝》《雕繪》《樂舞》《文具》《函籍》。

　　存史啓智，以文育人，乃我中華千載國風。新時代習近平總書記甚重民族自信、文化自信，極力倡導"舊邦新命"，明確指出要"盛世修文"，怎不令人振奮，令人鼓舞！今日，我輩老少三代前後聯手、辛苦三十餘載、三千餘萬言的皇皇巨著——《中华博物通考》欣幸面世，并得到國家出版基金资助。這就昭示了沉淪百載的中華傳統博物學終得復蘇，這就是重建的全新中華博物學。"舊邦新命""盛世修文"，重建博物學，旨在賡續中華文脉，發揚優秀傳統文化，汲取生生不息的精神力量，再現偉大民族的深邃智慧，展我生平志，圓我强國夢！

張述錚

乙丑夾仲首書於山東師範大學映月亭
甲辰南吕增補於歷下龍泉山莊東籬齋

總　説

——漫議重建中華博物學的歷史意義與現實價值

緣　起

《中華博物通考》（下稱《通考》）是一部通代史論性的華夏物態文化專著，係"九五""十五""十四五"國家重點出版物專項規劃項目，并得到 2020 年度國家出版基金資助。全書共三十六卷，另有附録一卷，其中有許多卷又分上下或上中下，計有五十餘册，逾三千萬字。《通考》的編纂，擬稿於 1990 年夏，展開於 1992 年春，迄今已歷三十餘載，初始定名爲《中華博物源流大典》，原分三十二門類（即三十二卷）。此後，歷經斟酌修補，終成今日規模。三十餘載矣，清苦繁難，步履維艱，而大江南北，海峽兩岸，衆多學人，三代相繼，千里聯手，任勞任怨，無一退縮，何也？因本書關涉了古老國度學術發展的重大命題，足可爲當今社會所藉鑒，作者們深知自家承擔的是何樣的重任，未敢輕忽，未敢怠慢。

何謂中華物態文化？中華物態文化的研究主體就是中華浩博實物。其歷史若何？就文字記載而言，中華物態文化史應上溯於傳説中的三皇五帝時期，隸屬於原始社會。"三皇五帝"究竟爲何人，我國史家多有不同見解，大抵有三説：一曰"人間君主説"，"三皇"分別指天皇、地皇、人皇，"五帝"分別指炎帝烈山氏、黄帝有熊氏、顓頊高陽氏、帝堯陶唐氏和帝舜有虞氏；二曰"開創天下説"，三皇分別指有巢氏、燧人氏、伏羲氏，"五帝"分別指炎帝烈山氏、黄帝有熊氏、顓頊高陽氏、帝堯陶唐氏和帝舜有虞氏；三曰"道治德化説"，認爲"三皇以道治，五帝以德治"，"三皇"是遠古三位有道的君主，分別指太昊伏羲氏、炎帝神農氏及黄帝軒轅氏，五帝則是少昊金天氏、顓頊高陽氏、帝嚳高辛氏、帝堯陶唐氏和帝舜有虞氏。有關三皇五帝的組合方式，典籍記載亦不盡相同，大抵有四種，在此不予臚列。"三皇五帝"所處時間如何劃定，學界通常認爲有巢、燧人、伏羲屬於舊石器時代，有巢、燧人爲早期，伏羲爲晚期，其餘皆屬新石器時代，炎帝、黄帝、少昊、顓頊等大致同時，屬仰韶文化後期和龍山文化早期。"三皇五帝"後期，已萌生并逐步邁進文明史時代。

中華文明史，國際上通常認定爲三千七百年（主要以文字的誕生與城邑的出現等爲標志），國人則認定爲逾五千年，今又有九千年乃至萬年之説。後者可以上溯至新石器時代，如隸屬裴李崗文化的河南省舞陽縣賈湖村出土了上千粒碳化稻米，約有九千年歷史，是世界最早的栽培粳稻種子。經鑒定其中百分之八十以上不同於野生稻，近似現代栽培稻種，可證其時已孕育了農耕文化。其中發現的含有稻米、山楂、葡萄、蜂蜜的古啤酒也有九千年以上的歷史，可證其時已掌握了釀造術。賈湖又先後出土了幾十支骨笛，也有七千八百年至九千年的歷史，其中保存最爲完整者，可奏出六聲音階的樂曲，反映了九千年前，中華民族已具有相當高度的生產力與創造力、具有相當高度的文化藝術水準與審美情趣。有美酒品嘗，有音樂欣賞，彼時已知今人所稱道的"享受生活"，當非原始人所能爲。賈湖遺址的發現并非偶然，近來上山文化晚期浙江義烏橋頭遺址，除却出土了古啤酒之外，又發現諸多彩陶，彩陶上還繪有伏羲氏族所創立的八卦圖紋飾，故而國人認爲這一時期中華文明已開始形成，至少連續了九千載。中華文明的久遠，當爲世界四大文明古國之首，徹底否定了中華文明西來之説。九千載之説雖非定論，却已引起舉世關注。此外，江西省上饒市萬年縣大源鄉仙人洞遺址發現的古陶器則產生於一萬九千至兩萬年前，又遠超前述的出土物的製作時間。雖有部分學界人士認爲仙人洞遺址隸屬於舊石器遺址，并未進入文明時代，但其也足可證中華博物史的久遠。

一、何謂"博物"與《中華博物通考》？《通考》的要義與章法何在？

　　何謂"博物"？"博物"一詞，首見於《左傳·昭公元年》："晋侯聞子産之言，曰：'博物君子也。'"其他典籍也時有記載，如《漢書·楚元王傳贊》："自孔子後，綴文之士衆也，唯孟軻、孫況、董仲舒、司馬遷、劉向、揚雄此數公者，皆博物洽聞，通達古今。"《周書·蘇綽傳》："太祖與公卿往昆明池觀魚，行至城西漢故倉地，顧問左右莫有知者。或曰：'蘇綽博物多通，請問之。'"以上"博物"指博通諸種事物，一般釋爲"知識淵博"。此外，《三國志·魏書·國淵傳》："《二京賦》博物之書也，世人忽略，少有其師可求。"唐釋玄奘《大唐西域記·摩臘婆國》："昔此邑中有婆邏門，生知博物，學冠時彦，内外典籍，究極幽微，曆數玄文，若視諸掌。"明王禕《司馬相如解客難》："借曰多識博物，賦頌所託，勸百而風一。"這些典籍所載之"博物"，即可釋爲今義之"浩博實物"。這一浩博實物，任一博物館盡皆無法全部收藏。本《通考》指稱的"博物"既可以是天然的，也可以是人工的；既可以是静態的，也可以是動態的；既可以是斷代的，也可以是歷時的，是古今并存，巨細俱備，時空縱横，浩浩蕩蕩，但必須是我中華獨有，或是中土化的。研究這浩蕩博物的淵源流變以及同物异名或同名异物之著述即《博物通考》，而爲與西方博物學相區别，故稱之爲《中華博物通考》。

　　在中國古代久有《皇覽》《北堂書鈔》等類書、《儒學警語》《四庫全書》等叢書以及《爾雅》《説文》等辭書，所涉甚廣，却皆非傳統博物典籍。本書草創之際，唯有《中國學術百科全書》《中華百科全書》《中國大百科全書》之類風行於世，這類百科全書亦皆非博物學專著。專題博物學著作甚爲罕見，僅有今人印嘉祥《物源百科辭書》，俞松年、毛大倫《生活名物史話》，抒鳴、鋭鏵《世界萬物之由來》等幾種，多者收詞約三千條，少者僅一百八十餘款，或洋洋灑灑，或鳳毛麟角，各有千秋，難能可貴。《物源百科辭書》譽稱"我國第一部物源工具書"（見該書序），此書中外兼蓄，虚實并存，堪稱廣博，惜略顯雜蕪。本《通考》則另闢蹊徑，别有建樹，可稱之爲當代第一部"中華古典博物學"。

　　《通考》甚重對先賢靈智的追踪與考釋。中華民族是滿富慧心的偉大民族，極善觀察探索，即使一些不足挂齒的微末之物也未忽視，且載於典籍，十分翔實生動。如對常見的鳥類飛行方式即有以下描述：鳥學飛曰翎，頻頻試飛曰習，振翅高飛曰翥，向上直飛曰翀，張翼扶摇上飛曰羿，鳥舒緩而飛、不高不疾曰翉、曰翂，快速飛行曰翏，水上飛行曰猱，高飛曰翰，輕飛曰翩，振羽飛行曰翻，等等，不一而足。如此細密的觀察探隱，堪稱世界之最，令人嘆服！而關於禽鳥分類學，在中國古代也有獨到見解。明代李時珍所著《本草綱目》已建立了階梯生態分類系統，將禽鳥劃分爲水禽、原禽、林禽、山禽等生態類別，具有劃時代意義。這一生態分類法較瑞典生物學家林奈的《自然系統》（第十版）中的分類要早一百六十餘年，充分展示了我國古代鳥類分類學的輝煌成就，駁正了中國傳統生物學一貫陳腐落後的舊有觀念。此外，那些目力難及、浩瀚的天體，也盡在先民的觀察探索之中，如關於南天極附近的星象，遠在漢代即有記載。漢武帝元鼎六年（公元前 111），滅南越國，置日南九郡事，《漢書》及顏注、酈道元《水經注》有關“日南”的定名中皆有詳述，而西方於 15 世紀始有發現，晚中國一千四百餘年。再如，關於太陽黑子，在我國漢代亦有記載，《漢書·五行志》載：“日黑居仄，大如彈丸。”其後《晉書·天文志中》亦載：“日中有黑子、黑氣、黑雲。”而西方於 17 世紀始有發現，晚於中國一千六百餘年。惜自清朝入關之後，對於中原民族，對於漢民族長期排斥壓抑，致使靈智難展，尤其是中後期以來的專制國策，遭致國弱民窮，導致久有的科技一蹶不振，於是在列強的視野下，中華民族變成了一個愚昧的“劣等”民族。受此影響，一些居留國外或留學國外的學人，亦曾自卑自棄，本書《導論》曾引胡適的評語：中華民族是“又愚又懶的民族”，是“一分像人，九分像鬼的不長進民族”（見胡適《介紹我自己的思想》，1930年 12 月亞東圖書館初版《胡適文選》自序）。本《通考》有關民族靈智的追踪考索，巨細無遺，成爲另一大特點。

　　《通考》遵從以下學術體系：宗法樸學，不尚空論，既重典籍記載，亦重實物（包括傳世與出土文物）考察，除却既有博物類專著自身外，今將博物研究所涉文獻歸納爲十大系統：一曰史志系統，即史書中與紀傳體并列，所設相對獨立的諸志。如《禮樂志》《刑法志》《藝文志》《輿服志》等，頗便檢用。二曰政書類書系統。重在掌握典制的沿革，廣求佚書異文。三曰考證系統。如《古今注》《中華古今注》《敬齋古今黈》等，其書數量無多，見重實物，頗重考辨。四曰博古系統。如《刀劍錄》《過眼雲煙錄》《水雲錄》《墨林快事》等，這些可視爲博物研究散在的子書，各有側重，雖常具玩賞性，却足資藉鑒。五曰本草系統。其書草木蟲魚、水土金石，羅致廣博，雖爲藥用，已似百科全書。六曰注疏系統。爲古代典籍的詮釋與發揮。如《易》王弼注、《詩》毛亨傳、《史記》裴駰集解、《老子》魏源本義、《楚辭》王夫之通釋、《三國志》裴松之注、《水經》酈道元注、《世說新語》

劉孝標注等。七曰雅學系統、許學系統，或直稱之爲訓詁系統，其主體就是名物研究，後世稱爲“名物學”。八曰異名辨析系統。已成爲名物學的獨立體系。如《事物異名》《事物異名録》等，旨在同物異名辨析。九曰説部系統。包括了古代筆記、小説、話本、雜劇之類被正統學者輕視的讀物，這是正統文化之外，隱逸文化、民間文化的淵藪，一些世俗的衣、食、住、行之類日常器物，多藉此得見生動描述。十曰文物考古系統，這是博物研究中至爲重要的最具震撼力的另一方天地，因爲這是以歷代實物遺存爲依據的，足可印證文獻的真僞、糾正其失誤，多有創獲。

二、《通考》内容究如何，今世當作何解讀？

《通考》内容極爲豐富，所涉範圍極廣，古今上下，時空縱横，實難詳盡論説，今略予概括，主要可分兩大方面，一爲自然諸物，二爲社科諸物，兹逐一分述如下：

（一）自然諸物：包括了天地生殖及人力之外的一切實體、實物，浩博無涯，可謂應有盡有。

如“太陽”“月亮”，在我中華凡是太空中的發光體（包括反射光體）皆被稱爲“星”，因此漢語在吸納現代天文學時，承襲了這一習慣，將“太陽”這類自身發光的等離子物體命名爲恒星。《天宇卷》研究的主體就是天空中的各種星象。星象就是指各種星體的位置、明暗、形狀等的變化。星象極其繁複，難以辨識。於是，在天空中位置相對穩定的恒星就成爲必要的定位標志。在人們目力所及的範圍内，恒星數以千計，先民將漫天看似雜亂無章的恒星位置相近者予以組合并命名，這些組合的星群稱之爲星宿，因而就有了三垣二十八宿之説。在远古難以對宇宙進行深入探索的時代，先民未能建立起完整的天體概念，也不知彼此的運動關係，僅憑藉直感認知，將所見的最強發光體——“太陽”本能地給予更多的關注，作出不同於西方的別樣解釋。視太陽爲天神，太陽的出没也被演繹成天神駕車巡游，而夸父追日、后羿射日等典故，則承載了諸多遠古信息。先民依據太陽的陰陽屬性、形體形象、光熱情況、時序變化、神話傳説及俗稱俗語等特點，賦予了諸多別名和異稱，其數量達一百九十餘種，如“陽精”“丙火”“赤輪”“扶桑”“東君”“摩泥珠”等，可見先民對太陽是何等的尊崇。對人們習見的“月亮”，《天宇卷》同樣考釋了其異名別稱及其得名由來。今知月亮異名別稱竟達二百二十餘種，較之“太陽”所收尤爲宏富。如

“太陰”“玉鏡”“嬋娟”“姮娥”“顧兔”“桂影”“玉蟾蜍”“清凉宫”，等等。而關於“月亮”的所見所想，所涉傳聞佳話，連綿不絕，超乎所料。掩卷沉思，無盡感慨！中華民族是一個明潔温婉、追求自由、嚮往和平、極具夢想的偉大民族。愛月、咏月、賞月、拜月，深情綿綿，與月亮别有一番不解之緣！饒有趣味者，爲東君太陽神驅使六龍馭車的羲和，如同爲太陰元君駕車的望舒一樣，竟也是一位女子，可見先民對於女性的信賴與尊崇。何以如此？是母系社會的遺風流韵麽？不得而知！足證《通考》探討“博物”的意義并不祇在“博物”自身，而是關乎“博物”所承載的傳統文化。

再如古代出現的“雪”“雹”之類，國人多認定與今世無多大差异，實則不然。《氣象卷》收有“天山雪”“陰山雪”“燕山雪”“嵩山雪”“塞北雪”“南秦雪”“秦淮雪”“盧山雪”“嶺南雪”“犬吠雪”（偏遠的南方之雪。因犬見而驚吠，故稱），等等，這些雪域不祇在長城内外，又達於大江南北，可謂遍及全國各地，令人眼界大開。這些雪域的出現，又并非遠古間事，所見文字記載盡在南北朝之後，而“嶺南雪”竟見於明清時期，致使今人難以置信。若就人們對雪的愛惡而言，有“瑞雪”“喜雪”“灾雪”“惡雪”；若就雪的屬性而言，有“乾雪”“濕雪”“霧雪”“雷雪”；若就降雪時間長短而言，有“連旬雪”“連二旬雪”“連三旬雪”“連四旬雪”；若就雪的危害而言，有“致人凍死雪”“致人相食雪”等，不一而足。此外，雪另有色彩之别，本卷收有“紅雪”“綠雪”“褐雪”“黑雪”諸文，何以出現紅、綠、褐、黑等顏色？這是由於大地上各類各色耐寒的藻類植物被捲入高空，與雪片相遇，從而形成不同色彩。對此，先民已有細微觀察，生動描述，但未究其成因。1892 年冬，意大利曾有漫天黑雪飄落，經國際氣象學家研究測定，此一現象乃是高空中億萬針尖樣小蟲，在飛翔時與雪片粘連所致。這與藻類植物被捲入高空，導致顏色的變幻同理。或問，今世何以不見彩色之雪？因往昔大地之藻類及針尖樣小蟲，由於生態環境的破壞而消失殆盡。就氣象學而言，古代出現彩雪，是正常中的不正常，現代祇有白雪，則是不正常中的正常。本卷中有關雹的考釋，同樣頗具情趣，十分精彩。依雹的顏色有“白色雹”“赤色雹”“黑色雹”“赤黑色雹”，依形狀有“杵狀雹”“馬頭狀雹”“車輪狀雹”“有柄多角雹”，依長度有“長徑尺雹”“長尺八雹”，依重量有“重四五斤雹”“重十餘斤雹”，依危害則有“傷禾折木雹”“擊殺鳥雀雹”“擊殺獐鹿雹”“擊死牛馬雹”“壞屋殺人雹”等，這些記載并非出自戲曲小説，而是全部源於史書或方志，時間地點十分明確，毋庸置疑。古今氣象何以如此不同？何以如此反常？祇嘆中國古代的科研體系多注重對現象的觀察，而不求其成因，祇是將以上現象置於史志之中，予以記載而已。本《通考》對中華"博物"的考辨，不祇是展現了大自然的原貌、大自然的古今變幻，而且也提供了社會的更迭興替和民生的禍福起落等諸多耐人尋味的思考。

另如，《水族卷》中收有棘皮動物"海參"，其物在當代國人心目中，是難得的美味佳餚和滋補珍品。《水族卷》還原其本真面貌，明確指出海參爲海洋動物中的棘皮動物門，海參綱之統稱，而後依據古代典籍，考證其物及得名由來：三國吳沈瑩《臨海水土異物志》："土肉，正黑，如小兒臂大，中有腹，無口目……炙食。"其時貶稱"土肉"，祇是"炙食"而已。既貶稱爲"土"，又止用於燒烤而食，此即其初始的"身份""地位"，實是無足稱道。直至明代謝肇淛《五雜俎·物部一》中，始見較高評價，并稱其爲"海參"："海參，遼東海濱有之，一名海男子。其狀如男子勢然，淡菜之對也。其性溫補，足敵人參，故名海參。""男子勢"，舊注曰"男根"，因海參形如男性生殖器，俗名"海男子"，正與形如女性生殖器的淡菜（又稱"海牝""東海夫人"，即厚殼貽貝）相對應。此一形似"男根"之物，何以又被重視起來？國人對食療養生素有"以形補形"的觀念，如"芹菜象筋骼，吃了骨頭硬；核桃象大腦，吃了思維靈"之類，而因海參似男根，故認定其有補腎壯陽的功能，這就是"足敵人參"的主要根據之一。謝氏在贊其"足敵人參"的同時，又特別標示了其不雅的綽號"海男子"，則又從另一側面反映了明代對於海參仍非那麼珍視，故而在其當代權威的醫典《本草綱目》中未予記載。"海參"在清朝的國宴"滿漢全席"中始露頭角，漸得青睞。本卷作者在還其本真面貌的過程中，又十分自然地釐清了海參自三國之後的異名別稱。如，"土肉""海男子"之後，又有"虷""沙噀""戚車""龜魚""刺參""光參""海鼠""海瓜""海瓜皮""白參""牛臀""水參""春皮""伏皮"諸稱，"虷"字之外，其他十三個异名別稱，古今辭書無一收録，唯一收録的"虷"字，又含混不清。而"海參"喻稱"海瓜"，則爲英文 sea cucumber 的中文義譯，較中文之喻稱"海男子"似有异曲同工之妙，又可證西人對海參也并不那麼重視。

全書三十六卷，卷卷不同。本書設有《珍奇卷》，別具研究價值。如"孕子石"，發現於江蘇省溧陽市蘇溧地區。此石呈灰黃色，質地堅硬，其外表平凡無奇，但當人們把石頭敲開時，裏面會滾出許多圓形石彈子，直徑 21 厘米左右，和母石相較，顏色稍淺，但成分一致。因石中另包小石，好似母石生下的子石，故稱"孕子石"。這種"石頭孕子"史志無載，首次發現，地質學家們同樣百思而不得其解，祇能"望石興嘆"。再如"預報天旱井"，位於廣西全州縣內，每年大旱來臨前二十天，水井會流出渾水，長達兩天之久，附近村民見狀，便知大旱將臨，便提前做好抗旱準備。此外，該井每二十四小時漲潮六次，每次約漲五十分鐘，水量約增加兩倍。此井如同"孕子石"一樣，史志無載，首次發現，對此井的奇特現象有關專家同樣百思不得其解，也衹能"望井興嘆"。

（二）社科諸物：自然物外，中華博物中的社科諸物漫布於社會生活之中，其形成發展、古今變化，尤爲多彩，展現了一種別樣的國情特徵和民族靈智。

如《國法卷》，何謂"國法"？國法係指國家之法紀、法規。國法其詞作爲漢語語詞起源甚爲久遠，先秦典籍《周禮·秋官·朝士》中即已出現，"國法"之"法"字作"灋"，其文曰："凡民同貨財者，令以國灋行之，犯令者刑罰之。"同書《地官·泉府》中又有另詞"國服"，其文曰："凡民之貸者，與其有司辨而授之，以國服爲之息。"此"國服"言民間貿易必須服從國法，故稱"國服"。作爲語詞，"國法""國服"互爲匹配。國法爲人而設，國服隨法而施，有其法必有其服，有法無服，則法罔立，有服無法，舉世罔聞。今"國法"一詞存而未改，"國服"則罕見使用。就世界範圍而言，中國的國法自成體系，具有國體特色與民族精神，故西方學者稱之爲"中華法系"或"東方法系"。本《國法卷》即以"中華法系"爲中心論題，全面考釋，以現其固有特色與精神。中華法系如同世界諸文明古國法系一樣，源於宗教，興於禮俗，而最終成爲法律，遂具有指令性、強制性。中華法系一經形成，即迥異於西方，因其從不以"永恒不變的人人平等的行爲準則"自詡，也沒有立法依據的總體理論闡釋，而是明確標示法律應維護帝王及權貴的利益。在中國古代，從没出現過如古希臘或古羅馬的所謂絶對公正的"自然法"，毋須在"自然法"指導下制定"實在法"。中國古代的全部法律皆爲正在施行的"實在法"，但却有不可撼動的權威理論——"君權天授"說支撐。"天"，在先民心目中是無可比擬的最神秘、最巨大的力量。"天"，莊重而仁慈，嚴厲而公正，無所不察，無所不能。上自聖賢哲人，下至黎民百姓，少有不"敬天意"、不"畏天命"者，帝王既稱"天子"，且設有皇皇國法，條文森然，何人敢於反叛？天下黔首，非處垂死之地，絶不揭竿而起，妄與"天"鬥！故而在中國古代，帝王擁有最高立法權與司法權，享有無盡的威嚴與尊貴。今知西周時又強化了宗族關係，即血緣關係。血緣關係又分爲近親、遠親、异姓之親等。血緣關係成爲一切社會關係的核心，由血緣關係擴而廣之，又有師生、朋友及當體恤的其他人等關係。由血緣關係又進而強化了尊卑關係，即君臣關係、臣民關係，這些關係較之血緣關係更爲細密，爲此而設有"八辟"之法，規定帝王之親朋、故舊、近臣等八種人，可以享有減免刑罰之特權。漢代改稱"八議"，三國魏正式載入法典。其後，歷代常有沿襲。這一血緣關係在我國可謂根深蒂固，直至今世而未衰。爲維護這尊卑關係，西周之法典又設有《九刑》，以"不忠"爲首罪。另有《八刑》以"不孝"爲首罪。"忠"，指忠君，"孝"指孝敬父母，兩者難以分割。《九刑》《八刑》雖爲時過境遷之古法，但其倡導的"忠孝"，已成爲中華民族的一種處世觀念，一種道德規範。作爲個人若輕忽"忠孝"，則必極端自私，害及民衆；作爲執政者若輕忽"忠孝"，則必妄行無忌，危及國家。今世早已摒弃愚忠愚孝之舉，但仍然繼承并發揚了"忠孝"的傳統。"忠"不再是"忠君"，而是忠於祖國，忠於人民，或是忠於信守的理想；"孝"謂善事父母，直承百代，迄今不衰。"忠孝"是人們發自心底的感恩之情，唯知感恩，始有報恩，人間纔有真情往還，纔有心靈交融。佛家箴言警語曰"上報四重恩，下濟三途苦"（見《大乘本生心地觀經》），"四重恩"指父母恩、師長恩、國土恩、衆生恩（衆生包括動植物等一切生靈）。我國傳統忠孝文化中又融入了佛家的這一經典旨意，可謂相得益彰。"忠孝"乃我文明古國屹立不敗的根基，絕不可視之爲"封建觀念"。縱觀我中華信史可知，舉凡國家昌盛時代，必是忠孝振興歲月，古今如一，堪稱鐵律。國家可敬又可愛，所激起的正是人們的家國情懷！"忠孝"這一處世觀念，這一道德規範，直涉人際關係，直涉國家命運，成爲我中華獨有、舉世無雙的文化傳統。

中國之國法，并非僅靠威懾之力，更有"禮治"之宣導，而關乎禮治的宣導今人常常忽略。前已述及中華法系如同世界諸文明古國法系一樣，源於宗教，興於禮俗，由禮俗演進爲禮治，禮治早於刑法之前已經萌生。自商周始，《湯刑》《吕刑》（按，《湯刑》《吕刑》之"刑"當釋爲"法"）相繼問世，尤重"禮治"，何謂"禮治"？"禮治"指遵守禮儀道德與社會規範，破除"禮不下庶人"的舊制，將仁義禮智信作爲基本的行爲規範，《孟子·公孫丑上》曰："辭讓之心，禮之端也。""辭讓"指謙和之道，尊重他人，由"禮讓"而漸發展爲"禮制"。至西周時，"禮治"已成定制。這一立法思想備受推崇。夏商以來，三千餘載，王朝更替，如同百戲，雖脚色各異，却多高揚禮制之大旗，以期社會和諧，民生安樂。不瞭解中國之禮治，也就難以瞭解中華法制史，就難以瞭解中國文化史。此後"禮治"配以"刑治"，相輔相成，久行不衰。"禮刑相輔"何以行使？答曰：升平之世，統治者無不強調禮制之作用，藉此以示仁政；若逢亂世，則用重典，施酷刑（下將述及），軟硬兩手交替使用。這就組成了一張巨大的不可錯亂、不可逾越的法律之網，這就是中華民族百代信守的國家法制的核心，這就是中華民族有史以來建國治國之道。這一"禮刑相輔"的治國之道，迴別與西方，爲我中華所獨有，在漫長而多樣的世界法制史中居於前沿地位。

在我古老國度中，國家既已形成，於是又具有了不同尋常的歷史意義與價值觀。自先秦以來，"國家"一詞意味着莊嚴與信賴。在國人心目中，"國"與"家"難以分割，直與身家性命連爲一體，故"報效國家"爲中華民族的最高志節，而"國破家亡"則爲全民族的最大不幸。三十年前本人曾是《漢語大詞典》主要執筆者之一，撰寫"國家"條文時，已注意了先民曾把皇帝直稱爲"國家"。如《東觀漢紀·祭遵傳》："國家知將軍不易，亦不遺力。"《晋書·陶侃傳》："國家年小，不出胸懷。"稱皇帝爲"國家"，以皇帝爲國家的代表或國家的象徵，較之稱皇帝爲天子，更具親切感，更具號召力。中國歷史上的一些明君仁主也多以維護國家法制爲最高宗旨，秦皇、漢武皆曾憑藉堅定地立法與執法而國勢强盛，得以稱雄天下，這對始於西周的"八辟"之法，無疑是一大突破。本書《國法卷》第一章概論論及隋唐五代立法思想時，有以下論述：據《隋書·王誼傳》及文帝相關諸子傳載，文帝楊堅少時同王誼爲摯友，長而將第五女嫁王誼之子，相處極歡，後王誼被控"大逆不道，罪當死"，文帝遂下詔"禁暴除惡"，"賜死於家"。《隋書·文四子傳》又載，文帝三子秦王楊俊，少而英武，曾總管四十四州軍事，頗有令名，文帝甚爲愛惜，獎勵有加。後楊俊漸奢侈，違制度，出錢求息，窮治宮室，文帝免其官。左武衛將軍劉升、重臣楊素，先後力諫曰："秦王非有他過，但費官物、營廨舍而已。"文帝答曰："法不可違！"劉、楊又先後諫曰："秦王之過，不應至此，願陛下詳之。"文帝答曰："我是五兒之父，若如公意，何不別制天子兒律？"文帝四子、五子皆因違法，被廢爲庶民，文帝處置毫不猶豫，毫不留情。隋文帝身爲人君，以萬乘之尊，率先力行，實踐了"王子犯法，與民同罪"的古訓。在位期間，創建"開皇之治"，人丁大增，百業昌盛，國人視文帝爲真龍天子，少數民族則尊稱其爲聖人可汗。《國法卷》主編對歷史上身爲人君的這種舉措，有"忍割親朋私情，立法爲公"的簡要評論。這一評論對於中國這種以宗族故交爲關係網的大國而論，正是切中要害。此後，唐太宗李世民、玄宗李隆基、憲宗李純等君王皆有類似之舉，終成輝煌盛世。時至明代，面對一片混亂腐敗的吏治，明太祖朱元璋更設有"炮烙""剝皮"之類酷刑嚴法，懲治的貪官污吏達十五萬之衆，即便自家的親朋故舊，也毫不留情。如進士出身的駙馬，朱元璋的愛婿歐陽倫只因販茶違法，就直接判以死刑，儘管安慶公主及儲君朱允炆苦苦哀求，也絕不饒恕。據《明史·循吏傳序》載："〔官吏〕一時受令畏法，潔己愛民，以當上指……民人安樂、吏治澄清者百餘年。"其時，士子們甘願謀求他職，而不敢輕率爲官，而諸多官員却學會了種田或捕魚，呈現了古今難得一見的別樣的政治生態。明太祖的這類嚴酷法令雖是過當，却勝於放縱，故而明朝一度成爲世界經濟大國、經濟强國。中國歷史上的諸多建國之名君仁主，執法雖未若隋文帝之果决，未若明太祖之嚴酷，但無一不重視國家安危。這些建國名君仁主"上以社稷爲重，下以蒼生在念"（見《舊唐書·桓彦範傳》），故而贏得臣民的擁戴。今之世人多以爲帝王之所以成爲帝王，盡皆爲皇室一己之私利，祇貪圖自家的享榮華富貴而已，實則并非盡皆如此。歷代君王既已建國，亦必全力保國，并垂範後世，以求長治久安。品讀本書《國法卷》，可藉以瞭解我國固有的國情狀況，瞭解我國歷史中的明君仁主如何治理國家，其方策何在，今世仍有藉鑒價值。縱觀我國漫長的歷史進程，有的連續數代，稱爲盛世；有的衰而復起，稱爲中興；有的則二世而亡，如曇花一現。一切取决於先主與後主是否一脉相繼，一切取决於執法是否穩定。要而言之：嚴守國法，則國家興盛，嚴守國法，則社會祥和，此乃舉世不二之又一鐵律。

《國法卷》雖以國法爲研究主體，却力求超越法律研究自身，力求探索法律背後的正反驅動力量，其旨義更加廣遠。因而本卷又區別於常見的法律專著。

另如《巧藝卷》，在《通考》全書中未占多大分量，但在日常社會生活中却有無可替代的獨特地位，藉此大可飽覽先民的生活境遇和精神世界。何謂"巧藝"？古代文獻中無此定義。所謂"巧藝"，專指巧智與技藝性的娱樂及各種健身活動，同時展現了與之相應的家國關係。中華民族的"巧藝"別具特色，所涉内容十分廣泛，除却一般游戲活動外，又包涵了棋類、牌類、養生、武術、四季休閑、宴飲娱樂、動物馴化等等。細閲本卷所載，常爲古人之智巧所折服。如西漢東方朔"射覆"之奇妙，今已成千古佳話。據《漢書·東方朔傳》載，漢武帝嘗覆守宫（即壁虎）於杯盂之下，令衆方士百般揣度，各顯其能，并無一言中的者，而東方朔却可輕易解密，有如神算，令滿座驚呼。何謂"射覆"？"射覆"爲古代猜測覆物的游戲。射，揣度；覆，覆蓋。"射覆"之戲，至明清始衰，其間頗多高手。這些高手似乎出於特異功能，是古人勝於今人麽？當作何解釋？學界認爲這些高手多善《易》學，故而超乎常人，但今世精於《易》學者并非罕見，却未見有如東方朔者，何也？難以作答，且可不論，但古代對動物的馴化，又何以特別精彩，令今人嘆服？

著名的唐代象舞、馬舞，久負盛名，這些大動物似通人性，故可不論，而那些似乎笨拙的小動物，如"烏龜疊塔""蛤蟆説法"之類的馴養，也常常勝過今人，足可展現先民的巧智，"'疊塔''説法'，固教習之功，但其質性蠢蠢，非他禽鳥可比，誠難矣哉！"（見明陶宗儀《輟耕録·禽戲》）古人終將蠢蠢之蟲馴化得如此聰明可愛，藉此可見古人之扎實沉着，心智之專一，少有後世浮躁之風。目前，國人甚喜馴養，寵物遍地，却未見馴出如同上述的"疊塔"之烏龜與"説法"之蛤蟆，今之馬戲或雜技團體，爲現代專業機構，也未見絶技面世。

《巧藝卷》的條目詮釋，大有建樹，絶不因襲他人成説，明確關聯了具體事物形成的歷史淵源與社會背景。如"踏青"，《漢語大詞典》引用了唐代的書證，并稱其爲"清明節前後，郊野游覽的習俗"。本卷則明確指出，"踏青"是由遠古的"春戲"演變而來。西周時曾爲禮制。漢代已有"人日郊外踏青"之俗，同時指出"踏青"還有"游春"的別稱。《漢語大詞典》與本卷的釋文内容差异如此之大，實出常人之所料。何謂"春戲"？所有辭書皆未收録。本卷有翔實考證，兹録如下：

春戲：古代民間春季娛樂活動。以繁衍後代和期盼農作物豐收爲目的的男女歡會活動。始於原始社會末期，西周時仍很流行。《周禮·地官·司徒》："中春之月，令會男女。於是時也，奔者不禁。若無故而不用令者，罰之。司男女之無夫家者而會之。"《墨子·明鬼篇》："燕之有祖，當齊之社稷。宋之有桑林，楚之雲夢也，此男女之所屬而觀也。"《詩·鄭風·溱洧》："溱與洧，瀏其清矣。士與女，殷其盈矣。女曰：'觀乎？'士曰：'既且。''且往觀乎！洧之外，洵訏且樂。'維士與女，伊其將謔，贈之以芍藥。"《楚辭·九歌·少司命》："秋蘭兮糜蕪，羅生兮堂下。緑葉兮素枝，芳菲菲兮襲予。夫人兮自有美子，蓀何以兮愁苦？"戰國以後逐漸演變爲單純的春游活動"踏青"。

《巧藝卷》精心地援引了以上經典，可證在中國上古時期男女歡會非常自然，而且是具有相當規模的群體性活動。此舉在中國遠古時代已有所見，青海大通縣上孫家寨出土的舞蹈紋彩陶盆，已展現了男女携手共舞的親密生動場景，那是馬家窰文化的代表，距今已有五千年歷史，但必須明確，這并非蒙昧時期的亂性之舉。這是一種男女交往的公開宣示。前述《周禮·地官·司徒》曰："中春之月，令會男女……司男女無夫之家者而會之。"其要點是"男女無夫之家者"。這是明確的法律規定，故而作者的篇首語曰："以繁衍後代和期盼農作物豐收爲目的。"這就撥正了後世對於中國古代奴隸社會或封建社會有關男女關係的一些偏頗見解，可證本卷之"巧藝"非同一般的娛樂，所展現的是中華先民多方位的生活狀態。

三、博物研究遭質疑，古老科技又誰知？

《通考》所涉博物盡有所據，無一虛指，如繁星麗天，構成了浩大的博物學體系，千載一脉，本當生生不息，如瀑布之直下，但却似大河之九曲，時有峽谷，時有險灘，終因清廷喪權辱國、全盤西化而戛然中斷，故而迥異於西方。由於西方科技的巨大影響，致使一些學人缺少文化自信，多認爲中國古老的博物學，無甚價值。豈知我中華民族從不乏才俊、精英，從不乏偉大的發明，很多祇是不知其名而已。如《淮南子·泰族訓》："欲知遠近而不能，教之以金目則快射。"漢代高誘注曰："金目，深目。所以望遠近射準也。"何謂"金目"？據高注可知，就是深目。"深目"之"深"，謂深遠也（又説稱"金目"爲黃金之目，用以喻其貴重，恐非是）。"金目"當是現代望遠鏡或眼鏡之類的始祖。"金目"其物，在古代萬千典籍中僅見於《淮南子》一書，別無他載。因屬古代統治者杜絕的"奇技淫巧"，又甚難製作，故此物宫廷不傳，民間絶踪，遂成奇品。上世紀 80 年代，揚州邗江縣東漢廣陵王劉荆墓中出土一枚凸透鏡，此鏡之鏡片直徑 1.3 厘米，鑲嵌在用黄金精製而成的小圓環内，視物可放大四五倍，此鏡至遲亦有兩千餘年的歷史。廣陵墓之外，安徽亳州曹操宗族墓等處，亦有出土。是否就是"金目"已難考證。作爲眼鏡其物，發展到宋代，始有明確的文字記載，其時稱之爲"靉靆"（見明方以智《通雅·器用·雜用諸器》引宋趙希鵠《洞天清録》）。今日學者皆將眼鏡視爲西方舶來品，一説來自阿拉伯，又説來自英國，如猜謎語，不一而足；西方的眼鏡實則是由中國傳入的，如若説是西方自家發明，也晚於中國千年之久。

"金目"其物的出現絶非偶然，《墨子》中的《經下》《經説下》已有關於光的直綫傳播、反射、折射、小孔成象、凹凸透鏡成象等連續的科學論述，這一原理的提出，必當有各式透體器物，如鏡片之類爲實驗依據，這類器物的名稱曰何今已不得而知，但製造出金目一類望遠物，是情理之中的必然結果。據上述《經下》《經説下》記載可知，早在戰國時期，先賢已有光學研究的成就，與後世西方光學原理盡同。在中國漫長的古代日常生活中，隨時可見新奇的創造發明，這類創造發明所展現的正是中國獨有的科學。《導論》中所述"被中香爐""長信宮燈"之外，更有"博山爐"（一種形似傳説中神山"博山"的香爐，當香料在爐内點燃時，烟霧通過鏤空的山體宛然飄出，形成群山蒙蒙、衆獸浮動的奇妙景象，約發明於漢代）、"走馬燈"（一種竹木扎成的傳統佳節所用風車狀燈具，外貼人馬等圖案，藉燈内點燃蠟燭的熱力引發空氣對流，輪軸上的人馬圖案隨之旋轉，投身於燈屏上，形成人馬不斷追逐、物换景移的壯觀情景，約發明於隋唐時期）之類。古老中華何止是"四大發明"？此外，約七千年前，在天灾人禍、形勢多變的時代背景之下，先民爲預測未來，指導行爲方嚮，始創有易學，形成於商周之際，今列爲十三經之首，稱爲《周易》，這是今世的科學不能完全解釋的另一門"科學"，其功用不斷地爲當世諸多領域所驗證，在我華夏、乃至歐美，研究者甚衆，本《通考》對此雖有涉及，而未立專論。

那麽，在近現代，國人又是如何對待古代的"奇技奇器"的呢？著名的古代"四大發明"，今已家喻户曉，婦幼皆知，但却如同可愛的國寶大熊猫一樣，乃是西方學者代爲發現。我仁人志士，爲唤醒"東方睡獅"，藉此"四大發明"，竭力張揚，以振奮民族精神。這"四大發明"影響非凡，但在中國傳統文化中亦無重要地位，其中"火藥"見載於唐孫思邈《丹經》，"指南針""印刷術"同見載於宋沈括《夢溪筆談》，皆非要籍鴻篇，唯造紙術見於正史，全文亦僅七十一字，緊要文字祇有可憐的四十三字（見《後漢書·宦者傳·蔡倫》）。而這"四大發明"中有兩大發明，不知爲何人所爲。

在古老中國的歷史長河中，更有另一種科學技術，當今學界稱之爲"黑科技"（意謂超越當今之科技，出於人類的想象之外。按，稱之爲"超科技"，似更易理解，更準確），那就是現代科學技術望塵莫及、無法破解的那些千古之謎。如徐州市龜山西漢楚襄王墓北壁的西邊墻上，非常清晰地顯示一真人大小的影子，酷似一位老者，身着漢服，峨冠博帶，面東而立，作揖手迎客之狀。人們稱其爲"楚王迎賓圖"。最初考古人員發掘清理棺室時，并無壁影。自從設立了旅游區正式開放後，壁影纔逐漸地顯現出來，仿佛是楚王的魂魄顯靈，親自出來歡迎來此參觀的游人一樣。楚襄王名劉注，是西漢第六代楚王，死後葬於此。劉注墓還有五謎，今擇其三：一、工程精度之謎。龜山漢墓南甬道長 55.665 米，北甬道長爲 55.784 米，沿中綫開鑿，最大偏差僅爲 5 毫米，精度達 1/10000；兩甬道相距 19 米，夾角 20 秒，誤差爲 1/16000，其平行度誤差之小，大約需要從徐州一直延伸到西安纔能使兩甬道相交。按當時的技術水準，這樣的墓道是何人如何修建的？二、崖洞墓開鑿之謎。龜山漢墓爲典型的崖洞墓，其墓室和墓道總面積達到 700 多平方米，容積達 2600 多立方米，幾乎掏空了整個山體。勘察發現，劉注墓原棺室的室頂正對着龜山的最高處，劉注府庫中的擎天石柱也正位於南北甬道的中軸綫上。龜山漢墓的工程人員是利用什麼樣的勘探技術掌握龜山的山體石質和結構？ 三、防盜塞石之謎。南甬道由 26 塊塞石堵塞，分上下兩層，每塊重達六至七噸，兩層塞石接縫非常嚴密，一枚硬幣也難以塞入。漢墓的甬道處於龜山的半山腰，當時生產力低下，人們是用什麼方法把這些龐大的塞石運來并嵌進甬道的？ 今皆不得而知。

斷言"中國古代祇有技術而没有科學"者，對中國歷史的瞭解實在是太過膚淺，并不瞭解在中國古代不祇有科技，而且竟然有超越科學技術的"黑科技"。

四、當世灾難甚可懼，人間正道何處覓？

在《通考》的編纂過程中，常遇到的重要命題，那就是以上論及的"科技"。今之"科技"，在中國上古曾被混稱爲"奇技奇器"，直至清廷覆亡，迄未得到應有的重視，導致國勢衰微，外寇侵略，民不聊生。這正是西方視之爲愚昧落後，敢於長驅直入，爲所欲爲的原因。因而一個國家、一個民族，要立於不敗之地，必須擁有自家的科技！世人當如何評定"科技"？ 如何面對"科技"？ 本書《導論》已有"道器論"，今《總説》以此"道器論"爲據，就現代人類面臨的種種危機，論釋如下：

何謂"道器"？ 所謂"道"是指形成宇宙萬物之原本，是形成一切事理的依據與根由。何謂"器"？ "器"即宇宙間實有的萬物，包括一切科技，一切發明，至巨至大，至細至微，充斥天地間，而盡皆不虚。科技衍生於器，驗證於器，多以器爲載體，是推進或毀壞人類社會的一種無窮力量，故而又必須在人間正道的制約之下。此即本書道器并重之緣由，或可視爲天下之通理也。英國自 18 世紀第一次工業革命以來，其科學技術得以高速而全方位地發展，引起西方乃至全世界的密切關注與重視，影響廣遠。這一時期，英帝國統治者睥睨全球，居高臨下，自我膨脹，發表了"生存競争，勝者執政"等一系列宏論；托馬斯·馬爾薩斯的《人口論》亦應時而起，其核心理論是："貧富强弱，難以避免。承認現實，存在即合理。" 甚而提出"必須控制人口的大量增長，而戰争、饑荒、瘟疫是最後抑制人口增長的必要手段"（這一理論在以儒學爲主體的傳統文化中被視爲離經叛道，滅絕人性，而在清廷走投無路全面西化之後，國人亦有崇信者，直至 20 年代初猶見其餘緒）。在這樣的時代背景下，查爾斯・達爾文所著《物種起源》得以衝破基督教的束縛，順利出版，暢行無阻。該書除却大量引用我國典籍《齊民要術》《天工開物》與《本草綱目》之外，還鄭重表明受到馬爾薩斯《人口論》的啓示和影響。《物種起源》的問世，形成了著名的進化理論："物競天擇、優勝劣汰，弱肉强食，適者生存。"（近世對其學說已有諸多評論，此略）進化學說在人們的社會生活中留下了深刻的印迹，在世界範圍内引起巨大反響，當時英國及其他列强利用了自然界"生存法則"的進化理論，將其推行於對外擴張的殖民戰爭中，打破了世界原有生態格局，在巨大的聲威之下，暢行無阻，遍及天下。縱觀人類的發展史，尤其是近世以來的發展史可知，科技的高下決定了國家的强弱，以强凌弱，已成定勢，在高科技强國的聲威之下，無盡的搜羅，無盡的采伐，無盡的探測實驗（包括核試驗），自然資源和自然環境漸遭破壞，各種弊端漸次顯露。時至 20 世紀中後期，以原子能、電子電腦、信息技術、空間技術等發明和應用爲標志、第三次科技革命的到來，學界稱之爲"科技革命的紅燈時刻"，其勢如風馳電掣，所向披靡，人類社會發生了翻天覆地的變化，時至 21 世紀，又凸顯了另一灾難，即瘟疫肆虐，病毒猖獗，危及整個人類。這一系列禍患緣何而生？天灾之外，罪魁爲人。何也？世間萬種生靈，習性歸一，盡皆順從於大自然，但求自身生息而已，别無他求，而作爲"萬物之靈"的人類，在茹毛飲血，跨越耕獵時代之後，却欲壑難填，毫無節制！爲追求享樂、滿足一己之貪婪，塗炭萬種生靈，任你山中野外，任你江面海底，任你晝藏夜出，任你天飛地走，皆得作我盤中佳餚。閑暇之日，又喜魚竿獵槍，目睹异類掙扎慘死，以爲暢快，以爲樂趣，若爲一己之喜慶，更可"磨刀霍霍向猪羊"，視之爲正常！"萬物之靈"的人類，永無休止，地表搜刮之外，還有地下的搜索挖掘，如世界著名的南非姆波尼格金礦，雖其開采僅起始於百年前，憑藉當代最先進的科技，挖掘深度已超 4000 米（我國的招遠金礦，北宋真宗年間已進行開采，至今深度不過 2000 米左右），現有 370 千米軌道，用以運送巨大的設備與成噸重的礦石，而每次開采都必須用兩千多公斤的炸藥爆破，可謂地動山摇！金礦之外，又有銀礦、鐵礦、銅礦、煤礦、水晶礦（如墨西哥的奈咯水晶洞，俗稱"神仙水晶礦"，其中一根重達 50 噸，挖出者一夜暴富），種種礦藏數以萬計。此外尚有對石油、純净水，乃至無形的天然氣等的無盡索取，山林破壞，大地沙化，水污染、大氣污染、核污染，地球已是百孔千瘡，而挖掘索取，仍未甘休，愈演愈烈，故今之地球信息科學已經發現地球性能的變异以及由此帶來可怕的全球性灾難。今日世界，各國執政者憑仗高科技，多是從一國、一族或一己之私利出發，或結邦，或聯盟，爭強鬥勝，互不相顧，國際關係日趨惡化，人類時刻面臨可怕的威脅，面臨毀滅性的核戰爭。凡此種種，怎不令人憂慮，令人悲痛？故而有學者宣稱："科技確實偉大，也確實可怕。一旦失控，後患無窮。"又稱："人類擁有了科技，必警惕成爲科技的奴隸。"此語并非危言聳聽，應是當世的警鐘，因爲人類面對強大的科技，常常難以自控，這是科技發展必然的結果。而作爲"萬物之靈"的人類，具有高智慧，能够擁有高科技，確乎超越了萬物，居於萬物主宰的地位，而執政者一旦擁有失控的權力，肆意孤行，其最終結局必將是自戕自毀，必將與萬物同歸於盡。一言以蔽之，毀滅世界的罪魁禍首是人類自己，而并非他類。

面對這多變的現實與可怕的未來，面對這全球性的灾難，中外科學家作了不懈努力，而收效甚微。1988 年 1 月，七十五位諾貝爾獲獎者及世界著名學者齊聚巴黎，探討了 21 世紀科學的發展與人類面臨的種種難題，提出了應對方略。在隆重的新聞發布會上，瑞典物理學家漢内斯·阿爾文發表了鄭重的演説："如果人類要在 21 世紀生存下去，必須回頭到兩千五百年前去汲取孔子的智慧。"（見 1988 年 1 月 24 日澳大利亞《堪培拉時報》原文——《諾貝爾獎獲得者説要汲取孔子的智慧》）這是何等驚人的預見，又是何等嚴正的警示！這七十五位諾貝爾獲獎者没有一位是我華夏同胞，他們對孔子的認知與崇敬，非常客觀，非常深刻，超乎我們的想象。這種高屋建瓴式的睿智呼籲，振聾發聵，可惜并没有警醒世人，也没有引起足够多的各國領導人的重視。

人類爲了自救，不能不從人類自身發展史中尋求答案。在人類發展史中，不乏偉大的聖人，孔子是少有的没有被神化、起於底層的聖人（今有稱其爲"草根聖人"者），他生於春秋末期，幼年失父，家境貧寒，又正值天下分裂，戰亂不斷，在這樣的不幸世道裏，孔子及其弟子大力宣導"克己復禮"，這是人類歷史上最切實際的空前壯舉。何謂"禮"？《説文·示部》曰："禮，履也。所以事神致福也。"禮本來是上古祭祀鬼神和先祖的儀式。史稱文、武、成王、周公據禮"以設制度"，此即"周禮"。"周禮"的内容極爲廣泛，舉凡國家的政治、經濟、軍事、行政、法律、宗教、教育、倫理、習俗、行爲規範，以及吉、凶、軍、賓、嘉五類禮儀制度，均被納入禮的範疇。周禮在當時社會中的地位與指導作用，《禮記·曲禮》中有明確記載："分爭辯訟，非禮不决；君臣上下、父子兄弟，非禮不定；宦學事師，非禮不親；班朝治軍、涖官行法，非禮威嚴不行。"當然也維護了“君臣朝廷尊卑貴賤之序，下及黎庶車輿衣服宮室飲食嫁娶喪祭之分”（見《史記‧禮書》），這符合於那個時代的階級統治背景。孔子提出“克己復禮”，期望世人克服一己之私欲，以應有的禮儀禮節規範自己的言行，建立一個理想的中庸和諧社會，這已跨越了歷史局限。孔子的核心思想是“敬天愛人”，何謂“敬天”？孔子強調“巍巍乎唯天爲大”（見《論語‧泰伯》），又曰：“天何言哉？四時行焉，百物生焉，天何言哉！”（見《論語‧陽貨》）孔子所言之“天”，并非指主宰人類命運的上蒼或上帝，并非是孔子的迷信，因“子不語怪力亂神”（見《論語‧述而》）。孔子認爲四季變化、百物生長，皆有自己的運行規律，人類應謹慎遵從，應當敬畏，不得違背。孔子指稱的“天”，實則指他所認知的宇宙。此即孔子的天人觀、宇宙觀。“巍巍乎唯天爲大”，在此昊天之下，人是何樣的微弱，面臨小小的細菌、病毒，即可淒淒然成片倒下。何謂“愛人”？孔子推行“仁義之道”，何謂“仁”？子曰：“仁者，愛人！”（《論語‧顏淵》）即人人相親、相愛。又曰：“己所不欲，勿施於人。”意即重正義，絕不損人利己。何謂“義”？“義”指公正的道理、正直的行爲。子曰：“不義而富且貴，於我如浮雲。”（見《論語‧述而》）這就是孔子的道德觀與道德規範，當作爲今世處理人與自然、人與社會的規範與行動指南。其弟子又提出“親親而仁民，仁民而愛物”（見《孟子‧盡心上》），漢代大儒又有“天人之際，合而爲一”的主張（董仲舒在《春秋繁露‧深察名號》中，爲維護皇權的需要而建立了皇權天授的觀念），這種主張已遠遠超越了維護皇權的需要，成爲了一種可貴的哲理。時至宋代，大儒張載再度發揚孟子“親親而仁民，仁民而愛物”的襟怀，又有“民吾同胞，物吾與也”（見其所著《西銘》）之名言箴語，即將天下所有的人皆當作同胞，世間萬物盡視爲同類，最終形成了著名的另一宏大的儒學系統，其主旨則是“天人合一”論。何謂“天人合一”？“天人合一”有兩層意義：一曰天人一致，天是一大宇宙，人則如同一小宇宙，也就是說人類同天體各有獨立而相似之處；二是天人相應，這是說人與天體在本質上是相通的，是相互相連的。因此，一切人事應順乎自然規律，從而達到人與自然的和諧。達到人與自然的和諧統一，當作爲今世處理人與自然、人與社會的明確規範與行動指南。這是真正的“人間正道”，唯有遵循這一“人間正道”，人際關係纔能融洽，社會纔能和諧，天下纔能太平。

　　古老中國在形成“孔子智慧”之前，早已重視人與自然的關係。約在七千年前，我中華先祖已能够通過對於蟲鳥之類的物候觀察，熟練地確定天氣、季節的變幻，相當完美地適應了生産、生活、繁衍發展的需求，這一遠古的測算應變之舉，處於世界領先地位。約四千年前，夏禹之時，已建有令今人嚮往的廣袤的綠野濕地。如《書·禹貢》即記載了"雷夏""大野""彭蠡""震澤""菏澤""孟豬""豬野""雲夢"諸澤的形成及其利用情况，如其中指出："淮海惟揚州，彭蠡既豬（瀦），陽鳥攸居；三江既入，震澤厎定。篠簜既敷，厥草惟夭，厥木惟喬……厥貢惟金三品，瑶琨篠簜，齒革羽毛，惟木。"這是説揚州有彭蠡、震澤兩方綠野濕地，適合於鴻雁類禽鳥居住，適合於篠竹（箭竹）、簜竹（大竹）生長，青草繁茂，樹木高大，向君主進貢物品有金銀銅等三品，又有瑶琨美玉、箭竹、大竹以及象齒皮革與孔雀、翡翠等禽鳥羽毛。所謂"大禹治水"，并非祇是被動的抗灾自救，實則是大治山川，廣理田野，調整人與大自然的關係，使之相得益彰。《逸周書·大聚解》又載，夏禹之時"且以并農力，執成男女之功，夫然則有生不失其宜，萬物不失其性，人不失其事，天不失其時……放此爲人，此謂正德"，此即所謂夏禹"劃定九州"之功業所在。其中"放此爲人，此謂正德"的論定，已藴含了後世儒家初始的"天人合一"的觀念。西周初期，已設定掌管國土資源的官職"虞衡"，掌山澤者謂"虞"，掌川林者稱"衡"（見《周禮·天官·太宰》及賈疏）。後世民衆，繼往開來，對於保護生態環境，保護大自然，采取了各種措施，又設有專司觀察氣象、觀察環境的機構，并有方士之類的"巫祝史與望氣者"，多管道、多方位進行探測研究，從而防患於未然。《墨子·號令篇》（一説此篇非墨子所作，乃是研究墨學者取以益其書）曰："巫祝史與望氣者，必以善言告民，以請（讀爲'情'）上報守（一説即太守），上守獨知其請（情）。無［巫］與望氣，妄爲不善言，驚恐民，斷弗赦。"這裏明確地指出，由"巫祝史與望氣者"負責預告各種灾情，但不得驚恐民衆，否則即處以重刑，絶不饒恕。愛惜生態，保護自然，這是何樣的遠見卓識，這又是何樣的撫民情懷！

是的，自夏禹以來，先民對於大自然、對於與蒼生，有一種別樣的愛惜、保護之舉措，防範措施非常細密，非常全面而嚴厲。《逸周書·大聚解》有以下記載：夏禹時期設定禁令，大力保護山林、川澤，春季不准帶斧頭上山砍伐初生的林木；夏季不准用漁網撈取幼小的魚鱉，此即世界最早的環境保護法。《韓非子·内儲説上》又載：殷商時期，在街道上揚弃垃圾，必斬斷其手。西周時又有更爲具體規定：如，何時可以狩獵，何時禁止狩獵，何樣的動物可以獵殺，何樣的動物禁止獵殺；何時可以捕魚，何時禁止捕魚，何樣的魚可以捕取，何樣的魚禁止捕取，皆有明文規定，甚而連網眼的大小也依季節不同而嚴予區別。并特別强調：不准搗毁鳥巢，不准殺死剛學飛的幼鳥和剛出生的幼獸。春耕季節不准大興土木。《禮記·月令》又載："毋變天之道，毋絕地之理，毋亂人之紀。"這一"毋變""毋絕""毋亂"之結語，更是展現了後世儒家宣導并嚮往的"天人合一"說。至春秋戰國之際，法律法規的範圍更加全面，特別嚴厲。這一時期已經注意到有關礦山的開發利用，若發現了藏有金銀銅鐵的礦山，立即封禁，"有動封山者，罪死而不赦。有犯令者，左足入，左足斷，右足入，右足斷"（見《管子·地數》）。古人認爲輕罪重罰，最易執行，也最見成效，勝過重罪重罰。這些古老的嚴厲法令，雖是殘酷，實際却是一聲斷喝，讓人止步於犯罪之前，因而犯罪者甚微。這就最大限度地保護了大自然，同時也最大限度地保護了人類自己。而早在西周建立前夕，又曾頒布了令人欽敬的《伐崇令》："文王欲伐崇，先宣言曰……令毋殺人，毋壞室，毋填井，毋伐樹木，毋動六畜，有不如令者，死無赦！崇人聞之，因請降。"（見漢劉向《説苑·指武》）這是指在殘酷的血火較量中，對於敵方人民、財産及生靈的愛惜與保護。我中華上古時期這一《伐崇令》，是世界戰爭史中的奇迹，是人類應永恒遵守的法則！當今世界日趨文明，闊步前進，而戰爭却日趨野蠻，屠殺對方不擇手段，實是可怖可悲！我華夏先祖所展現的這些大智慧、大慈悲，爲後世留下了賴以繁衍生息的楚山漢水，留下了令人神往的華夏聖地，我國遂成爲幸存至今、世界唯一的文明古國。

五、筆墨革命難預料？卅載成書又何易？

《通考》選題因國內罕見，無所藉鑒，期望成爲經典性的學術專著，難度之大，出乎想象，初創伊始，即邀前輩學者南京大學老校長匡亞明先生主其事。這期間微信尚未興起，寧濟千里，諸多不便，盛岱仁、康戰燕伉儷滿腔熱情，聯絡於匡老與筆者之間，得到先生的熱情鼓勵與全力支持，每逢疑難，必親予答復，但表示難做具體工作，在經濟方面也難以爲力。因爲先生於擔任國家古籍整理領導小組組長之外，又全面主持南京大學中國思想家研究中心的工作，正在編纂《中國思想家評傳》，百卷書稿須親自逐一審定，難堪重任。筆者初赴南大之日，老人家親自接待，就餐時當場現金付款，没有讓服務員公款記賬，筆者深受感動，終生難以忘懷。此後在匡老激勵之下，筆者全力以赴，進而邀得數百作者并肩携手，全面合作，并納入國家"九五"重點出版規劃中。1996年12月，匡老驟然病逝，筆者悲痛不已，孤身隻影，砥礪前行，本書再度確定爲國家"十五"重點出版規劃項目，并將初名更爲今名。那時，作者們盡皆恪守傳統著述方式，憑藏書以考釋，藉筆墨以達志。盛暑寒冬，孜孜矻矻，無敢逸豫。爲尋一詞，急切切，一目十行，翻盡千頁而難得；爲求善本，又常千里奔波，因限定手抄，不得複印，纍日難歸！諸君任勞任怨，潜心典籍，閲書，運筆，晝夜伏案，恂恂然若千年古儒。至上世紀末，一些年輕作者已擁有個人電腦，各種信息，數以億計，中文要籍，一覽無餘，天下藏書，“千頃齋”“萬卷樓”之屬，皆可盡納其中，無須跋涉遠求。搜集檢索，祇需“指點”，瞬息可得；形成文章，亦祇需“指點”，頃刻可就。在這世紀之交，面临書寫載體的轉換，老一輩學人步入了一個陌生的电脑世界，遭遇了空前的挑戰。當代作家余秋雨在其名篇《筆墨祭》中有如下陳述：“五四新文化運動就遇到過一場載體的轉換，即以白話文代替文言文；這場轉換還有一種更本源性的物質基礎，即以‘鋼筆文化’代替‘毛筆文化’。”由“毛筆文化”向“鋼筆文化”的轉換，經歷了漫長的數千載，而今日再由“鋼筆文化”向“電腦文化”轉換，却僅僅是二十年左右，其所彰顯的是科學技術的力量、“奇技奇器”的力量。作家所謂的“筆墨”，係指毛筆與烟膠之墨，《筆墨祭》祇在祭五四運動之前的“毛筆文化”。今日當將毛筆文化與鋼筆文化并祭，乃最徹底的“筆墨祭”。面對這世紀性的“筆耕文化”向“電腦文化”的轉換，面對這徹底的“筆墨祭”，老一輩學人没有觀望，没有退縮，同青年作者一道，毅然決然，全力以赴，終於跟上了時代的步伐！筆者爲我老一輩學人驕傲！回眸曩日，步履維艱，隨同筆墨轉型，書稿也隨之經歷了大修改、大增補，其繁雜艱辛，實難言喻。天地逆旅，百代過客，如夢如幻，三十餘年來，那些老一輩學人全部白了頭，却無暇“含飴弄孫”，又在指導後代參與其事。那些“知天命”之年的碩博生導師們皆已年過花甲，却偏喜“舞文弄墨”，又在尋覓指導下一代弟子同步前進。如此前啓後追，無怨無悔，這是何樣的襟懷？憶昔乾嘉學派，人才輩出，時有“高郵王父子，棲霞郝夫婦”投入之佳話，今《通考》團隊，於父子合作、夫婦合作之外，更有舉家投入者，四方學人，全力以赴。但蒼天無情，繼匡老之後，另有幾位同仁亦撒手人寰。上海那位《天宇卷》主編年富力强，却在貧病交加、孩子的驚呼聲中，英年早逝。筆者的另一位老友爲追求舊稿的完美，於深夜手握鼠標闃然永訣，此前他的夫人曾勸其好好休息，答説“我没有那麼多時間”！可謂鞠躬盡瘁，死而後已，這又是何樣的壯志，思之怎能不令人心酸！這就是我的同仁，令我驕傲的同仁！

　　自 2012 年之後，因面臨多種意外的形勢變化，筆者連同本書回歸原所在單位山東師範大學，于是增加了第一位副總主編——文學院副院長、古籍整理研究所所長韓品玉，解決了編務與財力方面的諸多困難，改變了多年來的孤苦狀況。時至 2017 年春，爲盡快出版、選定新的出版社，又增加了天津人民出版社總編輯、南開大學客座教授陳益民，中國職工教育研究院常務副院長、全國職工教育首席專家俞陽，臺北大學人文學院東西哲學與詮釋學研究中心主任賴賢宗教授三位爲副總主編，於是形成了現今的編纂委員會。

在全書編纂過程中，編纂委員會和學術顧問，以及分卷正副主編、主要作者所在單位計有：中國國家博物館、中國國家圖書館、中央文史研究館、中國佛教圖書文物館、全國總工會、中聯口述歷史研究中心、河北省文物與古建築保護研究院、河北省文物考古研究院、河北閱讀傳媒有限責任公司、北京大學、浙江大學、南京大學、南京師範大學、東北師範大學、鄭州大學、河北大學、河北師範大學、河北醫科大學、廈門大學、佛山大學、山東大學、中國海洋大學、山東師範大學、曲阜師範大學、山東中醫藥大學、濟南大學、山東財經大學、山東體育學院、山東藝術學院、山東工藝美術學院、山東省社會科學院、山東博物館、山東省圖書館、山東省自然資源廳、山東省林業保護和發展服務中心、濟南市園林和林業綠化局、濟南市神通寺、聊城市護國隆興寺、臺北大學、臺灣成功大學、臺灣大同大學、臺北中國文化大學、臺灣中華倫理教育學會，以及澳大利亞國立伊迪斯科文大學等，在此表示由衷的謝忱！

本書出版方——上海交通大學領導以及上海交通大學出版社領導，高瞻遠矚，認定《通考》的編纂出版，不衹是可推動古籍整理、考古研究的成果轉化，在傳承歷史智慧，弘揚中華文明，增強民族凝聚力和認同感，彰顯民族文化自信等各個方面具有重要意義。出版方在組織京滬兩地專家學者審校文字的同時，又付出時間精力，投入了相當的資金，增補了不少插圖，這些插圖多來自古籍，如《考工記解》《考工記圖解》《考工記圖説》《考古圖》《續考古圖》《西清古鑑》《西清續鑑》《毛詩名物圖説》《河工器具圖説》等等，藉此亦可見出版方打造《通考》這一精品工程的決心。而山東師範大學各級領導同樣十分重視，社科處高景海處長一再告知筆者："需要辦什麼事情，儘管吩咐。"諸多問題常迎刃而解，可謂足智善斷。筆者所屬文學院孫書文院長更親行親爲，給予了全面支持，多方關懷，令筆者備感親切，深受鼓舞，壯心未老，必酬千里之志。此前，著名出版家和龔先生早已對本書作出權威鑒定，并建議由三十二卷改爲三十六卷。本書在學術界漂游了三十餘載終得面世，并引起學界的關注。今有國人贊之曰：《通考》是中華優秀傳統文化創造性轉化、創新性發展的優异成果，是一部具有極高人文價值的通代史論性的華夏物態文化專著，凝聚了中華民族的深層記憶，積澱了民族精神和傳統文化的精髓。又有國際友人贊之曰:《通考》如同古老中國一樣，是世界唯一一部記述連續數千載生機盎然的人類生活史。國內外的評論祇是就本書的總體面貌而言，但細予探究，缺憾甚爲明顯，因本書起步於三十餘年前，三十餘年以來，學術界有諸多新的研究成果未得汲取，田野考古又多有新的發現，國內外的各類典藏空前豐富，且檢索方式空前便捷，而本書作者年齡與身體狀況又各自不同，多已是古稀之年，或已作古，或已難執筆，交稿又有先後之別，故而三十六卷未能統一步伐與時俱進，所涉名物，其語源、釋文難能確切，一些舊有地名或相關數據，亦未及修改，而有些同物異名又未及增補。這就不能不有所抱憾，實難稱完美！以上，就是本書編纂團隊的基本面貌，也是本書學術成就的得失狀況。

筆者無盡感慨，卅載一瞬渾似夢，襟懷未展，鬢髮盡斑，萬端心緒何曾了？長卷浩浩，古奧繁難，有幾多知音翻閱？何處求慰藉？人道是紅袖祇搵英雄泪！歲月無情，韶光易逝，幾位分卷主編未見班師，已倏而永別，何人知曉老夫悲苦心情？今藉本書的面世，聊以告慰匡老前輩暨謝世的同仁在天之靈！

張述錚

丙子中呂初稿於山東師範大學映月亭
甲辰南呂增補於歷下龍泉山莊東籬齋

凡　例

一、本書係通代史性的中華物態文化學術專著，旨在對構成中華博物的名物進行考釋。全書三十六卷，另有附錄一卷。各卷之基本體例：第一章爲概論，其後據内容設章，章下分節，爲研究考釋文字，其下分列考釋詞目。

二、本書所涉博物，分兩種類型：一曰“同物異名”，二曰“同名異物”。前者如“女牆”，隨從而來者有“女垣”“女堞”“女陴”“城堞”“城雉”“陴堞”等，盡皆爲“女牆”的同物異名；後者如“衽”，其右上分別角標有阿拉伯數字，分別作“衽¹”（指衣襟）、“衽²”（指衣服胸前交領部分）、“衽³”（指衣服兩旁掩裳際處）、“衽⁴”（指衣袖）、“衽⁵”（指下裳）等，皆爲“衽”的同名异物。

三、各卷詞目分主條、次條、附條三種。次條、附條的詞頭字型較主條小，并用【　】括起。主條對其得名由來、産生年代、形制體貌、歷史演進做全面考釋，然後列舉古代文獻或實物爲證，并對疑難加以考辨，或列舉諸家之説；次條往往僅用作簡要交代，補主條不足，申説相佐；附條一般祇用作説明，格式如即“××”、同“××”、通“××”、“××”之單稱、“××”之省稱，等等。

四、各卷名物，或見諸文獻記載，或見諸傳世實物，循名責實，依物稽名，於其本稱、別稱、單稱、省稱，務求詳備，代稱、雅稱、謔稱、俗稱、譯稱，旁搜博采。因中華博物的形成、演化有自身規律，實難做人爲的斷代分割。如“朝制”之類名物，隨同帝王的興起而興起，隨同帝王的消亡而消亡，因而其下限達於辛亥革命；"禮俗"之類名物起源於上古，其流緒直達今世；而"冠服"之類名物，有的則起源甚晚，如"中山裝"之類。故各卷收詞時限一般上起史前，下迄清末民初，有的則可達現當代。

五、各卷考釋條目中的文獻書證一般以時代先後爲序；關乎名物之最早的書證，或揭示其淵源成因之書證，尤爲本書所重，必多方鉤索羅致；二十五史除却《史記》《漢書》外，其他諸史皆非同朝人編纂，其書證行用時間則以書名所標時代爲準；引書以古籍爲主，探其語源，逐其流變，間或有近現代書證爲後起之語源者，亦予扼要采用。所引典籍文獻名按學術界的傳統標法。如《詩》不作《詩經》，《書》不作《尚書》，《説文》不作《説文解字》等；若作者自家行文爲了强調或區別於他書，亦可稱《詩經》《尚書》《説文解字》等。文獻卷次用中文小寫數字：不用"千""百""十"，如卷三三一，不作卷三百三十一；"十"作〇，如卷四〇，不作卷四十。

六、本書使用繁體字。根據 1992 年 7 月 7 日新聞出版署、國家語言文字工作委員會發布的《出版物漢字使用規定》第七條第三款、2001 年 1 月 1 日施行的《中華人民共和國通用語言文字法》第二章第十七條第五款之規定，本書作爲大量引徵古籍文獻的考釋性學術專著，既重視博物的源流演變，又重視對同物異名、同名异物的考辨，故所有考釋條目之詞頭及文獻引文，保留典籍原有用字，包括异體字，除明顯錯別字（必要時括注正字訂誤）之外，一仍其舊。其中作者自家釋文，則用正體，不用异體，但關涉次條、附條等异體字詞頭等，仍予保留。繁體字、异體字的確定，以《規範字與繁體字、异體字對照表》（國發〔2013〕23 號附件一）及《通用規範漢字字典》爲依據。

七、行文叙述中的數字一律采用漢字小寫，但標示公元紀年及現代度量衡單位時，用阿拉伯數字。如"三十六計"，不作"36 計"；"36 米"，不作"三十六米"。

八、各卷對所收考釋詞條設音序索引，附於卷末，以便檢索。

目　録

序　言

　　《中華博物通考》（下稱《通考》）是一部通代史論性的華夏物態文化專著，係國家"十四五"重點圖書出版規劃項目，并得到 2020 年度國家出版基金資助。全書共三十六卷，另有附錄一卷，達三千萬字，《農耕卷》即其中的一卷。

　　"農耕"一詞，首見於先秦典籍《管子》，其《乘馬》篇曰："正月，令農始作，服於公田農耕，及雪釋，耕始焉。"此處的"農耕"指耕種田地，旨在説明"農耕"是一種進行生產的行爲，而本卷指稱的"農耕"，則是指進行生產所必需的田地、農具、肥料及有關設施等，憑籍這些可見或可以感知的物體、物件，進而展現中華民族特有的漫長的農耕文化，并提供一部完整的獨具特色的農耕文化專著。

　　全卷分爲七章，以第一章《概論》爲統領，全面論述了本卷的概貌及卷次關係，以下分爲六大方面進行系統考釋：一、田地的開發與利用；二、耕耘器具的產生與發展；三、稼穡及養蠶器具、設施的產生與發展；四、排灌及施肥器具、設施的產生與發展；五、裝運及加工器具、設施的產生與發展；六、儲藏及祭社器具、設施的產生與發展。另有中國古代農耕要籍概覽。這章節結構已非常全面周密，但作者猶感不足，于全卷之末又設兩附錄：一曰農耕服裝、雜器考，二曰農田及農業器具、設施并稱與泛稱考。附錄中"農耕服裝"及農耕"雜器"的稱謂，是常人不甚關注而又不可忽視的所在，可見作者觀察事物的精審，治學的嚴謹。全卷的論述，始於上古，達於清末（其餘續可直達近現代），重點突現了"耕耘器具”“稼穡器具”“灌溉器具”“儲藏器具”及有關設施的考釋，從而展示中華農耕文化的精華與特點。概而言之，本卷全面而系統地展現了我中華作爲世界農耕大國興起與發展的歷程，提供了一幅中華民族生息勞作漫長而燦爛的畫卷。

當前之世態，重現實，重功利，對那些繁雜枯燥的古代學術研究興趣淡然。而本書作者之所重恰恰是傳統的名物訓詁之學，研究的主體多是些“陳舊”的物事，似乎與今世毫不相干，有多少人樂於關注？是的，在學術界，在高校，因過於重今薄古，古漢語中那些冷僻語詞，乃至一些傳統的習見語詞，也極易被忽視，或知其一不知其二，或望文生義，不求甚解。但本卷却絕不因循，幷多有創獲，今摘錄幾例釋文如下：

黃場：洪水過後淤積的肥沃而濕潤的黃色土壤。此稱南北朝時期已行用，宋代起亦稱“黃淤”。北魏賈思勰《齊民要術·黍穄》：“燥濕候黃場，種訖不曳撻。”石聲漢注：“‘場’，原寫作‘𤱶’，現在寫作‘墒’，即保有一定水分一定結構的土壤。”又《旱稻》：“至春，黃場納種餘法，悉與下田同矣。”宋陳師道《送趙教授》詩：“北州豪傑知誰健，乞我黃淤十里秋。”任淵注：“黃淤，謂河水所淤之田也。《漢書·溝洫志》曰：‘河水有所游盪，時至而去。’則填淤肥美，民耕田之，或久無害。”元吳萊《去歲留杭恍然有懷爲續此詩却寄董》詩：“裂衣騰朔漠，膠桿入黃淤。”

下列“黃場”的異體或同物異名“𤱶”“墒”“黃墒”“黃𤱶”“黃淤”等作結。按，“黃場”，當代辭書少見收錄，偶見收錄又多有不當，或釋文有誤，或注音不確。其原因在於未解“場”同“𤱶”所致。何謂“𤱶”？“𤱶，從田從易。向陽之田，禾黍茂盛，以其得雨露之正氣也，所以爲通暢。”（清黃宗炎《周易象辭》卷二）

繼看另例，其源流演變至爲清晰：

畝[3]：泛指農田。此稱先秦時期已行用，漢代亦作“母”，明代又作“晦”。《詩·豳風·七月》：“同我婦子，饁彼南畝。”《史記·魯周公世家》：“天降祉福，唐叔得禾，异母同穎，獻之成王。”司馬貞索隱：“《尚書》曰‘异畝’。此‘母’義幷通。”錢大昕《廿二史考异·史記四》：“‘异母同穎’……古文畝爲晦，母即晦之省。”《文選·鍾會〈檄蜀文〉》：“百姓士民，安堵樂業，農不易畝，市不迴肆。”李善注引《吕氏春秋》：“農不去疇，商不變肆。”唐廣宣《寺中柿樹一蒂四顆詠應制》：“珍木生奇畝，低枝拂梵宫。”明徐光啓《農政全書》卷一：“故晦欲廣以平，畖欲小以深。”《聊齋志异·李八缸》：“春貸秋償，田所出，登場輒盡。乃割畝爲活，業益消減。”

畮：同“畮³”。此體漢代已行用。見該文。

畮：同“畮³”。此體明代已行用。見該文。

按，“畮”另有兩個同物異名詞“母”“畮”，今人多熟知“畮”字，罕知“母”“畮”亦同“畮”，且兩字的起源甚早，其中“母”字即“畮”之省文，且“畮”“母”皆爲生殖之本，其義無別。《通雅·釋詁》：“廓氏曰：‘每即畮字，每每猶畮畮。’智（方以智）按：《史記》‘異母同穎’注：‘母，即畮字，又作畮。’”“每”亦可爲“畮”。“每”“母”相較，以“母”爲“畮”尤爲切當。今有辭書釋“母”爲“畮”之假借，實誤。或問：“‘畮’文中何以未收録‘每’字？”答曰：“‘每’釋爲‘畮’，今人罕有關注者，當代辭書無一收録，實乃一時之疏失也。”此外，作者於附條“母”字之後，力求其全，又列有三個同物異名詞“農畮”“民畮”“南畮”。何謂“南畮”？作者釋文曰：“南坡嚮陽，利於作物生長，古人多南嚮開闢，故稱。後泛指農田。”較之其他辭書尤爲簡明。

另有“南野”“南隴”兩詞：

即南畮。南邊的農田，泛指農田。南坡嚮陽，利于作物生長，古人多向南開墾田地，故稱。此稱先秦時期已行用，晋代亦稱“南野”，南北朝時期又稱“南隴”。《詩·小雅·大田》：“俶載南畮，播厥百穀。”漢桓寬《鹽鐵論·園池》：“夫如是，匹夫之力盡於南畮，匹婦之力盡於麻枲。”三國魏王肅《諫修營宮室疏》：“是以丁夫疲於力作，農者離其南畮，種穀者寡，食穀者衆，舊穀既没，新穀莫繼。”晋陶潛《歸園田居》詩之一：“開荒南野際，守拙歸園田。”南朝梁吴均《贈周興嗣》詩之四：“青松蔽南隴，白雲生北園。”唐戴叔倫《南野》詩：“東山有遺壘，南野起新築。”唐杜牧《阿房宮賦》：“使負棟之柱，多於南畮之農夫。”宋王安石《感事》詩：“鄉鄰銖兩徵，坐逮空南畮。”元陶宗儀《輟耕録·狷潔》：“歲時，伏臘望南野，哭而再拜乃返，人莫識焉。”明高啓《牧牛詞》：“共拈短笛與長鞭，南隴東岡去相逐。”清方文《響山訪梅杓司及令弟崑白各賦》詩之一：“孤村南畮外，九載始重過。”清王闓運《采芬女子墓誌銘》：“春寒南隴，鵓鴣始啼；水下西州，伯勞空去。”

以上所引《歸園田居》等書證也可説明“南野”有“南嚮的郊野之地”之意。所引書證《贈周興嗣》：“青松蔽南隴，白雲生北園。”其中的“南隴”與“北園”相對，係指“南野”，應正是晋陶潛《歸園田居》詩之一所咏“開荒南野際，守拙歸園田”之“南野”。

作者于名物考辨深切細密，時出常人所料，別開生面。如將習見語詞“壤”確分爲“壤¹”“壤²”兩大類。

第一類"壤[1]"，釋之爲"鬆軟肥沃的土地"，其後列舉并闡明歷代文獻記述狀況，同時探索歷代名類的演變，如，先秦時稱之爲"壤[1]""壤埜""息壤""嬴土""墳壤""大甸""大田""甫田""良田""土膏""膏腴之地""沃土""沃田""沃野""饒野""衍沃""沃衍""善田""美地"，漢代稱之爲"土壤""息土""農土""沃土""滔土""並土""中土""肥土""成土""隱土""申土""膏壤""沃""沃地""沃埜""美田""疇""田疇""虛土""輕土""豐壤""甘壤""富中""沃壤""肥田""膏田"，三國時稱之爲"膏"，晋代稱之爲"膏腴""腴表""墳腴"，南北朝時稱之爲"良沃""腴壤""神皋""良疇""奧壤"，唐代稱之爲"圃田[1]""沃疇""勝壤""腴田""神皋""豐田"，宋代稱之爲"膏脉""膏土""膏脈""膏腴地""沃埜""善壤""珍疇""肥土""良膏"，明代稱之爲"膏疇""膏沃""高腴""腴產"，清代稱之爲"錦塍"等等，可謂宏富。

第二類"壤[2]"，則釋之爲"泛指農田"，其後亦列舉并闡明歷代文獻記述狀況，同時探索歷代名類的演變，此略。

按，祇是一個常見語詞"壤"字，即考釋得如此細密，其同物異名竟達七十餘種，足見作者的功力所在。

依照全書的體例，本卷甚重同物異名的考辨，以下再以較冷僻的語詞爲例：

桔槔：井上汲水的工具。在井旁架上設一杠杆，一端繫汲器，一端懸、綁石塊等重物，用不大的力量即可將灌滿水的汲器提起。此稱先秦時期已行用，亦稱"槔""橰""桔"，漢代亦作"桔皋"，又稱"皋"。《莊子·天運》："且子獨不見夫桔槔者乎，引之則俯，舍之則仰。"又《天地》："鑿木爲機，後重前輕，挈水若抽，數如泆湯，其名爲槔。"《呂氏春秋·過理》："雕柱而桔諸侯，不適也。"高誘注："雕畫高柱，施桔槔於其端，舉諸侯而上下之，故曰不適。"《淮南子·氾論訓》："斧柯而樵，桔皋而汲。"漢揚雄《甘泉賦》："燎薰皇天，皋搖泰壹。"唐王勃《彭州九隴縣龍懷寺碑》："巖莊轉梵，杳冥松桂之墟；磵戶棲槔，寂寞藤蘿之院。"唐陸龜蒙《江邊》詩："江邊日晚潮煙上，樹裏鴉鴉桔槔響。"宋韓琦《登廣教院閣》詩："花去春叢蝴蝶亂，雨勻朝圃桔槔間。"宋辛弃疾《臨江仙》詞："記取桔槔春雨後，短畦菊艾相連，拙於人處巧於天。君看流水地，難得正方圓。"元王禎《農書·灌溉門》："桔槔，挈水械也。《通俗文》曰：桔槔，機汲水也。《説文》曰：桔，結也，所以固屬；槔，皋也，所以利轉。又曰：皋，緩也，一俯一仰，有數在焉，不可速也，然則桔其植者，而槔其俯仰者與？《莊子》曰：子貢……過漢陰，見一丈人，方將爲圃畦，鑿隧而入井，抱甕而出灌，搰搰然用力甚多，而見功寡。子貢曰：有械於此，一日浸百畦……鑿木爲機，後重前輕，挈水若抽，數如沃湯，其名爲橰。又曰：獨不見夫桔橰者乎？引之則俯，舍之則仰。彼人之所引，非引人者也，故俯仰不得罪於人。今瀕水灌園之家多置之，實古今通用之器，用力少而見功多者。"明梁寅《對雨》詩："圃夫桔橰廢，流水滿青畦。"《紅樓夢》第一七回："籬外山坡之下，有一土井，旁有桔橰轆轤之屬。"清魏源《聖武記》卷一四："若拒礮石，以柔制剛，張幕結網，布桔囊糠。"

事實上，本卷所收"桔橰"的同物異名，有十五種之多，此處不一一贅列。

縱觀《農耕卷》，其收詞立目，巨細無遺，凡關涉農耕者，大至廣袤的原野，小至寢室的虎子，更有各種專屬質地的田土、農器肥料，以及風車水碓等水利設施、獨輪雙輪等運輸工具，又有農桑蠶繭、雞鴨豬犬之類的居家所需諸物，堪稱應用盡有，所展現的是我中華作爲農耕大國最全面的生活風貌。加之作者對這些名物考釋精密，相較與其他任何一部農史或專著，本卷具有無可替代的學術價值。

序者與本卷主編王勇教授相識三十餘載。20 世紀 90 年代初，序者即發現王君乃是本校難得的青年才俊，邀其出任國家"八五"規劃重點出版選題《中國古代名物大典》"耕獵卷"主編，其時已初現功底，深感得力。其後筆者主編《趙翼詩編年全集》時，又有另一番合作，尤見其學殖之深厚，學風之嚴謹。時光荏苒，轉瞬又是廿載，序者復邀王君承擔《通考》"農耕""漁獵"兩卷主編。在兩卷同行并舉之際，本校有關師友又委以其他科研重任，加之繁複的教學工作及多屆研究生指導等，王君實是在超載中邁進，舉步維艱。筆者深知此兩卷的完成實是不易，深知王君的爲人爲學，雖心急如焚，但不忍揚旌麾軍，王君則是焚膏繼晷，竭盡全力，如今終於完璧！

蒼天見佑，韋編三絕，王君已逾花甲之年，萬千感慨，是以爲序。

張述錚

太歲玄黓執徐菊月下浣夜初稿於山東師範大學映月亭
太歲玄黓攝提格桐月上浣定稿於歷下龍泉山莊東籬齋

第一章 概 論

　　《農耕卷》係《中華博物通考》中的一卷，重點考證中國古代農耕器具、設施及其名稱的産生與發展。全卷包括"概論""田地説""耕耘説""稼穡、養蠶説""灌排、施肥説""裝運、加工説""儲藏、祭社説"，共七章；後附"農耕服裝、雜器考""農田及農業器具、設施并稱與泛稱考"，共兩節。

　　本卷與《中華博物通考》其他諸卷既各自獨立，又密不可分。部分條目內容或有交叉，但各有所重，不避重複。卷內同名异物者，則以出現先後，依次上標序號，以示區別。

第一節 "農耕"釋義

　　"農"字先秦文獻屢見，一直沿用至今，義項頗爲豐富。《漢語大詞典》列項九條，例釋如下：（1）耕種。漢晁錯《論貴粟疏》："貧生於不足，不足生於不農，不農則不地著。"唐陸龜蒙《自遣》詩："南岸春田手自農，往來橫截半江風。"亦謂屯墾。宋曾鞏《本朝政要策·屯田》："曹操以區區之魏力，力農許下。"（2）農夫，農民。《孟子·公孫丑上》："耕者助而不税，則天下之農，皆悦而願耕於其野矣。"《漢書·食貨志上》："善爲國者，使民毋傷而農益勸。”《水滸傳》第一一〇回：“農不離其田業，賈不離其肆宅。”毛澤東《漁家傲・反第一次大“圍剿”》詞：“喚起工農千百萬，同心幹，不周山下紅旗亂。”（3）農事，農業。《國語・周語上》：“夫民之大事在農。”韋昭注：“穀，民之命，故農爲大事也。”漢桓寬《鹽鐵論・力耕》：“使治家養生必於農，則舜不甄陶而伊尹不爲庖。”《宋史・食貨志上一》：“農爲生之本也，泉流灌溉，所以毓五穀也。”又如：農、林、牧、副、漁。（4）農神。古代蠟祭八神名之一。《禮記・郊特牲》：“天子大蠟八。”漢鄭玄注：“蜡祭有八神，先嗇一，司嗇二，農三，郵表畷四，猫虎五，坊六，水庸七，昆蟲八。”（5）農家的簡稱。九流之一。《漢書・叙傳下》：“劉向司籍，九流以別。”顏師古注引漢應劭曰：“儒、道、陰陽、法、名、墨、從橫、雜、農，凡九家。”《後漢書・班固傳上》：“九流百家之言，無不窮究。”唐李賢注：“九流，謂道、儒、墨、名、法、陰陽、農、雜、縱橫。”（6）厚。《書・洪範》：“農用八政。”孔傳：“農，厚也。厚用之，政乃成。”孔穎達疏：“政施於民，善不厭深，故厚用之，政乃成也。”按，楊樹達《積微居小學金石論叢》卷一：“重聲竹聲農聲字多含厚義。厚謂之農。”（7）勤勉。《管子・大匡》：“耕者農農用力。”王念孫《讀書雜誌・管子三》：“此文内多一農字，後人所加也。‘耕者農用力’，此‘農’字非謂農夫。《廣雅》曰：‘農，勉也。’言耕者勉用力也。下文云‘耕者用力不農’，亦謂用力不勉也。”（8）古代的農官。《禮記・郊特牲》：“饗農及郵表畷、禽獸，仁之至，義之盡也。”鄭玄注：“農，田畯也。”（9）神農氏。漢王符《潛夫論・德化》：“各奉公正之心，而無姦險之慮，則羲農之俗，復見於兹。”《魏書・崔浩傳》：“變風易俗，化洽四海，自與羲農齊列。”

　　“耕”字先秦文獻亦見，同樣沿用至今，義項亦較豐富。《漢語大詞典》列項四條，例釋如下：（1）翻土犁田。《詩・周頌・載芟》：“載芟載柞，其耕澤澤。”《孟子・梁惠王上》：“深耕易耨。”北魏賈思勰《齊民要術・耕田》：“凡秋耕欲深，春夏欲淺。”（2）種田，播種。《禮記・王制》：“三年耕，必有一年之食；九年耕，必有三年之食。”《荀子・王霸》：“農分田而耕。”宋曾鞏《本朝政要策・屯田》：“隋耕朔方之地，而唐起屯振武，皆内益蓄積，外有守禦之利。”《中國諺語資料・農諺》：“參伏十日耕莜麥。”郭小川《在社會主義高潮中》詩：“〔農民們〕談笑風生地討論着春耕和夏耘。”（3）泛指致力於某種工作或事業。南朝梁任昉《爲蕭揚州薦士表》：“既筆耕爲養，亦傭書成學。”晋王嘉《拾遺記・後漢》：“賈逵非力耕所得，誦經舌倦，世所謂舌耕也。”（4）“耕藉”禮的省稱。《漢書・梁懷王劉揖傳》：“願令王，非耕、祠，法駕毋得出宫。”清俞正燮《癸巳類稿・六壬書跋》：“《禮記・月令》春行夏令、秋令、冬令之占，及耕、儺典禮，均依六壬月將法，求日辰星度之應。”

　　“農”“耕”連用，也已見於先秦文獻。古代多指耕種土地，如《管子·乘馬》：“正月，令農始作，服於公田農耕，及雪釋，耕始焉。”再如晉陶潛《桃花源詩》：“相命肆農耕，日入從所憩。”又如元王禎《農書·牛耕起本》引《呂氏月令》：“季冬出土牛，示農耕早晚。”現代多指農業耕種、農作，如“勤於農耕”“農耕勞作”。

　　“農耕”屬於“農業”活動，而“農業”又有廣義、狹義之分。廣義“農業”包括農（農作物栽培）、林、牧、副、漁五業，如：《亢倉子·農道》：“古先聖主之所以理人者，先務農業。”再如《漢書·兒寬傳》：“寬既治民，勸農業，緩刑罰，理獄訟，卑體下士，務在於得人心。”又如《魏書·良吏傳·鹿生》：“時三齊始附，人懷苟且，蒲博終朝，頗廢農業。”狹義“農業”僅指農作物栽培業，且主要指糧食種植業。按照全書要求，本卷原則上以狹義“農業”活動中的“農耕”物體通考爲限，酌收其中部分兼涉林、牧、副、漁四業的物體通考。鑒於漢代以來“耕桑”經常連稱，衣食密切關聯，又對主要養蠶器具、設施專立一節通考。

第二節　田地的開發與利用

　　自古以來，中國農業以種植業爲主，土地作爲農業生產要素中不可缺少的生產資料受到歷代先民的重視。人們除了在原有耕地上精耕細作，提高單位面積土地利用率外，還因地制宜地開墾、改造一切可以利用的土地，增加耕地面積，形成類型多樣的田地形式。隨着封建體制的不斷完善，田地成爲國家政權的象徵，公田作爲國家財產中最重要的一部分，在社會各方面發揮了積極作用；地主階層不斷崛起，表現在田地方面，出現了典型的官僚大莊田，其貧富的多變性又推動了族田的發展。

　　甲骨文中已有田、疇、疆、畎等象形文字的記載，反映農田規劃整齊，有田間排水溝洫。甲骨文寫作田，金文寫作田等，形似畦畛整齊或溝洫縱橫的田地，因地貌差異而外形有所不同。從甲骨文中的“田”字可以看到當時的農田已經有了人力加工的痕跡。“田”中的“十”字即田野間縱橫交錯的小路，“十”字外的“口”即每塊農田的邊界，古時又稱“疆”。田和田之間的橫綫代表分界處，田地已有四端的界限之分。

中華民族生生不息、繁衍發展的前提是建立在農業生產基礎之上的，中國自古就十分重視土地利用。然而，中國是一個山多平原少的國家，爲了發展農業生產，祖先們在闢地造田方面做過艱辛的努力，并取得過輝煌的成就，逐漸形成土地利用的兩條重要途徑：一是擴大耕地面積；二是精耕細作，提高耕地利用率。

新石器時代，在生產力水平低下、地多人少的條件下，人們主要采用刀耕火種的耕作方式開墾田地，即山民在初春時期，將山間樹木砍倒，等倒下的樹木乾枯後，在春雨來臨前的晚上，放火燒光作肥，"藉其灰以糞"，第二天乘土熱下種，甚至在"火尚熾"的情況下，即以種播之，然後掩土覆蓋種子，不加管理，祇待收穫。漸漸地，人們意識到該種方式的弊端：水土流失，地力衰退，作物産量逐年下降。於是人們開始到處尋找荒地，由於生產工具落後，人們在選擇刀耕火種的土地時更多的是選擇森林的邊沿、隙地或林木比較稀疏的林地，這些邊緣地帶有較厚的腐殖黑土，且地勢平坦、土壤疏鬆肥沃，這些地區主要集中在黃河中下游和長江中下游地區。到春秋戰國時期，隨着鐵製農具的使用和牛耕的推行，人們在重視擴大耕地面積的同時開始注重精耕細作，增加糧食産量。兩漢時期，耕地面積有了大幅度增加，中原地區的陂塘地和沼澤地也被墾闢爲農田。漢代以後到唐末五代，黃河中下游地區戰爭頻繁，當地經濟遭到破壞，北方人口大量南遷，推動南方農田有了新的發展。吳越時期，太湖圩田系統的出現，將治水與治田相結合，治澇與治旱并舉，形成統一規劃與較爲完備的制度。到兩宋時期，中國人口猛增，突破一億大關，人口的增長增加了對糧食的需求，擴大耕地面積，提高耕作技術成爲當時生存的關鍵。生產力的飛躍也大大推進了農業土地的開發過程，以前難以利用的鹽碱荒灘、丘陵瘠地被開墾成良田，出現了"與山要地，與水争田"的開墾局面，并在南宋達到開發高潮。耕地向高處發展，出現了各種形式的山田，仍保持刀耕火種習慣形成的畲田，東南沿海丘陵地區"層起如階級"的梯田等。宋代在前代基礎上，利用南方多湖泊、濱湖的優勢，開展大規模的圍湖造田，將湖邊淺地、沼澤淤地、湖海灘塗改造利用，築堤圍田，葑田、架田、圍田等迅速發展。此外，還出現了在灘塗地築堤壩或立椿橛，以禦潮泛，地邊開溝蓄雨潦，以資灌溉和排鹽的塗田，東南沿海一帶的沙田也有較大發展。南方農業到劉宋時已是"地廣野豐，民勤本業，一歲或稔，則數郡忘饑"。江南水稻的産量在全國糧食生產中的比重日益增加，有"天下以江淮爲國命"之説。到了明清時期，中國人口已達兩億多，土地利用也有了新的發展，湖廣垸田（與圩田同類）的興起，西北砂田的創造，進一步擴大了耕地面積。

農業生產最顯著的特徵之一就是地域性，這在農業早期階段尤其明顯，由於人類控制自然的能力有限，自然環境的不同，往往決定農業的類型。戰國秦漢時期，黃河流域的農田真正連成一片，形成以黃河流域爲中心的旱作農業區；六朝至唐宋後，以長江流域及其南境形成以長江流域爲中心的水田農業區。介於長江、黃河之間的“秦嶺—淮河”流域，是中國南北方農田種類的分界綫，秦淮以北以旱田爲主，秦淮以南則以水田爲主。淮河流域的農業也同時兼有南北的特點，是旱田、水田的共作區。但這種地域性并不是完全割裂的，一些地方在耕種水田的同時還有旱田的存在。比如秦淮以南，低平地區爲水田，地勢高的山坡地區仍爲旱田，白居易的“泥秧水畦稻，灰種畬田粟”便概況了南方丘陵山區的利用狀況。

然而，由於盲目地與山爭地、與水爭田、濫圍濫墾，造成山林破壞，水土流失現象嚴重，湖面減少，水道阻塞，致使嚴重的水旱災害時有發生，農田失收，國家失賦，加劇了社會矛盾，最終得不償失。先民付出沉重代價得到的經驗教訓，對土地利用有着重要的啓發作用和藉鑒意義。

早在漢代，人們就已發現“土敝則草木不長，氣衰則生物不遂”的規律，提出“地力常新壯論”。北宋以前，人們主要是通過休閑方式來解決地力下降問題。如《齊民要術》中提到的“穀田必須歲易”。隨着人們對土壤認識的加深，人們懂得針對土壤狀況的不同采取不同的治理方法，對癥下藥地施肥。而對鹽碱度較高的鹽碱地，人們采用綜合治理的方法，化鹽碱地爲良田，進一步擴大了耕地面積，增加了糧食產量。

第三節　耕耘器具的產生與發展

中國的原始農業開始於新石器時代，然而，甲骨文和鐘鼎文中却不見“耕耘”二字，祇有“耒”字。據徐中舒《耒耜考》、章楷《中國古代農機具》考證，甲骨文中的“力”“方”二字即是單齒耒和雙齒耒的象形，商周青銅器上出現的幾個“耒”字也都是雙齒耒的象形字。這或許與原始農業開始之初，祇是用耒、耜挖坑點種，并沒有耕地、耘草的生產環節有關。

按照常理，作爲農業生產最基本環節的耕與耘，即便不是與原始農業同時出現，自然

也不會出現得太晚。自有文獻記載以來，"耕耘"二字便開始大量出現。《詩經》中已有較
爲詳細的農耕活動描寫，并且多次出現"耕""耘"二字。《説文·耒部》亦謂："耕，犁也。
从耒井聲。"未收"耘"字。遼釋行均撰《龍龕手鑒》則曰："耘，除草也。"可見"耕耘"
二字淵源。其中，"耕"指耕整土地，是播種前的準備，俗稱"耕地"；"耘"指除草鬆土，
是播種後的管理，古稱"中耕"。

　　從農業發展史來看，由最早的"刀耕火種"，演變爲使用耒、耜等原始農具挖坑點
種，再發展爲使用錛、钁等新式鐵製農具翻土播種，與耕耘相關的農具也大致經過了木石
農具、青銅農具和鐵製農具三個時期。木石時代的農具，大多直接取材於木、石或獸骨、
蚌殼等自然物，其後出現了一些略經加工的木耒、石耜、石斧以及石钁、石鋤等原始工
具（并非純粹的"農具"），這在各地新石器時代遺址中都有所發現。不過，當時的工具大
多是一器多用。因此，此期出現的一些工具即使應用於農耕生產，也還算不得真正意義上
的"耕耘農具"。步入青銅時代以後，出現了大量青銅器，其中也包括各種青銅農具，比
如銅臿、銅钁、銅鏟以及耜冠等，但數量很少，且不可能普遍使用，當時使用的農具仍然
以木、石農具爲主。因此，所謂青銅農具時代，祇能算作是中國傳統農具的過渡時期。真
正意義上的耕耘農具是進入鐵器時代以後纔逐漸成熟、發展起來的。伴隨着冶鐵技術的成
熟，與"耕""耘"相關的鐵製農具不僅越來越多，也越來越先進。

　　從農業生產的角度而言，耕地不祇是耕翻土地，還包括耕地之前的墾荒和耕地之後的
整地。同時，作爲農業生產的第一步，耕地本身就是伴隨着相應農耕器具的發明而出現
的。耕地農具的創新和進步，標志着生產力的提高。北魏賈思勰《齊民要術·耕田第一》
引《周書》曰："神農之時，天雨粟，神農遂耕而種之。作陶，冶斤斧，爲耒耜鋤耨，以
墾草莽，然後五穀興助，百果藏實。"元代王禎《農書·墾耕篇》亦曰："當堯之時，洪水
泛濫，草木暢茂，五穀不登。禹乃隨山刊木，益烈山澤而焚之，然後九州之土皆可種藝耕
作。於是后稷教民稼穡，樹藝五穀。農功之興，其有次第如此。墾耕者，其農夫之第一義
歟？墾，除荒也；耕，犁也。古文作'畊'，蓋古井田之制；今從耒，井聲，故作'耕'。"

　　墾荒多見於新闢土地。當一塊土地尚未開墾之時，往往雜草叢生，荊棘密布，土中根
系糾纏，即使在放火燒荒之後，也難以翻耕。因此，古人多在耕地之前，先用一些較爲鋭
利的農具，清除地面株蘖，切斷地下根系，以便於接下來的耕地作業。與此相應，便出現
了斤斧、刀鋸、刀、斫斸一類的闢土墾荒農具。元代王禎《農書·墾耕篇》中説："前漢趙

過爲搜粟都尉，田多墾闢，即今俗謂開荒地。凡墾闢荒地，春曰'燎荒'（如平原草萊深者，至春燒荒，趁地氣通潤，草芽欲發，根荄柔脆，易爲開墾）；夏曰'稉青'（可當草糞，但根須壯密，須藉强牛乃可，蓋莫若春爲上）；秋曰'芟夷'（其次秋暮草木叢密時，先用鑱刀遍地芟倒，曝乾放火，至春而開，根朽省功）。"并且介紹了"泊下蘆葦地""沿山老荒地"等不同荒地的不同墾耕方法與所用農具。這些農耕經驗、墾荒技巧和專用農具，充分反映了古人的智慧。

對於墾荒之後的土地或已經種過莊稼的土地，則需要進一步耕翻土地——這也是傳統意義上的耕地作業。伴隨着傳統農業的發展，耕地作業由開始的"刀耕火種"，逐漸演變爲使用耒、耜等農具挖坑點種，再發展爲使用鍤、钁等農具翻土播種，最後發展爲耕犁以及同時存在的踏犁、長鑱等傳統農耕器具，也經歷了一個漫長的發展過程。這期間一點一滴的進步，也無不展示着古人的勤勞和智慧。正如王禎在《農書·墾耕篇》中所説："若夫耕犂之事，又有本末。上古聖人製耒耜以教耕耨；三代以上皆耦耕；春秋之時，后稷之裔孫叔均始作牛耕；至漢趙過，增其制度，三犂一牛，則力省而功倍。今之耕者，大率如此。"又説："今易耒耜而爲犂，不問地之堅强輕弱，莫不任使。欲淺欲深，求之犂箭，箭一而已；欲廉欲猛，取之犂梢，梢一而已。然則犂之爲器，豈不簡易而利用哉！"在這諸多的耕地器具中，耒和耜既是最早、最原始的農具，也是所有傳統農具的始祖。因此，歷代農書多將"耒耜"置於諸農器之首。其中耒爲後世尖形、齒狀農具的始祖，耜則爲後世方形、鏟狀農器的前身。

耕翻之後的土地，往往會形成較大的土塊，導致土壤中產生許多空隙；而這些空隙又導致種子不能附着於土壤，不利於種子發芽；同時還容易產生病蟲害。因此，還需要打碎較大的土塊，使土地細膩、平整，以利於種子發芽。古人很早就明白了這個道理，王禎在《農書·耙勞篇》中就説："凡治田之法，犂耕既畢，則有耙勞。"并引《韓氏直説》云："古農法，犂一耙。今人只知犂深爲功，不知耙熟爲全功。耙功不到，土龐不實。下種後，雖見苗，立根在龐土，根土不相着，不耐旱，有懸死、蟲咬、乾死諸病。耙功到，則土細，而立根在細實土中。又碾過，根土相着，自然耐旱，不生諸病。"與此相應，古人也發明、製作了許多碎土、平地的農具——統稱整地農具，比如耰、木槌、鐵搭、耙、鐵鈀、耮、耖、礰礋等。

中耕是指莊稼播種之後、作物生長期間，在植株之間鋤草、鬆土，以及間苗、補株等田間管理活動，是農業生產過程中不可缺少的環節。中耕的目的，是疏鬆表層土壤，促進空氣流通，防止水分蒸發，加速肥料分解，同時消滅雜草，以保證莊稼苗壯成長。古人很早就發現了中耕作業的重要性，《周禮·秋官·司寇》中就説："薙氏掌殺草。春始生而萌之，夏日至而夷之，秋繩而芟之，冬日至而耜之。"與此相應，便出現了鏟、鋤等專門用於中耕生產的農具。

從勞動者的耕作方式來看，耕耘作業又可分爲蹲跪式操作方式、彎腰式操作方式和站立式操作方式三種。而不同的耕作方式，雖與農作物種類、作業要求等因素有關，也根源於農耕器具的革新和進步。比如在新石器時代被普遍當作農具使用的蚌殼，既可用來挖坑點種，又可用來鋤草鬆土，還可用來收割莊稼，因此在當時曾被普遍使用。在使用的時候，通常是用手直接握持蚌殼進行相關操作，所以祇能采取蹲跪或彎腰式耕作。古人也在某些原始農具（比如石耜、銅臿、鐵鏟等）上安裝上木柄，以提高勞動效率和減輕勞動強度。伴隨着帶柄農具的普及，人們的耕作方式也由蹲跪式操作，變爲彎腰式操作（短柄農具），直至站立式操作（長柄農具）。操作方式的改變，不僅提高了生產效率，而且減輕了勞動強度，使繁重的農耕生產變得相對舒適了一些。不過，不同的耕耘作業自有不同的具體要求。比如在菜地間除草、間苗、鬆土，至今仍然使用短柄小鋤，采用蹲跪式操作。

需要説明的是，上面提到的與"耕耘"相關的傳統農具，不僅在不同的歷史時期有不同的稱呼，在不同的地域也往往有不同的稱呼，甚至還有同物异名、异物同稱等現象。比如，同樣是鍬，在不同的時期則有臿、鍤、梩、鏵等不同稱呼。再比如，鏺、鍁、鋤三種農具，自古以來就是農民常用的農耕工具，在山東各地三者的區別是非常明確的。鍁是一種平頭或圓頭鏟狀、木柄直插於鍁體的前推式農具；鏺是一種長條形齒狀、木柄小於直角斜插於鏺頭的後拉式農具；鋤則是一種半圓形鏟狀曲頸、木柄直插於鋤頭的後拉式農具。而在南方某些地區，則把山東人所稱的鏺（或比鏺頭寬一些的農具）和三齒鉤等，統稱爲"鋤頭"。

同時還應該注意，古代字書中對傳統農具的解釋較爲混亂。究其原因，或許是由於不同時代的异稱別名、不同版本的古今异字以及不同地區的方言俗稱太多所致，也或許是因爲注疏者本人根本就沒干過農活、摸過農具而祇是據書考證、就字解注所導致。如《正字通·木部》謂："櫌，鍫屬，與钁同類。"如前所述，"鍫"即"鍬"，鍬身寬而薄，前端平頭或圓（尖）形，後端有短柄式圓銎，鍬把直插其上，爲前推式手工農具；"钁"即"鏺"，鐁身狹而厚，前端齊頭或銳形，後端有厚重的方形或圓形銎，鐁把小於直角斜插其上，爲後拉式手工農具。既然是"鍫屬"，就不可能"與钁同類"。因爲兩者根本就不是同一類農具。因此，在引用古代字書或現代工具書時，須小心謹慎，多加辨證。

第四節　稼穡及養蠶器具、設施的産生與發展

"稼穡"一詞，始見於先秦典籍，意爲種植和收穫。稼，種植；穡，收穫。《書·無逸》云："厥父母勤勞稼穡，厥子乃不知稼穡之艱難。"而人類的種植、收穫活動，則遠較傳爲孔子編選《尚書》的時代早得多。《孟子·滕文公上》就稱"后稷教民稼穡"，后稷是周族始祖，舜的農官。

稼穡的第一步是種植，而種植的前提是作物種苗。古人早就懂得收穫莊稼後要選留種子備用，最晚在西周就已有了"嘉種"的概念，并培育了優質品種。《詩·大雅·生民》云："荏厥豐草，種之黃茂。……誕降嘉種，維秬維秠，維穈維芑。"毛傳："黃，嘉穀也。""嘉穀"就是"良種"。至於秬、秠、穈、芑，則是當時培育的良種。到漢代，選種、播種技術進一步發展，并出現了中國農業史上最早的選種留種技術"穗選法"。據漢代《氾勝之書》記載："取麥種，候熟可獲，擇穗大强者，斬，束立場中高燥處。""取禾種，擇高大者，斬一節下，把懸高燥處，苗則不敗。"南北朝時期，已經出現類似現在的留種法。北魏賈思勰在《齊民要術·收種》中説："粟、黍、穄、粱、秫，常歲歲別收，選好穗純色者劁刈高懸之，至春，治取別種，以擬明年種子。其別種種子，常須加鋤。先治而別埋，還以所治蘘草蔽窖。不爾，必有爲雜之患。"

中國還是世界上人工栽培水稻的發源地之一，浙江餘姚河姆渡的稻作農業早已聞名天下。有關秧苗的最早文字記載則見於《詩·小雅·大田》："去其螟螣，及其蟊賊，無害我田穉。"朱熹集傳曰："穉，幼禾也。"所謂"幼禾"，就是水稻的幼苗。在漫長的水稻種植過程中，古人積纍了豐富的水稻育苗、插秧經驗。宋代朱熹《勸農條目》云："秧苗既長，便須及時，趁早栽插，莫令遲緩，過却時節；禾苗既長，稗草亦生，須是放乾田水，子細辨認，逐一拔出，踏在泥裏，以培禾根。"

古代最早的耕種方法是"刀耕火種"，宋人王禹偁《畬田詞》序曾對當時仍然流傳的這

種方法有過記録："上雒郡南六百里……皆深山窮谷，不通轍迹。其民刀耕火種，大底先斫山田，雖懸崖絶嶺，樹木盡仆，俟其乾且燥，乃行火焉。火尚熾，即以種播之。"隨着農業生產的不斷發展，不同種類的稼穡器具、設施也應運而生，它們經歷了木石、青銅、鐵製三個發展階段。木石稼穡器具、設施大多直接取材於木、石或蚌殼等，效率較低；青銅稼穡器具、設施則由青銅冶鑄而成，造價較高；直至鐵製稼穡器具、設施的出現，稼穡器具、設施纔真正成熟。

　　稼穡器具、設施包括種植器具、設施與收穫器具、設施兩類，均具有悠久的歷史。最早出現的種植器具是瓠種，以葫蘆製作。周昕《中國農具發展史》書中推測"窶瓠可能發明於漢代"，鄭紹宗《金代的瓠種》文中也認爲"瓠種的起源至少在漢代"。關於瓠種的文字記載，最早見於北魏賈思勰的《齊民要術》；瓠種的出土實物，最早見於河北欒平縣岑溝村發掘的金代農家遺址。根據常理，瓠種出現的時間應該更早。漢代又發明了新的複合式種植器具——耬犁，能同時完成開溝、下種兩項工作。初爲三脚耬，後來又有獨脚、兩脚和四脚等不同形制。耬犁的使用，極大地提高了種植速度，也促使條播方法在北方旱田農業中成爲主流。南北朝時期，耬犁已經推廣到西北地區；在敦煌壁畫中，還可看到該地宋代使用耬車的情形。此外，秧馬、撻、砘車等也值得關注。

　　最早出現的收穫器具是石刀、蚌刀等，山西朔縣峙峪舊石器時代晚期遺址中出土的打製小石刀，距今已有近三萬年的歷史。石鐮、蚌鐮的出現晚於石刀和蚌刀，河北武安市磁山遺址、河南新鄭縣裴李崗遺址都發現了製作精致、形式多樣的石鐮，距今近八千年。夏、商、西周時期，人們使用的收穫器具依然有石刀、蚌鐮等，但青銅製作的銍、艾等也已開始使用。《詩·周頌·臣工》中的"命我衆人，庤乃錢鎛，奄觀銍艾"就是明證。戰國時期，青銅製作的銍、艾等逐漸被鐵銍、鐵鐮所取代。西漢以後，鐵銍又被淘汰，鐵鐮成爲最主要的收穫器具，與鐋、捃刀等一直延用到明清時期。此外，麥釤、麥綽、麥籠、推鐮、杷、扠等也值得關注。

　　蠶是昆蟲綱、鱗翅目、蠶蛾科和大蠶蛾科昆蟲幼蟲的通稱，能吐絲結繭，成爲重要的纖維資源，可分爲桑蠶、柞蠶、蓖麻蠶、天蠶（日本柞蠶）、樟蠶、栲蠶等。中國古代典籍中，很早就有蠶的記載。如，《詩·大雅·瞻卬》："婦無公事，休其蠶織。"毛傳："休，息也。婦人無與外政，雖王后猶以蠶織爲事。"《左傳·僖公二十三年》："〔重耳〕將行，謀於桑下。蠶妾在其上，以告姜氏。"《韓非子·說林下》："鱣似蛇，蠶似蠋。"《管子·山權數》："民之通於蠶桑，使蠶不疾病者，皆置之黃金一斤，直食八石。"《禮記·月令》："〔孟夏之月〕蠶事畢，后妃獻繭。"綿延至今，已越數千年。

蠶有很多名稱，曾被稱爲"蠶婦"，如宋蘇軾《次韻章傳道喜雨》："更看蠶婦過初眠，未用賀客來旁午"；又被稱爲"蠶姬"，如明王世貞《吳興雜興》詩之七"烏鬼秋常放，蠶姬夜不眠"。在其不同的生長階段，也有不同的名稱。蠶卵稱爲"蠶子"，如宋梅堯臣《春日拜隴經田家》詩"桑牙將綻霧露裛，蠶子未浴箱筐收"；亦稱"蠶胎"，如元王冕《望雨》詩"蠶胎在紙秧在穀，未知何以供官輸"。用於繁育的蠶卵稱爲"蠶種"，如《新唐書·文藝傳中·李邕》："事生吏口，迫邕手書，貸人蠶種，以爲枉法"。幼蠶稱爲"蠶蟻"，如宋梅堯臣《依韻和許待制偶書》："深屋燕巢將欲補，密房蠶蟻尚憂寒"；亦稱"蠶花""蟻""烏"，如清沈公練《廣蠶桑說輯補》卷下："〔蠶〕子之初生者名蠶花，亦名蟻，又名烏。"蠶化而爲蛹，稱爲"蠶蛹"，如《三國志·魏書·管輅傳》"先說雞子，後道蠶蛹，遂一一名之。"蛹化而爲蛾，稱爲"蠶蛾"，如《漢書·元帝紀》"有白蛾羣飛蔽日"，唐顏師古注："蛾，若今之蠶蛾類也。"蠶繭被稱爲"幕"，又被稱爲"牽離"，如《釋名·釋綵帛》："繭曰幕也，貧者著衣可以幕絡絮也。或謂之牽離，煮熟爛，牽引使離散如緜然也。"

蠶與人類的生活息息相關，傳說與夏桀同時的蜀王先祖蠶叢，已經開始教人蠶桑。此外，蠶蛹亦稱"蚘""小蜂兒"，可作食料和肥料。北齊顏之推《顏氏家訓·勉學》："案：《爾雅》諸書，蠶蛹名蚘。"明李時珍《本草綱目·蟲一·蠶》："蠶蛹。瑞曰：'繰絲後蛹子，今人食之，呼小蜂兒。'"蠶矢又稱"蠶沙"，即蠶屎，可作肥料和藥物。北魏賈思勰《齊民要術·種穀》："三四日去附子，以汁和蠶矢、羊矢各等分撓之。"又《種瓠》："用蠶沙與土相和，令中半；若無蠶沙，生牛糞亦得。"清蔣士銓《第二碑·書表》："幾年來雙鉤響搨，墨香浮蟬翼紗，還仗你仙人鐵筆劃蠶沙，趁着這一片新碑如玉滑。"人們信奉"蠶神""蠶精"，即司蠶之神。《後漢書·禮儀志上》："祠先蠶，禮以少牢。"劉昭注引漢衛宏《漢舊儀》："祠以中牢羊豕，祭蠶神，曰菀窳婦人、寓氏公主，凡二神。"元王禎《農書·蠶事起本》："嘗謂天駟爲蠶精，元妃西陵氏始蠶，實爲要典。"遵守"蠶忌""蠶禁"，即養蠶禁忌。宋范成大《晚春田園雜興》詩之六："三旬蠶忌閉門中，鄰曲都無步往蹤。"明謝肇淛《西吳枝乘》："吳興以四月爲蠶月，家家閉戶，官府勾攝徵收及里閈往來慶弔，皆罷不行，謂之蠶禁。"制定勸農飼蠶的禮儀"蠶禮"，如《晉書·禮志上》："今藉田有制，而蠶禮不修"；設立"蠶市"，即蠶類及其相關用品專業市場。唐司空圖《漫題》詩之二：
"蝸廬經歲客，蠶市異鄉人。"清褚人穫《堅瓠續集・成都十二月市》："正月燈市，二月花
市，三月蠶市。"人們還稱蠶忙時期的農曆三、四月份爲"蠶月"，如《詩・豳風・七月》
有"蠶月條桑"；稱雪花爲"蠶葉"，如晋王嘉《拾遺記・員嶠山》載員嶠山中產冰蠶，長
七寸，黑色，有角有鱗，霜雪覆之，始成繭；稱美女形態爲"蠶賊"，如唐張鷟《遊仙
窟》："蠶賊容儀，迷傷下蔡"；稱顏真卿書法的特徵爲"蠶頭馬尾"，如宋李石《續博物志》
卷三："此先太師（顏真卿）親翰，書法蠶頭馬尾，真得仙也"；稱一種狀如蠶頭的極品人
參爲"蠶頭"，如宋蘇軾《紫團參寄王定國》詩"蠶頭試小嚼，龜息變方聘"；稱蠶忙季節
上市的一種小蝦爲"蠶花"，如明謝肇淛《西吳枝乘》："吳興以四月爲蠶月……又有小蝦，
亦以蠶時出市，民謂之蠶花，蠶熟則絕無矣"；稱蠶時始熟、莢如蠶形、子可食用的一種
豆子爲"蠶豆"，如明李時珍《本草綱目・穀三・蠶豆》："蠶豆南土種之，蜀中尤多……結
角連綴如大豆，頗似蠶形"；稱臥蠶形的眉毛爲"蠶眉"，如《三寶太監西洋記通俗演義》
第七六回："關爺爺即時怒發雷霆，威傾神鬼，鳳眼圓睜，蠶眉直豎"。

中國的養蠶史，可以追溯到先秦時期。《書・禹貢》："桑土既蠶。"孔穎達疏："宜桑
之土，既得桑養蠶矣。"而後分工越來越明確，制度越來越完善。民間有專門養蠶的"蠶
人""蠶母""蠶婦""蠶娘""蠶女"與"蠶家""蠶鄉"，如漢王逸《機賦》："於是暮春代
謝，朱明達時，蠶人告訖，舍罷獻絲"；北魏賈思勰《齊民要術・種桑柘》："楊泉《物理
論》曰：使人主之養民如蠶母之養蠶，其用豈徒絲繭而已哉"；《北史・蘇綽傳》："然後可
使農夫不失其業，蠶婦得就其功"；唐趙氏《寄情》詩"春風白馬紫絲韁，正值蠶娘未採
桑"；唐李白《贈從孫義興宰銘》詩"農人棄蓑笠，蠶女墮纓簪"；唐李益《雜曲》："妾本
蠶家女，不識貴門儀"；唐杜牧《題池州弄水亭》詩"紆餘帶竹村，蠶鄉足砧杵"。官方有
主管蠶事的女官"蠶母"、宮人納錦之所"蠶池"與育蠶時期按戶配鹽的制度"蠶鹽"，如
《晋書・禮志上》："漢儀皇后親蠶，取列侯妻六人爲蠶母"；明劉若愚《明宮史・宮殿規制》
"櫺星門迤西街南，臟罰別庫之門也。門之東，迤南曰蠶池"；《資治通鑑・後晋高祖天福七
年》"先是河南、北諸州官自賣海鹽，歲收緡錢十七萬；又散蠶鹽斂民錢"，胡三省注："蠶
鹽所以裹繭。唐天成二年，敕：'每年二月內一度俵散蠶鹽，依夏稅限納錢。'"

中國古代稱農業之事爲"農事"，《禮記・月令》："〔季秋之月〕乃命冢宰，農事備收。"
稱養蠶之事爲"蠶事"，《禮記・月令》："〔孟夏之月〕蠶事畢，后妃獻繭。""蠶事"是"農

事”的重要組成部分，所以“蠶穡”“蠶農”“蠶禾”“蠶耕”經常連稱，泛指農事。如南朝宋顔延之《庭誥文》：“利禄者受之易，易則人之所榮；蠶穡就之艱，艱則物之所鄙”；《南齊書·王敬則傳》：“民庶彫流，日有困殆，蠶農罕穫，飢寒尤甚”；宋歐陽修《讀〈祖徠集〉》詩“至今鄉里化，孝悌勤蠶禾”；宋王安石《寄題衆樂亭》詩“令思民事不忍後，田間笑語催蠶耕”。“蠶粦”“蠶麥”經常連稱，兼指蠶與麥的收成。如唐韓愈《赴江陵途中寄贈翰林三學士》詩“積雪驗豐熟，幸寬待蠶粦”；唐韓愈《御史臺上論天旱人飢狀》：“容至來年蠶麥，庶得少有存立”。

第五節　排灌及施肥器具、設施的産生與發展

水利是農業的命脉，肥料是莊稼的根本。作爲歷史悠久的農業古國，中國歷來就重視農田水利的建設。傳説中的夏禹治水，就反映了四千年前我們的祖先戰勝洪水的光輝歷史。幾千年來，豐富的水利資源滋養了中國農業。從小型的溝洫排灌到後來大規模水利設施，從早期黄河流域農田水利的初步開發到唐宋以後江南農業的快速發展，農田水利的發展經歷了一個由簡單到複雜、由落後到先進的過程。中國農業的發展史，在一定程度上就是一部發展農田水利、克服旱澇灾害的鬥争史。

中國古代的農田水利工程類型繁多，這和我國的氣候、地形等自然條件有密切關係。中國受東南季風的影響，雨量分布不均，從東南沿海向西北内陸逐漸遞減。而且中國丘陵、山地多，平原少，丘陵、山地農田水利的重點在於築堰蓄水，平原地區則在於修渠引灌或排澇。由於中國各地所處的自然條件不一，需要解決的水利問題也不同，這就使得中國古代的農田水利建設中出現了多種多樣的水利工程類型。

從排灌設施的發展歷史看，大致可分爲四個時期：戰國以前是以溝洫排灌爲主的起始期，戰國至南北朝時期是以北方灌溉渠系、江淮陂塘建設爲主的發展期，唐宋時期是排灌工程的興盛期，明清時期則是北方排灌衰落而南方排灌持續發展期。

戰國以前，農田水利的代表形式是與當時井田制農業相適應的小型排灌渠道——溝洫，商代的甲骨文中，有表示田間溝渠的字。到了周代，農田溝洫已比較系統并日趨完善。據《周禮》的記載，當時的溝洫大致可按功用不同和所控制的灌溉面積大小，分爲

澮、洫、溝、遂、畎、列等級，分別起着向農田引水、輸水、配水、灌水以及從農田排水的作用，有的還建了人工蓄水陂塘，形成了有蓄、有灌、有排的農田水利體制。春秋時期，隨着鐵製農具的使用和推廣，勞動生產力迅速提高，水利工程的規模也逐漸擴大。楚國在今安徽壽縣建成了芍陂，鄭國也興建了新的排灌系統。

戰國至魏晉南北朝時期，是排灌設施的發展期，大型渠系工程逐漸取代了農田溝洫，水利工程技術也迅速發展。戰國時期，秦國在西蜀和關中地區先後創建了都江堰和鄭國渠兩大灌溉工程，使得這兩個地區的農業得到了迅猛的發展。魏國在鄴地修建了漳水十二渠，後來鄴地一帶成爲中國重要的政治經濟區域就是與十二渠的修建有關。西漢時期，在關中地區修建了龍首渠、六輔渠、白渠、成國渠、湋渠、靈軹渠和蒙蘢渠等，分別引渭河及其支流涇水、洛水等進行灌溉。在西北地區，漢代采取移民開墾及軍事屯田來進行開發，河套平原、河西走廊一帶修建了許多灌溉渠系。此期的灌溉工程形式也相繼興起，出現了渠系引水、陂塘蓄水、陂渠串聯、水庫蓄水以及鑿井等多種形式。陂塘蓄水工程以東周時建成并屢經修浚的芍陂爲代表，陂渠串聯的工程形式在淮河和漢水流域一帶較發達，以戰國末年在今湖北宜城建成的白起渠爲最早。新疆地區的坎兒井則是引取地下水進行灌溉的工程形式。東漢至魏晉南北朝時期，黃河流域戰亂頻仍，農田水利的重點轉向江淮流域。淮河流域多丘陵，陂塘水利在以往的基礎上迅速發展，曹魏時期修建了大量的陂塘。近年來在陝西漢中地區以及四川、雲南等省的東漢墓中出土不少陶製陂塘模型，説明這些地區也曾普遍修建陂塘。揚州五塘、赤山塘、錢塘江流域的鑒湖等都興建於此時。此期北方地區水利設施修建得較少，但東漢、曹魏對華北水利較爲重視。酈道元的《水經注》也成書於此時，該書是研究古代河道和水利工程的寶貴資源。

唐宋時期，社會比較安定，生產力發展迅速，排灌工程也極爲興盛。唐代修建的農田水利工程達一千一百三十多項，唐以後南方水利繼續發展，北方相對衰落。南方水利工程類型多樣，除引水渠系外，還有蓄水塘堰、拒鹹蓄淡工程和濱湖圩田等。唐代淮南、江浙、皖南、贛北等地蓄水塘堰都很發達，宋代向福建、湖南以南推進，連海南島也修建了陂塘。東南沿海地區由於經常受海潮威脅，所以唐宋時期修建了防禦海潮的工程，蓄引內河淡水灌溉。太湖圩田是這一時期江南水利成就最大、功效最突出的水利設施。此期北方以關中地區爲代表的黃河流域渠系工程持續發展，河套地區、河西走廊以及汾河流域興建較多。北方水利有特色的是大規模農田放淤。宋代在今山西中部和南部引山洪淤灌，淤出良田 1.8 萬多頃。

元明清時期，北方排灌衰落而南方排灌持續發展，地方自辦的農田水利建設興修普遍，而大型工程較少。成就突出的是江南地區水利，繼太湖圩田之後，兩湖垸田和珠江三角洲堤圍迅速興起。兩湖垸田的形制和江南圩田類似，始修於南宋和元代，而其大發展則在明、清時期。兩湖垸田以湖北荊江和湖南洞庭湖一帶最為集中。此時期西南和臺灣地區的水利也得到了一定的開發，西南地區小型塘壩有較大發展，著名的雲南滇池得到多次修治，臺灣地區明代也開始興修渠塘等小型灌溉工程，清代興建了彰化八堡圳等規模較大的灌溉工程。元明清三代都建都北京，但當時的經濟重心則在南方，為了減少對東南地區的經濟依賴，自元代起就不斷有人呼籲發展海河流域的農田水利。此時期，邊遠地區農田水利建設也進一步發展，清代在新疆大興屯田，興修水利，清末灌溉工程已分布於天山南北的二十多個州縣，坎兒井在吐魯番一帶也發展很快。元明清時期關於農田水利方面的著作也大量湧現，如明代張國維的《吳中水利全書》、清代王鳳生的《浙西水利備考》、清代王庭芝的《通濟堰志》等。

從灌溉器具的發展歷史看，大致也經歷了一個從最原始的戽斗到後來的筒車等較為先進的灌溉器具的發展過程。春秋戰國之前，人們常用的灌溉工具是戽斗，這是一種最為簡單的灌溉農具，它采用人力提水，勞動強度比較大，而且不適宜大規模、遠距離的灌溉，所以到了戰國時期，人們發明了桔槔。桔槔采用杠杆原理，藉助石塊等重物就可以輕鬆地提水，大大減輕了人們的勞動強度，在戰國時期曾普遍用於農田灌溉。但桔槔提取水源的深度有限，井水太深時無法使用，到了漢代，創製了轆轤這種利用輪軸原理汲水的器具。山東漢墓的畫像石中有轆轤提水的場面，這說明轆轤在漢代已推廣使用。排灌農具發展史上濃墨重彩的一筆是水車的發明，水車最早出現於東漢末年，後又幾經改造，最終造福百姓。水車最早是手轉的，到了唐代後出現了腳踏翻車、牛轉翻車等，進一步減輕了勞動強度，灌溉功效也較之前有了大幅度提高。唐代還出現了一種新型的灌溉器具——筒車，筒車主要適用於高地農田的灌溉，大大解決了高地農田灌溉不便的難題，功效較之翻車也更高。到了宋元時期，發明創製出了利用流水為動力的水轉翻車，這比之前的手轉、腳踏、牛轉等方法又先進了一步。元明之際還發明了風力水車，利用自然界的風力使水車運轉，更為節省人力。排灌器具的發展與創新，使得人們的勞動強度逐漸減輕，農田灌溉更為方便。

從灌溉方式的發展演變來看，農田灌溉方式主要有畦灌、溝灌、淹灌等地面灌溉，在地下開挖水道、暗渠等地下灌溉，丘陵地區節水灌溉等多種方式。這是古代人們根據不同的地形、不同作物的需要發明創製出的灌溉方式。畦灌這種灌溉方式淵源已久，據記載，至遲在戰國時期已進行治畦灌園了。河南淮陰出土的西漢陶院落模型，在其側院的園地上布置有水井和畦田，每兩塊畦田間有支渠高出畦面，可自流放水入畦。北魏賈思勰《齊民要術・種葵篇》就有對畦灌的具體要求。溝灌方式的産生與歷史上壟作的農田結構有關，周代時采用溝壟相間的壟作結構種植作物已比較普及，溝灌就起始於這一時期，後代也常用壟作進行溝灌。淹灌方式多適用於南方水田的灌溉，《詩經》中有“滮池北流，浸彼稻田”的記載，這説明西周時期水稻田已采用淹灌了，此法的應用起始當更早，許多古代農書中對水稻田的淹灌技術有很多論述。地下暗渠的灌溉方式使用很早，殷商時城市中已鋪設地下陶管水道，在安陽殷墟、鄭州洛達廟商代遺址中都有發現。利用滲灌原理的地下灌溉在西漢時也有了記載，山西臨汾山麓地帶的龍子祠修築利用泉水的地下灌溉網至少也有數百年的歷史了。此外，在新疆地區，普遍利用坎兒井引取滲入地下的雪水進行灌溉，這也是地下灌溉的一種典型方式。丘陵地區稻田灌溉時，水易流失，於是人們創製了一種丘陵地區控制水源走失的節水灌溉方法，即先在最高處蓄水，耘田時自最低的一塊田放乾水先耘，耘後烤田，然後灌水，依次向上逐塊田耘耨，這樣“浸灌有漸，即水不走失”（宋陳旉《農書》卷上），可以從容地耘田。

值得注意的是，古代的一些排灌工程之所以能經久不衰，在很大程度上是因爲有良好的管理制度。早在春秋時期就已經有了相關的水利條約，至西漢又有了專門的灌溉管理制度，如西漢倪寬在主持修建關中六輔渠時“定水令，以廣溉田”，水令就是該灌區的用水制度。唐宋時期農田水利建設蓬勃發展，水利管理也日趨成熟，集中表現是唐代頒布了全國性的水利法規《水部式》，宋代王安石變法時頒布了《農田利害條約》，這是國家發布的鼓勵興修農田水利的政策法規。元明清時期，一些稍大的灌區幾乎都有灌溉管理制度，涉及組織管理、工程管理、用水管理等多方面的内容。可見，排灌設施及用具的發展催生了灌溉管理制度的産生，灌溉管理制度的完善又進一步帶動了灌溉事業的發展。

總之，中國的水利建設歷史悠久，排灌器具多樣，排灌設施衆多，灌溉方式及技術也非常豐富。因此説，中國傳統農業的發達，與一直重視農田水利建設的農業傳統是密切相關的。

同樣，古人對肥料的利用也有着悠久的傳統。肥料是一種能够供給養分使植物發育生長的物質，主要包括有機肥料和無機肥料兩大類。有機肥料是天然有機質經微生物分解或發酵而成的一種肥料，俗稱"農家肥"，常見的有綠肥、人糞尿、廄肥、堆肥、漚肥、沼氣肥和廢棄物肥料等。無機肥料是通過物理或化學工業方法製成的無機鹽形式的礦質肥料，也稱化學肥料，俗稱"化肥"。然而，古漢語中無"肥料"一詞，古代稱肥料爲"糞"，稱施肥爲"糞田"，稱土地肥沃爲"肥""美田"等；而"肥料"一詞起源於近代。

據《淮南子·人間訓》記載，最早教給人們"糞土種穀"、爲莊稼施肥的人，就是"教民稼穡"的后稷。原始農業時期，如何爲農作物提供營養、使土地肥沃，尚不得而知。但自有文字記載以來，古人便懂得種地施肥、多糞肥田的道理，已是不争的事實。《周禮·地官·草人》中最早明確指出了在播種之前根據不同土質施用不同基肥的做法："凡糞種，騂剛用牛，赤緹用羊，墳壤用麋，渴澤用鹿。"孫詒讓正義曰："凡糞種，讀糞其地以種禾也。"《禮記·月令》中也説："〔季夏之月〕可以糞田疇，可以美土彊。"相關的記載，在先秦文獻中隨處可見，茲略舉數例如下：

《老子》第四十六章："天下有道，却走馬以糞。"

《論語·公冶長》："子曰：'朽木不可雕也，糞土之牆不可杇也。'"

《荀子·富國》："裕民則民富，民富則田肥以易，田肥以易則出實百倍。""掩地表畝，刺（草）殖穀，多糞肥田，是農夫衆庶之事也。"

《孟子·告子上》："雖有不同，則地有肥磽，雨露之養，人事之不齊也。"

《淮南子·時則訓》："土潤溽暑，大雨時行，利以殺草糞田疇，以肥土彊。"《本經訓》："積壤而丘處，糞田而種穀，掘地而井飲。"《人間訓》："后稷乃教之辟地墾草，糞土種穀，令百姓家給人足。"

當時人們不僅已經認識到雜草腐爛後的肥田作用，并且開始利用野生綠肥，這實際上就是傳統漚肥法的濫觴。同時人們還認識到"多糞肥田"的道理，諸凡人糞尿、畜糞等廢棄物及田間雜草、草木灰等，凡是可以利用的，差不多都用來當作肥料。

秦漢時期是施肥技術的初步發展時期，當時，人們對施肥可以改良土壤、提高地力已經有了明確的認識。所謂地力，就是土地養育莊稼的能力或力量，一般是指土壤的肥沃程度。東漢王充在《論衡·率性篇》中就明確指出："夫肥沃墝埆，土地之本性也。肥而沃者性美，樹稼豐茂；墝而埆者性惡，深耕細鋤，厚加糞壤，勉之人功，以助地力，其樹稼與彼肥沃者相似類也。"伴隨着傳統農業的快速發展，有關肥料的來源、種類以及積肥方法、施肥技術方面的記載也越來越多。西漢氾勝之的《氾勝之書》中不僅記載了溷肥（人糞尿）、廄肥（家畜糞）、蠶矢（蠶糞）、骨汁、豆萁等多種肥料種類，而且介紹了多種施肥技術，比如大田漫撒基肥、區田集中施肥、帶肥下種的溲種法等，已經出現了基肥和追肥的基本概念。不過，古代稱基肥爲"墊底之糞"，稱追肥爲"接力之糞"。此外，在秦漢遺址中發現的許多連廁圈，實際上就是一種將猪圈和廁所連在一起的積肥設施。這種原始而實用的積肥措施，不僅反映了中國養猪積肥的悠久歷史，也證明了當時對積肥的重視和普遍使用廄肥的現狀。

魏晋南北朝時期是施肥技術的進一步發展時期，當時不僅已經從利用天然野生綠肥發展到人工栽培綠肥，而且還開始利用舊墻土作爲肥料，同時施肥技術也有了進一步發展。西晋郭義恭的《廣志》中最早記載了人工栽培綠肥的方法，即栽培苕草用以美田的做法。北魏賈思勰在《齊民要術》中則進一步總結了綠肥的使用效果和價值，"其美與蠶矢熟糞同"，且綠肥的來源已擴展到綠豆、小豆、胡麻等多種植物；同時還提出了"糞大水勤"的施肥理念，并首次記載了利用牛糞積制堆肥的"踏糞法"，開創了傳統堆肥法的先河。

隋唐五代似乎是施肥技術的停滯不前時期。尤其是唐代，雖然國力强盛、疆域遼闊，在邊疆土地開發、農具改制創新、農田水利灌溉、江南農業發展諸方面都取得了重大成就，但在對肥料的重視和利用方面却没有多少進步。一般認爲成文於唐代的《齊民要術》"雜說"篇中，也祇是提到了"踏糞法"，"凡田地中有良有薄者，即須加糞糞之"，同時却又强調："凡人家營田，須量己力……每年一易，必莫頻種。"在唐代僅存的一部綜合性農書《四時纂要》中，也提到糞種、糞田等農事內容，比如《春令卷之一·正月》就說："種冬瓜……著糞種之"；"種葵……深掘，以熟糞和中半……下葵子，又取和糞土蓋之……每一掐，即爬糝地令起，下水加糞"；"貯羊糞：牛羊糞正月貯之，充煎乳火軟而無患，柴火則易致乾焦也"；"雜事：竪籬落，糞田，開荒，租放地"；等等。但在肥料種類、積肥方法、施肥技術諸方面，也都没有超越前代之處。當時北方大部分農耕地區用以恢復地力的主要手段，仍然是采用土地休閑的方式。而在邊疆、偏僻地區的"畬田"則基本上采用刀耕火種的原始方式，根本談不上施肥管理。[日]大澤正昭在《論唐宋時代的燒田（畬田）農業》一文中就說："當時的畬田如後述的那樣幾乎不進行施肥管理，其收成與否很大程度上決定於自然條件。""畬田并不進行施肥、中耕、除草，元稹詩所詠'田疇附火罷耘鋤'，白居易詩曰'畬田澀米不耕鋤'，劉禹錫詩所詠'巴人拱手吟，耕耨不關心'，前引王禹偁

《小畜集·畲田詞有序》所説'掩草則生，不復耘矣'，都説明了這一點。"這或許與當時的農書缺乏有關，以至於人們在研究唐代農業（包括施肥）時不得不用唐代詩歌作爲文獻資料。宋元時期是施肥技術的成熟完善時期，不僅肥料來源、積肥方法和肥料種類等方面有了顯著提高，在施肥理論、施肥技術方面也有了進一步發展。當時人們可利用的肥源進一步擴大，發明了積制河泥、餅肥發酵、燒制火糞以及漚肥、堆肥等許多新的積肥方法，據《中國古代農業科學技術史簡編》統計，當時的肥料種類包括糞肥六種、緑肥五種、土肥五種、泥肥三種、灰肥三種、餅肥兩種、稿稭肥三種、渣肥兩種、無機肥料五種、雜肥十二種，共計四十六種。《中國農業百科全書·農業歷史卷》中則稱有六十餘種。其中餅肥（主要有麻枯和豆餅）和無機肥（包括石灰、石膏、硫磺等）是此期的新發明。同時還出現了糞屋、糞窖等積肥、保肥設施。在施肥理論上，南宋陳旉在其《農書·糞土之宜篇》中闡述了"用糞得理"的施肥理論，提出了"用糞如用藥"和"新土糞治、地力常新"的觀點："土壤氣脉，其類不一，肥沃磽（墝）埆，美惡不同，治之各有宜也。……治之得宜，皆可成就。""相視其土之性類，以所宜糞而糞之，其得其理矣。俚言謂之'糞藥'，以言用糞猶用藥也。""若能時加新沃之土壤，以糞治之，則益精熟肥美，其力常新壯矣。"同時還提到聚糠藁法、窖花草等漚肥方法。元代王禎則提出了通過施肥改良土壤的"糞壤"理論："糞壤者，所以變薄田爲良田，化磽土爲肥土也。"在施肥技術上，開始倡導多次追肥的施肥方法，同時已經認識到合理施肥的重要性，開始針對不同的土壤、不同的作物，施用不同的肥料。比如稻田施用麻枯和火糞最佳，種韭菜施用馬糞爲宜等。

明清時期是施肥技術的精細化時期。此期的肥源進一步擴大，肥料種類由宋元時期的五十種左右發展到一百三十多種。（參見中國農業遺産研究室編《中國古代農業科學技術史簡編》）在積肥、造糞的方法上則新創或改良了蒸糞法、煮糞法、窖糞法、釀糞法、煨糞法和配置料糞、糞丹等。其中蒸糞法、煮糞法可視爲魏晋踏糞法的改進，相當於現在的堆肥；窖糞法、釀糞法則是對宋代漚肥法的改良，相當於現在的漚肥；而料糞和糞丹則是兩種高濃度的復合肥料，以人畜糞、麻餅、黑豆等有機肥爲主，配以黑礬、砒信等無機肥，經窖藏（或缸内密封）、腐熟而成。據《徐光啓手迹》記載，製好的糞丹肥效極高，"每一斗可當大糞十石"。清代楊屾在《知本提綱》中説："墾田莫若糞田，積糞勝如積金。釀造有十法法詳，生離有三宜之用。"將當時的造糞之法歸納爲人糞、牲畜糞、草糞、火糞、泥糞、蛤灰糞、苗糞、渣糞、黑豆糞和皮毛糞十類，其中有對前代的總結，也有當時的創新；同時還提出施肥要合乎時宜、土宜和物宜的施肥理論。需要指出的是，與宋元時期不同，明清時期人們更重視基肥的作用。明代袁黄在《寶坻勸農書》中就說："墊底之糞在土下，根得之而愈深；接力之糞在土上，根見之而反上。故善稼者皆於耕時下糞，種後不復下也。"明末張履祥輯補的《沈氏農書》中也說："凡種田總不出'糞多力勤'四字，而墊底尤爲緊要。墊底多，則雖遇水大，而苗肯參長浮面，不致淹没；遇旱年，雖種遲，易於發作。"雖然觀點不免片面，但針對寒冷、少雨的北方地區而言，仍有其合理的一面。

傳統有機肥料的來源，本爲生活中的廢棄之物或自然中的無用之物（比如糞尿垃圾、雜草污泥等），然而，一旦積之爲肥，却能够化腐朽爲神奇，變無用爲有用，成爲莊稼之寶。元代王禎在其《農書》中曾說："夫掃除之猥，腐朽之物，人視之輕忽，田得之爲膏潤，唯務本者知之，所謂惜糞如惜金也。故能變惡爲美，種少收多。諺云：'烘田勝如買田。'信斯言也。"清代張履祥的《補農書》中也說："種田地利最薄，然能化無用爲有用；不種田地力最省，然必至化有用爲無用。何以言之？人畜之糞與竈灰脚泥，無用也，一入田地，便將化爲布帛菽粟。"可見，從傳統的積肥方法、施肥技術上也可看出中國人民的勤勞與智慧。

灌溉器具是指農耕生産活動中對農作物進行灌水、灌溉過程中所使用的傢具和器械。主要包括戽斗、桔槔、轆轤、水車、筒車等幾種重要的器具。此外，還有刮車、翻車等較大型的灌溉器械。這些灌溉器具的發明創製是中國古代灌溉史上的重要一筆，爲古代農業的發展做出了重大貢獻。

人們最早使用的灌溉農具是戽斗，它是一種最簡單因而可能也是最原始的排灌農具。戽斗多用竹篾或藤條編製而成，兩邊有繩，使用時兩人對站，拉繩汲水，是一種人力提水灌溉工具，多用於水位和地面差較小的菜園、禾圃等灌田。浙江吳興錢山漾新石器時代遺址曾出土過一件類似器形的木製器皿，有人認爲就是所謂的"南泥戽斗"。

真正的汲水灌溉機械——桔槔，出現於春秋戰國時期。最早的文字記載見於《莊子・外篇・天運》："且子獨不見夫桔槔者乎？引之則俯，舍之則仰。"其應用，通常是在井旁或塘邊架設一杠杆，一端繫汲器，一端懸、綁石塊等重物，用不大的力量即可將灌滿水的汲器提起。山東省嘉祥縣武氏群墓石刻漢畫像石上就有桔槔取水的場景。這種汲水工具非常簡單，却大大減輕了勞動強度。《莊子・外篇・天地》中又說："有械於此，一日浸百畦，用力甚寡而見功多……鑿木爲機，後重前輕，挈水若抽，數如洪湯，其名爲槔。"既然是

"一日浸百畦"，説明桔槔主要是用於農業生産的灌溉機械。但桔槔提取井水的深度有一定的限度，井水太深時就無法使用。

至遲在漢代就已采用滑輪來提取井水。在四川出土的漢代畫像磚土的鹽井圖中就有用滑輪提取井鹽的畫面，各地漢墓也經常出土附有滑輪井架的陶水井模型。但滑輪祇能改變用力方嚮，并未節省人力。漢代出現的另一種提水工具——轆轤，是利用輪軸原理製成的一種起重裝置，采用摇轉轆轤絞動繩索以提升水桶的辦法，從而節省動力，提高功效。轆轤通常安在井上汲水，桔槔的汲水深度有一定的限度，而轆轤則深淺皆宜。山東漢墓的畫像石中已有轆轤提水場面，可見它至遲已在漢代推廣使用。

在排灌農具發展史上占有非常重要位置的是水車的發明。水車又叫翻車，發明於東漢末年。《後漢書·張讓傳》："又使掖庭令畢嵐鑄銅人……又作翻車渴烏，施於橋西，用灑南北郊路，以省百姓灑道之費。"但畢嵐的翻車祇用於澆灑道路，未用於農業。三國的馬鈞所製作的翻車纔開始用於園圃灌溉，"時有扶風馬鈞，巧思絶世，傅玄序之曰：'馬鈞居京都，城内有地，可以爲園，患無水以漑之，乃作翻車，令童兒轉之，而灌水自覆。更入更出，其巧百倍於常。'"翻車自發明以後，成爲中國歷史上使用最普遍、效果最大的排灌機械。翻車最早是用手摇的，到了唐代纔出現脚踏翻車和牛轉翻車，功效更高。

唐代還發明了另一種灌溉工具——筒車，它利用水流的衝擊力，使挽水之筒次第隨輪轉動，轉至高處時，筒内之水自動傾入特備的水槽内，流入農田。筒車在高地農田的灌溉中發揮了巨大作用，功效遠較翻車爲高。另一種灌溉工具立井水車也是在唐代發明的。《太平廣記》卷二五〇引《啓顔録》："鄧玄挺入寺行香，見水車，以木桶相連，汲于井中。"鄧玄挺卒於唐代永昌元年（689），可見其在唐代已流行。這種"以木桶相連"的水車是用來提取井水的，故又稱爲井車。井車一直在北方農村沿用，在旱地農業中發揮着重要作用。

宋元時期除繼續沿用上述的幾種灌溉農具外，還發明了利用流水爲動力的水轉翻車。元明之際又發明了風力水車，雖然這兩種灌溉機械因受自然條件的限制，沒有得到普遍應用，但在中國排灌機械發展史上仍然具有重要意義。

明清時期大致也沿用了前代的發明，較少新制。雖然德國傳教士鄧玉函的《奇器圖説》中列有九種引水器具圖，王徵的《諸器圖説》中也列有兩種引水之器——虹吸和鶴飲，但都未能普及。傳統農業中實際應用的還是傳統的灌溉器具，即筒車、翻車、桔槔、轆轤之類。參見徐光啓《農政全書·水利篇》。

　　排灌設施是指傳統農耕生產活動中用以農田灌溉、排水的設施。排灌設施同樣經歷了由簡單到複雜、由小型到大規模發展的歷史。自春秋戰國至近代，全國各地修建了無數的排灌設施，這些排灌設施不僅解決了當地農田灌溉問題，還進一步帶動了當地農業的發展繁榮，功在當代，利在千秋。

　　早期的排灌渠道是溝洫，也有人認爲早期的溝洫衹排不灌。古田制稱遂、溝、洫、澮、川五種溝渠爲“五溝”。《周禮・夏官・司險》謂：“設國之五溝、五塗，而樹之林以爲阻固。”鄭玄注：“五溝，遂、溝、洫、澮、川也。”據《考工記・匠人》載，遂深廣各二尺，溝倍之，洫倍溝，澮深二仞、廣二尋，川在兩山之間。“五溝”都是設在田間的水道，用以灌溉農作物或者水澇時排水，是較爲原始的田間排灌渠道。戰國時開始創建大型引水灌溉工程，以後歷代興修的引水灌溉工程很多，難以數計。在關中地區，秦始皇元年（公元前246）開引涇水的鄭國渠，幹渠長三百餘里，溉田四萬頃，使得關中平原成爲沃野，是漢魏時期涇水流域的主要灌溉系統。漢元鼎六年（公元前111），左內史兒寬在鄭國渠上游南岸開鑿六小渠，以輔助灌溉鄭國渠所不能達到的高地，史稱“六輔渠”。漢代班固《漢書・溝洫志》：“自鄭國渠起，至元鼎六年，百三十六歲，而兒寬爲左內史，奏請穿鑿六輔渠，以益溉鄭國傍高卬之田。”顏師古注：“在鄭國渠之裏，今尚謂之輔渠，亦曰六渠也。”此外，漢代還修建了多條渠道，如引涇水的白渠和樊惠渠，引洛水的龍首渠，引渭水及其支流的成國渠、靈軹渠和漕渠等。以後歷代都有維修和擴建工程。漢中地區的山河堰，相傳也是漢代建成。在華北地區，戰國魏文侯二十五年在鄴地修建漳水渠，東漢時在狐奴引潮白河水溉稻田八千餘頃。三國曹魏時在今北京建戾陵堰，開車箱渠，引永定河水灌田一萬多頃。在長江以南，東漢時期的馬臻主持修建了鏡湖，宋人施宿等《會稽志》卷二：“馬臻，永和五年爲太守，創立鏡湖，在會稽山陰。縣兩界築塘蓄水，水高丈餘，田又高海丈餘。若水少，則洩湖灌田；如水多，則閉湖洩田中水入海，所以無凶年。”在新疆地區，坎兒井應用非常廣泛，它是利用地下水通過地下渠道來灌溉農田。坎兒井由明渠、暗渠、豎井和澇壩四部分組成，是利用地下水源開鑿暗渠引水溉田的形式。我國古代修建的灌溉設施非常多，這爲農業的發展做出了巨大的貢獻。徐光啓《農政全書》卷一七記載說：“按《史記》，秦鑿涇爲渠，又關西有鄭國白公六輔之渠，外有龍首渠，河內有史起十二渠，范陽有督亢渠，河北有廣戾渠，朗州有右史渠，今懷孟有廣濟渠，俱各溉田千百餘頃，利澤一方，永無旱嘆，所謂人能勝天，豈不信哉？”

　　在一些河流湖泊上，往往建有用土石等築成的、用來擋水的堤堰。著名的有四川地區的都江堰，淮水流域的芍陂，河南地區的鴻郤陂、千金堨、瓠子，廣西的鏵觜等。都江堰是中國古代建設并使用至今的大型水利工程，被譽爲"世界水利文化的鼻祖"，是全世界迄今爲止，年代最久、唯一留存，以無壩引水爲特徵的宏大水利工程。坐落在四川都江堰市城西北岷江中，古時曾在都安縣境内，故又稱爲都安堰。宋元後，相繼修治，稱都江堰，爲中國古代著名水利工程之一。芍陂是古代淮水流域最著名的古陂塘灌溉工程，在今安徽壽縣南，因引淠水經白芍亭東積而成湖，故名。相傳係春秋楚相孫叔敖所鑿，兩千五百年來一直發揮着不同程度的灌溉效益。瓠子位於河南濮陽境内，漢武帝時興建，建成後把黃河水害化爲了水利。鏵觜位於廣西興安縣境内，屬於靈渠水利工程的一部分。鏵觜的修建使得長江水系與珠江水系連接在了一起，中原與嶺南也連接了起來。徐光啓《農政全書》卷七記載："廬江有孫敖芍陂，潁川有鴻隙陂，廣陵有雷陂，浙左有馬臻鏡湖，興化有蕭何堰，西蜀有李冰、文翁穿江之迹，皆能灌溉民田，爲百世利。"

　　在上述諸多引水排灌渠系的渠道部分往往設有分水閘、節制閘、泄洪閘、渡槽、涵洞等。古代一些灌區稱渠道上的分水閘爲斗門，斗門一般設在輸水幹渠和灌水渠道的分界處。唐代鄭白渠大約已設置斗門一百數十座，又在大支渠中白渠和清渠，中白渠與南白渠、偶南渠交匯處修建閘門樞紐，通過操控樞紐的節制閘、分水閘，按規定調節各渠的水量。渠道上及其尾閭處常設置退水閘，如寧波它山堰在幹渠南塘河上設有數處泄暴流的"堨"，各堨均設有閘門，"以啓閉蓄泄"。寧夏引黃灌區各大渠渠梢大多修有退水閘。在渠道與其他渠道及河溝交叉時，高渠常架設渡槽，古代稱飛渠、架槽；低渠設涵洞，也稱陰洞、暗洞。飛渠最早見於漢代長安引水入城的供水渠道上，後來用於農田溝渠上。寧夏引黃灌區、豫北引沁灌區設置的飛槽、暗洞很多。南宋紹定元年（1228）在湖北棗陽建平堰，渠道上"通天槽八十有三丈，溉田十萬頃"。關中鄭國渠與冶峪、清峪、濁峪、漆沮等水相交時，采取了"橫絶""假道"等措施，將這些河流的大部分流量攔入渠中，增加了渠道的水量。後代又在涇渠與山水交叉處建"暗橋""澄水槽"等過山水的建築物。

　　中國自古就有"糞田勝如買田""惜糞如惜金"之說，重視積肥和施肥是中國古代農業的重要特點之一。然而，古代漢語中沒有"肥料""施肥"等詞。古代稱肥料爲"糞"，稱施肥爲"糞田""肥壅"，稱施肥治田爲"糞治"。據文獻記載及考古證實，最晚在西周時期，人們已經懂得"多糞肥田"的道理，在三千年以前，我國就已經開始施用肥料了。

　　我國古代特別重視對廢棄物的利用，凡可以利用，差不多都利用來作肥料，所以我國肥料的種類特別多。戰國時，我國已使用人糞尿、畜糞、雜草、草木灰等作肥料。到了秦漢時期，廐肥、蠶矢、繅蛹汁、骨汁、豆萁、河泥等亦被利用爲肥料，其中廐肥在這時特別發達。解放後，我國曾出土過大量的連厠圈，這種將豬圈和厠所連在一起的連厠圈，反映了當時對養豬積肥的重視和普遍。魏晉南北朝時期，除了使用上述的肥料之外，又將舊墻土和栽培綠肥作爲肥料，其中栽培綠肥作肥料，在我國肥料發展史上具有重要的意義，它爲我國開闢了一個取之不盡、用之不竭的再生肥料來源。宋元時期，又增加了餅肥，一些無機肥料如石灰、石膏、硫磺等也開始在農業生產上應用，這是一種新的發展。明清時期是我國多熟種植飛速發展，復種指數空前提高的時期，對肥料的需要也大大增加，千方百計擴大肥源，增加肥料，成爲這一時期發展農業生產的重要內容，肥料種類也因此不斷增加，出現了糞肥、餅肥、渣肥、骨肥、泥肥、綠肥等。

　　我國古代不僅重視擴大肥源，對肥料的積制加工也非常重視，因爲古代所使用的肥料大多都是有機肥，這種肥料需要腐熟後纔可使用。這樣既不會因有機肥發酵而燒壞莊稼，又可因有機物分解而提高肥效。春秋戰國時期，我國已利用夏季高溫把田裏的雜草漚爛作肥料，這是我國使用漚肥的濫觴。《齊民要術》卷首雜說中記載有我國最早的肥料堆制法：“凡人家秋收治田後，場上所有穰、穀等，並須收貯一處，每日布牛脚下，三寸厚，每平旦收聚堆積之，還依前布之，經宿即堆聚，計經冬一具牛，踏成三十車糞。”這是一種將墊圈同積肥相結合的堆制法，也是我國最早的廐肥堆制方法。宋代創制出了餅肥發酵和燒制火糞兩種方法，把餅肥發酵可以防止直接施用造成燒苗的發生。明代出現的糞丹，則是一種高濃度的混合肥料，不但肥效高，而且還有防蟲的作用。《徐光啓手迹》（中華書局1962年版）中記錄有當時糞丹的配製方法，這是我國煉製濃縮混合肥料的開端。

　　對古代肥料使用方法、施肥技術的記載最早見於西漢的《氾勝之書》，但并不系統，更不完整。南北朝時期，在蔬菜栽培上，已形成糞大水勤的施肥原則。《齊民要術》記載有蔬菜多次施肥的情況。唐宋時期，我國特別重視肥料的腐熟和施用量的適中，這種施肥方法當時稱之爲“糞藥”。明清時期，特別重視基肥的施用和施肥上的時宜、地宜、物宜這“三宜”原則，從而形成了我國一套傳統的施肥技術。

第六節　裝運及加工器具、設施的產生與發展

　　裝運器具、設施指裝載、運輸農物與農民的器具、設施，包括地面行駛的車輛與水面行駛的船舶，及其附屬品。古代典籍所載不多，但其作用却不容小覷。

　　加工器具是指在對農作物進行舂搗、碾磨、脱粒、簸篩等一系列的加工過程中所使用的器具。主要包括舂搗時用的杵、臼、碓等；碾磨時用的磨、碾、礱等；脱粒時用的連枷、碌碡等；揚米去糠時用的箕、篩、枚、風車、颺扇等。

　　多數穀物需加工去殼或磨碎後纔宜於食用，最早的加工方法可能是舂打，之後方爲碾磨。目前發現最早的加工工具是石磨盤。最早的石磨盤就是一塊較大的平坦石頭，將穀物放在石上，再用一塊較小的石頭來碾磨脱殼以取得米粒。早在采集時代，人們就已經用這種原始的石磨盤來加工采集來的野生穀物。考古工作者在山西沁水下川文化遺址中發現了一件一萬七千年前的殘石磨盤，這是中國目前已發現的最古老的穀物加工工具。當農業發生以後，這種加工工具就得到迅速發展。

　　《易·繫辭下》有"斷木爲杵，掘地爲臼，杵臼之利，萬民以濟"的記載。最早的杵是一根粗木棍，最早的臼就是在地上挖個圓形的坑，然後將穀物倒進坑中進行舂打。從考古資料看，浙江餘姚河姆渡遺址、山東滕縣北辛遺址都發現了距今七千年左右的木杵和石杵；安徽定遠侯家寨遺址曾發現七千年前的石臼。西安半坡遺址出土的石杵臼，距今也六千多年。這説明杵臼的歷史是非常悠久的。更早的杵臼因是木杵地臼，難以保存，故不易發現，因此杵臼的歷史不一定比石磨盤晚。

　　碓是由杵臼發展而來的糧食加工工具，利用杠杆原理，將一根長杆裝在木架上，杆的一端裝着碓頭，下面置放一石臼。人踩踏杆的另一端，碓頭即翹起，脚移開碓頭即落下舂打臼中穀米，它比用手持杵舂臼要省力得多。碓的發明時間尚無文獻記載，但漢代文獻已有多處提到。如《桓子新論》："宓犧之制杵舂，萬民以濟。及後人加巧，因延力借身重以踐碓，而利十倍。杵舂又復設機關，用驢、騾、牛、馬，及役水而舂，其利乃且百倍。"可見漢代不但已有用脚踏的碓，還有用畜力帶動的畜力碓，并且還發明了用水力驅動的水碓，其利乃且百倍，極大地提高了生産力。由此亦可推測碓有可能發明於西漢以前。

　　中國的糧食加工工具在春秋時期有重大的突破。這就是旋轉型石磨的發明。磨是連續運作，故極大地提高勞動效率，一直爲後代所沿用。石磨的出現，很快就淘汰了原始的石

磨盤。它可將小麥磨成麵粉，將大豆磨成豆漿，從而使中國的飲食習慣從粒食發展爲麵食，也促使小麥和大豆種植的發展。石磨在漢代得到迅速發展和廣泛應用，全國各地的漢墓幾乎都有石磨或陶磨模型出土。河北滿城劉勝墓出土一件大型石磨，旁邊還有一具牲畜遺骸，説明漢代已出現了畜力牽引的石磨。魏晋南北朝時期，製造了利用水力來驅動的水磨，如《南史·祖冲之傳》："於樂遊苑造水碓磨，武帝親自臨視。"宋元時期，磨又得到了很大的發展，創造出好幾種新磨，如西北地區利用風力作動力的風磨，南方地區創造了"立輪連二磨"，江西水源充沛的地區還創造了一種能同時驅動九磨的水轉連磨。磨發展至此，可算是登峰造極了。

碾是魏晋南北朝時期新出現的一種加工工具，楊衒之的《洛陽伽藍記》卷三記載："碾磑舂簸，皆用水功。"它是在一個木質或石砌的圓臺上，周圍砌成石槽，臺中心裝軸，用一根木棍裝上砣輪架在軸上，由人或牲口牽引，沿着圓槽回轉，碾軋槽中的穀物。由碾臺、碾槽、碾滚、碾架等構成。唐代以前使用最多的是用人力或畜力牽引的碾，唐代以後，水碾得到了廣泛使用并有一定的創新，如製造了用一個水輪帶動五個碾輪的大型水碾。《舊唐書·高力士傳》："於京城西北截灃水作碾，並轉五輪，日碾麥三百斛。"水力驅動的水碾比畜力牽引的碾功效要高很多。唐代水碾的使用相當普遍，如僅在京城北白渠上王公寺觀的磑碾就有七十多所，三白渠下就有四十四所水碾。宋元時期，石碾成爲農村的主要加工工具，并發展爲碌碾和輥碾兩種形式，至今輥碾在北方農村仍有使用，而碌碾則在南方農村使用。

最原始的脱粒方法是用手将取禾穗上的穀粒，或者用手搓磨穀穗使之脱粒，也有可能是用手抓握禾穗摔打，使之掉粒。稍後，人們使用木棍敲打穀穗使之脱粒，這木棍就是最早的脱粒農具。連枷就是由木棍發展演變而來的。早期的連枷是在長木棍的一端繫上一根短木棍，利用短木棍的回轉連續撲打穀穗以脱粒。之後改進爲用幾根木條或竹片編成板狀，把可以旋轉的環軸裝在長柄的頂端，使之繞環軸回轉撲打穀穗。商代甲骨文中已有連枷的象形，在春秋戰國時期，連枷已普遍使用。自漢至南北朝時期，連枷一直是主要的脱粒農具。從甘肅嘉峪關魏晋墓壁畫打連枷圖可以看出，當時使用的連枷是由兩根長短不同的木棍組成的。從敦煌莫高窟四四五窟壁畫《農作圖》中可以看到盛唐時期的連枷已是加四杖於柄頭。自宋元以後，連枷已經定型，沒有什麼大的變化，至今農村仍有使用。

碌碡是南北朝隋唐時期北方廣泛使用的碾壓穀穗使之脱粒的加工工具，但遲至宋元時期纔有明確記載。一般用木棍作一框架，在架上安一隻石作或木作的滾子。滾子長約三尺，直徑可大可小。爲了脫粒方便，有的做成一頭粗、一頭細，或兩頭細、中間粗的形狀。北方的碌碡多爲石製，南方多爲木製，這與南北方水田陸田差异有關。《農桑輯要》引金元之際的農書《韓氏直説》中有："五六月麥熟，帶青收一半，合熟收一半……天晴，乘夜載上場，即攤一二車；薄即易乾。碾過一遍，翻過，又一遍。起稭下場，揚子收起。雖未净，直待所收麥都碾盡，然後將未净稭秸再碾。如此，可一日一場；比至麥收盡，已碾訖三之二。"文中所説的碾，即用石製碌碡碾壓。

南方水田割稻之後，一般都用"攢"的辦法，或在田中用攢桶攢打，或在曬場上鋪一較大竹席，席上置一較大的石塊或用竹木製成的稻床，然後手舉一小捆稻在石塊或稻床上攢打，稻穀脫落在席上。因此，這些竹席、石塊和稻床，也是水稻脫粒的輔助農具。

穀類作物脫粒後，須將穀粒中混雜的穀殼、莖葉碎片和塵屑等雜物清除，因此需用揚場工具進行簸揚。常用的簸揚工具主要有箕、篩、颺籃、竹枚、木枚和風車等。

人類較早用簸箕或木枚簸揚穀物，藉風力吹掉其中的雜物。箕一般是用竹篾或柳條編製而成，三面有邊沿，一面敞口，是人們最早使用的簸篩穀物的器具。篩是用竹絲或金屬絲等編製而成的器具，有很多小孔，用來分離粗細顆粒，漏細留粗。木枚、竹揚枚也是兩種極爲重要的揚場工具，分別用木頭、竹子製成，在場裏藉助自然風力簸揚穀物，非常方便。這些是較爲簡單的簸揚工具，後來陸續發明創製出了更先進、更快捷、更省力的器具。

至遲在西漢就已發明一種揚扇穀殼雜物的機械——颺車。颺車即現在農村使用的風扇車，亦簡稱風車。颺車爲木製，車身後面有扇出雜物的出口，前身爲圓鼓形的大木箱，箱中裝有四至六片薄木板製成的風扇輪。河南濟源泗澗溝西漢晚期墓葬曾出土兩件陶風扇車模型，河南洛陽東漢墓和山西芮城東漢墓中也出土過幾件陶風扇車模型，這都證明早在漢代黃河流域已使用風扇車。首次對風扇車作較詳細描述的是王禎《農書·杵臼門》："颺扇……揚穀器。其制：中置簨軸，列穿四扇或六扇，用薄板，或糊竹爲之。復有立扇、卧扇之別，各帶掉軸。或手轉足躡，扇即隨轉。凡舂輾之際，以糠米貯之高檻，檻底通作匾縫，下瀉均細如簾，即將機軸掉轉搧之，糠粃既去，乃得净米。又有舁之場圃間用之者，謂之'扇車'。凡蹂打麥禾等稼，穰粃相襍，亦須用此風檄，比之枚擲箕簸，其功多倍。"可知宋元時期風車已發展爲立式、卧式、手轉、足踏等幾種形式。至今，風扇車仍是南北農村的主要揚穀農具。

古代的糧食加工過程極爲複雜，使用的工具也極其衆多，從最爲原始的石磨盤到後來的碾、碓、颺車等，加工工具經歷了一個漫長的發展過程，逐步向着更方便、更快捷、更省力、更高效的方嚮演變。

第七節　儲藏及祭社器具、設施的産生與發展

舊石器時代，生産力水平極低，人們靠采集野生植物的根、莖、果實和漁獵生活，獲得有限的生産資料，能够儲存的糧食也是有限的，儲存的目的主要用於祭祀。隨着原始農業的發展，農産品産量逐漸增加，隨之出現的貯糧的裝置和設施也不斷發展。河北武安慈山遺址發現有大量貯藏糧食的窖穴，浙江餘姚河姆渡文化遺址發現“杆欄式”倉房，西安半村坡遺址中有二百多個儲糧洞穴，鄭州、邢臺等地的早商遺址和殷墟的晚商遺址中發掘出大量的貯糧的窖穴，有長方形、圓形、橢圓形等不同形式，有的深達八九米，窖壁垂直光滑，有對稱的脚窩方便上下，殷墟發掘出的窖壁、窖底有的還用草拌泥塗抹，修造十分講究。商代大規模修造講究的儲糧設施的出土，足以證明中國糧食的貯藏歷史之悠久，是世界上糧食貯藏技術産生最早的國家之一。

商朝，中國農業與手工業分工，城市出現，社會上存在着衆多脱離農業生産的人群；國家形態的出現，需要大量人口駐扎都城和軍事重鎮，爲了供給他們的食用，貯存大量的糧食、建立可以源源不斷提供糧食的糧倉是非常必要的。此外，中國是一個自然災害比較多的國家，農業生産受水旱災害影響較大，國家需要在各地設立備荒賑濟的義倉，維持人民的生存需要。

影響貯藏質量的因素很多，最主要的是黴變和長蟲，防潮、防蟲也就成了貯藏的關鍵。中國古代最原始的儲藏方式是地下窖藏。人們利用地窖內適宜的溫度和濕度，可使所藏穀物不朽，同時窖穴可用泥土封住或草木遮蓋的方式防止他人偷盗，安全性較高。旱糧作物一般采用窖藏，“窖麥法，必須日曝令乾，及熱埋之”，且也可以用“蒿、艾簟盛之”，至於“藏稻，必須用簟”，“此即水穀，窖埋得地氣則爛敗也”。《齊民要術》提出了兩種特殊的糧食貯藏方法，即“剷麥法”和“蒸穀法”。地上儲糧主要是建設各類倉庾、糧困，國家儲糧制度不斷完善，在各地建立糧倉，儲備糧食。

　　與室內外大型儲糧設施相比，小型的儲藏器具在糧食儲藏過程中發揮着重要作用。考古中發現的儲藏器皿或設施，多半是根據糧食貯藏狀況類比製作的陪葬品，而不是實物。但由這些祭品可以大致看出墓主人生活年代貯糧器具的形制與規模。隨着文明的進步，糧食儲藏和盛用的器具種類漸漸增多，先後發明了囷、京、簞、蕢、筐、籃、穀、匼、甕、罐等等。

　　儲藏器具是指在糧食儲藏過程中使用的盛放穀物或穀種的器具。

　　從田地中收穫回來的穀物，經脫粒後需要做的第一件事情就是晾曬，以爲穀物儲藏做準備。穀物晾曬一般都在場圃進行，少量的放於曬盤中。對於北方的玉米作物，可於地上立幾根木樁，離地一尺許用橫木搭建平臺，將穀物堆砌在平臺上晾曬，少量的玉米可將穗頭直接挂在房屋墻上。南方氣候多濕，地面潮濕，不可置於地面晾曬，需用細竹杆做成三脚架的喬拕或笕架，將穀物連稈捆成束倒挂其上，防止黴變。至今農村仍有使用。

　　糧食儲藏的形式多種多樣，儲藏器具的材質主要有三種形式：一是古人運用熟練的編織技術將稻草、荆條或竹篾編成圓形或方形的囤、篙、畚等，底下加上鋪墊放置各種糧食，以保證其最大容量地盛放穀物；二是用木板製成穀匼，將開啓的方形木匼纍疊在一起，底層做底座，上層做頂，將穀物存放於每個木匼中，移動方便；三是陶製或瓦製的容器，如儋、絣、甕等。隨着時代進步，人們還可用磚砌成長方形櫃箱，緊貼墻壁，裏外抹上一層水泥，裏面分格子放置品種不同的糧食。同一器具內需放置同一品種的糧食，分門別類放置，儲藏效果較好。

　　與儲存糧食并重，古人也十分注重穀種的存放與貯藏，并有專門用於儲存種子的種簞、葆。

　　據龍山文化各遺址中發現的大型袋形窖穴可知，中國古代最原始的儲藏糧食的方式就是窖藏。在河北磁山、湖南澧縣八十壋、河南新鄭裴李崗等遺址也都發現了大量的儲藏糧食的窖穴。《新唐書·食貨志》："粟藏九年，米藏五年，下濕之地，粟藏五年，米藏三年。"元代王禎在《農書·倉廩門》中言："五穀之中，惟粟耐陳，可歷遠年。"窖藏若有很好的防潮措施，地下潮氣就無法侵襲糧食，糧食便可維持多年不壞。窖頂的密封結構可讓窖內的糧食與外界完全處於一種隔絕狀態，因而也就不會受到外界氣溫變化的影響，其特點優於倉廩，即王禎所説的"深藏勝倉廩"。

　　到夏商西周時期，由於糧食增多，儲藏方法也由地下窖藏發展到地上的倉儲，人們已經開始使用倉、庾、京等多種方式貯藏糧食，并用陶製的器皿儲存穀物及種子。漢代出土的隨葬器、畫像磚中也能清晰地看到形制各異的陶倉、陶甕、倉房，同時，它們也反映出陶製冥器的主人希望死後也能在天堂享受生前錦衣玉食的願望。甲骨文中早已有倉，寫作
🔲，上像屋蓋，下像貯穀之器，中間的"曰"即戶，像單扇門。廩，寫作🔲🔲、🔲，像禾堆成高堆的樣子。一般廩用於室外貯藏帶秆的穀物，倉、困放於屋内貯藏穀粒；在城邑曰"倉"，在郊野的曰"庾"，圓形倉曰"困"。困、廩、庾多用木、竹、荊柳、草苫、泥土等製成。漢代的倉房在建築規模、設計、製作上非常講究，種類繁多，并在糧倉建築設計上充分考慮了通風、防潮、防火、防鼠的特殊功能，對後世糧倉建築產生了深遠影響。

商代，國家已經有了大型糧倉，《史記·殷本紀》中"盈鉅橋之粟"中的鉅橋便是國家糧倉之名。到周代，《詩經》中已有許多直接反映糧倉的記載，考古也發現了周代糧倉的遺迹。河北磁縣下潘汪發現的第四號房基，在房内北部的窖穴，穴壁和穴底表面塗有一層碎的紅燒土夾泥土，是事先用火燒烤過，說明一開始人們就注意到了防潮問題。遼寧赤峰夏家店和寧城南山根等文化遺址中發現的窖穴有袋形和筒狀兩種，有的穴壁上部用天然石塊壘砌。除地下儲藏外，《詩·周頌·良耜》言"黍稷茂止，獲之挃挃，積之栗栗。其崇如墉，其比如櫛。以開百室，百室盈止"。說明周代也已用房屋儲存糧食。到秦朝，秦始皇統一天下，建立了一套從中央到地方的較爲完備的糧倉體制。據出土的《睡虎地秦墓竹簡》記載，都成咸陽設有"十萬石一積"的糧倉，櫟陽縣有"二萬石一積"的糧倉，《史記》記載陳留縣的糧倉藏糧也達數千萬石，中央、郡治、縣治的糧倉規模可見一斑。漢承秦制，都城長安建有太倉，中央直接管理的糧倉還有細柳倉、嘉倉、京師倉、甘泉倉等；漢宣帝時耿壽昌倡立常平倉制度，爲歷代所沿用。糧倉體制在漢代發展得更爲系統，更加完備。隋代，廣治倉儲，普遍興建義倉；唐朝倉儲管理之制達到比較完善的水平；宋代後，歷代王朝更爲重視糧食儲備，公私儲糧蔚然成風，儲糧機制更加完備。歷史上，各朝各代設置的糧倉與儲糧目的各不相同，大致可分爲三類：一是政府經營的太倉和地方官倉，主要用於供養官府軍政；二是爲調整米價而設立的常平倉，以實現穩定糧價、賑濟災荒的目的；三是官督民辦的社倉、義倉，屬於全民性的糧食賑濟措施。從流通形式上說，漕運是政府進行糧食流通的主要形式，其目的主要出於政治和軍事的需要。

祭社即祭祀土地神，所用器具爲祭器，場地爲祭所。種類雖然不多，影響委實不小，及至現今民間。

第八節　中國古代農耕要籍概覽

在長期的農耕實踐中，人們逐漸積纍經驗，相互進行交流，撰寫了大量相關論著。從南朝起，它們被稱爲"農書"或"農志"。南朝宋鮑照《臨川王服竟還田里》詩："道經盈竹笥，農書滿塵閣。"唐權德輿《中書門下賀雪表》："宿麥可期，以五穀播植之精；驗於農志，當一陽發生之候。"唐柳宗元《進農書狀》："宜以二月一日爲中和節，所司進農書，永以爲恒式者。"清謝重輝《適野》詩："迴顧田舍人，農書老猶讀。"其中的重要典籍，則被稱爲"農經"。唐石貫《籍田賦》："叶農經而授事，指農正而告祥。"清陳維崧《五福降中天·穀日和遯庵先生仍用元旦韻》詞："且把農經一卷，映午餘晴色。"本節從此類著作中遴選二十部（其中《耕織圖》數種）要籍作概括介紹。

一、《氾勝之書》二卷

西漢氾勝之著。氾勝之（生卒年不詳），氾水（今山東曹縣北）人。漢成帝時爲議郎。曾任輕車使者，在三輔（關中平原）提倡種麥，獲得豐收。後擢升御史。該書約成於公元前1世紀後期，《漢書·藝文志》稱《氾勝之》十八篇，後世通稱《氾勝之書》。原書已佚，現存輯佚本，由後人從《齊民要術》及《太平御覽》等書中輯得。此書總結關中一帶農民經驗，發展了戰國以來的農學。其中最突出的是區田法和溲種法（在種子上粘糞作爲種肥），其次如耕田法、種麥法、種瓜法、種瓠法、穗選法、調節稻田水溫法、桑苗截幹法等，反映了當時的農業生產技術水平。《續修四庫全書總目》云："《廣韻》二十九《凡》'氾'字注：'又姓，出燉煌、濟北二望。'皇甫謐云：'本姓凡氏，遭秦亂，避地於氾水，因改焉。漢有氾勝之撰書，言種植之事。子輯爲燉煌太守，子孫因家焉。'鄭樵《氏族略》謂周大夫食采於氾，因以爲氏云。成帝時議郎，《氏族略》及《元和姓纂》并作黄門侍郎。《漢志·農家》：'《氾勝之十八篇》。'隋唐《志》并云：'二卷。'惟《氏族略》謂其'撰《農書》十二篇'。然據《太平御覽》引《氾勝之書》曰：衛尉'前上蠶法，今上農法'云云，果如鄭樵所言，則《蠶書》有六篇矣。劉向《別録》曰：'使教田三輔，有好田者師之，徙爲御史。'《晋書·食貨志》：'太興元年詔曰：昔漢遣輕車使者氾勝之，督三輔種麥，而關中遂穰。'蕭大圜《言志》云'穤菽尋氾氏之書'，即謂此書也。《月令注》引《農書》曰：

'土長冒橛，陳根可拔，耕者急發。'《正義》曰：'《農書》，先師以爲《氾勝之書》。《周禮・草人》注：化之使美，若氾勝之術也。'《疏》云：'漢時《農書》有數家，《氾勝》爲上。'可知此書自唐以前，有聲於世也。今雖亡佚，而古書援引甚衆。《齊民要術》引用，多著篇名，〔馬〕國翰依篇入錄。其《文選注》《藝文類聚》《太平御覽》諸書所引，綴爲雜篇。分二卷者，從《隋志》也。惟衛尉前上《蠶法》一節，似爲褒美詔語，不當雜厠書中。又洪頤煊有輯本，見於《經典集林》，可參訂也。"

二、《四民月令》一卷

東漢崔寔著。崔寔（？—約170），字子真，一名臺，字元始，涿郡安平（今河北安平）人。曾任議郎、五原太守，官至尚書。此書仿《禮記・月令》體裁，逐月記錄以洛陽爲代表的中原地區士、農、工、商人家生產與生活概況，分別敘述禾、麥、黍、麻、豆等作物的栽培，花果、樹木的種植，蠶桑、家畜的飼養，兼及祭祀、社交、教育、交易、飲食、醫藥、家用器物的製作與保管等活動。原書久佚，北魏賈思勰轉引入《齊民要術》，隋杜臺卿轉引入《玉燭寶典》。清代有數種輯佚本，尤以嚴可均輯本著名。《續修四庫全書總目》云："《四民月令》一卷，《任氏叢刻》本，漢崔寔撰，清任兆麟輯。兆麟字大田，江蘇震澤人。是書爲焦循舊藏，卷首有嘉慶八年四月廿八日江都焦循記。書凡八種，易名曰《任氏叢刻》，并有'焦氏藏書''江都焦循墨堂'印章。案：《隋書・經籍志》：'《四民月令》一卷，漢大尚書崔寔撰。'原本久佚，兆麟據《齊民要術》《太平御覽》所引，摭拾成書，仍爲一卷。篇中如云'順易布惠，振贍窮乏，務施九族，自親者始'，'無或蘊財，忍人之窮，無或利名，馨家繼富'，及'順時令敕喪紀，同宗有貧窮，久喪不堪葬者，則糾合宗人，共興舉之，以親疏貧富爲差'等語，兆麟謂可想見曩時人心風俗之厚，禮教之隆，其言是也。又篇中云命幼童讀《孝經》《論語》篇章，入小學，則漢代教育之法，亦可考見焉。惟兆麟所采，遺漏尚多。今考唐杜臺卿《玉燭寶典》卷二引《四民月令》'二月祠大社之日，薦韭卵于祖彌下，有前期齊饌掃滌如正祀焉'二百十三字，亟應補入。清滿智漢《月日紀古》引《四民月令》數條，亦此編所無。雖不詳出何書，當非臆造。至顧禄《清嘉錄》引崔寔農家諺云'黃梅雨未過，冬青花未破；冬青花已開，黃梅雨不來'，引《四民月令》云'六月初三起箇黃昏陣，七十二箇隔夜陣'，又云'朝立秋，冷颼颼；夜立秋，熱到頭'。此説不言出何書，且弗類漢人語，殆未足信耳。"

三、《齊民要術》十卷

北魏賈思勰著。賈思勰（生卒年不詳），齊郡益都（今山東壽光南）人。曾任北魏高陽郡（今河北境内）太守。《齊民要術》約成書於北魏孝武帝永熙二年（533）至西魏文帝大統十年（544）間，是中國完整保存至今最早的一部農書。全書共十卷、九十二篇，依次爲耕田，黍稷，種葵，園籬，種桑柘，養牛、馬、驢、騾，貨殖，黄衣、黄蒸及糵，炙法，五穀、果蓏、菜茹非中國物産者等，較系統地總結了黄河中下游地區豐富的農業生産經驗。其中關於旱農地區的耕作與穀物栽培方法、梨樹提早結果的嫁接技術、樹苗的繁殖、家畜家禽的去勢肥育技術、多種農産品加工的經驗等，都顯示了當時中國的農業生産水平已達到相當高度。《四庫全書總目》卷一〇二云："自序稱'起自耕農，終於醯醢，資生之樂，靡不畢書'，凡九十二篇，今本乃終於五穀、果蓏非中國物者。自序又稱'商賈之事，闕而不録'，今本《貨殖》一篇，乃列於第六十二，莫知其義。中第三十篇爲《雜説》，而卷端又列雜記數條，不入篇數，一名再見，於例殊乖。其詞亦鄙俗不類，疑後人所竄入。然陳振孫《書録解題》稱其'治生之道，不仕則農'爲名言，正見於卷端《雜説》中，則宋本已有之矣。思勰序不言作注，亦不云有音。今本句下之注，有似自作，然多引及顏師古者。考《文獻通考》載李燾《孫氏齊民要術音義解釋》序曰：賈思勰著此書，專主民事。又旁摭異聞，多可觀，在農家最巋然出其類。奇字錯見，往往艱讀。今運使秘丞孫公爲之音義，解釋畧備。其正名小物，蓋與揚雄、郭璞相上下，不但借助於思勰也。則今本之注，蓋孫氏之書。特宋《藝文志》不著録，其名不可考耳。董穀《碧里雜存》以注中'一石當今二斗七升'之文，疑其與魏時長安童謡'百升飛上天'句不合（案斛律光，齊人，非魏人，此語殊誤）。蓋未知註非思勰作也。錢曾《讀書敏求記》云：'嘉靖甲申，刻《齊民要術》於湖湘，首卷簡端《周書》曰'云云，原係細書夾註。今刊作大字。毛晋《津逮秘書》亦然。今以第二篇至六十篇之例推之，其説良是。蓋唐以前書文詞古奧，校勘者不盡能通。輾轉訛脱，因而訛異，固亦事所恒有矣。"

四、《耒耜經》一卷

唐代陸龜蒙著。陸龜蒙（？—約881），字魯望，姑蘇（今江蘇蘇州）人。曾任湖蘇二州從事，後隱居甫里，自號江湖散人、甫里先生，又號天隨子，著有《笠澤叢書》《甫里集》。《耒耜經》最初收入《笠澤叢書》，僅六百四十餘字。記録當時江南地區所用犁、耰等幾種農具，尤以犁的介紹最爲詳盡。從中可見部件完備，耕地回轉靈便，并可調節耕層深淺，其結構、性能與近代犁已無大的差別。犁由耒耜逐步演進而成，故取以爲名。《四庫全書總目》卷一〇二云："是編記犁製特詳。犁與耒耜，今古異名也。次及鐮，因又及爬與礰礋，而以礰磪終焉。叙述古雅，其詞有足觀者。舊載《笠澤叢書》中，故唐宋《藝文志》皆不載，陳振孫《書録解題》始自出一條，意宋末乃別行也。"

五、《四時纂要》五卷

唐末或五代初韓鄂（一作諤）著。韓鄂，事迹不詳。此書中國久已失傳，日本藏有朝鮮1540年刊本，係據宋至道二年（996）中國舊刊本翻刻。逐月列舉應做農事及其具體技術措施等，近於農家曆性質。全書五卷，大多彙輯前人著述，其中農業技術部分主要引自《齊民要術》，但文字有改動。書内種木棉法，爲後人增加。該書保存了若干長期散佚民間的農事資料。《郡齋讀書志》云："唐韓諤撰。諤遍閱農書，取《廣雅》《爾雅》定土産，取《月令》《家令》叙時宜，采氾勝種樹之書、掇崔寔試穀之法，兼删韋氏《月録》《齊民要術》編成。"《直齋書録解題》卷一〇云："案《宋史·藝文志》作十卷。唐韓諤撰。雖曰歲時之書，然皆爲農事也。"

六、《吴中水利書》一卷

北宋單鍔著。單鍔（1031—1110），字季隱，宜興（今江蘇宜興）人，嘉祐四年（1059）進士。《四庫全書總目》卷六九云："〔單鍔〕得第以後不就官，獨留心於吴中水利。嘗獨乘小舟，往來於蘇州、常州、湖州之間，經三十餘年。凡一溝一瀆，無不周覽其源流，考究其形勢。因以所歷，著爲此書。元祐六年，蘇軾知杭州日，嘗爲狀進於朝。會軾爲李定、舒亶所劾，逮赴御史臺鞫治，其議遂寢。明永樂中，夏原吉疏吳江水門，潘宜興百瀆。正統中，周忱修築溧陽二壩，皆用鍔說。嘉靖中，歸有光作《三吳水利録》，則稱治太湖不若治松江。鍔欲修五堰，開夾苧于瀆以截西來之水，使不入太湖。不知揚州藪澤，天所以瀦東南之水也。水爲民之害，亦爲民之利。今以人力遏之，就使太湖乾枯，於民豈爲利哉？其説稍與鍔異。蓋歲月綿邈，陵谷變遷，地形今古異宜，各據所見以爲論。要之舊法未可全執，亦未可全廢，在隨時消息之耳。蘇軾進書狀載《東坡集》五十九卷中，此書即附其後。書中有併圖以進之語，而於其上加貼黃云：其圖畫得草畧，未敢進上，乞下有司計會單鍔別畫。此本删此貼黃，惟存‘别畫’二字，自爲一行。蓋此書久無專刻，志書從《東坡集》中録出，此本又從志書録出，故輾轉舛漏如是也。”

七、《耕織圖》數種（無卷數）

描繪水稻等耕種與絲麻紡織生產過程的圖畫，版本甚多。南宋樓璹曾繪《耕圖》二十一幅、《織圖》二十四幅，今有刻本流傳。樓璹（生卒年不詳），字壽玉，鄞縣（今浙江寧波）人。南宋劉松年也曾於寧宗朝繪《耕織圖》。劉松年（約1131—1218），號清波，錢塘（今浙江杭州）人，淳熙間畫院學生，紹熙時畫院待詔。清聖祖玄燁曾命焦秉貞繪《耕織圖》（《耕圖》《織圖》各二十三幅），朱圭雕版印行，并作詩題咏。焦秉貞（生卒年不詳），字爾正，濟寧（今山東濟寧）人，宮廷畫家。清高宗弘曆亦曾命冷枚、陳枚各繪《耕織圖》。冷枚（約1669—1742），字吉臣，號金門畫史，膠州（今山東膠州）人，焦秉貞弟子，宮廷畫家。陳枚（約1694—1745），字載東，號殿掄，晚號枝窩頭陀，婁縣（今上海松江）人，宮廷畫家。

八、《耕織圖詩》（無卷數）

南宋樓璹著，共三十五首。《四庫全書總目》卷一〇二云：“《文獻通考》載是書，引陳氏之言曰：‘於潛令鄞樓璹玉撰。’今檢《永樂大典》所載陳振孫《書録解題》，乃作‘於潛令鄞樓璹壽玉撰’，是‘壽玉’乃璹之字。刊《通考》者，誤落一‘壽’字也。此本後有嘉定庚午璹孫洪跋，又有作霖跋，不著其姓，謂公孫洪跋語未載公名，引樓鑰後序及宋濂《題耕織圖後》，以證此書爲璹所作。蓋作霖併未見《通考》耳。璹原書凡《耕圖》二十一，《織圖》二十四，各係以詩。今内府所藏畫本尚在，業經御題勒石。此本僅存詩三十五首，不載其圖，蓋非原本矣。"

九、《農書》三卷

南宋陳旉著。陳旉（1076—1156），號西山隱居全真子，事迹不詳。宋高宗紹興十九年（1149），完成《農書》三卷。卷上述"財力之宜"等，卷中爲"牛説"，卷下述"種桑之法"等。《四庫全書總目》卷一〇二云："此書影宋抄本，題曰陳旉撰。《宋史・藝文志》亦同。陳振孫《書録解題》作'西山隱居全真子陳雱撰'，未詳何人。《永樂大典》所載，則作'陳敷'。考《漢郊祀歌》'朱明旉與'顔師古注曰：'旉，古敷字。'《永樂大典》蓋改古文從今文，陳氏作'雱'則字形相似而誤也。首有自序，佚其前二頁。末有洪興祖後序及旉自跋。興祖序稱：'山西陳居士，於六經諸子百家之書，釋老氏、黃帝神農氏之學，貫穿出入，往往成誦。下至術數小道，亦精其能。平生讀書，不求仕進。所至即種藥治圃以自給。'又稱其'紹興己巳，年七十四'，則南北宋間處士也。自跋稱此書成於紹興十九年，真州雖曾刊行。而當時傳者失其真，首尾顛倒，意義不貫者甚多。又爲或人不曉旨趣，妄自删改，徒事絺章繪句，而理致乖越。故取家藏副本，繕寫成帙，以待當世之君子，採取以獻於上。則興祖所刊之本，有所點竄，旉蓋不以爲然。其自序又稱'此書非騰口空言，誇張盜名，如《齊民要術》《四時纂要》，迂疎不適用之比'，其自命殊高。今觀其書，上卷泛言農事，中卷論養牛，下卷論養蠶。大抵泛陳大要，引經史以證明之。虛論多而實事少，殊不及《齊民要術》之典核詳明。遽詆前人，殊不自量。然所言亦頗有入理者。宋人舊帙，久無刊本，姑存備一家可也。"

十、《農桑輯要》七卷

元代大司農司編纂，孟祺、暢師文、苗好謙等參加編寫或修訂補充，成書於世祖至元十年（1273），多次刊印，頒發全國。内容大多輯自《氾勝之書》《四民月令》《齊民要術》及宋元數種農書，不少已佚農書寶貴資料賴以傳世。全書共七卷，依次論述典訓與耕墾、播種、栽桑、養蠶、瓜菜與果實、竹木與藥草、孳畜。其中對棉花、苧麻的重視尤爲人們稱道，認爲應當積極創造條件栽培，不受風土説限制。《四庫全書總目》卷一〇二云："前有至元十年翰林學士王磐序，稱詔立大司農司，不治他事，專以勸課農桑爲務。行之五六年，功效大著。農司諸公又慮夫播植之宜，蠶繰之節，未得其術。於是徧求古今農家之書，删其繁重，撮其切要，纂成一書。鏤爲板本進呈，將以頒布天下云云。案《元史》司農司設於至元七年，分布勸農官，巡行郡邑，察舉農事成否，達於户部，以殿最牧民長官。《史》又稱世祖即位之初，首詔天下崇本抑末，於是頒《農桑輯要》之書於民。均與王磐所言合。惟至元七年至十年不足五六年之數，磐蓋據建議設官之始約略言之耳。焦竑《國史·經籍志》、錢曾《讀書敏求記》皆作七卷，《永樂大典》所載僅有二卷，蓋編纂者所合併，非有闕佚。《永樂大典》又載有至順三年印行萬部官牒，蘇天爵《元文類》又載有蔡文淵序一篇，稱延祐元年仁宗特命刊版於江浙行省。明宗、文宗，復申命頒布。蓋有元一代，以是書爲經國要務也。書凡分典訓、耕墾、播種、栽桑、養蠶、瓜菜、果實、竹木、藥草、孳畜十門，大致以《齊民要術》爲藍本，芟除其浮文瑣事，而雜採他書以附益之，詳而不蕪，簡而有要，於農家之中最爲善本。當時著爲功令，亦非漫然矣。"

十一、《農桑衣食撮要》二卷

元代魯明善著。魯明善（生卒年不詳），維吾爾族人，元仁宗延祐元年（1314）任壽陽（今安徽壽縣）郡監時撰寫《農桑衣食撮要》，簡稱《農桑撮要》，又稱《養民月宜》。全書共二卷：卷上自正月"驗歲朝"起，至六月"種蘿蔔"止；卷下自七月"種胡蘿蔔"起，至十二月"收羊種"止。依月列舉應做農事，是農家曆性質的農書。《四庫全書總目》卷一〇二云："此本有其幕僚導江張楒序一篇，稱明善威烏爾（舊作'畏吾兒'，今依元《國語解》改正）人，以父字魯爲氏，名鐵柱，以字行。於延祐甲寅出監壽郡，始撰是書，且鋟諸梓。又有明善自序，則稱明憲紀之任，取所藏《農桑撮要》，刊之學官，末署至順元年六月，蓋自壽陽刊板之後，閲十有七年而重付剞劂者也。考《豳風》所紀，皆陳物候。《夏小正》所記，亦多切田功。古來《四民月令》《四時纂要》諸書，蓋其遺意，而今多不傳。至元中頒行《農桑輯要》，於耕種、樹畜之法，言之頗詳。而歲用雜事，僅列爲卷末一篇，未爲賅備。明善此書，分十二月令，件繫條別，簡明易曉。使種藝、斂藏之節，開卷了然。蓋以陰補《農桑輯要》所未備，亦可謂留心民事，講求實用者矣。"

十二、《農書》二十二卷

　　元代王禎著。王禎（生卒年不詳），字伯善，東平（今山東東平）人，元代農學家、活版印刷術改進者、文學家。成宗元貞元年（1295）至大德四年（1300）爲旌德、永豐縣尹時，提倡種植桑、棉、麻等經濟作物并改良農具，撰寫《農書》。另有《造活字印書法》《農務集》。《四庫全書總目》卷一〇二云："《文淵閣書目》曰：王禎《農書》一部，十册。《讀書敏求記》曰：《農桑通訣》六，《穀譜》四，《農器圖譜》十二，總名曰《農書》。《永樂大典》所載，併爲八卷，割裂綴合，已非其舊。今依原序條目，以類區別，分編爲二十二卷。其書典贍而有法，蓋賈思勰《齊民要術》之流。圖譜中所載水器，尤於實用有裨。又每圖之末，必係以銘贊、詩賦，亦風雅可誦。今外間所有王禎《農務集》，即從是書摘抄者也。唐中和節所進農書，此無傳本。宋人農書，惟陳旉所作存。元人農書存於今者三本：《農桑輯要》《農桑衣食撮要》二書，一辨物產，一明時令，皆取其通俗易行；惟禎此書，引據賅洽，文章爾雅，繪畫亦皆工緻，可謂華實兼資。明人刊本，皆舛訛漏落，疑誤宏多，諸圖尤失其真。《永樂大典》所載，猶元時舊本。今據以繕寫校勘，以還其舊觀焉。"

十三、《農政全書》六十卷

　　明代徐光啓著。徐光啓（1562—1633），字子先，號玄扈，謚文定，上海縣（今上海舊城區）人。萬曆三十一年（1603）入天主教，次年中進士。崇禎五年（1632）任禮部尚書兼東閣大學士，并參機要；六年兼任文淵閣大學士。研究範圍廣泛，尤以農學、天文學、數學最爲突出。較早從利瑪竇等學習西方天文、曆法、數學、測量與水利等科學技術，并介紹到中國，是介紹與吸收歐洲科學技術的積極推動者。編著《農政全書》六十卷，主持編譯《崇禎曆書》，譯著《幾何原本》等。《農政全書》六十卷，在徐光啓逝世後六年，由陳子龍等整理編定，於崇禎十二年刊行。全書分農本、田制、農事、水利、農器、樹藝、蠶桑、蠶桑廣類、種植、牧養、製造、荒政等十二門，其中水利與荒政所占篇幅較多。書中輯錄大量前代與當代文獻，并提出作者的心得與見解，是明代重要的農業科學巨著。《四庫全書總目》卷一〇二云：“光啟有《詩經六帖》，已著錄。是編總括農家諸書，裒爲一集。凡《農本》三卷，皆經史百家有關民事之言，而終以明代重農之典。次《田制》二卷，一爲井田，一爲歷代之制。次《農事》六卷，自營制、開墾以及授時、占候，無不具載。次《水利》九卷，備錄南北形勢，兼及灌漑器用諸圖譜。後六卷，則爲泰西水法。考《明史》光啟本傳，光啟從西洋人利瑪竇學天文、曆算、火器，盡其術。崇禎元年，又與西洋人龍華民、鄧玉函、羅雅谷等同修新法曆書，故能得其一切捷巧之術，筆之書也。次爲《農器》四卷，皆詳繪圖譜，與王禎之書相出入。次爲《樹藝》六卷，分穀、蓏、蔬、果四子目。次爲《蠶桑》四卷，又《蠶桑廣類》二卷，廣類者，木棉、麻苧之屬也。次爲《種植》四卷，皆樹木之法。次爲《牧養》一卷，兼及養魚、養蜂諸細事。次爲《製造》一卷，皆常需之食品。次爲《荒政》十八卷，前三卷爲《備荒》，中十四卷爲《救荒本草》，末一卷爲《野菜譜》，亦類附焉。其書本末咸該，常變有備。蓋合時令、農圃、水利、荒政數大端，條而貫之，滙歸于一。雖采自諸書，而較諸書各舉一偏者特爲完備。《明史》稱光啟編修兵機、屯田、鹽筴、水利諸書，又稱其負經濟才，有志用世。於此書亦略見一斑矣。”

十四、《沈氏農書》一卷

明代沈氏著。沈氏，吳興（今浙江湖州）人。全書分逐月事宜、運田地法、蠶務附六畜、家常日用等四部分。對水稻與蠶桑記述較詳，并強調養猪積肥。《四庫全書總目》卷一〇二云：“案此編爲桐鄉張履祥所刊，稱漣川沈氏撰，不知沈氏爲誰也。其書成於崇禎末，履祥以其有益於農事，因重爲校定。具列藝穀、栽桑、育蠶、畜牧諸法，而首載《月令》以辨趨事赴功之宜。沈氏爲湖州人，故所述皆吳中土宜，與陳旉、王禎諸本互有出入。近時朱坤已刻入《楊園全書》中，而曹溶《學海類編》亦備載之云。”

十五、《補農書》(無卷數)

明末清初張履祥著。張履祥（1611—1674），字考夫，又字淵甫，號念芝，又號楊園，桐鄉（今屬浙江桐鄉市）人。該書爲補充《沈氏農書》之不足而作，故名。篇幅雖短，但涉及面頗廣，對於稻、麥、桑、麻、果、蔬的種植和農家副業的規劃、經營、管理等，都有論述。

十六、《便民圖纂》十六卷

著者不詳，或稱明代鄺璠著。弘治十五年（1502）初刊於蘇州。全書十六卷，前兩卷模仿宋代樓璹《耕織圖詩》，以通俗易懂的竹枝詞介紹耕織技術，并將務農與女紅描繪成圖。後十四卷以作者不詳的《便民纂》爲基礎，改編而成。《四庫全書總目》卷一〇二云："第一卷爲農務圖十五，第二卷爲女紅圖十六，每圖皆係以竹枝詞一首。第三卷以下分十一類：曰耕穫，曰桑蠶，曰樹藝，曰雜占，曰月占，曰祈禳，曰涓吉，曰起居，曰調攝，曰牧養，曰製造。嘉靖壬子，刻於貴州。前有左布政使李涵序，稱鄺廷瑞始刻於吳中，呂經又刻於滇省。其中利民用者甚多。然意求全備，往往冗瑣，如末卷載辟鬼魅法，用桃枝洒雄黃水。蓋據《本草》桃枝殺鬼、雄黃殺精魅之説，已爲迂濶。又有祛狐狸法，云妖狸能變形，惟千百年枯木能照之，可尋得年久枯木擊之，其形自見。則據張華然華表照斑狸事，衍爲此法，殆於兒戲矣。其書本農家者流，然旁及祈福擇日及諸格言，不名一家。故附之雜家類焉。"

十七、《欽定授時通考》七十八卷

清代鄂爾泰等四十餘人於乾隆二年（1737）奉勅編著，乾隆七年編成。全書共七十八卷，分天時、土宜、穀種、功作、勸課、蓄聚、農餘、蠶桑等八門，計九十餘萬字，五百一十二幅插圖，是中國古代篇幅最大的農書。《四庫全書總目》卷一〇二云："凡八門：曰《天時》，分四子目，明耕耘、收穫之節也；曰《土宜》，分六子目，盡高下、燥濕之利也；曰《穀種》，分九子目，別物性也；曰《功作》，分十子目，盡人力也；曰《勸課》，分九子目，重農之政也；曰《蓄聚》，分四子目，備荒之制也；曰《農餘》，分五子目，種植、畜養之事也；曰《蠶桑》，分十子目，簇箔、織紝之法也。《天時》冠以《總論》，餘七門各冠以《彙考》，而詔諭御製詩文并隨類恭錄焉。昔周公作《書》，以《無逸》爲永年之本，而所謂'無逸'，在先知稼穡之艱難。故重農貴粟，治天下之本也。《管子》《吕覽》所陳種植之法，並文句典奧，與其他篇不類。蓋古者必有專書，故諸子得引之。今已佚不可見矣。劉向《七略》，綜別九流，以農家自爲一類，其書亦無一存。今所傳者，以賈思勰《齊民要術》爲最古。而名物訓詁，通儒或不盡解，無論耕夫、織婦也。沿而作者，不可殫數，惟王禎、徐光啓書爲最著。而疎漏冗雜，亦不免焉。我皇上御極之次年，即深維《堯典》授時之義，《虞廷》命稷之心，特詔删纂諸書，編爲此帙。準今酌古，務期於實用有裨。又詳考舊章，臚陳政典，不僅以自生自息聽之閭閻，尤見軫念民依之至意，非徒農家言矣。"

十八、《三農紀》二十四卷

清代張宗法著。張宗法（生卒年不詳），字師古，什邡（今四川什邡）人，事迹不詳。《三農記》成書於乾隆二十五年（1760）。全書二十四卷，有占課、物産、水利、救濟、農作物、蔬果、樹木、藥材、畜牧、蠶、蜂、魚、擇選、謀生修藏等内容。主要叙述四川農民的耕作方法。《續修四庫全書總目》云："惟從〔《三農紀》〕序中知其（張宗法）字里，並知爲清雍乾間隱於耕畎者。自謂無可成就，貽玷於農。然撰其篇帙，頗爲浩富，非淺學薄植所能爲。耕夫老農，尤爲不易，殆亦高士之流歟？其書二十四卷，曰占，曰課，曰月令，曰物産，曰水利，曰救濟，曰穀屬，曰蓏屬，曰蔬屬，曰果屬，曰服屬，曰油屬，曰染色，曰華屬，曰植屬，曰材屬，曰草屬，曰藥屬，曰畜屬，曰蟲屬，曰擇選，曰謀生，曰收藏。擇選爲二卷，其餘皆爲一卷。每卷之首，皆有小引，以當發凡。次述論，復分門別類，條列件繫。有所引徵，冠以'參詳典故'等字。或采據資料，縷析分明。或羅列史事，以宏典實。其法記不厭詳，引不憚繁，頗稱得體。縱觀其書，自畜屬以前，大抵仿襲《農政全書》，而稍有損益。自穀屬至藥屬，凡十二卷，每條咸列舉其本性、植藝，以及效方修製，有條不紊，則又近似群芳譜也。其選擇二卷，多述農家常事，自卜居、築基以迄鑿井、修路，自牛欄、馬枋以迄息蜂、蓄魚，舉凡關係農家營務者，弗不包羅網舉，足補前數卷之不及。至其見解，亦多卓偉之論，不似腐儒陳談。如所論月有形無光，受日光映之則白，反之則闇。其説雖不免爲掇拾前賢之語，復無關於農家。然議論不苟，發明獨精，亦足以概其他。其中稍可斟議者，即謀生、修藏二卷，所叙多婚喪嫁娶、求醫卜葬之事，類近蛇足。案：宗法此編成于鄉人老農之請，以記鄉田實事，豈其意以生養病死並逐入之乃爲便於鄉人循守耶？然間亦有可取，如釀酒、造醬、製醋、醃醢諸條，歷來諸書除《沈氏農書》以外，少有紀述。此編能搜求其事，補苴所遺，雖糅雜於日役閑文之中，亦所見甚遠矣。又此書傳世絕少，罕有著錄，版刻固不甚佳，且有誤繆，如目作卷十三染色，卷十四華屬，而原文適與目相反。第明農格物，宜求其用，登之目錄，亦足以增益農家焉。"

十九、《農候雜占》四卷

清代梁章鉅著。梁章鉅（1775—1849），字閎中，一字茝林，晚號退庵，福建長樂（今福建福州）人。嘉慶七年（1802）進士，官至江蘇巡撫。《農候雜占》有同治十二年（1873）浙江書局刻本。該書主要根據南方農事活動情況，自夏曆正月至十二月，從天文、地理、人事、時令乃至草木蟲魚等，凡涉及預測天氣、解釋天氣現象或反映氣候變化者，均旁證引述，分布備列。《續修四庫全書總目》云："章鉅好學不倦，著述甚富，其刊行於世者，不下六十餘種。俞樾謂其'數歷封疆，政績彪炳，弱冠即嗜筆墨，五十餘年，手不釋卷，蓋仕學兼優者矣'。此編雖撮鈔群書而成，不見精義，然分別部屬，頗有條理，則其經營考訂之功，亦有足多者。先分記十二月，以重時令；次記天文、地理、草木、蟲魚，以志物候；而節取田家宜忌，與探春曆記，爲之殿；又以東南蠶桑，利甲天下，附於編後。大旨爲農家占候而作，而於節候如社日、伏日、臘日等，於韻事如駐色酒、油花占等，均加搜采，是亦記時之書也。但以正月十二日爲花朝，按云：'今人但知二月十六日爲花朝，而不知正月十二日亦爲花朝也。'又五月十五日謂之五日，前十日謂之端午，按云：'古人五日，皆當是十五日。今楚俗，亦以十五日爲大端陽，初五日爲小端陽。'此雖見於宋人紀載，而時移地易，俗已不存，何比徵引以炫博乎？他亦不免失之蕪雜，如水占記溝渠，火占記火浣布，山占記寶藏，石占記藍石等類，是與節物何關？可謂不知剪裁，自累其書者矣。"

二十、《農具記》一卷

　　清陳玉璂著。陳玉璂（生卒年不詳），字賡明，號椒峰，武進（今江蘇常州）人。康熙六年（1667）進士，授內閣中書。十八年試博學鴻儒科，罷歸。《續修四庫全書總目》云："案玉璂字椒峰，毗陵人。此書爲其課奴子耕田，所見農具凡若干，詢之老農，又考之古昔所俱，圖書所載，有合有不合，有名异而實同，有名實俱异，而所用亦殊者，因爲文記之以備考。此本係武林王晫丹麓輯，天都張潮山來校。記中言犁之事，牛之事，耕之事，灌之事，並言布種之器，收穫之器，作場之器，治穀之器。原評謂其文字'有經有緯，雖極考核，極典古，極長極奥，使人讀之，自有線路可尋'。又云：'於（王巢）屑處見奇古，於（牛角）俗處見精詳，是注《爾雅》之才，記《考工》之法。'非溢美也。"

第二章　田地説

本章重點考證中國古代田地及其名稱的産生與發展。全章包括"旱田、水田考""公田、私田、專田考""荒地、鹽鹹地、休耕地考""田土、田壟、田路、田溝、田界、田舍考"，共四節。

第一節　旱田、水田考

"旱田"一詞，不見於古代典籍。本節指的是土地表面不蓄水的田地，如種小麥、雜糧、棉花、花生等的田地，今人又稱"旱土"。而作爲"圍有田埂，用以蓄水種稻的耕地"的"水田"一詞，早在漢代就已行用，見下文"水田"。且沿用至今，如丁玲《記游桃花坪》："我們急急地走到岸上，一眼望去，全是平坦的一望無際的水田。"旱田與水田并非絶對不可轉化，但一般都相對固定，世代承襲。

穀土

適宜種植穀物的土壤。此稱先秦時期已行用，亦稱"粟土"。《國語·周語中》："其餘無非穀土，民無懸耜，野無奥草。"《管子·地員》：

“五粟之土，乾而不挌，湛而不澤，無高下，葆澤以處，是謂粟土。”漢揚雄《〈羽獵賦〉序》：“不奪百姓膏腴、穀土、桑柘之地，女有餘布，男有餘粟。”明孫瑴《古微書》卷二九：“粟土之次曰五沃。”清方苞《周官集注》卷三：“其間穀土多寡不均，其穀土又有不易、一易、再易之分。”清惠士奇《禮説》卷五：“九州之土則粟土、沃土、位土爲三土，群土之長也。”

【粟土】[1]

即穀土。此稱先秦時期已行用。見該文。

【田】[1]

即穀土。此稱先秦時期已行用，漢代起亦稱“穀田”，三國時期起又稱“穀地”。《國語·齊語》：“田疇均則民不憾。”又《周語下》：“田疇荒蕪，資用乏匱。”韋昭注：“穀地爲田，麻地爲疇。”《禮記·月令》：“〔季夏之月〕燒薙行水，利以殺草，如以熱湯，可以糞田疇。”孔穎達疏引蔡邕曰：“穀田曰田，麻田曰疇。”《漢書·天文志》：“入國邑，視置田疇之整治。”北魏賈思勰《齊民要術·種穀》：“凡穀田，菉豆、小豆底爲上，麻黍、胡麻次之，蕪菁、大豆爲下。”《舊唐書·李實傳》：“今年雖旱，穀田甚好，由是租税皆不免。”宋戴侗《六書故》卷二四：“三歲後，根莖枯朽，焚而耕之中爲穀田。”清《聖祖仁皇帝聖訓》卷三〇：“又見古北口穀田，豐收之年，一穗約三千粒。”

【穀田】

即田[1]，亦即穀土。此稱漢代已行用。見該文。

【穀地】

即田[1]，亦即穀土。此稱三國時期已行用。見該文。

【露田】

即穀土。此稱南北朝時期已行用。《魏書·食貨志》：“諸男夫十五以上，受露田四十畝。”宋陳棣《次韻馬仲元推官賀五馬喜雨》：“聒聒新流響露田，刈熟腰鐮争滿載。”李大釗《土地與農民》一：“〔北魏孝文帝〕均田法的大要是把田地分爲露田與桑田二類……露田，即種穀的田。”一説，露田爲不栽樹之田。《資治通鑑·齊武帝永明三年》：“杜佑曰：不栽樹者謂之露田。”宋劉義仲《通鑑問疑》：“又曰應還之田不種桑棗，是露田又不種歟？”清代《授時通考》卷一二：“露田、諸桑田，不在還授之限。意桑田必是人户世業，是以栽植桑榆其上；而露田不栽樹，則似所授者皆荒閑無主之田。”

桑土

適宜種植桑樹的土壤。此稱先秦時期已行用，亦稱“桑野”“桑田”，明代又稱“桑畦”。《書·禹貢》：“桑土既蠶，是降丘宅土。”孔穎達疏：“宜桑之土既得桑養蠶矣。”《詩·豳風·東山》：“蜎蜎者蠋，烝在桑野。”又《鄘風·定之方中》：“星言夙駕，説于桑田。”《史記·夏本紀》：“九河既道，雷夏既澤，雍沮會同，桑土既蠶，於是民得下丘居土。”晉王嘉《拾遺記·殷湯》：“商之始也，有神女簡狄，游於桑野。”北魏酈道元《水經注·浪水》：“高則桑土，下則沃衍，林麓鳥獸，于何不有。”唐孟浩然《田家元日》詩：“桑野就耕父，荷鋤隨牧童。”唐韋應物《聽鶯曲》詩：“伯勞飛過聲跼促，戴勝下時桑田綠。”明劉基《畦桑詞》：“桑畦有增不可減，準備上司來計點。”《二十年目睹之怪現狀》第七八回：“過了半年光景，他忽然有事要到肇慶去巡閲，他便説出來要順便踏勘桑田。這個風聲傳了出去，嚇得那些承辦蠶桑的鄉紳，屎屁直流！"

【桑野】

　　即桑土。此稱先秦時期已行用。見該文。

【桑田】

　　即桑土。此稱先秦時期已行用。見該文。

【桑畦】

　　即桑土。此稱明代已行用。見該文。

疇 [1]

　　種麻的田地。此稱先秦時期已行用，見《國語》之《齊語》《周語下》。漢劉向《説苑·辨物》："疇也者何也？所以爲麻也。"南北朝時期亦稱"種麻地"，晋代起又稱"麻地"，隋代起還稱"麻田"。北魏賈思勰《齊民要術·雜説》："凡種麻地須耕五六遍倍蓋之。"《晋書·石勒傳下》："初勒與李陽鄰居，歲常争麻地，迭相毆擊。"《隋書·于仲文傳》："於是毗羅悉衆來薄官軍，仲文背城結陣，去軍數里，設伏於麻田中。"宋蘇軾《僧伽贊》："麻田供養東坡贊，見者無數悉成佛。"《資治通鑑·晋穆帝永和八年》："又與秦將高昌、李歷戰於麻田"，胡三省注曰："滎洛之間地名有豆田、麻田，各因人所種蓺而名之。"元魯明善《農桑衣食撮要》："古人云：十耕蘿蔔，九耕麻地。"明胡居仁《易像鈔》卷七："麻田爲疇。"清梅庚《藝麻行》："明年麻地將種蒿，蒿深吏索人能逃。"清代《授時通考》卷九："武都土地險阻，有麻田。"參見本節"田 [1]"文。

【種麻地】

　　即疇 [1]。此稱南北朝時期已行用。見該文。

【麻地】

　　即疇 [1]。此稱晋代已行用。見該文。

【麻田】 [1]

　　即疇 [1]。此稱隋代已行用。見該文。

麻田 [2]

　　北魏實行均田制時分配給農民種麻的土地。此稱南北朝時期已行用。《魏書·食貨志》："諸麻布之土，男夫及課，別給麻田十畝，婦人五畝，奴婢依良。皆從還受之法。"《隋書·食貨志》："土不宜桑者給麻田，如桑田法。"

阪田

　　山坡上的田地。此稱先秦時期已行用，省稱"阪"，亦稱"陵陂"。《詩·小雅·正月》："瞻彼阪田，有菀其特。"鄭玄箋："阪田，崎嶇墝埆之處。"高亨注："阪田，山坡上的田。"又《秦風·車鄰》："阪有桑，隰有楊。"《莊子·外物》："青青之麥，生於陵陂。"唐杜甫《喜晴》詩："青熒陵陂麥，窈窕桃李花。"宋王安石《送彥珍》詩："挾筴窮鄉滿鬢絲，阪田荒盡豈嘗窺。"宋王執禮《游錢王太廟》："花開陌路空餘恨，麥被陵陂不盡哀。"一説，阪田爲郊野荒蕪田地。宋范處義《詩補傳》："阪田，郊野荒蕪不治之田。"

【阪】

　　"阪田"之省稱。此稱先秦時期已行用。見該文。

【陵陂】

　　即阪田。此稱先秦時期已行用。見該文。

【陂田】

　　即阪田。此稱漢代已行用。《史記·酷吏列傳》："乃賞貸買陂田千餘頃，假貧民，役使數千家。"《後漢書·周燮傳》："有先人草廬結于岡畔，下有陂田，常肆勤以自給。"《南齊書·州郡志上》："壽春，淮南一都之會地，方千餘里，有陂田之饒。”唐陳子昂《落第西還別魏四懍》：“還因北山逕，歸守東陂田。”宋歐陽修《秋晚凝翠亭》：“陂田寒未收，野水淺生派。”《明史·徐階傳》：“奪景府所占陂田數萬頃，還之民。”清代《三河縣志》卷一六：“靈山之泉，居民導入陂田、稻畦，如繡阡陌。”

【山田】

即阪田。此稱漢代已行用。《漢書·楚元王劉交傳》：“免爲庶人，屏居山田。”晋陸機《毛詩草木鳥獸蟲魚疏》卷上：“荼苦菜生山田及澤中，得霜甜脆而美。”北魏酈道元《水經注·汶水》：“林木緻密，行人鮮有能至矣。又有少許山田，引灌之蹤尚存。”宋楊簡《慈湖詩傳》卷一二：“俗言，大坡不平曰阪，阪田即今之山田。”清顧炎武《江上》詩：“歲旱耕山田，抱甕禾不長。”

【山畬】

即阪田。此稱宋代已行用，亦稱“山坡地”。《續資治通鑑長編·神宗熙寧九年》：“蒲宗孟言，沅州官田并山畬、園宅等荒閑甚多。”宋真德秀《再守泉州勸農文》：“燥處宜麥，濕處宜禾；田埂宜豆，山畬宜粟。”《宋史·食貨志上四》：“熙州王韶又以河州蕃部近城川地招弓箭手，以山坡地招蕃兵弓箭手……人給地一頃。”元何中《遊芙蓉山十四首》詩之一：“行將辦畚鍤，來此耕山畬。”明代《河南通志·民地五則》分田地爲五類：“上地，中地，下地，下下地，山坡地。”清汪森輯《粵西詩載·遷江縣》：“時置又有澄江洞猺人所居，無田而有山畬刀耕火種。”

【山坡地】

即山畬，亦即阪田。此稱宋代已行用。見

該文。

【田陂】

即阪田。此稱宋代已行用。宋項安世《初三日解維》詩：“隱隱金鉦解岸維，昏昏江日下田陂。”《宋史·河渠志五》：“定州路安撫使韓絳言：‘定州界西自山麓，東接塘淀，綿地百餘里，可瀦水設險。’詔以引水灌田陂爲名。”清代《廣東通志·前事略》：“二十年六月，興寧西河水漲，有大黿長丈餘，金光射人，溯河而上，所過田陂皆壞。”

【山場】

即阪田。此稱明代已行用，亦稱“山塍”。明徐光啓《農政全書》卷三八：“江東、江南之地，惟桐樹、黃栗之利易得，乃將旁近山場，盡行鋤轉種芝蔴。”又卷四一：“先置田地山場，凡僕從即便播穀、種蔬、樹植、蠶繰，以爲衣食之源。”明徐弘祖《徐霞客遊記·楚遊日記》：“土人環石爲陂，甕爲巨潭，以灌山塍。”清顧炎武《恭謁天壽山十三陵》詩：“人給地數晦，把未耕山場。”清舒位《西苗》詩：“山塍高下接青黃，今夜豐收是滌場。”

【山塍】

即山場，亦即阪田。此稱明代已行用。見該文。

葑田 [1]

在湖泊、沼澤中以木爲架，四周與底部用泥土及水生植物封實而成的浮於水面的農田。用以種植穀物等，可以隨水升降，不致浸淹。此稱漢代已行用，宋代亦稱“青葑”。明楊慎《昇菴集》卷七八：“按葑田古已有之，《周禮·三農》鄭氏注云：‘三農，山農、澤農、平地農，澤農即種下隰及葑田者也。’”唐秦系

（一作馬戴）《題鏡湖野老所居》詩："樹喧巢鳥出，路細葑田移。"宋梅堯臣《赴雪任君有詩相送仍懷舊賞因次其韻》："雁落葑田闊，船過菱渚秋。"宋蘇軾《南歌子》詞："古岸開青葑，新渠走碧流。"宋陳旉《農書》卷上："若深水藪澤，則有葑田，以木縛爲田丘，浮繫水面，以葑泥附木架上，而種藝之。其木架田坵，隨水高下浮泛，自不淹浸。《周禮》所謂'澤草所生，種之芒種'是也。"宋洪适《盤洲文集》卷七八："溪北畫橋彎蝶蛛，溪南古岸添青葑。"元王禎《農書·田制門》："只知地盡更無禾，不料葑田還可架。"清吳景旭《歷代詩話》："吳中有一種葑田，蓋陂湖間茭蒲所積，歲久爲水所衝，根不與土相著，輒浮水面，人據其上如筏可撐以往來，厚數尺袤至數十丈，遂得耕種其間，亦有夜竊去數虬投牒訴宰者。元末王原吉《題垂虹橋亭》云：'葑田連沮洳，鮫室亂魚鳧。'蓋指此也。"

【青葑】

即葑田[1]。此稱宋代已行用。見該文。

【駱田】

即葑田[1]。此稱晋代已行用，元代起亦稱"架田"。《史記·南越列傳》："佗因此以兵威邊，財物賂遺閩越、西甌、駱"，司馬貞索隱引晋顧微《廣州記》："交趾有駱田，仰潮水上下，人食其田。"北魏闞駰《十三州志》："百粵嶺南有駱田，駱音架。"元王禎《農書·田制門》："架田：架，猶筏也，亦名葑田。《集韻》云：'葑，菰根也。'葑亦作葑。'江東有葑田。'又淮東、二廣皆有之。東坡《請開杭之西湖狀》謂：'水涸草生，漸成葑田。'考之《農書》云：'若深水藪澤，則有葑田。'以木縛爲田坵，浮繫水

面，以葑泥附木架上，而種藝之。其木架田坵，隨水高下浮泛，自不淹浸。《周禮》所謂'澤草所生，種之芒種'是也。芒種有二義：鄭玄謂有芒之種，若今黃穋穀是也；一謂待芒種節過乃種，今人占候，夏至小滿至芒種節，則大水已過，然後以黃穋穀種之於湖田。然則有芒之種與芒種節候二義，可並用也。黃穋穀自初種以至收刈，不過六七十日，亦以避水溢之患。竊謂架田附葑泥而種，既無旱暵之災，復有速收之效，得置田之活法。水鄉無地者宜倣之。"明方以智《通雅》："駱田、架田，即葑田也。"清王士禎《送耿承哲赴高州推官》詩之一："駱田潮上下，蠻弩瘴冬春。"

【架田】

即駱田，亦即葑田[1]。此稱元代已行用。見該文。

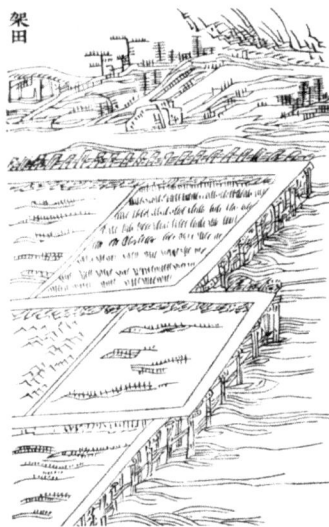

架田
（元王禎《農書》）

高田 [1]

地勢高的田地。此稱漢代已行用。《漢書·溝洫志》："故種禾麥，更爲秔稻，高田五

倍，下田十倍。"北魏賈思勰《齊民要術》引《氾勝之書》："三月榆莢時有雨，高田可種大豆。"宋范成大《墊江縣》詩："舊雨雲招新雨至，高田水入下田鳴。"元王禎《農書·地利篇》："江淮以北，高田平曠，所種宜黍稷等稼。"

麋田

麋群踐踏過的田地。此稱漢代已行用，晋代亦稱"麋畯"，明代又稱"鹿麋田"。漢王充《論衡·書虛》："海陵麋田，若象耕狀。"《後漢書·郡國志三》"有長洲澤"劉昭注引《博物記》："千千爲群，掘食草根，其處成泥，名曰麋畯。民人隨此畯種稻，不耕而穫，其收百倍。"明代《山西通志》卷一三八："東谷老人愛其'門前芝草鹿麋田'句，因自號麋田云。"

【麋畯】

即麋田。此稱晋代已行用。見該文。

【鹿麋田】

即麋田。此稱明代已行用。見該文。

陸田

土地表面不蓄水的田地，與"水田"相對而言。此稱晋代已行用，南北朝時期亦省稱"陸"。《晋書·食貨志》："故每有水雨，輒復橫流，延及陸田。"《宋書·文帝紀》："徐豫土多稻田，而民間專務陸作，可符二鎮，履行舊陂，相率修立，并課墾闢，使及來年。"唐韓愈《崔評事墓誌銘》："〔隴西公〕署爲觀察巡官，實掌軍田，鑿瀹溝，斬茭茅，爲陸田千二百頃，水田五百頃，連歲大穰，軍食以饒。"宋周煇《清波別志》卷上："初，天下職田無月日之限，赴官多以先後爲争。水田限四月三十日，陸田以三月十日，因著爲令。"宋陸九淵《象山集·與

章德茂三》："此間陸田若在江東西，十八九爲旱田矣。"明王樵《尚書日記》卷五："今天下水田惟揚州最賤，陸田惟潁壽爲輕。"明馮復京《六家詩名物疏》："冬至前將陸田耕五七遍，以猪糞糞之。"清朱鶴齡《禹貢長箋》卷七："南人耕水田，北人耕陸田。"

【陸】

"陸田"之省稱。此稱南北朝時期已行用。見該文。

黍田

種黍的田地。此稱南北朝時期已行用，宋代起亦稱"秫田"。北魏賈思勰《齊民要術·種黍法》："凡黍田新開荒爲上，大豆底爲次，穀底爲下。"唐王績《游北山賦》："酒甕多於步兵，黍田廣於彭澤。"唐皇甫松《大隱賦》："灌於陵之藥圃，耕彭澤之黍田。"宋王禹偁《聞種山人表謝急徵不赴》："吾君若問徵君意，自有東皋種黍田。"宋方岳《次韻田園居》："帶郭林塘儘可居，秫田雖少不如歸。"元魏初《青崖集》："人不見黍田，平碧澹生秋。"元方瀾《淵明》詩："尚不歸蓮社，誰能愛秫田？"明高啓《題朱澤民荆南舊業圖》詩："秫田半頃連芋區，茅屋三間倚蘿薜。"明曹學佺《江上田家》詩："黍田期臘酒，霜葉是寒衣。"

【秫田】

即黍田。此稱宋代已行用。見該文。

麥畦

種麥的田地。此稱唐代已行用，宋代起亦稱"麥行"。唐章碣《曲江》詩："無窮羅綺填花徑，大半笙歌占麥畦。"宋王安石《歌元豐》詩："麥行千里不見土，連山没雲皆種黍。"元劉一清《錢塘遺事》卷九："自東平府去，村聚

頗繁，麥畦桑瓰一望不斷。"清施閏章《乙巳嘉平月同藥公及諸子游青又庵》："置屋緣茶圃，分流潤麥畦。"清代《欽定南巡盛典·述志》："麥行看發始，春淑氣眼前。"

【麥行】

即麥畦。此稱宋代已行用。見該文。

谷田

兩山之間的梯狀田地。此稱唐代已行用。《舊唐書·李齊運傳》："德宗問人疾苦，實奏曰今年雖旱，谷田甚好。"宋戴侗《六書故·植物四》："三歲後，根莖枯朽，焚而耕之中爲谷田。"元王惲《游王官谷記》："蓋谷田中高，狀如層陛。"

葑田 [2]

湖澤中葑菱積聚處年久腐化，變爲泥土，進而水漚所成之田。此稱宋代已行用。宋梅堯臣《赴雪任君有詩相送仍懷舊賞因次其韻》："雁落葑田闊，船過菱渚秋。"《宋史·河渠志七》："至宋以來，稍廢不治，水漚草生，漸成葑田。"又《蘇軾傳》："〔軾〕以餘力復完六井，又取葑田積湖中，南北徑三十里，爲長堤以通行者。"

梯田

沿着山坡開闢的梯狀田地。各級邊緣築有埂堰，以防水土流失。此稱宋代已行用，元代亦稱"箕田"，清代又稱"磳田"。宋范成大《驂鸞錄》："嶺阪上皆禾田，層層而上至頂，名梯田。"元舒天民《六藝綱目》："瓰一百四十四步，兩廣不同、兩從皆斜更名箕田，又名梯田。"元王禎《農書·田制門》："梯田：謂梯山爲田也。夫山多地少之處，除磊石及峭壁例同不毛，其餘所在土山，下自橫麓，上至危巔，

梯田
（元王禎《農書》）

一體之間，裁作重磳，即可種藝。如土石相半，則必疊石相次，包土成田。又有山勢峻極，不可展足，播殖之際，人則傴僂蟻沿而上，耨土而種，躡坎而耘。此山田不等，自下登陟，俱若梯磳，故總曰'梯田'。上有水源，則可種秔秫；如止陸種，亦宜粟麥。蓋田盡而地，地盡而山，山鄉細民，必求墾佃，猶勝不稼。其人力所致，雨露所養，不無稍穫。然力田至此，未免齏食，又復租稅隨之，良可憫也。"明徐光啓《農政全書》卷五略同。明代《山西通志》卷二二四："焚菑山脊種梯田。"清周亮工《閩小記·磳田》："閩中壤狹田少，山麓皆治爲隴畝，昔人所謂磳田也。喪亂以來，逃亡畧盡，磳田蕪穢盡矣。"清吳應枚《滇南雜詠三十首》之四："梯田百級計雙耕，曲直高低地勢成。"清代《欽定康濟錄》卷二："傍山者則曰梯田，爲善臨水者又曰架田。"

【箕田】

即梯田。此稱元代已行用。見該文。

【磳田】

即梯田。此稱清代已行用。見該文。

青梯

長有莊稼的梯田。此稱宋代已行用。宋胡宿《華陽道士朱尊師》詩：“碧海三奇藥，青梯尺五天。”宋楊萬里《過石磨嶺皆創爲田直至其頂》詩：“翠帶千鐶束翠巒，青梯萬級拾青天。”元方回《復雨》詩：“銀絲斜翠壁，雪練墮青梯。”明林俊《素洞偶成》詩：“突兀層雲上，青梯百丈餘。”

陡坡

坡度較大的田地。此稱明代已行用。明楊慎《層臺驛》詩：“陡坡千百磴，破店兩三家。”明唐順之《裕州均田碑記》：“膏腴之田，一而當一；平石岡田，二而當一；岡石山田，三而當一；山石陡坡，四而當一。”清代《世宗憲皇帝硃批諭旨》卷一三六：“其現有業主者，因山地磽瘠有間年播種者，又有陡坡沙磧難於樹藝者。”

稻田

圍有田埂，用以蓄水種稻的田地。此稱先秦時期已行用，晋代起亦稱“皋”，唐代起又稱“稻疇”，近代還稱“田垌”“田”。《詩·小雅·白華》：“滮池北流，浸彼稻田。”《漢書·溝洫志》：“今内史稻田租挈重，不與郡同，其議減。”《後漢書·西南夷傳·邛都》：“其土地平原，有稻田。”《文選·潘岳〈秋興賦〉》：“耕東皋之沃壤兮，輸黍稷之餘稅。”李善注：“水田曰皋。”唐張籍《祭退之》詩：“北臺臨稻疇，茂柳多陰涼。”唐温庭筠《郊居》詩：“稻田鳧雁滿晴沙，釣渚歸來一徑斜。”《資治通鑑·晋武皇帝咸寧四年》：“斬首五千級，焚其積穀百八十餘萬斛，

踐稻田四千餘頃，毁船六百餘艘。”宋蘇轍《白鶴觀》詩：“浮雲有意藏山頂，流水無聲入稻田。”元范梈《送吳真人持詔寧親》詩：“儂家閬峰下，霞竹敷稻疇。”元虞集《與燮元溥登仙遊和李浩卿韻》：“儗尋黄鵠望松壑，聊伴白鷗經稻疇。”明王樵《尚書日記》卷五：“今京師西山稻田，皆引泉以溉灌。”《太平天國故事歌謡選·營盤裏的秘密》：“這一隊團練就像走進田垌的鴨子那樣，從四面八方涌進營盤來。”太平天國林鳳祥、李開芳等《報告北伐戰況稟》：“自臨淮至此，盡見坡麥，未見一田，糧料甚難。”

【皋】

即稻田。此稱晋代已行用。見該文。

【稻疇】

即稻田。此稱唐代已行用。見該文。

【田垌】

即稻田。此稱近代已行用。見該文。

【田】[2]

即稻田。此稱近代已行用。見該文。

【水田】

即稻田。此稱漢代已行用。《後漢書·馬援傳》：“開導水田，勸以耕牧，郡中樂業。”《三國志·魏書·徐邈傳》：“又廣開水田，募貧民佃之。”唐王維《積雨輞川莊作》詩：“漠漠水田飛白鷺，陰陰夏木囀黄鸝。”《宋史·食貨志上一》：“帝以江淮兩浙稍旱，即水田不登，遣使就福建。”明謝肇淛《五雜俎·地部一》：“齊、晋、燕、秦之地，有水去處，皆可作水田。”清朱彝尊《静志居詩話》：“老攜杖履歸山谷，閒看兒孫種水田。”章炳麟《訄書·定版籍》：“圍田多雍遏沼澤爲之，今則遍以稱水田。”

【稻畦】

即稻田。此稱唐代已行用，五代時期亦稱"稻澤"。唐許渾《重遊飛泉觀題故梁道士宿龍池》詩："仙客不歸龍亦去，稻畦長滿此池乾。"前蜀韋莊《宮莊》詩："桑林稻澤今無主，新犯香醪沒入官。"宋黃庭堅《同錢志仲飯籍田錢孺文官舍》詩："稻畦下白鷺，林樾應鳴鳩。"明徐弘祖《徐霞客遊記·滇遊日記》："其四圍祇，墾坡種麥而竟，無就水爲稻畦者。"清于敏中等《日下舊聞考》卷一○○："十里稻畦秋草熟，分明畫裏小江南。"

【稻澤】

即稻畦，亦即稻田。此稱五代時期已行用。見該文。

【滮田】

即稻田。語本《詩·小雅·白華》："滮池北流，浸彼稻田。"此稱宋代已行用，亦稱"漂田"。宋歐陽修《和劉原父從幸後苑觀稻呈經筵諸公》："分渠自靈沼，種稻滿滮田。"宋王安石《送程公闢之豫章》詩："中户尚有千金藏，滮田種粳出穰穰。"元戴表元《杖錫寺》詩："藤湖只去招提頂，見説滮田可種秔。"清代《貴州通志》卷一二："漂田荒無，徵折色米穀八千一百七十四石七斗。"

【漂田】

即滮田，亦即稻田。此稱宋代已行用。見該文。

【禾疇】

即稻田。此稱明代已行用。明顧璘《積雨》詩："禾疇乳鴨鳴相亂，柳徑愁鴉坐不飛。"清魏源《嵩麓諸谷詩·太室北溪石淙谷序》："自此出峽，曠然禾疇，與峽中各一天地。"

滍皋

滍水（今河南魯山、葉縣境內沙河）畔的稻田。此稱漢代已行用。《文選·張衡〈南都賦〉》："若其廚膳則有華薌重秬，滍皋香秔。"李善注："滍皋，滍水之澤也。"晋王嘉《拾遺記》："東方有滍皋，五穀多良，有浹日之稻。"明王志堅《表異録·飲食類》："滍皋香粳，都廣膏稷，皆言米。"

沈斥

鹹碱鹵性的稻田。此稱漢代已行用。《漢書·刑法志》："一同百里，提封萬井，除山川、沈斥、城池、邑居、園囿、術路，三千六百井，定出賦六千四百井。"顏師古注："臣瓚曰：'沈斥，水田烏鹵也。'……沈謂居深水之下也。斥，鹹鹵之地。"清吳偉業《梅村集》卷二八："今吾州僻陋，海濱陂渠湮廢，烏鹵沈斥沮洳污萊。"一説，"沈斥"爲"沆斥"。王先謙補注引王念孫曰："沈當爲沆。沆，大澤也。"

下潠田

低下多水的稻田。此稱晋代已行用。晋陶潛有《丙辰歲八月中於下潠田舍穫》詩。宋朱翌《遣僧澄收劉潼陽》詩："下潠田將穫，東屯稼亦收。"明李賢《丙辰歲八月中於下潠田舍》詩："我有下潠田，近在南山隈。"清張廷璐《南歸》詩之三："烹茶泉比中泠水，荷鍤秧分下潠田。"

湖田

湖邊圍墾的稻田。此稱南北朝時期已行用。《宋書·孔季恭傳》："山陰縣土境褊狹，民多田少，靈符表徙無貲之家於餘姚、鄞、鄮三縣界，墾起湖田。"唐韋應物《送唐明府赴溧水》詩："魚鹽濱海利，姜蔗傍湖田。"《宋史·五行志二上》："六月，蘇秀二州湖田生聖米，居民取以食。"元王禎《農書·田制門》："以黃穋穀種之於湖田。"明高啓《秋日江居寫懷》詩之五："貧爲湖田長半沒，拙因世事本多疏。"清孫枝蔚《避地》詩之三："清秋饒景物，灑淚對湖田。"

江田

江邊圍墾的稻田。此稱唐代已行用。唐高適《廣陵別鄭處士》詩："溪水堪垂釣，江田耐插秧。"唐溫庭筠《利州南渡》詩："數叢沙草群鷗散，萬頃江田一鷺飛。"元馬祖常《湖北驛中偶成》詩："江田稻花露始零，浦中蓮子青復青。"清陳厚耀《春秋戰國異辭》卷二五下："司馬子期死，而浮於江田。"

磳田

無法采用水利條件的稻田。此稱宋代已行用，亦稱"雷鳴田"。宋葉廷珪《海錄碎事·農田》："果州、合州等處，無平田，農人于山隴起伏間爲防，瀦雨水，用植秔稉稻，謂之磳田。俗名雷鳴田。"明楊慎《全蜀藝文志》卷四五："所謂雷鳴田者，五日不雨則枯，十日不雨則槁。"清查慎行《峒嶠田家》詩："雷鳴田種占城稻。"注曰："田無水利者爲雷鳴田，見《欒城集》。"清《世宗憲皇帝硃批諭旨》卷五四："俗語雷鳴田遇雨則耕，無雨則棄。"

【雷鳴田】

即磳田。此稱宋代已行用。見該文。

橫土

田理呈橫狀的土壤，積水不易滲透流失，宜於種稻。此稱宋代已行用。宋陳師道《後山談叢》卷二："田理有橫有立，間謂之立土橫土，立土不可稻，爲其不停水也。"清陳元龍《格致鏡原·坤輿類·土》："《留青日札》：田地有橫土、有立土。西北方，橫土可以穴居，以其不崩也，立土不可種禾。"

秧田

培植稻秧的水田。此稱宋代已行用。宋陳旉《農書》卷上："今夫種穀，必先修治秧田。"宋楊萬里《己未春日山居雜興十二解》詩："今歲春遲雨亦然，生愁無水打秧田。"明宋應星《天工開物·乃粒》："凡秧田一畝所生秧，供栽二十五畝。"清趙翼《橫塘曲》："畫就蛾眉上酒船，酒船泊傍綠秧田。"

圩 [1]

華南低窪地區防水護田堤內的稻田。堤有涵閘，可閉閘禦水，亦可開閘引水。此稱宋代已行用，亦稱"圩田""圍田"，元代已稱作"圍田"。宋沈括《萬春圩圖記》："江南大都皆山也，可耕之地，皆下濕厭水瀕江，規其地以堤而藝其中，謂之圩。"宋楊萬里《圩田》詩："周遭圩岸繚金城，一眼圩田翠不分。"《宋史·食貨志上一》："心詔比開墾麤地格推賞平江府興脩圍田二千餘頃。"元王禎《農書·田制門》："圍田：築土作圍，以繞田也。蓋江淮之間，地多藪澤，或瀕水，不時淊沒，妨于耕種。其有力之家，度視地形，築土作堤，環而不斷，內容頃畝千百，皆爲稼地。後值諸將屯戍，因令兵衆分工起土，亦傚此制。故官民异屬。"《明史·蔡天祐傳》："闢濱海圩田數萬頃，民名之曰'蔡公田'。"《續資治通鑑·宋孝宗淳熙十年》："廬州管下亦有三千六百圍，皆瀕江臨湖，號稱沃壤。"清顧炎武《中憲大夫寇公墓誌銘》："公乘舟出郊，勸民興工築圩，以食農民。"清魏源《秦淮鐙船引》："圩田熟收船價低，驚魂甫定歌喉傖。"章炳麟《訄書·定版籍》:"余嘗聞蘇州圍田(吳越沃野,多稱'圩田',本由圍田,音誤作'圩';圍田多雍遏沼澤爲之,今則遍以稱水田)皆在世族,大者連阡陌。"范文瀾、蔡美標等《中國通史》第四編第一章第二節:"圩田——又叫圍田。在低窪田地周圍築圍,圍外蓄水。五代時,江南已有圩田,一個大圩,方數十里,如同大城,中有渠道,外有閘門……北宋時,圩田在南方進一步發展。太平州蕪湖縣萬春圩,有田十二萬七千畝,圩中有大道長二十二里。圩田能防旱抗澇,可以常保豐收。"

【圍】

同"圩"。此體元代已行用。見該文。

【圩田】

即圩。此稱宋代已行用。見該文。

【圍田】

即圩。此稱元代已行用。見該文。

【圩垸】

即圩。長江下游稱圩,中游稱垸,統稱圩垸。此稱清代已行用。清魏源《湖北堤防議》:

圍田
(元王禎《農書》)

"元明以還,海堰盡占爲田,穴口止存其二,隄防夾南北岸數百里,而下游之洞庭,又多佔爲圩垸,容水之地盡化爲阻水之區。"

櫃田

一種小型似圩的稻田。制如櫃形,故稱。此稱元代已行用。元王禎《農書·田制門》:"櫃田:築土護田,似圍而小,四面俱置遶穴,如此形制。順置田段,便於耕蒔。若遇水荒,田制既小,堅築高峻,外水難入,內水則車之易涸,淺浸處,宜種黃穋稻。如水過,澤草自生,穄稗可收。高涸處,亦宜陸種諸物,皆可濟饑。此救水荒之上法。一名塡水溉田,亦曰塡田,與此同名而實異。"明徐光啓《農政全書》卷五略同。

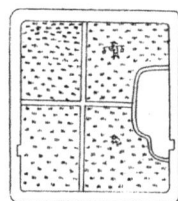

櫃田
(元王禎《農書》)

圦

圩岸內成片的稻田。此稱明代已行用。明歸有光《乞休申文》:"鄉老亦歎曰:'今年倒一圦矣!'鄉民謂田連頃者謂之圦,猶蘇州之謂圩。鄉老歲以均徭爲奸利,今無所穫,故云'倒一圦',若田之爲水所敗而荒也。"

第二節　公田、私田、專田考

"公田"始見於先秦典籍，最初指井田制度下"井"形九區土地中間的一區，後來引申爲公家所有的田地。"私田"也見於先秦典籍，最初指井田制度下"井"形九區土地周邊的八區，後來引申爲私人所有的田地。"專田"係本卷作者提出的概念，指兼具公田、私田某些屬性而又難以歸入任一範圍的田地，如族田、廟田等。

井 [1]

九夫所治之田。因將方九百畝田地劃爲九區，形如"井"字，故稱。此稱先秦時期已行用，亦稱"井田""井地"，唐代又稱"井畝"。《周禮·考工記·匠人》："九夫爲井，井間廣四尺。"鄭玄注："此畿內采地之制。九夫爲井，井者，方一里，九夫所治之田也。"《穀梁傳·宣公十五年》："古者三百步爲里，名曰井田。"《孟子·滕文公上》："方里而井，井九百畝，其中爲公田。"趙岐注："方一里者，九百畝之地也，爲一井；八家各私得百畝，同養其公田之苗稼。"又："經界不正，井地不鈞。"朱熹集注："井地，即井田也。"漢荀悅《漢紀·文帝紀下》："古者建步立畝，六尺爲步，步百爲畝，畝百爲夫，夫三爲屋，屋三爲井，井方一里，是爲九夫，八家共之。"三國魏曹操《度關山》："封建五爵，井田刑獄。"唐李靖《問對》上："周之始興，則太公實繕其法，始於岐都，以建井畝，戎車三百輛，虎賁三千人，以立軍制。"宋陸游《歲莫感懷以余年諒無幾休日惝已迫爲韻》之一○："井地以養民，整整若棋畫。"元王禎《農書·田制門》："井田：按古制，井田，九夫所治之田也。鄉田同井，井九百畝；

井十爲通，通十爲成，成十爲終，終十爲同：積爲萬井，九萬夫之田也。井間有溝，成間有洫，同間有澮，所以通水于川也。遂人盡主其地，歲出田稅，各有等差，以治溝洫也。"清夏炘《釋夏貢有公田》："公田之名，原于井地，以井授地，由來久矣。"清嚴復《論中國教化之退》："秦并天下，更古制，更井田而爲阡陌。"

【井田】 [1]

即井。此稱先秦時期已行用。見該文。

【井地】

即井。此稱先秦時期已行用。見該文。

【井畝】

即井。此稱唐代已行用。見該文。

井田
（明徐光啓《農政全書》）

公田 [1]

井田制度規定九區之中由若干農夫共同耕種的中區田地，與其周邊"私田"對稱，須將全部收穫上繳。此稱先秦時期已行用。《詩·小雅·大田》："雨我公田，遂及我私。"朱熹集傳："公田者，方里而井，井九百畝，其中爲公田，八家皆私百畝，而同養公田也。"《公羊傳·宣公十五年》初稅畝何休解詁："宣公無恩信於民，民不肯盡力於公田，故履踐按行，擇其善畝穀最好者稅取之。"《管子·牧民》："正月令農始作，服于公田農耕。及雪釋，耕始焉，芸卒焉。"《禮記·王制》："古者公田藉而不稅。"孔穎達疏："藉之言借也，借民力治公田。"《漢書·食貨志上》："六尺爲步，步百爲畝，畝百爲夫，夫三爲屋，屋三爲井，井方一里，是爲九夫。八家共之，各受私田百畝，公田十畝，是爲八百八十畝，餘二十畝以爲廬舍。"《三國志·魏書·司馬朗傳》："今承大亂之後，民人分散，土業無主，皆爲公田，宜及此時復之。"晉陶淵明《〈歸去來兮辭〉序》："於時風波未靜，心憚遠役；彭澤去家百里，公田之利，足以爲酒，故便求之。"《梁書·武帝紀下》："如聞頃者豪家富室，多占取公田，貴價僦稅，以與貧民，傷時害政，爲蠹已甚。"《朱子語類·哀公問於有若章》："如助，則八家各耕百畝，同出力共耕公田，此助、徹之別也。"清王夫之《宋論》："周官行於千里之畿，而胥盈於千，徒溢於萬，皆食於公田，此民不充役之驗也。"

官田

古代官府或王室所有，由農民耕種并交租的田地。此稱先秦時期已行用。《周禮·地官·載師》："以官田、牛田、賞田、牧田，任遠郊之地。"鄭玄注引鄭司農曰："官田者，公家之所耕田。"《晋書·慕容皝載記》："且魏晋雖道消之世，猶削百姓不至於七八，持官牛田者，官得六分，百姓得四分，私牛而官田者與官中分，百姓安之，人皆悅樂。"《新唐書·王毛仲傳》："兩營萬騎及閑厩官吏憚之無敢犯，雖官田草萊，樵斂不敢欺。"《宋史·高宗紀七》："夏四月壬子，以没入官田悉歸常平司，禁募民佃種。"明袁介《檢田吏》詩："我家無本爲經商，只種官田三十畝。"明佚名《皇明本紀》："民無田業者，許耕官田爲業。"《明史·食貨志一》："明土田之制，凡二等：曰官田，曰民田。初，官田皆宋元時入官田地。厥後有還官田，没官田，斷入官田，學田，皇莊，牧馬草場，城壖苜蓿地，牲地，園陵墳地，公占隙地，諸王、公主、勳戚、大臣、内監、寺觀乞賜莊田，百官職田，邊臣養廉田，軍、民商屯田，通謂之官田。其餘爲民田。"清紀昀《閱微草堂筆記》卷八："彭有官田耕作，不能顧女，乃棄置林中，聽其生死。"清俞樾《群經平議·周官一》："牛人掌養國之公牛，巾車掌公車之政令，注并曰：公猶官也。然則官田猶公田矣。先鄭之説自不可易。"《清史稿·宋犖傳》："詔撥近京荒田及明貴戚内監廢莊，畫爲旗地，民田錯雜，別給官田互易。"

【公田】 [2]

即官田。此稱漢代已行用。《漢書·食貨志上》："令命家田三輔公田。"顔師古注引韋昭曰："命家，謂受爵命一爵爲公士以上，令得田公田，優之也。"《後漢書·孝安帝紀》："二月丙午，以廣成游獵地及被灾郡國公田假與貧民。"三國魏曹植《籍田論》："夫營疇萬畝，厥田上下……司農是掌，是爲公田。"《隋書·食貨志》："京城四面諸坊之外，三十里内爲公田。受公田者，三縣代遷户執事官一品以下，逮於羽林武賁，各有差。"《喻世明言》："賈似道恐其法不行，先將自己浙田萬餘畝入官爲公田。"《續資治通鑑·宋恭帝德祐元年》："詔：公田最爲民害，稔禍十有餘年，自今並給原主，令率其租户爲兵。"

【官地】

即官田。此稱漢代已行用。《後漢書·劉盆子傳》："帝憐盆子，賞賜甚厚，以爲趙王郎中。後病失明，賜滎陽均輸官地，以爲列肆，使食其税終身。"《宋史·王覿傳》："蜀地膏腴，畝千金，無閑田以葬，覿索侵耕官地，表爲墓田。"《金史·食貨志二》："金制，官地輸租，私田輸税。"元宋無《廢宅》詩："蛙鳴私地爲官地，燕認新人是故人。"《元史·順帝紀六》："凡係官地，及元管各處屯田，悉從分司農司立法募民佃種之。"《明史·唐龍傳》："杲言此地二千餘頃，正供所出，不可許，宜以大慈恩寺入官地二十頃予之。"清趙翼《陔餘叢考》："宋初又已著令：貧無葬地者，許以官地安葬。"《二十年目睹之怪現狀》第九四回："他上條陳時，原是看定了一片官地，可以作爲基址的。"

【公畦】

即官田。此稱唐代已行用。唐杜甫《秋日夔府詠懷奉寄鄭監李賓客一百韻》："塹抵公畦稜，村依野廟墻。"仇兆鰲注引張耒曰："公畦，官田也。"宋楊萬里《和張器先十絶》之七："漏黄官柳已垂牆，針水公畦未種秧。"清查慎行《送李蒙山回嘉禾任次外舅韻二首》之一："報道今年官酒賤，公畦小稜秋花香。"

【官産】

即官田。此稱宋代已行用。宋袁采《袁氏世範·處己》："冒占官産，不肯輸租，欺凌善弱，强欲斷治。"宋袁説友《增糴常平倉米疏》："常平米數絶少，所賣官産不過十二萬緡，豈宜因此盡廢常平之入。"元劉仁本《定海縣興修儒學記》："嘉定令趙必夫撥官産、復舊田以贍之。"明代《江南通志·人物志·孝義》："郡縣重其義，贈官産五十畝不受，贈金亦弗受。"

【官莊】

即官田。此稱宋代已行用。宋周密《齊東野語·景定行公田》："每鄉創官莊一所，每租一石，明減二斗，不許多收斛面。"《宋史·職官志三》："屯田郎中、員外郎掌屯田、營田、職田、學田、官莊之政令，及其租入、種刈、興修、給納之事。"明沈德符《萬曆野獲編》卷一："尚膳監奉御趙瑄獻雄縣等處閑地爲東宮官莊，上命官踏勘。"《續文獻通考·田賦考·官田》："兵部郎張若麒請收兵殘遺産爲官莊，分上、中、下，畝納租八斗至二三斗有差。"《清史稿·食貨志一》："初設官莊，以近畿民來歸者爲莊頭，給繩地，一繩四十二畝……皆領於内務府。此外有部、寺官莊，分隸禮部、光禄寺。"

牛田 [1]

周朝授予畜養官府之牛者的田地。此稱先秦時期已行用。《周禮·地官·載師》："以官田、牛田、賞田、牧田，任遠郊之地。"鄭玄注引鄭司農曰："牛田者，以養公家之牛。"宋李覯《平土書》："牛田、牧田，畜牧者之家所受田也。"《元史·成宗紀》："總帥汪惟和以所部軍屯田沙州，瓜州給中統鈔二萬三千二百餘錠，置種牛田。"明柯尚遷《周禮全經釋原·地官下》："牛田養公牛，牧田養馬者也。"《明史·戚繼光傳》："踰年，其新至者營牛田，而酋長營興化東南，互爲聲援。"

牧

牧地。此稱先秦時期已行用。《左傳·隱公五年》："四月，鄭人侵衛牧，以報東門之役。"俞樾《群經平議·左傳一》："此傳'牧'字即郊外之'牧'也。"《國語·周語中》："國有郊牧，疆有寓望，藪有圃草，囿有林池，所以禦災也。"韋昭注："牧，放牧之地也。"《孟子·公孫丑下》："則必爲之求牧與芻矣。"趙岐注："牧，牧地。"

牧田 [1]

授予民衆爲公家放牧的場地。後亦泛指牧場。此稱先秦時期已行用。《周禮·地官·載師》："以官田、牛田、賞田、牧田任遠郊之地。"孫詒讓正義："江永曰：牛田、牧田，兼用先、後鄭之說，皆是授民以田，而爲公家畜牧。"唐儲光羲《牧童詞》："不言牧田遠，不道牧陂深。"明丘濬《大學衍義補·牧馬之政上》："古人養馬，處處皆有牧田，即今之草場也。"

衆地

衆人公有的土地。此稱先秦時期已行用。《吕氏春秋·審分》："今以衆地者公作，則遲有所匿其力也。"楊樹達《積微居讀書記·讀吕氏春秋劄記·審分覽》："衆地，謂衆人公有之地。"《史記·淮南衡山列傳》："四郡之衆地，方數千里，内鑄消銅以爲錢，東煮海水以爲鹽。"

監地

農民開墾、耕種的放牧馬群的官田。此稱宋代已行用。宋歐陽修《論監牧劄子》："今馬數全少，閑地極多，此乃唐樓煩監地也。"《宋史·河渠志六》："比年水勢稍改，自海門過赭山，即回薄巖門、白石一帶北岸，壞民田及鹽亭、監地，東西三十餘里，南北二十餘里。"《清會典·户部五·尚書侍郎職掌五》："凡田地之别：有民田，有更名地，有屯田，有竈地……有牧地，有監地。"原注："國初沿明制，于甘肅設苑馬七監，後經停止，以其地給民墾種，爲監地。"清英廉等《日下舊聞考》卷五四引《燕都游覽志》："後築觀稻亭，北爲内官監地，南人於此藝水田粳秫分塍，夏日桔槔，聲不減江南。"

牛田 [2]

牧牛的田地，與種稻的"人田"相對，主要用於廣東番禺。此稱清代已行用。清屈大均《廣東新語·獸語·牛》："〔番禺諸鄉〕其牧牛之田曰牛田……其種稻者曰人田。"

我私

私人所有的田地。此稱先秦時期已行用。《詩·小雅·大田》："雨我公田，遂及我私。"唐杜甫《雨》詩："郊扉及我私，我圃日蒼翠。"宋陸游《弊廬》詩："上以奉租賦，下以及我私。"明徐禎卿《送邊子出刺衛輝》詩："我私何悠悠，薄送遵坰丘。"

【私田】 [1]

即我私。此稱漢代已行用，省稱"私"。漢鄭玄《毛詩注疏》："箋云：古者陰陽和，風雨時，其來祈祈然而不暴疾。其民之心，先公後私，今天主雨於公田，因及私田爾。"《漢書·五行志中之上》："今陛下弃萬乘之至貴……置私田于民間，畜私奴、車馬于北宫。"《後漢書·濟南安王康傳》："康遂多殖財貨，大修宫室，奴婢至千四百人，厩馬千二百匹，私田八百頃，奢侈恣欲，遊觀無節。”元黄鎮成《尚書通考·五禮》：“公田次之，重公也。私田在外，賤私也。”清朱鶴齡《禹貢長箋》卷一：“日漸一日，公田盡變爲私田，而井田永不可復矣。”清代《授時通考·土宜·田制下》：“所謂私田，官執其契券以各証其直要知。田制所以壞，乃自唐世使民得自賣其田始。前世雖不立法，其田不在官亦不在民。”

【私】

“私田[1]”之省稱，亦即我私。此稱漢代已行用。見該文。

民産

百姓的私有田産。此稱先秦時期已行用。《韓非子·解老》：“民産絶則畜生少，畜生少則戎馬乏。”唐韓愈《贈復州崔使君序》：“賦有恒而民産無恒，水旱癘疫之不期，民之豐約懸於州縣。”《宋史·王次翁傳》：“次翁檄取屬邑丁籍，視民産高下以爲所輸多寡之數，約期受輸，不擾而集。”《元史·良吏傳》：“大德四年爲工部主事，蔚州有劉帥者，豪奪民産，吏不敢决，省檄天璋往詢之，帥服，田竟歸民。”明顧起元《客座贅語·條編始末》：“初，洪武十八年，恩詔應天五府州爲興王之地，民産免租，官産减租之半。”清顧鎮《虞東學詩·大雅》：“蓋既定民居，即制民産，自西至東徧執田事焉。”

【民田】

即民産。此稱漢代已行用，宋代亦稱“民畝”。《史記·滑稽列傳》：“發民鑿十二渠，引河水灌民田。”《漢書·食貨志》：“民始充實，未有并兼之害，故不爲民田及奴婢爲限。”宋張嵲《藉田禮成表》：“天田既降於躬耕，民畝自聞於

昏作。”宋陳皋《杜宇鼈靈二墳記》：“皇祐壬辰春，净林僧死，寺籍爲田，許氏墾甸，而鼈靈墳與寺俱化爲民畝。”《元典章·户部五》有《民田》。《清史稿·宋權傳》：“詔撥近京荒田及明貴戚内監廢莊，盡爲旗地，民田錯雜，别給官田互易。”

【民畝】[1]

即民田，亦即民産。此稱宋代已行用。見該文。

私田 [2]

井田制度規定九區之中由農夫各自耕種的八區田地，與其内“公田”對稱。此稱先秦時期已行用。《穀梁傳·宣公十五年》：“井田者，九百畝，公田居一。私田稼不善，則非吏；公田稼不善，則非民。”《孟子·梁惠王下》“文王之治岐也，耕者九一”宋朱熹集注：“九一者，井田之制也。方一里爲一井，其田九百畝，中畫井字。界爲九區，一區之中，爲田百畝，中百畝爲公田，外八百畝爲私田，八家各受私田百畝，而同養公田，是九分而税其一也。”《晉書·地理志上》：“一夫一婦，受私田百畝，公田十畝。”《通典·食貨七》：“丁别量給五十畝以上爲私田，任其自營種。率十丁於近坊更共給一頃，以爲公田，共令營種。”《舊唐書·源乾曜傳》：“百姓所有私田，皆力自耕墾，不可取也。”宋汪元量《越州歌十首》之七：“只論平章行不法，分田之後又私田。”《宋史·劉爚傳》：“不治財産，所收私田有餘穀，則以振鄉里貧人。”

世業

北魏均田制規定：男夫身没不還、世代承耕的田地，有二十畝。北齊沿用此制，授田多

少不等。隋及唐代前期，諸王以下至於都督或散官五品以上，按照等級分授，子孫世襲，皆免課役。唐代中葉後，土地兼并嚴重，此制名存實亡。宋代太平興國以後，農民所墾田地皆可世業，不再限定數量。此稱南北朝時期已行用，隋代起亦稱"永業田""永業"，唐代起又稱"世業之田""世業田"。《魏書·食貨志六》："諸桑田皆爲世業，身終不還，恒從見口。"《隋書·食貨志》："自諸王已下，至於都督，皆給永業田。各有差，多者至一百頃，少者至四十畝。其丁男、中男，永業、露田皆遵後齊之制，並課樹以桑榆及棗。"唐元稹《論當州朝邑等三縣代納率錢狀》："伏緣請配職田地充百姓永業，事須奉敕處分。"《舊唐書·食貨志上》："所授之田，十分之二爲世業，八爲口分。世業之田，身死則承戶者便授之；口分則收入官，更以給人。"《新唐書·食貨志一》："唐之始，時授人以口分、世業田，而取之以租庸調之法，其用之也有節。"宋袁燮《絜齋集·策問·田制》："魏有露田，有桑田，有麻田；隋有永業田，有職分田，有公廨田，其法度孰合于古？"《通志·食貨略·田制》："京城四面諸方之外三十里內爲公田，受公者三縣代遷戶。執事官一品以下逮於羽林虎賁，各有差其外；畿郡華人官第一品以下、羽林虎賁以上，各有差職事，及百姓請墾田者名爲永業田。"《續資治通鑑長編·宋哲宗元祐三年》："近臣之家兼未有許占田以供祭祀，指揮欲參立太中大夫、觀察使以上，每員許占永業田十五頃，官給公據，改注稅籍，不許子孫分割、典賣，止供祭祀。"明劉渙《通鑑議論》："桑田用力最多，欲勸人種桑，故賜爲永業田。露田有還受，故不得種桑麻。"明王

禕《大事記續編》卷四九："凡庶人徙鄉及貧無以葬者，得賣世業田。"清薛福成《上曾侯相書》："耕其曠絕無人之處，宜募他州之人。願耕者不計多寡，三年以後升科給爲永業。"

【永業田】

即世業。此稱隋代已行用。見該文。

【永業】

即世業。此稱隋代已行用。見該文。

【世業之田】

即世業。此稱唐代已行用。見該文。

【世業田】

即世業。此稱唐代已行用。見該文。

口分田

唐代按人口所授永業田外的田地。丁男等授八十畝，老弱病殘男子授四十畝，孀婦授三十畝。此稱唐代已行用，省稱"口分"。《通典·食貨二·田制下》："丁男給永業田二十畝，口分田八十畝，其中男年十八以上亦依丁男給，老男、篤疾、廢疾各給口分田四十畝，寡妻妾各給口分田三十畝，先永業者，通充口分之數。"又："糾賞者，依令，口分之外知有買匿，聽相糾列，還以此地賞之。"《舊唐書·職官志二》："凡給口分田，皆從便近。居城之人，本縣無田者，則隔縣給授。"《新唐書·食貨志一》："凡庶人徙鄉及貧無以葬者，得賣永業田。自狹鄉而徙寬鄉者，得并賣口分田。"宋范成大《桂海虞衡志》："其田計口給民，不得典賣，惟自開荒者由己，謂之祖業口分田。"清王夫之《讀通鑑論》："人各保其口分之業，人各勸於稼穡之事，豪者又惡從而奪之？"《清史稿·施世綸傳》："世綸令分十二路察貧民，按口分給，遠近皆遍。"又《食貨志一》："所在檢旗丁名數，

儘舊有馬廠莊田，畫地口分，責以農作。"

【口分】

即口分田。此稱唐代已行用。見該文。

丁田

按人丁分給的田地。此稱唐代已行用。《舊唐書·玄宗紀上》："除公廨田園外，並官收，給還逃戶及貧下戶欠丁田。"明徐光啓《農政全書》卷一二："有應解軍戶丁田衆多，不願遠戍者，如匠班，事例量徵軍班，行分其戶爲三等。"明謝肇淛《五雜俎·事部三》："今則千乘萬騎，徵求無藝，而尺布斗粟，無非派之丁田者。"清秦蕙田《五禮通考·軍禮·馬政下》："以茶易於蕃，以貨市於邊，其民牧皆視丁田授馬，始曰戶馬。"

羨田[1]

在已入籍或規定土地數目之外另占的田地，是不納租賦的隱匿田。此稱唐代已行用。《新唐書·食貨志一》："開元八年，監察御史宇文融獻策：括籍外羨田，逃戶自占者給復五年。"宋羅大經《鶴林玉露》卷七："良農一夫以五十畝爲正田，以其餘爲羨田。"宋范成大《吳郡志》卷一二："悉收其羨田以賦貧，民訟亦息。"元黃溍《常熟州學田記》："大家巨室亦不得有羨田，以資施予也。"明王鏊《姑蘇志·人物八·李撰》："時括民田，轉運使務苛擾，欲多得匿戶羨田爲功。"

貧產

貧困農民的田產。此稱宋代已行用。宋梁克家《淳熙三山志·地里類四·外城》："本州計度當用緡錢，二十萬民貧產薄助者實鮮。"清黃六鴻《福惠全書·編審·總論》："若貿不出圖，則貧產遽難求脫，勢豪益複刁難，此均田之所

以未易言也。"

籍田

古代天子、諸侯徵用民力耕種的田地，天子千畝，諸侯百畝。"籍"爲"借"意，故稱。西周起，天子、諸侯於春耕前行籍禮，後世賡續不斷。此稱先秦時期已行用，亦稱"藉"，漢代起亦作"藉田""耤田"。《詩·周頌·載芟序》："載芟，春籍田而祈社稷也。"鄭玄箋："籍田，甸師氏所掌，王載耒耜所耕之田。天子千畝，諸侯百畝。籍之言借也，借民力治之，故謂之籍田。"《禮記·祭義》："是故昔者天子爲藉千畝，冕而朱紘，躬秉耒。諸侯爲藉百畝，冕而青紘，躬秉耒。"鄭玄注："藉，藉田也。"《史記·孝文本紀》："上曰：'農，天下之本，其開籍田，朕親率耕，以給宗廟粢盛。'"裴駰集解："應劭曰：'古者天子耕籍田千畝，爲天下先。籍者，帝王典籍之常。'韋昭曰：'籍，借也。借民力以治之，以奉宗廟，且以勸率天下，使務農也。'"《漢書·文帝紀》："夫農，天下之本也，其開藉田，朕親率耕，以給宗廟粢盛。"漢蔡邕《獨斷》："王者耕耤田之別名：天子三推，三公五推，卿、諸侯九推。"三國魏曹植《藉田說》之一："春耕於藉田，郎中令侍寡人焉。"宋蘇軾《元祐三年春貼子詞·皇帝閣》之四："蒼龍掛闕農祥正，父老相呼看藉田。"宋葉適《祭王君玉太博文》："籍田以來，倩咐尤謹；我已昧昧，子何懇懇！"元王禎《農書·田制門》："耤田，天子親耕之田也。古者耤田千畝，天子親耕，用供郊、廟齍盛，躬勸天下之農。'耤之言借也，王一耕之，庶人耘耔以終之。'謂借民力成之也。《詩》：'春耤田而祈社稷。'《禮·月令》：'孟春之月……天子乃以元

日祈穀于上帝。乃擇元辰，天子親載耒耜，措之于參保介之御間。帥三公、九卿、諸侯、大夫，躬耕帝耤。天子三推，三公五推，卿、諸侯九推。反，執爵于太寢，三公、九卿、諸侯、大夫皆御，命曰勞酒。'《周禮·內宰》：'詔后帥六宮之人，生種稑之種，以獻於王。'使後宮藏種，而又生之。《天官·甸師》：'掌帥其屬，而耕王耤，以時入之，以供齍盛。'至漢文帝開耤田，置令、丞，春始東耕。武帝制策：今朕親耕，以為農先。昭帝耕于鈎盾。明帝東巡，耕於下邳。章帝北巡，耕於懷縣。魏氏天子親耕於耤。晉武帝耕於東郊，供祀訓農。宋文帝制千畝親耕。齊武帝載耒耜躬耕。梁初依宋禮。後魏太武帝祭先農而後耕。北齊耕耤於帝城。隋制，耤壇行禮，播植，以擬齍盛。唐太宗致祭先農，耤于千畝之甸。玄宗欲重勸耕，進耕五十餘步。肅宗命去耒耜雕刻，冕而朱紘，躬九推焉。宋端拱以來，有《耕耤事類》五卷。此耤田之制，歷載經史，昭然可鑒。欽惟聖明，丕闡皇圖，講明典禮，開帝耤於京畿，備齍盛於郊、廟，先身示勸，照映古今。"明高啓《勸農文》："〔皇上〕每歲親耕籍田，復召父老。"《明史·王錫爵傳》："二月，帝再耕耤田。"清方

籍田圖
（元王禎《農書》）

苞《聖主躬耕耤田頌》："乃以仲春元辰，躬臨耤田，展事先農，秉耒三推，登臺以觀，終畝於時。"

【藉】

即籍田。此稱先秦時期已行用。見該文。

【藉田】

同"籍田"。此體漢代已行用。見該文。

【耤田】

同"籍田"。此體漢代已行用。見該文。

【帝藉】

即籍田。此稱先秦時期已行用，漢代起亦作"帝籍"。《禮記·月令》："〔孟春之月〕天子親載耒耜，措之於參保介之御間，帥三公、九卿、諸侯、大夫，躬耕帝藉。"孫希旦集解："天子藉田千畝，收其穀為祭祀之粢盛，故曰帝藉。"《淮南子·時則訓》："舉五穀之要，藏帝藉之收於神倉。"漢張衡《東京賦》："躬三推于天田，修帝籍之千畝。"宋蘇軾《玉津園》詩："千畝何時躬帝藉，斜陽寂歷鎖雲莊。"宋黃庭堅《同錢志仲飯籍田錢孺文官舍》詩："帝籍開千畝，農功先九州。"

【帝籍】

同"帝藉"。此體漢代已行用。見該文。

【天田】

即籍田。此稱漢代已行用，亦稱"千畝""耕籍""東耕"，晉代又稱"甸"。《文選·張衡〈東京賦〉》："躬三推于天田，修帝籍之千畝。"呂延濟注："天田，天子之籍田。"《初學記》卷一四引漢應劭《漢官儀》："凡稱籍田為千畝，亦曰帝籍，亦曰耕籍，亦曰東耕。"晉潘岳《藉田賦》："伊晉之四年，正月丁未，皇帝親率群后，藉于千畝之甸，禮也。"唐李白《明

堂賦》："帝躬乎天田，后親于郊桑。"宋楊萬里《題瘦牛嶺》詩："胡不去作帝籍牛，天田春風牽犂耙。"

【千畝】

即天田，亦即籍田。此稱漢代已行用。見該文。

【耕籍】

即天田，亦即籍田。此稱漢代已行用。見該文。

【東耕】

即天田，亦即籍田。此稱漢代已行用。見該文。

【甸】[1]

即天田，亦即籍田。此稱晉代已行用。見該文。

公桑[1]

天子、諸侯的桑田。此稱先秦時期已行用。《禮記·祭義》："古者，天子、諸侯必有公桑蠶室，近川而爲之……卜三宮之夫人、世婦之吉者，使入蠶於蠶室，奉種浴於川，桑于公桑，風戾以食之。"唐包佶《昭德皇后挽歌詞》："歲華唯隴柏，春事罷公桑。"

郊桑[1]

帝后、諸侯夫人的西郊桑田。此稱唐代已行用。唐李白《明堂賦》："帝躬乎天田，后親于郊桑。"王琦注引《公羊傳》注："禮：天子親耕東田千畝，諸侯百畝，后、夫人親西郊采桑，以供粢盛、祭服，躬行孝道以先天下。"

甸服

周朝以前王城周圍五百里内的田地。此稱先秦時期已行用，漢代起單稱"甸"，三國時期亦稱"王田"。《書·禹貢》："五百里甸服。"孔傳："規方千里之内謂之甸服，爲天子服治田，去王城四面五百里。"《國語·周語上》："邦内甸服。"韋昭注："甸，王田也。"《説文·田部》："甸，天子五百里地，从勹田。"桂馥義證："天子五百里地者，徐鍇本作天子五百里内田。"晉潘岳《藉田賦》："帝親率群后，藉于千畝之甸。"

【甸】[2]

即甸服。此稱漢代已行用。見該文。

【王田】

即甸服。此稱三國時期已行用。見該文。

池田

帝王苑囿中的田地。此稱漢代已行用。《漢書·元帝紀》："詔罷黃門乘輿狗馬，水衡禁囿、宜春下苑、少府佽飛外池、嚴籞池田假與貧民。"顏師古注引晉灼曰："池田，苑中田也。"唐儲光羲《貽余處士》："秋苑故池田，宮門新柳杞。"

宮莊

唐代、明代等皇室直轄的莊田。唐代九成宮、長春宮、太清宮、華清宮等，明代仁壽宮、未央宮、清寧宮等，均有各自莊田。此稱宋代已行用。宋魏了翁《宋故耤田令知信州王公墓誌銘》："曰營田，曰力田，曰屯田，曰宮莊，曰荒田，曰逃絶户田，此邊田之在官者也。"明沈榜《宛署雜記·宮莊子粒》："國初，民屯田地一例徵銀當差，別無宮莊。歷朝以來，各府州縣没官田地漸多，奉旨徵銀濟邊，而以其餘繫之進宮項下，備不時撥給賞地之用。宮莊之名始此。"明俞汝楫《禮部志稿·祠祭司職掌·別陵》："嘉靖二十五年，令于未央宮莊田六百五頃九十七畝内量撥一半供奉香火。"《明史·食貨志一》：“宦官之田則自尹奉喜寧始，初洪熙時有仁壽宮莊，其後又有清寧、未央宮莊。”

皇莊

明清兩代皇室直轄的莊田。明代皇莊始建於天順八年（1464），正德九年（1514）擴至三萬七千多頃；清代皇莊約有三萬九千餘頃。此稱明代已行用。《明史·食貨志一》：“憲宗即位，以沒入曹吉祥地爲宮中莊田，皇莊之名由此始。”清王士禎《池北偶談·談獻四·王恭靖公逸事》：“〔王璟〕巡撫保定，乞罷皇莊以甦民困。”清昭槤《嘯亭雜錄·內務府定制》：“會計司掌領皇莊、田畝諸事。”

棉花莊

清代皇室直轄的棉花莊田。此稱清代已行用。清代《盛京通志·田賦》：“盛京戶部所屬棉花莊五處，頭等報棉花莊頭五名。”《清會典事例·盛京戶部·官莊》：“棉花莊五所，每莊歲徵棉七百斤，莊設莊丁十名，牛六頭。”

莊園

古代皇室、貴族、官僚、富豪、地主、寺觀等占有并經營的大片土地。此稱隋代已行用。《隋書·鄭善果母傳》：“非自手作及莊園祿賜所得，雖親族禮遺，悉不許入門。”唐元稹《連昌宮詞》：“莊園燒盡有枯井，行宮門閉樹宛然。”《舊唐書·狄仁傑傳》：“〔寺院〕水碾莊園，數亦非少。”宋王溥《唐會要·租稅》：“遂於當處買百姓莊園舍宅。”《兒女英雄傳》第一回：“〔安老爺〕就守定這座莊園，課子讀書。”范文瀾、蔡美彪等《中國通史》第三編第二章第四節：“莊有各種別名，如莊田、田莊、莊園、莊宅、莊院、山莊、園、田園、田業、墅、別墅、別業等名稱，實際都是一個地主所有的一個農業

生產單位。”

【莊田】

即莊園。此稱唐代已行用，明代起亦稱“莊地”。《舊唐書·宣帝紀》：“官健有莊田戶籍者，仰州縣放免差役。”《明史·憲宗紀》：“夏四月乙未，清畿內勳戚莊田。”《明史·湯禮敬傳》：“正德初，偕中官高金勘涇王所乞莊地，清還二千七百餘頃。”《紅樓夢》第五三回：“他現管着那府裏八處莊地，比爺這邊多着幾倍。”清昭槤《嘯亭雜錄·內務府定制》：“凡皇子分封，各按爵秩給以莊地、人丁。”《清史稿·食貨志一》：“考各旗王、公、宗室莊田，都萬三千三百餘頃。”又：“莊地坐落順、保、永、宣各屬，奉天、山海關、古北口、喜峰口亦立之，皆領於內務府。”

【莊地】

即莊田，亦即莊園。此稱明代已行用。見該文。

【莊窠】

即莊園。此稱宋代已行用，亦稱“莊子”，元代亦作“莊科”。宋韓琦《聞雨》詩：“高田穀穗拖牛尾，卑地莊窠沒獸頭。”宋蘇軾《與王定國書》：“近在常置得一小莊子，歲可得百石，似可足食。”元曾瑞《端正好·自序》套曲：“蓋數椽茅屋，買四角黃牛，租百畝莊窠。”《元典章·戶部五·民田》：“或有莊窠房屋，便行懸掛佛像，安置萬歲牌位，致使有理之家，不敢起移，因此詞訟尤興。”元喬吉《雁兒落過得勝令·自適》曲：“禾黍小莊科，籬落棱雞鵝。”元無名氏《貨郎旦》第一折：“有時節典了莊科，准了綾羅，銅斗兒傢私，恰做了落葉辭柯。”明黃訓《名臣經濟錄·兵部》：“本州掌印正官，查

對册籍於各家莊窠。”明楊繼盛《赴義前一夕遺屬》之二：“楊應民是我自幼撫養他成人，你日後與他邨裏莊窠一所，墳左近地與他五十畝。他若公道，便與他；若有分毫私心，私積、錢財、房子、地土都休要與他。”

【莊科】

同“莊窠”。此體元代已行用。見該文。

【莊子】

即莊窠。此稱宋代已行用。見該文。

【農莊】

即莊園。此稱元代已行用。元魯明善《農桑衣食撮要·收豌豆》：“舊時農莊往往獻此豆，以爲嘗新，蓋一歲之中貴其先也。”元武漢臣《生金閣》楔子：“祇因我家祖代不曾做官，恐没的這福分，不如祇守着農莊世業，倒也無榮無辱。”明于謙《忠肅集·雜行類》：“農莊或二十五家或三五十家，團併一處，置立牆栅編成甲。”清張英《題嘉莊農隱圖》詩：“其中土膏沃，散布諸農莊。”

宅田

古代官員告老還鄉時，官府給以養老的田地。此稱先秦時期已行用。《周禮·地官·載師》：“宅田者，以備益多也。”鄭玄注：“宅田，致仕者之家所受田也。”明顧清《穫稻用分秧韻》：“負郭園池帶宅田，老晴天氣太平年。”清惠士奇《禮説·地官三》：“古之人臣，苟非有功不得食邑。載師所謂宅田、賞田是也。”清沈彤《周官禄田考·公田數》：“致仕者去官而居宅，謂之宅者；其家所受田謂之宅田，亦半於農人。”

士田

古代卿、大夫、士及其子弟所領有的五十畝田地，用於祭祀，無需繳納賦税。此稱先秦時期已行用，亦稱“圭田”。《周禮·地官·載師》：“以宅田、士田、賈田任近郊之地。”鄭玄注：“‘士’讀爲‘仕’，仕者亦受田，所謂圭田也。”一説，士大夫之子耕治之田。賈公彦疏：“司農云：‘士田者，士大夫之子得而耕之田也。’後鄭不從者，以此‘士’字言之，不得兼大夫。又《禮記》‘士之子不免農，大夫之子免農矣’，不得爲大夫子得而耕之田。故後鄭破此‘士’爲‘仕’，仕謂卿大夫以下仕宦得田，依《孟子》‘圭田’解之。”孫詒讓正義：“沈彤云：‘……王之士之子，有免農者，惟上士之子耳。上士即元士，故元士之適子、衆子並學於諸樂官也。若中士、下士禄以遞薄，則子當業食以自食其力，故《載師》有士田，其家亦各受五十畝。’案沈説亦不破字，於義近是。竊謂此士田當兼二鄭及沈義乃備。蓋卿、大夫、命士之圭田，士之子及未仕之士家所受田，皆以五十晦爲率；士餘子弟亦受田，則止二十晦。漢《食貨志》所謂士家受田，五口乃當農夫一人，是也。此數者通謂之士田，以卿大夫亦得稱士也。後鄭破‘士’爲‘仕’，義轉偏隘，當依《王制》注，不破字爲是。”《左傳·哀公元年》：“克敵者，上大夫受縣，下大夫受郡，士田十萬，庶人工商遂，人臣隸圉免。”《孟子·滕文公上》：“卿以下必有圭田，圭田五十畝，餘夫二十五畝。”趙岐注：“古者卿以下至于士皆受圭田五十畝，所以供祭祀也。圭，潔也。”《禮記·王制》：“林麓川澤以時入而不禁，夫圭田無徵。”唐劉禹錫《汴州刺史廳壁記》：“我食止圭田，吾用止公入，凡它給過制傷廉浼潔者，悉罷之。”宋周煇《清波别志》卷上：“圭田，養廉也。”《宋史·趙瞻傳》：“捐圭田修學宫，士自遠而至。"《續通志·向傳範傳》:"知河陽,會旱蝗,民乏食,經度官廩歲用無餘,乃先以圭田租入振救之,富人爭出粟,多所濟活。"又《職官略·職田》:"圭田欲以養廉,無法制以防之,則貪者奮矣。"

【圭田】

即士田。此稱先秦時期已行用。見該文。

賈田

古代官府分給商人家屬的田地。此稱先秦時期已行用。《周禮·地官·載師》:"以宅田、士田、賈田任近郊之地。"鄭玄注引鄭司農曰:"賈田者,吏爲縣官賣財與之田。"鄭玄注:"賈田,在市賈人其家所受田也。"孫詒讓正義:"賈人身在市不得爲農,其家有子弟任農者,則授以田。"宋張載《張子全書·周禮》:"賈田,賈者所受之田。"《朱子語類·禮三·周禮》:"問商賈,是官司令民爲之,抑民自爲之邪?曰民自爲之,亦受田,但少耳,如載師所謂賈田者是也。"清允禮《如得其情則哀矜而勿喜論》:"士聚於學,商賈懷其資,而又有士田、賈田以殖其本。"

賞田

古代賞賜有功人員的田地。此稱先秦時期已行用,亦稱"賞地",南北朝時期起又稱"賜田"。《周禮·地官·載師》:"以官田、牛田、賞田、牧田任遠郊之地。"鄭玄注引鄭司農曰:"賞田者,賞賜之田。"又《夏官·司勳》:"司勳掌六卿賞地之灋,以等其功。"鄭玄注:"賞地,賞田也。"《左傳·成公七年》:"楚圍宋之役,師還,子重請取于申、呂以爲賞田,王許之。"《戰國策·魏策一》:"魏公叔痤爲魏將,而與韓、趙戰澮北,禽樂祚。魏王說,迎郊,以賞田百

萬祿之。"鮑彪注:"閑田以待賞有功者。"三國魏王粲《務本論》:"黍稷茂則喜而受賞田,不墾則怒而加罰。"《南史·王騫傳》:"騫舊墅在寺側者,即王導賜田也。"唐崔顥《江畔老人愁》:"南山賜田接御苑,北宮甲第連紫宸。"唐韓翃《贈別成明府赴劍南》:"公門輒無事,賞地能相親。"《元詩選初集·送梁知事之婺州》:"新官浙下皆名郡,舊宅山東有賜田。"清趙昱《南宋襍事詩》:"岳家昔與張家並,今日韓家有賜田。"

【賞地】

即賞田。此稱先秦時期已行用。見該文。

【賜田】

即賞田。此稱南北朝時期已行用。見該文。

王莊

明代藩王分封的田地。此稱明代已行用。《明史·食貨志一》:"福王分封,括河南、山東、湖廣田爲王莊,至四萬頃。群臣力爭,乃減其半。"清黃六鴻《福惠全書·雜課·更名地》:"明各省册建藩封,置有王莊。"

職分田

古代按品級授予官吏作爲俸祿的田地。始於北魏太和九年(485)均田。此後歷代沿襲,而方法、數量各异。明代以後廢除。此稱隋代已行用,唐代起亦省稱"職田"。《隋書·食貨志》:"京官又給職分田:一品者給田五頃,每品以五十畝爲差;至五品,則爲田三頃;六品,二頃五十畝。其下每品以五十畝爲差,至九品,爲一頃。"唐白居易《議百官職田策》:"臣伏以職田者,職既不同,田亦异數。"《舊唐書·職官志二》:"凡諸州及都護府官人有職分田。"宋王安石《户部郎中贈諫議大夫曾公墓誌銘》:"揚州守職田,歲常得千斛。"宋高承《事物紀

原·利源調度·職田》：“《孟子》曰：‘卿已下必有圭田。’《禮·王制》曰：‘圭田無征。’《周官》亦有大夫之采地。此職田之起也。晋有芻薨之田，後魏給公田，北齊自一品已下各有差。武德元年十二月制外官各給職分田，則職田之名，唐始有之也。”《宋史·任布傳》：“越州有職分田，歲入且厚，今爭者頗衆，非廉士莫可予。”《續通志·職官略·職田》：“宋真宗咸平中欲復唐職田之制，令館閣檢校故事申定其制，以官莊及遠年逃亡田充，悉免租稅。”

【職田】

即職分田。此稱唐代已行用。見該文。

廨田

古代授予官署的田地，所收地租充作辦公經費。其制創始於南北朝時期，沿用至唐代。此稱南北朝時期已行用，隋代起亦稱“公廨田”。《北史·隋紀上》：“六月丁卯，詔省、府、州、縣皆給廨田，不得興生，與人爭利。”按，《隋書·高祖紀下》作“公廨田”。《隋書·食貨志》：“又給公廨田，以供公用。”《通典·食貨二》：“又給公廨田，以供用。”《舊唐書·職官志二》：“凡天下諸州有公廨田。”《新唐書·百官志一》：“諸司公廨田以品給焉。”宋陳祥道《禮書·圭田》：“隋文帝時有公廨田，唐凡京諸司有公廨田，諸京官、諸州有職分田。”

【公廨田】

即廨田。此稱隋代已行用。見該文。

旗地

清政府授予滿族兵民的田地。大致由三部分組成：清政府入關前，將其占領的遼沈土地授予滿族兵民，爲盛京旗地；順治元年（1644）至康熙八年（1669），將其占領的京畿土地授予滿族兵民，爲京畿旗地；清王朝建立後，分駐各地的滿族兵民紛紛圈占土地，是爲駐防旗地。乾隆朝後期，因滿族兵民貧富分化加劇，政府允許旗地合法買賣，逐漸轉爲民田。此稱清代已行用，亦稱“旗田”。《大清會典則例·户部·户口上》：“康熙二年，覆準凡投充人父、兄、伯、叔住居旗人房屋及種旗地，其子弟看守故土墳塋。”清俞正燮《癸巳類稿·記田名數》：“本朝旗田，初以六畝爲一晌，四十二畝爲一繩。”《清史稿·宋權傳》：“詔撥近京荒田及明貴戚内監廢莊，畫爲旗地，民田錯雜，別給官田互易。”

【旗地】

即旗地。此稱清代已行用。見該文。

義田

爲贍養貧困族人等而置辦的田地。宗族共有，由族人或委托他人經營，收入用於家族祭祀、助學、救濟等。宋代皇祐元年（1049），范仲淹藉鑒勾踐之法首創，其後屢見不鮮。此稱漢代已行用，清代以來亦稱“族田”。漢袁康《越絕書·外傳記·越地傳》：“富中大塘者，勾踐治以爲義田。”宋錢公輔《義田記》：“范文正公方貴顯時，置負郭常稔之田千畝，號曰義田，以養濟群族之人。”元納新《河朔訪古記》：“吾子孫幸生明時，凭藉余澤，食有義田，居有義宅，教有義塾，而祖宗邱隴鞠爲芻牧之區，尚安得爲子孫哉？”《醒世恒言》卷三七：“在兩淮南北，直到瓜州地面，造起幾所義莊，莊内各有義田、義學、義冢，不論孤寡老弱，但是要養育的，就給衣食供膳他。”《明史·顧憲成傳》：“炯家世素封，無子，置義田以贍族人。郡中貧士及諸生赴舉者，多所資給。”《二十年目睹之怪現狀》第一五回："先君在生時，曾經捐了五萬銀子的田產做贍族義田，又開了幾家店鋪，把那窮本家都延請了去，量材派事。"清陳其元《庸閑齋筆記》卷六："賈似道廣買公田，元代續加官田，明祖平張士誠，又復入諸豪族田，皆據租籍收糧。"《清史稿·周齊僧傳》："知廣東順德縣事，變社倉爲義田，而以社倉之法行之。"

【族田】

即義田。此稱清代已行用。見該文。

【義莊】

即義田。此稱宋代已行用。《宋史·范仲淹傳》："置義莊里中，以贍族人。"又《吳奎傳》："少時甚貧，既通貴，買田爲義莊，以賙族黨朋友。"《元史·韓元善傳》："嘗以誥告侍親居家，效范文正公遺規，置田百畝爲義莊，以周貧族。"《醒世恒言》卷二："析産之事爲歉，欲將所得良田之半，立爲義莊，以贍鄉里。"清馮桂芬《復宗法議》："惟宋范文正創爲義莊，今世踵行，列於旌典。"清王韜《淞隱漫録·樂仲瞻》："又售田千畝爲義莊，爲他日祭祀之需；盡散資財以贍族人，族中貧乏者，咸嘖嘖頌其義。"

祭田

以出租收入供祭祀所用的族田。此稱宋代已行用，清代亦稱"祭地"。《宋史·徐霖傳》："度宗賜祭田百畝，以旌直臣。"《金元曲》："寇承御與他起建墳墓，封爲忠烈夫人，置守冢三十家，祭田千畝。"《元史·泰定帝紀一》："甲辰，奉安顯宗像於永福寺，給祭田百頃。"《明史·雍泰傳》："築城郭，遏礦盜，建朱熹、蔡元定諸賢祠，置祭田畀其子孫。"清方苞《教忠祠祭田條目序》："安知衰殘之軀，延至八十，親見宗祠祭田之粗具哉。"《紅樓夢》第九二回："或是祭地，或是義莊，再置些墳屋。"《清史稿·食貨志一》："祭田公地，一切免徵。建國初，賜聖賢裔祭田。"

【祭地】

即祭田。此稱清代已行用。見該文。

【香火地】

即祭田。此稱宋代已行用。宋陸游《閒詠》詩："向來香火地，五綴羽衣班。"明潘季馴《河防一覽·計開》："除宋尚書香火地六頃，并高亢地八頃五十三畆。"明李日華《六研齋筆記》卷三："杭梵天講寺以蘇東坡爲伽藍，證果於翰墨文章者，何患無香火地哉。"清魏源《聖武記》卷五："固始汗既以衛藏爲達賴、班禪香火地，留其長子鄂齊爾汗轄其衆，次子達賚巴圖爾台吉佐之。"《清史稿·食貨志一》："當蒙古生息寖盛時，於地之不妨牧者墾之，曰牧地，又有租地、養贍地、香火地，皆自種自租。"

【祀田】

即祭田。此稱元代已行用。《元史·閻復傳》："詔賜孔林洒掃二十八户、祀田五千畝，皆復之請也。"《明史·列女傳三·倪美玉》："當以吾屋爲小宗祠，置祀田數畝，小宗人遞主之，春秋享祀，吾父母獲與焉，吾無憾矣。"清姚鼐《陳謹齋家傳》："在里，則歲以米平糶，建陳氏宗祠，置祀田。"清屈大均《廣東新語·墳語》："公既没，民爲二子置祀田，其墓至今不廢。"《清史稿·職官志二》："管勾掌祀田錢穀出入；百户掌陵廟户籍，典守樂器，祭祀則司滌濯。"

【香火田】

即祭田。此稱明代已行用，清代亦稱"香

火之田"。《明史·宦官傳二·魏忠賢》："天啓元年詔賜客氏香火田，叙忠賢治皇祖陵功。"《老殘遊記續集遺稿》第四回："廟里本没有香火田，又没有緣簿。"清龔自珍《爲龍泉寺募造藏經樓啓》："今在大江以南者爲南藏，在京師者爲北藏。香木銅鐶，象玉錦繡，以爲裝函；高樓飛宇，以爲庋閣；名稱歌曲，香火之田，以爲贊嘆、護持、供養。"

【香火之田】

即香火田，亦即祭田。此稱清代已行用。見該文。

【贍廟地】

即祭田。此稱元代已行用，明代亦稱"贍地"。《通制條格·學令·廟學》："在前那廟有贍廟地，六伯（百）頃來，在後兵革時分，百姓每節次占了來。"明代《山西通志·祠廟》："萬曆十九年，縣令高奎重葺復清，丈贍廟地一頃一十九畝。"《明史·何宗彦傳》："王貴妃薨，不置守墳内官，又不置墳户贍地。"清計六奇《明季北略·鄭二陽兵餉對》："六月，禮部尚書林欲楫，請覈僧道贍地，毁淫祠，括絶田充餉。"

【贍地】

即贍廟地。此稱明代已行用。見該文。

侵田

侵占的田地。此稱先秦時期已行用。《左傳·襄公十六年》："警守而下，會於溴梁，命歸侵田。"杜預注："諸侯相侵取之田。"《明史·俞大猷傳》："乃詣何老猫峒，令歸民侵田。"

簿土

登記在册的土地。此稱漢代已行用，亦作"溥土"，亦稱"薄"。鳳凰山一六八號漢墓遣策木簡有隸體墨書"簿土"，八號漢墓遣策木簡作"溥土"，十號漢墓《鄭里廩簿》作"薄"。熟煌漢簡亦有此類記載。漢墓出土簿土實物，大都爲方絹包裹的土塊，作爲該處土地爲其所有的象徵。

【溥土】

同"簿土"。此體漢代已行用。見該文。

【薄】

即簿土。此稱漢代已行用。見該文。

逃田

因田主逃逸而無法收取賦税的田地。此稱唐代已行用。《新唐書·食貨志一》："至大曆元年，詔流民還者給復二年，田園盡，則授以逃田。"《資治通鑑·後晋齊王天福八年》："民不勝租賦而逃。王曰：'但令田在，何憂無穀！'命營田使鄧懿文籍逃田，募民耕藝出租。"宋葉適《寶謨閣直學士贈光禄大夫劉公墓誌銘》："公以見種實税均其荒萊，民願佃者第減之，上供自若而逃田盡復。"《宋史·食貨志上一》："江東轉運司根括到逃田一百六十頃一十六畝，兩浙根括到四百五十六頃，召人出租，專充今年增屯戍兵衣糧。"

隱田

瞞報而不在册的田地。此稱五代時期已行用，宋代亦稱"隱地"。《新五代史·漢臣傳》："州縣民訴者，必全州縣覆之，以括其隱田，天下由此重困。"宋王應麟《困學紀聞》："至漢而蠲墾田，至隋而閱丁口，至唐而括逃户隱田，於是財殫力盡、民無樂生之心矣。"《册府元龜·刑法部·定律令第三》："掌自盜二十疋以上、小盜及詐請官物三十疋以上、正長隱五户及十丁以上、隱地三頃以上，皆至死刑。"《宋史·食貨志上二》："丁謂著《會計録》云：'總得一百八十六萬餘頃。以是歲七百二十二萬餘戶計之，是四戶耕田一頃，繇是而知天下隱田多矣。'"《宋史・王恩傳》："改知渭州，括隱地二萬三千頃，分弓箭士耕屯。"《明史・蕭廩傳》："時方核天下隱田，大吏爭希張居正指增賦，廩令如額而止。"清王夫之《宋論》："若夫後世爲經界之說者，則以搜剔民之隱田而盡賦之，於是逐畝推求，而無尺寸之土不隸於縣官。"

【隱地】

即隱田。此稱宋代已行用。見該文。

賂田

贈送的田地。此稱先秦時期已行用。《左傳・昭公十四年》："公子鐸逆庚輿於齊，齊隰黨、公子鉏送之，有賂田。"杜預注："莒賂齊以田。"

貲壤

向使用者收取罰款的土地。此稱先秦時期已行用。《管子・山國軌》："請立貲於民，有田倍之，内毋有，其外皆爲貲壤。"郭沫若等集校引張佩綸曰："限内者不罰，限外皆爲受罰之地。"

先疇

先人遺留的田地。此稱漢代已行用。《文選・班固〈西都賦〉》："士食舊德之名氏，農服先疇之畎畝。"呂延濟注："先疇，先人畎畝。"唐張說《東都酺宴》詩序："朝榮舊德之序，野賴先疇之業。"宋楊億《憶山居》詩："鳴鳩春穀先疇廢，寒蝶秋菘老圃荒。"宋朱熹《四書或問・孟子》："使民不得服先疇之田畝，其煩擾亦已甚矣。"《宋史・汪應辰傳》："尤篤友愛，嘗以先疇遜其兄衢，雖無屋可居，不顧也。"清顧炎武《桃花溪歌贈陳處士梅》："嘉蔬名木本先疇，

海志山經成外史。"清代《御定淵鑑類函・產業部・田三》："用先疇之畎畝，則有肥磽。"

軍田

官府劃分軍營耕種的田地。此稱唐代已行用，元代起亦稱"弁田"。唐韓愈《崔評事墓銘》："署爲觀察巡官，實掌軍田。"《宋史・真宗紀一》："丙辰，以旱，免開封二十五州軍田租。"《金史・高汝礪傳》："民田與軍田犬牙相錯，彼或陰結軍人以相冒亂。"《文獻通考・田賦考》："應將餘存弁田，毋論已賣未賣，俱照民產准其買賣。"《元史・世祖紀四》："軍民訟田者，民田有餘則分之軍，軍田有餘亦分之民。"《續文獻通考・田賦五》："正統二年，免軍田正糧歸倉，止徵餘糧六石。"《明史・羅亨信傳》："時遣官度二鎮軍田，一軍八十畝外，悉徵稅五升。"《清史稿・食貨志一》："粵西設土兵、伢兵，均給軍田。粵東有伢田、瑤田，仍按田充兵，其田均禁民典。"又："乾隆五十年，以長沙、澧州原有弁田，轉售紛紜，令除弁田名，準民產授受。"

【弁田】

即軍田。此稱元代已行用。見該文。

【營田】

即軍田。此稱唐代已行用。《通典・食貨二》："諸營田若五十頃外更有地剩配丁牛者，所收斛斗皆準頃畝折除。"《新唐書・薛珏傳》："初，州有營田。"《宋史・食貨志上四》："然襄州營田既調夫矣，又取鄰州之兵，是營田不獨以民也；邊州營屯，不限兵民，皆取給用，是屯田不獨以兵也。"

驛田

唐代爲提供驛站費用而置辦的田地。此稱

唐代已行用。唐韓愈《河南少尹李公墓誌銘》：“公主奪驛田，京兆尹符縣割畀之，公不與。”唐元稹《當州兩稅地》：“其公廨田、官田、驛田等所稅，輕重約與職田相似。”

廟田

寺廟與庵觀擁有的田地。主要由官府撥付或信徒捐獻，一般出租或雇工經營，所得用於相關人員的宗教活動及日常生活之需。此稱宋代已行用。宋呂午《監簿呂公家傳》：“公田還以予民福，豈不縣官漁吏蠹更張廟田？公謂不可以此獲譴。”元鄧文原《帝禹廟碑》：“歲侵視陰，百廢莫興，乃首議復廟田之私質於民者，以贍衆鳩工、充具、備役。”明程敏政《與太守河汾王公文明論世忠廟產書》：“當元之時，廟田爲醫學提領范天錫所侵。”

學田

辦學用的田地。約始於五代時期，入宋以後逐漸推廣。宋神宗時，州郡普置學田，其來源或由皇帝詔賜，或由官府撥付，或由地方購置，或由家族、個人捐贈。此稱宋代已行用。《續資治通鑑·宋真宗乾元元年》：“庚辰，判國子監孫奭言：‘知兗州日，建立學舍以延生徒，至數百人，臣雖以俸錢贍之，然常不給。自臣去郡，恐漸廢散，乞給田十頃爲學糧。’從之。諸州給學田始此。”《宋史·仁宗紀二》：“壬戌，賜國子監學田五十頃。”《金史·食貨志二》：“墓田、學田，租稅、物力皆免。”《元史·賽音諤德齊沙木斯鼎傳》：“奠祭，教民播種，爲陂池以備水旱，創建孔子廟、明倫堂，購經史，授學田，由是文風稍興。”《明史·解縉傳》：“古時多有書院、學田，貢士有莊，義田有族，皆宜興復而廣益之。”清屈大均《廣東新語》：“又以

所餘俸，置學田三百五十畝，以贍諸生。”清惲敬《沙隴胡氏學田記》：“後世君子于私田之公于族者曰義田，義田之給于士者曰學田。”《清史稿·食貨志一》：“學田，專資建學及贍卹貧士。”

屯田

徵用戍卒、農民、商人等墾殖的田地。此稱漢代已行用。《元典章新集·戶部·職田》：“將屯田、營田、職田一體科徵。”《冊府元龜·牧守部·興利勸課》：“張儉爲朔州刺史，廣營屯田，歲致數十萬斛，邊糧益饒。”

奩田

陪嫁的田地。此稱元代已行用。《元典章·戶部四·夫亡》：“隨嫁奩田等物，今後應嫁婦人，不問生前離异，夫死寡居，但欲再適他人，其隨嫁粧奩原財產等物，一聽前夫之家爲主，並不許似前搬取隨身。”元袁桷《題湯叔雅梅》：“舊見叔雅作三杏圖，逾二丈，遺其女準奩田四十畝，清實清矣。”明鄭真《楊母黄夫人墓誌銘》：“每以不逮事舅姑爲恨，於母家尤克致，其厚割奩田之半以歸其兄。”清杜臻《粵閩巡視紀略》卷五：“築滇涫湖可溉田千頃，妻趙氏亦捨奩田爲湖。”

贍田

贍養家人的田地。此稱明代已行用，亦稱“養贍田”。明鄭仲夔《耳新·正氣》：“至庶妹母奉事吾有年，當足其衣食，撥與贍田，收租以給之。”《明史·潞王翊鏐傳》：“翊鏐居藩，多請贍田、食鹽，無不應者。”《明史紀事本末·魏忠賢亂政》：“功封魏良卿，肅寧伯世襲，并賜養贍田七百頃。”清陳鼎《東林列傳·明·李邦華傳》：“福王之國需贍田滿四萬頃，邦華曰：

'如此，則之國無日矣。'"

【養贍田】

即贍田。此稱明代已行用。見該文。

遺田

死者遺留的田地。此稱明代已行用。《明史・鄒應龍傳》："十六年，陝西巡撫王璇言：'應龍歿後，遺田不及數畝，遺址不過數楹。'"清王韜《淞隱漫録・王蟾香》："父母相繼没，依於叔氏以居。遺田十餘頃，亦叔爲之經理。"

樣田

用作比較的樣板田。此稱明代已行用。明徐光啓《農政全書》卷三："命各都司摘差官軍，給牛種，耕閑田，視歲收之數定考較法，謂之樣田。"《明史・食貨志一》："又以田肥瘠不同，法宜有别，命官軍各種樣田，以其歲收之數相考較。"清潘天成《默齋湯子訓言》："理財之道，在屯田，一曰官屯。永樂初，著令每一都司另撥旗軍十一名耕種，號曰樣田。蓋欲據所收籽粒多寡，以别歲之豐凶、地之肥瘠、軍之勤惰。"《大清會典則例・户部・田賦二》："從前樣田，每畝照全田之例納糧。"

苗田

雲南、貴州、四川、湖南、廣西、廣東等地苗族農民的田地。此稱清代已行用。《清史稿・馮光裕傳》："當募民居苗寨，墾苗田，設屯置衛，行保甲法，授降苗所納軍器，俾農隙講肄，以壯聲援。"又《馮光熊傳》："三年春，復疏請申禁漢民典買苗田，及重債盤剥，驅役苗佃。"

莊屯

清代初期朝廷給各旗官兵圈撥土地後形成的村莊。此稱清代已行用，亦稱"屯莊"。《清史稿・食貨志一》："順治元年，定近京荒地及前明莊田無主者，撥給東來官兵……四年，圈順、直各州縣地百萬九千餘晌，給滿洲爲莊屯。"又："乾隆初，設黑龍江屯莊，呼蘭立莊四十所，選盛京旗丁携家往，官爲資裝築屋庀具。"

【屯莊】

即莊屯。此稱清代已行用。見該文。

賑田

備作賑濟用的田地。此稱清代已行用。《清會典事例・户部五・尚書侍郎職掌》："恩賞地：有牧地，有監地，有公田，有學田，有賑田。"清代《貴州通志・食貨》："原額官莊賑田：一百七十六畝四分五厘一毫四絲二忽八微五塵六纖九渺。"

第三節　荒地、鹽碱地、休耕地考

"荒地"指未耕種或利用的土地；"鹽碱地"指含有較多鹽分的土地，它們不利於植物的生長；"休耕地"指可以耕種而暫不耕種的土地。三者之間存在交叉，又在一定條件下與田地互相轉化。

荒

未耕種或利用的土地。此稱先秦時期已行用，漢代起亦稱“荒野”“野荒”。《書·微子》：“吾家耄遜于荒。”孔傳：“在家耄亂，故欲遜出於荒野。”《漢書·武帝紀》：“詳問隱處亡位，及冤失職，姦猾爲害，野荒治苛者，舉奏。”顏師古注：“野荒，言田畝不闢也。”《三國志·魏書·杜襲傳》：“野荒民困，倉庾空虛。”晋陶潛《歸園田居》詩之一：“開荒南野際，守拙歸園田。”《晋書·良吏傳·王宏》：“督勤開荒五千餘頃，而熟田常課頃畝不減。”唐聶夷中《田家》詩：“父耕原上田，子斸山下荒。”元許恕《田舍寫懷》詩：“開荒臨水驛，草蔓一何深。”

【荒野】

即荒。此稱漢代已行用。見該文。

【野荒】

即荒。此稱漢代已行用。見該文。

【田萊】[1]

即荒。此稱先秦時期已行用，漢代亦稱“萊”“野”，隋代起又稱“萊田”。《詩·小雅·楚茨序》：“田萊多荒。”疏曰：“田廢生草，謂之萊。”漢袁康《越絕書·越絕吳内傳》：“萊，野也。”《隋書·禮儀志二》：“後周仲春教振旅，大司馬建大麾于萊田之所。”《明史·循吏傳·陳幼學》：“政務惠民，積粟萬二千石以備荒，墾萊田八百餘頃。”

【萊】

即田萊[1]，亦即荒。此稱漢代已行用。見該文。

【野】

即田萊[1]，亦即荒。此稱漢代已行用。見該文。

【萊田】[1]

即田萊[1]，亦即荒。此稱隋代已行用。見該文。

【草萊】

即荒。此稱先秦時期已行用，亦稱“草田”。《管子·七臣七主》：“主好本，則民好墾草萊。”又《八觀》：“草田多而闢田少者，雖不水旱，飢國之野也。”《孟子·離婁上》：“闢草萊、任土地者，次之。”《漢書·東方朔傳》：“又詔中尉、左右内史表屬縣草田，欲以償鄠杜之民。”顏師古注：“草田，謂荒田未耕墾也。”唐王之渙《懷哉行》：“臣必効時禁權，不開俗流，實驕矜得志輕草萊。”《通志·前漢·孫寶傳》：“南郡太守李尚占，墾草田數百頃。”宋陸游《雨霽出遊書事》：“欣然買放寄吾意，草萊無地蘇疲氓。”元徐瑞《五有吟》：“室爲灰燼，田爲草萊，不免流離顛沛。”明張以寧《送南寧攝守焦侯叙》：“闢草萊，樹宮府，修三皇孔子廟。”清王夫之《尚書稗疏·蔡仲之命》：“蔡之爲義，本取草萊之名，以荒遠草野之土爲罪人所居。”清陳啓源《毛詩稽古編·文王之什下·皇矣》：“生聚漸繁，則草萊亦漸闢，文王地廣，民衆倍加于太王。”章炳麟《訄書·定版籍》：“凡草萊，初闢而爲露田園池者，多連阡陌，雖不躬耕，得特專利五十年，期盡而鬻之，程以十年。”

【草田】

即草萊，亦即荒。此稱先秦時期已行用。見該文。

【虛】

即荒。此稱先秦時期已行用，漢代起亦稱“虛土”，唐代起亦作“墟”，又稱“故墟”。《荀子·哀公》：“君出魯之四門以望魯四郊，亡國之虛則必有數蓋焉,君以此思懼,則懼將焉而不至矣!"《漢書·賈誼傳》:"秦滅四維而不張,故君臣乖亂,六親殃戮,姦人並起,萬民離叛,凡十三歲,社稷爲虛。"顏師古注:"虛讀曰墟,謂丘墟。"漢王符《潛夫論·實邊》:"《周書》曰:'土多人少,莫出其材,是謂虛土,可襲伐也。'"唐韋應物《秋郊作》詩:"登原忻時稼,采菊行故墟。"宋胡宿《淮南王》詩:"雲中雞犬無消息,麥秀漸漸徧故墟。"元盧亘《送侍講學士鄧善之辭官還錢塘》詩之八:"禾黍滿故墟,閭巷餘返照。"《格致鏡原》卷六一引《本草綱目》:"雀麥生故墟野林下,苗似小麥而弱實,似穬麥而細。"

【墟】

同"虛",即荒。此體唐代已行用。見該义。

【虛土】

即虛,亦即荒。此稱漢代已行用。見該文。

【故墟】

即虛,亦即荒。此稱唐代已行用。見該文。

【曠土】

即荒。此稱先秦時期已行用,秦代亦稱"田暘"。《禮記·王制》:"無曠土,無游民,食節事時,民咸安其居。"《漢書·食貨志上》:"故朝亡廢官,邑亡敖民,地亡曠土。"南朝梁武帝《撫流移詔》:"郡無曠土,邑靡游民,雞犬相聞,桑柘交畛。"唐顧況《酬信州劉侍郎兄》詩:"南州管靈山,可惜曠土棲。"《舊五代史·晉書·高祖紀六》:"鄧、唐、隨、郢諸州,多有曠土。"宋陸游《初冬絕句》之二:"下麥種蕎無曠土,壓桑接果有新園。"明唐順之《救荒淯記》:"淯在邑西北十餘里,潦溢旱縮,不障不陂,棄爲曠土,久不可艾。"劉師培《悲佃

篇》:"收田之策有六:一曰清官地,二曰闢曠土……六曰買田。"

【田暘】

即曠土,亦即荒。此稱秦代已行用。見該文。

邱虛

即荒。此稱漢代已行用,亦作"邱墟",唐代起亦作"丘墟"。漢揚雄《太玄·礥》:"次六,將其車入于邱虛。"司馬光集注:"虛,與墟同。"《東觀漢記·馮衍傳》:"廬落邱墟,田疇蕪穢。"唐白居易《寒食野望吟》:"邱墟郭門外,寒食誰家哭?"唐歐陽詹《答韓十八駑驥吟》:"野長丘墟邊,傷哉昌黎韓。"宋阮逸《顧亭林》詩:"湖波空上下,里閈已丘墟。"明盧柟《滕王閣圖記》:"至則道故舊事,或曰某游宦業美田疇園宅今丘墟矣。"清陸次雲《詠史》詩:"儒冠儒服委邱墟,文采風流化土苴。"柳亞子《二十世紀大舞臺發刊詞》:"風塵澒洞,大地邱墟,莽莽神州,虜騎如織。"

【邱墟】

同"邱虛",即荒。此體漢代已行用。見該文。

【丘墟】

同"邱虛",即荒。此體唐代已行用。見該文。

【棘田】

即荒。此稱漢代已行用,亦稱"菑"。《東觀漢記·第五倫傳》:"倫免官歸田里,不交通人物,躬與奴共發棘田種麥。"《說文·艸部》:"菑,不耕田也。田不耕則草塞之,故從艸。"明皇甫汸《清海奇功頌》:"迨今烽火稍戢,瘡痍甫定,而師處生棘田卒汙萊。"

【菑】[1]

即棘田,亦即荒。此稱漢代已行用。見該文。

【遺土】

即荒。此稱漢代已行用，三國時期起亦稱"遺地"。漢趙曄《吳越春秋·勾踐入臣外傳》："夫內修封疆之役，外修耕戰之備，荒無遺土，百姓親附，臣之事也。"《魏書·島夷蕭衍傳》："委慈母如脫屣，棄少弟如遺土。"又《釋老志》："今常住寺，猶有遺地，欽悅修蹤，情深遐遠，可於舊堂所，爲建三級浮圖。"唐陸龜蒙《孤園寺》："巖幽與水曲，結搆無遺土。"宋楊萬里《發孔鎮晨炊漆橋道中紀行》："荒山半寸無遺土，田父何曾一飽來。"《金史·食貨志》："違而不來者，然後捕獲治罪，而以所遺地賜人。"明楊慎《咸陽》："頹堞無遺土，驚川有逝波。"明謝肇淛《五雜俎·地部二》："閩中自高山至平地，截截爲田，遠望如梯，真昔人所云：'水無涓滴不爲用，山到崔嵬盡力耕'者，可謂無遺地矣！"《續文獻通考》卷五《田賦考》："清查陞科並勘出還官，餘地固已毫無遺土。"《續通志·李允則傳》："湖湘山田，民不耕墾。允則下令給諸軍芻，皆輸粟藁，由是山田遂無遺地。"

【遺地】

即遺土，亦即荒。此稱三國時期已行用。見該文。

【閒田】

即荒。此稱三國時期已行用，唐代起亦作"閑田"。三國魏王肅注《孔子家語·好生》："虞芮二國爭田而訟，連年不決，乃相謂曰：'西伯仁也，盍往質之？'入其境則耕者讓畔……遂自相與而退，咸以所爭之田爲閒田也。"唐元結《樊上漫作》詩："四鄰皆漁父，近渚多閑田。"唐李紳《憫農》詩之一："四海無閒田，農夫猶

餓死。"《司馬溫公稽古録》卷八："我等小人不可以履君子之庭，乃相讓以其所爭田爲閑田，而退天下聞之而歸者四十餘國。"《宋史·仁宗紀一》："契丹饑民所過，給米分送，唐鄧等州以閑田處之。"清劉大櫆《井田》："國中貯無盡之閒田，不以與百姓，而荒廢棄置，于情則不安，于勢則不可。"

【閑田】

同"閒田"，即荒。此體唐代已行用。見該文。

【荒疇】

即荒。此稱三國時期已行用。三國魏曹植《藉田論》之二："夫農者，始於種，終於穫，澤既時矣，苗既美矣，棄而不耘，則故爲荒疇。"又《送應氏》詩之一："側足無行徑，荒疇不復田。"《宋書·孔季恭傳》："小民貧匱，遠就荒疇，去舊即新，糧種俱闕。"唐孟郊《越中山水》詩："菱湖有餘翠，茗圃無荒疇。"宋陸游《排悶》詩："荒疇須墾闢，破屋欠塗墍。"明張宇初《冬日還峴泉》詩："荒疇已農穫，隱搆藏林屋。"

【荒地】

即荒。此稱三國時期已行用。《三國志·魏書·鍾繇傳》："宜復關內開荒地，使民肆力於農事。"《晉書·地理志上》："〔建安〕二十年，始集塞下荒地立新興郡，後又分上黨立樂平郡。"《宋史·食貨志上一》："力不能墾則廢爲荒地，他人請佃則以疆界爲詞。"《明史·職官志四》："凡牧地曰草場，曰荒地，曰熟地，嚴禁令而封表之。"清吳趼人《二十年目睹之怪現狀》第十六回："前面竟是一片荒野，暗想這南京城裏，怎麼有這麼大的一片荒地？"

【荒萊】

即荒。此稱三國時期已行用。《三國志·魏書·王昶傳》："時都畿樹木成林，昶斫開荒萊，勤勸百姓，墾田特多。"《晋書·楊方傳》："如方者乃荒萊之特苗，鹵田之善秀姿質已良，但沾染未足耳。"北周庚信《周柱國長孫儉神道碑》："戶口日增，荒萊畢墾。"唐白居易《和古社》："舊地葺村落，新田闢荒萊。"《宋史·食貨志十八》："本路牛價貴，田多荒萊，請令販牛至本路者仍給文憑蠲税。"明程敏政《望狄梁公祠》詩："浴日有人歸薦草，嘯風無鬼附荒萊。"清顧炎武《田功論》："大兵之後，田多荒萊，諸路閑田，當廣行招誘，令人開墾。"

【荒田】

即荒。此稱晉代已行用。《晋書·郭翻傳》："居貧無業，欲墾荒田，先立表題，經年無主然後乃作稻，將熟有認之者悉推與之。"唐姚合《古碑》詩："荒田一片石，文字滿青苔。"唐温庭筠《上封尚書啓》："誅茅絶頂，薙草荒田。"《舊唐書·崔弘禮傳》："〔崔弘禮〕又上言請于秦渠下闢荒田三百頃，歲收粟二萬斛。"宋莫崙《傷丁氏故基題一絶于太虛堂》："芳華消歇春歸後，野草荒田一片愁。"《宋史·理宗紀四》："廣西多荒田，民懼增賦不耕。"元唐肅《過清流關呈同行者》詩："回頭野燒起荒田，驅車度關愁日晚。"明王家屏《答王對澹撫臺》："富有田者，盡力於熟田，不肯治荒田也。"《醒世恒言·張廷秀逃生救父》："他纔開荒田，讀的年把書，就要想中舉人進士！"

【污萊】

即荒。此稱晉代已行用，南北朝時期起亦作"汙萊"。《晋書·樂志上》："曲臺宣榭，咸變污萊。"《宋書·五行志三》："宮室焚毁，化爲汙萊。"唐司空圖《華帥許國公德政碑》："汙萊盡闢，蔿宇兼倍。"《新唐書·食貨志二》："人以免租，年滿復爲污萊，有稼穡不增之病。"宋陳靖《勸農疏》："嘗奉使四方，深見田民之利害，污萊極目，膏腴坐廢，亦加詢問，頗得其由。"《金史·章宗紀三》："毁樹木者有禁，鬻地土者有刑，其田多汙萊，人戶闕乏。"《明史·汪應蛟傳》："應蛟在天津，見葛沽、白塘諸田盡爲汙萊，詢之土人，咸言斥鹵不可耕。"《清史稿·高宗紀三》："今烏魯木齊各處屯政方興，客民前往，各成聚落，汙萊闢而就食多。"

【汙萊】

同"污萊"，即荒。此體南北朝時期已行用。見該文。

【遺壤】

即荒。此稱晉代已行用，宋代亦稱"遺萊"。《晋書·食貨志》："敬授人時，各從其業，遊蕩知反，務末自休，同以南畝兢力，野無遺壤矣。"唐陳子昂《府君有周文林郎陳公墓誌文》："大運不齊賢聖罔象兮，南山四君不遭漢天子，固亦商丘之遺壤兮。"宋宋庠《道次春陵懷古》詩之二："麗康遺壤亘荒途，白水烟消拱木枯。"宋葉適《茶陵軍減苗置寨記》："茶陵頃五千無遺萊，曠土可尋乎？"明王褘《封高麗國王詔》："朕肇膺正統，誕撫多方，乃眷高麗，襲朝鮮之遺壤，克尊中夏，逾渤海而稱臣。"清代《皇輿西域圖志》卷一："諸國之於漢，處月處密諸部後庭金滿；諸境之於唐，遺壤斯在兹並入。"

【遺萊】

即遺壤，亦即荒。此稱宋代已行用。見該文。

【萊田】[2]

即荒。此稱南北朝時期已行用。南朝宋謝靈運《撰征賦》：“固四民之穫所，宜税稷於萊田。”《隋書·禮儀志二》：“後周仲春教振旅，大司馬建大麾于萊田之所。”唐李嶠《和杜員外扈從教閲》：“萊田初起燒，蘭野正開防。”唐李翰《泗州刺史李君神道碑》：“萊田數十里，上蔽荊榛，下闢舄鹵。”明王應電《周禮翼傳·冬官司空補義》：“故使田極肥厚，而土窄無萊田。”《明史·循吏傳·陳幼學》：“政務惠民，積粟萬二千石以備荒，墾萊田八百餘頃。”清徐以升《聖駕南苑大閲恭紀四首》詩之二：“千條馬埒如弦直，百步萊田似砥平。”

【閑荒】

即荒。此稱南北朝時期已行用，明代起亦作“閒荒”。南朝齊王融《藥名詩》：“重臺信嚴敞，陵澤乃閑荒。”明王恭《挽林隱逸》：“篝燈坐聽風林雨，繐帳閒荒藥徑苔。”《八旗通志·土田志十一》：“瀋陽、開原、遼陽、鳳凰城、廣寧牛莊等城所屬，尚有零星小段閑荒。”清胡渭《禹貢錐指·九州攸同》：“今瀕河之北一望閒荒，誠驅河南徐邳諸郡之民，數百畝必溝，數十溝必川，數大川必瀦。”《清史稿·食貨志一》：“同治中，用都統瑞麟言，展墾閑荒，以濟兵食。”

【閒荒】

同“閑荒”，即荒。此體明代已行用。見該文。

【閒地】

即荒。此稱唐代已行用，亦作“閑地”。唐許渾《下第寓居崇聖寺感事》詩：“東門有閒地，誰種邵平瓜？”唐許棠《晝中秋月》詩：“閑地占將真可惜，幽窗分得始爲明。”宋賀鑄《送周開祖出守鄱陽》詩：“三尺京塵袞袞中，

罶無閑地貯清風。”宋吳惟信《山居春興》詩：“好山分客看，閒地課童鉏。”元許有壬《和謝敬德學士見寄韻》：“從知宇宙多閒地，誰信襟懷勝舊時。”《兒女英雄傳》第一九回：“我家還有薄薄幾畝閒地。”《清史稿·食貨志一》：“其東北隅之高山子地數萬畝，義州教場閑地萬餘畝，並行租佃，以爲城兵伍田。”

【閑地】

同“閒地”，即荒。此體唐代已行用。見該文。

【閒土】

即荒。此稱唐代已行用。唐劉駕《戰城南》詩：“莫爭城外地，城裏有閒土。”《宋史·兵志十二》：“餘委郡牧司審度存留，有閒土即募耕佃。”《文獻通考·田賦考·田賦之制》：“其山頭地角閒土尚多，或宜禾稼，或宜襏植。”清黄六鴻《福惠全書·清丈總論》：“若夫爲民私耕閒土以行清丈，非欲爲增田裕課之舉乎？”

【閑壤】

即荒。此稱唐代已行用，宋代起亦作“閒壤”。《新唐書·吐蕃傳上》：“往往疆埸自白水皆爲閑壤，昨郭將軍屯兵而城之，故甥亦城。”宋姚勉《仁智堂記》：“得閒壤距其居百步，前有溪，溪上有池，可魚。”元戴表元《芋屋記》：“余近所居山麓旁多閒壤，頗欲規數十百弓之地爲一藥畦。”清張英《香雪草堂記》：“予生平酷嗜種樹，常欲得閒壤一區，梅、李、桃、杏之屬各布柯幹。”《清史稿·食貨志一》：“惟松筠請於養息閒壤移駐旗人，以費絀而罷。”

【閒壤】

同“閑壤”，即荒。此體宋代已行用。見該文。

【野土】

即荒。此稱唐代已行用。唐温庭筠《懊惱

曲》:"野土千年怨不平,至今燒作鴛鴦瓦。"宋何應龍《夏日即事》詩:"野土生煙草樹焦,彤彤日腳火雲燒。"清杜詔《隋堤曲》:"吳公臺下雷塘路,野土茫茫亂煙樹。"

【生田】

即荒。此稱宋代已行用,元代省稱"生"。《宋史·食貨志上四》:"今日荊襄屯田之害,以其無耕田之民而課之游民,游民不足而強之百姓,於是百姓舍己熟田而耕官生田。"《文獻通考·田賦七》:"捨己熟田,耕官生田,私田既荒,賦稅猶在。"元王禎《農書·墾耕篇》:"耕地之法,未耕曰生,已耕曰熟。"

【生】[1]

"生田"之省稱,亦即荒。此稱元代已行用。見該文。

石田[1]

多石而難以耕種之地。此稱先秦時期已行用,晉代起亦稱"石地"。《左傳·哀公十一年》:"得志於齊,猶獲石田也,無所用之。"《晉書·索靖傳》:"靖行見姑臧城南石地,曰:'此後當起宮殿。'"南朝梁孝元帝《玄覽賦》:"笑汙斜之行潦,喜甘雨於石田。"又《白馬篇》:"長驅入石地,輕舉出樓蘭。"唐寒山《詩》之六六:"土牛耕石田,未有得稻日。"宋秦觀《次韻子由題蜀井》:"蜀岡精氣滀多年,故有清泉發石田。"元王逢《贈龍虎山人鄭良楚》詩之二:"石田歲稔茅屋好,種菊乞詩虞翰林。"明趙同魯《上巡撫三原王公書》:"石地非加闢於前,穀非倍收於昔也。"明瞿祐《剪燈新話·天臺訪隱錄》:"有居民四五十家,衣冠古樸,氣質淳厚,石田茅屋,竹戶荊扉,犬吠雞鳴,桑麻掩映,儼然一村落也。"清閻爾梅《游太平

庵》:"石田收秬黍,山稼剝胡桃。"

【石地】

即石田[1]。此稱晉代已行用。見該文。

沙虛

荒廢的沙地。此稱南北朝時期已行用,宋代起亦作"沙墟",清代又稱"沙裙"。北周庾信《歲晚出橫門》詩:"水弱浮橋沒,沙虛馬跡深。"唐陸龜蒙《和襲美釣侶二章次韻》之二:"雨後沙虛古岸崩,漁梁攜入亂雲層。"宋曾鞏《司徒員外郎蔡公墓誌銘》:"沙墟莽崖肆經營,馬羊苗肥獄訟平。"元貢師泰《赤城》詩:"山近雲連驛,沙虛雪擁村。"明朱謀㙔《甲寅春日江邨即事》詩之一:"水市沙墟地更偏,卑棲無用買山錢。"清屈大均《廣東新語·地語·沙田》:"當盛平時,邊海人以沙田而富,故買沙田者爭取沙裙。以沙裙易生浮沙,有以百畝而生數百畝者。"

【沙墟】

同"沙虛"。此體宋代已行用。見該文。

【沙裙】[1]

即沙虛。此稱清代已行用。見該文。

山荒

山中的荒地。此稱唐代已行用。唐杜甫《柴門》詩:"山荒人民少,地僻日夕佳。"《續資治通鑑長編·宋仁宗嘉祐五年》:"今河東路嵐石之間山荒甚多,及汾河之側草地亦廣。"《宋史·兵志十二》:"惟河東嵐石之間,山荒甚多,汾河之側,草地亦廣,其間水草最宜牧養。"明王守仁《謫居糧絕》詩:"山荒聊可田,錢鎛還易辦。"

沙壤

含沙多的土壤。宋蘇舜欽《并州新修永濟

橋記》：“太原地括棠川而汾爲大，控城扼關，與官亭民居相逼切，每漲怒則汩漱沙壤，批齧廉岸。”

蒸餅淤

不能耕種的淤田。此稱宋代已行用。宋蘇軾《東坡志林·汴河斗門》：“方樊山水盛時放斗門，則河田、墳墓、廬舍皆被害。及秋深水退而放，則淤不能厚，謂之蒸餅淤。”

官荒

官府管理的荒田。此稱金代已行用，清代亦稱“官荒田”。《金史·宣宗紀上》：“官荒、牧馬地，軍户願耕者聽已，爲民承種者勿敓。”《清會典事例·户部·田賦》：“〔光緒十二年〕又諮准：山西豐鎮廳，開墾官荒、牧廠，額徵麥胡圖正銀一千六百一兩五錢七分六厘二毫。”《大清律例·盜耕種官民田律》：“强種他人田及盜種官荒田一畝以下者，各笞四十。”

【官荒田】

即官荒。此稱清代已行用。見該文。

板荒

長期廢耕而板結的荒地，最難復耕。此稱明代已行用。明張内藴、周大韶《三吴水利考·墾荒施工議》：“有無業主，或係新荒，或荒之甚而爲積荒，或又極甚而爲板荒。”明徐光啓《農政全書》卷八：“板荒，荒也，蘆葦茭草猶之乎？”《續文獻通考·田賦考·歷代田賦之制》：“世宗嘉靖六年令各板荒、積荒、抛荒田所遺税糧，派民賠納者，有司召募墾種。”《清史稿·食貨志一》：“〔端方〕上言蘇屬兵後荒田不下二百餘萬畝，請令歷年報荒者定爲板荒，餘新荒許各户指報豁糧，俱由局招墾，則虛荒易查。”

積荒

廢耕較久的荒地，較難復耕。此稱明代已行用。參見本節“板荒”文。

新荒

廢耕不久的荒地，較積荒、板荒易於復耕。此稱明代已行用。參見本節“板荒”文。

抛荒田

相當於新荒。此稱清代已行用。見參見本節“板荒”文。

虛荒

虛報的荒地。此稱清代已行用。參見本節“板荒”文。

沙裙 [2]

沙田邊緣的荒地。此稱清代已行用。清屈大均《廣東新語·地語·沙田》：“當盛平時，邊海人以沙田而富，故買沙田者争取沙裙。以沙裙易生浮沙，有以百畝而生數百畝者。”

鹵

鹽碱地。此稱先秦時期已行用，亦作“滷”，漢代起又作“潟”。《易·説卦》：“其於地也，爲剛鹵。”孔穎達疏：“取水澤所停，則鹹鹵也。”《玉篇·鹵部》“滷”字下引《書》：“海濱廣滷。”今本《書·禹貢》作“海濱廣斥”陸德明釋文引鄭玄曰：“斥，謂地鹹鹵。”《説文·鹵部》：“鹵，西方鹹地也。”段玉裁注：“碱地僅産鹽。”《漢書·溝洫志》：“木皆立枯，鹵不生穀。”唐杜甫《鹽井》詩：“鹵中草木白，青者官鹽烟。”《宋史·劉幾傳》：“邠地鹵，民病遠汲，幾浚渠引水注城中。”《集韻·上姥》：“潟（鹵）《説文》：‘鹵，西方鹹地也，象鹽形。定有鹵縣。東方謂之㡿，西方謂之鹵。’或從水、從土，亦作潟。”

【滷】

　　同“鹵”。此體先秦時期已行用。見該文。

【澛】

　　同“鹵”。此體漢代已行用。見該文。

【斥鹵】

　　即鹵。此稱先秦時期已行用，亦稱“斥埴”，漢代起又稱“澤鹵”，明代還稱“斥鹵田”“斥鹵田地”。《吕氏春秋·樂成》：“鄴有聖令，時爲史公，決漳水，灌鄴旁，終古斥鹵，生之稻粱。”《管子·地員》：“斥埴，宜大菽與麥，其草宜萯蕚，其木宜杞。”《史記·夏本紀》：“厥田斥鹵。”集解鄭玄曰：“斥，謂地鹹……東方謂之斥，西方謂之鹵。”又《河渠書》：“渠就，用注填閼之水，漑澤鹵之地四萬餘頃。”《漢書·主父偃傳》：“地固澤鹵，不生五穀。”晋葛洪《抱朴子·嘉遁》：“讓膏壤於陸海，爰躬耕乎斥鹵。”北魏酈道元《水經注·江水一》：“濱江澤鹵，泉流所漑，盡爲沃野。”宋吴曾《能改齋漫録·辨誤三》：“鹹薄之地，名爲斥鹵。”明邵寶《送陸海鹽以昭》詩：“晚聽弦歌市，春行斥鹵田。”明朱渷《鹽户新編均徭事理揭帖》：“獨有斥鹵田地受米最多。”《明史·汪應蛟傳》：“應蛟在天津，見葛沽、白塘諸田盡爲污萊，詢之土人，咸言斥鹵不可耕。”清魏源《籌河篇中》：“凡沙河所經……皆歷年河決正溜所衝之地，非沙壓，即斥鹵。”

【斥埴】

　　即斥鹵，亦即鹵。此稱先秦時期已行用。見該文。

【澤鹵】

　　即斥鹵，亦即鹵。此稱漢代已行用。見該文。

【斥鹵田】

　　即斥鹵，亦即鹵。此稱明代已行用。見該文。

【斥鹵田地】

　　即斥鹵，亦即鹵。此稱明代已行用。見該文。

【潟】

　　即鹵。此稱先秦時期已行用，漢代起亦作“瀉”“舄”。《周禮·地官·草人》：“凡糞種……鹹潟用貆。”鄭玄注：“潟，鹵也。”孔穎達疏：“送水之處，水以寫去，其地爲鹹鹵。”《漢書·地理志上》：“厥土白墳，海瀕廣潟。”顔師古注：“潟，鹵鹹之地。”漢王充《論衡·超奇》：“山之禿也，孰其茂也？地之潟也，孰其滋也？”《文選·木華〈海賦〉》：“襄陵廣舄。”李善注：“《尚書》曰：‘海濱廣斥。’《史記》曰：‘斥爲舄。’古今字也。”《續資治通鑑·元世祖至元二十九年》：“瀕海廣潟，並爲膏土。”《廣韵·昔韵》：“潟，鹹土。”王念孫《讀書雜誌·史記一》“厥田斥鹵”：“案‘海濱廣潟’，潟即斥也。潟字又作舄。”

【瀉】

　　同“潟”，即鹵。此體漢代已行用。見該文。

【舄】

　　同“潟”，即鹵。此體漢代已行用。見該文。

【淳鹵】

　　即鹵。此稱先秦時期已行用。《左傳·襄公二十五年》：“辨京陵，表淳鹵。”杜預注：“淳鹵，埆薄之地。”孔穎達疏：“淳鹵地薄，收穫常少，故表之輕其賦税。”《漢書·食貨志上》：“若山林藪澤原陵淳鹵之地，各以肥磽多少爲差。”顔師古注引晋灼曰：“淳，盡也，舄鹵之田不生五穀也。”宋夏竦《廣農頌》：“不終日而争訟息，未踰時而淳鹵闢。”《授時通考·土宜·田制上》："山林、藪澤、原陵、淳鹵，各以肥磽多少爲差。"清惠士奇《禮説·地官三》："鹹潟者是爲淳鹵，甚鹹，以苦地不生物，狀如爐火。"

【鹹潟】

即鹵。此稱先秦時期已行用，南北朝時期亦作"鹹舄"。《周禮·地官·草人》："渴澤用鹿，鹹潟用貆。"《魏書·崔楷傳》："昔魏國鹹舄，史起哂之，兹地荒蕪。"宋宋祁《禦戎論》之四："其間棄地各數百里，土鹹潟，水泉不可食，夏蚊如雲，不可居也。"清惠士奇《禮説·地官三》："草人九土，曰騂剛，曰赤緹，曰墳壤，曰渴澤，曰鹹潟，曰勃壤，曰埴壚，曰疆㯺，曰輕㶂。"《授時通考·土宜·物土》："下者純塗泥，而近海者則鹹潟而斥鹵，此皆地氣之不齊也。"

【鹹舄】

同"鹹潟"，即鹵。此體南北朝時期已行用。見該文。

【鹵田】

即鹵。此稱漢代已行用，亦稱"鹵地"，宋代又稱"鹻地"，明代還稱"滷地"。漢蔡邕《京兆樊惠渠頌》："昔日鹵田，化爲甘壤。"《史記·河渠書》："臨晉民願穿洛以溉重泉以東萬餘頃故鹵地，誠得水，可令畝十石。"《晉書·楊方傳》："如方者乃荒萊之特苗，鹵田之善秀。"唐戎昱《從軍行》："太白沈鹵地，邊草復萋萋。"《新唐書·高霞寓傳》："浚金河，溉鹵地數千頃。"《資治通鑑·後周世宗顯德五年》："唐主使陳覺白帝，以江南無鹵田，願得海陵監南屬以贍軍。"胡三省注："鹵田，今謂之鹻地。"《宋史·食貨志上一》："諸縣天荒，瘠鹵地一萬二千

餘頃。"明陳獻章《與李白洲憲副》："近者諸姪以鹵田之訟上干枲司。"明許相卿《孫見山墓銘》："滷地亢土瘠，無水泉林藪之饒。"清弘曆《溫風至》詩："却憶良農方炙背，三耘努力鹵田中。"

【鹵地】

即鹵田，亦即鹵。此稱漢代已行用。見該文。

【鹻地】

即鹵田，亦即鹵。此稱宋代已行用。見該文。

【滷地】

即鹵田，亦即鹵。此稱明代已行用。見該文。

【瀉鹵】

即鹵。此稱漢代已行用，宋代起亦作"潟鹵"，元代起又作"潟滷"。《史記·貨殖列傳》："太公望封於營丘，地瀉鹵，人民寡。"裴駰集解引徐廣曰："瀉鹵，鹹地也。"《資治通鑑外紀·周紀一·武王》："太公以齊地負海，潟鹵少五穀而人民寡，迺勸女工極技巧，通工商之業，便魚鹽之利，民多歸之。"《續資治通鑑·宋神宗熙寧五年》："昨修二股，費至少而公私田皆出，向之瀉鹵，俱爲沃壤，庸非利乎！"元陳謨《簡徐太守二十韻》："稻苗豐戰地，潟滷盛兵糧。"明彭大翼《山堂肆考·政事·引漳溉田》："鄴有賢令兮爲史，公決漳水兮灌鄴旁，終古瀉鹵兮生稻粱。"《明史·徐貞明傳》："每當夏秋淫潦，膏腴變爲潟鹵。"清朱鶴齡《禹貢長箋》卷九："欲變潟鹵爲沃壤，亦存乎？"

【潟鹵】

同"瀉鹵"，即鹵。此體宋代已行用。見該文。

【潟滷】

同"瀉鹵"，即鹵。此體元代已行用。見該文。

【舄鹵】

即鹵。此稱漢代已行用，亦稱"瀉土"，南北朝時期又稱"舄鹹"，宋代亦作"舄卤"。《漢書·溝洫志》："渠成而用溉注填閼之水，溉舄鹵之地四萬餘頃，收皆畝一鍾。"顏師古注："言引淤濁之水灌鹹鹵之田，更令肥美。"漢王充《論衡·書解篇》："夫山無林則爲土山，地無毛則爲瀉土，人無文則爲僕人。"《北史·盧賁傳》："在懷州決沁水東注，名曰利人渠；又派入溫縣，名曰溫潤渠；以溉舄鹹，人賴其利。"宋王安石《送宋中道通判洺州》詩："余嘗憐洺民，舄鹵半不治。"李壁注："舄鹵，鹹地也。"宋方岳《靈雨》："海鹹舄鹵易嵐霧，況此梅蒸天絪縕。"《宋史·丘崈傳》："崈至海口，訪遺址已淪没，乃奏創築，三月堰成，三州舄鹵復爲良田。"章炳麟《代議然否論》："墮高堙卑，舄鹵化而膏澤。"

【舄卤】

同"舄鹵"，即鹵。此體宋代已行用。見該文。

【瀉土】

即舄鹵，亦即鹵。此稱漢代已行用。見該文。

【舄鹹】

即舄鹵，亦即鹵。此稱南北朝時期已行用。見該文。

【滷潟】

即鹵。此稱宋代已行用，明代亦作"鹵潟"。《集韻》："滷潟，苦地，或從舄，通作庲斥。"明謝肇淛《五雜俎·地部二》："山東瀕海之地，一望鹵潟，不可耕種。"

【鹵潟】

同"滷潟"，即鹵。此體明代已行用。見該文。

【塉鹵】

貧瘠且含鹽碱的土地。此稱唐代已行用。唐柳宗元《爲京兆府請復尊號第一表》："污萊塉鹵之地，混成大田。"《新唐書·李承傳》："奏置常豐堰於楚州，以禦海潮，溉屯田塉鹵。"宋蘇軾《元脩菜》詩："懸知東坡下，塉鹵化千鍾。"宋蘇轍《欒城應詔集·民政下·第三道》："常以其兵横於天下，計其所都，安肯用塉鹵墝埆之地而當？"

一易之地

隔年耕種的田地。此稱先秦時期已行用。《周禮·地官·大司徒》："不易之地，家百畮；一易之地，家二百畮；再易之地，家三百畮。"鄭玄注："不易之地，歲種之；地美，故家百畮。一易之地，休一歲乃復種；地薄，故家二百畮。再易之地，休二歲乃復種，故家三百畮。"明王磐《種植》："古者分田之制，一夫一婦受田百畝。以其地有肥墝，故有不易、一易、再易之別。不易之地家百畝，謂可以歲耕之也；一易之地家二百畝，謂歲耕其半也；再易之地家三百畝，謂歲耕百畝，三歲而一周也。"清李光地《榕村集·周官筆記·天官》："上地即不易之地，中地即一易之地，下地即再易之地。"

再易之地

隔兩年耕種的田地。此稱先秦時期已行用。參見本節"一易之地"文。

萊 [1]

郊外輪休的田地。此稱先秦時期已行用。《周禮·地官·縣師》："辨其夫家人民、田萊之數。"鄭玄注："萊，休不耕者，郊內謂之易，郊外謂之萊。"又《遂人》："上地，夫一廛，田百畮，萊五十畮。"

易

郊内輪休的田地。此稱先秦時期已行用。參見本節"萊[1]"文。

故墟

曾經耕種而當下休閑的田地。此稱北魏已行用。北魏賈思勰《齊民要術·種麻》："麻欲得良田，不用故墟。"石聲漢注："本書所謂'故墟'，是指種植過而現在休閑的地。"又《種葵》："地不厭良，故墟彌善。"

第四節　田土、田壟、田路、田溝、田界、田舍考

"田土"又稱"田地"，指耕種用的土地；"田壟"又稱"田埂"，指田間的埂子，用以分界并蓄水；"田路"又稱"田徑"，指田間小路；"田溝"又稱"溝"，指田間水道；"田界"指田地的邊界，多置界石標志；"田舍"特指田間農舍。它們都是田間的不動產，顯示了世代農民的耕作成果。

夫

一百畝田地。周朝實行井田制度，男子成年後受田百畝，故稱。此稱先秦時期已行用，亦稱"一夫"。《周禮·地官·小司徒》："乃經土地而井牧其田野。九夫爲井，四井爲邑，四邑爲丘，四丘爲甸，四甸爲縣，四縣爲都。"鄭玄注："'九夫爲井'者，方一里，九夫所治之田也。……《司馬法》曰：'六尺爲步，步百爲畮，畮百爲夫。夫三爲屋，屋三爲井，井十爲通。'"又《考工記·匠人》："左祖右社，面朝後市，市朝一夫。"鄭玄注："方各百步。"賈公彥疏："蓋市曹司次介次所居之處與天子二朝，皆居一夫之地，各方百步也。"《孟子·公孫丑上》："廛無夫里之布，則天下之民皆悦，而願爲之氓矣。"朱熹引鄭玄《周禮》注，謂指一夫百畝之稅。《玉篇·夫部》："夫三爲屋，一田家爲一夫也。"

《新唐書·食貨志二》："古者百畝地號一夫，蓋一夫授田不得過百畝。"

【一夫】

即夫。此稱先秦時期已行用。見該文。

【一廛】

即夫。此稱先秦時期已行用，漢代亦作"一壀"。《周禮·地官·遂人》："上地，夫一廛，田百畮，萊百畮。"孫詒讓正義："古制田百畮而中有廛，因謂百畮之地爲一廛。"《孟子·滕文公上》："遠方之人，聞君行仁政，願受一廛而爲氓。"《漢書·揚雄傳上》："漢元鼎間避仇復遡江上，處岷山之陽曰郫，有田一壀，有宅一區，世世以農桑爲業。"顔師古注引晋豹曰："《周禮》，上地，夫一廛，一百畝也。"宋司馬光《和邠守宋度支迪來卜居與南園爲鄰》："閒居共買一廛地，盡老常依數仞墻。"宋張方平

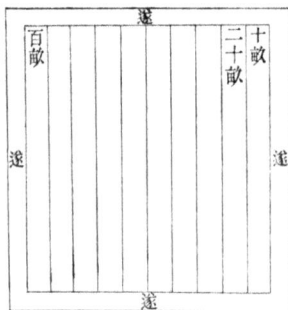

百畝爲夫
（明徐光啓《農政全書》）

《與蔣吏部》：“始在鄉間不求名譽，有田一墢，有宮一畝，隨賦干禄。”

【一墢】

同“一壠”，即夫。此體漢代已行用。見該文。

【頃】

即夫。此稱先秦時期已行用，漢代起亦稱“一頃”。《管子·揆度》：“百乘爲耕，田萬頃爲户。”《史記·孔子世家》：“孔子塚大一頃。”《晉書·羊祜傳》：“賜去城十里外近陵葬地一頃，謚曰成。”《唐均田法》：“唐制令民田五尺爲步，二百四十步爲畝，百畝爲頃。”

【一頃】

即頃，亦即夫。此稱漢代已行用。見該文。

【一卒之田】

即夫。此稱先秦時期已行用。《國語·晉語八》：“大國之卿，一旅之田；上大夫，一卒之田。”韋昭注：“上大夫一命，百人爲卒，爲田百頃。”唐陸龜蒙《幽居賦》：“魯仲孫衣止七升之布，欒武子食無一卒之田。”

屋

三百畝田地。此稱先秦時期已行用。《周

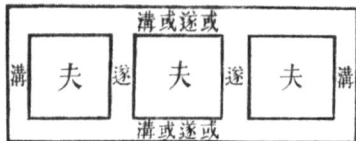

夫三爲屋
（明徐光啓《農政全書》）

禮·地官·小司徒》：“平教治，正政事，考夫屋。”鄭玄注：“夫三爲屋。”《漢書·食貨志上》：“六尺爲布，步百爲畝，畝百爲夫，夫三爲屋。”北魏賈思勰《齊民要術·種穀》：“率十二夫爲田，一井一屋，故畝五頃。”原注引鄧展曰：“九夫爲井，三夫爲屋。”

九夫

九百畝田地。此稱先秦時期已行用，亦稱“鳩”，漢代又稱“辨”。《周禮·地官·小司徒》：“九夫爲井。”鄭玄注：“九夫爲井者，方一里九夫所治之田也。”《左傳·襄公二十五年》：“蔿掩

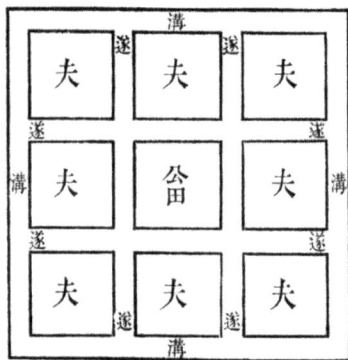

屋三爲井
（明徐光啓《農政全書》）

書土田，度山林，鳩藪澤。"孔穎達疏引賈逵曰："藪澤之地，九夫爲鳩，八鳩而當一井也。"又孔穎達疏引漢賈逵曰："京陵之地，九夫爲辨，七辨而當一井也。"《晋書·地理志上》："古者六尺爲步，步百爲畝，畝百爲夫，夫三爲屋，屋三爲井，井方一里，是爲九夫。"一説九夫一規，四規一井。《禮記·王制》"百畝之分"唐孔穎達疏："偃猪之地，九夫爲規，四規而當一井。"

【鳩】

即九夫。此稱先秦時期已行用。見該文。

【辨】

即九夫。此稱漢代已行用。見該文。

【井】[2]

即九夫。此稱先秦時期已行用，亦稱"一井"。《周禮·地官·小司徒》："九夫爲井。"《國語·魯語下》："有軍旅之出則徵之，無則已。其歲收田一井，出稯禾秉芻缶米，不是過也。"《韓詩外傳》卷四："古者八家而井田，方里爲一井。廣三百步長三百步爲一里，其田九百畝。"《漢書·食貨志》："率十二夫爲田一井一屋。"《朱子語類》卷一一〇："淮上屯田須與畫成一井，中爲公田。"

【一井】

即井[2]，亦即九夫。此稱先秦時期已行用。見該文。

十夫

一千畝田地。此稱先秦時期已行用。《周禮·地官·遂人》："十夫有溝，溝上有畛。"鄭玄注："十夫，二鄰之田。"孫詒讓正義："五家爲鄰，二鄰爲聯，則有十家。"

句烈

兩千七百畝田地。此稱先秦時期已行用。

《大戴禮記·主言》："布指知寸，布手知尺，舒肘知尋，十尋而索，百步而堵，三百步而里，千步而井，三井而句烈，三句烈而距。"孔廣森補注："《書大傳》曰：八家爲鄰，三鄰爲朋，三朋爲里。古者分田，八家同井。三井，一朋之田也。三句烈，一里之田也。"

邑

三千六百畝田地。此稱先秦時期已行用。《周禮·地官·小司徒》："九夫爲井，四井爲邑。"

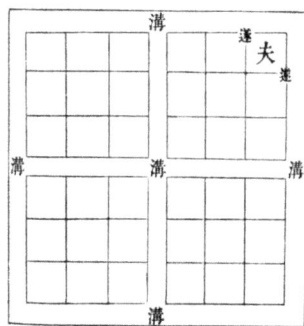

四井爲邑
（明徐光啓《農政全書》）

通

九千畝田地，一説十井田地。此稱先秦時期已行用。《周禮·地官·小司徒》"九夫爲井，四井爲邑"漢鄭玄注引《司馬法》："夫三爲屋，屋三爲井，井十爲通。"《漢書·刑法志》："地方一里爲井，井十爲通，通十爲成，成方十里；成十爲終，終十爲同，同方百里。"

丘[1]

一萬四千四百畝田地。此稱先秦時期已行用，亦作"邱"。《周禮·地官·小司徒》："四邑爲丘。"鄭玄注："四邑爲丘，方四里。"按，一本作"邱"。《管子·小匡》："陵陸丘井田疇均，

邱爲邑四

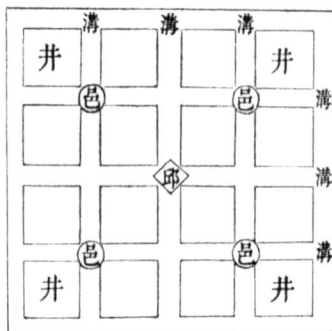

四邑爲邱
（明徐光啓《農政全書》）

甸爲邱四

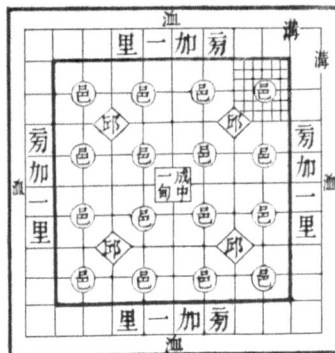

四邱爲甸
（明徐光啓《農政全書》）

則民不惑。"《北史·魏紀三》:"詔依準丘井之式,遣使與州郡宣行條制。"《宋史·范如圭傳》:"宜荆、淮曠土,畫爲丘井,仿古'助'法,別爲科條。"《古今小説·木綿庵鄭虎臣報冤》:"三分天下二分亡,猶把山河寸寸量。縱使一丘添一畝,也應不似舊封疆。"按,唐顏師古《匡謬正俗·禹宇丘區》:"丘之與區,今讀則异,然尋按古語,其聲亦同……今江淮田野之人猶謂區爲丘,亦古之遺音也。"清俞正燮《癸巳類稿·周鄉遂田制義》:"《小司徒》:經土地,井牧其田野。以四井爲邑,四邑爲邱,四邱爲甸。"

【邱】

同"丘[1]"。此體先秦時期已行用。見該文。

甸[3]

五萬七千六百畝田地。此稱先秦時期已行用,亦稱"乘"。《周禮·地官·小司徒》:"四邑爲丘,四丘爲甸。"《禮記·郊特牲》:"唯社,丘乘共粢盛。"鄭玄注:"丘,十六井也。四丘,六十四井曰甸,或謂之乘。乘者,以於車賦出長轂一乘。"孔穎達疏:"唯祭社而使丘乘共其粢盛也。"宋葉適《兵總論之一》:"蓋嘗慮之,三代之丘乘,兩漢之郡國,管仲之內政,隋、唐之府衛,此古人之美名也。"

【乘】

即甸[3]。此稱先秦時期已行用。見該文。

縣

二十三萬零四百畝田地。此稱先秦時期已行用。《周禮·地官·小司徒》:"四甸爲縣。"

縣爲甸四

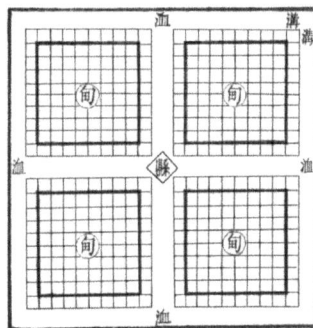

四甸爲縣
（明徐光啓《農政全書》）

都

九十二萬一千六百畝田地。此稱先秦時期已行用。《周禮·地官·小司徒》："四縣爲都。"

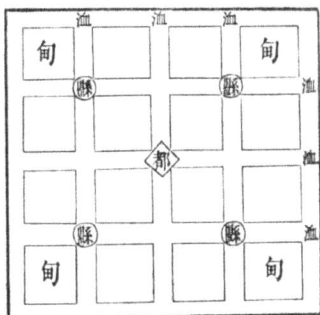

四縣爲都
（明徐光啓《農政全書》）

户

一百萬畝田地。此稱先秦時期已行用。《管子·揆度》："田萬頃爲户。"

耕

五百七十六萬畝田地。此稱先秦時期已行用。《管子·揆度》："百乘爲耕。"

成

方圓十里田地，一説方圓百里田地。此稱先秦時期已行用。《左傳·哀公元年》："有田一成，有衆一旅。"杜預注："方十里爲成。"《漢書·王莽傳中》："附城大者食邑九成，衆户九百，土方三十里。"漢荀悦《漢紀·文帝紀下》："地方一里爲井，井十爲通，通十爲成，成方十里。"

終

方圓百里田地，一説方圓千里田地。此稱漢代已行用。《漢書·刑法志》："地方一里爲井；井十爲通，通十爲成，成方十里；成十爲終。"

同

方圓百里田地，一説方圓千里田地。此稱先秦時期已行用。《左傳·昭公二十三年》："無亦監乎若敖蚡冒至於武文，土不過同，慎其四竟，猶不城郢。"杜預注："方百里爲一同。"《漢書·刑法志》："終十爲同，同方百里。"宋張端義《貴耳集》卷中："傳曰：昔天子之地一圻，列國之地一同。"

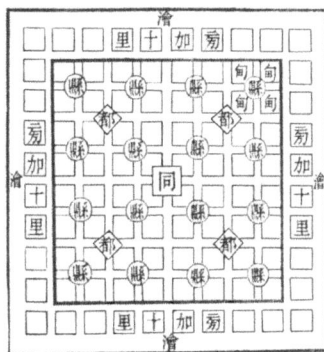

四都爲同
（明徐光啓《農政全書》）

畝 [1]

方圓百步田地。周制，六尺爲步（或曰六尺四寸、八尺），百步爲畝。秦時以五尺爲步，二百四十步爲畝。漢因秦制。唐以廣一步，長二百四十步爲畝。清以五方尺爲步，二百四十步爲畝。今一畝等於六十平方丈，合 6.6667 公畝。此稱先秦時期已行用。《詩·魏風·十畝之間》："十畝之間兮，桑者閒閒兮，行與子還兮。"唐韓愈《鳳翔隴州節度使李公墓誌銘》："丁壯興勵，歲增田數十萬畝。"清阮葵生《茶餘客話》卷三："凡民地勘丈，概以二百四十步爲一畝。"

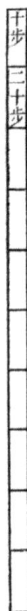

步百爲畝
（明徐光啓《農政全書》）

尺

方圓一尺田地。參見本節“畝[1]”文。

步

百分之一畝田地。參見本節“畝[1]”文。

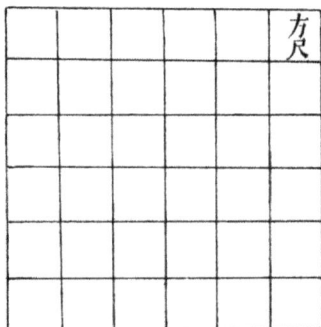

六尺爲步
（明徐光啓《農政全書》）

畹

十二畝田地。一説三十畝田地。此稱先秦時期已行用。《楚辭・離騷》：“余既滋蘭之九畹兮，又樹蕙之百畝。”王逸注：“十二畝爲畹。”《説文・田部》：“畹，田三十畝也。”《文選・左思〈魏都賦〉》：“右則疎圃曲池，下畹高堂。”劉逵注引班固曰：“畹，三十畝也。”唐韓愈《合江亭》詩：“樹蘭盈九畹，栽竹逾萬個。”宋蘇軾《和子由記園中草木》之一：“懷寶自足珍，藝蘭那計畹。”明袁宏道《暮春同謝生、汪生、小修遊北城臨水諸寺》詩之一：“一曲池臺半畹花，遠山如髻隔層紗。”

小畦[1]

二十五畝田地。此稱漢代已行用。《文選・顏延之〈和謝監靈運〉》“剪棘開舊畦”李善注引漢劉熙曰：“今俗以二十五畝爲小畦，五十畝爲人畦。”元馬祖常《小圃記》：“余環堵中，治方一畛地，横縱爲小畦者二十一塍。”明沈周《東園》詩：“魚鱗密藝多佳種，井字新開足小畦。”

畦[1]

五十畝田地。此稱先秦時期已行用，漢代亦稱“大畦”。《莊子・天地》：“〔子貢〕見一丈人方將爲圃畦。”陸德明釋文：“李云：‘塝中曰畦。’《説文》云：‘五十畝曰畦。’”又：“有械於此，一日浸百畦；用力甚寡而見功多，夫子不欲乎？”《史記・貨殖列傳》：“若千畝巵茜，千畦薑韭：此其人皆與千户侯等。”《文選・顏延之〈和謝監靈運〉》“剪棘開舊畦”李善注引漢劉熙曰：“今俗以二十五畝爲小畦，五十畝爲大畦。”

【大畦】

即畦[1]。此稱漢代已行用。見該文。

雙

雲南等地少數民族地區的五畝田地。一説約四畝，又説二畝。此稱唐代已行用。《新唐書·南蠻傳上·南詔上》："凡田五畝曰雙。上官授田四十雙，上户三十雙，以是爲差。"金王庭筠《黃華亭》詩之一："山僧乞與山前地，招客先開四十雙。"明陶宗儀《輟耕録·稱地爲雙》："嘗讀金黃華老人（王庭筠號黃華老人）詩，有'招客先開四十雙'之句，殊不可曉。近讀《雲南雜誌》曰：'夷有田，皆種稻，其佃作三人，使二牛前牽，中壓而後驅之。犁一日，爲一雙……約中原四畝地。'則老人之詩意見矣。"明謝肇淛《五雜俎·地部一》："佛地以二畝爲雙。皇華老人詩'招客先開四十雙'是也。"

田方

一方田地。宋神宗熙寧五年（1072）頒行方田制：以東西南北各千步，當四十一頃六十六畝一百六十步爲一方，按地之肥瘠分五等定税。此稱宋代已行用。《宋史·食貨志上二》："凡田方之角，立土爲埻，植其野之所宜木以封表之。有方帳，有莊帳，有甲帖，有户帖；其分煙析産、典賣割移，官給契，縣置簿，皆以今所方之田爲正。"

正田

宋代良農自耕的五十畝田地。此稱宋代已行用。宋羅大經《鶴林玉露》卷七："良農一夫以五十畝爲正田，以其餘爲羨田。正田毋敢廢業，必躬耕之。"參閲范文瀾、蔡美彪等《中國通史》第三編第五章第四節。

羨田 [2]

宋代良農所受正田之外的田地。此稱宋代已行用。參見本節"正田"文。

賞

六畝田地。此稱清代已行用，亦作"晌"，亦稱"一賞""一晌"。清劉獻廷《廣陽雜記》卷一："當日原圈地，每人六賞，一賞六畝，共地三十六畝。"清俞正燮《癸巳類稿·記田名數》："本朝旗田，初以六畝爲一晌。"鄧之誠《骨董瑣記·晌》："今奉天以晌計地，每晌六畝，讀若賞。清初圈地時，每人六賞，共地三十六畝，其壯丁二人則倍之，再多者遞增，言賞者謂以賞有功也。"

【晌】

同"賞"。此體清代已行用。見該文。

【一賞】

即賞。此稱清代已行用。見該文。

【一晌】

即賞。此稱清代已行用。見該文。

一繩

四十二畝田地。此稱清代已行用。清代《文獻通考·田賦五》："順治元年設立官莊，是時近畿百姓帶地來投，設爲納銀莊頭。願領入官地畝者，亦爲納銀莊頭，各給繩地，每四十二畝爲一繩。"《清史稿·食貨志一》："初設官莊，以近畿民來歸者爲莊頭，給繩地，一繩四十二畝。"

五粟

適宜種植穀類作物的上等土壤。此稱先秦時期已行用，亦稱"粟土"。《管子·地員》："群土之長，是唯五粟。五粟之物，或赤，或青，或白，或黑，或黄，五粟五章。五粟之狀，淖而不朋，剛而不觳，不濘車輪，不汙手足……五粟之土，乾而不格，湛而不澤，無高下葆澤以處，是謂粟土。"清張佩綸注引王紹蘭云：

"此篇言土必以五者,《洪範》'五曰土','土愛稼穡'是其義。"按《管子》將土壤分爲上、中、下三等,每等又以土質優劣分爲六種:上等,五粟、五沃、五位、五蘟、五壤、五浮;中等,五怸、五纑、五壏、五剽、五沙、五塥;下等,五猶、五壯、五殖、五觳、五鳧、五桀。五,代稱土。五行水、火、木、金、土,土居第五,故稱。

【粟土】[2]

即五粟。此稱先秦時期已行用。見該文。

五沃

土質肥沃的上等土壤。此稱先秦時期已行用。《管子・地員》:"粟土之次曰五沃。五沃之物,或赤,或青,或黃,或白,或黑。五沃五物,各有异則。五沃之狀,剽怸橐土,蟲易全處,怸剽不白,下乃以澤……五沃之土,若在丘在山,在陵在岡,若在陬陵之陽,其左其右,宜彼群木,桐、柞、枎、櫄,及彼白梓……五沃之土,乾而面不斥,湛而不澤,無高下,葆澤以處。是謂沃土。"

五位

土層較深的上等土壤。此稱先秦時期已行用。《管子・地員》:"沃土之次曰五位。五位之物,五色雜英,各有异章。"郭沫若等集校引張佩綸云:"'位'無義。當作'涖'。《廣韻・鑑部》:'涅,深泥也,涖同上。'"

五蘟

疏鬆、肥沃的上等黑色土壤。此稱先秦時期已行用。《管子・地員》:"位土之次曰五蘟。五蘟之狀,黑土黑落,青怵以肥,芬然若灰。"尹知章注:"落,地衣也。芬然,壤起貌。"清張佩綸注引王紹蘭云:"蘟當爲隱。指水、肥隱

於下。"清朱荃《第一問》:"管子又有五粟、五沃、五位、五蘟諸名九土,辨於禹貢所稱白壤、黑墳、赤埴、泥塗之類。"

五壤

潤澤的上等土壤。此稱先秦時期已行用。《管子・地員》:"蘟土之次曰五壤。五壤之狀,芬然若澤若屯土。"宋傅寅《禹貢說斷・禹貢》:"《九章算術》穿地四爲壤,五壤爲息土,則壤是土和緩之名,故云無塊曰壤。"清惠士奇《禮説・地官三》:"不純一色,或黃或白,土之次上者,五壤也。"

五浮

細潤的上等土壤。此稱先秦時期已行用。《管子・地員》:"壤土之次曰五浮。五浮之狀,捍然如米,以葆澤,不離不坼。"尹知章注:"捍,堅貌。其土屑碎如米。"明李流芳《自青芝看花至茶山憩山頭石上感舊》詩:"媿此五浮丘,後期猶可訂。"

五怸

細密而潤澤的中等土壤。此稱先秦時期已行用。《管子・地員》:"中土曰五怸。五怸之狀,廩焉如壏,潤濕以處……蓄殖果木,不若三土以十分之三。"尹知章注:"怸,密也。"

五纑

黑色堅硬的中等土壤。此稱先秦時期已行用。《管子・地員》:"怸土之次曰五纑。五纑之狀,彊力剛堅。"清惠士奇《禮説・地官三》:"其種鷹膳、黃實、朱跗剛土曰壚,不黏而疏,既強且麤土之中者,五纑也。"

五壏

色黃而多空隙的中等土壤。此稱先秦時期已行用。《管子・地員》:"纑土之次曰五壏。五

壏之狀，芬焉若糠以肥……蓄殖果木，不若三土以十分之三。"尹知章注："謂其地色黃而虛。"清惠士奇《禮説·地官三》："若糠以肥，色黃而虛土之中者，五壏也。"

五剽

白色粉狀的中等土壤。此稱先秦時期已行用。《管子·地員》："壏土之次曰五剽。五剽之狀，華然如芬以脈。"郭沫若等集校引汪繼培曰："熛、剽古字通用，亦作'漂'，《釋名》云'土白曰漂'。"清惠士奇《禮説·地官三》："輕熛者，火飛爲熛，華然若芬，色如屚炭，有類屑塵土之次中者，五剽也。"

五沙

細碎的中等土壤。此稱先秦時期已行用。《管子·地員》："剽土之次曰五沙，五沙之狀，粟焉如屑塵厲……蓄殖果木，不若三土以十分之四。"尹知章注："言其地粟碎，故若屑塵之屬。厲，蹵起也。"明楊慎《譚苑醍醐·沙田》："《管子》書有五沙之土，劉勛曰：'吳人謂水中可爲田者曰沙。'"

五塥

乾硬的中等土壤。塥，堅硬的土。此稱先秦時期已行用。《管子·地員》："沙土之次曰五塥。五塥之狀，累然如僕累。"

五猶

惡臭的下等土壤。猶，通"蕕"，臭草。此稱先秦時期已行用。《管子·地員》："下土曰五猶。五猶之狀如糞。"張佩綸注："惡臭如糞，故曰五猶。"

五壯

赤色的下等土壤。此稱先秦時期已行用。《管子·地員》："猶土之次，曰五壯。五壯之狀如鼠肝。其種，青粱，黑莖黑秀。蓄殖果木，不如三土以十分之五。"

五殖

濕時粘結爲粗塊、乾時龜裂而堅硬的下等土壤。此稱先秦時期已行用《管子·地員》："壯土之次，曰五殖。五殖之狀，甚澤以疏，離坼以曖埵。其種，雁膳黑實，朱跗黃實。蓄殖果木，不如三土以十分之六。"

五觳

不耐水旱的下等土壤。此稱先秦時期已行用《管子·地員》："五殖之次曰五觳。五觳之狀，婁婁然，不忍水旱。"尹知章注："觳，薄。婁婁，疏也。"

五鳧

質地較硬的下等土壤。此稱先秦時期已行用《管子·地員》："五鳧之狀，堅而不骼。"郭沫若集校引孫詒讓云："鳧當爲鳥……潟，鹵也。"清謝墉《八旬萬壽盛典·歌頌·萬壽恭紀賦頌十二章》："鎮服、藩服之疇，五觳、五鳧之塍，凡蓏荄之所入，均鼓舞而承。"

五桀

鹽碱多而堅硬的下等土壤。此稱先秦時期已行用。《管子·地員》："鳧土之次曰五桀。五桀之狀，甚鹹以苦，其物爲下。其種，白稻長狹。蓄殖果木，不如三土以十分之七。"清惠士奇《禮説·地官三》："鹹潟者，是爲淳鹵，甚鹹以苦，地不生物，狀如爐火，土之最下，名曰五桀。"

三壤

根據肥瘠差异劃分的上、中、下三品耕地，傳説禹曾據此制定九貢賦。此稱先秦時期已行用。《書·禹貢》："咸則三壤，成賦中邦。"孔穎達疏："土壤各有肥瘠，貢賦從地而出，故分土壤爲上中下。計其肥瘠，等級甚多，但齊其大較，定爲三品。"漢揚雄《劇秦美新》："若夫五爵，度三壤，經井田，免人役。"唐徐堅《初學記》卷五："《纂要》云：嵩、泰、衡、華、恒謂之五岳，江、河、淮、濟謂之四瀆，上、中、下謂之三壤，山林、川澤、丘陵、墳衍、原隰爲五土。"唐陸龜蒙《幽居賦》："頌厥土之三壤，托高風之四鄰。"宋章如愚《君道門》："別三壤，任九貢，禹之利民也。"清惠士奇《禮說·地官三》："蓋土有三壤，稅有三粟，力有三科。"

上地

質量上等的田地。此稱先秦時期已行用，亦稱"上田""上壤""上臾之壤""高田"，漢代起又稱"上腴"。《周禮·夏官·大司馬》："凡令賦，以地與民制之。上地食者參之二，其民可用者家三人。"鄭玄注引鄭司農云："上地謂肥美田也。"《韓非子·内儲說上》："〔吳起〕於是乃倚一車轅於北門外而令之曰：'有能徙此南門之外者，賜之上田、上宅。'"《管子·乘馬》："上地方八十里與下地方百二十里，通於中地方百里。"又："故以上壤之滿，補下壤之衆。"又："郡縣上臾之壤守之若干。"又《山權數》："桓公曰：'何謂國無制、地有量？'管子對曰：'高田十石，閒田五石，庸田三石，其餘皆屬諸荒田。'"《漢書·溝洫志》："故種禾麥，更爲秔稻，高田五倍，下田十倍。"《後漢書·班固傳》："華實之毛，則九州之上腴焉。"《晉書·地理志上》："民受田，上田夫百畝，中田夫二百畝，下田夫三百畝。歲耕種者爲不易上田，休一歲者爲一易中田，休二歲者爲再易下田。"《宋

書·孔季恭羊玄保等傳論》："膏腴上地，畝直一金。"唐獨孤及《送何員外使湖南》詩："上田無晚熟，逸翮果先飛。"唐杜牧《祭龔秀才文》："上田沃土，多歸豪强苟悦。"《新唐書·太平公主傳》："田園徧近甸，皆上腴。"《宋史·俞充傳》："舉沿汴淤泥溉田，爲上腴者八萬頃。"明何景明《渡涇渭》詩："合分濤揚濁清堰，渠饒上壤形勢迥。"明王樵《尚書日記》："不易之地謂歲種之地，爲上田。"清惠士奇《禮說·地官說》："一說，地有上壤、閒壤、下壤。"清張翔鳳《種煙行》："黠者招囡充力作，上田百畝種九區。"清趙翼《過青田訪劉誠意故居》詩："厥土乃上腴，畝歲收二石。"清沈彤《周官禄田考》："上地家百畝萊五十畝，中地家百畝萊百畝，下地家百畝萊二百畝。"

【上田】

即上地。此稱先秦時期已行用。見該文。

【上壤】

即上地。此稱先秦時期已行用。見該文。

【上臾之壤】

即上地。此稱先秦時期已行用。見該文。

【高田】[2]

即上地。此稱先秦時期已行用。見該文。

【上腴】

即上地。此稱漢代已行用。見該文。

中地

質量中等的田地。此稱先秦時期已行用，亦稱"閒壤""閒田""中土"，漢代又稱"中田"。《周禮·地官·小司徒》："中地，家六人，可任也者，二家五人。"《管子·乘馬》："郡縣上臾之壤守之若干，閒壤守之若干，下壤守之若干。"郭沫若等集校引陳奐曰："閒，猶中也。"

又《山國軌》："穀爲上，幣爲下。高田撫，閒田山不被，穀十倍。"馬非百新詮："高田者，《乘馬》數篇所謂'郡縣上臾之壤也'。"又《地員》："中土曰五㯒，五㯒之狀，廩然如壏，潤澤以處。"《淮南子·主術訓》："中田之穫，卒歲之收，不過畝四石。"《漢書·食貨志上》："民受田，上田夫百晦，中田夫二百晦，下田夫三百晦。"《後漢書·仲長統傳》："今者土廣民稀，中地未墾。"李賢注："上田已耕，唯中地以下未也。"晉陸雲《失題詩》："有潧萋萋甘雨未播，黍稷方華中田多稼。"北魏賈思勰《齊民要術·大小麥》："崔寔曰：凡種大小麥，得白露節可種薄田，秋分種中田，後十日種美田。"《舊唐書·禮儀志一》："立秋後十八日，迎黃靈於中地，祭黃帝。"元司農司《農桑輯要》："他月，葱出，取其塞樓一眼之地，中土培之，疏密恰好，又不勞移。"明王樵《尚書日記》："一易之地謂休一歲，乃復種也爲中田。"清朱鶴齡《禹貢長箋》卷八："豫爲中土，原田既美，人功亦脩，幾與冀埒。"清代《授時通考》卷九："正中冀州曰中土，西北台州曰肥土，正北濟州曰成土，東北薄州曰隱土，正東陽州曰申土。"清沈彤《周官禄田考》："不易即上地，一易即中地，再易即下地。"清朱鶴齡《尚書埤傳·夏書·禹貢》："七百里則包丘陵、阪險及附庸閒田在内。王制名山大川不以封，而又有閒田以眂列侯之功罪，而予奪之。"

【閒壤】

即中地。此稱先秦時期已行用。見該文。

【閒田】

即中地。此稱先秦時期已行用。見該文。

【中土】[1]

即中地。此稱先秦時期已行用。見該文。

【中田】

即中地。此稱漢代已行用。見該文。

下地

質量下等的田地。此稱先秦時期已行用，亦稱"下壤""下田"。《周禮·地官·小司徒》："下地家五人，可任也者家二人。"《管子·乘馬》："下地方百二十里。"又："補下壤之衆。"清俞樾《諸子平議·管子六》："衆字義不可通，疑本作補下壤之虚，虚與滿相對。"《吕氏春秋·上農》："上田，夫食九人；下田，夫食五人，可以益，不可以損。"北魏賈思勰《齊民要術·旱稻》："凡下田停水處，燥則堅垎，濕則污泥，難治而易荒，墝埆而殺種。"又："旱稻用下田，白土勝黑土。"宋林之奇《尚書全解》卷九："高地之土則曰壤，下地之土則曰壚，蓋其土有高下之不同，故别而言之。"元司農司《農桑輯要》："凡種下田，不問秋夏，候水盡地白，背時速耕，杷勞頻翻，令熟。"明王樵《尚書日記》："再易之地謂休二歲，乃復種也，爲下田。"明徐光啓《農政全書》卷一六："于是，西七鄉之田無歲不旱，異時膏腴今爲下地，廢湖之害也。"清唐甄《潛書·食難》："唐子有冶長涇之田三十畝，謝莊之田十畝，佃入四十一石，下田也。"清徐文靖《禹貢會箋》卷五："蔡傳曰：塗泥，水泉濕也；下地多水其土淖。"清惠士奇《禮説·地官説》："下壤者，下地再易之田，三百畝是爲三夫。"

【下壤】

即下地。此稱先秦時期已行用。見該文。

【下田】

即下地。此稱先秦時期已行用。見該文。

【庸田】

即下地。此稱先秦時期已行用。《管子·山權數》："高田十石，閒田五石，庸田三石，其餘皆屬諸荒田。"許維遹注："庸田即下田。"宋沈樞《通鑑總類·唐彭果請行糴法於關中》："開元二十五年，先是西北邊數十州多宿重兵，地租庸田皆不能贍。"元王禎《農書·田制門》："庸田有例召民佃，三年稅額方全徵。"明王樵《尚書日記·夏書·禹貢》："民之有力者計其庸田，成之後，依民田以出稅。"

生 [2]

未開墾的土地。此稱元代已行用。元王禎《農書·墾耕篇》："耕地之法，未耕曰生，已耕曰熟；初耕曰塌，再耕曰轉。"

熟

已開墾的田地。此稱元代已行用。參見本節"生 [2]"文。

塌

初次開墾的田地。此稱元代已行用。參見本節"生 [2]"文。

轉

再次開墾的田地。此稱元代已行用。參見本節"生 [2]"文。

菑畬

開墾一年的田地。此稱先秦時期已行用，漢代起亦稱"菑"。《詩·小雅·采芑》："薄言采芑，于彼新田，於此菑畬。"毛傳："田一歲曰菑，二歲曰新田。"《爾雅·釋地》："田，一歲曰菑，二歲曰新田，三歲曰畬。"《淮南子·泰族》："后稷墾草發菑，糞土樹穀，使五種各得其宜。"

晋左思《魏都賦》："腜腜坰野，奕奕菑畬。"《魏書·源賀傳》："景明以來，北蕃連年災旱，高原陸野不任營殖，唯有水田少可菑畬。"宋傅亮《喜雨賦》："覃餘潤於嘉蔬，殷畚人於菑畬。"元程文海《安氏積善堂》："農人力菑畬，繼之還在勤。"清黃宗炎《周易象辭》卷一四："一歲爲菑，言除去蔓草而通水道。"

【菑】 [2]

即菑畬。此稱漢代已行用。見該文。

新

開墾兩年的田地。此稱先秦時期已行用，清代亦稱"新田"。《詩·周頌·臣工》："亦又何求，如何新畬。"毛傳："田二歲曰新，三歲曰畬。"一說爲開墾三年的田地。清黃宗炎《周易象辭》卷一四："一歲爲菑，言除去蔓草而通水道；二歲爲畬，言築治廬舍以休息。農夫草去水通，復有廬舍，可以棲止竢明春，然後布種，則三歲矣；三歲曰新田之謂也。"參見本節"菑畬"文。

【新田】 [1]

即新。此稱先秦時期已行用。見該文。

畬

開墾三年的田地。此稱先秦時期已行用，見《詩·周頌·臣工》及毛傳。

墾田

常年耕種的田地。此稱先秦時期已行用，漢代亦稱"埶田"，唐代起又稱"熟田"，元代起還稱"熟地"。《國語·周語中》："道無列樹，墾田若蓺。"《後漢書·光武帝紀下》："詔下州郡，檢覈墾田頃畝及戶口、年紀。"又《張禹傳》："禹爲開水門，通引灌漑，遂成埶田數百頃。"《晋書·羊祜傳》："於是戍邏減半，分以墾田八百餘頃，大獲其利。”《通典·食貨二》：“即使逃走帖賣者，帖荒田七年，熟田五年，錢還地還，依令聽許。”元王禎《農書·雜類》：“種枸杞法，秋冬間收子，净洗日乾，春耕熟地作畦，闊五寸……然後種子。”明李時珍《本草綱目·草四·紅藍花》集解引蘇頌曰：“冬月布子于熟地，至春生苗。”明徐光啓《農政全書》卷六：“若諸色種子，年年揀净，別無稗莠，數年之間，可無荒薉，所收常倍於熟田。”清曹寅《晚過南園》詩：“十畝熟田千樹果，讀書空老不知耕。”清惠士奇《禮説·地官三》：“漢建武中，天下墾田多不以實，或優饒豪右，侵刻羸弱，百姓怨嗟。”《清史稿·世宗紀》：“查出熟地、荒地三萬餘畝。”

【孰田】

即墾田。此稱漢代已行用。見該文。

【熟田】[1]

即墾田。此稱唐代已行用。見該文。

【熟地】

即墾田。此稱元代已行用。見該文。

壤[1]

鬆軟肥沃的土地。此稱先秦時期已行用，亦稱“壤坺”，漢代起又稱“土壤”。《書·禹貢》：“厥土惟白壤。”孔傳：“無塊曰壤。”又：“厥土惟壤，下土墳壚。”孔傳：“高者壤，下者壚。”《孟子·滕文公下》：“夫蚓，上食槁壤，下飲黄泉。”《戰國策·魏策一》：“張儀惡陳軫於魏王曰：‘軫善事楚，爲求壤坺也甚力。’”坺，“地”的古字。《史記·李斯列傳》：“是以太山不讓土壤，故能成其大；河海不擇細流，故能就其深。”《説文·土部》：“壤，柔土也。”南朝宋謝惠連《祭古塚文》：“窮泉爲壍，聚壤成基。”

北魏賈思勰《齊民要術·甘蔗》：“雩都縣土壤肥沃，偏宜甘蔗，味及采色，餘縣所無，一節數寸長。”唐韓愈《祭河南張員外文》：“銘君之績，納石壤中，爰及祖考，紀德事功，外著後世，鬼神與通。”唐玄奘《大唐西域記》：“國大都城周四十餘里，土壤膏腴，地利滋盛。邑里相望，人户殷實。”宋葉適《東家開河記》：“温州並南海以東，地常燠少寒，上壤而下濕。”《金史·實嘉紐勒琿傳》：“鎮戎土壤肥沃，又且平衍，臣裨將所統幾八千人，每以遷徙不常爲病。”明沈德符《萬曆野獲編》卷三〇：“地寬平，土壤膏腴，有大溪達城東北流。”《清史稿·朱軾傳》：“至已熟之田，或糧額甚輕，亦由土壤磽瘠，數畝不敵腴田一畝，非欺隱者比。”

【壤坺】[1]

即壤[1]。此稱先秦時期已行用。見該文。

【土壤】

即壤[1]。此稱漢代已行用。見該文。

【息壤】

即壤[1]。此稱先秦時期已行用，漢代起亦稱“息土”。《山海經·内經》：“洪水滔天，鯀竊帝之息壤以堙洪水，不待帝命，帝令祝融殺鯀於羽郊。”《淮南子·時則訓》：“龍門河濟相貫，以息壤堙洪水之州。”漢戴德《大戴禮記·易本命》：“息土之人美，耗土之人醜。”盧辯注：“息土爲衍沃之田，耗土爲疏薄之地。地有美惡，故生人有好醜也。”宋李樗、宋黄櫄《毛詩集解》卷三〇：“穴者鑿地爲之，土無所用，直去其息土而已。”明楊慎《息壤辯》：“《九章筭術》云：‘穿地四，爲壤五，爲堅三。’壤，是息土和緩之名。”明朱國禎《湧幢小品·息壤辯》：“《山海經》所云‘鯀竊帝之息壤’，蓋指桑土稻田，可以生息，故曰息壤。"清徐文靖《管城碩記》卷一五引《辯證補注》曰："土家語息土之民美，即息壤也。"清惠士奇《禮説·地官》："堅土肥，壚土大，沙土細，息土美，耗土醜。"

【息土】

即息壤，亦即壤[1]。此稱漢代已行用。見該文。

【嬴土】

即壤[1]。此稱先秦時期已行用，漢代起亦稱"農土""沃土""滔土""並土""中土""肥土""成土""隱土""申土"。《山海經·大荒東經》："有柔僕民，是維嬴土之國。"郭璞注："嬴，猶沃衍也。"《淮南子·墜形訓》："東南神州曰農土，正南次州曰沃土，西南戎州曰滔土，正西弇州曰並土，正中冀州曰中土，西北台州曰肥土，正北濟州曰成土，東北薄州曰隱土，正東陽州曰申土。"宋韓彦直《橘録·始栽》："始取朱欒核洗净下肥土中，一年而長，名曰柑。"元魯明善《農桑衣食撮要·移石榴》："葉未生時，用肥土於嫩枝條上，以席草包裹束縛。"元王禎《農書·糞壤篇》："糞田者，所以變薄田爲良田，化磽土爲肥土也。"清屈大均《廣東新語·木語上》："每田一畝，種柑桔四五十株，糞以肥土，溝水周之。"清代《授時通考·穀種·豆三》："凡豆不宜肥土，土肥則莢稀，此種不用耘，茅草之地叢生尤盛。"

【農土】

即嬴土，亦即壤[1]。此稱漢代已行用。見該文。

【沃土】[1]

即嬴土，亦即壤[1]。此稱漢代已行用。見該文。

【滔土】

即嬴土，亦即壤[1]。此稱漢代已行用。見該文。

【並土】

即嬴土，亦即壤[1]。此稱漢代已行用。《淮南子·墜形訓》："正西弇州曰並土。"高誘注："並，猶成也。八月建酉，百穀成熟，故曰並土。"

【中土】[2]

即嬴土，亦即壤[1]。此稱漢代已行用。見該文。

【肥土】[1]

即嬴土，亦即壤[1]。此稱漢代已行用。見該文。

【成土】

即嬴土，亦即壤[1]。此稱漢代已行用。見該文。

【隱土】

即嬴土，亦即壤[1]。此稱漢代已行用。見該文。

【申土】

即嬴土，亦即壤[1]。此稱漢代已行用。見該文。

【墳壤】

即壤[1]。此稱先秦時期已行用。《周禮·地官·草人》："凡糞種，騂剛用牛，赤緹用羊，墳壤用麋。"唐李軫《泗州刺史李君神道碑》："化草莽爲陂塘，變磽確爲墳壤。"唐吕太一《土賦》："爾其荆河墳壤淮海塗泥，草木漸包於赤埴，璆鐵作貢於青黎。"宋范成大《嘲峽石》詩："粗類墳壤黄，沉漬鐵矢黑。"清黄景仁《泗州喜洪大從姑熟來》詩："推窗納揚徐，披圖驗墳壤。"清魏文中《繡雲閣》第四九回："黑墳黄壤，土色有分，此地如斯，在墳壤外矣。"

【大甸】

即壤[1]。此稱先秦時期已行用，亦作"大田"。《周禮·春官·小宗伯》："若大甸，則帥有司而饁獸於郊。"鄭玄注："甸，讀若田。"孫詒讓正義："田爲田狩正字，甸爲借字，故讀從之。”《詩·小雅·大田》：“大田多稼。既種既戒，既備乃事。”鄭玄箋：“大田，謂地肥美可墾耕，多爲稼，可以授民者也。”《晋書·王敦傳》：“免良人奴，自爲惠澤，自可使其大田以充倉廩。”北魏酈道元《水經注·河水一》：“大田三年，積粟百萬，威服外國。”唐白居易《許昌縣令新廳壁記》：“兵殘其民，火焚其邑；大田生荆棘，官舍爲煨燼。”《舊唐書·食貨志下》：“建中四年六月，户部侍郎趙贊請置大田，天下田計其頃畝，官收十分之一，擇其上腴樹桑環之，曰公桑。”元王禎《農書·耒耜門》：“二人二牛特用於大田，見功又速耕耙。”明賀復徵編《文章辨體彙選·上林苑令箴》：“芒芒大甸，芃芃作穀。山有隥陸，野有林麓。”清代《授時通考·勸課·奠玉帛樂奏蕭平之章》：“民天惟食兮農事先，粒我蒸民兮有大田。”

【大田】

同“大甸”，即壤[1]。此體先秦時期已行用。見該文。

【甫田】

即壤[1]。此稱先秦時期已行用，唐代亦稱“圃田”。《詩·齊風·甫田》：“無田甫田，維莠驕驕。”孔傳：“甫，大也。”《漢書·禮樂志》：“登成甫田，百鬼迪嘗。”顔師古注：“甫田，大田也……言此粢盛，皆因大田而登成，進於祀所，而爲百神所歆饗也。”晋陸機《瓜賦》：“殷中和之淳祜，播滋榮於甫田。”唐錢起《送馬使君赴鄭州》詩：“膏雨帶榮水，歸人耕圃田。”明何景明《雨頌》詩：“甫田之圻，陰液膏之。”清代《欽定日下舊聞考》卷二五：“登臨底識予心慰，四野春膏沃甫田。”

【圃田】[1]

即甫田，亦即壤[1]。此稱唐代已行用。見該文。

【良田】

即壤[1]。此稱先秦時期已行用，南北朝時期起亦稱“良沃”。《管子·八觀》：“良田不在，戰士三年而兵弱。”《商君書·墾令》：“農逸則良田不荒。”三國魏嵇康《養生論》：“田種者一畝十斛，謂之良田。”晋陶潛《桃花源記》：“土地平曠，屋舍儼然，有良田、美池、桑竹之屬。”北魏酈道元《水經注·淯水》：“陂水所溉，咸爲良沃。”《隋書·柳彧傳》：“老禾不早殺，餘種穢良田。”唐常衮《廢華州屯田制》：“丘荒置屯田已來，皆變良沃。”宋李昉《太平御覽·産資部一》：“豫章記曰，郡江之西岸有磐石，下多良田，極高腴者一畝，二十斛稻米之精者，如玉映澈於器中。”《古今小説·滕大尹鬼斷家私》：“倘或善述日後長大成人，你可看做爹的面上，替他婆房媳婦，分他小屋一所，良田五六十畝，勿令飢寒足矣。”清蒲松齡《聊齋志異·王大》：“有舉人重貲作巨商者，衣錦厭粱肉，家中起樓閣、買良沃，而竟忘所自來。”

【良沃】

即良田，亦即壤[1]。此稱南北朝時期已行用。見該文。

【土膏】

即壤[1]。此稱先秦時期已行用，三國時期亦稱“膏”，宋代起又稱“膏脈”“膏土”。《國語·周語上》：“陽氣俱烝，土膏其動。”韋昭注：“膏，土潤也。”《漢書·東方朔傳》：“故酆鎬之間號爲土膏，其賈畝一金。”南朝梁武帝《藉田》詩：“千畝土膏紫，萬頃陂色縹。”唐柳宗元《首春逢耕者》：“土膏釋原野，百蟄競所營。"宋歐陽修《歸田四時樂·春》："新陽晴暖動膏脉，野水泛灔生光輝。"宋司馬光《傳家集·送薯預苗與興宗》："散之膏土間，春苗比如櫛。"宋張九成《孟子傳》："灌以滋澤，沃以土膏，使根深而苗秀，脉潤而體堅。"元貢性之《牧牛圖》："太守勸農當二月，土膏肥煖牛可耕。"《元史·烏古孫澤傳》："〔烏古孫澤〕乃教民浚故湖，築大堤……計得良田數千頃，瀕海廣潟並爲膏土。"明宋應星《天工開物·乃粒》："凡一耕之後，勤者再耕、三耕，然後施耙，則土質匀碎，而其中膏脉釋化也。"明章潢《圖書編·國朝屯田考》："與其膏土沃田鞠爲茂草，孰若捐以予人請明詔。"《明史·食貨志一》："土膏沃，宜招集流亡，屯田從之。"清姚士藟《聖駕南巡詩六首》之四："土膏初動事耕耘，布穀催春處處聞。"清代《日下舊聞通考·御製豐臺行》："惜矣墾植斯膏土，更思敷治在順民。"

【膏】

即土膏，亦即壤[1]。此稱三國時期已行用。見該文。

【膏脉】

即土膏，亦即壤[1]。此稱宋代已行用。見該文。

【膏土】

即土膏，亦即壤[1]。此稱宋代已行用。見該文。

【膏腴之地】

即壤[1]。此稱先秦時期已行用，漢代起亦稱"膏壤"，晋代又稱"膏腴"，宋代還稱"膏脉""膏腴地"，明代另稱"膏疇"。《戰國策·趙策四》："今媼尊長安君之位，而封之以膏腴之地。"《史記·貨殖列傳》："關中自汧雍以東至河華，膏壤沃野千里。"三國魏曹植《喜雨》詩："喜種盈膏壤，登秋必有成。"晋左思《吳都賦》："其四野則畛畷無數，膏腴兼倍。"南北朝庾信《病梨賦》："嗟乎，同托根於膏壤，俱禀氣於太和，而脩短不均、榮枯殊質。"《魏書·李苗傳》："釋其至，難攻其甚，易奪其險要、割其膏壤。"唐司空圖《太原王公同州修堰記》："故其水皆渾而悍暴難制，然左輔土田，賴之爲膏壤，堰雖勞，不可廢也。"宋歐陽修《歸田四時樂·春》詩："新陽晴暖動膏脉，野水泛灔生光輝。"宋司馬光《藥圃》詩："三蜀膏腴地，偏於藥物宜。"明何景明《田園雜詩》之二："膏疇矧豐蔚，積潦復淒冽。"清譚嗣同《報貝元徵書》："及見形見勢絀，有百敗，無一勝，所失膏壤方數千里。"

【膏壤】

即膏腴之地，亦即壤[1]。此稱漢代已行用。見該文。

【膏腴】

即膏腴之地，亦即壤[1]。此稱晋代已行用。見該文。

【膏脉】

即膏腴之地，亦即壤[1]。此稱宋代已行用。見該文。

【膏腴地】

即膏腴之地，亦即壤[1]。此稱宋代已行用。見該文。

【膏疇】

即膏腴之地，亦即壤[1]。此稱明代已行用。見該文。

【沃土】[2]

即壤[1]。此稱先秦時期已行用，漢代亦稱"沃"。《國語·魯語下》："沃土之民不材，淫也。"《管子·地員》："五沃之土，乾而不斥，湛而不澤，無高下。"漢班固《西都賦》："下有鄭白之沃，衣食之源。"漢張衡《西京賦》："處沃土則逸，處瘠土則勞。"李善注引韋昭曰："沃，肥美也。"晋葛洪《抱朴子·守塉》："處塉則勞，勞則不學清而清至矣；居沃則逸，逸則不學奢而奢來矣。"唐王建《送于丹移家洺州》詩："耕者求沃土，漚者求深源。"唐杜牧《祭龔秀才文》："上田沃土，多歸豪强苟悦。"宋林之奇《尚書全解·盤庚上·商書》："沃土之民多不節淫也，瘠土之民莫不嚮慕義也。"明葉山《葉八白易傳》："沃土久荒，所收必厚。"明徐光啓《農政全書》卷九："海内荒蕪之沃土至多，棄置不耕，坐受匱乏。"《日下舊聞通考》卷五："旱則蓄其流，潦則宣其溢，則瘠産皆化爲沃土。"

【沃】

即沃土，亦即壤[1]。此稱漢代已行用。見該文。

【沃田】

即壤[1]。此稱先秦時期已行用，漢代起亦稱"沃地"。《國語·晋語一》："雖獲沃田而勤易之，將不克饗。"《淮南子·修務訓》："夫瘠地之民多有心者，勞也；沃地之民多不才者，饒也。"漢王充《論衡·宣漢》："以盤石爲沃田，以桀暴爲良民。"唐温庭筠《宿灃曲僧舍》詩："沃田桑葉晚，平野菜花春。"宋陳從易《吳興道中》詩："野闊多桑柘，湖平溉沃田。"宋陳祥道《論語全解·子路》："瘠地之民多有心，沃地之民多不才，故匹庶之家多循禮，世禄之家多侈怙，其勢然也。"明陳鴻《桑乾道中》："沃地北來邊塞近，流澌東下早春殘。"《明史·張淳傳》："未幾草盡，得沃田數百頃。"《聊齋志異·雲蘿公主》："父忿恚得疾，食鋭減，乃爲二子立析産書，樓閣沃田，悉歸大器。"清代《授

時通考·穀種·麻》："孟詵曰：'沃地種者八稜，山田種者四稜，土地有异，工力則同。'"

【沃地】

即沃田，亦即壤[1]。此稱漢代已行用。見該文。

【沃野】

即壤[1]。此稱先秦時期已行用，亦稱"饒野"，漢代亦作"沃壄"，宋代又作"沃埜"。《戰國策·秦策一》："沃野千里，蓄積饒多，地勢形便。"《孫子·九地》："掠於饒野，三軍足食。"杜預注："兵在重地，須掠糧於富饒之野，以豐吾食。"《史記·河渠書》："漑澤鹵之地四萬餘頃，收皆畝一鐘。於是關中爲沃野，無凶年。"《漢書·張良傳》："夫關中，左殽函，右隴蜀，沃野千里。"顔師古注："沃者，漑灌也。言其土地皆有灌漑之利，故云沃野。"又《貨殖傳·蜀卓氏》："吾聞崏山之下沃壄，下有蹲鴟，至死不饑。"顔師古注引孟康曰："其山下有沃野灌漑。"宋惠崇《衡山道中》詩："沃野獻新綠，殘晴釀晚陰。"宋范成大《吳船録》卷上："美田彌望，所謂岷山之下沃埜者正在此。"明湛懷法師《長干曉發》詩："村煙饒野飯，洗鉢浣溪清。"清朱鶴齡《禹貢長箋·夏書·禹貢》："大陸一帶，彌望沃野，皆堪耕作。"

【沃壄】

同"沃野"，即壤[1]。此體漢代已行用。見該文。

【沃埜】

同"沃野"，即壤[1]。此體宋代已行用。見該文。

【饒野】

即沃野，亦即壤[1]。此稱先秦時期已行用。見該文。

【衍沃】

即壤[1]。此稱先秦時期已行用。《左傳・襄公二十五年》：“井衍沃。”杜預注：“衍沃，平美之地。”《國語・周語上》：“民之有口，猶土之有山川也，財用於是乎出；猶其有原隰衍沃也，衣食於是乎生。”韋昭注：“廣平曰原，下溼曰隰。下平曰衍，有溉曰沃。”《漢書・貨殖傳》：“於是辯其土地、川澤、邱陵、衍沃、原隰之宜。”宋曾鞏《僊都觀三門記》：“衍沃可宮可田，其獲之多與他壤倍。”宋陸游《農家歌》：“爲農但力作，瘠鹵變衍沃。”清王允祉《刈麥記》：“山川衍沃，土脉肥饒，所藝諸田日見豐茂，而隴麥日至之時皆成熟矣。”

【沃衍】

即壤[1]。此稱先秦時期已行用。《呂氏春秋・愛類》：“昔上古龍門未開，呂梁未發，河出孟門，大溢逆流，無有丘陵、沃衍、平原、高阜，盡皆滅之，名曰鴻水。”《後漢書・楊震傳》：“今猥規郊城之地，以爲苑囿，壞沃衍，廢田園，畜禽獸，殆非所謂‘若保赤子’之義。”李賢注引《左傳》杜預注：“衍沃，平美之地也。”北魏酈道元《水經注・河水二》：“大戰三日，水乃迴減，灌浸沃衍，胡人稱神。”又《沔水》：“山有坂月川于中，黃壤沃衍，而桑麻列植佳饒水田。”《魏書・袁飜傳》：“漢家行軍之舊道，土地沃衍，大宜耕殖。”《宋史・地理志四》：“川澤沃衍，有水物之饒。”元田薿《題蒙菴爲黃石谷賦》詩：“東南有高丘，下臨萬家邑。汪洋浹春潤，沃衍盛秋入。”明王樵《尚書日記・夏書・禹貢》：“江淮下流水未平則爲下濕，于草木非宜。水既平則爲沃衍，于草木尤宜。”明柯尚遷《周禮全經釋原・井田》：“蓋天下之地豈皆沃

衍膏腴，而無淳鹵磽确之等乎？”

【善田】

即壤[1]。此稱先秦時期已行用，宋代起亦稱“善壤”，清代又稱“吉壤”。《韓非子・詭使》：“夫陳善田利宅，所以戰士卒也。”《新唐書・裴度傳》：“收千馬納之，校以善田四百頃，還襄人。”《新五代史・劉景巖傳》：“邠涇多善田，其利百倍，宜多市田，射利以自厚。”宋王安石《謝除資政殿大學士表》：“惟汝陽之善壤，乃魯服之大邦。”宋楊天惠《彰明附子記》：“凡上農夫，歲以善田代處前期輒空田。”《續資治通鑑・宋太宗太平興國五年》：“白鹿洞在廬山之陽，常聚生徒數百人。江南後主時，割善田數十，歲取其租廩給之。”《宋史・劉滬傳》：“收善田數百頃，以益屯兵。”明祝允明《南園賦》：“闢彼善壤，繚之長垣，令流水以成池，象洞天而爲山。”清代《甬上耆舊詩・先槃軒先生》：“別有草堂在東皋佳山水處，舍外善田百餘畝。”清黃六鴻《福惠全書・教養・植桑榆》：“遥望其處，鬱鬱蔥蔥，翠雲盤結，居然旺氣所鍾，不亦名區吉壤哉。”

【善壤】

即善田，亦即壤[1]。此稱宋代已行用。見該文。

【吉壤】

即善田，亦即壤[1]。此稱清代已行用。見該文。

【美地】

即壤[1]。此稱先秦時期已行用，漢代起亦稱“美田”。《列子・説符》：“孫叔敖死，王果以美地封其子。”漢崔寔《四民月令》：“三月可種秔稻，美田欲稀，薄田欲稠。”《漢書・趙充國傳》：“今虜亡其美地薦草，愁於寄託遠遁，骨肉離心。”《三國志・魏書・盧毓傳》：“典農校

尉毓心在利民，躬自臨視，擇居美田，百姓賴之。"《舊唐書·李元諒傳》："芟林薙草、斬荊榛，俟乾盡焚之，方數十里皆爲美田。"北魏賈思勰《齊民要術·種穀》引《氾勝之書》："驗美田至十九石，中田十三石，薄田十石。"唐宋本《滋溪書堂記》："世之致爵祿金玉、良田美地者，其傳期與天地相終始。"宋楊傑《不易之地家百畞賦》："歲不易者爲美地，地所美者善養禾。"《宋史·穆衍傳》："兩川美田，實彼我必爭之地。"元陳旅《環溪堂記》："兩川所環，而有良田美地。"明王應電《周禮翼傳·授萊田法》："有美田不可爲萊者，則當別授之。"

【美田】

即美地，亦即壤[1]。此稱漢代已行用。見該文。

【疇】[2]

即壤[1]。此稱漢代已行用，亦稱"田疇"，唐代起又稱"勝壤""沃疇"，宋代還稱"珍疇"。《漢書·蕭望之傳》："若管晏而休，則下走將歸延陵之皋，修農圃之疇。"顏師古注："美田曰疇。"《後漢書·安帝紀》："詔三輔……太原各修理舊渠，通利水道，以溉公私田疇。"李賢注引《前書音義》："美田曰疇。"唐駱賓王《至分陝》詩："陝西開勝壤，召南分沃疇。"宋葉清臣《松江秋泛賦》："將濬疏于彙川，其拯濟乎珍疇。"明江東之《置貴陽右文田碑記》："圖之會屯中清出烏當把路之田若干畞，故徵巴香備餉，而今無所用之，最號沃疇，歲收米二百石。"

【田疇】[1]

即疇[2]，亦即壤[1]。此稱漢代已行用。見該文。

【勝壤】

即疇[2]，亦即壤[1]。此稱唐代已行用。見該文。

【沃疇】

即疇[2]，亦即壤[1]。此稱唐代已行用。見該文。

【珍疇】

即疇[2]，亦即壤[1]。此稱宋代已行用。見該文。

【虛土】

即壤[1]。此稱漢代已行用，亦稱"輕土"。《大戴禮記·易本命》："是故堅土之人肥，虛土之人大，沙土之人細。"盧辯注："肥者象地堅實，大者象地虛縱（縱）也。"按，王念孫《經義述聞》卷一三謂原文應依《淮南子》作"堅土之人剛，弱土之人肥，盧土之人大，沙土之人細"；盧，同"壚"，爲"黑剛土"，因形似而誤爲"虛"。《淮南子·墜形訓》："輕土多利，重土多遲。"北魏賈思勰《齊民要術·耕田》："杏始華榮，輒耕輕土弱土……土甚輕者，以牛羊踐之。如此，則土強，此謂弱土而強之也。"元司農司《農桑輯要·栽桑》："上半阬擁熟土輕築令平滿，用虛土封堆。"清李斗《揚州畫舫錄》："土作有大小夯離，灰土、黃土、素土之分，以虛土折實土，夯築以把論。"

【輕土】

即虛土，亦即壤[1]。此稱漢代已行用。見該文。

【豐壤】

即壤[1]。此稱漢代已行用，亦稱"甘壤"。漢張衡《南都賦》："割周楚之豐壤，跨荊豫而爲疆。"漢蔡邕《〈樊惠渠歌〉序》："曩之鹵田，化爲甘壤。"三國魏曹丕《槐賦》："托靈根於豐壤，被日月之光華。"晉賀循《報虞預論楊方》："方者乃是荒菜之特苗、鹵田之善秀，姿質已良但染未足耳，移植豐壤必成佳穀。"《晉書·阮種傳》："夫廉耻之於政，猶樹藝之有豐壤，良歲之有膏澤，其生物必油然茂矣。"唐何據《琥珀拾芥賦》：“膏渝甘壤，珠孕清輝。”明劉羽《大魚圖》：“葛陂竹化事無憑，豐壤劍沉人已昔。”清王第祺《班固自爲序傳賦》：“是猶珍黍穋之味，而惡夫豐壤之腴；重江河之深，而忘夫崐崙之吐。”

【甘壤】

即豐壤，亦即壤[1]。此稱漢代已行用。見該文。

【富中】

即壤[1]。此稱漢代已行用。漢袁康《越絕書・外傳記・越地傳》：“富中大塘者，句踐治以爲義田。爲肥饒，謂之富中，去縣二十里二十二步。”《文選・左思〈吳都賦〉》：“富中之甿，貨殖之選，乘時射利，則豐巨萬。”張銑注：“富中之甿，謂肥沃田中所居人也。”

【沃壤】

即壤[1]。此稱漢代已行用，清代亦稱“沃淫”。漢禰衡《鸚鵡賦》：“羨西都之沃壤，識苦樂之異宜。”《後漢書・西羌傳》：“郡縣兵荒二十餘年，夫棄沃壤之饒，損自然之財，不可謂利。”《宋書・食貨志・農田》：“雖沃壤而有水旱之患，埆瘠而無水旱之慮者，爲中品。”《南齊書・武十七王傳》：“臣思水潦成患，良田沃壤變爲汙澤。”《魏書・陽尼傳》：“耕東皋之沃壤兮，釣北湖之深潭。”宋曾鞏《襄州宜城縣長渠記》：“引隄水以灌田，田皆爲沃壤。”清朱鶴齡《禹貢長箋・禹貢》：“海潮日至，淤爲沃壤，請用浙人法築塘捍水爲田。”清王闓運《丁文誠誄》：“當沃淫之久荒，又虛敝而惰窳。”

【沃淫】

即沃壤，亦即壤[1]。此稱清代已行用。見該文。

【肥田】

即壤[1]。此稱漢代已行用，宋代起亦稱“肥土”。《後漢書・循吏傳・許荆》：“於是共割財產以爲三分，武自取肥田廣宅奴婢强者，二弟所得，並悉劣少。”北魏賈思勰《齊民要術・種桑柘》載《氾勝之書》：“治肥田十畝，荒田久不耕者，尤善好耕治之。”宋韓彥直《橘錄・始栽》：“始取朱欒核洗淨下肥土中，一年而長，名曰‘柑淡’。”元王禎《農書・糞壤篇》：“糞田者，所以變薄田爲良田，化磽土爲肥土也。”《二刻拍案驚奇》卷一九：“〔莫廣〕家有肥田數十畝，耕牛數頭。”清秦蕙田《五禮通考》：“今肥田尚多未有墾闢，其悉以賦。”

【肥土】[2]

即肥田，亦即壤[1]。此稱宋代已行用。見該文。

【膏田】

即壤[1]。此稱漢代已行用，宋代亦稱“良膏”，明代又稱“膏沃”“高腴”。《後漢書・仲長統傳》：“豪人之室，連棟數百，膏田滿野。”南朝宋劉義慶《世說新語・儉嗇》：“司徒王戎既貴且富，區宅、僮牧、膏田、水碓之屬，洛下無比。”《隋書・音樂志下》：“岩處載驚，膏田已冒。”宋范仲淹《泰州張侯祠堂頌》：“海陵嗷嗷，古防弗牢，萬頃良膏，歲凶於濤。”明李東陽《岳州府新築永濟堤記》：“甚者變樣居爲市集，化棄地爲膏沃。”又《天津衛城修造記》：“瞻宮闕之尊崇，覽畿甸之高腴。”清玄燁《閱河長歌》：“曾記當時泊舟處，今成沃土及膏田。”《聊齋志異・金和尚》：“弟子繁有徒，食指日千計，遠里膏田千百畝。”

【良膏】

即膏田，亦即壤[1]。此稱宋代已行用。見該文。

【膏沃】

即膏田，亦即壤[1]。此稱明代已行用。見該文。

【高腴】

即膏田，亦即壤[1]。高，通"膏"。此稱明代已行用。見該文。

【腴表】

即壤[1]。此稱晋代已行用，唐代起亦稱"腴田"。晋周處《風土記》："三江雄潤，五湖腴表。"《舊唐書·德宗紀上》："賜竇氏名園、涇水上腴田及錦綵金銀器，以安其意。"《新唐書·長孫順德傳》："前刺史張長貴、趙士達占部中腴田數十頃，奪之以給貧單。"《宋史·謝絳傳》："於是腴田悉爲豪右所占，流民至無所歸。"元納新《潁州老翁歌》："自言城東昔大户，腴田十頃桑陰圍。"《聊齋志異·紅玉》："〔生〕時年三十六，腴田連阡，夏屋渠渠矣。"清馮桂芬《林文忠公祠記》："惟是吾吳古稱五湖腴表，有明以來，尤以財賦雄東南。"

【腴田】

即腴表，亦即壤[1]。此稱唐代已行用。見該文。

【墳腴】

即壤[1]。此稱晋代已行用，明代起亦稱"腴産"。晋潘岳《藉田賦》："沃野墳腴，膏壤平坻。"宋莫子純《重修縣學記》："沃野墳腴，秔稻油油。"明王世貞《泖塔院常住田記》："今中丞公樹德謀割腴産五十餘畝，充院長住，且言之邑司，俾免其他徭役。"清閻若璩《四書釋地·文王囿七十里》："武帝時，盡化爲腴産，其賈畝一金，規以爲囿。"

【腴産】

即墳腴，亦即壤[1]。此稱明代已行用。見該文。

【腴壤】

即壤[1]。此稱南北朝時期已行用。《宋書·孔靈符傳》："謂宜適任民情，從其所樂，開有遁亡，且令就業；若審成腴壤，然後議遷。"明雷禮《農述》："是故質美者，腴壤易治者也。"清厲鶚《遼史拾遺·李仲宣傳》："地多腴壤，閑栽珍果，棋布蔬畦。"

【神皋】

即壤[1]。此稱南北朝時期已行用，唐代起亦作"神臯"。《宋書·自序傳·沈亮》："竊見郡境有舊石塌，區野腴潤，實爲神皋。"《文選·沈約〈齊故安陸昭王碑文〉》："禹穴神皋，地埒分陝。"李周翰注："皋，地也。其地肥沃，故云神皋。"唐韓休《惠宣太子哀册文》："歷神皋兮望國寢，背華宇兮歸山丘。"唐温庭筠《秋日》詩："爽氣變昏旦，神皋徧原隰。"元馬祖常《駕發》詩："神皋不用清塵雨，輦路龍沙藉草豐。"明鄭珞《春日扈駕謁陵》詩之二："臕臕神皋迥，鑾輿晚駐時。"明許國《嘉禾賦》："陸海廣輪，神皋沃衍。"清吳應棻《聖主躬耕耤田恭紀八首》詩之六："神皋共仰千秋舉，御廩應多十倍加。"

【神臯】

同"神皋"，即壤[1]。此體唐代已行用。見該文。

【良疇】

即壤[1]。此稱南北朝時期已行用。《宋書·沈曇慶傳》："會土帶海傍湖，良疇亦數十萬頃，膏腴上地畝直一金。"北魏酈道元《水經注·沔水》："江水又東，逕穴湖塘，湖水沃其一縣，竝爲良疇矣。"唐張九齡《候使登石頭驛樓作》詩："漁商多末事，耕稼少良疇。"元王禎《農書·灌漑門》："一泓積潦能施潤，數頃良疇儘可供。"明徐弘祖《徐霞客遊記·滇遊日記四》："東塢以無泉故，皆成蕪壤；西塢以有泉故，廣闢良疇。"清趙翼《過青田訪劉誠意故宅》詩："其上一洞天，良疇千頃闢。"

【奧壤】

即壤[1]。此稱南北朝時期已行用。《陳書·裴忌傳》："三吳奧壤，舊稱饒沃，雖凶荒之餘，猶爲殷盛。"唐陳子昂《上西蕃邊州安危事》："甘州諸屯，皆因水利，濁河漑灌，良沃不待天時，四十餘屯，並爲奧壤。"《舊唐書·田弘正傳》："伏自天寶已還，幽陵肇亂，山東奧壤，悉化戎墟。"明徐弘祖《徐霞客遊記·滇遊日記三》："嵩明中環海子，田澤沃美，其西之邵甸，南之楊林，皆奧壤也。"梁啓超《覆金山中華會館書》："吾粵錦繡奧壤，尤爲各國所垂涎。"

【豐田】

即壤[1]。此稱唐代已行用。《舊唐書·王縉傳》："凡京畿之豐田美利，多歸於寺觀，吏不能制。"明張國維《吳中水利全書》卷九："景祐二年置豐田，水官使者專管湖塘河渠。"

【錦塍】

即壤[1]。此稱清代已行用。清嚴如熤《三省邊防備覽·策略》："其平原之中錦塍相接，故其米穀之饒，洵陽白河客民亦借資焉。"

陰土

滋潤的土壤。此稱先秦時期已行用。《呂氏春秋·任地》："其深殖之度，陰土必得，大草不生，又無螟蜮。"陳奇猷校釋："'陰土必得'乃倒句，順讀之則爲'必得陰土'……陰，潤澤也。'深殖之度，陰土必得'，謂殖稼之深淺必使之至潤澤之土也。"清代《授時通考·土宜·物土》："今以麋矢化陽土，以鹿矢化陰土也。"

輭

鬆軟的土壤。此稱先秦時期已行用，晋代亦稱"堧"。《呂氏春秋·辯土》："凡耕之道：必始於壚，爲其寡澤而後枯；必厚其輭，爲其唯厚而及鎈者。"陳奇猷校釋引孫詒讓曰："'輭'當爲'輭。'《廣雅·釋詁》云：'輭，弱也。'《玉篇·韋部》云：'輭，輭奭也'……蓋壚爲剛土（《説文·土部》云：'壚，黑剛土也。'），輭爲奭土，'必厚其輭'與'必始於壚'文正相對。"《廣雅·釋地》："堧，土也。"王念孫疏證："堧之言懦也。《玉篇》仁緣、奴過二切。字亦作堧。《廣韵》：'堧，沙土也。'"《太平寰宇記》卷一三〇引晋張華《博物志》："海陵縣多麋，千萬爲羣，掘食草根，其處成泥，名曰麋堧。民隨而種，不耕而獲其利，所收百倍。"明徐光啓《農政全書》卷一："鎈者莝之，堅者耕之，澤其輭而後之。"一説：輭，指輭土，即堅實的白地。其土貧瘠，缺乏腐殖質，呈白色塊狀，不易保墒透水，需待雨水潤濕後耕種。

【堧】

即輭。此稱晋代已行用。見該文。

埴

有黏性的肥沃土壤。此稱先秦時期已行用，唐代亦稱"黏土"，宋代又稱"粘土"。《書·禹貢》："厥土赤埴墳。"孔傳："土黏曰埴。"孔穎達疏："《考工記》用土爲瓦，謂之摶埴之工，是埴爲黏土，故土黏曰埴。"《通典·兵十二》："深塹黏土者，車之勞地；殷草橫畝，犯歷深澤者，車之拂地。"宋范成大《從宗偉乞冬筍山藥》："竹塢撥沙犀頂鋭，藥畦粘土玉肌豐。"清代《授時通考·土宜·物土》："犬屬火，其性輕佻，故以化黏土；豕屬坎，其性負塗，故以化脆土也。"

【黏土】

即埴。此稱唐代已行用。見該文。

【粘土】

即埴。此稱宋代已行用。見該文。

黑埴

有黏性的黑色的肥沃土壤。此稱先秦時期已行用，亦稱"黑土"。《管子·地員》："黑埴宜稻麥。"《六韜·戰車》："圮下漸澤，黑土黏埴者，車之勞地也。"《史記·三王世家》："封于北方者，取黑土。"北魏賈思勰《齊民要術·旱稻》："旱稻用下田，白土勝黑土。"唐劉禹錫《武陵觀火詩》："高灰辨廩庾，黑土連閭閻。"宋宋子安《東溪試茶錄》："壑嶺實爲南山，土皆黑埴。"《明史·禮志三》："廣東、廣西進赤土，江西、湖廣、陝西進白土，山東進青土，北平進黑土。"清顧炎武《再謁孝陵》詩："蒼松長化石，黑土乍成灰。"清徐文靖《禹貢會箋·禹貢上》："《管子·地員篇》有赤壚、黃唐、黑埴、青商、白壤之名，皆祖述禹貢之遺意也。"清代《授時通考·土宜·物土》："濆田五施，赤壚四施，黃唐三施，斥埴再施，黑埴一施，五土惟五施者最爲土厚水深也。"

【黑土】

即黑埴。此稱先秦時期已行用。見該文。

【黛壤】

即黑埴。此稱南北朝時期已行用，五代時期起亦稱"黑壤"。南朝梁江淹《齊太祖高皇帝誄》："寶珪黛壤，俾王於東。"胡之驥注："黛壤，黑壤，膏腴之土也。"前蜀貫休《春山行》："黑壤生紅黍，黃猿領白兒。"《太平廣記·蠻夷三·交趾》："厥土惟黑壤，厥氣慘雄，故今稱其田爲雄田，其民爲雄民。"宋范成大《勞畲耕》詩："吳田黑壤腴，吳米玉粒鮮。"明蔣一葵《堯山堂偶雋》卷二一八："纖芒濯露，疑因黑壤之宜；香稼搖風，若吐黃金之色。"清屈大均《廣東新語·食語》："田肥而污，下多黑壤，乃能種之。"

【黑壤】

即黛壤，亦即黑埴。此稱五代時期已行用。見該文。

黃場

洪水過後淤積的肥沃而濕潤的黃色土壤。此稱南北朝時期已行用，宋代起亦稱"黃淤"。北魏賈思勰《齊民要術·黍穄》："燥濕候黃場，種訖不曳撻。"石聲漢注："'場'，原寫作'暘'，現在寫作'墒'，即保有一定水分一定結構的土壤。"又《旱稻》："至春，黃場納種餘法，悉與下田同矣。"宋陳師道《送趙教授》詩："北州豪傑知誰健，乞我黃淤十里秋。"任淵注："黃淤，謂河水所淤之田也。《漢書·溝洫志》曰：'河水有所游盪，時至而去。'則填淤肥美，民耕田之，或久無害。"元吳萊《去歲留杭恍然有懷爲續此詩却寄董》詩："裂衣騰朔漠，膠棹入黃淤。"

【黃淤】

即黃場。此稱宋代已行用。見該文。

乇土

貧瘠的田地。此稱先秦時期已行用，亦作"耗土"。《孔子家語·執轡》："乇土之人醜。"王肅注："乇，耗字也……乇土，麤疏者也。"《大戴禮記·易本命》："息土之人美，耗土之人醜。"盧辯注："耗土，謂疏薄之地。"唐段成式《酉陽雜俎·境異》："息土人美，耗土人醜。"清和寧《西藏賦注》："布帛粟米，力役撲地齊徵；

圫土雁户，凶年彌天追比。”

【耗土】

同“圫土”。此體先秦時期已行用。見該文。

【惡地】

即圫土。此稱漢代已行用。《史記・張耳陳餘列傳》：“項羽爲天下宰不平，盡王諸將善地，徙故王王惡地。”《漢書・溝洫志》：“臨晉民願穿洛，以溉重泉以東萬餘頃故惡地，誠即得水，可令畝十石。”《新唐書・劉玄佐傳》：“惟清奔鄭州，彦琳走東都自歸，有詔有死惡地。”

【薄田】

即圫土。此稱漢代已行用，南北朝時期起亦稱“埼薄”。漢崔寔《四民月令》：“凡種大小麥，得白露節，可種薄田；秋分，種中田；後十日，種美田。”《三國志・蜀書・諸葛亮傳》：“亮自表後主曰：‘成都有桑八百株，薄田十五頃，子弟衣食，自有餘饒。’”北魏賈思勰《齊民要術・大豆》：“四月時雨降，可種大小豆。美田欲稀，薄田欲稠。”《周書・高麗傳》：“土田埼薄，居處節儉。”《北史・高隆之傳》：“時初給人田，權貴皆占良美，貧弱咸受埼薄，隆之啓神武，更均平之。”元王禎《農書・墾耕篇》：“良田宜種晚，薄田宜種早。良田非獨宜晚，早亦無害；薄田種晚，必不成實。”清代《授時通考・功作・淤陰》：“耕農之事，糞壤爲急。糞壤者，所以變薄田爲良田、化磽土爲肥土也。”

【埼薄】

即薄田，亦即圫土。此稱南北朝時期已行用。見該文。

【稊田】

即圫土。此稱宋代已行用。宋范成大《融》詩：“兹事且置飽喫飯，稊田米賤如黄埃。”清

金農《次香山驛》詩：“稊田米賤那得食，短後之衣風披披。”

石溜之地

貧瘠多石的田地。此稱先秦時期已行用，晋代起亦稱“石留”，唐代起又稱“石溜”，宋代起還稱“石田”。《戰國策・韓策一》：“成皋，石溜之地也，寡人無所用之。”鮑彪注：“溜，言其無積潤。”晋左思《魏都賦》：“隰壤濉漏而沮洳，林藪石留而蕪穢。”唐元結《夜讌石魚湖作》：“夜寒閉窗户，石溜何清泠。”唐齊己《荆門送興禪師》：“虎共松岩宿，猿和石溜聞。”宋秦觀《次韻子由題蜀井》：“蜀岡精氣溜多年，故有清泉發石田。”元王逢《贈龍虎山人鄭良楚》詩之二：“石田歲稔茅屋好，種菊乞詩虞翰林。”明瞿佑《剪燈新話・天臺訪隱錄》：“有居民四五十家，衣冠古樸，氣質淳厚，石田茅屋，竹户荆扉，犬吠雞鳴，桑麻掩映，儼然一村落也。”明王志堅《表異錄》卷二：“石留，言大地多石，如人之有留結也。”

【石留】

即石溜之地。此稱晋代已行用。見該文。

【石溜】

即石溜之地。此稱唐代已行用。見該文。

【石田】[2]

即石溜之地。此稱宋代已行用。見該文。

【墝】

即石溜之地。此稱先秦時期已行用，亦作“墩”。《荀子・儒效》：“相高下，視墝肥，序五種，君子不如農人。”楊倞注：“墝，薄田也。”《吕氏春秋・辨土》：“樹肥無使撫疏，樹墝不欲專生而族居。”《禮記・王制》：“農夫皆受田於公田，肥墩有五等，收入不同也。”唐柳宗元《斬

曲幾文》：“稟氣失中，遭生不完。托地墝埵，反時燠寒。”

【墩】

同“墝”。此體先秦時期已行用。見該文。

【磽确】

即石溜之地。此稱漢代已行用，南北朝時期起亦稱“确”。《韓詩外傳》卷三：“故豐膏不獨樂，磽确不獨苦。”《晋書·陶璜傳》：“合浦郡土地磽确，無有田農，百姓唯以采珠爲業，商賈去來，以珠貿米。”《玉篇·石部》：“确，磽确。”唐玄應《一切經音義》卷一：“确，瘠薄地也。”唐玄奘《大唐西域記·三國》：“東則川野沃潤，疇隴膏腴；南方草木榮茂；西方土地磽确。”《宋史·食貨志上一》：“今鄉民于己田連接閑曠磽确之地，墾成田園，用力甚勤。”明沈德符《萬曆野獲編》卷一二：“久之土著惰民，見磽确化爲良田，亦見獵而喜，不待勸誘，争占爲己業矣。”《清史稿·朱軾傳》：“州縣田地間有未能耕種之處，或因山區磽确，旋墾旋荒；或因江岸河濱，東坍西漲。”

【确】

即磽确，亦即石溜之地。此稱南北朝時期已行用。見該文。

【磽陿】

即石溜之地。此稱漢代已行用，明代亦作“磽狹”。《漢書·景帝紀》：“郡國或磽陿，無所農桑㜅畜；或地饒廣，薦草莽，水泉利，而不得徙。”唐白居易《白孔六帖·塉田》列塉田種類有“草田、荒田、磽陿、沉斥”等十四種。宋周邦彦《汴都賦》：“溝塍畹畦亘萬里而連繹，醜惡不毛磽陿荒瘠化爲好時，轉名不易。”明歸有光《馬政議》：“況置之磽狹，無所㜅畜，或

禾稼稻秔之田，溝塍封限，遊騰莫逞，非所以適其走壤之性也。”明葉春及《惠安政書自序》：“自閩之故邑，雖磽陿不能异海，租名田耗息之籍，皆四十餘歲。”清陳廷敬《義冢碑銘》：“地最磽陿，耕牧無所其土。”

【磽狹】

同“磽陿”，即石溜之地。此體明代已行用。見該文。

【磽堉】

即石溜之地。此稱晋代已行用，唐代亦稱“磽薄”，宋代亦作“磽瘠”。晋杜預《論水利疏》：“惟今者水災，東南特劇，非但五稼不收、居業並損，下田所在停污，高地皆多磽堉。”唐韋應物《答偁奴重陽二甥》：“山間依磽堉，竹樹陰清源。”唐梁肅《通愛敬陂水門記》：“化磽薄爲膏腴者，不知幾千萬畝。”宋陸游《蔬圃》：“磽瘠纔三畝，勤劬賴兩奴。”《宋史·兵志十二》：“今以九千頃之田，計其磽瘠，三分去一，猶得良田六千頃。”《金史·食貨志二》：“兩路田多峻阪，磽瘠者往往再歲一易。”元張惟善《重修通利渠記》：“土益淤而水益縮，加以旱暵相仍，實與磽堉無异。”《元史·慶通傳》：“明年，出鎮海寧州，距杭百里，地瀕海磽瘠，民甚貧。”《明史·葛守禮傳》：“河南北，山東西，土地磽瘠，正供尚不能給，復重之徭役。”清屈大均《廣東新語·食語》：“逾年灰盡，土磽瘠不可復種，又更伐一山，歲歲如之。”清曾樸《孽海花》第二〇回：“據説回疆邊外，有地名帕米爾，山勢回環，發脈葱嶺，雖土多磽薄，無著名部落，然高原綿亘，有居高臨下之勢。”《清史稿·范文程傳》：“新疆形勢，北路荒凉，南城富庶，争磽瘠，棄膏腴，務虚名，受實禍。”

【磽瘠】

同"磽埆",即石溜之地。此體宋代已行用。見該文。

【磽薄】

即磽埆,亦即石溜之地。此稱唐代已行用。見該文。

【确瘠】

即石溜之地。此稱宋代已行用,明代亦稱"荒确",清代又作"确碏",還稱"寒确"。《資治通鑑・唐憲宗元和八年》:"況天德故城僻處确瘠,烽候不相應接,虜忽唐突,勢無由知。"明唐順之《贈宜興令馮少虛序》:"又其人山採而澤漁其食,衣易給而徭税易完也,非有确瘠、峇窳、剪爪及膚之艱。"《明史・朱燮元傳》:"黔地荒确,仰給外邦。"清黃宗羲《密庵陸公墓碑》:"公設法誘墾汙萊之田,二而當一;确瘠之田,三而當一。自此民勸於農。"清王士禎《朝天峽》詩:"會見賣盧人,燒畬開确碏。"清魏源《聖武記》卷五:"初,前、後藏地近蔥嶺,寒确不宜五穀。"

【确碏】

同"确瘠",即石溜之地。此體清代已行用。見該文。

【荒确】

即确瘠,亦即石溜之地。此稱明代已行用。見該文。

【寒确】

即确瘠,亦即石溜之地。此稱清代已行用。見該文。

壚埴

黑色或黃黑色的堅硬而質粗不黏的土壤。此稱先秦時期已行用,漢代起亦稱"壚阪""壚""壚土"。《吕氏春秋・辯土》:"壚埴冥色,剛土柔種。"《楚辭・劉向〈九歎・思古〉》:"徜佯壚阪,沼水深兮。"王逸注:"壚,黑黃色土也……言徜佯之山,其阪土玄黃。"《漢書・地理志上》:"下土墳壚。"顏師古注:"壚謂土之剛黑者也。"《淮南子・墜形訓》:"是故堅土人剛,弱土人肥,壚土人大,沙土人細。"北魏賈思勰《齊民要術・耕田》:"春,地氣通,可耕堅硬强地黑壚土。"《廣韻・模韻》:"壚,土黑而疏。"明王樵《尚書日記・夏書・禹貢》:"厥土惟壤下土、墳壚土不言色者,其色雜也。壚土,黑而疏也。"清惠士奇《禮説・地官三》:"五土之民,堅土肥,壚土大,沙土細,息土美,耗土醜。"

【壚阪】

即壚埴。此稱漢代已行用。見該文。

【壚】

即壚埴。此稱漢代已行用。見該文。

【壚土】

即壚埴。此稱漢代已行用。見該文。

墳壚

高起的黑色或黃黑色的堅硬而質粗不黏的土壤。此稱先秦時期已行用,漢代亦稱"黑墳""赤埴墳""塗泥""青黎""黃壤"。《書・禹貢》:"厥土惟壤,下土墳壚。"孔穎達疏:"壚,音盧。《説文》:黑剛土也。"《史記・夏本紀》:"荆河惟豫州:伊、雒、瀍、澗既入於河,滎播既都,道菏澤,被明都。其土壤,下土墳壚。"《周禮注疏》卷一六:"兗州云黑墳,徐州云赤埴墳,揚州、荆州云塗泥,豫州云墳壚,梁州云青黎,雍州云黃壤。"唐柳宗元《天對》:"墳壚燥疏,滲渴而升。"元方夔《田家四事・耕》:"墳壚土性異,勤怠人力并。"明唐順之《〈江陰縣新志〉序》:"夫其田賦高下之异等，墳壚、黎赤之异壤，九鎮、九澤之异名，而五戎、八蠻之异服，其列而載之可也。"清湯右曾《瑞禾賦》:"壠分上下，土別墳壚。"

【黑墳】

即墳壚。此稱漢代已行用。見該文。

【赤埴墳】

即墳壚。此稱漢代已行用。見該文。

【塗泥】

即墳壚。此稱漢代已行用。見該文。

【青黎】

即墳壚。此稱漢代已行用。見該文。

【黃壤】

即墳壚。此稱漢代已行用。見該文。

彊

質地堅硬的田地。此稱先秦時期已行用，亦作"疆"，亦稱"土彊"，漢代起亦稱"彊地""疆地"。《周禮·地官·草人》:"凡糞種……彊㯺用蕡。"阮元校勘記:彊，《釋文》《羣經音辨》皆誤作疆，從土；宋本載音義作彊，不誤"。《左傳·襄公二十五年》"數疆潦"唐孔穎達疏:"案《周禮·草人》'凡糞種，彊㯺用蕡'，鄭玄云:'彊㯺，彊堅者。'則彊地猶堪種植，非水潦之類。"《禮記·月令》:"〔季夏之月〕是月也，土潤溽暑。大雨時行，燒薙行水，利以殺草，如以熱湯，可以糞田疇，可以美土彊。"鄭玄注:"土彊，强㯺之地。"孔穎達疏:"彊者，彊㯺磊塊難耕之地。"《集韻·上養》:"彊，堅土也。"北魏賈思勰《齊民要術·耕田》引《氾勝之書》:"春，地氣通，可耕堅硬彊地黑壚土，輒平摩其塊以生草，草生復耕之。"

【疆】

同"彊"。此體先秦時期已行用。見該文。

【土彊】

即彊。此稱先秦時期已行用。見該文。

【彊地】

即彊。此稱漢代已行用。見該文。

【疆地】

即彊。此稱漢代已行用。見該文。

【剛土】

即彊。此稱先秦時期已行用，亦稱"彊㯺""壏"，宋代又稱"㯺"。《呂氏春秋·辯土》:"壚埴冥色，剛土柔種。免耕殺匿，使農事得。"《周禮·地官·草人》:"彊㯺用蕡，輕爂用犬。"鄭玄注:"彊㯺，彊堅者。"《管子·地員》:"五态之狀，廩焉如壏，潤濕以處。"宋王柏《竹石屏歌謝遁澤》:"嘗聞古有剛柔分，柔土既發萬物之生氣，剛土故涵萬物之陰精。"《集韻·檻韻》:"壏，堅土也。或作㯺。"元虞集《袁州路分宜縣學明倫堂記》:"取剛土、雜石子築堂基，高三尺，拓舊基。"

【彊㯺】

即剛土，亦即彊。此稱先秦時期已行用。見該文。

【壏】

即剛土，亦即彊。此稱先秦時期已行用。見該文。

【㯺】

即剛土，亦即彊。此稱宋代已行用。見該文。

騂剛

赤色的堅土。此稱先秦時期已行用。《周禮·地官·草人》:"凡糞種，騂剛用牛。"鄭玄

注："謂地色赤而土剛强也。鄭司農云：'用牛，以牛骨汁漬其種也，謂之糞種。'"宋陳旉《農書·糞田之宜篇》："土之騂剛者，糞宜用牛；赤緹者，糞宜用羊；以至墳壤用麋，渴澤用鹿，鹹潟用貆，勃壤用狐，埴壚用豕，疆�用蕢，輕㶍用犬，皆相視其土之性類，以所宜糞而糞之，斯得其理矣。"清王夫之《南嶽賦》："乃循近趾，蹤遠远，析柔埴，束騂剛。"清萬松齡《第一問》："五物者，五地之物；九等者，騂剛、赤緹之類是也。"

疆潦

質地堅硬而容易引發澇灾的田地。此稱先秦時期已行用，亦作"彊潦"，清代亦稱"彊㶍"。《左傳·襄公二十五年》："楚蒍掩爲司馬……辨京陵，表淳鹵，數疆潦。"孔穎達疏："賈逵以疆爲疆㶍境埒之地。"楊伯峻注："疆當作彊。彊潦謂土性剛硬，受水則潦。"宋王與之《周禮訂義》卷一七："疆潦之地，九夫爲數，五數而當一井也。"清武億《群經義證四·春秋左氏傳·襄公廿五年》："賈逵以疆爲疆㶍境埒之地，與潦爲水潦之地分解爲晰。《月令》'可以美土疆'注：'土疆，强㶍之地。'是其義也。"一説，疆潦爲在邊境的水澇地。杜預注："疆界有流潦者，計數減其租入。"

【彊潦】

同"疆潦"。此體先秦時期已行用。見該文。

【彊㶍】

即疆潦。此稱清代已行用。見該文。

隰

新開墾的田地。此稱先秦時期已行用，晋代起亦稱"新疇"。《詩·周頌·載芟》："千耦其耘，徂隰徂畛。"鄭玄箋："隰，謂新發田也。"

《月令》："善相邱陵、阪險、原隰，土地所宜，五穀所殖。"晋陶潛《和劉柴桑》："茅茨已就治，新疇復應畲。"宋宋祁《謝都官監建安郡》詩："郎署新疇出宰功，海闉關夾使旌雄。"清查慎行《新樂有感》詩："支棗詩成歌樂土，種瓜人去感新疇。"清厲鶚《遼史拾遺》卷二一："闢土三十頃，閒蓺麥千畆，皆原隰沃壤，可謂上腴。"

【新疇】

即隰。此稱晋代已行用。見該文。

畬

采用刀耕火種方法耕種的田地。此稱漢代已行用，晋代起亦稱"畬田"。漢袁康《越絕書·外傳記·吳地傳》："吳北野胥主畬者，吳王女胥主田也，去縣八十里。"《晋書·殷浩傳》："開江西畬田千餘頃，以爲軍儲。"《玉篇》："畬，力周切。田不耕，燒種也。"《南史·孝武諸子傳》："時東土大旱，鄞縣多畬田。"宋楊億《許洞歸吳中》詩："洞庭霜橘畬田粟，歲計猶堪比徹侯。"清吳景旭《歷代詩話·庚集中之上·畬田》："燒田而種曰畬，故野燒曰畬火。"清惠士奇《禮説·地官三》："草土之道，各有穀造，漢律因之畬田茠艸。"

【畬田】

即畬。此稱晋代已行用。見該文。

【火田】

即畬。此稱晋代已行用。《晋書·食貨志》："往者東南草創人稀，故得火田之利。"唐白居易《東南行一百韻寄通州元九》："吏徵魚户税，人納火田租。"宋陶穀《清異録·玉乳蘿蔔》："王甄善營度，子弟不許仕宦，每年止種火田。"

【畲田】

即畭。此稱唐代已行用，亦稱"畲"。唐杜甫《戲作俳諧體遣悶》詩之二："瓦卜傳神語，畬田費火耕。"仇兆鼇注："《貨殖傳》：'楚越之地，地廣人稀，或火耕而水耨。'楚俗燒榛種田，謂之火耕。"唐劉長卿《贈元容州》詩："海徼長無戍，湘山獨種畲。"宋范成大《勞畬耕》詩序："畲田，峽中刀耕火種之地也。春初斫山，眾木盡蹶。至當種時，伺有雨候，則前一夕火之，藉其灰以糞。明日雨作，乘熱土下種，即苗盛倍收。"宋葉適《送高仲發》詩："舍西三畝畲，作急老自耘。"明徐光啓《農政全書》卷五："耕畬元不用牛犁，短鍤長鑱皆佃器。"清屈大均《廣東新語》："當四、五月時，天氣晴霽，有白衣山子者，於斜崖陡壁之際，瘞殺陽木，自上而下，悉燔燒，無遺根株。俟土脂熟透，徐轉積灰，以種禾及吉貝棉，不加灌漑，自然秀實，連歲三、四收。地瘠乃棄，更擇新者。所謂畲田。"

【畲】[2]

即畲田，亦即畭。此稱唐代已行用。見該文。

洿邪

地勢低窪、容易積水的貧瘠的田地。此稱漢代已行用。《大戴禮記·勸學》："譬之如洿邪，水潦灟焉，莞蒲生焉。"漢劉向《説苑·復恩》："下田洿邪，得穀百車。"宋晁公遡《年侵》詩："近報畲田粟，洿邪亦滿車。"明羅玘《西成賦》："甌婁洿邪凹凸昂低，既因地而錯落，亦隨風而紛披。"

脂田

乾枯的田地，專指秋季少雨、土質堅硬時所耕種的田地。此稱漢代已行用。北魏賈思勰《齊民要術·耕田》引《氾勝之書》："秋，無雨而耕，絕土氣，土堅硬，名曰脂田。"宋宋庠《孝治頌》："豈徒罷畫工者三十九鍾政，是用請散脂田者四十餘頃，利均乎？"宋楊時《樂全亭記》："公侯戚里，割脂田沐邑爲陂池臺榭，佳花异卉、奇禽馴獸，充牣其中。"元姚燧《歸來園記》："諸子孝且克家，有脂田十頃。"明馮時可《雨航雜錄》卷上："彼或一二政，而遂有脂田、甲宅者，賢愚相去，不啻霄壤哉。"

脯田

枯乾的田地，專指冬季嚴寒、土地缺乏養料時所耕種的田地。此稱漢代已行用。北魏賈思勰《齊民要術·耕田》引《氾勝之書》："及盛冬耕，泄陰氣，土枯燥，名曰脯田。"

枯壤

乾枯的田地。此稱晋代已行用，唐代亦稱"焦元""焦原"。《晋書·沮渠蒙遜載記》："頃自春炎旱，害及時苗，碧原青野，倏爲枯壤。"唐賈嵩《夏日可畏賦》："照丘陵而恐是焦元，蒸隴畝而皆成赤地。"唐康駢《劇談録·狄惟謙請雨》："雷震數聲，甘澤大澍，焦原赤野，無不滋潤。"宋韓琦《諸廟祈雨文》："吾境有靈德之神，開發天意，轉禍爲福，灑甘澤以沃枯壤，鼓和氣而驅癘妖，使農及耕耘。"宋曾鞏《諸廟謝雨文》："果蒙薄雨，小潤焦原。"明左光斗《足餉無過屯田疏》："水源一開，漑旱地之利勝水田之利一倍，每畝之值亦增價三倍，漸漸由而不知，通而不倦，而焦原盡澤國矣。"明張内蘊、周大韶《常州府水利考》："低窪之田，一遇旱暵而鬱爲枯壤矣。"清弘曆《春懷詩》："枯壤久待澤，終風日益扇。"

【焦原】

即枯壤。此稱唐代已行用。見該文。

【焦元】

即枯壤。此稱唐代已行用。見該文。

石畬

多石的火耕田地。此稱元代已行用。元戴良《五月五日游石門懷所遲客》詩："石畬忽雲擁，岩廣亦星羅。"

砠田

多石的貧瘠田地。此稱清代已行用。清陳廷敬《豆葉》詩："我家谿谷間，隘陋砠田多。"清金農《白丈慶餘見招以豆糜爲食走筆記之》詩："二七爲族極蕃衍，莢肥偏向砠田生。"

河垎

河流泥沙衝積形成的田地。此稱先秦時期已行用，宋代起亦作"河淤"，亦稱"淤灘"。《管子·輕重乙》："河垎諸侯，畝種之國也。"宋蘇軾《河復》詩："楚人種麥滿河淤，仰看浮槎棲古木。"《宋史·河渠志三》："大河連經漲，淤灘面已高，致河流傾側。"元王禎《農書·田制門》："凡潢汙洄互，壅積泥滓，水退皆成淤灘。"《明史·河渠志六》："滇湖豪家盡將淤灘栽蒔，爲利治水。"清黃六鴻《福惠全書·清丈·總論》："臨山瀕水，漲蕩淤灘，不無開墾耕種，隱漏稅糧。"

【河淤】

同"河垎"。此體宋代已行用。見該文。

【淤灘】

即河垎。此稱宋代已行用。見該文。

【漲灘】

即河垎。此稱唐代已行用，清代亦稱"灘地"。唐杜荀鶴《戲贈漁家》詩："葫蘆杓酌春濃酒，舴艋舟流夜漲灘。"《明史·河渠志六》："自艾祁至昆山慢水港六十餘里，則俱漲灘，急宜開浚，計淺九千五百餘丈，闊二十丈。"《二十年目睹之怪現狀》第六二回："這塊漲灘上面，有幾十家人家，那灘地都已經開墾的了。"《清史稿·河渠志四》："給事中邵正笏言江湖漲灘占墾日甚，諭兩江總督陶澍、湖廣總督盧坤等飭屬詳勘。"

【灘地】

即漲灘。亦即河垎。此稱清代已行用。見該文。

原防

堤壩間不方正的小塊田地。此稱先秦時期已行用。《左傳·襄公二十五年》："規偃豬，町原防。"杜預注："廣平曰原；防，隄也。隄防間地不得方正如井田，別爲小頃町也。"楊伯峻注："防，亦隄防間可耕之地。原、防同義，俱謂隄防間之狹小耕地。"宋蘇轍《周公論》："楚蒍掩爲司馬，町原防，井衍沃。蓋平川廣澤可以爲井者井之；原阜堤防之間狹不可井則町之。"清朱荃《第一問》："偃瀦之地，四規當一井；原防之地，三町當一井；隰皋之地，二牧當一井；衍沃之地，九夫爲井者。"

圃

種植蔬菜、瓜果的田地。此稱先秦時期已行用，元代亦稱"圃田"。《周禮·地官·載師》："以場圃任園地。"鄭玄注："圃，樹果蓏之屬。"元王禎《農書·田制門》："圃田：種蔬果之田也。《周禮》：'以場圃任園地。'註曰：'圃，樹果蓏之屬。'其田繚以垣牆，或限以籬塹。負郭之間，但得十畝，足瞻數口。若稍遠城市，可倍添田數，至半頃而止。結廬於上，外周以桑，

圃田
（元王禎《農書》）

課之蠶利；内皆種蔬，先作長生韭一二百畦，時新菜二三十種。惟務多取糞壤，以爲膏腴之本。慮有天旱，臨水爲上；否則量地鑿井，以備灌溉。地若稍廣，又可兼種麻、苧、果、穀等物。比之常田，歲利數倍。此園夫之業，可以代耕。至於養素之士，亦可托爲隱所，日得供贍。又有宦遊之家，若無別墅，就可棲身駐跡。如漢陰之獨力灌畦，河陽之閑居鬻蔬，亦何害於助道哉？”清唐甄《潛書·太子》：“觀于澤，則知魚鱉所自出；觀于圃，則知果蔬所自出。”

【圃田】[2]

即圃。此稱元代已行用。見該文。

菜園

種植蔬菜的園地。此稱漢代已行用，宋代起亦稱“菜圃”。《詩·齊風·東方未明》“折柳樊圃”毛傳：“圃，菜園也。”《南史·柳元景傳》：“南岸有數十畝菜園。”宋王禹偁《偶圃小園因題》詩之二：“偶營菜圃爲盤殽，淮瀆祠前水北村。”宋楊萬里《桑茶坑道中》詩之二：“田塍莫道細於椽，便是桑園與菜園。”清沈復《浮生六記·閨房記樂》：“繞屋皆菜圃，編籬爲門。”

【菜圃】

即菜園。此稱宋代已行用。見該文。

菜畦

種植蔬菜的田地。此稱明代已行用。明高啓《春暮西園》詩：“知是人家花落盡，菜畦今日蝶來多。”清阮元《江定甫夢遊益都馮相國佳山堂，作詩一首。余曾遊其地，因和其韻》：“宰相荒園半菜畦，石屏風外是沙隄。”

果園

種植果樹的園地。此稱先秦時期已行用。《韓非子·説難》：“〔彌子瑕〕與君游於果園。”《韓詩外傳》卷七：“果園梨栗，後宮婦人以相提擲。”漢班固《西都賦》：“竹林果園，芳草甘木。”

瓜田

種植果樹的田地。此稱晉代已行用，亦稱“瓜疇”，清代又稱“瓜丘”。晉陶潛《飲酒》詩之二：“邵生瓜田中，寧似東陵時。”《文選·左思〈思都賦〉》：“其圃則有蒟蒻茱萸，瓜疇芋區。”劉良注：“疇者，界埒小畔際也。”呂向注：“區，畦也。”宋范浚《課畦丁灌園》詩：“瓜疇准擬狸頭大，草徑隄防馬齒繁。”金元好問《贈史子桓尋親之行》詩：“瓜田故侯貧且病，愛莫助之徒自傷。”清吳偉業《投贈督府馬公》詩之二：“慚愧推賢蕭相國，邵平只合守瓜丘。”

【瓜疇】

即瓜田。此稱晉代已行用。見該文。

【瓜丘】

即瓜田。此稱清代已行用。見該文。

區 [1]

以田埂分隔的小塊田地，傳說商代伊尹首創該法。此稱漢代已行用，元代亦稱"區田"。漢劉向《説苑・反質》："衛有五大夫，俱負缶而入井灌韭，終日一區。鄧析過，下車爲教之曰：'爲機，重其後，輕其前，命曰橋，終日溉韭百區不倦。'"漢趙曄《吳越春秋・吳太伯傳》："堯聘棄，使教民山居，隨地造區，研營種之術。"元王禎《農書・田制門》："區田：地一畝，闊一十五步，每步五尺，計七十五尺，每一行占地一尺五寸，該分五十行。長一十六步，計八十尺，每行一尺五寸，該分五十三行。長闊相折，通二千六百五十區。空一行，種一行；於所種行内，隔一區，種一區；除隔、空外，可種六百六十二區。每區深一尺，用熟糞一升，與區土相和；布穀匀，覆土，以手按實，令土種相着。苗出，看稀稠存留。鋤不厭頻。旱則澆灌。結子時，鋤土深壅其根，以防大風摇擺。古人依此布種，每區收穀一斗，每畝可

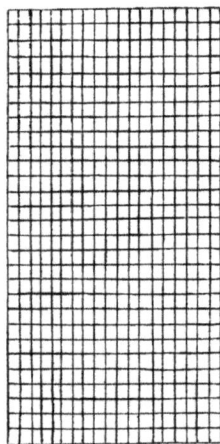

區田
（元王禎《農書》）

收六十六石。今人學種，可減半計之。又參考《氾勝之書》及《務本新書》，謂湯有七年之旱，伊尹作爲區田，教民糞種，負水澆稼，諸山、陵、傾阪及邱、城上，皆可爲之。其區當於閑時旋旋掘下。正月種春大麥，二、三月種山藥、芋子，三、四月種粟及大、小豆，八月種二麥、豌豆。節次爲之，不可貪多。"明文秉《烈皇小識》卷七："是歲，江南大旱，自春及夏無雨，高區竟未及插蒔。"清周濟《澤農謡》："何來一區田，不種粳，不種秫，但種雞頭與茭白。"

【區田】 [1]

即區 [1]。此稱元代已行用。見該文。

區 [2]

古代農民播種時所開的穴或溝。此稱南北朝時期已行用。北魏賈思勰《齊民要術・種穀》："區，方七寸，深六寸，相去二尺，一畝千二十七區，用種一升，收粟五十一石。一日作三百區。"唐元稹《生春》詩之七："鞭牛縣門外，争土蓋蠶叢。斫筤天雖暖，穿區凍未融。"《廣群芳譜・蔬譜四・芋》："五月移栽，大抵芋畏旱，宜近水軟沙地，區深可三尺許，行欲寬，寬則過風。"

區田 [2]

一種小範圍内深耕細作、集中施肥灌水的農田。此稱漢代已行用。北魏賈思勰《齊民要術・種穀》引漢氾勝之《氾勝之書・區田法》："湯有旱災，伊尹作爲區田，教民糞種，負水澆稼。區田以糞氣爲美，非必須良田也。諸山、陵，近邑高危傾阪及丘城上，皆可爲區田。區田不耕旁地，庶盡地力。"清吳烺《霜葉飛・薑》詞："區田一帶近山腰，瓜架棗林斜引。"《清史稿・德宗紀一》："三月甲寅，諭被災

各省試行區田法。”

負郭田

近郊良田。此稱漢代已行用，唐代起亦稱“負郭”。《史記·蘇秦列傳》：“蘇秦喟然歎曰：‘此一人之身，富貴則親戚畏懼之，貧賤則輕易之，況眾人乎！且使我有雒陽負郭田二頃，吾豈能佩六國相印乎！’”司馬貞索隱：“負者，背也，枕也。近城之地，沃潤流澤，最爲膏腴，故曰‘負郭’也。”唐高適《別韋參軍》詩：“歸來洛陽無負郭，東過梁宋非吾土。”唐杜甫《送辛員外二首》詩之一：“朱櫻此日垂朱實，郭外誰家負郭田。”宋蘇軾《送宋希元》詩：“三年不顧東隣女，二頃方求負郭田。”明周履靖《清嘯七言絕》之二十六：“不求負郭三千頃，惟喜移家住白雲。”清歸莊《觀田家收穫》詩之二：“洛陽負郭何須問，要待天朝錫土田！”清蒲松齡《聊齋志異·酒蟲》：“長山劉氏……負郭田三百畝，輒半種黍；而家豪富，不以飲爲累也。”

【負郭】

即負郭田。此稱唐代已行用。見該文。

陵田

陵墓旁的田地。此稱漢代已行用。《史記·孝景本紀》：“陵田大旱，衡山國河東雲中郡民疫。”北周庾信《周柱國大將軍長孫儉神道碑》：“風雲積慘，山陣連陰，陵田野寂，松逕寒深。”唐段成式《酉陽雜俎·廣動植·木篇》：“陵田五十畝中有葡萄百樹，今在京兆，非直止禁林也。”宋李昉《太平御覽》卷四二六《汝南先賢傳》：“有先人草廬，廬於東坑，其下有陵田，魚蛤生焉。”明熊過《與黔國公》：“昔者西平方爲督府僉事，則錫吳江田十二頃八十畝；

爲督府同知，則錫銅陵田四十二頃四十畝。”

畿畎

京城郊外的田地。此稱南北朝時期已行用。南朝齊王融《爲竟陵王與隱士劉虬書》：“至於層山絶澗，還帶畿畎，膏田沃野，互望廱廱，信可以招往隱淪，棲集勝奇。”

春田

春季的田地。此稱南北朝時期已行用。《宋書·周朗傳》：“春田三頃，秋園五畦。”唐王維《輞川別業》詩：“不到東山向一年，歸來纔及種春田。”宋歐陽修《離彭婆值投臨汝驛回寄張九屯田司録》詩：“山橋斷行路，溪雨漲春田。”元劉永之《城南耕隱》詩：“愛爾城南隱者居，春田繞屋總膏腴。”明周履靖《江上竹枝詞》：“夜來春雨溢春田，江上蘼蕪遠接天。”清代《授時通考·勸課·轆轤聲》：“淥水漲平湖，春田轉轆轤。”

【春原】

即春田。此稱隋代已行用，清代亦稱“春陔”。《隋書·音樂志下》：“春原倈載，青壇致祀。”唐張佳蔭《閱武》詩：“承平不講六韜文，教士春原盡日曛。”宋歐陽修《班班林間鳩寄内》詩：“春原洗新霽，緑葉暗朝日。”明鍾羽正《花林疃》詩：“萬叠雲霞蒸曉日，幾家雞犬傍春原。”清弘曆《暢觀堂》詩：“春堂了不寒，春原紛可望。”清惲敬《贈光禄大夫神道碑銘》：“油油春陔，穆文秋琴。”

【春陔】

即春原，亦即春田。此稱清代已行用。見該文。

秋田

秋季的田地。此稱唐代已行用。唐劉長

卿《鶗鴂歌》:"朝去秋田啄殘粟,暮入寒林嘯羣族。"《文獻通考·國用考四》:"今既秋田不種,正使來歲豐稔,亦須七月,方見新穀,變故未易度量。"宋張耒《田家二絕》之一:"旱蝗千里秋田淨,野秫蕭蕭八月天。"元王禎《農書·耒耜門》:"春多風,不及勞則致地虛燥;秋田墋濕,速勞則恐致地硬。"《元史·明宗紀》:"冬春之交,雪雨愆期,麥苗槁死,秋田未種,民庶遑遑,流移者衆。"明劉嵩《水口山居褉興六首》之六:"翩翩山鳥羣,啄食秋田裏。"清吳偉業《和王太常西田雜興韻》其四:"潮没秋田孤鶩遠,閣含山雨斷虹圍。"

渚田

小洲上的田地。此稱南北朝時期已行用。北周賈餗《贊皇李公德政之碑》:"郡有渚田千頃,蓋上腴也。"唐呂才《東皋子集序》:"河汾中先有渚田十數頃,稱良沃。"宋范成大《融》詩:"渚田谿淵清泂泂,梅州問路家雲堆。"明徐弘祖《徐霞客遊記·滇遊日記八》:"湖中渚田甚沃,種蒜大如拳而味異。"清吳偉業《冬霽》詩:"渚田飛雁下,近喜有人耕。"

雒田

古代交趾人在濱海潮水漲落處開墾的田地。此稱南北朝時期已行用。北魏酈道元《水經注·葉榆河》:"《交州外域記》曰:'交趾昔未有郡縣之時,土地有雒田。其田從潮水上下,民墾食其田,因名爲雒民。'"清彭孫遹《再送星公》詩:"曾聞交趾郡,南與象林連。劗髮仍吳俗,乘潮種雒田。"

青田

青苗正在生長的農田,或藉指農田。此稱晉代已行用,唐代亦稱"青畝",明代又稱"青畖"。晋尹耕《蔚州十景·幽亭巢鶴》:"青田好山川,華表舊城郭。"唐張籍《贈李杭州》詩:"竹間虛館無朝訟,山畔青田長夏苗。"唐温庭筠《雉場歌》:"城頭却望幾含情,青畝春蕪連古苑。"宋陳與義《羅江》詩之二:"行過竹籬逢細雨,眼明雙鷺立青田。"明王廷相《秋日寧國言懷》詩:"長巒亘邑曲,青畖循溪汭。"

【青畝】

即青田。此稱唐代已行用。見該文。

【青畖】

即青田。此稱明代已行用。見該文。

刈田

收割後的農田。此稱唐代已行用。唐賈島《原居即事言懷贈孫員外》詩:"採菌依餘柹,拾薪逢刈田。"

沙地

海濱、河岸等地由泥沙淤積形成的田地。此稱唐代已行用,宋代起亦稱"沙""沙田"。唐白居易《歲晚旅望》詩:"烟波半露新沙地,鳥雀群飛欲雪天。"宋蘇軾《自金山放船至焦山》詩"時有沙户祈春醼"自注:"吳人謂水中可田者爲沙。"《宋史·食貨志上一》:"浙西、江東、淮東路沙田、蘆場,頃畝浩瀚,宜立租税,補助軍食。"元王禎《農書·田制門》:"沙田:南方江淮間沙淤之田也。或濱大江,或峙中洲,四圍蘆葦駢密,以護堤岸。其地常潤澤,可保豐熟。普爲塍埒,可種稻秫;間爲聚落,可藝桑麻。或中貫潮溝,旱則頻溉;或傍繞大港,潦則洩水:所以無水旱之憂,故勝他田也。舊所謂'坍江之田',廢復不常,故畝無常數,税無定額,正謂此也。宋乾道年間,梁俊彦請税沙田,以助軍餉。既施行矣,時相葉顯奏曰：沙田者，乃江濱出没之地，水激于東，則沙漲于西；水激于西，則沙復漲于東；百姓隨沙漲之東西而田焉，是未可以爲常也。且比年兵興，兩淮之田租並復，至今未征，況沙田乎？其事遂寢，時論韙之。"《元史・河渠志二》："八月以來，秋潮洶湧，水勢愈大，見築沙地塘岸，東西八十餘步，造木櫃、石囤以塞其要處。"明楊慎《丹鉛總録・地理・沙田》："水邊地可耕曰沙。金陵有白沙，徽州有錦沙，楚有長風沙，秦塞有穆護沙。"明徐光啓《農政全書》卷五："〔沙田〕或濱大江，或峙中洲。"明謝肇淛《五雜俎・物部三》："閩中有番薯，似山藥而肥白過之，種沙地中，易生而極蕃衍，饑饉之歲，民多賴以全活，此物北方亦可種也。"清屈大均《廣東新語・石語》："予沙亭鄉江畔，有沙地二三十畂，其種宜排草，農人以重價佃之。"《清史稿・食貨志一》："乾隆五十九年巡撫吉慶言，沿海沙地灘漲靡常，約十三萬三千餘畂，悉令入官，交原佃耕作納租，永著爲例。"章炳麟《訄書・定版籍》："江乾沙田，宜木綿，其衰如桑。"

【沙】

即沙地。此稱宋代已行用。見該文。

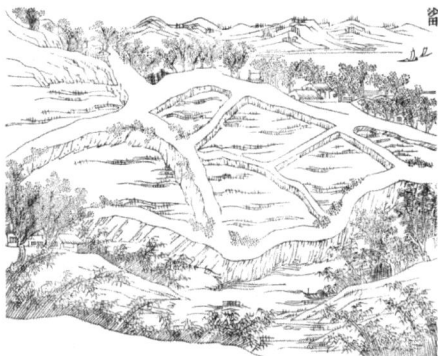

沙田
（元王禎《農書》）

【沙田】

即沙地。此稱宋代已行用。見該文。

潮田

用潮水灌溉的田地。此稱唐代已行用。唐錢起《送族侄赴任》詩："雲山深郡郭，花木净潮田。"

輕沙

沙質層淺的土地。此稱唐代已行用。唐薛濤《海棠溪》詩："人世不思靈卉异，競將紅纈染輕沙。"宋蘇軾《浣溪沙》詞："軟草平莎過雨新，輕沙走馬路無塵。何時收拾耦耕身？"明蘭楚芳《迎仙客》："踐香塵，踏落花。淺印在輕沙，印一對相思卦。"《清史稿・食貨志一》："可墾者分三等，曰輕沙，曰平沙，曰重沙，各州縣試行招墾。"

梯

莊稼正在生長的梯田。此稱宋代已行用。宋楊萬里《過石磨嶺皆創爲田直至其頂》詩："翠帶千鐶束翠巒，有梯萬級搭青天。"

洛陽田

《北史・許謙傳》載："〔許〕謙，字洛陽，官拜雁門太守。其家田三生嘉禾，皆异畂同穎。太武善之，時稱‘洛陽田’。進封北地郡公。"後來用以特指良田。此稱宋代已行用。宋賀鑄《暮投葛墟馬上》詩："慙無季子印，可挾洛陽田。"金李俊民《送毋受益之洛陽》詩："有心待種洛陽田，早趁西風送客船。"元無名氏《貨郎旦》第一折："你便有洛陽田、平陽果，鈔廣銀多，有時節典了莊科，准了綾羅，銅斗兒家私恰做了落葉辭柯。"明黎民表《寒食行廣昌道中》詩："不獨介推逃禄去，故鄉原少洛陽田。"清毛奇齡《客南臺送高兆之粤東》詩之四："但著一篇盤谷賦，從無千頃洛陽田。"

壖田

河邊的田地。此稱宋代已行用。宋宋敏求《春明退朝錄》卷中："疏導二十里，以殺水悍，還壖田七百頃於河南，自是滑人無患。"《陝西通志・藝文七・碑記》："其築平沙隄，因得壖田千餘頃，資灌溉並收其薪芻佐軍。"

淤田

用河邊淤泥圍墾而成的農田。此稱宋代已行用。宋蘇軾《井河》："數年前，朝廷作汴河斗門以淤田，識者皆以爲不可。"宋沈括《夢溪筆談・雜誌一》："予出使至宿州，得一石碑，乃唐人鑿六陡門發汴水以淤下澤，民獲其利，刻石以頌刺史之功。則淤田之法，其來蓋久矣。"元王禎《農書・田制門》"塗田"條："又中土大河之側，及淮灣水匯之地，與所在陂澤之曲，凡潢污洄互，壅積泥滓，水退皆成淤灘，亦可種藝。秋後泥乾地裂，而撒麥種於上，此所謂淤田之效也。夫塗田、淤田，各因潮漲而成，以地法觀之，雖若不同，其收穫之利，則無異也。"明顧璘《清曠亭記》："東郊課畊之廬，臨淤田，翳灌木，居之鬱鬱，夏月尤病。"清乾隆帝《度永濟橋再疊舊韻作歌》："土水合穰俾剔導，大禁淤田侵河裏。"范文瀾、蔡美彪等《中國通史》第四編第一章第二節："河水冲刷的淤泥，用决水法引入田内，使土質肥沃，稱淤田。"

塗田

海濱、河岸等地由泥沙淤積形成的田地。此稱元代已行用。元王禎《農書・田制門》："塗田：《書》云：'淮海維揚州……厥土惟塗泥。'大抵水種，皆須塗泥。然瀕海之地，復有此等

塗田
（元王禎《農書》）

田法：其潮水所泛沙泥，積於島嶼，或墊溺盤曲，其頃畝多少不等；上有鹹草業生，候有潮來，漸惹塗泥。初種水稗，斥鹵既盡，可爲稼田，所謂'瀉斥鹵兮生稻糧'。沿邊海岸築壁，或樹立椿橛，以抵潮泛。田邊開溝，以注雨潦，旱則灌溉，謂之'甜水溝'。其稼收比常田利可十倍，民多以爲永業。又中土大河之側，及淮灣水匯之地，與所在陂澤之曲，凡潢汙洄互，壅積泥滓，水退皆成淤灘，亦可種藝。秋後泥乾地裂，布掃麥種於上。此所謂淤田之效也。"

壩田

堤岸旁邊的田地。此稱元代已行用。《文獻通考・田賦六》："近年瀕湖之地，多爲兵卒侵據，累土增高，長堤彌望，名曰壩田。"清代《授時通考・土宜・水利一》："自紹興末年，因軍中侵奪瀕湖，蕩工力易辦創置堤埂，號爲壩田。"

熟田[2]

田畔種植烏臼樹，以臼子完糧的田地。此稱明代已行用。明徐光啓《農政全書》卷三八：

"臨安郡中，每田十數畝，田畔必種臼數株，其田主歲收臼子，便可完糧。如是者，租額亦輕，佃戶樂于承種，謂之熟田。"

淖田

爛泥田。此稱明代已行用。明王守仁《與陸元靜》之二："人在仕途，如馬行淖田中。"明沈德符《萬曆野獲編》卷二八："〔王楨〕人馬俱疲，誤入淖田，救兵不至，被賊斷喉及臂而死。"

沙壓

流沙覆蓋的田地。此稱清代已行用。清黃六鴻《福惠全書·蒞任·議復委勘沂州江風口沙壓荒地》："原册沙壓一百一十頃五畝九分之數，尚未足以盡之，何敢復有假冒！"《清史稿·高宗紀一》："是月，蠲緩河南睢州等十六州廳縣沙壓、隄占、水占地賦，直隸滄州等五州縣並嚴鎮、海豐二場被水賦課。"

廠畈

沿河而無堤防的田地。此稱清代已行用。《林則徐日記·道光十七年六月二十六日》："未至謝家埝以前，兩岸皆無隄，謂之廠畈。至此始見南岸之隄，北岸則仍廠畈也。"

墢

耕田翻起的土塊。此稱漢代已行用，南北朝時期亦作"坺"，唐代亦稱"塊"。《説文·土部》："舀土謂之墢。"朱駿聲通訓定聲："今蘇俗有所謂草皮泥者，築墳用以起冢。以舀取之，一舀爲一由，形如土墼，惟不剛堅耳。"北魏賈思勰《齊民要術·大豆》："若澤多者，先深耕㪻；逆坺擲豆，然後勞之。"唐杜甫《種萵苣》詩："破塊數席間，荷鋤功易止。"唐陸龜蒙《象耕鳥耘辯》："吾觀耕者，行端而徐，起墢欲

深。"宋楊萬里《夢種菜》詩："背秋新理小園荒，過雨畦丁破塊忙。"《集韻·月韻》："坺，耕起土也。通作墢。"元王禎《農書·耒耜門》："耕之土曰墢，墢猶塊也。起其墢者，鑱也。覆其墢者，壁也。"

【坺】

同"墢"。此體南北朝時期已行用。見該文。

【塊】[1]

即墢。此稱唐代已行用。見該文。

隴 [1]

田地的土塊。此稱漢代已行用，元代起亦稱"隴邱"。《漢書·食貨志上》："苗生葉以上，稍耨隴草，因隤其土以附苗根。"唐杜甫《晚登瀼上堂》詩："雊雉粉如雲，山田麥無隴。"元薩都剌《早發黃河即事》詩："炊煙遶茅屋，秋稻上隴邱。"明代《江西通志·仙釋·趙緣》："嘗乘青驟往來饒信衢婺間，旅費自給，所止多在隴邱。"清魏裔介《泛舟吟序》："乃因有事隴邱，遂爾策馬原野。"

【隴邱】

即隴[1]。此稱元代已行用。見該文。

場

耕地時開出的壟溝。此稱南北朝時期已行用，本作"暘"，今作"墒"。北魏賈思勰《齊民要術·黍穄》："燥溼候黃場，種訖不曳撻。"石聲漢注："'場'，原寫作'暘'，現在寫作'墒'，即保有一定水分一定結構的土壤。'黃場'，是顯黃色的濕潤土壤。"又《旱稻》："至春，黃場納種。"石聲漢注："'場'字即'墒'。"《字彙·土部》："墒，新耕土也。"

【暘】

同"場"。此體南北朝時期已行用。見該文。

【墌】

同"場"。此體迄今仍行用。見該文。

田背

田界的表土。此稱宋代已行用，亦稱"田面"。宋王安石《元豐行示德逢》："四山翛翛映赤日，田背坼如龜兆出。"宋陳旉《農書·善其根苗篇》："蕩平田面，乃可撒穀種。"宋崔德符《祈雨祝文》："大雲蔚以峰奇，田背枯而龜坼。"清田雯《題夏圭畫》詩："田背雨痕龜兆坼，石牀風過松花掃。"《清史稿·李殿圖傳》："閩俗售田，田面田根，糾纏不決。"

【田面】

即田背。此稱宋代已行用。見該文。

畎壟

按行列種植農作物的土埂。下爲畎，便於水流；上爲壟，便於人行。此稱先秦時期已行用，唐代起亦作"畎隴"，宋代起又作"畎壟"，清代起還作"甽壟"。《書·周書》："惟其陳列修治，爲其疆畔畎壟，然後功成，以喻教化。"《國語·周語下》："天所崇之子孫，或在畎畝。"韋昭注："下曰畎，高曰畝。畝，壟也。"《新唐書·李密傳》："僕起畎隴，志不及此，須君得倉，更議之。"宋華鎮《上湖南張運判書》："傳聖人之道者，俯仰傲睨，自適於丘壑畎隴之間。"宋陳埴《木鍾集·周禮》："周官之所謂易與萊者，不過更代而分甽隴。一易則間一隴而爲甽，再易則間二隴而爲甽。"明陸世儀《思辨錄輯要·修齊類》："畝間爲隴，隴廣一尺。積甽中之土於隴上，一畝之地潤十五步，步當六尺，十五步得九十尺，當爲甽。隴三十道，甽之首爲橫，溝以通灌輸。夫甽隴分，則牛犁用矣。"章炳麟《訄書·定版籍》："後王之法，不

躬耕者……人十畝而止，露田者人二十畝而止矣。以一人擅者，甽壟溝洫，非有其壤地也。"

【畎隴】

同"畎壟"。此體唐代已行用。見該文。

【甽隴】

同"畎壟"。此體宋代已行用。見該文。

【甽壟】

同"畎壟"。此體清代已行用。見該文。

斷壟

不整齊、不連續的畎壟。此稱宋代已行用。宋陸游《雪夜》詩："荒郊貿貿行，斷壟偟偟畦。"宋洪咨夔《沁園春》詞："正麥搖薰吹黃迷，斷壟秧涵朝雨綠。"金元好問《野菊》詩："荒畦斷壟新霜後，瘦蝶寒螿晚景前。"明袁凱《南村》詩："即開斷壟行新竹，便接平臯樹雜花。"

畝 [2]

畎壟上部。此稱先秦時期已行用，亦稱"孤畝"。《詩·小雅·信南山》："我疆我理，南東其畝。"朱熹集傳："畝，壟也。"《文選·宋玉〈高唐賦〉》："長風至而波起兮，若麗山之孤畝。"李善注："郭璞曰：丘有隴界，如田畝。《素問》歧伯對黃帝曰：卒風暴雨，風吹水勢，波落而隴起。言風吹水勢，浪文如孤壟之附山。"明徐光啓《農政全書》卷一："畎欲深以端，畝欲沃以平。"參見本節"畎壟"文。

【孤畝】

即畝 [2]。此稱先秦時期已行用。見該文。

【陔】 [1]

即畝 [2]。此稱先秦時期已行用，漢代亦稱"阬""埒"，三國時期又稱"隴"。《詩·小雅·南陔序》："《南陔》，孝子相戒以養也。"《文選·束皙〈補亡詩〉》："循彼南陔，言采其蘭。"李善

注引《聲類》："陔，隴也。"《説文·土部》："埂，
秦謂阬爲埂。"段玉裁注："今江東語，謂畦垺
爲埂。"元方回《歲除夜田家地卧四十韻》："埂
塍或斷缺，下有不測淤。"《西游記》第八九回：
"埂頭相接玉華州，萬古千秋興勝處。"

【阬】

即陔[1]，亦即畝[2]。此稱漢代已行用。見該文。

【埂】

即陔[1]，亦即畝[2]。此稱漢代已行用。見該文。

【隴】[2]

即陔[1]，亦即畝[2]。此稱三國時期已行用。
見該文。

【壠】

即畝[2]。此稱漢代已行用，亦作"隴"，亦
稱"丘壠"，南北朝時期起又作"壟"。《説
文·土部》："壠，丘壠也。"《漢書·食貨志上》：
"苗生葉以上，稍耨隴草，因隤其土以附苗根。"
北魏賈思勰《齊民要術·圜籬》："凡耕作三壠，
中間相去各二赤。秋上酸棗時，收，於壠土概
種之。"南朝宋王僧達《答顏延年》詩："麥壠
多秀色，楊園流好音。"唐韓愈《河中府連理
木頌》："殊木連理之柯，同榮異壠之禾。"宋梅
堯臣《和孫端叟寺丞農具·耬種》詩："手持高
斗柄，觜瀉三犁壠。"清錢之清《宿村家》詩：
"敢謝盤中黍，相期壠上耕。"

【壟】

同"壠"，即畝[2]。此體南北朝時期已行用。
見該文。

【丘壠】

即壠，亦即畝[2]。此稱漢代已行用。見該文。

【壠上】

即畝[2]。此稱漢代已行用，亦稱"壟"，晋

代起又稱"耕壠"，南北朝時期起還稱"耕壟"，
唐代起另稱"隴""壟"。《史記·陳涉世家》：
"輟耕之壟上。"《漢書·陳勝傳》："勝輟耕之壟
上，悵然甚久。"顏師古注："壟上，謂田中之
高處。"《後漢書·和帝紀》："朕望長陵，東門，
見二臣之壟，循其遠節，每有感焉。"《方言》
卷一三"〔冢〕或謂之壟"晋郭璞注："有界埒
似耕壠，因以名之。"南朝梁吳均《雉朝飛操》
詩："二月雉朝飛，横行傍壠歸。"北魏賈思勰
《齊民要術·作豉法》："去茅，又薄揮之，以手
指畫之，作耕壟。"唐李白《北上行》："汲水
澗谷阻，採薪壠坂長。"唐杜甫《晚登瀼上堂》
詩："雉堞粉如雲，山田麥無壠。"唐王建《雉
將雛》詩："麥壟淺淺難蔽身，遠去戀雛低怕
人。"宋蘇軾《送周正孺知東川》詩："如君尚
出麾，顧我宜耕壠。"《廣韻·腫韻》："壠，亦作
壟。《書》傳曰：畝，壟也。"明徐弘祖《徐霞
客遊記·黔遊日記一》："越隘北下塢中，被壟盈
塢，小麥青青蕎麥熟，粉花翠浪，從此遂不作
粤西無態。"明余邵魚《周朝秘史》第六六回：
"靈王方纔得脱，徒步走入小村中，腹内甚饑，
見一田夫息耕壟上。"

【耕壠】

即壠上，亦即畝[2]。此稱晋代已行用。見該文。

【耕壟】

即壠上，亦即畝[2]。此稱南北朝時期已行用。
見該文。

【田壟】

即畝[2]。此稱宋代已行用，亦作"田
壠""田隴"，亦稱"坉"。宋陳與義《曳杖》
詩："田壟粲高低，白水一時滿。"宋黃震《黃
氏日抄·咸淳八年春勸農文》："浙間無寸土不

耕，田壠之上又種桑、種菜。"《集韻·平魂》："坉，一曰田壠。"又《魂韻》："坉，田壠。"清紀昀《閱微草堂筆記·灤陽消夏錄六》："余鄉青苗被野時，每夜田壠間有物，不辨頭足，倒擲而行，築地登登如杵聲。"《清史稿·薩布素傳》："額蘇哩在黑龍江、呼瑪爾之間，爲進攻雅克薩要地，有田壠舊跡。"

【田壠】

同"田壠"，即畝[2]。此體宋代已行用。見該文。

【田隴】

同"田壠"，即畝[2]。此體宋代已行用。見該文。

【坉】

即田壠，亦即畝[2]。此稱宋代已行用。見該文。

【壋】

即畝[2]。此稱宋代已行用，亦稱"高壠"，明代又稱"浮壋"。《廣韻·真韻》："壋，田壠。"《集韻·準韻》："壋，高壠謂之壋。"元王禎《農書·墾耕篇》："高田早熟，八月燥耕而煤之，以種二麥。其法起壋爲壋，兩壋之間，自成一畝。"明徐光啓《農政全書》卷六："所耕地內，先並耕兩犁，壋皆內向，合爲一壋，謂之浮壋。"石聲漢校注："壋字，即田壠。"《明史·五行志三》："沙河中湧壋，高一尺，長七十步。"清黃宗羲《楊士衡墓誌銘》："皋羽掛劍于桐江兮，不佔故土之一壋。"

【高壠】

即壋，亦即畝[2]。此稱宋代已行用。見該文。

【浮壋】

即壋，亦即畝[2]。此稱明代已行用。見該文。

【塍隴】

即畝[2]。此稱明代已行用。明李維禎纂修《山西通志·水利》："凡水之所行二鄉五村，民悉附水爲溝，激而引之，漫然於塍隴間，各有先後，無不周者。"明徐弘祖《徐霞客遊記·黔遊日記一》："從洞前北行，昇陟塍隴二里，有大溪自西而東。"清湯右曾《王帶河少司空餉餅四十枚作歌》："蒼龍昏見時正陽，凉風如秋塍隴黃。"清代《皇輿西域圖志·屯政二》："依往跡以尋其塍隴，當必有良疇美土。"

平畦

低平的畝。此稱宋代已行用。宋曾鞏《思政堂記》："平畦淺檻，佳花、美木、竹林、香草之植，皆在其左右。"宋蘇轍《游城西集慶園》："繚牆朱戶誰家園，流水平畦春日淺。"明徐弘祖《徐霞客遊記·遊武彝山日記》："四山環遠，中有平畦曲澗，圍以蒼松翠竹。"清張英《題桔橰圖》："布穀隴頭鳴，平畦春水生。"

田路

田間的道路。此稱先秦時期已行用，亦稱"畦陌"，漢代起又稱"畛陌"。《周禮·夏官》："田僕，掌馭田路，以田以鄙。"《韓非子·外儲説左上》："庸客致力而疾耘耕，盡巧而正畦陌者，非愛主人也。"《楚辭·王逸〈九思·憫上〉》："逡巡兮圃藪，率彼兮畛陌。"北魏酈道元《水經注·渠》："川渠逕復，交錯畛陌，無以辨之。"唐宋璟《恩賜樂遊園》："醉歸填畛陌，榮耀接軒裘。"宋陳與義《同楊運幹、黃秀才村西買山藥》："潦縮田路寬，委虵散腰腳。"元釋圓至《南窗記》："與耕翁、牧子，隣墻接舍於畦陌之間。"明葉春及《官師志論》："庸客致力而疾耕，盡巧而正畦陌。"

【畦陌】[1]

　　即田路。此稱先秦時期已行用。見該文。

【畛陌】

　　即田路。此稱漢代已行用。見該文。

畛[1]

　　可供大車通行的田間道路。此稱先秦時期已行用，漢代起亦作“軫”，亦稱“道畛”“障”。《詩·周頌·載芟》：“千耦其耘，徂隰徂畛。”鄭玄箋：“畛，謂舊田有徑路者。”孔穎達疏：“畛是地畔道路之名。”《楚辭·大招》：“田邑千畛，人阜昌只。”王逸注：“畛，田上道也。”《淮南子·要略》：“測窈冥之深，以翔虛無之軫。”高誘注：“軫，道畛也。”《爾雅·釋言》：“障，畛也。”陸德明釋文：“畛，田間道。”《文選·謝靈運〈登臨海嶠初發彊中作與從弟惠連可見羊何共和之〉詩》：“與子別山阿，含酸赴脩畛。”李善注：“軫當爲畛。《説文》曰：‘畛，井田間陌。’”唐李賀《新夏歌》：“野家麥畦上新壠，長畛徘徊桑柘垂。”王琦注：“畛，田間之道可容大車者。”清俞正燮《癸巳類稿》卷三：“溝廣四尺，畛容大車六尺，去一丈也。”

【軫】

　　同“畛[1]”。此體漢代已行用。見該文。

【道畛】

　　即畛[1]。此稱漢代已行用。見該文。

【障】[1]

　　即畛[1]。此稱漢代已行用。見該文。

阡陌[1]

　　田間小路。此稱漢代已行用，南北朝時期起亦稱“塍陌”“陌阡”。《史記·秦本紀》：“爲田開阡陌，東地渡洛。”司馬貞索隱引應劭《風俗通》：“南北曰阡，東西曰陌。河東以東西爲

阡，南北爲陌。”晋陶潛《桃花源記》：“阡陌交通，雞犬相聞。”《文選·潘岳〈藉田賦〉》：“遄阡繩直，邇陌如矢。”張銑注：“阡陌，田畔道也。言如繩矢之端。”南朝梁沈約《郊居賦》：“漸沼沚於霤垂，周塍陌於堂下。”南朝梁吳均《行路難》詩之三：“君不見西陵田，從橫十字成陌阡。”《隋書·禮儀志二》：“自餘一頃，地中通阡陌，作祠壇于陌南阡西。”《新唐書·杜牧傳》：“井閭阡陌，倉廩財賦，果自治乎？”《朱子語類》卷一三四：“阡陌是井田路，其路甚大。”《古今小説·木綿庵鄭虎臣報冤》：“如今大戶田連阡陌，小民無立錐之地。”清錢謙益《有美一百韻晦日鴛湖舟中作》：“携手期弦望，沉吟念陌阡。”清王士禛《香祖筆記》卷九：“如香車金犢，流連陌阡，反令人思草頭一點之樂。”清唐孫華《春日病中雜詠》詩之五：“却羡田間多野老，往來阡陌杖藜輕。”

【塍陌】

　　即阡陌[1]。此稱南北朝時期已行用。見該文。

【陌阡】

　　即阡陌[1]。此稱南北朝時期已行用。見該文。

阡[1]

　　田間南北嚮或東西嚮小路，或泛指田間小路。此稱漢代已行用，見《史記·秦本紀》“爲田開阡陌”司馬貞索隱引應劭《風俗通》。唐柳宗元《田家三首》詩之一：“蓐食徇所務，驅牛向東阡。”宋陸游《花時遍游諸家園十首》詩之一：“看花南陌復東阡，曉露初乾日正妍。”參見本節“阡陌”文。

陌[1]

　　田間東西嚮或南北嚮小路，或泛指田間小路。此稱漢代已行用，見《史記·秦本紀》“爲

田開阡陌"司馬貞索隱引應劭《風俗通》。亦稱"畎"。《説文·田部》："趙魏謂陌爲畎。"三國魏曹操《短歌行二首》之一："越陌度阡，枉用相存。"唐韓愈《唐正議大夫尚書左丞孔公墓誌銘》："古之老於鄉者，將自佚，非自苦，閭井田宅具在，親戚之不仕，與倦而歸者，不在東阡在北陌，可杖屨來往也。"唐白居易《離別難詞》："緑楊陌上送行人，馬去車回一望塵。"參見本節"阡陌[1]"文。

【畎】[1]

即陌。此稱漢代已行用。見該文。

畷

兩陌之間的道路，或泛指田間道路。此稱漢代已行用。《急就篇》第三章"畷"唐顔師古注："兩陌間豎道也。"《文選·左思〈吴都賦〉》："其四野則畛畷無數，膏腴兼倍。"李善注引劉逵曰："畛畷謂地廣多也。舊井田間有徑有畛。"《廣韻·薛韻》："畷，田間道。"徐珂《清稗類鈔·植物類》："花時連畦被畷，爛如霞錦。"

封洫

區分田界的水溝。此稱先秦時期已行用，宋代起亦稱"塍岸"。《左傳·襄公三十年》："田有封洫，盧井有伍。"杜預注："封，疆也。洫，溝也。"《吕氏春秋·先職覽·先職》："子産始治鄭，使田有封洫，都鄙有服。"宋周倫《楊侯清理賦記》："以序姓氏，以正封洫。於是田有定數，賦有常額。"宋郟亶《六失六得》："植利人户一二十家，自作塍岸，各高五尺。"元袁桷《同子唯賦水車》詩："昂昂長身卧塍岸，捲地翻濤敵驕暑。"明徐光啓《農政全書》卷九："除有見成河沽泉溪淘泊之外，其以實地開作渠溝塍岸者，每百畝損田十畝。"清朱鶴齡《禹貢長箋》卷五："江南之田，以修塍岸浚溝渠爲急。溝渠浚，則高田有以蓄水而旱不能灾；塍岸修，則下田有以障水而潦不爲患。"范文瀾、蔡美彪等《中國通史》第四編第二章第八節："官僚、地主等'豪宗大姓'憑藉權勢，在蓄水處强築塍岸，圈占田畝。"

【塍岸】

即封洫。此稱宋代已行用。見該文。

陰畎

低濕的田間小溝。此稱明代已行用。明劉基《若耶溪杳郭深居精舍》詩："春花炫陽林，秋草馥陰畎。"

疆[1]

田地的邊界。多置界石，或挖水道，以標志範圍。此稱先秦時期已行用，亦稱"疆界"。《禮記正義·月令》："若田事既能正，又先定其封疆徑遂以勸農夫，農夫知田事先後，審疆界畔域，乃不有疑惑。"唐元友讓《復游浯溪》："悲凉問耆耋，疆界指垂楊。"宋蘇軾《申三省起請開湖六條狀》："湖上種菱人户，自來黬割葑地，如田塍狀，以爲疆界。"《論語·泰伯》："卑宫室，而盡力乎溝洫。"宋朱熹集注："溝洫，田間水道，以正疆界、備旱潦者也。"《宋史·張堯佐傳》："堯佐正其疆界，條衆敝以曉之，訟遂簡。"《警世通言·老門生三世報恩》："蒯公的公子蒯敬共與豪户查家争墳地疆界，嚷罵了一場。"清屈大均《廣東新語·介語》："人蚝成田，各有疆界，尺寸不逾，逾則争。"

【疆界】

即疆[1]。此稱先秦時期已行用。見該文。

【疆場】

即疆[1]。此稱先秦時期已行用，漢代亦作

"疆易"。《詩·小雅·信南山》："中田有廬，疆場有瓜。"毛傳："場，畔也。"朱熹集傳："於畔上種瓜，以盡地利。"《漢書·食貨志上》："菜茹有畦，瓜瓠果蓏殖於疆易。"《文選·張衡〈東京賦〉》："兆民勸於疆場，感懋力以耘耔。"李善注引薛綜曰："疆，田畔也。"宋司馬光《太子太保龐公墓誌銘》："麟州屈野水西有田與夏虜相接，疆場不明，數十年來，虜盜耕之。"

【疆易】

同"疆場"，即疆[1]。此體先秦時期已行用。見該文。

【畔】

即疆[1]。此稱先秦時期已行用，三國時期起亦稱"農畔"。《左傳·襄公二十五年》："行無越思，如農之有畔，其過鮮矣。"楊伯峻注："畔，田塍。"《史記·五帝本紀》："舜耕歷山，歷山之人皆讓畔；漁雷澤，雷澤上人皆讓居。"《說文·田部》："畔，田界。"段玉裁注："田界者，田之竟處也……一夫百畝，則畔為百畝之界也。"《三國志·吳書·吳主傳》："軍興日久，民離農畔，父子夫婦，不能相卹，孤甚湣之。"南朝宋鮑照《園葵賦》："通畔修直，膏畝夷敞。"唐傅奕《請廢佛法表》："耕能讓畔，路不拾遺。"宋曾鞏《次維得花字韻》："今日看雲舊時節，又來農畔聽蕭蕭。"宋張君房《雲笈七籤》卷一〇〇："耕者不侵畔，漁者不爭岸。"元方回《西齋秋感二十首》詩之一五："亦有起農畔，在官為胥徒。"明尹臺《南豐縣銘功之碑》："流寇奄熾夸我農畔，驚我市肆。"

【農畔】

即畔，亦即疆[1]。此稱三國時期已行用。見該文。

【疆畔】

即疆[1]。此稱先秦時期已行用，漢代起亦稱"田畔"。《國語·周語上》："民用莫不震動，恪恭于農，修其疆畔，日服其鎛，不解于時。"韋昭注："疆，境也。畔，界也。"《漢書·循吏傳·召信臣》："信臣為民作均水約束，刻石立於田畔，以防分爭。"三國魏吳質《在元城與魏太子箋》："使農夫逸豫於疆畔，女工吟詠於機杼，固非質之能也。"晉張華《獨漉篇》："雍雍雙雁，游戲田畔。"唐李郢《山行》詩："小田微雨稻苗香，田畔清溪潺潺凉。"宋曾鞏《地動》："今者無端越疆畔，陰氣焰焰，侵於陽陽。"《宋史·蠻夷傳二·西南溪峒諸蠻下》："峒丁等皆計口給田，多寡闊狹，疆畔井井，擅鬻者有禁，私易者有罰。"《元史·姜彧傳》："或言於中書，遣官分畫疆畔，捕其強猾不法者置之法。"明陸銓《清明》詩："縛草象人田畔立，借他風力逐飛禽。"清王士禛《香祖筆記》卷五："郡人丁海與琴高友善，共營東皋之田，行田畔，忽見大鯉魚長丈餘。"清紀昀《閱微草堂筆記·姑妄聽之四》："人有阡陌，鬼寧有疆畔？"

【田畔】

即疆畔，亦即疆[1]。此稱漢代已行用。見該文。

【防】

即疆[1]。此稱先秦時期已行用，三國時期亦稱"畖"，近代又稱"田畖"。《穀梁傳·昭公八年》："艾蘭以為防，置旃以為轅門。"范甯注："防，為田之大限。"《廣雅·釋宮》："畖，道也。"宋王安石《幽谷引》："天將雨我兮，田者之稠。有繩於防兮，有畚於溝。"章炳麟《新方言·釋地》："今人謂田上陌曰田畖，以埂為之。"

【畎】[2]

即防，亦即疆[1]。此稱三國時期已行用。見該文。

【田畎】

即防，亦即疆[1]。此稱近代已行用。見該文。

【町畦】

即疆[1]。此稱先秦時期已行用，亦稱"畦""畦陌"。《莊子·人間世》："彼且爲無町畦，亦與之爲無町畦。"成玄英疏："畦，埒也。"《韓非子·外儲説左上》："庸客致力以疾耘耕者，盡巧而正畦陌者，非愛主人也。"唐玄應《一切經音義》卷一七引《倉頡篇》："畦，埒也。"清潘榮陛《帝京歲時紀勝·豐臺芍藥》："今揚州遺種絶少，而京師豐臺，於四月間連畦接畛，倚擔市者日萬餘莖。"

【畦】[2]

即町畦，亦即疆[1]。此稱先秦時期已行用。見該文。

【畦陌】[2]

即町畦，亦即疆[1]。此稱先秦時期已行用。見該文。

【列】[1]

即疆[1]。此稱先秦時期已行用，漢代起亦作"埒""畤"，亦稱"畦畤""畦埒"。《周禮·地官·稻人》"以列舍水"漢鄭玄注："列，田之畦畤也。"《淮南子·本經》："菑榛穢，聚埒畝。"《急就篇》："頃町界畝畦埒封。"顏師古注："埒者，田間堳道也。"《爾雅·釋丘》："水潦所還，埒丘。"郭璞注："謂丘邊有界埒，水環繞之。"郝懿行義疏："形似稻田塍埒，因名埒丘矣。"北魏賈思勰《齊民要術·水稻》："畦畤大小無定，須量地宜，取水均而已。"繆啓愉

校釋："'畦'指田面，'畤'即田埂……'畦畤大小'，即指水田田坵的大小。"明徐光啓《農政全書》卷四〇："或就平地種，或作埒。"清王夫之《宋論·光宗》："夫豈必湮其溝洫，夷其隧埒，而後畤有所歸哉？"

【埒】

同"列[1]"，即疆[1]。此體漢代已行用。見該文。

【畤】

同"列[1]"，即疆[1]。此體漢代已行用。見該文。

【畦畤】

即列[1]，亦即疆[1]。此稱漢代已行用。見該文。

【畦埒】

即列[1]，亦即疆[1]。此稱漢代已行用。見該文。

【田首】

即疆[1]。此稱先秦時期已行用，漢代起亦稱"田頭"。《周禮·考工記·匠人》："田首倍之，廣二尺，深二尺，謂之遂。"《東觀漢記·王丹傳》："每歲農時，載酒肴，便於田頭大樹下飲食，勸勉之。"《禮記·郊特牲》"鄉爲田燭"唐孔穎達疏："六鄉之民，各於田首設燭照路。"唐韓愈《賽神》："麥苗含穟桑生葚，共向田頭樂社神。"《資治通鑑·宋文帝元嘉二十一年》："使民各標姓名於田首，以知其勤惰。"《喻世明言》卷一六："母恐誤了農桑，令張勤自去田頭收割。"清周亮工《書影》卷三："嬾婦如山猪而小，喜食田禾，以機軸織紙之物，掛於田頭，則不敢近。"

【田頭】

即田首，亦即疆[1]。此稱漢代已行用。見該文。

【畤】

即疆[1]。此稱秦代已行用，晋代又稱"疇"，宋代還稱"田際"。《史記·封禪書》："櫟陽雨

金，秦獻公自以爲得金瑞，故作畦時櫟陽而祀白帝。"司馬貞索隱引《三蒼》："時，埒也。"《文選·左思〈蜀都賦〉》："其園則有蒟蒻、茱萸、瓜疇、芋區。"劉逵注："疇者，界埒小畔際也。"又《魏都賦》："均田畫疇，蕃廬錯列。"張載注："疇者，界也，埒畔際也。"《集韻·止韻》："時，田際也。"

【疇】[3]

即時，亦即疆[1]。此稱晉代已行用。見該文。

【田際】

即時，亦即疆[1]。此稱宋代已行用。見該文。

【塍】

即疆[1]。此稱漢代已行用。漢班固《西都賦》："下有鄭白之沃，衣食之源，提封五萬，疆場綺分，溝塍刻鏤，原隰龍鱗。"北魏賈思勰《齊民要術·水稻》："始種，稻欲溫。溫者，缺其塍，令水道相直。"元馬祖常《小圃記》："余環堵中，治方一畝地，橫縱爲小畦者二十一塍。"明徐弘祖《徐霞客遊記·浙遊日記》："仙田成畦，塍界層層。"清阮元《小滄浪筆談》卷二："兩岫同秋，千塍共綠。"

【塍埒】

即疆[1]。此稱晉代已行用。《文選·左思〈蜀都賦〉》："至乎臨谷爲塞，因山爲障，峻岨塍埒，豁險吞若巨防。"劉逵注："云峻岨之嚴，視長城若塍埒也。"南朝宋謝靈運《山居賦》："阡陌縱橫，塍埒交經。"明章嘉楨《三湖》詩："怒濤漂田廬，驚風斷塍埒。"清王夫之《周易稗疏·下經》："若井以分田制稅，公田之中廬舍之間當中作井，而九百畝之田環之，溝洫、隧路、塍埒視以爲經，界之準而用無改。"

【田畷】

即疆[1]。此稱晉代已行用，唐代起亦作"田塍"，明代起亦稱"水埒"。晉干寶《搜神記》卷七："〔鼠〕始成，有毛肉而無骨，其行不能過田畷。"唐劉禹錫《插田歌》："田畷望如線，白水光參差。"又《歷陽書事七十韻》："柳長千絲宛，田塍一綫絣。"宋洪邁《夷堅丙志》卷八："至暮獨歸，跌于田坎水中，恍忽如狂，急緣田塍行。"《水滸傳》第五七回："呼延灼喫了一驚，便叫酒保引路，就田塍上趲了二三里。"明楊慎《藝林伐山·水埒》："田塍曰水埒。"清宋犖《雨中漫堂聯句》："泛濫成巨浸，畚鍤開水埒。"清紀昀《閱微草堂筆記·如是我聞三》："一日，見其坐田塍上，方欲就通款曲。"

【田塍】

同"田畷"，即疆[1]。此體唐代已行用。見該文。

【水埒】

即田畷，亦即疆[1]。此稱明代已行用。見該文。

【畛畷】

即疆[1]。此稱晉代已行用。《文選·左思〈吳都賦〉》："其四野則畛畷無數，膏腴兼倍。"劉逵注："畛畷，謂地廣道多也。"李善注引《説文》："畷，兩陌間道也。"《尚史·附序傳》："君子食人，小人食力，不班之法，無均懼争，是故平土畫畛畷、山林約之。"明張内蘊、周大韶《三吳水利考序説》："凡一州十有七縣，縣地千里，畛畷無數，自漢唐以來號稱財賦疆。"清鄭鉽《送族弟瀛州之官安縣七十韻》："計程杳五千，封疆挾畛畷。"

【地頭】

即疆[1]。此稱南北朝時期已行用。北魏賈思勰《齊民要術·種紅藍花梔子》："但駕車地頭，每旦當有小兒僮女，十百餘群，自來分摘。"《紅樓夢》第三九回："天天都是在那地頭上做歇馬涼亭，什麼奇奇怪怪的事不見呢！"清張杰鑫《三俠劍》第六回："我那塊六十四畝，二面四十弓的地頭，耕地之時，你們一家多耕我一攏，不要緊，霸地三年，不如多種。"

【丘】[2]

即疆[1]。此稱三國時期已行用，唐代亦稱"丘畝"。《文選·李康〈運命論〉》："命駕而遊五都之市，則天下之貨畢陳矣；褰裳而涉汶陽之丘，則天下之稼如雲矣。"李善注："曹子曰：願請汶陽之田。"《新唐書·宇文融傳》："括正丘畝，招倈戶口而分業之。"

【丘畝】

即丘[2]，亦即疆[1]。此稱唐代已行用。見該文。

【畦隴】

即疆[1]。此稱唐代已行用。唐戴叔倫《女耕田行》："疏通畦隴防亂苗，整頓溝塍待時雨。"宋蘇軾《東坡八首》詩之五："但聞畦隴間，蚯蚓如風雨。"《宋史·李允則傳》："徹樓夷阬爲諸軍蔬圃，浚井疏洫列畦隴、築短垣縱橫其中，植以荊棘，而其地益阻隘。"明劉侗、于奕正《帝京景物畧》："畦隴之方方，林木之行行，梵宇之厂厂，雉堞之凸凸。"清張英《賜金園記》："時和氣暄則散步畦隴，眺覽雲物，延賞卉木。"清代《畿輔通志·水利營田·任邱縣》："今復整理完固，併爲疏濬溝渠，令自近而遠遞相貫注，不惟水盈畦隴，抑且潤及鄰疆稻麥。"

【畦畛】

即疆[1]。此稱唐代已行用，亦稱"疆畛"。唐韓愈《贈崔立之評事》："高士例須憐曲蘖，丈夫終莫生畦畛。"唐皇甫湜《皇甫持正集·制策一道》："周之德受田有經制，漢之法力田有恒數，今疆畛相接，半爲豪家，流庸無依，率是編戶。"《新唐書·元載傳》："膏腴別墅，疆畛相望，且數十區。"宋黄庭堅《過家》詩："宰木鬱蒼蒼，田園變畦畛。"《續資治通鑑長編·宋真宗景德四年》："委所屬州縣，標其疆界，免公私侵占，從之。"《金史·元德明傳》："〔元德明〕自幼嗜讀書，口不言世俗鄙事，樂易無畦畛，布衣蔬食處之自若。"元劉祁《歸潛志》卷一三："地廣袤際，西不見疆畛。"明何景明《水車賦》："恩及畦畛，量兼斗筲。"清魏源《客懷柬龔定盦舍人》詩之一："門前臨大道，石坂成畦畛。"

【疆畛】

即畦畛，亦即疆[1]。此稱唐代已行用。見該文。

【田逕】

即疆[1]。此稱唐代已行用，宋代起亦作"田徑"，明代起亦稱"農徑"。唐錢起《初黄綬赴藍田縣作》詩："鹿聚入田逕，雞鳴隔嶺村。"宋張詠《訪人不遇》詩："田徑莓苔合，兒童獨閉門。"宋王安石《見遠亭》詩："圃畦荷氣合，田逕燒痕斑。"明張羽《過黄徵君新居》詩："田逕莽縈迂，溪流無淹薄。"明高啓《秋日江居寫懷》詩之七："漁村靄靄綠江暗，農徑蕭蕭入圃斜。"明王鏊《姑蘇志·宦蹟·徐誼》："鑿直曲港，還三江故道，開宜興百瀆，所以順導下流也。惟高原、田徑乃瀦隄之爾。"

【田徑】

同"田逕"，即疆[1]。此體宋代已行用。見該文。

【農徑】

即田逕，亦即疆[1]。此稱明代已行用。見該文。

【疆隴】

即疆[1]。此稱宋代已行用，亦稱"疆塍"，元代起又稱"畎疆"。宋蘇洵《行井田法總論》："破墳墓，壞廬舍，徙城郭，易疆隴，不可爲也。"宋蘇轍《和子瞻司竹監燒葦園因獵園下》："回風忽作火力怒，平地一卷無疆塍。"元吳師道《送人貢秔米之京》詩："頗聞播種初，行者避畎疆。"明朱廉《朱處士墓表》："身居其位，民社所繫，遭時之艱，所宜捍衛，有若處士沉跡畎疆乃能奮身以保其鄉。"清毛奇齡《家明府文山兄七十壽序》："夫楚丘帶索，不出閭里，老萊荷畚，徒事畎疆。"

【疆塍】

即疆隴，亦即疆[1]。此稱宋代已行用。見該文。

【畎疆】

即疆隴，亦即疆[1]。此稱元代已行用。見該文。

【田界】

即疆[1]。此稱宋代已行用。宋釋文珦《集奉川道中》詩："立石分田界，疏泉作澗春。"《東周列國志》第五七回："因與許國爭田界，許君訴于楚，楚共王爲許君理直，使人責鄭。"清張英《恒產瑣言》："第一當知田界，田界不易識也，令老農指視一次，不能記而再三，大約五六次便熟。"

【疆畝】

即疆[1]。此稱宋代已行用，清代亦作"疆畮"。《宋史·趙通傳》："砦畫疆畝，募人耕種，且習戰守，號曰'勝兵'。"元余闕《均役記》："具其田形、疆畝，主名甲乙，比次以上官。"明方孝孺《葛氏族譜序》："相望屋之椽角，相交田之疆畝，相錯延袤數里，皆葛氏之族。"清代《世宗憲皇帝硃批諭旨》卷一二五之二："覘其山川，察其形勢，按其疆畝，稽其廠地，固膏腴之府、物產之區也。坡坂宜蕎，原隰宜稻。"清李斗《揚州畫舫錄·草河錄上》："古者黃鐘、律歷、疆畮、冕服、圭璧、尊彝之屬，皆取裁於尺，而周尺爲準。"

【疆畮】

同"疆畝"，即疆[1]。此體清代已行用。見該文。

砧基簿

登記所屬田地四至界點的帳簿。此稱宋代已行用，元代亦稱"砧基帳"，明代又稱"責契"。宋李呂《代縣宰社倉砧基簿序》："姑摭建置本末，出納條例悉列於册，著爲砧基簿。"元柳貫《處州路學歸田記》："寺僧餘十頃五十畝，令路學依驗砧基帳，籍入其賦租。"明吳寬《徭役》："保長令取責契，照及兩家砧基點對。"

【砧基帳】

即砧基簿。此稱元代已行用。見該文。

【責契】

即砧基簿。此稱明代已行用。見該文。

土埄牌

用作田界標志的土堆。宋代熙寧年間實行方田法時規定立於田角，并植樹其上。此稱宋代已行用，亦稱"埄""埄界"。宋袁甫《知徽州便民五事狀》："命官僚躬行阡陌，建土埄牌，以爲標識。"《文獻通考·田賦四》："〔熙寧五年〕凡田方之角，立土爲埄，植其野之所宜木以封表之。"又《田賦五》："猾吏毀去案籍，豪民毀壞埄界。"

【埒】

即土埒牌。此稱宋代已行用。見該文。

【埒界】

即土埒牌。此稱宋代已行用。見該文。

田廬

田間的廬舍，或泛指農舍。此稱先秦時期已行用，南北朝時期亦稱"田墅"。《管子·四時》："令禁扇去笠，毋扱免，除急漏田廬。"尹知章注："田中之廬欲漏之，不欲人惡盛陽之氣也。"南朝宋沈約《少年新婚爲之詠》詩："山陰柳家女，薄言出田墅。"唐李白《遊南陽白水登石激作》詩："魚長歌盡落日，乘月歸田廬。"宋王安石《和農具·田廬》詩："田父結田廬，聊容一身息。"元王禎《農書·舟車門》："田廬：《農書》云，古者制五畝之宅，'以二畝半在鄽，《詩》云'入此室處'是也；以二畝半在田，《詩》云'中田有廬'是也。此蓋古制。自井田之變，農人散居，隨業所在，其屋廬園圃，遂成久處；四時之內，農事俱便。管子所謂'居四民，各有攸處，不使麗雜，欲其業專，不爲异端紛更其志'。今農家多居田野，即其理也。"《元史·仁宗紀一》："河決陳、亳、睢州、開封、陳留縣，沒民田廬。"明萬壽祺《贈胡彥

田廬
（元王禎《農書》）

遠》詩："荷鋤歸去田廬閉，莫向人間學問津。"清吳敬梓《儒林外史》："黄河沿上的州縣被河水決了，田廬房舍盡行漂沒。"

【田墅】

即田廬。此稱南北朝時期已行用。見該文。

【耕廛】

即田廬。此稱宋代已行用，清代亦稱"稻舍"。宋唐庚《寄潮陽尉鄭太玉》詩："又種羅浮一熟田，江陽未得返耕廛。"《花月痕》第六回："彤雲閣是上下兩層，溪北最高之處，四面明窗，俯瞰柳陰中，漁莊稻舍，酒肆茶寮，宛如天然圖畫。"《清史稿·兵志八》："陸路自同治間開墾荒地以後，耕廛比櫛，直抵鴨綠江西岸。"

【稻舍】

即耕廛，亦即田廬。此稱清代已行用。見該文。

守舍

看護莊稼的廬舍。此稱元代已行用，亦稱"看禾廬"。元王禎《農書·舟車門》："守舍，看禾廬也。架木苫草，略成構結，兩人可舁。禾稼將熟，寢處其中，備防人畜。或就塍坎縛草爲之。若於山鄉及曠野之地，宜高架杴木，免有虎狼之患。真西山言農事之叙云：'至其禾，迨垂穎而堅栗，懼人畜之

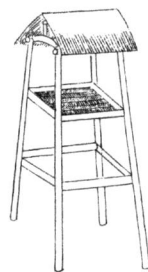

守舍
（元王禎《農書》）

傷殘，縛草田中，以爲守舍：數尺容膝，僅足蔽雨，寒夜無眠，風霜砭骨。'此守禾之苦也。"

【看禾廬】

即守舍。此稱元代已行用。見該文。

第三章　耕耘説

本章重點考證中國古代耕耘器具及其名稱的産生與發展。全章包括"翻土、整地器具考""除草器具考""家禽、農畜及其用品考"，共三節。

第一節　翻土、整地器具考

翻土指挖掘田土使之鬆軟，整地指平整田土使便於播種。它們是農耕的基礎，也是稼穡的前提。二者或同步進行，器具常一物兩用。

耒[1]

一種可以脚踏助力的尖齒狀翻土農具，有木製、石製、骨製等種類。此稱先秦時期已行用，漢代起亦稱"耕耒"。《易·繫辭下》："神農氏作，斲木爲耜，揉木爲耒。"《周禮·考工記·車人》："車人爲耒。"鄭玄注引漢鄭司農曰："耒謂耕耒。"《管子·海王》："耕者必有一耒一耜一銚，若其事立。"《北史·裴俠傳》："帝矜其貧苦，乃爲起宅，并賜良田十頃，奴隸、耕耒、糧粟莫不備足。"元王禎《農書·耒耜門》："耒，耜上句木也。《易·繫》曰：'神農氏作，斲木爲耜，揉木爲耒。'《説文》曰：'耒，手耕曲木。從木推手。'《周官》：'車人爲耒，庇長尺有一寸。'鄭注云：'庇，讀如棘刺之刺。刺，耒下前曲接耜。'則未長六尺有六寸，其受鐵處歟？自其疵，緣其外，遂曲量之，以至於首，得三尺三寸；自首遂曲量之，以至于疵，亦三尺三寸：合爲之六尺六寸。若從上下兩曲之內，相望如弦量之，只得六尺，與步相應。堅地欲直疵，柔地欲句疵；直疵則利推，句疵則利發；倨句磬折，謂之中地。”

【耕耒】

即耒。此稱漢代已行用。見該文。

疵

耒柄下端與耒體相接的木柄，有直、曲之別。此稱先秦時期已行用，亦作“庛”，漢代又作“刺”。《周禮·考工記·車人》：“車人爲耒，疵長尺有一寸。”鄭玄注：“鄭司農云：‘疵讀爲其顙有疵之疵，謂耒下岐。’玄謂疵讀爲棘刺之刺。”賈公彥疏：“釋曰：先鄭云疵讀爲其顙有疵之疵者，俗人謂顙額之上有疵病，故從之也……玄讀從刺也。”以上諸疵，一本俱作“庛”。

【庛】

同“疵”。此體先秦時期已行用。見該文。

【刺】

同“疵”。此體漢代已行用。見該文。

直疵

耒柄下端與耒體相接的直而不彎的木柄。此稱先秦時期已行用，亦作“直庛”。《周禮·考工記·車人》：“堅地欲直疵，柔地欲句疵。直疵則利推，句疵則利發。”以上諸疵，一本俱作“庛”。

【直庛】

同“直疵”。此體先秦時期已行用。見該文。

句疵

耒柄下端與耒體相接的彎曲的木柄。此稱先秦時期已行用，亦作“句庛”。《周禮·考工記·車人》：“〔疵〕中直者三尺有三寸，上句者二尺有二寸。”鄭玄注：“疵讀爲棘刺之刺。刺，耒下前曲接耜。”賈公彥疏：“釋曰：此車人既爲車，因使爲耒之田器也。疵者耒之面，但耒狀若今之曲枕柄也，面長尺有一寸。云‘中直者’，謂手執處爲句，故謂‘疵上句，下爲中直’者，三尺有三寸也。句者，謂人手執之處，二尺有二寸也。注：釋曰：先鄭云疵讀爲其顙有疵之疵者，俗人謂顙額之上有疵病，故從之也。云‘謂耒下岐’者，古法耒下惟一金，不岐頭。先鄭云‘耒下岐’，據漢法而言。其實古者耜不岐頭，是以後鄭上注亦云。今之耜岐頭，明古者耜無岐頭也。玄謂‘疵讀爲棘刺之刺’者，以其入地故讀從‘刺’也。云‘刺，耒下前曲接耜’者，耜謂耒頭金，故云下前曲接耜者也。”孫詒讓正義引程瑤田曰：“疵即耒末之木以納於耜銎者。”以上諸疵，一本俱作“庛”。

【句庛】

同“句疵”。此體先秦時期已行用。見該文。

耜[1]

一種鏟形有刃、可以腳踏助力的翻土農具，有木製、石製、骨製等種類。此稱先秦時期已行用，亦作“枱”，漢代起又作“梠”“相”“耛”。《周禮·考工記·匠人》：“匠人爲溝洫，耜廣五寸，二耜爲耦。”《莊子·天下》：“禹親自操橐耜而九雜天下之川，腓無胈，脛無毛，沐甚雨，櫛疾風。”成玄英疏：“耜，掘土具也。”《管子·輕重己》：“耜耒耨懷，鉊鈶又橿，權渠繩縷，所以御春夏之事也。”郭沫若等集校引張佩綸曰："鉊，枱，或從金作鉛，經典相承爲耟。"《説文·屯部》："枱廣五寸，二枱爲耦。"又《木部》："枱，耒耑也。"段玉裁注："枱，今經典之耟。"又："梠，舌也。"三國魏曹植《藉田賦》："名王親枉千乘之體于隴畝之中，執鉏鑺于畦町之側，尊趾勤于耒耟，玉手勞于耕耘。"《御定孝經衍義》卷三一："玄宗開元二十三年正月……親耕耒耟而九推焉。"《集韻·之韻》："枱，《説文》：'耒耑也。'或作耟。"宋司馬光《類篇》卷一二："枱，澄之切。耘枱除艸。又盈之切，耒耑（端）也。"元王禎《農書·耒耟門》："耟，舌也。《釋名》曰：'耟，齒也，如齒之斷物也。'《説文》云：'梠……从木，昌聲。'徐鉉等曰：'今作耟。'《周官·考工記》：'匠人爲溝洫：耟廣五寸，二耟爲耦；一耦之伐，廣尺深尺謂之畎。'鄭云：'古者耟一金，兩人併發之。其壟中曰畎，畎上曰伐；伐之言發也。……今之耟，歧頭兩金，象古之耦也。'賈公彥疏云：'古者耟一金者，對後代耟歧頭二金者也。云今之耟歧頭者，後用牛耕種，故有歧頭兩脚耟也。'耒、耟，二物而一事，猶杵、曰也。"清郝懿行《證俗文》卷三："古者犁謂之耟。"

【鉊】

同"耟[1]"。此體先秦時期已行用。見該文。

【枱】

同"耟[1]"。此體漢代已行用。見該文。

【梠】

同"耟[1]"。此體漢代已行用。見該文。

【耜】[1]

同"耟[1]"。此體漢代已行用。見該文。

【犁頭】

即耟[1]。此稱宋代已行用。宋陳埴《木鍾集》卷九："耟，即今之犁頭也。"清陸隴其《三魚堂賸言》卷一："今犁頭鐵器及下種之器名樓者，其頭上樓，北人皆謂之鏵。"

耟[2]

耒耟下端用以鏟土的部件，即耒體。

石耟

用鋭利的石片製作的耟。此稱當代方行用。郭沫若《中國史稿》第一編第三章第二節："他們使用穿孔石鏟或橫長形的穿孔石鋤挖土翻地，良渚文化的居民還發明了三角形石耟，種着更多的田地。"天津文物管理處編《津門考古》四："寶坻縣的北里自沽和中登出土了三件石耟。北里自沽的一件是用墨綠色的板巖製成的，器身扁平，通體磨光，長26.8厘米，寬14.6厘米，厚1.6厘米，形狀象一葉肥大的仙人掌，刃部鋒利，兩面皆有明顯的使用磨損痕跡。視其形狀，應是鬆土播種用的農業工具。"李宗山《石器史話》三："早期石耟加工多不很精致，與石鏟往往難以區分。"

骨耟

用動物的肩胛骨等製作的耟。此稱當代方行用。趙承楷《考古文化》："骨耟，是河姆渡文化中的主要農用工具。……骨耟多以鹿、水牛之肩胛骨，略作修整而成，鹿骨耟又多於水牛耟。"

覃耟

鋒利的耟。此稱先秦時期已行用，漢代起亦作"剡耟"。《詩·小雅·甫田》："以我覃耟，俶載南畝。"《毛詩注疏》卷二一考證："覃，《爾雅注》作'剡'。"漢張衡《東京賦》："乘鑾輅而駕蒼龍，介馭間以剡耟。"《淮南子·氾論訓》：

"古者剗耟而耕。"高誘注:"耟,耒屬。"

【剗耟】

同"覃耟"。此體漢代已行用。見該文。

穀芨

一種比耒耜小巧、用於補翻土地的農具。此稱先秦時期已行用。《管子·小匡》:"今夫農群萃而州處,審其四時權節,具備其械器用,比耒耜穀芨。"尹知章注:"穀芨小于耒耜,一人執之,以隨耒耜之後,重治其闕遺。芨音椹。"

耦

一種比耜更寬的耕地翻土農具。此稱漢代已行用。《說文·耒部》:"耦,耕廣五寸爲伐,二伐爲耦。"段玉裁注:"耕,各本僞作耒,今依《太平御覽》正。《匠人》:'耜廣五寸,二耜爲耦。一耦之伐,廣尺深尺,謂之𤰫。'注:'古者耜一金,兩人併發之,其𤰸中曰𤰫。𤰫上曰伐。伐之言發也。𤰫,畎也。今之耜歧頭兩金,象古之耦也。'"

御耦

帝王藉田所用的一種農具。此稱西晉已行用。《文選·潘岳〈藉田賦〉》:"我皇乃降靈壇,撫御耦。"李善注:"《論語》曰:'長沮、桀溺耦而耕。'鄭玄曰:'耜,廣五寸,二耜爲耦。'"

犁

耕地翻土的農具。此稱先秦時期已行用,漢代亦作"犁""𤛮""𤛿"。《管子·乘馬》:"丈夫二犁,童五尺一犁,以爲三日之功。"漢王粲《從軍詩·軍戎》:"不能效沮溺,相隨把鋤犁。"《玉篇·牛部》:"犁,耕具也。"唐陸龜蒙《耒耜經》:"經曰耒耜,農書之言也。民之習通謂之'犁'。"宋陸游《冬晴與子坦子聿游湖上》詩:"乘暖冬耕無遠近,小舟日晚載犁歸。"金元好問《寄答溪南詩老辛愿敬之》詩:"丈夫不合把鉏犁,青鬢無情忽衰素。"元王禎《農書·耒耜門》:"犁,墾田器。《釋名》曰:'犁,利也。利則發土、絕草根也。'利從牛,故曰犁。《山海經》曰:'后稷之孫叔均,始教牛耕。'注云:'用牛犁也。後改名耒耜曰犁。'陸龜蒙《耒耜經》曰:'農之言曰耒耜;民之習,通謂之犁。冶金而爲之,曰犁鑱,曰犁壁;斲木而爲之,曰犁底,曰壓鑱,曰策額,曰犁箭,曰犁轅,曰犁梢,曰犁評,曰犁建,曰犁槃:木、金凡十有一事。耕之土曰墢,墢,猶塊也。起其墢者,鑱也;覆其墢者,壁也。……故鑱引而居下,壁偃而居上。……鑱之次曰策額,言其可以扦其壁也,皆虵然相戴。虵,自策額達於犁底,縱而貫之曰箭。前如桯而橾者曰轅。後如柄而喬者曰梢。轅有越,加箭可弛張焉。轅之上,又有如槽形,亦如箭焉;刻爲級,前高而後庳,所以進退,曰評。進之則箭下,入土也深;退之則箭上,入土也淺。以其上下類激射,故曰箭;以其淺深類可否,故曰評。評之上,曲而衡之者曰建。建,犍也,所以柅其轅與評。

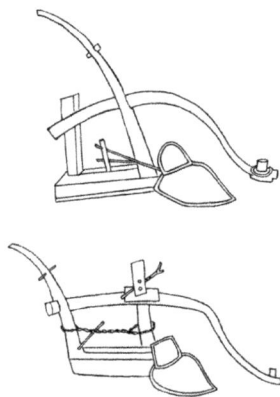

犁
(元王禎《農書》)

無是則二物躍而出，箭不能止。横於轅之前末，曰槃，言可轉也，左右繫以樫乎軶也。轅之後末曰梢，中在手，所以執耕者也。轅車之胸，稍取舟之尾。止於此乎。鑱長一尺四寸，廣六寸。壁，廣長皆尺，微橢。底長四尺，廣四寸。評底過壓鑱二尺。策減壓鑱四寸，廣狹與底同。箭高三尺。評，尺有三寸。槃，增評尺七焉。建惟稱絶。轅修九尺。梢得其半。轅至梢，中間掩四尺，犂之終始，丈有二。'"明劉基《雜詩四十一首》之三四："鑄鐵作鋤犂，春耕待秋熟。"清朱駿聲《説文通訓定聲·履部》："犂，耕也。字亦作犁，作鞂。"

【犁】

同"犂"。此體漢代已行用。見該文。

【𤛆】

同"犂"。此體漢代已行用。見該文。

【𤛿】

同"犂"。此體漢代已行用。見該文。

【耒】[2]

即犂。此稱先秦時期已行用。《易·繫辭下》："包犧氏没，神農氏作，斲木爲耜，揉木爲耒，耒耨之利，以教天下。"《莊子·胠篋》："昔者齊國鄰邑相望，雞狗之音相聞，罔罟之所布，耒耨之所刺，方二千餘里。"王先謙集解引李頤曰："耒，犂；耨，鋤也。"

【耕犂】

即犂。此稱三國時期已行用，唐代亦稱"牛犂"。《三國志·吳書·薛綜傳》："乃教其耕犂，使之冠履。"北魏賈思勰《齊民要術·耕田》："今遼東耕犂，轅長四尺，迴轉相妨，既用兩牛兩人牽之，一人將耕，一人下種，二人挽耬。凡用兩牛六人，纔種二十五畝。"唐寒山

《寒山子詩集》："種田討衣食，作債税牛犂。"宋陸游《枕上》詩："元非破賊手，只合架牛犂。"宋陳景沂《東坡秧馬歌》："笑我一生蹋牛犂，不知自有木駃騠。"元王禎《農書·麻苧門》引《方言》："車紖，自關而東謂之緤，或謂之曲綯，或謂之曲綸。自關而西謂之紂。農家紖麻合之，以輓耕犂。"明楊士奇《題朱給事所藏馬牛二圖》之二："三月耕犂閒，春田雨新足。"

【牛犂】[1]

即耕犂，亦即犂。此稱唐代已行用。見該文。

格

犂的部件之一。係犂轅前端可以轉動的横木，用以聯接耕索、曲軶，套上耕畜拉犂。此稱先秦時期已行用，清代亦稱"輅"，現在又稱"犂衡"。《晏子春秋·内篇諫下》："吾將左手擁格，右手梱心。"吳則虞集釋引王念孫云："'格'即'輅'字，謂樞車轅上横木，所以屬引者也。……作'格'者，借字耳。"唐樊綽《蠻書·雲南管内物產》："每耕田用三尺犂，格長丈餘，兩牛相去七八尺，一個人前牽牛，一個人持按犂轅，一個人秉耒。"宋兆麟《西漢時期農業技術的發展》："《蠻書》所謂的格，也就是二牛擡杠中的木杠。這個木杠又稱犂衡。"

【輅】

即格。此稱清代已行用。見該文。

【犂衡】

即格。此稱當代仍行用。見該文。

【槃】

即格。此稱唐代已行用，亦稱"犂槃"，元代又稱"耕槃"。唐陸龜蒙《耒耜經》："横於轅之前末曰槃，言可轉也，左右繫以樫乎軶也。"

又："斲木而爲之者，曰犂底，曰壓鑱，曰策額，曰犂箭，曰犂轅，曰犂梢，曰犂評，曰犂建，曰犂槃。"元王禎《農書·耒耜門》："耕槃，駕犂具也……耕槃舊制稍短，駕一牛或二牛，故與犂相連。今各處用犂不同，或三牛四牛。其槃以直木，長可五尺，中置鉤環。耕時，旋擺犂首，與軛相爲本末，不與犂爲一體。耕槃：駕犂具也。《耒耜經》云：'横於轅之前末，曰槃，言可轉也，左右繫以樫乎軛也。耕槃舊制稍短，駕一牛或二牛，故與犂相連。今各處用犂不同，或三牛四牛，其槃以直木，長可五尺，中置鉤環；耕時旋擺犂首，與軛相爲本末，不與犂爲一體。故復表出之。'"

【犂槃】

即槃，亦即格。此稱唐代已行用。見該文。

【耕槃】

即槃，亦即格。此稱元代已行用。見該文。

底

犂的部件之一。位於犂身下面，爲前部穿插犂鑱，後部連接犂柄的横木，用以平衡犂身。此稱唐代已行用，亦稱"鼈肉""犂底"。唐陸龜蒙《耒耜經》："負鑱者曰底，底實于鑱中，工謂之鼈肉。"參見本節"槃"爲。

【鼈肉】

即底。此稱唐代已行用。見該文。

【犂底】

即底。此稱唐代已行用。見該文。

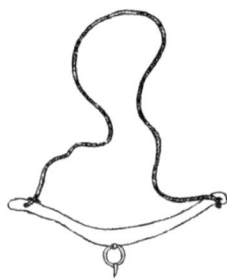

耕槃
（元王禎《農書》）

壓鑱

犂的部件之一。位於策額前端，上靠犂壁，下抵犂刀。用以壓住犂刀，使之穩定；同時協助犂壁，調控翻土角度。此稱唐代已行用。唐陸龜蒙《耒耜經》："底之次曰壓鑱，〔犂壁〕背有二孔，繫于壓鑱之兩旁。"

策額

犂的部件之一。係位於犂轅與犂床之間的横木，前端連接犂壁，後端著於犂柄，用以調控耕犂翻土、覆土的角度與形狀等。此稱唐代已行用。唐陸龜蒙《耒耜經》："鑱之次曰策額，言其可以扞其壁也，皆虵然相戴。"

箭

犂的部件之一。爲垂直於犂床，縱貫犂評、犂轅、策額的直木。與犂評配合，用以調整犂鑱入土的深度。此稱唐代已行用，亦稱"犂箭"。唐陸龜蒙《耒耜經》："自策額達于犂底，縱而貫之曰箭。"參見本節"槃"文。

【犂箭】

即箭。此稱唐代已行用。見該文。

轅

犂身最長的木質部件，前端聯接犂轅頭（犂槃）以套耕畜牽引，後部聯接犂把柄（犂梢）以掌控犂鑱入地的角度，分爲直轅、曲轅兩類。此稱南北朝時期已行用，唐代亦稱"犂轅"。北魏賈思勰《齊民要術·耕田》："今遼東耕犂，轅長四尺。"唐樊綽《蠻書》卷七："每耕田用三尺犂，格長丈餘，兩牛相去七八尺，一個人前牽牛，一個人持按犂轅，一個人秉耒。"宋李昉等《太平御覽》卷七七五"露車"："有露車一乘，轅復摧折，以犂轅續之。"元陶宗儀《説郛》卷四八上引唐張鷟《朝野僉載》：

"其人曰：'僕不解醫，但解作犂耳。爲主人作之。'持斧繞舍求犂轅，見桑曲枝臨井上，遂斫下。"參見本節"槃"文。

【犂轅】

即轅。此稱唐代已行用。見該文。

梢

犂的部件之一，即把柄。位於犂身後部，係直插於犂床之上并連接策額、犂轅的曲木，用以扶持、掌控犂身的運動。此稱唐代已行用，亦稱"犂梢"。唐陸龜蒙《耒耜經》："轅之後末曰梢，中在手，所以執耕者也。"參見本節"犂"文。

【犂梢】

即梢。此稱唐代已行用。見該文。

評

犂的部件之一。係附於犂轅之上的一塊前高後低的楔狀短木，中間有孔貫穿犂箭，通過前推、後移，調整犂鑱入土的深度。此稱唐代已行用，亦稱"犂評"。唐陸龜蒙《耒耜經》："轅之上，又有如槽形，亦如箭焉，刻爲級，前高而後庳，所以進退，曰評。進之則箭下，入土也深；退之則箭上，入土也淺。以其上下類激射，故曰箭；以其淺深類可否，故曰評。"參見本節"犂"文。

【犂評】

即評。此稱唐代已行用。見該文。

建

犂的部件之一。係橫穿犂箭，將犂評固定於犂轅的木銷。此稱唐代已行用，亦作"揵"，亦稱"犂建"。唐陸龜蒙《耒耜經》："評之上，曲而衡之者曰建。建，揵也，所以柅其轅與評。無是則二物躍而出，箭不能止。"參見本節"犂"文。

【揵】

同"建"。此體唐代已行用。見該文。

【犂建】

即建。此稱唐代已行用。見該文。

蹠鑺

一種裝有彎曲長柄、通過脚踏助力的犂。此稱漢代已行用，唐代亦稱"長鑱"，宋代起又稱"長攙""踏犂"，元代還稱"踏田器"，清代另稱"鑱"。《太平御覽》卷七六四引《淮南子·齊俗訓》："故伊尹之興土功也，修脚者使之蹠鑺。"高誘注："長脚者蹠得土多，鍤入土深也。"唐杜甫《乾元中寓居同谷縣作歌》之二："長鑱長鑱白木柄，我生託子以爲命。"明王圻等《三才圖會·器用》引唐陸龜蒙《耒耜經》："冶金而爲之者曰犁鑱，起其墢者也。負鑱者底，底實於鑱中。"宋方夔《前梁父吟》："左肩抱長攙，右手牽黃犢。"《續資治通鑑·宋太宗淳化五年》："會太子中允武允成獻踏犂，以人力運之，不用牛，帝亟令秘書丞陳堯叟等往宋州，依其制造成以給民，民甚賴焉。"元王禎《農書·钁臿門》："長鑱：踏田器也。鑱此犂鑱頗狹，制爲長柄，杜工部《同谷歌》曰：'長鑱長鑱白木柄'，即謂此也。柄長三尺餘，後偃而曲，上有橫木如拐，以兩手按之，用足踏其鑱柄後跟，其鋒入土，乃抾柄以起墢也。在園圃、區田，皆可代耕，比於钁斸省力，得土又多。古謂之蹠鑺，今謂之踏犂，亦耒耜之遺制也。《淮南子》曰：'伊尹之興土也，修脚者使之蹠鑺。'注：長脚者蹠鑺，得土多也。夫鑺與鑱同用，即長鑱也。"明徐光啟《農政全書》卷二一略同。清顧炎武《贈傅處士山》詩："臨風吹短笛，劚雪荷長鑱。"清嚴如熤《三省邊防備覽・策略》："各保身家，長攙白梃，盡成勁旅。"清厲荃《事物異名録・耕織・鑱》："長鑱，柄偃而曲，上有橫木如拐，以兩手按之，用足踏其鑱柄後跟，其鋒入土，乃撳柄而起壤也。古謂之蹠鏵，今謂之踏犁。"

【長鑱】

即蹠鏵。此稱唐代已行用。見該文。

長鑱
（元王禎《農書》）

【長攙】

即蹠鏵。此稱宋代已行用。見該文。

【踏犁】

即蹠鏵。此稱宋代已行用。見該文。

【踏田器】

即蹠鏵。此稱元代已行用。見該文。

【鑱】[1]

即蹠鏵。此稱清代已行用。見該文。

鑱[2]

掘鑿砍斲的工具。唐玄應《一切經音義》卷一一："鑱，謂有刀斲鑿者也。"《聊齋志異・種梨》："把核于手，解肩上鑱，坎地深數寸，納之而覆以土。"何垠注："鑱，破土取藥之具。"

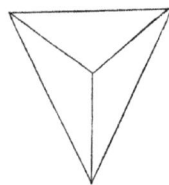

鑱
（元王禎《農書》）

耦犂

西漢搜粟都尉趙過推行耦耕作業時使用的一種犂。一般認爲犂體較大，使用方法有"二牛一犂""二牛二犂"等説。此稱漢代已行用。《漢書・食貨志上》："用耦犂，二牛三人，一歲之收常過縵田畮一斛以上，善者倍之。"顏師古注："按：《周禮・里宰》賈疏曰：'周時未有牛耕，至漢時趙過始教民牛耕。'今鄭云：'合牛耦可知者。'或周末兼有牛耕，至趙過乃絶人耦。又按：葉少蘊曰：'古耕而不犂，後世變爲犂法。耦用人，犂用牛。過特爲增損其數耳，非用牛自過始也。'周必大曰：'疑耕犂起於春秋之世。孔子有犂牛之言，冉耕字伯牛，《月令》出土牛示農耕早晚。'按：葉周二説是。但謂古耕，而不犂耕。犂起於春秋，亦恐未確。古藉田之禮曰'三推不用犂'，安用推乎？"又"故平都令光教過以人輓犂"注："按：以人代牛輓犂始此。"

長轅犂

古代一種犂轅長大的耕犂。此稱南北朝時期已行用，省稱"長轅"。北魏賈思勰《齊民要術・耕地》："今自濟州已西，猶用長轅犂、兩脚耬。長轅，耕平地尚可。"陳曉丹編著《中國文化博覽2》"曲轅犂"："漢代耕犂已基本定型，但漢代的犂是長直轅犂，耕地時回頭轉彎不够靈活，起土費力，效率不很高；北魏賈思勰的《齊民要術》中提到長曲轅犂和'蔚犂'。"

【長轅】

"長轅犁"之省稱。此稱南北朝時期已行用。見該文。

蔚犁

南北朝時期已在今山東東部丘陵地區使用的一種耕犁。此稱南北朝時期已行用。北魏賈思勰《齊民要術·耕地》："於山澤之間則不任用，且回轉至難、費力，未若齊人蔚犁之柔便也。"

濬鏵

田間開掘溝渠等所用的一種大犁。此稱元代已行用。元王禎《農書·利用門》："《周禮》：'匠人爲溝洫，耜廣五寸，二耜爲耦。一耦之伐，廣尺深尺。'以此考之，則知濬鏵即耦耕之法。其制大倍常鏵，鐴亦稱是。凡開田間溝渠，及作陸塹，乃別製箭、犁，可用此鏵。斲犁底爲胎，煅鐵爲刃；犁轅貫以橫木，二人扶

濬鏵
（元王禎《農書》）

之，可使數牛輓行。插犁既深，一去復回，即成大溝。挑浚之力，日省萬數。《唐書》：天寶初，開砥柱之險以通流，石中得古鐵犁鏵，上有'平陸'二字，因改河北縣爲平陸縣。此蓋先開險時所遺器也。又泰山下舊有曠野，其地汙下，不任種蒔，土人呼曰淳于泊。近于耕斸之際得舊鏵，大可尺餘。故老云：聞昔有大鏵，用開田間去水溝塹，當是此器。"

直轅犁

一種犁轅平直的耕犁，流行於春秋到漢魏時期，有二牛抬杠式、一牛牽引式等不同類型，唐代以後被曲轅犁取代。胡澤學《中國犁文化》第一章第四節："漢代的犁是長直轅犁，從漢代有關耕作場面的畫像磚石中可以看到耕犁的構造形式。""漢代的犁有雙轅和單轅的，基本上是二牛抬杠式，特別適合在平原地區使用……但是，如果應用到丘陵或山地，這種形制的直轅長犁就不太適合了。"

雙轅犁

一種有兩根犁轅、用單牛牽引的耕犁，漢代已經出現，魏晉以後逐漸普及。李永桂《四川耕牛今昔觀（上）》："秦漢推行鐵製鏵，普遍使用二牛一人犁和一牛雙轅犁。"朱利民《大唐農牧業文化淺論》："從晉唐壁畫中還可看到犁型的構造多式多樣，有直轅犁，也有曲轅犁；有雙轅犁，也有單轅犁；有長轅犁，也有短轅犁。其中曲轅犁的形制複雜，效率最高，在我國農業史上有重要的意義。"簡修煒等《六朝史稿》第三章第三節："蔚犁最初使用於山東地區，由雙轅犁改進而來，它比雙轅犁輕。"參閱賈旭敏《我國耕犁史上有沒有雙轅犁》。

曲轅犁

一種犁轅彎曲、使用輕便的耕犁，有長、短之別。長曲轅犁初用於漢魏之際，始見於北魏賈思勰的《齊民要術》；短曲轅犁初用於晚唐時期的江東地區，故稱爲"江東犁"，由犁鑱（犁刀）、犁鏡（犁鏵）、犁轅等十一個部件組成，最早、最完整的文字記載始見於唐代陸龜蒙的《耒耜經》。周昕《中國農具發展史》第六章："在唐代，曲轅犁是標志性的農具。"陳曉丹《中國文化博覽2》"曲轅犁"："北魏賈思勰的《齊民要術》中提到長曲轅犁和'蔚犁'，但

因記載不詳，祇能推測爲短轅犂；唐代初期進一步出現了長曲轅犂。轉動靈活的'蔚犂'的問世和長曲轅犂的出現爲江東犂的最終形成奠定了基礎。……因此曲轅犂最早出現於江東地區，也稱'江東犂'，它的出現是我國耕作農具成熟的標志。敦煌莫高窟第445窟的壁畫中有曲轅犂耕作圖。"

江東犂

唐代晚期流行的一種短曲轅犂，因最早出現於江東（長江下游）地區，故稱。江東犂被視爲後世傳統耕犂的鼻祖，唐代陸龜蒙《耒耜經》是最早完整記載江東犁的專文。

短轅犂

犂轅短小的耕犂之統稱，有直轅、曲轅之別，流行於魏晉南北朝時期。早期的短轅犂多爲直轅，敦煌莫高窟196窟北周時期的《牛耕圖》，即爲短直轅犂。齊人所用的蔚犂，也是一種短直轅犂。楊檀等《中國古代史》第五章第四節："耕地用的犂則有長轅犂和齊人蔚犂等。齊人蔚犂的轅相對縮短，迴轉較爲方便，適宜於山地及小塊土地的翻土。"短曲轅犂出現略晚，最早有明確記載的是江東犂。

杷

用牛等牽引的粉碎土塊、平整土地、聚散柴草與穀物的較大型復合式農具，大約漢代已流行。此稱漢代已行用，宋代亦作"耙"，元代又作"爬""耰""欞"，明代還作"欞"。有一字杷、人字杷、方杷等之別，北方旱地多用一字杷或人字杷，南方水田多用方杷。《方言》卷五："杷，宋魏之間謂之渠挐。"南朝梁宗懍《荊楚歲時記》："四月，有鳥名穫穀，其名自呼，農人候此鳥，則犂杷上岸。"宋黃震《黃氏日抄》卷七八："田須熟杷，牛牽杷索，人立杷上，一杷便平。"元王禎《農書·杷朳門》："杷：鏤鍬器也。《方言》云：'宋魏間謂之渠挐，或謂之渠疏。'直柄，橫首，柄長四尺，首闊一尺五寸，列鑿方竅，以齒爲節。夫畦畛之間，鏤剔塊壤，疏去瓦礫；場圃之上，穋聚麥禾，擁積稭穗，此亦農之功也。復有穀杷，或謂透齒杷，用攤曬穀。又耘杷，以木爲柄，以鐵爲齒，用耘稻禾。竹杷，場圃、樵野間用之。王褒《僮約》曰：'揉竹爲杷。'"元睢景臣《哨遍·高祖還鄉》套曲："也曾與我喂牛切草，拽杷扶鋤。"元張國賓《薛仁貴》第三折："他不務老實便把那鎗兒棒兒強溫習，偏不肯拽欞扶犂，常只是抛了農器演武藝。"明徐光啓《農政全書》卷六："《種薴直說》云：古農法，犂一欞六。"明田汝成《西湖遊覽志餘》卷二五："九九八十一，犂杷一齊出。"清于敏中撰《欽定日下舊聞考》卷五五引《水部備考》："……耙二副，行順天府辦送。"清郝懿行《證俗文》卷三："《農政全書》：耙制有方杷，有人字杷，如犂，亦用牛

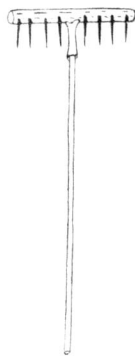

大杷
（元王禎《農書》）

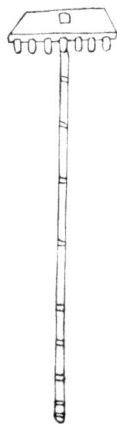

小杷
（元王禎《農書》）

駕。但橫闊多齒，犁後用之。蓋犁以起土，惟深爲功；耙以破塊，惟細爲功。”

【耙】

同“杷”。此體宋代已行用。見該文。

【爬】

同“杷”。此體元代已行用。見該文。

【𦥔】

同“杷”。此體元代已行用。見該文。

【欛】

同“杷”。此體元代已行用。見該文。

【橻】

同“杷”。此體明代已行用。見該文。

【鑼】

即杷。此稱漢代已行用，金代亦稱“擺”。《説文·金部》：“鑼，相屬。从金，罷聲。讀若嬀。”段玉裁注：“彼爲切。”《六書故·植物一》：“橻，卧兩釘，著齒其下，人立其上，而牛輓之曰摩田也。別作鑼。”《農桑輯要·耕墾·耕地》：“《種蒔直説》：古農法：犁一擺六。今人只知犁深爲功，不知擺細爲全功。擺功不到，土蘿不實。”《正字通·金部》：“鑼，今耕者先以耜起土，次濼水用鑼平之，柄似耒，平底有齒。”清范寅《越諺》卷中：“鐵鑼，有齒，鑼泥使平。”

【擺】

即鑼，亦即杷。此稱金代已行用。見該文。

【鈀】

即杷。此稱宋代已行用。《説郛》卷七五引宋陸泳《吳下田家志》：“九九八十一，犁鈀一齊出。一日脱膊，三日齷齪。”宋薛季宣《浪語集》卷三五：“二夫牛一頭，犁、鈀、鉏、鍪、鑺、鐮刀如牛數。”清吳偉業《答撫臺開劉河書》：“農民以漸鋤鈀，纔堪播種。”《紅樓夢》第四七回：“你一個媳婦，雖然幫着，也是天天‘丟下鈀兒弄掃帚’。”

丫鈀

一種叉草用的農具。此稱明代已行用。《西遊記》第七五回：“驚得那大小群妖，一個個丫鈀掃箒，都上前亂撲蒼蠅。”

鐵齒杷

一種以木爲柄、以鐵爲齒的耙。此稱南北朝時期已行用，宋代亦稱“鐵耙”“鐵爬”，元代又稱“鐵扒”，清代還稱“鐵鈀”“鐵懶”。北魏賈思勰《齊民要術·種葵》：“深掘，以熟糞對半和土覆其上，令厚一寸，鐵齒杷樓之，令熟，足踏使堅平。”繆啓愉校釋：“‘鐵齒杷’，指手用鐵釘耙，不是指牲口拉的。”宋司馬光《涑水記聞》卷一五：曾子淵官滿入京師，王介甫問子淵：“濬川鐵耙龍爪法甚善，何故不可用？”宋李昉等編《太平廣記·王乙》：“牆角下有鐵爬，爬齒刺脚，貫徹心痛，痛不可忍。”元王禎《農書·蔬屬》：“至正月上辛日，掃去畦中陳葉，以鐵耙樓起。”《元典章新集·刑部·毀傷眼目》：“曹辛三將叔曹慶二兩脚用鐵扒砍傷脚跟，左脚被傷筋斷。”明潘季馴《兩河經畧》卷一：“製造平底方舟，長柄鐵爬，躬親試驗。”清顧張思《土風錄》卷三：“《儂渠錄》云：‘吳農呼墾田器四齒者音若鐵懶。’恐‘懶’即‘犁’音之轉，當是鐵犁。”清傅澤洪《行水金鑑》卷二四：“用新製長柄鐵爬，立船中齊濬之。”清梁詩正等輯《西湖志纂》卷一一：“每兩人合操一船，各持鐵鈀撈取葑草入船，滿則搖至空闊岸邊，用長柄木掀抛堆岸上。”

【鐵耙】

即鐵齒杷。此稱宋代已行用。見該文。

【鐵爬】

即鐵齒杷。此稱宋代已行用。見該文。

【鐵扒】

即鐵齒杷。此稱元代已行用。見該文。

【鐵鈀】

即鐵齒杷。此稱清代已行用。見該文。

【鐵懶】

即鐵齒杷。此稱清代已行用。見該文。

【釘杷】

即鐵齒杷。此稱明代已行用，亦作“釘鈀”。《三寶太監西洋記》第九六回：“土地道：‘鰍王只是一個長舌頭搭着舟船，就如釘杷之狀，再不脫去，直至沉船而止。’”明佚名《後西游記》第一二回：“一戒認親，釘杷歸主。”《西遊記》第一九回：“他就化道火光，徑轉他那本山洞裏，取出一柄九齒釘鈀，與老孫戰了一夜。”

【釘鈀】

同“釘杷”。此體明代已行用。見該文。

方耙

一種桯上相間各鑿方竅的杷。此稱元代已行用。元王禎《農書·耒耜門》：“杷，桯長可五尺，闊約四寸。兩桯相離五寸許。其桯上相間各鑿方竅，以納木齒。齒長六寸許，其桯兩端木括長可三尺，前梢微昂穿兩木榻，以繫牛軛

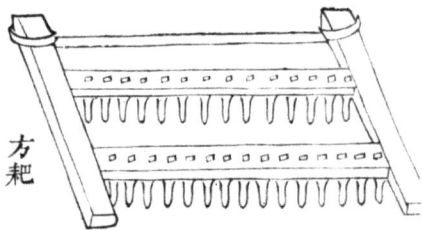

方耙
（元王禎《農書》）

鈎索，此方耙也。”

鐵齒鎛柫

一種由鐵齒、木框構成的人字形的杷。此稱南北朝時期已行用，元代亦稱“人字耙”。北魏賈思勰《齊民要術·小豆》：“凡大、小豆，生既布葉，皆得用鐵齒鎛柫縱橫杷而勞之。”又《耕田》：“耕荒畢，以鐵齒鎛柫再徧杷之，漫擲黍穄，勞亦再徧。明年，乃中爲穀田。”元王禎《農書·耒耜門》：“又人字耙者，鑄鐵爲齒，《齊民要術》謂之‘鐵齒鎛柫’。”明徐光啓《農政全書》卷二一略同。

【人字耙】

即鐵齒鎛柫。此稱元代已行用。見該文。

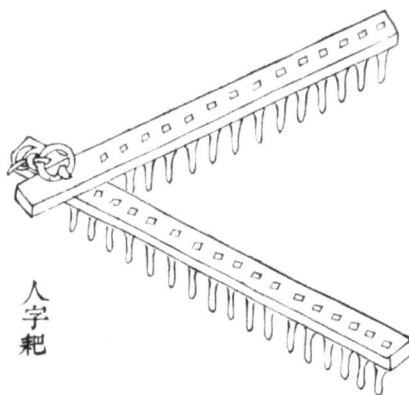

人字耙
（元王禎《農書》）

耖

一種用於淺耕鬆土或均泥平土的復合式農具，多以牛牽引。始見於西晉西南地區，宋代傳至長江流域及其以北地區。此稱宋代已行用，元代亦作“抄”。宋樓璹《耕織圖》詩：“巡行遍畦畛，扶耖均泥滓。”元王禎《農書·耙勞篇》：“南方水田轉畢則杷，杷畢則耖，故不用勞。”又《耒耜門》：“耖，疏通田泥器也。高可三尺許，廣可四尺。上有橫柄，下有列齒，其

齒比耙齒倍長且密。人以兩手按之，前用畜力輓行。一耖用一人一牛。有作連耖，二人二牛，特用於大田，見功又速。耕耙而後用此，泥壤始熟矣。"清聖祖《題耕圖·耖》："東阡西陌水潺湲，扶耖泥塗未得閑。"

【抄】

同"耖"。此體元代已行用。見該文。

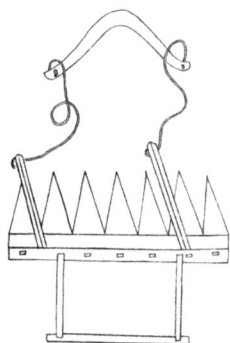

耖
（元王禎《農書》）

勞

一種有長方形框架、內桯用藤條或荆條編纏而成的復合式農具，主要用於平整地面和鬆土保墒。此稱南北朝時期已行用，宋代亦作"耮"。北魏賈思勰《齊民要術·耕田》："漫擲黍穄，勞亦再徧。"又："春耕尋手勞。"原注："古曰'耰'，今曰'勞'。《説文》曰：'耰，摩田器。'今人亦名'勞'曰'摩'。鄙語曰：'耕田摩勞也。'"《集韻·號韻》："耮，摩田器。或從耒。"元王禎《農書·耒耜門》："勞，無齒耙也。但耙桯之間用條木編之，以摩田也。耕者隨耕隨勞。又看乾濕何如，但務使田平而土潤。與耙頗異，耙有渠疏之義，勞有蓋摩之功也。《齊民要術》曰：'春耕尋手勞，秋耕待白背勞。'注云：春多風，不及勞則致地虛燥；秋田墢濕，速勞則恐致地硬。又曰：'耕欲廉，勞欲再。'

今亦名勞曰摩，又名蓋。凡已耕耙欲受種之地，非勞不可。諺曰：'耕而不勞，不如作暴。'謂仰墢則田無力也。"明徐光啓《農政全書》卷二一略同。清倪倬《農雅·釋器》："犂之然後耙之，耙之然後耖之，耖之然後耮之。案……耙之後方用耖用耮。"

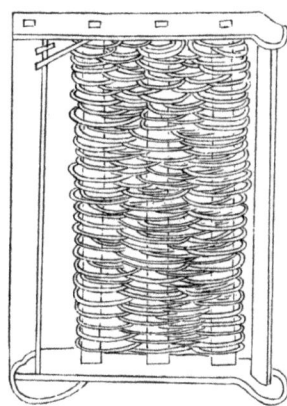

勞
（元王禎《農書》）

【耮】

同"勞"。此體宋代已行用。見該文。

【蓋磨】

即勞。此稱元代已行用，亦稱"摩""蓋"。元王禎《農書·耙勞篇》："今人呼耙曰'渠疏'，勞曰'蓋磨'，皆因其用以名之，所以散墢去芟，平土壤也。"又《耒耜門》："今亦名勞曰摩，又名蓋。"清倪倬《農雅·釋器》："摩、蓋，耮也。案：《農器圖》：'今亦名勞曰摩，又名蓋。'"

【摩】

即蓋磨，亦即勞。此稱元代已行用。見該文。

【蓋】

即蓋磨，亦即勞。此稱元代已行用。見該文。

撻

一種壓種蓋土的農具。多用枝條縛成掃帚

狀，上壓石塊或泥土，由牲畜或人力拉以鎮壓虛土。此稱南北朝時期已行用。北魏賈思勰《齊民要術·種穀》："凡春種欲深，宜曳重撻；夏種欲淺，直置自生。"元王禎《農書·耒耜門》："撻：打田篲也。

撻
（元王禎《農書》）

用科木縛如埽篲，復加匾闊，上以土物壓之，亦要輕重隨宜，用以打地。長可三四尺，廣可二尺餘。古農法云：耬種既過，後用此撻，使壟滿土實，苗易生也。《齊民要術》曰：'凡春種欲深，宜曳重撻；夏種欲淺，直置自生。'注云：春氣冷，生遲，不曳撻則根虛，雖生輒死。夏氣熱而生速，曳撻遇雨，必致堅垎。其春澤多者，或亦不須撻；必欲撻者，須待白背，濕撻則令地堅硬故也。又用曳打場面，極爲平實。今人耬種後，唯用砘車碾之。然執耬種者，亦須腰繫輕撻曳之，使壟土覆種稍深也。或耕過田畝，土性虛浮，亦宜撻之。"明徐光啓《農政全書》卷二一略同。

櫌

一種碎土、平田、覆種的農具，形如榔頭。此稱先秦時期已行用，亦作"櫌"，漢代起亦稱"椎""僮"，三國時期起又稱"鎒""鎛"，南北朝時期起還稱"木斫"，清代也稱"檀"。《呂氏春秋·簡選》："鉏櫌白梃，可以勝人之長銚利兵。"高誘注："櫌，椎。"《夏小正》："二月，往櫌黍墠。"《淮南子·氾論訓》："後世爲之耒耜櫌鉏，斧柯而樵，桔皋而汲，民逸而利多焉。"高

誘注："櫌，椓塊椎也，三輔謂之僮，所以覆種也。"《漢書·吾丘壽王傳》："民以櫌鉏箠梃相撻擊，犯法滋衆，盜賊不勝。"顏師古注："櫌，摩田之器也。"《說文·木部》："櫌，摩田器。从木憂聲。《論語》曰：'櫌而不輟。'"朱駿聲通訓定聲："櫌，字今作櫌。"《廣雅·釋詁二》："鎒，椎也。"一作"鎛"。又《釋器》："櫌，椎也。"王念孫疏證："字亦作櫌。"北魏賈思勰《齊民要術·水稻》："塊既散液，持木斫平之。"《廣韻·業韻》："鎒，田器。"周祖謨校勘記："田，日本、宋本、犁本、景宋本均作'甲'。案《廣雅·釋詁二》云：'鎒，椎也。'《集韻》云：'一曰治甲器。'未詳。"宋陸游《東村二首》之一："野人知我出門稀，田輟鑐櫌女下機。"元王禎《農書·耒耜門》："櫌：槌塊器。《說文》云：'櫌，摩田器。从木，憂聲。'晉灼曰：'櫌，椎塊椎也。'《呂氏春秋》曰：'鉏、櫌、白梃。''櫌，椎……也。'《管子》曰：'一農之事，必有……一銍一椎然後成爲農。'今田家所制無齒耙，首如木椎，柄長四尺，可以平田疇，擊塊壤，又謂木斫，即此櫌也。"明徐光啓《農政全書》卷二一所載俱同。清倪倬《農雅·釋器》："摩田者櫌。椓塊者櫌。櫌謂之椎，或謂之僮，或謂之檀。"

【櫌】[1]

同"櫌"。此體先秦時期已行用。見該文。

【椎】

即櫌。此稱漢代已行用。見該文。

【僮】

即櫌。此稱漢代已行用。見該文。

【鎒】

即櫌。此稱三國時期已行用。見該文。

【鎉】[1]

即櫌。此稱三國時期已行用。見該文。

【木斫】

即櫌。此稱南北朝時期已行用。見該文。

【檀】

即櫌。此稱清代已行用。見該文。

【柊楑】

即櫌。此稱三國時期已行用，漢代亦作"終葵"。《廣雅·釋器》："柊楑，椎也。"王念孫疏證："《説文》：'椎，擊也。齊謂之終葵。'終葵與柊楑同，即椎之反語也。"《廣韻·平東》："齊人謂椎爲柊楑也。"

【終葵】

同"柊楑"，即櫌。此體漢代已行用。見該文。

【木槌】

即櫌。此稱唐代已行用，明代亦作"木椎"。敦煌變文《醜女緣起》："十指纖纖如露柱，一雙眼子似木槌離。"元陳椿《熬波圖》卷上"敲泥拾草"："如有土塊，仍用木槌一一敲碎如粉，漸葺平正。"明徐光啓《農政全書》卷二一："今田家所制無齒杷，首如木椎，柄長四尺，可以平田疇，擊塊壤。"

【木椎】

同"木槌"，即櫌。此稱明代已行用。見該文。

碌碡

一種壓平田地、碾脱穀粒等功能的復合式農具，大約魏晉時期已經出現。多以石頭製作，上有觚棱；利用牲畜或人力牽引。此稱南北朝時期已行用，唐代起亦作"碌碡"，金代起又作"輥軸"，元代起還作"礰碡"。北魏賈思勰《齊民要術·大小麥》"青稞麥"原注："治打時稍難，唯伏日用碌碡碾。"唐薛能《嘉秦驛》

詩："蠶月繰絲路，農時碌碡村。"唐陸龜蒙《耒耜經》："自杷至礰礋皆有齒，碌碡觚稜而已；咸以木爲之，堅而重者良。"宋范成大《四時田園雜興》詩之六："繫牛莫礙門前路，移繫門西碌碡邊。"宋戴侗《六書故》卷五："碌碡，田器，用以摩平也。"金董解元《西廂記諸宮調》卷七："早是輥軸來粗細腰，穿領布袋來寬布衫。"《金史·赤盞合喜傳》："大兵用砲則不然，破大碪或碌碡爲二、三，皆用之。"元石德玉《秋胡戲妻》第三折："短桑科長不出連枝樹，漚麻坑養不活比目魚，輥軸上也打不出那連環玉。"元王禎《農書·耒耜門》："碌碡，又作礰碡。陸龜蒙《耒耜經》曰：'杷而後有碌碡焉，有礰礋焉。自杷至礰礋皆有齒，碌碡觚稜而已。咸以木爲之，堅而重者良。'余謂碌碡字皆從石，恐本用石也。然北方多以石，南人用木，蓋水陸異用，亦各從其宜也。其制長可三尺，大小不等，或木或石；刊木括之，中受篡軸，以利旋轉。又有不觚稜、混而圓者，謂混軸。俱用畜力輓行，以人牽之，碾打田疇上塊墢，易爲破爛；及碾捍場圃間麥禾，即脱稃穗。水陸通用之。"明唐順之《稗編》卷四五："又有經暑雨後，用牛曳碌碡或輥子，之所斫根查上和泥碾之，乾則挣死，一二歲後皆可耕種。"清紀昀《閲微草堂筆記·灤陽消夏録三》："吾待君牆外車屋中，棗樹下繫一牛，旁有碌碡者是也。"清趙執信《坐竹兜子中戲爲其狀》

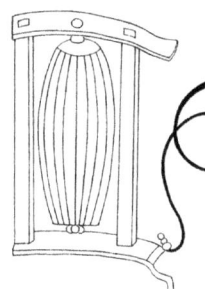

碌碡
（元王禎《農書》）

詩："却憶故園秋，黃牛牽碌碡。"清高宗《碨碡》詩："南畝雖云播種齊，更須碨碡壓塍畦。"清李斗《揚州畫舫錄·草河錄上》："西岸矮屋比櫛，屋前地平如掌，轆軸參橫，草居霧宿。"

【碌碡】

同"碌碡"。此體唐代已行用。見該文。

【轆軸】

同"碌碡"。此體金代已行用。見該文。

【碨碡】

同"碌碡"。此體元代已行用。見該文。

礰礋

一種形似碌碡而外有列齒的水田農具，用於破塊溷泥、平整水田等。鑿刻列齒，意在水田中增加摩擦力。此稱唐代已行用，宋代起亦作"礰礋"。唐陸龜蒙《耒耜經》："耙而後有礰礋焉，有碌碡焉。"《廣韻·麥韻》："礋，礰礋，打草田器。出《字林》。"元王禎《農書·耒耜門》："礰礋，又作礰礋，與碌碡之制同，但外有列齒，獨用於水田，破塊淬，溷泥塗也。《耒耜經》云'自耙至礰礋皆有齒'。"明徐光啓《農政全書》卷二一俱同。

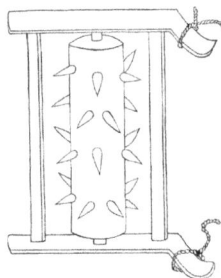
木礰礋
（元王禎《農書》）

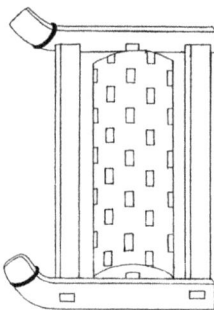
石礰礋
（元王禎《農書》）

【礰礋】

同"礰礋"。此體宋代已行用。見該文。

斸

一種用於掘地翻土的農具。此稱先秦時期已行用，亦作"欘"，南北朝時期亦作"劚"，元代亦作"钃"。《國語·齊語》："惡金以鑄鉏、夷、斤、斸，試諸壤土。"《管子·小匡》："美金以鑄戈、劍、矛、戟，試諸狗、馬；惡金以鑄斤斧、鉏夷、鋸欘，試諸木土。"尹知章注："鋸欘，钃類也。"《玉篇·木部》："欘，枝上曲。一曰斤柄也。又斫也。或作劚。"唐韓愈《鳳翔隴州節度使李公墓誌銘》："益市耕牛，鑄鏄、釤、鉏、斸以給農之不能自具者。"唐楊巨源《聖恩洗雪鎮州寄獻裴相公》詩："曾賀截雲翻柵遠，仍聞劚凍下營深。"元王禎《農書·钃舀門》引《玉篇》："欘，亦作斸，又作钃，誅也，主以誅除物根株也。"

【欘】

同"斸"。此體先秦時期已行用。見該文。

【劚】

同"斸"。此體南北朝時期已行用。見該文。

【钃】

同"斸"。此體元代已行用。見該文。

【斫斸】

即斸。此稱漢代已行用，亦稱"定"。《爾雅·釋器》："斫斸謂之定。"《説文·斤部》："斸，斫斸也。從斤，屬聲。"《説文·木部》"欘"清段玉裁注："夫《爾雅》'斫斸'本一物，安得二之？且《考工記》注引《爾雅》作'句欘'，又《爾雅》音義云：'斫本或作拘。'是則'句''拘'皆訓曲，不爲別一器名也。句欘者，李巡云'鉏也'，郭璞云'鉏屬'，蓋似鉏而健於鉏，似斤而不以斫木，專以斫田，其首如鉏然。"又"斫"字注："斤斧所以斫木，斫斸所以斫地。"

【定】

即斫斷，亦即斸。此稱漢代已行用。見該文。

鋤

一種鬆土和除草用的農具。由鋤頭、鋤頸和鋤柄組成，頭、頸一體，鐵製，柄爲木製。最初的鋤爲石製，白壽彝、蘇秉琦主編《中國通史》第二卷"遠古時代"："在紅山、趙寶溝和上宅文化中，還常見一種鞋底狀正尖刃石器……這種石器目前尚無統一命名，就其功能而言，暫可稱作'石鋤'。石鋤的存在，説明人們砍光燒盡樹木雜草後，用它來刨開土壤，以埋植穀種。"此稱先秦時期已行用，亦稱"耰鋤"，唐代又稱"耘鋤"，宋代還稱"耰耡""耡耰"。《楚辭·卜居》："寧誅鋤草茅以力耕乎？將遊大人以成名乎？"《釋名·釋用器》："鋤，助也。去穢助苗長也。"《尚書大傳》卷五："耰鋤已藏，祈樂已入，歲事已畢，餘子皆入學。"北魏賈思勰《齊民要術·耕田》引《纂文》曰："養苗之道，鋤不如耨，耨不如鏟。鏟柄長二尺，刃廣二寸，以劃地除草。"晋陶潛《歸園田居》詩之三："晨興理荒穢，帶月荷鋤歸。"唐王維《渭川田家》："田夫荷鋤至，相見語依依。"唐元稹《田野狐兔行》："種豆耘鋤，種禾溝畎。"宋王安石《耰耡》詩："君勿易耰耡，耰鋤勝鋒鏑。"又《獨卧》詩之一："誰有耡耰不自操，可憐園地滿蓬蒿。"元陶宗儀《説郛》卷一八下引宋王明清《摭青雜記·德藏寺》："一時燈炬皆滅，耰耡畚插皆爲段壞。"元王禎《農書·錢鎛門》："耰鋤，古云斫斸，一名定。耰爲鋤柄也。賈誼云'秦人……借父耰鋤'，即此也。《釋名》：'鋤，助也，去穢助苗也。'《説文》：

'鋤，立薅也。'《齊民要術》曰：'苗生馬耳則鏃鋤。稀豁之處，鋤而補之。凡五穀，惟小鋤爲良。……勿以無草而暫停。春鋤起地，夏鋤除草。故春鋤不用觸濕；六月以後，雖濕亦無嫌。'夫鋤法有四：一次曰鏃，二次曰布，三次曰擁，四次曰復。諺云：'鋤頭自有三寸澤。'言鋤則苗隨滋茂。其刃如半月，比禾壟稍狹。上有短銎，以受鋤鉤。鉤如鵝項，下帶深袴，以受木柄。鉤長二尺五寸，柄亦如之。北方陸田，舉皆用此。江淮間雖有陸田，習俗水種，殊不知菽、粟、黍、稷等稼耰鋤鏃布之法，但用直項鋤頭，刃雖鋤也，其用如斸，是名'钁鋤'，故陸田多不豐收。今表此耰鋤之效，并其制度，庶南北通用。"清馬驌《繹史》卷四引《周書》："神農之時，天雨粟。神農遂耕而種之，作陶冶斧斤，爲耒耜鋤耨，以墾草莽。然後五穀興助，百果藏實。"清唐孫華《送王湧侯之官成都》詩："一官染指或暫試，歸田便擬親耰鋤。"

【耰鋤】

即鋤。此稱先秦時期已行用。見該文。

【耘鋤】

即鋤。此稱唐代已行用。見該文。

【耰耡】

即鋤。此稱宋代已行用。見該文。

【耡耰】

即鋤。此稱宋代已行用。見該文。

【鉏】

即鋤。此稱先秦時期已行用。《國語·齊語》："惡金以鑄鉏、夷、斤、劚，試諸壤土。"《説文·金部》："鉏，立薅所用也。"段玉裁注："薅者，披去田艸也。云立薅者，古薅艸坐爲之，其器曰耨，其柄短。若立爲之，則其器曰鉏。"《玉篇·金部》："鉏，田器。"《後漢書·獨行傳·李善》："乃脱朝服，持鉏去草。"唐韓愈《鳳翔隴州節度使李公墓誌銘》："益市耕牛，鑄鑄釤鉏劘，以給農之不能自具者。"金元好問《薛明府去思口號》之六："舊日逃亡屋，鎌鉏色色新。"明錢秉鐙《田園雜詩》："日入開我卷，日出把我鉏。"清張泰來《江西詩社宗派圖録·潘大臨潘大觀》："山谷屢囑諸甥從之遊，相與琢磨，去盡少年之色，須用薰悟之鉏，痛以治之。"

【鎡基】

即鋤。此稱先秦時期已行用，亦稱"兹"，漢代亦作"鎡錤""兹其""兹基""兹箕"，唐代又作"鎡鑺"，又稱"鎡"。《孟子·公孫丑上》："雖有鎡基，不如待時。"《墨子·備城門》："連梃、長斧、長椎、長兹。"孫詒讓閒詁："兹，即鎡錤也。"《禮記·月令》"〔季冬之月〕脩耒耜"漢鄭玄注："耜者耒之金也，廣五寸，田器，鎡錤之屬。"《周禮·秋官·薙氏》"春始生而萌之"漢鄭玄注："萌之者，以兹其斫其生者。"賈公彦疏："漢時兹其，即今之鋤也。"陸德明釋文："兹其音基。"《漢書·樊酈等傳贊》："雖有兹基，不如逢時。"顏師古注引張晏曰："兹基，鉏也。"《説文·木部》："欇，斫也。齊謂之兹箕。"清段玉裁注："各本作鎡錤，今依《爾雅》正。其實'箕'尚誤，當作'其'耳。……云'齊謂之兹其'者，《孟子》引齊人言曰：'雖有兹基，不如待時。'齊謂斫地欇也。"《廣雅·釋器》："鎡錤，鉏也。"唐劉禹錫《答饒州元使君書》："齊民往往投鎡鑺而即鏵鑄，損絲枲而工寡撧。"《唐寫切韻殘本·金

部》："鎡，鋤之別名。"清曹寅《賀新郎·不寐憶冶堂堘北耀麥六疊前韻》詞："且有鎡基知善稼，億則抨弓而射，産豈在膏腴窪下。"清毛奇齡《何公墓誌銘》："甚至鎡肩畚手，日出笥中金，破産復半而其役始竣。"

【鎡錤】

同"鎡基"，即鋤。此體漢代已行用。見該文。

【兹其】

同"鎡基"，即鋤。此體漢代已行用。見該文。

【兹基】

同"鎡基"，即鋤。此體漢代已行用。見該文。

【兹箕】

同"鎡基"，即鋤。此體漢代已行用。見該文。

【鎡鑺】

同"鎡基"，即鋤。此體唐代已行用。見該文。

【兹】

即鎡基，亦即鋤。此稱先秦時期已行用。見該文。

【鎡】

即鎡基，亦即鋤。此稱唐代已行用。見該文。

【鋘鋤】

即鋤。此稱南北朝時期已行用。《梁書·康絢傳》："因是引東西二冶鐵器，大則釜鬵，小則鋘鋤，數千萬斤沉于堰所，猶不能合。"宋楊侃輯《兩漢博聞》卷一○"桄榔麬"注："《臨海異物志》曰：'桄榔木外皮有毛，似栟櫚而散生。其木剛，作鋘鋤，利如鐵，中石更利。'"

清屈大均《廣東新語·木語·桃榔》："肌甚剛，可作鎙鋤及鎗以代鐵。"

【耡】

即鋤。此稱宋代已行用，亦作"耝"。宋王安石《獨卧》詩之一："誰有耡耰不自操，可憐園地滿蓬蒿。"《集韻·魚韻》："耡，起民令相佐助也。或省。"《正字通·耒部》："耡，耕耡。"明陳憲章《冬夜》詩："學業坐妨奪，田蕪廢耡耰。"清王韜《弢園文録外編·彙刻陳節母節孝詩文序》："往往耰耡興德色，籩豆起訴聲。"清薛時雨《短歌四首》之四："大懟未平小醜起，耰耝棘矜誰氏子？"鄭觀應《西學》："神農造耒、耝。"

【耝】

同"耡"，即鋤。此體宋代已行用。見該文。

鶴

指鋤頭，以其形似鶴頭，故稱。也代指鋤。此稱漢代已行用，唐代亦稱"鉏鶴"，宋代起又稱"鵝頸""鶴頭"，元代起還稱"鋤頭"，清代另稱"鉏頭"。漢劉熙《釋名·釋用器》："鋤，助也，去穢助苗長也。齊人謂其……頭曰'鶴'，似鶴頭也。"《舊唐書·僖宗紀》："展鉏鶴以成鋒刃，殺耕牛以恣燔炮。"宋梅堯臣《和孫端叟寺丞農具·耰鋤》："侵煙濕鵝頸，近葑翻蟻壤。"宋葛勝仲《送伸仲歸漆塘以語及君臣際經書滿腹中爲韻十首》之九："束之今已老，鶴頭來要速。"元方回《聽航船歌》之六："牽板船篙爲飯椀，不能辛苦把鋤頭。"《水滸傳》第六八回："曾長官便差莊客人等，將了鋤頭、鐵鍬，去村口掘下陷坑數十處。"清朱彝尊《題吳上舍菜根香圖》："誓辭肥肉大酒社，手握鶴頭鴉觜鉏。"清厲鶚《撥不斷·晚秋田家》曲："稻熟租分斛面勻，菊香醉枕鉏頭穩，是非休問。"

【鉏鶴】

即鶴。此稱唐代已行用。見該文。

【鵝頸】

即鶴。此稱宋代已行用。見該文。

【鶴頭】

即鶴。此稱宋代已行用。見該文。

【鋤頭】

即鶴。此稱元代已行用。見該文。

【鉏頭】

即鶴。此稱清代已行用。見該文。

鋤鈎

彎曲的鋤頭，代指鋤。此稱唐代已行用。《舊唐書·懿宗紀》："男女十五已上皆令執兵，其人皆舒鋤鈎爲兵，號曰'霍錐'。"宋梅堯臣《送張太博通判袁州》："牛死劉懼常不幸，誰得禁止專鋤鈎。"《太平御覽·器物部九·鋤》："襄遂爲渤海太守，《逐盜賊令》曰：'持鋤鈎、田器者爲良民，持仗器者爲賊。'"明楊士奇等撰《歷代名臣奏議》卷二四八《荒政》"咸淳九年"："則渤海潢池之間，必且棄兵弩而持鋤鈎，賣刀劍而買牛犢矣。"

耰[2]

鋤柄。鋤體上的木質部件。此稱漢代已行用，亦稱"櫃""鉏柄"，唐代起又稱"鋤梃"，宋代起還稱"鋤柄"。《漢書·陳勝項籍傳贊》："鉏耰棘矜，不敵於鈎戟長鎩。"顏師古注引服虔曰："耰，鉏柄也。"漢桓寬《鹽鐵論·論勇》："然陳勝無士民之資，甲兵之用，鉏耰棘櫃，以破衝隆。"漢劉熙《釋名·釋用器》："鋤，助也，去穢助苗長也。齊人謂其柄曰'櫃'，櫃然正直也。頭曰'鶴'，似鶴頭也。"唐柳宗元《封建論》："負鋤梃謫戌之徒，圜視而合從，大呼而成羣。"宋曾鞏《救災議》："彼知已負有司之禁，則必鳥駭鼠竄，竊弄鋤梃於草茅之中，以扞游徼之吏。"宋方岳《邵武軍到任謝廟堂》："固嘗弄鋤梃而貽丙枕之憂，至令解綱紐而無甲令之懼。"宋張世南《遊宦紀聞》："永福下鄉有農家子，姓張，以采薪鬻鋤柄爲業，鄉人目爲張鋤柄。狀貌醜怪，口能容拳。"清梁恭辰《北東園筆錄續編》："某日，其妻虐遇之，生恚甚，持鋤柄擊之。"

【櫌】

即櫌²。此稱漢代已行用。見該文。

【鉏柄】

即櫌²。此稱漢代已行用。見該文。

【鋤梃】

即櫌²。此稱唐代已行用。見該文。

【鋤柄】

即櫌²。此稱宋代已行用。見該文。

鶴頭鋤

一種形似鶴頭的輕便小鋤。此稱宋代已行用，亦作"鶴頭鉏"，清代又作"鶴觜鋤"，省稱"鶴頭"。宋宋庠《因覽鏡照見衰年狀貌有感》詩："縹綬轉慚龜鈕印，土膏空負鶴頭鋤。"宋劉弇《送廷允決曹解官舟行赴闕次韻酬》："束書歸伴鶴頭鉏，贏得髭根未雪如。"清曹寅《可亭過訪即事口占》："藥圃閒拋鶴觜鋤，親情還摘雪畦蔬。"清郭麐《買陂塘·題種水圖用原韻》詞："隨身但有閒漁具，那用鶴頭鴉觜？"

【鶴頭鉏】

同"鶴頭鋤"。此體宋代已行用。見該文。

【鶴觜鋤】

同"鶴頭鋤"。此體清代已行用。見該文。

【鶴頭】

"鶴頭鋤"之省稱。此稱清代已行用。見該文。

鴉觜鋤

一種形似鴉嘴的輕便小鋤，可刨堅土、掘碎石，常被用作深山采藥的隨身工具。此稱宋代已行用，省稱"鴉觜"，亦稱"金鴉觜""金雅觜"，明代亦作"鴨嘴鋤"，清代又稱"鴨觜"。宋陸游《南堂雜興》詩之二："題詩又滿牛腰束，采藥常攜鴉觜鋤。"又《書喜》詩之二："舊攜鴉觜供鉏藥，新典魚須用買琴。"又《書懷絕句》之四："憑君爲買金鴉觜，歸去秋山劚茯苓。"又《出遊歸臥得雜詩》之六："一枝新鍛金雅觜，更向名山劚茯苓。"元張雨《明德游仙詞十首》之五："道人腰著金雅觜，自向松根洗茯苓。"一本作"鴉"。明劉定之《題萊贈永新黃知縣》："未芼龍頭鼎，先揮鴨嘴鋤。"清畢著《村居》詩："明日斷炊何暇問，且攜鴉觜種梅花。"清黃恩彤《沁園春·落花生》詞："須芟草，趁昨宵好雨，鴨觜頻鋤。"

【鴨嘴鋤】

同"鴉觜鋤"。此體明代已行用。見該文。

【鴉觜】

"鴉觜鋤"之省稱。此稱宋代已行用。見該文。

【金鴉觜】

即鴉觜鋤。此稱宋代已行用。見該文。

【金雅觜】

即鴉觜鋤。此稱宋代已行用。見該文。

【鴨觜】

即鴉觜鋤。此稱清代已行用。見該文。

钁

一種用於掘地翻土的農具，一説即钁，又説爲大鋤。新石器時代已現石钁，商、周時期又現青銅钁，戰國時期更推廣鐵钁，漢代開始普及，并沿用至今。此稱漢代已行用，亦稱"鐯""斫"，南北朝時期起又稱"魯斫"。《説文·金部》："钁，大鉏也。"王筠句讀："其用與鉏同，其形與鉏异，老圃用之，其名不改。……可以斫地，因名曰斫。"《爾雅·釋器》："斫，謂之鐯。"《淮南子·精神訓》："蠡者揭钁舌。"北魏賈思勰《齊民要術·種苜蓿》："每至正月，燒去枯葉……更以魯斫斫其科土，則滋茂矣。"繆啓愉校釋："魯斫，即钁。"唐張鷟《朝野僉載》卷三："每勝業坊角有伏磚，車觸之即翻，塵土浼其餅，駝苦之，乃將钁劚去十餘磚。"宋陸游《老學庵筆記》卷一○："火山之南，地尤苦瘠，鋤钁所及，烈焰應手湧出。"元王禎《農書·钁舌門》："钁，斫田器也。《爾雅》謂之'鐯'，斫也。又云魯斫。《説文》云'欘也'。《玉篇》云：'欘，亦作斸，又作钃，誅也，主以誅除物根株也。'蓋钁，斫器也，農家開闢地土，用以斸荒。凡田園、山野之間用之者，又有闊狹大小之分。然總名曰钁。"明徐光啓《農政全書》卷二一略同。

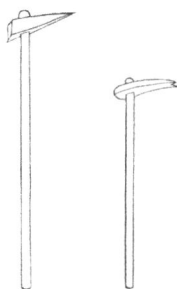

钁
（元王禎《農書》）

【鐯】

即钁。此稱漢代已行用。見該文。

【斫】

即钁。此稱漢代已行用。見該文。

【魯斫】

即钁。此稱南北朝時期已行用。見該文。

【镢】

即钁。此稱元代已行用，亦稱"撅頭"，明代起又稱"钁頭""镢頭"。元無名氏《馬陵道》楔子："我只着幾個人將着鍬镢從這土坑邊開通一道深溝，直到山下，那木毬自然順着溝滾將出來。"元無名氏《來生債》第一折："你拿那鍬鋤撅頭，往那裏去？俺家裏又不蓋房脱坯，你都來做甚麽？"明潘季馴《科道會勘河工疏》："凡所勘隄壩，……慮其泥沙之异土也，試之鋤、镢以驗其純雜；慮其堅鬆之异工也，試之鑱、錐以驗其虛實。"明唐順之《喇嘛翠峰老贈挽詩》之二："不事钁頭不坐禪，揚眉瞬目見雄談。"《金瓶梅》第四二回："祝實念道：'你到説的好，倘或一朝天旱水淺，朝廷挑河，把石頭吃做工的兩三镢頭砍得稀爛，怎了？那時少不的還他銀子。'衆人説笑了一回。"《七俠五義》第八○回："王頭兒聽了着急，連忙對智爺道：'王第二十的，你能上樹你上去給他老拿拿罷。不然晚上我的鐵鍬、镢頭不定丢多少，我怎麽交得下去呢？'"《兒女英雄傳》第四回："張三説：'你擱着啵！那非離了拿镢頭把根子搜出來，行得嗎？'説着，便去取镢頭。"一説爲舌。章炳麟《新方言》附《嶺外三州語》："廣東三州謂舌爲钁頭。"

【撅頭】

即镢，亦即钁。此稱元代已行用。見該文。

【钁頭】

即镢，亦即钁。此稱明代已行用。見該文。

【镢頭】

即镢，亦即钁。此稱明代已行用。見該文。

棨钁

一種大鋤。此稱先秦時期已行用。《六韜·軍用》："伐木大斧,重八斤,柄長三尺以上,三百枚;棨钁,刃廣六寸,柄長五尺以上,三百枚。"

舀

一種插地掘土農具,由舀頭、舀柄構成。舀頭用金屬打成片狀,略呈圓形而稍尖,末端安有長柄。此稱先秦時期已行用,亦作"插",漢代起又作"锸"。《管子·度地》："以冬無事之時,籠舀板築各什六。"《戰國策·齊策六》："坐而織蕢,立則杖插。"高誘注:"插、锸同。刺土器。"《方言》卷五:"舀,燕之東北、朝鮮洌水之間謂之斛(湯料反,此亦鏊聲轉也);宋魏之間謂之鏵,或謂之鍏;江淮、南楚之間謂之舀;沅湘之間謂之畚;趙魏之間謂之杲(字亦作鏊也);東齊謂之梩(音駭,江東又呼鏊刃爲鑒)。"《漢書·溝洫志》："舉舀爲雲,決渠爲雨。"顏師古注:"舀,鏊也,所以開渠者也。"又《王莽傳上》："父子兄弟負籠荷锸,馳之南陽。"唐章孝標《和顧校書新開井》："霜锸破桐陰,青絲試淺深。"唐温庭筠《燒歌》："鄰翁能楚言,倚插欲淒然。"一本作"锸"。元許謙《詩集傳名物鈔》卷八"臣工"篇注:"銚,七遥反,字與'鍫'同。疏:古田器。《韻會》:'江淮謂之舀。'舀,楚洽反。"元王禎《農書·钁舀門》:"锸:

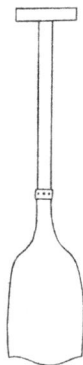

舀
(元王禎《農書》)

顏師古曰:'鍫,所以開渠也。''或曰……削,有所穿也。'《唐韻》:'作鍬,俗作舀。'同作舀。《爾雅》曰:'剌謂之鍤。'《方言》云:'燕之東北、朝鮮洌水之間謂之剌,宋魏之間謂之鏵,或謂之鍏,江淮、南楚之間謂之锸……趙魏之間謂之杲。'皆謂鍫也。鍫、銚、剌,音同。銚、剌,《唐韻》又'吐彫反'。亦謂'鎤鍫'。然多謂之锸。蓋古謂锸,今謂鍫,一器二名,宜通用。《淮南子》曰:'禹之時,天下大水,禹執畚锸,以爲民先。'《前漢·溝洫志·白渠歌》曰:'舉锸爲雲,決渠爲雨。'以此見水利之事,皆本於锸也。"

【插】

同"舀"。此體先秦時期已行用。見該文。

【锸】

同"舀"。此體漢代已行用。見該文。

【梩】

即舀。此稱先秦時期已行用。《孟子·滕文公上》："夫泚也,非爲人泚,中心達於面目,蓋歸反虆梩而掩之。"趙岐注:"虆梩,籠舀之屬,可以取土者也。"焦循正義:"梩,同枱,可以舀地握土者也。"《周禮·地官·鄉師》："大軍旅,會同,正治其徒役,與其虆輂。"鄭玄注引《司馬法》:"周曰輬輂,輂一斧、一斤、一鑿、一梩、一鋤。"唐孟郊《懷南岳隱士》詩之二:"楓梩挏酒甕,鶴虱落琴床。"《遼史·禮志一》:"虆梩瓦棺,是生喪葬。"參見本節"舀"文。

【杲】

即舀。此稱漢代已行用於趙魏之間,亦稱"苿鍫",晋代起亦作"鏊",北魏起又作"鍫",北魏又稱"鏊锸""鍫锸"。《方言》卷五:"舀……趙魏之間謂之杲。"郭璞注:"字亦

作鍫也。"漢史游《急就篇》卷三："疆畔畷伯
耒犂鋤"唐顏師古注："耒，手耕曲木也。古者
倕作耒。今之曲把茉鍬，其遺象也。"《玉篇·金
部》："鍫，臿也。"北魏賈思勰《齊民要術·種
桃柰》："栽法，以鍬合土掘移之。"《北齊書·趙
郡王琛傳》："有無水之處，禱而掘井，鍫錭鍫
下，泉源湧出。"《北史·王邵傳》："諸人請具
鍬錭，於是夜發其陵。"唐慧琳《一切經音義》
卷四二："鍬，亦作鍫。"《景德傳燈録·仲興禪
師》："師一日將鍬子於法堂上，石霜曰：'作
麼？'師曰：'覓先師靈骨來。'"宋蘇軾《九
日黃樓作》："莫嫌酒薄紅粉陋，終勝泥中事鍬
錭。"宋周必大《枕上補作》："夢中妄語渾閒
事，眼暈生花好一鍫。"明梁寅《和何彦正春
耕二首》之二："處處稻畦分落照，荷鍫人去水
禽啼。"清魏源《聖武記》卷一四："載鍬載劃，
銜枚夜出，決堰囊沙。"

【鍫】

同"枲"，即耜。此體晋代已行用。見該文。

【鍬】

同"枲"，即耜。此體南北朝時期已行用。見
該文。

【茉鍬】

即枲，亦即耜。此稱漢代已行用。見該文。

【鍫錭】

即枲，亦即耜。此稱南北朝時期已行用。
見該文。

【鍬錭】

即枲，亦即耜。此稱南北朝時期已行用。
見該文。

【斛】

即耜。此稱漢代已行用於燕之東北、朝鮮

洌水之間，亦作"斛"。《説文》："斛，斛旁有
斛。从斗，戾聲。一曰突也。一曰利也。《爾雅》
曰：'斛謂之櫪，古田器也。'"段玉裁改"斛"
作"斛"。參見本節"耜"文。

【斛】

同"斛"，即耜。此體漢代已行用。見該文。

【銍】

即耜。此稱先秦時期已行用，漢代亦作
"茉"。《墨子·備蛾傳》："爲上下銍而斲之。"孫
詒讓閒詁："畢云：'《説文》云：茉，兩刃耜也。
或从金，或从手。《玉篇》云：銍，同鑘。鑘，
鍫也。'"一説，爲"釘"字之訛。岑仲勉簡注：
"銍，舊説以爲鍬，余頗疑爲'釘'字之訛。"《説
文·木部》："茉，兩刃耜也。从木、竹，象形。
宋、魏曰茉也。銍，或从金、从于。"徐鍇繫
傳："耜，即鍬錭字也。"段玉裁注："兩刃耜者，
謂耜之兩邊有刃者也。耜者，刺土之器。……
按：茉、鑘，古今字也。"清章炳麟《新方
言·釋器》："兩刃耜本農器，今槳似之。皆稱劃
鍬，本茉鍬也。以茉鍬行舟，謂之茉。"

【茉】

同"銍"，即耜。此體漢代已行用。見該文。

【鎤】

即耜。此稱漢代已行用，唐代亦作"釬"，
宋代亦稱"鎤鍫"。《後漢書·獨行傳·戴就》：
"又燒鎤斧，使就挾於肘腋。"李賢注引何承天
《纂文》："耜，今之鎤也。"《南史·康絢傳》："大
則釜鬲，小則鎤鋤，數千萬斤沈於堰所。"唐
玄應《一切經音義》卷一八："犂鑘：古文茉、
釬。"宋趙叔向《肯綮録·俚俗字義》："鍫曰鎤
鍫。"

【釪】

同“鎁”，即耟。此體唐代已行用。見該文。

【鎁鋆】

即鎁，亦即耟。此稱宋代已行用。見該文。

【鏵】

即耟。此稱漢代已行用，亦稱“銷”，南北朝時期又稱“鏵鋆”，元代起還稱“鏵鍬”。《方言》卷五：“耟，燕之東北、朝鮮洌水之間謂之斛，宋、魏之間謂之鏵，或謂之鐸。”《淮南子·精神》“揭钁耟”漢高誘注：“耟，鏵也。”《釋名·釋用器》：“鍤，插也，插地起土也。或曰銷。銷，削也，能有所穿削也。或曰鏵。鏵，刳也，刳地爲坎也。其板曰葉，象木葉也。”漢袁康《越絕書·外傳記吳王占夢》：“向者晝臥，夢入章明之宮……見兩鏵倚吾堂。”《玉篇·金部》：“鏵，鏵鋆也。”元王禎《農書·錢鎛門》：“開墾生地宜用钁，翻轉塾地宜用鏵。”又《钁耟門》：“鏵：《集韻》云：耕具也。《釋名》：鏵，鍤類，起土也。《說文》鏵作茉，兩刃鍤也。從木，象形。宋魏作茉。《集韻》茉作鏵。或曰削，能有所穿也。又鏵，刳地爲坎也。《淮南子》曰：‘故伊尹之興土功，脩脚者使之蹠鏵。’鏵與钁頗异，钁狹而厚，惟可正用；鏵闊而薄，翻覆可使。老農云：‘開墾生地宜用钁，翻轉熟地宜用鏵。’蓋钁開生地着力易，鏵耕熟地見功多。然北方多用鏵，南方皆用钁。雖各習尚不同，若取其便，則生熟异器，當以老農之言爲法，庶南北互用，钁鏵不偏廢也。”元喬吉〔雙

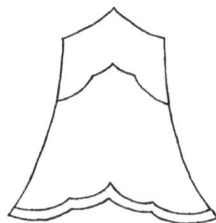

鏵
（元王禎《農書》）

調·水仙子〕《嘲人愛姬爲人所奪》：“問婆婆那件高，柴鏵鍬一下掘著。”明徐光啓《農政全書·農器·圖譜一》：“鏵與钁頗异：钁狹而厚，惟可正用；鏵闊而薄，翻覆可使。”清洪昇《長生殿·驛備》：“欲將錦襪獻天子，權把鏵鍬充女工。”

【銷】

即鏵，亦即耟。此稱漢代已行用。見該文。

【鏵鋆】

即鏵，亦即耟。此稱南北朝時期已行用。見該文。

【鏵鍬】

即鏵，亦即耟。此稱元代已行用。見該文。

【金】[2]

即耟。此稱漢代已行用。《周禮·考工記·匠人》：“耜廣五寸，二耜爲耦。”漢鄭玄注：“古者耜一金，兩人併發之……今之耜岐頭兩金，象古之耦也。”賈公彥疏：“鄭云‘古者耜一金’者，對後伐耜岐頭二金者。云‘兩人併發之’者，謂共爲一畎，謂二人並頭也。云‘今之耜岐頭’者，至後漢用牛耕種，故有岐頭兩脚耜，今之猶然也。”孫詒讓正義：“金即耒耑鐵刃著於庇者也。”《漢書·食貨志》：“自神農之世，斵木爲耜，揉木爲耒。”顏師古注：“耒，手耕曲木也。耜，耒端木所以施金也。”元王禎《農書·耒耜門》：“一云耬犁，其金似钁而小。”

【犁舘】

即耟。此稱漢代已行用，唐代亦稱“犁刀”，宋代又稱“舘”“鑠”，清代還稱“犁刃”“鑠頭”。《爾雅·釋樂》“大磬謂之馨”晋郭璞注：“馨形似犁舘。”邢昺疏引《字林》云：“舘，田器也。自江而南呼犁刃爲舘。”《宋

書·樂志一》:“八音二曰石。石，磬也。……《爾雅》曰:‘形似犂錧，以玉爲之。大曰馨。’馨音囂。”《經典釋文·爾雅音義上》:“犂錧，《字林》云:‘田器也。江南人呼犂刀爲錧。’本亦作‘貫’，同。”宋楊簡《慈湖詩傳》卷一四“鼓鐘將將”注:“《釋樂》云:‘大磬謂之馨。’郭注云:‘馨，形似犂錧，以玉石爲之。’”《類篇·金部》:“鏍，犂釪（鏵）也。”清《御定佩文韻府·去聲·震韻》:“犂刃，陳傳良題跋:桂陽之民拙而惰，農耕器絶苦窳，犂刃及土纔三四寸，終歲置田勿問。”清蒲松齡《日用俗字·莊農章第二》:“犂里鉤折須另打，鏍頭釵缺亦重添。”

【犂刀】

即犂錧，亦即臿。此稱唐代已行用。見該文。

【錧】

即犂錧，亦即臿。此稱宋代已行用。見該文。

【鏍】

即犂錧，亦即臿。此稱宋代已行用。見該文。

【犂刃】

即犂錧，亦即臿。此稱清代已行用。見該文。

【鏍頭】

即犂錧，亦即臿。此稱清代已行用。見該文。

【畚】[1]

即臿。此稱漢代已行用於沅湘之間，清代亦稱“畚鍤”。清鄭燮《贈高郵傅明府并示王君廷槼》詩:“麻鞵操畚鍤，百口寄舟船。”參見本節“臿”文。

【畚鍤】[1]

即畚[1]，亦即臿。此稱清代已行用。見該文。

【犂鑱】

即臿。一説與鏵（臿）相類而形制不同，鋭利厚重，適宜開墾生地。此稱唐代已行用，宋代起亦稱“鑱”，吴地又稱“犂鐵”。唐陸龜蒙《耒耜經》:“冶金而爲之者，曰犂鑱。”《廣韻·銜韻》:“鑱，吴人云犂鐵。”元王禎《農書·钁臿門》:“鑱:犂之金也。《集韻》注:鋭也。吴人云鐵犂。長尺有四寸，廣六寸。陸龜蒙《耒耜經》曰:冶金而爲之者曰犂鑱，起其墢者也。負鑱者底，底實於鑱中，謂之鼈肉。底之次曰壓鑱，皆貤然相戴。若剜土既多，其鋒必禿，還可鑄接，貧農利之。”又《蓑笠門》:“鏵與鑱頗異，鑱狹而厚，惟可正用。鏵闊而薄，翻覆可使。老農云:‘開墾生地宜用鑱，翻轉熟地宜用鏵。’”明唐順之《稗編》卷四五引王磐《種植》:“如泊下蘆葦地内，必用鸊刀引之，犂鑱隨耕起撥特易，牛乃省力。”清郝懿行《證俗文》卷三:“案古者犁謂之梠……今東齊呼梠下鐵葉爲犁，犁下鐵刺土者爲鑱。”

【鑱】[3]

即犂鑱，亦即臿。此稱宋代已行用。見該文。

【犂鐵】

即犂鑱，亦即臿。此稱宋代已行用。見該文。

鏊

臿頭入土端所裝金屬套刃。此稱漢代已行用，晋代江東亦稱“鏊刃”，清代又稱“犂冠”。《説文·金部》:“鏊，河内謂臿頭金也。”《方言》卷五“臿”，晋郭璞注:“江東又呼鏊刃爲鏊。”清惠士奇《禮説·考工記》:“犂冠，疑即犂錧。錧冒於犂，故名犂冠。然珩形似磬，而冒非磬形，當考。……皆齊魯間俗語:‘犂錧似馨，犂冠似冒。’以今曉古也久之，而今復成古不可復識矣。”

【鏊刀】

即鑱。此稱晋代已行用。見該文。

【犁冠】

即鑱。此稱清代已行用。見該文。

犁鏡

舌上的金屬部件，有圓形、菱形、板瓦形、馬鞍形等多種形狀，用以轉動和破碎犁地翻起的土塊，并覆蓋、消除雜草。此稱唐代已行用，亦稱"犁壁"，宋代又稱"犁耳"，明代還稱"犁耳"。唐陸龜蒙《耒耜經》："民之習者通謂之犁，冶金而爲之者，曰犁鏡，曰犁壁。"《資治通鑑·晋孝武帝太元五年》："秦征北將軍、幽州刺史行唐公洛，勇而多力，能坐制奔牛，射洞犁耳。"胡三省注："犁耳之鐵厚而堅。"明徐光啓《農政全書》卷二一："鐴，犁耳也。"

【犁壁】

即犁鏡。此稱唐代已行用。見該文。

【犁耳】

即犁鏡。此稱宋代已行用。見該文。

【犂耳】

即犁鏡。此稱明代已行用。見該文。

【犁鐴】

即犁鏡。此稱宋代已行用，元代起亦稱"鐴""瓦繳""高脚""鏡面""碗口"，明代又稱"鐴耳"。宋劉敬叔《異苑》卷六："汝叔從都還，得鍠犁鐴，可試取看。"元王禎《農書·钁臿門》："鐴：犁耳也。

鐴
（元王禎《農書》）

陸龜蒙《耒耜經》，其略曰：冶金而爲之，曰犁鐴。起其壤者，鑱也；覆其壤者，鐴也。鑱引而居下，鐴偃而居上。鐴形，其圓，廣長皆尺，微橢。背有二乳，繫於壓鑱之兩旁。鑱之次曰策額，言其可以扞其鐴也。皆相連屬，不可離者。夫鐴形不一，耕水田曰瓦繳，曰高脚；耕陸田曰鏡面，曰碗口：隨地所宜制也。"明徐光啓《農政全書》卷二一略同。明李實《蜀語》："犁上鐵板曰鐴耳。"

【鐴】

即犁鐴，亦即犁鏡。此稱元代已行用。見該文。

【鐴耳】

即犁鐴，亦即犁鏡。此稱明代已行用。見該文。

【瓦繳】

即犁鐴，亦即犁鏡。此稱元代已行用。見該文。

【高脚】

即犁鐴，亦即犁鏡。此稱元代已行用。見該文。

【鏡面】

即犁鐴，亦即犁鏡。此稱元代已行用。見該文。

【碗口】

即犁鐴，亦即犁鏡。此稱元代已行用。見該文。

鎬

一種挖掘土石等用的工具，由鎬頭、鎬柄組成。鎬頭兩端尖，或一端尖一端扁平，中間有圓孔以安裝木柄。此稱當代始行用，亦稱洋鎬、鶴嘴鎬、十字鎬。但此具發明甚早，江蘇邳縣大墩子遺址曾出土一把五千多年前的石製鷹嘴鎬：鎬頭由花崗巖打磨而成，全長 17 厘米，一頭尖如鳥喙，一頭平如鴨嘴，中間鑿有安裝把柄的橢圓形洞眼；尖端處成 30 度左右的銳角，扁平處寬 6 厘米，中間最寬處 7 厘米。春秋戰國時期墓葬中，還出土多件銅鶴嘴鎬。參見文物編輯委員會編《文物考古工作三十年（1949—1979）》等。

梠

一種臿類挖土農具。此稱漢代已行用。《説文·木部》："梠，臿也。"三國魏曹植《藉田賦》："名王親枉千乘之體于隴畝之中，執鉏鑺于畦町之側，尊趾勤于耒梠，玉手勞于耕耘。"

鉊

一種臿類農具。此稱漢代已行用。《説文·金部》："鉊，臿屬。"段玉裁注："臿，大徐作鍤，則是郭衣鍼矣。臿者，舂去麥皮也，叚借爲鍤。臿即上文田器之銚也，其屬亦曰鉊。"漢王充《論衡·幸偶》："等之金也，或爲劍戟，或爲鋒鉊。"

鋒

一種有尖鋭犁鑱而無犁壁的農具。此稱南北朝時期已行用，明代俗作"鎽"。北魏賈思勰《齊民要術·耕田》："凡秋收之後，牛力弱，未及即秋耕者，穀、黍、穄、粱、秫芟之下，即移羸速鋒之地也，恒潤澤而不堅硬。"繆啓愉校釋："'鋒'是一種有尖鋭犁鑱而無犁壁的農具，起土淺，不覆轉，亦不推向一邊或兩旁。此處作動詞用。"元王禎《農書·鑺臿門》："鋒，古農器也。其金比犁鑱小而加鋭，其柄如耒，首如刃鋒，故名鋒，取其銛利也。地若堅垎，鋒而後耕，牛乃省力，又不乏刃。古農法云：'鋒

地宜深，鋒苗宜淺。'《齊民要術·耕田》篇云：'速鋒之地，恒潤澤而不硬。'注曰：'刈穀之後，即鋒茇下令突起，則潤澤易耕。'《種穀》篇云：'苗高一尺則鋒之。'《黍穄》篇云：'苗生壟平，鋒而不耩。'《農書》云：無鐴而耕曰耩。既鋒矣，固不必耩，蓋鋒與耩相類。今耩多用歧頭，若易鋒爲耩，亦可代也。近世農家，不識此器，亦不知名。兹特録其功用，知爲不可廢也。"《正字通·金部》："鎽，俗作鋒。"

鋒
（元王禎《農書》）

【鎽】

同"鋒"。此體明代已行用。見該文。

櫂

四齒杷。此稱漢代已行用，唐代亦稱"欘"，清代又稱"櫂槌"。《釋名·釋道》："齊魯間謂四齒杷爲櫂。"《全唐詩》卷八七八引《武后長壽元年民間謠》："欘槌侍御史，盌脱侍中郎。"原注："齊魯謂四齒杷曰欘。"欘，《資治通鑑·唐則天后長壽元年》引作"櫂"。清厲荃《事物異名録·耕織·杷》：《山堂肆考》：'櫂槌，四齒杷也。'"

【欘】

即櫂。此稱唐代已行用。見該文。

【櫂槌】

即櫂。此稱清代已行用。見該文。

鋝刀

一種復合式除草器。此稱宋代已行用。《宋

會要輯稿・食貨三・營田》：“每種田人二名……
每牛三頭用開荒鏨刀一副。”

鐵搭

一種形似鐵耙的農具。頭部厚重，有四至
六個略向裏彎的鐵齒，主要用於墾荒、耕地、
平土等。此稱元代已行用，明代亦作“鐵鎝”，
亦省稱“鎝”。元王禎《農書・钁臿門》：“鐵搭，
四齒或六齒，其齒銳
而微鉤，似耙非耙，
斸土如搭，是名鐵
搭。就帶圓銎，以受
直柄。柄長四尺。南
方農家，或乏牛犁，
舉此斸地，以代耕
墾，取其疏利；仍就
鎘鏤塊壤，兼有耙、
钁之效。嘗見數家
為朋，工力相助，日可斸地數畝。江南地少土
潤，多有此等人力，猶北方山田钁戶也。”《正
字通・金部》：“舊註音撒，鏤也。按今俗鐵鎝，
發土具。頭廣一尺，功用勝於粗。使為廣尺之
畝，一人可勝若兩人併發。則廣二尺，非刻鏤
之義。鎝亦俗增，諸韻書不收鎝。《篇海》鎝通
作鈒，尤非。”徐珂《清稗類鈔・物品・鐵搭》：
“鐵搭，農具也，其以耕墾。狀如釘耙而齒較
闊，四齒或六齒，柄長四尺，舉此劚地，可代
牛犁。”

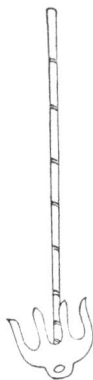

鐵搭
（元王禎《農書》）

【鐵鎝】

同“鐵搭”。此體明代已行用。見該文。

【鎝】

即鐵搭。此稱明代已行用。見該文。

杴

一種挖土、築畦與播撒肥料、拋揚穀物等
的農具，形狀似鍬，而較方闊，柄端無短拐，
有鐵製、木製、竹製等多種。此稱南北朝時期
已行用，元代亦作“掀”，明代又作“鍁”。南
朝梁顧野王《玉篇・木部》：“杴，耕土具。鍬
屬。”北魏賈思勰《齊民要術・作豉法》：“以杴
東西作壠，構豆，如穀壠形，令稀稠均調。”唐
陸龜蒙《奉和江南書情二十韻寄秘閣韋校書
貽之商洛宋先輩垂文二同年次韻》：“洗筆煙成
叚，培花土作杴。”宋梅堯臣《對殘雪懷歐陽
永叔》詩：“童僕苦病瘵，庭戶無與杴。”元張
國賓《合汗衫》第三折：“眼見的凍死尸骸，料
沒個人瞅睬，誰肯着半掀兒家土埋，老業人眼
見的便撇在這荒郊外。”元王禎《農書・钁臿
門》：“杴，臿屬。但其首方闊，柄無短拐，此
與鍬臿異也。”明徐光啓《農政全書》卷二一略
同。明張寧《爲陳彥章題夏圭山水圖五十韻》：
“賸有餘篇充醬瓿，都無佳句付泥杴。”明潘季
馴輯《河防一覽》卷六：“以下紅砂石層，層厚
一二尺不等，鍁钁難施，俱用鐵鍬石木等錘開
鑿，深淺不等。”清蒲松齡《日用俗字・莊農章
第二》：“正月煖和纔化凍，挑壖出糞用筐杴。”
《紅樓夢》第四回：“這個叉巴子，比我們那裏
的鐵掀還沈，那裏拿得動他。”清傅澤洪《行水
金鑑》卷一一九：“天霽秋清，氣候涼爽，河鮮
沮洳，鍁鍤易施。”

【掀】

同“杴”。此體元代已行用。見該文。

【鍁】

同“杴”。此體明代已行用。見該文。

木枚

用木頭製作的枚。此稱元代已行用，明代起亦作"木枚""木掀"。元王禎《農書·钁锸門》："劚木爲首，謂之木枚，可撲穀物。又有鐵刃木枚，裁割田間塍埂。"明唐積《歙州硯譜·攻器》："鴟觜鋤、木枚。"明沈榜《宛署雜記·經費上》："木掀五把，價一錢五分。"《醒世姻緣傳》第一六回："那些泥匠、木匠、磚匠、鋸匠、銅匠、鐵匠，都歇了本等的生活，拿了掃帚木掀來幫那些長工莊客，救那曬的麥子。"

木枚
（元王禎《農書》）

【木枚】

同"木枚"。此體明代已行用。見該文。

【木掀】

同"木枚"。此體明代已行用。見該文。

鐵枚

用鐵製作的枚。此稱元代已行用，明代起亦作"鐵锹"，清代又作"鐵掀"。元王禎《農書·钁锸門》："煅鐵爲首，謂之鐵枚，惟宜土工。"明戚繼光《紀效新書·治水兵篇第十八》："賊船如近我船，便傾下

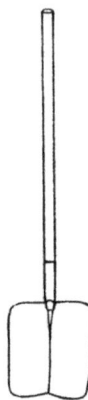

鐵枚
（元王禎《農書》）

火藥一二桶，少則無用。連桶則恐滾擲水中，須傾桶倒下。一面用一二人用鐵锹執炭火數锹，隨藥擲下。"《欽定大清會典則例·工部》："頭號鐵锹，每把銀一錢三分五厘；二號，銀一錢；三號，銀七分。頭號鐵锹，每把銀八分；二號，銀七分；三號，銀六分。"《醒世姻緣傳》第二十八回："等到二更天氣，兩口子拿了掀鋤斧頭，乘著月亮，從家到那墳上，不上兩箭地遠。嚴列星使钁頭掘，老婆使鐵掀除。"《紅樓夢》第四〇回："這個叉巴子，比俺那裏的鐵掀還沉，那裏拿的動他。"一本作"鐵锹"。

鐵刃木枚
（元王禎《農書》）

【鐵锹】

同"鐵枚"。此體明代已行用。見該文。

【鐵掀】

同"鐵枚"。此體清代已行用。見該文。

鐏

一種鐵首農具。此稱漢代已行用。《古文苑·劉楨〈大暑賦〉》："農畯捉鐏而去疇，織女釋杼而下機。"章樵注："鐏，在困反。農器，鐵首。"

鎓

一種鬆土除草的锹類農具，頭部有四齒。此稱宋代已行用。《集韻·東韻》："鎓，锹也。"清范寅《越諺》卷中："一鎓四齒，耙田用。"

木牛

一種代牛耕具。此稱清代已行用。清李調元《南越筆記·木牛》："木牛者，代耕之器也。

以兩人字架施之，架各安轆轤一具，轆轤中繫以長繩六尺，以一鐵環安繩中，以貫犁之曳鉤。用時，一人扶犁，二人對坐架上，此轉則犁來，彼轉則犁去，一手而有兩牛之力，耕具之最善者也。"鄭觀應《盛世危言·技藝》："江慎修先生製木牛耕田，以木驢代步。"

捐

一種抬土的工具。此稱先秦時期已行用，亦作"梮"。《左傳·襄公九年》："火所未至，徹小屋，塗大屋，陳畚捐，具綆缶，備水器。"杜預注："畚，簣籠。捐，土轝。"楊伯峻注："捐即梮，與轝同，音菊，舁土之器。畚音本，以草索爲之，可以盛糧，亦可以盛土。其器較大，甚至晉靈公用以盛死尸。梮或是以二木爲之，貫穿畚之兩耳，二人擡之以運土。"《國語·周語中》："收而場功，偫而畚梮。"韋昭注："梮，舉土之器。"清胡敬《林少穆中丞治蘇新政》詩："一朝具畚梮，河已瀏其清。"

【梮】

同"捐"。此體先秦時期已行用。見該文。

夷

一種鋤類農具。此稱先秦時期已行用。《管子·小匡》："惡金以鑄斤、斧、鉏、夷、鋸、欘，試諸木土。"尹知章注："夷，鋤類也。"

秬

一種犁類農具。一說"耜"字之誤。此稱先秦時期已行用。《呂氏春秋·任地》："是以六尺之秬，所以成畝也。"高誘注："秬六尺，其刃廣八寸。古者以秬耕。"一本作"耜"。《管子·輕重己》："秬耒耜懷，銚銚又櫃，權渠繩綐，所以御春夏之事也。"戴望校正引丁士涵曰："秬，耜字之誤。"

第二節　除草器具考

雜草既與作物爭奪地力，又妨作物采光、生長，是莊稼的天敵、農民的對手。數千年來，人們製作多種器具，不斷與之抗爭。

錢

一種形制類鏟、用以除草間苗的農具。或謂鏟的古稱，似今之鐵鏟。此稱先秦時期已行用，亦稱"銚"。《詩·周頌·臣工》："庤乃錢鎛，奄觀銍艾。"毛傳："錢，銚。"馬瑞辰通釋："《說文》：'錢，銚也，古者田器。'又銚字注：'一曰，田器。'銚，古假作斛。《爾雅》：'斛謂之疀。'郭注：'皆古鍫臿字。'"《莊子·外物》："春雨日時，草木怒生，銚鎒於是乎始脩。"《管子·海王》："耕者必有一耒一耜一銚。"尹知章注："大鋤謂之銚。"《說文·金部》："錢，銚也。古田器。"段玉裁注："云古田器者，古謂之錢。今則但謂之銚，謂之舌，不謂之錢。而錢以爲貨泉之名。"漢桓寬《鹽鐵論·申韓》："犀銚利鉬，五穀之利而間草之害也。"三國魏曹操《步出夏門行·冬十月》："錢鎛停置，農收積場。"宋王安石《錢鎛》詩："於易見耒耜，於詩聞錢鎛。"《集韻·宵韻》："斛，《爾雅》：'斛謂之䥽。'或作銚。"宋戴侗《六書故·地理一》："銚蓋劃艸之器，故其利者亦爲兵器。"元王禎《農書·錢鎛門》："錢：《臣工》詩曰：'庤乃錢鎛。'注：'錢，銚也。'《世本》：'垂作銚。'《唐韻》作'劅'。今鍫與銛同此。錢與鎛爲類，薅器也，非鍫屬也。茲度其制，似鍫非鍫，殆與鏟同。《纂文》曰：'養苗之道，鋤不如耨，耨不如鏟，鏟，柄長二尺，刃廣二寸，以劃地除草。'此鏟之體用即與錢同，錢特鏟之別名耳。"清光緒《畿輔通志·方言三十二》："今保定人猶謂鍤地起土物爲鐵鍫。鍫音亦如喬。斛，通作銚。"按：錢形似鏟，爲前推式除草、間苗農具；鎛形似鋤，爲後拉式除草、間苗工具。參見本節"鎛"文。

【銚】

即錢。此稱漢代已行用。見該文。

珧銚

一種形似蚌殼的除草農具。珧，蚌蛤的甲殼。此稱先秦時期已行用。《韓非子·八説》："古者寡事而備簡，樸陋而不盡，故有珧銚而推車者。"陳其猷集釋："牟庭曰：《秦策》：'頓弱曰：無把銚推耨之勞，而有積粟之實。'高注：'銚，芸苗器也。'據此，知古有珧銚，即《淮南·氾

錢
（元王禎《農書》）

論》所謂'摩蜃而耨'也。"于省吾《雙劍誃諸子新證·韓非子四》："珧銚本應作珧庢，即銚耨之異文。"

鎛

一種除草用的農具。此稱先秦時期已行用，亦稱"鎒"，漢代又稱"耨"，清代還稱"鋪"。《詩·周頌·臣工》："庤乃錢鎛，奄觀銍艾。"毛傳："鎛，鎒。"馬瑞辰通釋："今按古耨以薅艸，然有偃薅、立薅之分。《釋名》：'耨似鋤，偃薅木也。鎛亦鋤田器也。鎛，迫也，迫地去艸也。'是則鎛鎒一物，皆偃薅所用，其柄短。"《管子·輕重乙》："一農之事，必有一耜、一銚、一鎌、一鎒、一椎、一銍，然後成爲農。"《莊子·外物》："春雨日時，草木怒生，銚鎒於是乎始修。"王先謙集解："鎒，鋤也。"《説文·金部》："鎛……一曰田器。"又《木部》："耨，薅器也。鎒，或从金。"桂馥義證："《一切經音義》八：'耨，《説文》又作鎒，除田器也。'"唐韓愈《李公墓誌銘》："益市耕牛，鑄鎛、釤、鉬、釰，以給農之不能自具者。"元王禎《農書·錢鎛門》："鎛，耨別名也。《良耜》詩曰：'其鎛斯趙，以薅荼蓼。'《釋名》曰：'鎛，迫也，迫地去草也。'《爾雅》疏云：'鎛、耨一器，或云鋤，或云鋤屬。'嘗質諸《考工記》，凡器皆有國工，粤獨無鎛，何也？'粤之無鎛，非無鎛也，夫人而能爲鎛也。'荊州之田第八，而賦第三；揚州之田第九，而賦雜出第六者，'人

鎛
（元王禎《農書》）

功修'也。以人皆趨農，故耕耨之器，手熟目稔，不須國工而自能也。竊謂鎛，鋤屬，農所通用，故人多匠之，不必國工，今舉世皆然，非獨粵也。"清和邦額《夜譚隨錄·蜡精》："瞥見一醜女人徑入余棚……其家人糾合同井執鋤鋪往觀。"一說，闊口鋤。明宋應星《天工開物·鋤鎛》："凡治地生物，用鋤、鎛之屬。"鍾廣言注："鎛：一種鋤草用的闊口鋤。"

【鎛】

即鎛。此稱先秦時期已行用。見該文。

【欘】

即鎛。此稱漢代已行用。見該文。

【鋪】

即鎛。此稱清代已行用。見該文。

耨

一種鎛類農具。一說即鋤，或謂小手鋤。此稱先秦時期已行用。《國語·齊語》："時雨既至，挾其槍、刈、耨、鎛，以旦暮從事于田野。"《釋名·釋用器》："耨，似鋤，嫗耨禾也。"王先謙疏證補："耨去艸不容滅裂，懼其傷禾也，嫗有愛護苗根之誼。"元王禎《農書·錢鎛門》："耨，除草器。《易·繫》曰：'耒耨之利，以教天下，蓋取諸益。'《呂氏春秋》曰：'耨柄尺，此其度也。其耨六寸，所以間稼也。'高誘注云：'耨，芸苗也，六寸所以入苗間。'《廣雅》又云：'定謂之耨。'《爾雅》云：'斫斸謂之定。'郭曰：'鋤屬。'《淮南子》曰：'摩蜃而耨。'《呂氏春秋》曰：'先

耨
（元王禎《農書》）

生者美米，後生者爲粃。是故其耨也，長其兄而去其弟。……不知稼者，其耨也，去其兄而養其弟，不收其粟而收其粃。'此失耨之道也。《纂文》曰：'養苗之道，鋤不如耨。'古農法云：苗生葉以上，稍耨壟草，因隤其土，以附苗根。此耨之功也。"錢大昕《潛研堂文集·答問一》以爲"耨"與"鋤"一物而異名。

槍

一種掘土除草的農具。此稱先秦時期已行用，三國時期亦稱"椿"。《國語·齊語》："時雨既至，挾其槍、刈、耨、鎛，以旦暮從事於田野。"韋昭注："槍，椿也。"清倪倬《農雅·釋器》："椿，謂之槍。"

【椿】

即槍。此稱三國時期已行用。見該文。

鐙鋤

一種形類鍬、鏟的鋤草農具。其首形如馬鐙，故稱。此稱元代已行用。元王禎《農書·錢鎛門》："鐙鋤：剗草具也。形如馬鐙，其踏鐵兩旁作刃甚利，上有圓銎，以受直柄；用之剗

鐙鋤
（元王禎《農書》）

草，故名鐙鋤。柄長四尺。比常鋤無兩刃角，不致動傷苗稼根莖。或遇少旱，或熇苗之後，壟土稍乾，荒薉復生，非耘耙、耘爪所能去者，故用此剗除，特爲捷利。此創物者隨地所宜，偶假其形，而取便於用也。與前代儀仗'鐙棒'無異。嘗見江東農家用之。"明徐光啓《農政全書》卷二二略同。

篠[1]

一種耘田用的竹器。此稱先秦時期已行用，亦作"篠"。《論語·微子》："子路從而後，遇丈人以杖荷篠。"篠，一本作"篠"。清劉寶楠正義："皇本作'篠'誤。"楊伯峻注："篠，古代除田中草所用的工具。"北周庾信《竹杖賦》："終堪荷篠，自足驅禽。"唐李商隱《贈田叟》詩："荷篠衰翁似有情，相逢攜手遶村行。"

【篠】

同"篠[1]"。此體先秦時期已行用。見該文。

钁鋤

南方地區習用的一種似钁而寬的鬆土、除草農具。此稱元代已行用。元王禎《農書·錢鎛門》："江淮間雖有陸田，習俗水種，殊不知菽、粟、黍、稷等稼耰鋤鎡布之法，但用直項鋤頭，刃雖鋤也，其用如斸，是名'钁鋤'，故陸田多不豐收。今表此耰鋤之效，并其制度，庶南北通用。"

芟

一種較大的鐮刀，主要用以割草。此稱先秦時期已行用。《國語·齊語》："耒耜枷芟。"韋昭注："芟，大鐮，所以芟草也。"宋俞德鄰《次韻朱子厚九月十一日見寄三首》："裋褐長鑱真活計，載芟何日詠春祈。"明錢澄之《田間詩學》卷一一："載芟載柞，其耕澤澤。千耦其耘，徂隰徂畛。"

鏺

一種農具。兩邊有刃，裝有木柄，用以割草萊或麥禾等。一説即芟。此稱漢代已行用。《説文·金部》："鏺，兩刃，木柄，可以刈艸。"徐灝注箋："鏺蓋如鐮而有兩刃雙鈎。"《廣雅·釋器》："鏺，鐮也。"元王禎《農書·銍艾門》："鏺，《集韻》云：'鏺，兩刃刈也。'其刃長餘二尺，闊可三寸，橫插長木柄內，牢以逆楔。農人兩手執之，遇草萊或麥禾等稼，折腰展臂，迎地芟之。柄頭仍用掠草杖，以聚所芟之物，使易收束。太公《農器篇》云：'春鏺草棘。'又唐有鏺麥殿。今人亦云芟曰鏺。蓋體用互名，皆此器也。"明徐光啓《農政全書》卷二二："今農器鐮、斧、鑠、鏺之類，非礪不可。"

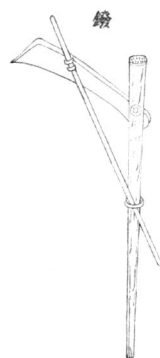

鏺
（元王禎《農書》）

鏟

一種農具。其形與鍬相似，鐵頭木柄，但無腳踏之處，使用時以手前推，用以鏟除田間雜草、株孽等，較鋤靈巧且更爲有力。最初的鏟爲石製，郭沫若《中國史稿》第一編第三章第二節："他們使用穿孔石鏟或橫長形的穿孔石鋤挖土翻地，良渚文化的居民還發明了三角形石耜，種着更多的田地。"李宗山《石

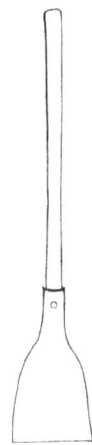

鏟
（元王禎《農書》）

器史話》三：“石鏟是掘土、翻地的工具，一般安裝有長柄，形制和使用方式均與今天的鐵鍬（鍁）相似。最早的石鏟是隨着農業經濟的興起而出現的，其前身則是舊石器時代用於挖掘塊根和掏窠的尖狀器、鏟形器。”此稱漢代已行用，亦稱“鏷”“平鐵”“鐇”，三國時期亦稱“籤”。《説文・金部》：“鏟，鏷也。一曰平鐵。从金，產聲。”清徐灝注箋：“平鐵者，平木器之鐵也。”《後漢書・文苑傳上・杜篤》：“田田相如，鐇鐝株林。”李賢注：“《埤蒼》云：‘鐇，鏟也。’謂以鏟鐝去林木之株蘗也。”《集韻・元韻》：“鐇，鏟也。”元王禎《農書・錢鎛門》：“鏟：《釋名》曰：‘鏟，平削也。’《廣雅》云：‘籤’。《纂文》曰：‘柄長二尺，刃廣二寸，以剗地除草。’此古之鏟也。今鏟與古制不同，柄長數尺，首廣四寸許；兩手持之，但用前進摭之，剗去壠草，就覆其根，特號敏捷。今營州之東，燕薊以北，農家種溝田者，皆用之。”

【鏷】

即鏟。此稱漢代已行用。見該文。

【平鐵】

即鏟。此稱漢代已行用。見該文。

【鐇】[2]

即鏟。此稱漢代已行用。見該文。

【籤】

即鏟。此稱三國時期已行用。見該文。

剗

即鏟。此稱南北朝時期已行用，元代亦稱“鏟”。北魏賈思勰《齊民要術・耕田》：“《纂文》曰：‘養苗之道，鋤不如耨，耨不如剗。’剗柄長三赤（尺），刃廣二寸，以剗地除草。”又《種穀》：“區間草，以刬剗之，若以鋤鋤。”

元王禎《農書・鑊舌門》：“剗：平土器也。俗又名鏟。《周禮》：‘薙氏掌殺草……冬日至而耜之。’鄭玄謂：‘以耜測凍土而剗之。’其刃如鋤而闊，上有深袴，插於犂底所置鑊處。其犂輕小，用一牛或人輓行。北方幽、冀等處，遇有下地，經冬水涸，至春首，浮凍稍甦，乃用此器，剗土而耕。草根既斷，土脉亦通，宜春種蕎麥。凡草莽汙澤之地，皆可用之。蓋地既淤壤肥沃，不待深耕，仍火其積草而種，乃倍收。斯因地制器，剗土除草，故名剗，兼體用而言也。”明徐光啓《農政全書》卷二一略同。

剗
（元王禎《農書》）

【鏟】

即剗。此稱元代已行用。見該文。

耘盪

一種用於水田的農具。形如木鞋，底有短釘，上接竹柄，可在水稻行間前後推拉，用以芟除雜草、鬆和田泥，效率遠勝於手耘、足耘。此稱元代已行用，今稱“耥耙”（盪即耥字），又稱“稻耥”。元王禎《農書・錢鎛門》：“耘盪，江浙之間新制之，形如木屐而實，長尺餘，闊約三寸，底列短釘二十餘枚，簀其上，以貫竹柄。柄長五尺餘。耘田之際，農人執之，推盪禾壠間草泥，使之淹弱，則田可精熟。既勝耙鋤，又代手足。況所耘田數，日復兼倍。嘗見

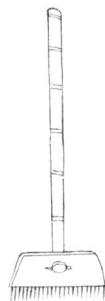

耘盪
（元王禎《農書》）

江東等處農家，皆以兩手耘田，匍匐水間，膝而行前，日曝於上，泥浸於下，誠可嗟憫。真西山言《豳》詩農事之叙，至耘苗則曰：'暑日流金，田水若沸，耘籽是力，稂莠是除；爬沙而指爲之戻，傴僂而腰爲之折。'此耘苗之苦也。今覩此器，惜不預傳，以濟彼用。兹特圖録，庶愛民者播爲普法。"繆啓愉、繆桂龍譯注："耘盪：即今之耥耙（盪即耥字），又叫稻耥。"

【耥耙】

　　即耘盪。此稱現代始行用。見該文。

【稻耥】

　　即耘盪。此稱現代始行用。見該文。

耘爪

　　一種用於水田的除草工具。形似指爪，多見於南方。此稱元代已行用，此前亦稱"鳥耘"。元王禎《農書·錢鎛門》："耘爪，耘水田器也，即古所謂'鳥耘'者。其器用竹管，隨手指大小截之，長可逾寸，削去一邊，狀如爪甲；或好堅利者，以鐵爲之，穿於指上，乃用

耘爪
（元王禎《農書》）

耘田，以代指甲，猶鳥之用爪也。陸龜蒙《鳥耘辯》謂：'耘者去莠，舉手務疾而畏晚；鳥之啄食，務疾而畏奪：法其疾、畏，故曰鳥耘。'然嘗觀農人在田，傴僂伸縮，以手耘其草泥，無異鳥足之爬抉，豈非鳥耘者耶？今述耘爪，故因辯之，庶識者有所取也。"按：明徐光啓《農政全書》中也有類似介紹，但所附農器圖與王氏《農書》迥異。蓋元代尚需將耘爪套在手上，彎腰勞作；明代則將似爪之器安以竹柄，采用站立式勞作。其形制雖异，因功用相同，故仍稱"耘爪"。

【鳥耘】

　　即耘爪。此稱元代以前已行用。見該文。

篿

　　夾魚或撈水草、河泥的工具。在兩根平行的短竹竿上張一個網，再裝兩根交叉的長竹柄做成，兩手握住竹柄使網開合。此稱元代已行用，清代亦作"罱"。《元史·河渠志二》："宜依假山諸湖農民取泥之法，用船千艘，船三人，用竹篿撈取淤泥。"清錢載《罱泥》詩："兩竹手分握，力與河底争。曲腰箝且拔，泥草無聲并。罱如蜆殼閉，張吐船隨盈。"

【罱】

　　同"篿"。此體清代已行用。見該文。

輥軸

　　一種狀如碌碡、碾草平地的復合式農具，用於水田整地除草或碾脱麥禾浮穗。此稱元代已行用，亦作"混軸"，亦稱"輥子"。元王禎《農書·杷朳門》："輥軸：輥碾草禾軸也。其軸木，徑可三四寸，長約四五尺，兩端俱作轉簨，挽索用牛拽之。夫江淮之間，凡漫種稻田，其草禾齊生並出，則用此輥碾，使草禾俱入泥内；再宿之後，禾乃復出，草則不起。又嘗見北方稻田，不解插秧，惟務撒種，却於軸間交穿板木，謂之雁翅，狀如礵礉而小，以轆打水土成泥，就碾草禾如前。江南地下，易於得泥，故用輥軸；北方塗田頗少，

輥軸
（元王禎《農書》）

放水之後，欲得成泥，故用雁翅轆打。此各隨地之所宜用也。"又《耒耜門》"礰礋"："又有不觚棱、混（滾）而圓者，謂混軸。"又《墾耕篇》："又有經暑雨後，用牛曳礰礋或輥子，於所斫根查上和泥碾之，乾則挣死，一二歲後皆可耕種。"明徐光啓《農政全書》卷二二"輥軸"略同。徐珂《清稗類鈔·物品·海青輾》："海青輾，以石爲輥軸，軋轢穀粒者。"

【混軸】

同"輥軸"。此體元代已行用。見該文。

【輥子】

即輥軸。此稱元代已行用。見該文。

雁翅

一種用於水田的輥軸，可破塊涵泥、平整水田、芟除水草。此稱元代已行用，見元王禎《農書·杷朳門》，又見明徐光啓《農政全書》卷二二。參見本節"輥軸"文。

平板

一種插秧之前用以摩平土地的水田農具。此稱元代已行用。元王禎《農書·杷朳門》："平板，平摩種秧泥田器也。用滑面木板，長廣相稱，上置兩耳繫索，連轆架牛，或人拖

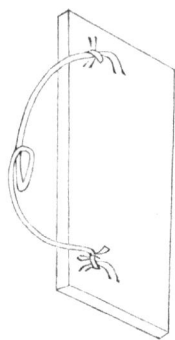

平板
（元王禎《農書》）

之。摩田須平，方可受種；即得放水浸漬勻停，秧出必齊。田家或仰坐檋代之，終非本器。"明徐光啓《農政全書》卷二二略同。

田盪

一種用以勻平秧田泥土的農具。此稱元代

已行用。元王禎《農書·杷朳門》："田盪，均泥田器也。用叉木作柄，長六尺，前貫橫木五尺許。田方耕耙，尚未勻熟，須用此器，平著其上盪之，使水土相和，凹凸各平，則易爲秧蒔。《農書·種植篇》

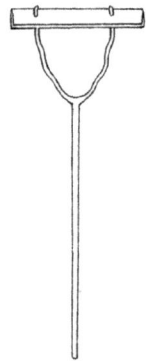

田盪
（元王禎《農書》）

云：凡水田渥漉精熟，然後踏糞入泥，盪平田面，乃可撒種。此亦盪之用也。夫田盪與上篇耘盪之'盪'，字同音異，所用亦各不類，因辯及之。"元薛漢《田盪》詩："秧馬既具田成畦，尚欠有物平水泥。橫木叉頭手自攜，盪磨泥面如排擠。"

刮板

一種可用於修閘壩、起堤坊、填污坎、積丘垤、均土壤、治畦埂、疊場圃、聚子粒、擁糠粃、除瓦礫等的多用途農具。此稱元代已行用。元王禎《農書·杷朳門》：

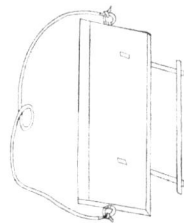

刮板
（元王禎《農書》）

"刮板，劃土具也。用木板一葉，闊二尺許，長則倍之，或煆鐵爲舌。板後釘直木二莖，高出板上，椝以橫柄。板之兩傍，係二鐵鐶，以鐶拽索，兩手推按，或人或畜輓行，以劃壅脚土。凡修閘壩、起堤坊、填汙坎、積邱垤、均土壤、治畦埂、疊場圃、聚子粒、擁糠粃、除瓦礫，雖若泛用，然農家之事居多也。"

第三節 家禽、農畜及其用品考

"家禽"指人工馴養的禽類，如鷄、鴨、鵝等。"農畜"指農民爲了經濟或其他目的而馴養的獸類，如猪、牛、羊、馬、駱駝、家兔、貓、狗等；前人或稱鷄、鴨、鵝等家禽。其用品難以統計，本節擇要考辨。

鷄

家禽之一種。品種極多。嘴短，上喙稍彎曲，頭部有鮮紅色肉質的冠。翅膀短，不能高飛。肉、卵可食。此稱先秦時期已行用，亦作"鷄"，南北朝時期亦稱"塒鷄"，宋代又稱"家鷄"，清代還稱"塒鷄"。《書·牧誓》："牝鷄無晨。牝鷄之晨，惟家之索。"《左傳·襄公二十八年》："公膳，日雙鷄。"一本作"鷄"。《史記·孝武本紀》："乃令越巫立越祝祠，安臺無壇，亦祠天神上帝百鬼，而以鷄卜。上信之，越祠鷄卜始用焉。"漢王充《論衡·程材》："牛刀可以割鷄，鷄刀難以屠牛。"一本作"鷄"。三國魏曹丕《與鍾大理書》："竊見玉書稱美玉，白如截肪，黑譬純漆，赤擬鷄冠，黃侔蒸栗。"晉陶潛《桃花源記》："阡陌交通，鷄犬相聞。"南朝梁劉孝威《鷄鳴篇》："塒鷄識將曙，長鳴高樹巔。"唐韓愈《柳州羅池廟碑》："猪牛鴨鷄，肥大蕃息。"宋黃庭堅《次韻答堯民》："大聞《南風》絃，同調《廣陵散》。鶴鳴九天上，肯作家鷄伴。"宋陸游《感事》詩："鷄犬相聞三萬里，遷都豈不有關中。"《水滸傳》第一○九回："凡衝要通衢大路，都没一個人烟，静悄悄地，鷄犬不聞，就要一滴水，也没喝處，那討酒食來？"清趙翼《題吴并山中翰青崖放鹿圖》詩："君也馴之如擾龍，籠狗塒鷄一例畜。"《孽海花》第五回："朝一個封奏，晚一個密摺，鬧得鷄犬不寧。"《二十年目睹之怪現狀》第六九回："等人家都睡了，他却拍桌子打板凳的大罵，又把瓷器傢夥一件件的往院子裏亂摔，攪了個鷄犬不寧。"

【鷄】

同"鷄"。此體先秦時期已行用。見該文。

【塒鷄】

即鷄。此稱南北朝時期已行用。見該文。

【家鷄】

即鷄。此稱宋代已行用。見該文。

【塒鷄】

即鷄。此稱清代已行用。見該文。

鷄子

小鷄。此稱漢代已行用，南北朝時期亦稱"鷄雛"，宋代又稱"鷄孫"，明代還因孵出不久的小鷄身上的絨毛多呈黃色稱爲"鷄黃"。《説文·隹部》："雛，鷄子也。"段玉裁注："鷄子，鷄之小者也。"北齊顔之推《顔氏家訓·歸心》："梁世有人，常以鷄卵白和沐，云使髮光，每沐輒二三十枚。臨死，髮中但聞啾啾數千鷄雛聲。"宋陳師道《次韻夏日江村》："捲簾通燕子，織竹護鷄孫。"宋陳造《山居》詩之四：

"雞孫當歲稔，竹母值秋陰。"明劉若愚《酌中志·內臣職掌紀略》："林衡署、蕃毓署、嘉蔬署、良牧署……職掌進宮瓜蓏、裸果、菜、栽培樹木、雞黃、鵝黃、鴨蛋、小豬等項。"《儒林外史》第一六回："集上帶了一個小雞子，在嫂子房裏煮着。"清陳康祺《郎潛紀聞》卷九："宋儒黃勉齊先生宰臨川時有云：'邑民猶雞雛也，令，其母也。'"

【雞雛】

即雞子。此稱南北朝時期已行用。見該文。

【雞孫】

即雞子。此稱宋代已行用。見該文。

【雞黃】

即雞子。此稱明代已行用。見該文。

鴨

鳥類的一科。嘴扁腿短，趾間有蹼，善游泳，有家鴨、野鴨兩種，但通常指家鴨。此稱三國時期已行用，清代亦稱"鴨子"。《三國志·吳書·陸遜傳》："時建昌侯慮於堂前作鬥鴨欄，頗施小巧。"北魏賈思勰《齊民要術·養鵝鴨》："鵝唯食五穀稗子及草菜，不食生蟲。鴨靡不食矣。"《儒林外史》第一三回："裏面捧出飯來，果是家常肴饌：一碗炖鴨，一碗煮雞，一尾魚。"又第一八回："三公子恐怕鴨子不肥，拔下耳挖來戳戳脯子上的肉厚，方纔叫景蘭江講價錢買了。"

【鴨子】

即鴨。此稱清代已行用。見該文。

鴨兒

小鴨。此稱唐代已行用。唐皇甫松《采蓮子》詞："晚來弄水船頭濕，更脫紅裙裹鴨兒。"

鴨雛

孵出不久的小鴨。此稱唐代已行用，元代因其身上有淡黃色的氄毛，亦稱"鴨黃"。唐白居易《和微之春日投簡陽明洞天五十韻》："產業論蠶蟻，孳生計鴨雛。"元夏文彥《圖繪寶鑒》卷四："曾宗貴，錢唐人，善畫。尤長寫生，雞雛鴨黃，最有生意。"

【鴨黃】

即鴨雛。此稱元代已行用。見該文。

鵝

家禽，羽毛白色或灰色。額部有橙黃色或黑褐色肉質突起，嘴扁而闊，頸長，尾短，腳大有蹼，食穀物、青草等。肉和卵供食用。此稱先秦時期已行用，晉代起亦作"鵞"。《左傳·昭公二十一年》："鄭翩願為鸛，其御願為鵝。"《詩·小雅·何人斯》"伯氏吹壎"孔穎達疏引晉郭璞曰："壎燒土為之，大如鵝子，銳上平底，形似稱錘，六孔，小者如雞子。"《晉書·王羲之傳》："性愛鵝，會稽有孤居姥養一鵝，善鳴。"《南齊書·劉瓛傳》："暑與僚佐飲，自割鵝炙。"《南史·夷貊傳上·林邑國》："古貝者，樹名也，其華成時如鵝毳，抽其緒紡之以作布，布與紵布不殊。"唐劉長卿《過包尊師山院》詩："《道經》終為寫，不慮惜鵝羣。"宋梅堯臣《依韻酬永叔示予銀杏》詩："去年我何有，鴨腳贈遠人，人將比鵝毛，貴多不貴珍。"元楊暹《西遊記》第四本第一三出："見一人光紗帽，黑布衫，鷹頭雀腦將身探，狼心狗行潛蹤闞，鵝行鴨步懷愚濫。"《水滸傳》第三二回："衆人見轎夫走得快，便說道：'你兩個閒常在鎮上擡轎時，只是鵝行鴨步，如今卻怎地這等走的快？'"明徐渭《梅雨幾三旬陳君以詩來慰答之次韻》之二："蕩甚愁鵝掌，酥將及瓦杯。"
清沈朝初《春興》詩："閑來垂釣常忘餌，病後
慵書不换鵝。"

【鵞】

同"鵝"。此體晋代已行用。見該文。

鵝兒

小鵝。此稱唐代已行用，亦稱"鵝黄"，宋
代又稱"鵝子"。唐杜甫《舟前小鵝兒》詩：
"鵝兒黄似酒，對酒愛鵝黄。"宋黄庭堅《薛樂
道自南陽來入都留宿會飲作詩餞行》："蟹螯鵝
子黄，酒傾琥珀凍。"宋楊萬里《插秧歌》："秧
根未牢蒔未匝，照管鵝兒與雛鴨。"明劉若愚
《酌中志·内臣職掌紀略》："〔林衡等署〕職掌
進宫瓜蓏、褖果、菜、栽培樹木、鷄黄、鵝黄、
鴨蛋、小猪等項。"

【鵝黄】

即鵝兒。此稱唐代已行用。見該文。

【鵝子】

即鵝兒。此稱宋代已行用。見該文。

牛[1]

反芻偶蹄類哺乳動物，頭生雙角，體大力
强。善於負重，長於耕田，皮可製革，肉、乳
可食。此稱先秦時期已行用，唐代起亦稱"牛
子"。《山海經·海内經》："稷之孫曰叔均，始
作牛耕。"郭璞注："始用牛犂。"《詩·小雅·無
羊》："誰謂爾無牛？九十其犉。"《後漢書·循吏
傳·任延》："九真俗以射獵爲業，不知牛耕。"
李賢注引《漢書》："搜粟都尉趙過教人牛耕。"
唐韓愈《唐故河南令張君墓誌銘》："民俗相朋
黨，不訴殺牛，牛以大耗。"唐李咸用《升天
行》："河邊牛子星郎牽，三清宫殿浮晴煙。"元
許謙《山中次韻酬馬生》："不見雄鷄冠，亦有

犂牛子。"元王禎《農書·耒耜門》："牛：耕牛
也。《易·繫》：'黄帝堯舜……服牛乘馬，引重
致遠，以利天下，蓋取諸隨。'未有用之耕者。
《山海經》曰：后稷之孫'叔均，始作牛耕'。
世以爲起于三代，愚謂不然。牛若常在畎畝，
武王平定天下，胡不歸之三農，而放之桃林之
野乎？故《周禮》祭牛之外，以享賓、駕車、
犒師而已，未及耕。不然，牽以蹊田，正使藉
稻，何足爲异，乃設奪而罪之之喻耶？在《詩》
有云：'載芟載柞，其耕澤澤。千耦其耘，徂隰
徂畛。'又曰：'有略其耜，俶載南畝。'以明竭
作于春，皆人力也。至於'穫之''積之''如
墉''如櫛'，然後'殺時犉牡，有捄其角'，以
爲社稷之報。若果使之耕，曾不如迎貓、迎虎，
列於蜡祭乎？蓋牛之耕，起于春秋之間，故孔
子有'犂牛'之言，而弟子冉耕字伯牛。《禮
記》《吕氏》《月令》：季冬'出土牛'，示農耕
早晚。前漢趙過又增其制度，三犂一牛。後世
因之，生民粒食，皆其力也。然知資其力而不
知養其力，力既竭矣，曾不審寒暑之异宜，疫
癘之救藥。有冬鬻春租，冀免芻豆之費；壯鞭
老殺，猶圖皮肉之貨。今'勸農'有官，牛爲
農本而不加勸，以致生不滋盛，價失廉平。田
野小民，歲多租賃，以救目前，計其所輸，已
過半直，是以貧者愈貧，由不恤農之本也。若
爲民牧者，當先知愛重祈報，便不敢慢易；絶
其妄殺，憫其羸瘠，豐其來牧，潔其欄牢，則
無不字育蕃息，扎瘥不作，耕種不失，足致豐
盈。此誠善政務本之意也，其可忽諸！"《水滸
傳》第五一回："便罵你這三家村使牛的，打甚
麽緊？"

【牛子】

即牛[1]。此稱唐代已行用。見該文。

水牛

牛的一種，角粗扁而後彎，作新月形，毛灰黑而稀疏，汗腺不發達，常喜浸於水中。是中國南方耕種水田的主要力畜。此稱漢代已行用，晉代因其生於江淮之間亦稱"吳牛"。《漢書·西域傳下·罽賓國》："〔罽賓國〕出封牛、水牛。"《世說新語·言語》："臣猶吳牛，見月而喘。"南朝梁劉孝標注："今之水牛，唯生江淮間，故謂之吳牛也。"

【吳牛】

即水牛。此稱晉代已行用。見該文。

【沈牛】

即水牛。以其能夠沉浮水中，故稱。常用於耕作水田。此稱漢代已行用，宋代亦作"沉牛"。《文選·司馬相如〈上林賦〉》："其獸則猵㺝貙豻，沈牛麈麋。"李善注引張揖曰："沈牛，水牛也。能沈没水中。"宋韓駒《題雙牛圖》之二："老夫若有沉牛二，春雨歸耕負郭田。"元牟巘《題百牛圖》："我有沈牛二，去耕綿上田矣。黑牡丹何用許耶？"

【沉牛】

同"沈牛"，即水牛。此體宋代已行用。見該文。

耕牛

用於耕田的牛。此稱漢代已行用，清代亦作"畊牛"。《後漢書·董卓傳》："後歸耕於野，諸豪帥有來從之者，卓爲殺耕牛與共宴樂。"三國魏曹操《軍譙令》："其舉義兵已來，將士絕無後者，求其親戚以後之，授土田，官給耕牛，置學師以教之。"唐陸龜蒙《〈祝牛宮辭〉序》：

"冬十月，耕牛爲寒，築宮納而皁之。"《新唐書·食貨志三》："出臟罪吏九百餘人，給以未耜、耕牛，假種糧使償所負粟。"金元好問《龍虎衞上將軍術虎公神道碑》："柰何以毬鞠細物動摇民間，使屠宰耕牛以供不急之用？"元辛文房《一枝花·辭官》套曲："賣了青驄馬，换耕牛度歲華。"明黄淳耀《陶菴自監録四》："昔賢有聞父叱耕牛聲而泣者。"清吴偉業《蕩子失意行贈李雲田》："南村沽社酒，西舍牽畊牛。"

【畊牛】

同"耕牛"。此體清代已行用。見該文。

【犂牛】

即耕牛。此稱漢代已行用，唐代起亦稱"牛犂"。《後漢書·和帝紀》："夏四月，遣三府掾分行四州，貧民無以耕者，爲雇犂牛直。"《新唐書·徐申傳》："申按公田之廢者，募人假牛犂墾發。"宋蘇軾《秧馬歌并引》："笑我一生蹋牛犂，不知自有木駃騠。"宋陸游《枕上》詩："元非破賊手，只合架牛犂。"元程鉅夫《李伯司馬》詩："肩輿飽飯百不憂，閒看稚子騎犂牛。"明黄淳耀《和勸農》："牛犂整齊，男婦悅穆。"

【牛犂】

即犂牛，亦即耕牛。此稱唐代已行用。見該文。

官牛

官府擁有的牛，可出租耕田。此稱漢代已行用。《三國志·魏書·曹爽傳》："皆伏誅，夷三族。"裴松之注引三國魏魚豢《魏略》："建安末，從太祖征吴。斐隨行，自以家牛羸困，乃私易官牛，爲人所白，被收送獄，奪官。"《晉書·慕容皝載記》："若私有餘力，樂取官牛墾官田者，其依魏晉舊法。"《晉書·傅玄傳》："又舊兵持官牛者，官得六分，士得四分。自持私牛者，與官中分。"唐白居易《官牛》詩："官牛官牛駕官車，滻水岸邊般載沙。"宋范純仁《司空康國韓公墓誌銘》："信州官莊四百頃，以衙前四十人假官牛以耕，牛死輸課不已，人至破產。公減其課。"

牛犢

幼小的耕牛。此稱漢代已行用，唐代起亦稱"耕犢"。《漢書·郊祀志上》："冬塞禱祠，其牲用牛犢各一，牢具圭幣各异。"唐吳融《題延壽坊東南角古池》詩："雨細幾逢耕犢去，日斜時見釣人回。"唐章孝標《長安秋夜》詩："牛犢乘春放，兒孫候暖耕。"宋陸游《書幸》詩："春雨兩耕犢，西疇破煙蕪。"明李東陽《遇成四絕》之四："三日不食賣牛犢，十日不食兼賣屋。"明王世貞《王龍標昌齡獨游》詩："歸及午餉餘，言跨返耕犢。"清查慎行《南陽鎮二首》詩之二："最憐農失業，牛犢飽芻茭。"清田雯《城西溪上》詩："埜老坐井欄，牧童挽耕犢。"

【耕犢】

即牛犢。此稱唐代已行用。見該文。

種牛

專供繁殖的牛。此稱晉代已行用。《晉書·食貨志》："典牧種牛，不供耕駕。"

磑牛

拉磨的牛。磑，石磨。此稱唐代已行用。唐白居易《移家入新宅》詩："磑牛封兩目，闇閉何人知。"

鞅牛

套着駕具的牛。此稱唐代已行用。唐張祜《容兒鉢頭》詩："爭走金車叱鞅牛，笑聲唯是説千秋。"

春牛 [1]

春日的耕牛。此稱五代時期已行用。前蜀貫休《送僧之湖南》詩："宿雨和花落，春牛擁霧耕。"元郭鈺《道逢八十翁》詩："晚甕燎衣籬竹盡，春牛換米草蓑存。"

板角

牛角，代指耕牛。此稱清代已行用。清宣鼎《夜雨秋燈録·南郭秀才》："槽頭喂板角之青，力能耕地；門前拴粉嘴之白，喊可驚天。"

馬

哺乳動物。頭小面長，耳殻直立，頸上有鬣，尾有長毛，四肢強健，有蹄。性溫馴善跑，是重要力畜之一。此稱先秦時期已行用，亦稱"駒馬"。《易·屯》："屯如邅如，乘馬班如。"《荀子·哀公》："歷險致遠，馬力盡矣。"《韓非子·顯學》："水擊鵠雁，陸斷駒馬，則臧獲不疑鈍利。"漢傅毅《舞賦》："馬材不同，各相傾奪。"《後漢書·輿服志上》："賈人不得乘馬車。"《南齊書·武帝紀》："臨沂縣麥不登，刈爲馬芻，至夏更苗秀。"《新唐書·歸登傳》："登性溫恕，家僮爲馬所踶，笞折馬足，登知，不加責。"《新唐書·回鶻傳下》："又有駮馬者，或曰弊刺，曰遏羅支，直突厥之北，距京師萬四千里……以馬耕田，馬色皆駮，因以名國云。"宋梅堯臣《疲馬》詩："當須量馬力，始得君馬全。"元薩都剌《黯淡灘歌》："飛流宛轉亂石隘，奔走千峯如馬快。"明孟稱舜《嬌紅記·番釁》："説甚麼天心幫孽子，旺氣屬番邦，都則是馬壯人強。"《孽海花》第三三回："〔林義成〕拉了一匹馬，依着徐驤去的路，加緊了馬力追上去。"

古代有"馬市"，一指馬匹貿易市場，又稱"馬肆"，如《北史·高謙之傳》："先是有人囊盛瓦礫，指作錢物，詐市人馬，因而逃去。詔令追捕，必得以聞。謙之乃僞枷一囚，立於馬市，宣言是前詐市馬賊，今欲刑之。"宋王讜《唐語林·補遺二》："興元中，有知馬者曰李幼清，暇日常取適于馬肆。"明楊慎《丹鉛雜録·讀書不求甚解》："公廨近于馬肆。"清錢謙益《鄒縣謁孟子廟》詩："末學紛壇壝，講堂開馬肆。"二指封建王朝以金帛鹽茶同邊疆少數民族換馬的互市，始於唐。玄宗時，許突厥用馬匹交換金帛。宋仍唐制，多用茶葉交換馬匹，明永樂年間設遼東馬市三處；正統間，設大同馬市，中官王振裁馬價，發生兵爭，招致土木之變；嘉靖年間，又開大同、陝邊、宣鎮等處馬市。清雍正年間停止。《明史·兵志四》："馬市者，始永樂間，遼東設市三，二在開原，一在廣寧，各去城四十里。"清陳夢雷《楊椒山先生祠》詩："釁開馬市英魂恨，廟焕瀛洲俎豆香。"

【駒馬】

即馬。此稱先秦時期已行用。見該文。

駒 [1]

出生兩年的馬，泛指少壯之馬。此稱先秦時期已行用。《周禮·夏官·校人》："春祭馬祖，執駒。"鄭玄注引鄭司農曰："二歲曰駒。"《莊子·天下》："孤駒未嘗有母。"唐韓愈《柳州羅池廟碑》："侯乘駒兮入廟，慰我民兮不嚬以笑。"

驕

體高六尺以上的馬。此稱先秦時期已行用，亦作"駒"。《説文·馬部》："驕，馬高六尺爲驕。從馬，喬聲。"《詩·小雅·皇皇者華》："我馬維駒，六轡如濡。"陸德明釋文："駒音俱，本亦作驕。"馬瑞辰通釋："《説文》：'馬高六尺爲驕。'引《詩》：'我馬維驕。'是《毛詩》古本作驕之證。驕與駒雙聲，古蓋讀驕如駒……後人據音以改字，遂作駒耳。"《説文·馬部》"駒"清段玉裁注："《詩》'駒'四見，而《漢廣》《株林》《皇皇者華》於義皆當作驕，乃與毛傳、《説文》合，不當作駒；依韵讀之，則又當作駒，乃入韻，不當作驕。深思其故……則皆讀者求其韵不得，改驕爲駒也。"

【駒】 [2]

同"驕"。此體先秦時期已行用。見該文。

騋

體高七尺以上的馬。此稱先秦時期已行用。《周禮·夏官·廋人》："馬八尺以上爲龍，七尺以上爲騋，六尺以上爲馬。"明徐渭《抱琴美人圖》詩："將來換駿馬，期在得高騋。"清李調元《恭題先大夫射雁圖》詩："自此華堂開畫轂，先命貫楊馳其騋。"

龍

體高八尺以上的馬。此稱先秦時期已行用。《儀禮·覲禮》："天子乘龍，載大旆。"鄭玄注："馬八尺以上爲龍。"唐韓愈《元和聖德詩》："駕龍十二，魚魚雅雅。"宋蘇軾《次韻錢穆父》："便須置酒呼同舍，看賜飛龍出帝閑。"

種馬

專供繁殖的馬。此稱先秦時期已行用。《周禮·夏官·校人》："種馬一物。"鄭玄注："種，謂上善似母者。"明唐順之《咨南京兵部尚書張》："又江南素少馬匹，有馬亦甚不堪戰，仍煩貴部多方區處，借撥太僕寺種馬。"

節馬

良馬。此稱漢代已行用。漢王符《潛夫論·勸將》："夫服重上阪，出馳千里，馬之禍也。然節馬樂之者，以王良足爲盡力也。"

馬駒

小馬。此稱宋代已行用。宋蘇軾《塵外亭》詩："馬駒獨何疑，豈墮山鬼計。"明宋應星《天工開物·攻稻》："牛犢馬駒，惟人所使。"

牧馬

放牧的馬。此稱大約漢代已行用。舊題漢李陵《答蘇武書》："側耳遠聽，胡笳互動，牧馬悲鳴。"唐李益《塞下曲》："燕歌未斷塞鴻飛，牧馬羣嘶邊草緑。"

駒騋

指壯實高大的馬。此稱明代已行用。明徐渭《代邊帥壽張相公母夫人序》："至相公秉鈞，而俛首息喙，奉質稱臣，偃然於馬蹄駝脊之間。至其曳駒騋而來也，即小有睢盱，抱關操戈之吏，猶得揮尺捶而鞭笞之。"

驢

哺乳動物，比馬小，耳朵長，胸部稍窄，毛多爲灰褐色，尾端有毛。多用作力畜。此稱漢代已行用，清代亦稱"驢子"。漢司馬相如《上林賦》："蛩蛩驒騱，駃騠驢驘。"《後漢書·張楷傳》："家貧無以爲業，常乘驢車至縣賣藥，足給食者，輒還鄉里。"又《鄧訓傳》："永平中，理滹沱、石臼河，從都慮至羊腸倉，欲令通漕……訓考量隱括，知大功難立，具以上言。肅宗從之，遂罷其役，更用驢輦，歲省費億萬計，全活徒士數千人。"唐韓愈《與衛中行書》："窮居荒涼，草樹茂密，出無驢馬，因與人絶，一室之内，有以自娱。"《遼史·耶律沙傳》："宋主宵遁，至涿州，微服乘驢車，間道而走。"明李時珍《本草綱目·獸一·驢》："驢長頰廣額，磔耳修尾，夜鳴應更，性善馱負。有褐黑白三色，入藥以黑者爲良。"清蒲松齡《雨後李澹庵至》詩："驢子匆豆客村醅，不嫌隘陋眠荒齋。"

【驢子】

即驢。此稱清代已行用。見該文。

【衛】

即驢。此稱宋代已行用，亦稱"衛子"。《爾雅翼·釋獸》："〔驢〕一名爲衛。或曰，晉衛玠好乘之，故以爲名。"宋高承《事物紀原·蟲魚禽獸·衛子》："世云衛靈公好乘驢車，故世目驢爲衛子。或曰，晉衛玠好乘跛驢爲戲，當時稱驢爲衛子以譏玠，故有蹇衛之稱。"明王志堅《表異録·毛蟲》："驢曰衛子，或言衛地多驢，故名。或言衛靈公好乘驢車。或言衛玠好乘跛驢。"明馮夢龍《智囊補·膽智·誅惡僕》："翌日，召令及同舍飲，云：'共食衛肉。'飲散丞行。令追謝，問僕安在？曰：'適共食者是也。'"清王士禛《劍俠傳》："腰劍，騎黑衛，極神駿。"

【衛子】

即衛，亦即驢。此稱宋代已行用。見該文。

駒驢

幼驢。此稱明代已行用。《金瓶梅詞話》第一七回："常言機兒不快梭兒快，打着羊駒驢戰，倘有小人指戳，拔樹尋根，你我身家不保。"

騾

家畜名。由公驢和母馬雜交所生。比驢大，毛多爲黑褐色。壽命長，體力大，中國北方多用作力畜。一般不能生殖。此稱先秦時期已行用，漢代亦作"驘"，清代亦稱"騾子"。《呂氏春秋·愛士》："趙簡子有兩白騾而甚愛之。"《説文·馬部》："驘，驢父馬母者也。"段玉裁注："者字今補。"朱駿聲通訓定聲："驘，俗字作騾。"《漢書·匈奴傳上》："其畜之所多則馬、牛、羊，其奇畜則橐佗、驢、驘、駃騠、騊駼、驒騱。"顏師古注："驘，驢種而馬生也。"《三國志·蜀書·後主傳》"艾解縛焚櫬"裴松之注引晉傅暢《晉諸公贊》："劉禪乘騾車詣艾，不具亡國之體。"《北史·賀若弼傳》："令蔡徵爲叔寶作降牋，命乘騾車歸己，事不果。"唐柳宗元《問答·晉問》："然後驢驘牛馬之運，西出秦隴。"宋米芾《畫史·唐畫》："世俗以蜀中畫《騾綱圖》《劍門關圖》爲王維。"明李時珍《本草綱目·獸一·騾》："騾大于驢而健于馬，其力在腰，其後有鎖骨不能開，故不孳乳……牡驢交馬而生騾也。"清袁枚《新齊諧·土雨》："未幾，四馬攢蹄，退後不敢前。騾脚大呼曰：'有鬼！'"《兒女英雄傳》第三回："雇了四頭長行騾子，他主僕三人騎了三頭，一頭馱載行李銀兩。"《林則徐日記·道光十八年十二月十二日》："自催騾馱十一隻到黃梅，用錢五十貫。"王闓運《吊朱生文》："二驘負棺，搖搖於野。"

【驘】

同"騾"。此體漢代已行用。見該文。

【騾子】

即騾。此稱清代已行用。見該文。

豬[1]

哺乳動物。頭大，鼻和嘴長，眼小耳大，脚短，身體肥。肉可供食用，皮可製革，鬃可製刷子和做其他工業原料，糞尿可做肥料。此稱先秦時期已行用。《墨子·法儀》："此以莫不犓羊、豢犬豬，絜爲酒醴粢盛，以敬事天。"《史記·田敬仲完世家》："豨膏棘軸，所以爲滑也。"司馬貞索隱："豨膏，豬脂也。"《後漢書·周黃徐姜等傳序》："〔閔仲叔〕客居安邑。老病家貧，不能得肉，日買豬肝一片，屠者或不肯與，其令聞，敕吏常給焉。仲叔怪問，知之，乃歎曰：'閔仲叔豈以口腹累安邑邪？'遂去，客沛。以壽終。"《三國志·魏書·東夷傳》："冬以豬膏塗身，厚數分，以禦風寒。"《山海經·北山經》："〔大咸之山〕有蛇名曰長蛇，其毛如彘豪。"晉郭璞注："今蝮蛇色似艾綬文，文間有毛如豬鬣，此其類也。"唐韓愈《柳州羅池廟碑》："池園潔脩，豬牛鴨雞，肥大蕃息。"宋范成大《桂海虞衡志·志金石》："水銀，以邕州溪洞朱砂末之，入爐燒取，極易成。以百兩爲一銚。銚之制，以豬胞爲骨，外糊厚紙數重，貯之不漏。"一本作"豬"。清孫暘《甲寅四月宋蓼天少宰以邊才特疏薦余詩以謝之》："未能馬革酬明主，肯爲豬肝累故人？"

【豕】

即豬[1]。此稱先秦時期已行用。《書·召誥》："越翼日戊午，乃社于新邑，牛一，羊一，豕一。"《易·睽》："上九，睽孤。見豕負塗。"王弼注："以文明之極，而觀至穢之物，睽之甚也。豕失負塗，穢莫過焉。"《楚辭·大招》："豕首縱目，被髮鬤只。"王逸注："豕，豬也；首，頭也……言西方有神，其狀豬頭，從目。"《漢書·公孫弘卜式等傳贊》："公孫弘、卜式、兒寬皆以鴻漸之翼困於燕爵，遠迹羊豕之間。"南朝宋顏延之《赭白馬賦》："戒出豕之敗御，惕飛鳥之時衡。"唐韓愈《獲麟解》："犬豕豺狼麋鹿，吾知其爲犬豕豺狼麋鹿。"宋蘇軾《思子臺賦》："上曾不鑒予之無聊兮，實有豕心。"元鄭東《贈筆生陳仲實》詩："欣然爲我開一束，詎數豕鬣并貍毛。纔濡入手即圓熟，揮洒不覺運腕勞。"明徐渭《修拄杖首次前韻》："屠門盛豕交，寧爲愛而食。"清紀昀《閲微草堂筆記·灤陽消夏録六》："有官南面坐，吏執簿唱名，一一選擇精粗，揣量肥瘠，若屠肆之鬻羊豕。"

【豷】

即豬[1]。此稱先秦時期已行用，亦稱"豬豷"，南北朝時期又稱"豕豷"。《孟子·盡心上》："五母雞，二母豷，無失其時，老者足以無失肉矣。"《荀子·正論》："今人或入其央瀆，竊其豬豷，則援劍戟而逐之。"《方言》卷八："豬……關東西或謂之豷，或謂之豕。"《漢書·貨殖傳·巴寡婦清》："牛千足，羊豷千雙。"顔師古注："豷，即豕。"南朝梁劉勰《文心雕龍·奏啓》："墨翟非儒，目以豕豷；孟軻譏墨，比諸禽獸。"

【豬豷】

即豷，亦即豬[1]。此稱先秦時期已行用。見該文。

【豕豷】

即豷，亦即豬[1]。此稱南北朝時期已行用。見該文。

【豬】

即豬[1]。此稱漢代已行用。漢王充《論衡·吉驗》："北夷橐離國王侍婢有娠，王欲殺之。婢對曰：'有氣大如雞子，從天而下，我故有娠。'後產子，捐於猪溷中，猪以口氣噓之，不死。"《三國志·魏書·挹婁傳》："挹婁在夫餘東北千餘里……其俗好養猪，食其肉，衣其皮。

冬以猪膏塗身，厚數分，以禦風寒。"南朝宋劉敬叔《異苑》卷八："有人誤吞髮，便得病，但欲咽猪脂。張口時，見喉中有一頭出受膏，乃取小鈎爲餌而引，得一物，長三尺餘，其形似蛇而悉是猪脂。懸於屋間，旬日融盡，惟髮在焉。"宋孟元老《東京夢華録·馬行街鋪席》："尋常四梢遠静去處，夜市亦有燋酸豏、猪胰、胡餅……香糖果子之類。"明馮惟敏《黃鶯兒·勸色目人變俗》曲："有差池，對青天發誓，拍口吃猪脂。"《聊齋志異·胡四姐》："遂以猪脬裹瓶口，緘封甚固。"《盛世危言·技藝》："取猪脬實黃豆，吹以氣而縛其口，豆浮正中。"

猪牙子

小猪。此稱明代已行用，清代亦稱"猪仔"。《西遊記》第八六回："八戒上前扯着脚，翻過來看了道：'這厮從小兒也不知偷了人家多少猪牙子、羊羔兒吃了！'"清李鍾珏《禁猪仔議》："南方以物之穉者曰仔。猪仔者，猶言小猪也。"

【猪仔】

即猪牙子。此稱清代已行用。見該文。

羊

哺乳動物。反芻類。有綿羊、山羊、羚羊、黃羊等種。此稱先秦時期已行用。《周禮·夏官·小子》："掌祭祀，羞羊肆、羊殽、肉豆。"鄭玄注引鄭司農曰："羊肆，體薦全蒸也。"《戰國策·中山策》："中山君饗都士大夫，司馬子期在焉。羊羹不遍，司馬子期怒而走於楚。"《尉繚子·兵談》："兵如總木，弩如羊角。"《史記·項羽本紀》："因下令軍中曰：'猛如虎，很如羊，貪如狼，彊不可使者，皆斬之。'"《漢書·昭帝紀》："令郡縣常以正月賜羊酒。"《三國志·魏書·管寧傳》:"但遣主簿奉書致羊酒之禮。"《晋書·后妃傳上·胡貴嬪》:"〔晋武帝〕常乘羊車,恣其所之,至便宴寢。宫人乃取竹葉插户,以鹽汁灑地,而引帝車。"《南齊書·輿服志》:"漆畫牽車,御及皇太子所乘,即古之羊車也……今不駕羊,猶呼牽此車者爲羊車云。"《魏書·吐谷渾傳》:"遣使通劉義隆求援……義隆賜以牽車。"唐陸龜蒙《幽居賦》:"豹管閑窺,羊歧忘返。"宋陳造《書懷》詩:"百年羊胛熟,萬事虎頭癡。"金王若虚《宫女圍棋圖》詩:"盡日羊車不見過,春來雨露向誰多。"元薩都剌《四時宫詞》:"夜深怕有羊車到,自起籠燈照雪塵。"明唐順之《公移·牌》:"佃户饑餓,責在本田主身上。稍稍借貸度日,有收之年送還田主。諺所謂'羊毛出在羊身上'。"清李漁《比目魚·徵利》:"〔净〕:'好漢從來不喫虧,借花獻佛討便宜。'〔小生〕:'羊毛出在羊身上。'"

羔羊

小羊。此稱先秦時期已行用,漢代亦稱"羔",南北朝時期又稱"羊羔"。《詩·豳風·七月》:"朋酒斯饗,曰殺羔羊。"《漢書·楊惲傳》:"田家作苦,歲時伏臘,亨羊炰羔,斗酒自勞。"北魏賈思勰《齊民要術·養羊》:"羊羔乳食其母。"唐杜甫《杜鵑》詩:"鴻鴈及羔羊,有禮太古前。"元王禎《農書·畜養篇》:"其羊每歲得羔,可居大羣,多則販鬻。"

【羔】

即羔羊。此稱漢代已行用。見該文。

【羊羔】[1]

即羔羊。此稱南北朝時期已行用。見該文。

羊羔 [2]

羊胎。此稱清代已行用。《紅樓夢》第四九回:"頭一樣是牛乳蒸羊羔,賈母就説:'這是我們有年紀人的藥,没見天日的東西,可惜你們小孩子吃不得。'"

羜

出生五個月的羊,泛指小羊。此稱先秦時期已行用。《詩·小雅·伐木》:"既有肥羜,以速諸父。"毛傳:"五月生,未成羊也。"宋陸游《村居》詩:"粗繒裁製襜褕暖,肥羜烹調饌飥香。"

達

出生七個月的羊,泛指小羊。此稱先秦時期已行用,漢代亦作"羍",亦稱"羊子"。《詩·大雅·生民》:"誕彌厥月,先生如達。"鄭玄箋:"達,羊子也。"孔穎達疏:"薛綜答韋昭曰:羊子初生,達;小名羔,未成羊曰羜,大曰羊。長幼之异名。"《説文·羊部》:"羍,小羊也。"段玉裁注:"羊當作羔,字之誤也。"明李時珍《本草綱目·獸一·羊》:"〔羊〕七月曰羍。"

【羍】

同"達"。此體漢代已行用。見該文。

【羊子】

即達。此稱漢代已行用。見該文。

犬

家畜名。爲人類最早馴化的家畜之一。聽覺、嗅覺靈敏。性機警,易於訓練。品種很多,按用途可分爲牧羊犬、獵犬、警犬、玩賞犬、挽曳犬等。此稱先秦時期已行用,亦稱"狗",清代又稱"義畜""家獸"。《詩·小雅·巧言》:"躍躍毚兔,遇犬獲之。"《左傳·閔公二年》:

"歸公乘馬，祭服五稱，牛、羊、豕、雞、狗皆三百。"《爾雅·釋畜》："未成豪，狗。"郝懿行義疏："狗，犬通名，若對文則大者名犬，小者名狗。"南朝梁沈約《齊故安陸昭王碑文》："邑居不聞夜吠之犬，牧人不覲晨飲之羊。"元關漢卿《救風塵》第四折："雨後有人耕綠野，月明無犬吠花村。"《説唐》第一六回："〔麻叔謀〕急急然如喪家之狗，忙忙然如漏網之魚。"清厲荃《事物異名録·獸畜·犬》："《事物紺珠》：'狗，一名義畜，一名家獸。'"

【狗】

即犬。此稱先秦時期已行用。見該文。

【義畜】

即犬。此稱清代已行用。見該文。

【家獸】

即犬。此稱清代已行用。見該文。

犬子

小狗。泛指狗。此稱晉代已行用，南北朝時期亦稱"狗子"。晉葛洪《抱朴子·論仙》："又以往年藥食雞雛及新生犬子，皆止不復長。"《晉書·五行志中》："既而地自坼，見有二犬子，取而養之，皆死。"《北史·孝行傳·張元》："村陌有狗子爲人所棄者，元即收而養之。"元耶律楚材《題萬壽碑陰》："我當時若見，一棒打殺與狗子喫。"

【狗子】

即犬子。此稱南北朝時期已行用。見該文。

棧 [1]

編木製作的墊子，用於馬、雞、豬等房籠內除濕。此稱先秦時期已行用。《莊子·馬蹄》："〔伯樂〕曰：'我善治馬，燒之，剔之，刻之，雒之，連之以羈馽，編之以皁棧。'"成玄英疏：

"棧，編木爲棧，安馬腳下，以去其濕，所謂馬牀也。"北魏賈思勰《齊民要術·養雞》："雞棲，宜據地爲籠，籠內著棧。"唐温庭筠《燒歌》："廢棧豕歸闌，廣場雞啄粟。"曾益等注："編木作棧以禦溼。"

馬牀 [1]

用於馬房除濕的木墊。此稱唐代已行用。參見本節"棧 [1]"文。

塒

在墻上鑿的雞窩。此稱先秦時期已行用，南北朝時期亦稱"塒圈"，唐代起又稱"雞塒"。《詩·王風·君子于役》："雞棲于塒，日之夕矣，羊牛下來。"毛傳："鑿牆而棲曰塒。"《爾雅·釋宮》："雞棲於弋爲榤，鑿垣而棲爲塒。"邢昺疏："李巡曰：'鑿牆爲雞作棲曰塒……避寒故穿牆以棲雞。'"北齊顏之推《顏氏家訓·治家》："蔬果之蓄，園場之所産；雞豚之善，塒圈之所生。"唐王駕《社日》詩："鵝湖山下稻粱肥，豚柵雞塒半掩扉。"一本作"雞棲"。宋王安石《歌元豐》詩："豚柵雞塒晻靄間，暮林搖落獻南山。"

【塒圈】

即塒。此稱南北朝時期已行用。見該文。

【雞塒】

即塒。此稱唐代已行用。見該文。

【雞棲】

即塒。此稱唐代已行用，宋代亦作"鷄栖"，明代又作"鷄棲"。唐王駕《社日》詩："鵝湖山下稻粱肥，豚柵雞棲半掩扉。"一本作"雞塒"。宋蘇軾《自雷適廉宿于興廉村净行院》詩："荒涼海南北，佛舍如鷄栖。"一本作"雞棲"。《初刻拍案驚奇》卷三二："今文殊彩鳳，誤墮雞棲中，豈不可惜？"

【鷄栖】

同"雞棲"，即杙。此體宋代已行用。見該文。

【鷄棲】

同"雞棲"，即杙。此體明代已行用。見該文。

桀

鷄栖息的木椿。此稱先秦時期已行用，亦稱"杙"。《詩·王風·君子于役》："曷其有佸，雞棲于桀。"朱熹集傳："桀，杙。"《左傳·襄公十七年》："齊人獲臧堅。齊侯使夙沙衛唁之，且曰：'無死！'堅……以杙抉其傷而死。"《尚書大傳》卷二："爨竈者有容，椓杙者有數。"鄭玄注："杙者，繫牲者也。"《南史·程文季傳》："齊人並下大柱爲杙，柵水中。"宋蘇軾《西新橋》詩："百夫下一杙，椓此百尺泥。"清紀昀《閱微草堂筆記·姑妄聽之三》："以杙塞其穴口，而鋸平其外。"清莊炘《徐孝子傳》："詰朝，視塒桀無雞也。"

【杙】

即桀。此稱先秦時期已行用。見該文。

鴨舍

飼養鴨的房舍。此稱明代已行用。明吳寬《作鶴房》詩："曾見江南多鴨舍，亦知吳下有牛宮。"

鵝欄

飼養鵝的欄圈。此稱南北朝時期已行用，亦作"鵞欄"。南朝宋劉義慶《世說新語·忿狷》："桓南郡小兒時，與諸從兄弟各養鵝共鬪。南郡鵝每不如，甚以爲忿。迺夜往鵝欄間，取諸兄弟鵝悉殺之。"一本作"鵞欄"。清王士禎《題查夏重蘆塘放鴨圖》詩之二："憑誰寄謝桓南郡，不是鵝欄教鬪人。"

【鵞欄】

同"鵝欄"。此體南北朝時期已行用。見該文。

棬

穿在牛鼻上的小鐵環或兩頭粗中間細的小木棍，用以拘束牛性，使其馴服。此稱先秦時期已行用，漢代起亦作"桊"，南北朝時期起亦稱"牛拘""拘""牛鼻環"。《呂氏春秋·重己》："使烏獲疾引牛尾，尾絕力勯，而牛不可行，逆也；使五尺豎子引其棬，而牛恣所以之，順也。"《說文·木部》："桊，牛鼻中環也。"清王筠句讀："《埤蒼》：'桊，牛拘也。'玄應曰：'今江以北皆呼爲拘，以南皆曰桊。'言環者，以柔木貫牛鼻，而後曲之如環也。亦有用大頭直木者。"梁顧野王《玉篇·木部》："桊，居媛切。牛鼻環也。一曰牛拘。"北魏賈思勰《齊民要術·安石榴》："若不能得多枝者，取一長條，燒頭，圓屈如牛拘而橫埋之，亦得。"石聲漢注："牛拘，穿在牛鼻孔中的圓圈形木條，現在河北稱'牛鼻圈'。"宋司馬光《類篇·木部》："桊，驅員切，屈木盂也。又古倦切，牛鼻中環也。"

【桊】

同"棬"。此稱漢代已行用。見該文。

【牛拘】

即棬。此稱南北朝時期已行用。見該文。

【拘】

即棬。此稱南北朝時期已行用。見該文。

【牛鼻環】

即棬。此稱南北朝時期已行用。見該文。

紉

繫在牛鼻環上用以牽牛的繩子。此稱先秦時期已行用，晉代亦稱"靷"，唐代又稱"牛鼻繩"。《禮記·少儀》："牛則執紖，馬則執靮。"又《祭統》："及迎牲，君執紖。"鄭玄注："紖，所以牽牲也。"孔穎達疏："紖，牛鼻繩。"《晉書·武帝紀》："有司嘗奏御牛青絲紖斷，詔以青麻代之。"又《劉曜載記》："嗚呼！嗚呼！赤牛奮靮其盡乎！"《舊唐書·李密傳》："〔李密〕乘一黃牛，被以蒲韉，仍將《漢書》一帙掛於角上，一手捉牛靮，一手翻卷書讀之。"宋孟元老《東京夢華録·般載雜賣》："梢橫一木，以獨牛在轅內，項負橫木，人在一邊，以手牽牛鼻繩駕之。"

【靮】

即紖。此稱晉代已行用。見該文。

【牛鼻繩】

即紖。此稱唐代已行用。見該文。

靮

牽制馬的繩索，也指牽制其他牲畜的繩索。此稱先秦時期已行用。《禮記·少儀》："牛則執紖，馬則執靮。"鄭玄注："紖、靮，皆所以繫制之者。"孔穎達疏："紖、靮，俱牽牛馬之物。"唐韓愈《畫記》："執羈靮立者二人。"唐薛用弱《集異記·薛夔》："是夕月明，夔縱犬，與家人輩密覘之，見三犬皆被羈靮。"宋王安石《祭馬龍圖文》："始逢君之執靮，屢顧我而回鑣。"

軛

牛馬驢等耕地、拉車時套在頸上的器具，多為人字形曲木。此稱先秦時期已行用，亦稱"鞅""軶"，漢代又稱"軶"，南北朝時期亦作"枙"。《論語·為政》："大車無輗，小車無軏，其何以行之哉？"包咸注："軏者，轅端上曲鈎衡。"《左傳·僖公二十八年》："晉車七百乘，

韅、靷、鞅、靽。"唐陸德明釋文："鞅，《說文》云：'頸皮也。'"《楚辭·卜居》："寧與騏驥亢軶乎？"朱熹集注："軶，車轅前衡也。"《說文·車部》："軶，轅前木也。"朱駿聲通訓定聲："輈崏（端）之衡，轅崏之槅皆名軶，以其下缺處為軶，所以扼制牛馬領而稱也。"《後漢書·輿服志上》："左纛以犛牛尾為之，在左騑馬軛上，大如斗，是為德車。"晉葛洪《抱朴子·詰鮑》："促轡銜鑣，非馬之性；荷軛運重，非牛之樂。"《文選·潘岳〈藉田賦〉》："緫牲服于縹軛兮，紺轅綴於黛秬。"李善注："鄭玄《周禮》注曰：'轅端壓牛領曰軶。'"一本作"軶"。《玉篇·車部》："軶，車轅崏（端）曲木也。枙，同上。"又："軶，牛領軶也。亦作軶。"明宋應星《天工開物·舟車》："凡大車，脱時則諸物星散收藏；駕則先上兩軸，然後以次間架。凡軸，衡、軫、軛，皆從軸上受基也。"

【枙】

同"軛"。此體南北朝時期已行用。見該文。

【鞅】

即軛。此稱先秦時期已行用。見該文。

【軶】

即軛。此稱先秦時期已行用。見該文。

【軶】

即軛。此稱漢代已行用。見該文。

【犁軶】

即軛。此稱唐代已行用，亦稱"衡枙""犁槅"。唐玄應《一切經音義》卷三："犁軶。《小爾雅》：'衡枙也。謂轅端壓牛領者。'"又卷一九："犁槅。槅，軛也，所以扼牛領也。"

【衡枙】

即犁軶，亦即軛。此稱唐代已行用。見該文。

【犂槅】

即犂軶，亦即軏。此稱唐代已行用。見該文。

牛鞅

牛所用的軏。此稱三國時期已行用，宋代起亦稱"牛軛"，元代起又稱"牛軶"。《三國志·蜀書·諸葛亮傳》："木牛流馬，皆出其意。"裴松之注引《諸葛亮集》："細者爲牛鞅，攝者爲牛鞦軸。"宋晁補之《勝絶賞心晤爲韻》之一："寒歌牛軛底，激烈氣彌剛。"元王禎《農書·耒耜門》："牛軛，字亦作'軶'，服牛具也。隨牛大小制之。以曲木竅其兩旁，通貫耕索，仍下繫鞅板，用控牛項，軛乃穩順，了無軒側。《説文》曰：'軛，轅前木也。'潘安仁《耤田賦》云：'葱犗服於縹軛。'"

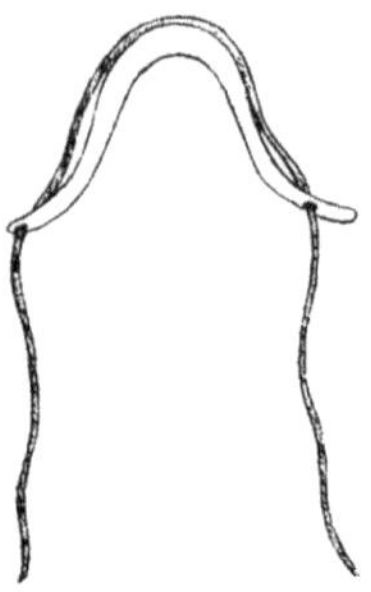

牛軛
（元王禎《農書》）

【牛軛】

即牛鞅。此稱宋代已行用。見該文。

【牛軶】

即牛鞅。此稱元代已行用。見該文。

鬲

大車之軶，即大車之軏。此稱先秦時期已行用，漢代亦作"槅"。《周禮·考工記·車人》："鬲長六尺。"漢鄭玄注引鄭司農曰："鬲，謂轅端厭牛領者。"清孫詒讓正義："鬲，即'槅'之借字。"《説文·木部》"槅"清段玉裁注："槅，《考工記》作'鬲'。大鄭云：'鬲，謂轅端厭牛領者。'大車者，鄭云：'平地任載之車也。'通曰軶，大車之軶曰槅。《釋名》曰：'槅，扼也。'所以扼牛頸也。馬曰烏啄，下向叉馬頸，似烏開口向下啄物時也。"《文選·張衡〈西京賦〉》："五都貨殖，既遷既引。商旅聯槅，隱隱展展。"三國吴薛綜注："言賈人多，車枙相連屬。"《晋書·潘岳傳》："發槅寫鞍，皆有所憩。"

【槅】

同"鬲"。此體漢代已行用。見該文。

索

粗繩，泛指繩索，可牽制牲口等。此稱先秦時期已行用，亦稱"綯""索綯"，漢代又稱"車紂""緻""曲綯""曲綸""紂""糾"，宋代還稱"繩纜"。《詩·豳風·七月》："晝爾于茅，宵爾索綯。"陳奂傳疏："索者，糾繩之名，綯即繩也。索綯猶言糾繩。"《書·五子之歌》："予臨兆民，懔乎若朽索之馭六馬。"《墨子·尚賢中》："傅説被褐帶索，庸築乎傅巖。"漢王充《論衡·謝短》："掛蘆索於户上，畫虎於門闌。"《方言》卷九："車紂：自關而東、周洛韓鄭汝潁而東謂之緻，或謂之曲綯，或謂之曲綸；自關而西謂之紂。"紂，一本作"糾"。唐李商隱《令狐舍人説昨夜西掖玩月因戲贈》詩："露索秦宫井，風弦漢殿筝。"宋沈作喆《寓簡》卷一〇："摶飯引來，猶掉續貂之尾；索綯牽去，難回顧兔之頭。"宋沈括《夢溪筆談·官政一》："埽身太長，人力不能壓，埽不至水底，故河流不斷，而繩纜多絶。"明宋應星《天工開物·漕舫》："凡舟中帶篷索，以火麻稭（一名大麻）綯絞；粗成徑寸以外者，即繫萬鈞不絶。"清王應奎《柳南隨筆》卷三："牀懸二綯，夫人間以麥粥進……公乃緣綯以起食，復緣之就枕。"

【綯】

即索。此稱先秦時期已行用。見該文。

【索綯】

即索。此稱先秦時期已行用。見該文。

【車紂】

即索。此稱漢代已行用。見該文。

【緧】

即索。此稱漢代已行用。見該文。

【曲綯】

即索。此稱漢代已行用。見該文。

【曲綸】

即索。此稱漢代已行用。見該文。

【紂】

即索。此稱漢代已行用。見該文。

【紃】[1]

即索。此稱漢代已行用。見該文。

【繩纜】

即索。此稱宋代已行用。見該文。

耕索

牛所挽的繩索。此稱元代已行用，亦稱
"牛索"。元王禎《農書·麻苧門》："耕索，牛
所輓繩也。古名綯，牛索也。《爾雅》曰：'綯，
絞也。'謂'糾絞繩索'也。《詩》云：'宵爾索
綯。'郭注云：綯，繩之別名。《方言》曰：'車
紂，自關而東……謂之緧，或謂之曲綯，或謂
之曲綸；自關而西謂
之紂。'農家紉麻合
之，以輓耕犁。按：
舊説遼東犁，轅長可
四尺，回轉相妨。今
秦晉之地，亦用長轅
犁，其轅端橫木，如
古車之制，以駕二
牛。然平田則可，至

耕索
（元王禎《農書》）

於山隘水曲，轉折費力。如山東及淮漢等處，
用三牛四牛，大小不等，高下不齊，既難並駕，
動作之間，終不若用索之便也。"《授時通考·耕
索圖説》："耕索，牛所輓繩也。古名綯，牛索
也。"

【牛索】

即耕索。此稱元代已行用。見該文。

繩

由兩股以上的棉、麻、棕等纖維或金屬絲
絞合而成的條狀物，可牽制牲口等。此稱先秦
時期已行用，漢代起亦稱"繩索"，清代起又稱
"繩子"。《易·繫辭下》："作結繩而爲罔罟，以
佃以漁。"《詩·小雅·何人斯》"及爾如貫"漢
鄭玄箋："我與女俱爲王臣，其相比次，如物之
在繩索之貫也。"《漢書·西域傳上·烏秅國》：
"縣度者，石山也，谿谷不通，以繩索相引而度
云。"南朝梁劉勰《文心雕龍·原道》："自鳥跡
代繩，文字始炳。"唐韓愈《張中丞傳·後叙》：
"引繩而絶之，其絶必有處。"宋孫光憲《竹枝
詞》之二："亂繩千結絆人深，越羅萬丈表長
尋。"宋朱弁《曲洧舊聞》卷一〇："所見一大
樹，鸜雀徑止其上……其下方有數人持鋸斧繩
索將伐之者。"《儒林外史》第二三回："當下不
由分説，叫兩個夯漢把牛浦衣裳剥盡了，帽子
鞋襪都不留，拿繩子捆起了，臭打一頓。"

【繩索】

即繩。此稱漢代已行用。見該文。

【繩子】

即繩。此稱清代已行用。見該文。

繧

由兩股或三股棉、麻、棕等纖維或金屬絲
絞合而成的繩子，泛指繩子，可牽制牲口等。

此稱先秦時期已行用。《易·坎》:"上六,係用徽纆,寘于叢棘。"《史記·屈原賈生列傳》:"夫禍之與福兮,何异糾纆。"裴駰集解引臣瓚曰:"糾,絞也。纆,索也。"《梁書·劉孝綽傳》:"在縲嬰纆,幸得躅于庸暗。"參見本節"糾""徽"文。

【繮牽】

即繮。此稱先秦時期已行用,漢代亦稱"繮",明代起又稱"繮繩"。《戰國策·韓策三》:"馬,千里之馬也;服,千里之服也。而不能取千里,何也?曰:子繮牽長。"漢班固《白虎通·誅伐》:"秦伯將襲鄭,入國掩人不備,行不假途,人銜枚,馬繮勒,晝伏夜行爲襲也。"《文選·張華〈勵志詩〉》:"繮牽之長,實累千里。"李善注:"千里之馬,繫以長索,則爲累矣。"《樂府詩集·清商曲辭六·青驄白馬》:"青驄白馬紫絲繮,可憐石橋根柏梁。"南朝梁劉勰《文心雕龍·總術》:"夫驥足雖駿,繮牽忌長。"《西遊記》第五三回:"孫大聖前邊引路,豬八戒攏了繮繩。"清錢泳《履園叢話·雜記下·閨秀詩》:"得完太璞非容易,一鎖名繮便可悲。"《二十年目睹之怪現狀》第六九回:"我心中無限焦燥,祇得拉着繮繩步行一程,再騎一程。"

【繮】

即繮牽,亦即繮。此稱漢代已行用。見該文。

【繮繩】[1]

即繮牽,亦即繮。此稱明代已行用。見該文。

【繮索】

即繮。此稱先秦時期已行用。《莊子·駢拇》:"附離不以膠漆,約束不以繮索。"《淮南子·說林訓》:"予拯溺者金玉,不若尋常之繮索。"唐柳宗元《答周君巢餌藥久壽書》:"宗元

以罪大擯廢,居小州,與囚徒爲朋,行則若帶繮索,處則若關桎梏。"

絞

由兩股以上條狀物擰成一根繩索。此稱唐代已行用。《禮記·雜記上》:"小斂,環経,公大夫士一也。"唐孔穎達疏:"知以一股所謂纏経者,若是兩股相交,則謂之絞。"

糾[2]

由兩股或三股棉、麻、棕等纖維或金屬絲絞合而成的繩索,可牽制牲口等。此稱漢代已行用。《說文·丩部》:"糾,繩三合也。"《文選·賈誼〈鵩鳥賦〉》:"何异糾纆。"李善注引《字林》:"糾,兩合繩;纆,三合繩。"

徽

由三股棉、麻、棕等纖維或金屬絲絞合而成的繩子,泛指繩子,可牽制牲口等。此稱先秦時期已行用。《易·坎》:"上六,係用徽纆,寘于叢棘。"陸德明釋文:"徽,許韋反。纆音墨。三股曰徽,兩股曰纆,皆索名。"《文選·潘岳〈西征賦〉》:"於是弛青鯤於網鉅,解頳鯉於黏徽。"李善注:"《說文》……又曰:'徽,大索也。'言魚黏於網,故曰黏徽也。"宋崔伯易《珠賦》:"連徽挺扰,灑網持柵。"明馮夢龍《智囊補·兵智·凱口囤》:"人腰四徽一劍,約至木憩足,即垂徽下引人,人帶銃砲長徽而起。"

索帬

繫在馬胸前的穗狀飾物。此稱晋代已行用。《左傳·桓公二年》"鞶、厲、游、纓"晋杜預注:"纓,在馬膺前,如索帬。"孔穎達疏:"服虔云:'纓如索帬,今乘輿大駕有之。'然則漢魏以來,大駕之馬膺有索帬,是纓之遺象,故

云‘如索帬’也。”

緒

駕車時絡於牛、馬等牲畜尾下的革帶。《周禮·考工記·輈人》：“不援其邸，必緒其牛後。”鄭玄注引鄭司農曰：“關東謂紂爲緒。”孫詒讓正義引王宗涑曰：“緒以生革縷般牛尾之下，引而前至背上，與繫軏之革縷相接續。”《説文·糸部》：“紂，馬緒也。”

【紂】 [2]

即緒。此稱漢代已行用。見該文。

【馬緒】

即緒。此稱漢代已行用。見該文。

鞦 [1]

指絡在牲口股後尾間的絆帶。此稱南北朝時期已行用，唐代亦稱“鞦鞘”，清代還稱“鞦靽”。南朝宋劉義慶《世説新語·政事》：“閣東有大牛，和嶠鞅，裴楷鞦，王濟剔㼈不得休。”唐寒山《詩》之一二五：“黃蘗作驢鞦，始知苦在後。”唐韓偓《從獵》詩之二：“小鐙狹鞦鞘，鞍輕妓細腰。”清趙翼《行圍即景·套駒》詩：“旁看兩馬困鞦靽，自以蕭閒矜得意。”《兒女英雄傳》第一一回：“便把牲口攏住，鞭子往後鞦裏一掖，抄着手，靠了車轅站住不動。”

【鞦鞘】

即鞦 [1]。此稱唐代已行用。見該文。

【鞦靽】

即鞦 [1]。此稱清代已行用。見該文。

鞦軸

拴在牲口股後繫皮帶的軸。此稱三國時期已行用，宋代亦稱“鞦根”“帶銙”。三國蜀諸葛亮《作木牛流馬法》：“細者爲牛鞅，攝者爲牛鞦軸。”宋沈括《夢溪筆談·故事一》：“自後

雖去蹀躞，而猶存其環，環所以銜蹀躞，如馬之鞦根，即今之帶銙也。”

【鞦根】

即鞦軸。此稱宋代已行用。見該文。

【帶銙】

即鞦軸。此稱宋代已行用。見該文。

紂棍

縛在驢、馬等尾下的橫木，兩端有繩連在鞍上，以防其鞍向前滑動。此稱清代已行用。清梁同書《直語補證》：“驢後絡以橫木，俗名紂棍。”

牛衣

供牛禦寒用的披蓋物。此稱漢代已行用，南北朝時期亦稱“牛被”，唐代又稱“龍具”“牛蓑”，元代還稱“籠具”。《漢書·王章傳》：“章疾病，無被，卧牛衣中。”顏師古注：“牛衣，編亂麻爲之，即今俗呼爲龍具者。”王先謙補注引宋程大昌《演繁露》：“牛衣，編草使暖，以被牛體，蓋簑衣之類。”《晋書·劉寔傳》：“寔少貧苦，賣牛衣以自給。”《南齊書·張融傳》：“後超民孫微冬月遭母喪，居貧，融往弔之，悉脱衣以爲賻，披牛被而反。”唐羅隱《嚴陵灘》詩：“中都九鼎勤英髦，漁釣牛蓑且遁逃。”宋謝邁《喜雨》詩：“鋤犁不入土，龍具掛壁牆。”元王禎《農書·麻苧門》：“牛衣：顏師古曰：‘編亂麻爲之，即今呼爲籠具者。’《前漢·王章傳》嘗‘卧牛衣中’。《晋書》：

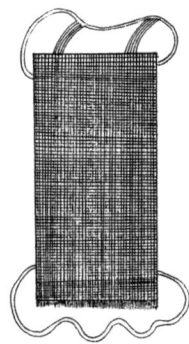

牛衣
（元王禎《農書》）

劉寔好學，少貧苦，口誦手繩，'賣牛衣以自給'。據牛之有衣，舊矣。以此見古人重畜，不忘農之本故也。今牧養中，唯牛毛疎，寂不耐寒。每近冬月，皆宜以冗麻續作絍縶，編織毯段衣之，如裋褐然，以禦寒冽；不然必有壞慄之患。農耕之家，不可不預爲儲備。"

【牛被】

即牛衣。此稱南北朝時期已行用。見該文。

【龍具】

即牛衣。此稱唐代已行用。見該文。

【牛蓑】

即牛衣。此稱唐代已行用。見該文。

【鞴具】

即牛衣。此稱元代已行用。見該文。

鞭

鞭打或驅趕馬、牛等牲口的用具，短柄用於手握，其上裝有繩子或皮條。此稱先秦時期已行用，明代亦稱"鞭子"。《左傳·宣公十五年》："雖鞭之長，不及馬腹。"唐柳宗元《鞭賈》："馬相踶，因大擊，鞭折而爲五六。"宋李之儀《雷塘行》："鞭長不能及馬腹，有限生涯時苦促。"《水滸傳》第四七回："後槽牽過一匹快馬，備上鞍轡，拿了鞭子，便出莊門。"清侯方域《代司徒公屯田奏議》："鞭長不及，漁侵莫問。"《儒林外史》第三四回："兩人下了牲口，拿着鞭子，一齊走進店來。"《二十年目睹之怪現狀》第六四回："他未曾明白，隔了一省，就是鞭長不及馬腹了。"

【鞭子】

即鞭。此稱明代已行用。見該文。

【策】[1]

即鞭。此稱先秦時期已行用，晋代亦作"筴"。一說帶皮爲鞭，無皮爲筴。《左傳·襄公十七年》："左師爲己短策，苟過華臣之門必騁。"漢桓寬《鹽鐵論·後刑》："良工不能無策而御。"《漢書·萬石君傳》："慶爲太僕，御出，上問車中幾馬，慶以策數馬畢，舉手曰：'六馬。'"《後漢書·鄧禹傳》："及聞光武安集河北，即杖策北渡，進及於鄴。"晋葛洪《抱朴子·正郭》："遨集京邑，交關貴游，輪刈筴弊，匪遑啓處。"唐魏徵《述懷》詩："杖策謁天子，驅馬出關門。"明李夢陽《徐子將適湖湘》詩："英雄杖策集軍門，金華數子真絕倫。"明馮夢龍《智囊補·捷智·宗典等》："宇文泰與侯景戰，泰馬中流矢，驚逸，泰墜地，東魏兵及之，左右皆散，李穆下馬，以策擊泰背。"清吳偉業《又詠古》之四："弱冠拜司徒，杖策功名收。"

【筴】[1]

同"策[1]"，即鞭。此體晋代已行用。見該文。

【箠】

即鞭。此稱先秦時期已行用，亦作"捶"，漢代又作"棰"。《管子·形勢解》："弱子下瓦，慈母操箠。"《莊子·天下》："一尺之捶，日取其半，萬世不竭。"《列子·楊朱》："百羊而羣，使五尺童子荷箠而隨之，欲東而東，欲西而西。"《史記·秦始皇本紀》："及至秦王，續六世之餘烈……執棰拊以鞭笞天下，威振四海。"王念孫《讀書雜誌·漢隸拾遺·武梁石室畫像三石》："'子騫衣寒，御車失棰。'棰與'箠'同。《說文》箠，擊馬箠也，字或作'棰'。"晋袁宏《後漢紀·光武帝紀四》："以飽待飢，以逸擊勞，折捶而笞之耳。"唐柳宗元《同劉二十八院長寄澧州張使君》詩："曳捶牽羸馬，垂簑牧艾豭。"唐孫棨《北里志·楚兒》："鍛（郭鍛）知之，因曳至中衢，擊以馬箠，其聲甚寃楚，觀者如堵。"宋王安石《送鄭叔熊歸閩》詩："當時一尺箠，跨馬河南北。"

【捶】

同"箠"，即鞭。此體先秦時期已行用。見該文。

【棰】

同"箠"，即鞭。此體漢代已行用。見該文。

【鞭筴】

即鞭。此稱先秦時期已行用，亦作"鞭策"，亦稱"鞭箠"，漢代又稱"鞭捶"。《莊子·馬蹄》："前有橛飾之患，而後有鞭筴之威。"成玄英疏："帶皮曰鞭，無皮曰筴，俱是馬杖也。"《國語·吳語》："君王不以鞭箠使之，而辱軍士使寇令焉。"《禮記·曲禮上》："乘路馬，必朝服，載鞭策，不敢授綏。"漢劉向《説苑·談叢》："騏驥日馳千里，鞭箠不去其背。"又《列女傳·楚老萊妻》："可食以酒肉者，可隨以鞭捶；可授以官禄者，可隨以鈇鉞。"唐李白《日出入行》："誰揮鞭策驅四運，萬物興歇皆自然。"《〈老殘遊記〉自叙》："馬與牛，終歲勤苦，食不過芻秣，與鞭策相終始，可謂辛苦矣。"

【鞭策】

同"鞭筴"，即鞭。此體先秦時期已行用。見該文。

【鞭箠】

即鞭筴，亦即鞭。此稱先秦時期已行用。見該文。

【鞭捶】

即鞭筴，亦即鞭。此稱漢代已行用。見該文。

【捶策】

即鞭。此稱先秦時期已行用，亦作"棰策"，漢代又作"箠策"，又稱"馬捶""馬箠"，唐代還稱"馬策"，元代另稱"鞭"。《韓非子·奸劫弑臣》："無捶策之威，銜橛之備，雖造父不能以服馬。"捶，一本作"棰"。《淮南子·原道訓》："箠策繁用者，非致遠之術也。"《左傳·襄公十七年》："左師爲己短策，苟過華臣之門必騁。"孔穎達疏引服虔曰："策，馬捶也。"漢王符《潛夫論·衰制》："夫法令者，人君之銜轡箠策也，而民者，君之輿馬也。"《漢書·婁敬傳》："杖馬箠去居岐，國人爭歸之。"顏師古注："箠，馬策也。杖謂柱之也。云杖馬箠者，以示無所攜持也。"宋孫奕《履齋示兒編·雜記·人物異名》："鞭曰馬箠。"元王禎《農書·麻苧門》："呼鞭，驅牛具也。字從革從便，曰策，曰鞭，曰鞘，倏則成之。"

【棰策】

同"捶策"，即鞭。此體先秦時期已行用。見該文。

【箠策】

同"捶策"，即鞭。此體漢代已行用。見該文。

【馬捶】

即捶策，亦即鞭。此稱漢代已行用。見該文。

【馬箠】

即捶策，亦即鞭。此稱漢代已行用。見該文。

【馬策】

即捶策，亦即鞭。此稱唐代已行用。見該文。

【鞭】

即捶策，亦即鞭。此稱元代已行用。見該文。

馬鞭

趕馬的鞭子，泛指趕牲畜的鞭子。此稱大概晉前已行用。《三國志·魏書·袁紹傳》："配聲氣壯烈，終無撓辭，見者莫不歎息，遂斬之。"裴松之注引《先賢行狀》："是日生縛配，將詣帳下，辛毗等逆以馬鞭擊其頭。"《隋書·李德林傳》："德林從駕還在途中，高祖以馬鞭南指。"《儒林外史》第二一回："左手拿着馬鞭子，右手撚着鬚子。"

檛

趕馬的鞭子。此稱晋代已行用，唐代起亦稱"馬杖""馬檛"。《左傳·文公十三年》"繞朝贈之以策"晋杜預注："策，馬檛。"陸德明釋文："檛，張瓜切，馬杖也。"《漢書·張耳陳餘傳》："夫武臣、張耳、陳餘，杖馬箠下趙數十城，亦各欲南面而王。"唐顔師古注："箠爲馬檛也。"唐袁郊《甘澤謠·紅線》："使者以馬檛扣門，非時請見。"宋蘇軾《是日至下馬磧憩於北山僧舍》詩："吏士寂如水，蕭蕭聞馬檛。"宋黃庭堅《寄耿令幾父過新堂邑作迺幾父舊治之地》詩："勉哉恩愛日，贈言同馬檛。"

【馬杖】

即檛。此稱唐代已行用。見該文。

【馬檛】

即檛。此稱唐代已行用。見該文。

鞘[1]

鞭子末端的軟性細長物，多以皮條、絲等製作，主要用於御馬。此稱晋代已行用，亦稱"長鞘"，南北朝時期起又稱"鞭鞘"，唐代還稱"馬鞭頭"，宋代起另稱"鞭梢""鞭弰"，清代別稱"鞭稍"。《晋書·苻堅載記下》："長鞘馬鞭擊左股，太歲南行當復虜。"何超音義："長鞘，馬鞭頭也。"《太平御覽》卷三五九引南朝宋劉義慶《幽明錄》："〔韓咎〕還營下馬，覺鞭重，見有綠錦囊，中有短卷書，著鞭鞘，皆不知所從來。"唐柳宗元《祭外甥崔駢文》："戲抽

佛筞，前次洫隈，笑頷即路，鳴鞘不迴。"唐韓偓《重遊曲江》詩："惆悵引人還到夜，鞭鞘風冷柳煙輕。"宋周邦彦《滿庭芳·憶錢塘》詞："花撲鞭鞘，風吹衫袖，馬蹄初趁新裝。"鞘，一本作"梢"。宋陸游《得季長書追懷南鄭幕府慨然有作》詩："綠樹啼鶯窺帽影，畫橋飛絮逐鞭梢。"宋張端義《貴耳集》卷上："〔狀元汪世顯〕綿州道中題詩云：'擁騎南來春正濃，鞭弰輕拂杏花紅。'"明周朝俊《紅梅記·虜圍》："休教走的忙，他怕的鞭梢下，骨碌碌滾下來可也不當耍。"清張韜《戴院長神行薊州道》："那夕照中，殘煙裏，這便是古燕城宮闕崔巍。忽刺刺鞭稍轉移，一霎時千山萬水。"

【長鞘】

即鞘[1]。此稱晋代已行用。見該文。

【鞭鞘】

即鞘[1]。此稱南北朝時期已行用。見該文。

【馬鞭頭】

即鞘[1]。此稱唐代已行用。見該文。

【鞭梢】

即鞘[1]。此稱宋代已行用。見該文。

【鞭弰】

即鞘[1]。此稱宋代已行用。見該文。

【鞭稍】

即鞘[1]。此稱清代已行用。見該文。

呼鞭

御牛的鞭子。此稱元代已行用，亦稱"牛鞭"。元王禎《農書·麻苧門》："呼鞭，

呼鞭
（元王禎《農書》）

驅牛具也。字從革從便，曰策，曰鞮，曰鞘，倫則成之。《春秋傳》云：'鞭長不及馬腹。'此御車鞭也。今牛鞭，犁後用亦如之。農家紉麻合鞭，鞭有鳴鞘，人則以聲相之，用警牛行，不専于撻，世云呼鞭，即其義也。"

【牛鞭】

即呼鞭。此稱元代已行用。見該文。

鞭節

有節的馬鞭。此稱唐代已行用。唐李賀《夜來樂》詩："劍崖鞭節青石珠，白騧吹湍凝霜鬚。"王琦彙解："鞭節，謂馬鞭之起節者，其上皆以青石珠飾之。"

鞭絲

御馬的鞭子。此稱宋代已行用。宋陸游《乍晴出遊》詩："本借微風欹帽影，却乘新暖弄鞭絲。"清陳維崧《春風嫋娜·正月十二日同陸翼王等遊白塔旃檀諸寺》："帽影帶晴薰御陌，鞭絲和煖糝皇州。"

鞭桶

圓桶狀的鞭套。此稱元代已行用。《元史·禮樂志一》："次金杌，左鞭桶，右蒙鞍。"又《輿服志二》："鞭桶，制以紫絁表，白絹裹，皮緣兩末。"

鈇[1]

一種切割草料的器具。由底槽和刀具構成，刀頭用鐵銷固定於底槽，一人手握刀柄將刀抬起，一人將穀秸等草料置於刀下，握刀者用力下壓以切割草料。此稱漢代已行用，宋代亦稱"鍘""剸"。《漢書·尹翁歸傳》："不中程，輒笞督，極者至以鈇自剄而死。"顔師古注："鈇，斫莝刃也。"《廣韻·鍩韻》："鍘，秦人云切草。"《集韻·犛韻》："剸，斷艸刀也。"元無名氏《凍蘇秦》第四折："前去蘇家莊取討鍋甕槽鍘去。"元王禎《農書·銍艾門》："鍘，秦人云：'切草也。'又作剸，俗作箾，非也。凡造鍘，先鍛鐵爲鍘背，厚可指許；内嵌鍘刃，如半月而長；下帶鐵袴，以插木柄。截木作碪，長可三尺有餘，廣可四五寸。碪首置木簨，高可三五寸，穿其中以受鍘首。"明徐光啓《農政全書》卷二二略同。《篇海類編·珍寶類·金部》："鍘，今作鍘。"

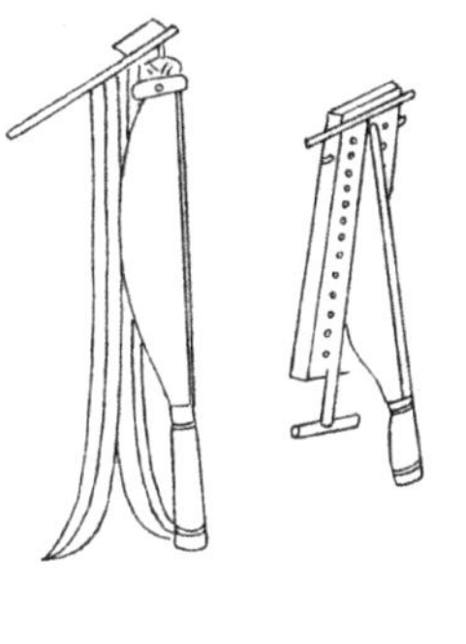

鍘
（元王禎《農書》）

【鍘】

即鈇[1]。此稱宋代已行用。見該文。

【剸】

即鈇[1]。此稱宋代已行用。見該文。

【鍘】

即鈇[1]。此稱元代已行用，亦作"鍘"，明代亦稱"鍘刀"，清代又稱"鍘刀"。元無名氏《凍蘇秦》第四折："前去蘇家莊取討鍋甕槽鍘去。"元李直夫《虎頭牌》第二折："將銅鍘來，切了你那驢頭！"明徐光啓《農政全書》卷二二："凡造鍘，先鍛鐵爲鍘背，厚可指許。"明佚名《老乞大諺解》上："主人家，别處快鍘刀借一個來。"《續小五義》第一回："只聽上面'咔嚓'一聲，下來了一口月牙式鍘刀。"《清史稿·姜希轍傳》："大兵所集，米豆、草束、槽鍘、釜鑊，自所必需。"

【鍘】

同"鍘"，即鈇[1]。此稱元代已行用。見該文。

【鎒刀】

即鎒,亦即鈇[1]。此稱明代已行用。見該文。

【鋤刀】

即鎒,亦即鈇[1]。此稱清代已行用。見該文。

料斗

盛放牲口飼料的器具。因其形狀似斗,故稱。此稱唐代已行用,元代亦稱"料槽"。潘重規編《敦煌變文集新書·卷七·鷰齣書》:"嗔似水牛料斗,笑似轆轤作聲。若説軒裙撥尾,直是世間無比。"元楊暹《西遊記》第二本第七出:"白日莫摘青絲鞚,黑夜何須水草籠,料槽簡刷不須用。"

【料槽】

即料斗。此稱元代已行用。見該文。

牿

關養牛馬的柵欄。此稱先秦時期已行用。《書·費誓》:"今惟淫舍牿牛馬。"孔傳:"今軍人惟大放舍牿牢之牛馬,言軍所在必放牧也。"孔穎達疏:"此言大舍牿牛馬,則是出之牢閑牧於野澤,今其逐草而牧之,故謂此牢閑之牛馬爲牿牛馬,而知牿即牢閑之謂也。"《史記·魯周公世家》:"無敢傷牿,馬牛其風。"張守節正義:"牿,牛馬牢也。令臣無傷其牢,恐牛馬逸。"《説文·牛部》:"牿,牛馬牢也。從牛,告聲。《周書》曰:'今惟牿牛馬。'"宋俞德鄰《爲郭元德題和靖探梅圖》:"真祠併入梵王家,香月亭前馬牛牿。"明吳寬《種竹》:"鄰家隙地半畝餘,久矣棄爲牛馬牿。"

牢

用竹木圍成的蓄養牲畜的柵欄。此稱先秦時期已行用,三國時期起亦稱"圈牢"。《詩·大雅·公劉》:"執豕於牢,酌之用匏。"《戰國策·楚策四》:"亡羊而補牢,未爲遲也。"三國魏曹植《求自試表》:"此徒圈牢之養物,非臣之所志也。"《説文·牛部》:"牢,閑。養牛馬圈也。從牛,冬省,取其四周幣也。"商承祚《殷虚文字類編》引羅振玉曰:"牢爲獸闌,不限牛,故其字或從羊。"《新唐書·文藝傳中·蘇源明》:"不孝不忠,爲苟榮冒禄,圈牢之物不若也。"

【圈牢】

即牢。此稱三國時期已行用。見該文。

【牢筴】

即牢。筴通"柵"。此稱先秦時期已行用,亦稱"牢柵"。《莊子·達生》:"祝宗人玄端以臨牢筴。"陸德明釋文引李頤曰:"牢,豕室也。筴,木欄也。"《管子·山至數》:"馮會龍夏,牛羊犧牲,月賈十倍异日,此出諸禮義。籍於無用之地,因捆牢筴也,謂之通。"《列子·仲尼》"長幼羣聚而爲牢藉"晋張湛注:"《莊子》云:'以臨牢柵。'李頤云:'牢,豕室也。柵,木欄也。文字雖异,其意同也。'"宋陸佃《埤雅·釋獸》"豚":"夫禮祝宗人玄端臨牢筴擇毚,則天子皮弁召牛,納而視之,卜之吉,然後養之,固其禮也。或言牛,或言毚,其實一也。"宋朱松《次韻彦繼用前輩韻三首·餽歲》:"鷄豚取牢柵,門户隨小大。"明徐弘祖《徐霞客遊記·粤西遊日記三》:"地多巨竹,徑尺餘,土人以爲牢柵。"《正字通·竹部》:"筴,與柵通。"

【牢柵】

同"牢筴",即牢。此體先秦時期已行用。見該文。

【牢藉】

即牢。此稱先秦時期已行用,亦作"牢

籍”，宋代亦稱“牢棧”。《列子·仲尼》：“長幼羣聚，而爲牢藉庖廚之物，奚異犬豕之類乎？”殷敬順釋文：“藉本作籍，側戟切。牢，牲牢也，圈也。籍，謂以竹木圍繞，又刺也。”宋范處義《詩補傳》卷一七《無羊》：“麾之以肱，畢來既升。”注：“其下來也，不煩鞭箠，麾以肱即皆登牢棧。言其馴也。”《宋史·食貨志下一》：“凡供御膳及祀祭與泛用者，皆別其牢棧，以三千爲額。”明方以智《通雅·宮室》：“牢籍，牢筴也。《莊·達生篇》：‘祝宗人玄端以臨牢筴。’《説·彘》：‘牢，豕室。’筴，木欄，與柵通。《列子·仲尼篇》：‘長幼羣聚而爲牢籍。’注：‘即牢柵。’今人皆呼木欄爲木柵，則莊子之筴竟當讀柵。”清方苞《禮記析疑》卷五“王制”注：“大夫雖用索牛，不得如天子諸侯有養獸之官，然必前期求索毛體完善者，异其牢棧，豐其芻豢，旬日而後用之。”

【牢籍】

同“牢藉”，即牢。此體先秦時期已行用。見該文。

【牢棧】

即牢藉，亦即牢。此稱宋代已行用。見該文。

【欄】

即牢。此稱先秦時期已行用，亦稱“欄牢”“欄廄”。《晏子春秋·諫下十九》：“今公之牛馬老於欄牢，不勝服也，車蠹於巨户，不勝乘也。”《墨子·天志下》：“踰人之欄牢，竊人之牛馬者，與入人之場園，竊人之桃李瓜薑者，數千萬矣。”《墨子·非攻上》：“至入人欄廄，取人馬牛者，其不仁義又甚攘人犬豕。”《廣雅·釋宫》：“欄，牢也。”清王念孫疏證：“《説文》：‘牢，閑。養牛馬圈也。’”三國魏嵇康《宅無吉

凶攝生論》：“夫一棲之雞，一欄之羊，宿至而有死者，豈居异哉！”

【欄牢】

即欄，亦即牢。此稱先秦時期已行用。見該文。

【欄廄】

即欄，亦即牢。此稱先秦時期已行用。見該文。

【棧】²

即牢。此稱三國時期已行用。《三國志·魏書·曹爽傳》：“爽於是遣允泰詣宣王，歸罪。請死，乃通宣王奏事。”裴松之注引晋干寶《晋書》：“桓範出赴爽，宣王謂蔣濟曰：‘智囊往矣。’濟曰：‘範則智矣，駑馬戀棧豆，爽必不能用也。’”宋陳師道《送晁無咎出守蒲中》詩：“聖世急才常患少，棧羊篩酒待公歸。”宋陸游《六十吟》：“孤松摧折老澗壑，病馬淒凉依棧豆。”《宋史·河渠志四》：“猶以其淺涸，故植木橫棧，棧爲水之節，啓閉以時。”元馬祖常《都門一百韻用韓文公會合聯句詩韻》：“傭童飼棧駒，賤婢占屋鵲。”清紀昀《閲微草堂筆記·姑妄聽之一》：“明重消熊、棧鹿。棧鹿當是以棧飼養，今尚重之。消熊則不知爲何物。”

【闌圈】

即牢。此稱唐代已行用。《唐律疏議·户婚·妄認盜賣公私田》：“《賊盜律》云：‘闌圈之屬，須絶離常處；器物之屬，須移徙其地。’”《明會典·明律》“公取竊取皆爲盜”：“馬牛駝騾之類須出闌圈，鷹犬之類須專制在已，乃成爲盜。”明彭大翼《山堂肆考》卷一一二“置市”：“王莽曰：秦置奴婢之市，與牛馬同闌。”注云：“闌，遮闌也。即牛馬闌圈。”

閑

皇家之牢，多指其馬厩。此稱先秦時期已行用，亦稱"王閑""椹柕"，南北朝時期又稱"閑厩"，唐代還稱"閑廐"。《周禮·夏官·虎賁氏》："舍則守王閑。"漢鄭玄注："閑，椹柕。"唐賈公彦疏："閑與椹柕皆禁衛之物。"清孫詒讓正義："蓋椹柕所以遮闌行人，故亦謂之閑。"《周禮·夏官·校人》："天子十有二閑，馬六種。"漢鄭玄注："每厩爲一閑。"《周禮·天官·掌舍》："掌王之會同之舍，設椹柕再重。"鄭玄注引杜子春曰："椹柕，謂行馬。"《漢書·賈誼傳》："今民賣僮者，爲之繡衣絲履偏諸緣，内之閑中。"唐顔師古注引漢服虔曰："閑，賣奴婢闌。"《南史·張瓌傳》："陛下御臣等若養馬，無事就閑厩，有事復牽來。"晋陸機《辨亡論上》："巨象逸駿，擾於外閑。"《新唐書·百官志二》："以殿中丞檢校仗内閑廐……以駝、馬隸閑廐，而尚乘局名存而已。"宋蘇軾《書韓幹〈牧馬圖〉》詩："歲時剪刷供帝閑，柘袍臨池侍三千。"清納蘭性德《擬古》詩之二六："天閑十萬匹，對此皆凡材。"

【王閑】

即閑。此稱先秦時期已行用。見該文。

【椹柕】

即閑。此稱先秦時期已行用。見該文。

【閑厩】

即閑。此稱南北朝時期已行用。見該文。

【閑廐】

即閑。此稱唐代已行用。見該文。

闌

牢之門，代指牢。此稱漢代已行用，亦稱"門遮""門闌"。《説文·門部》："闌，門遮也。"《史記·楚世家》："雖儀之所甚願爲門闌之廝者，亦無先大王。"南唐馮延巳《酒泉子》詞："階前行，闌外立，欲雞啼。"《晋書·華廙傳》："與陳勰共造猪闌於宅側。"明徐渭《觀浴象》詩："並是生殊域，同來飼一闌。"

【門遮】

即闌。此稱漢代已行用。見該文。

【門闌】

即闌。此稱漢代已行用。見該文。

牛欄

關養牛的栅欄。此稱漢代已行用，宋代起亦稱"牛牢"。漢焦贛《易林·需之鼎》："膠著木連，不出牛欄，斯享羔羊，家室相安。"宋蘇軾《被酒獨行徧至子雲威徽先覺四黎之舍三首》之一："但尋牛矢覓歸路，家在牛欄西復西。"宋辛弃疾《鷓鴣天》詞："閑意態，細生涯，牛欄西畔有桑麻。"《宋史·五行志第十八》："紹熙四年，饒州民家二小鼠食牛角，三徙牛牢不免。"明李時珍《本草綱目·獸一·牛》："牢乃豢畜之室。牛牢大，羊牢小。"清聖祖題《焦秉貞畫耕織圖》第二二幅："倉箱頓滿各欣然，補葺牛牢雨雪天。"清陳廷敬《畢亮四論訂歷科經義序》："至畢先生家，則蓬藋滿門徑，牛欄、雞塒雜置堂下。"

【牛牢】

即牛欄。此稱宋代已行用。見該文。

【牛囤】

即牛欄。此稱唐代已行用，宋代起亦稱"牛屋""牛宫"，元代起又稱"牛室"，清代還稱"牛棚"。唐戴叔倫《女耕田行》："去年災疫牛囤空，截絹買刀都市中。"宋陸游《書意》詩："老子那辭徙牛屋，癡人自喜拜車塵。"宋范成大《秋日田園雜興》詩之五："乾高寅缺築牛宮，厄酒豚蹄酹土公。"元王禎《農書·舟車門》："牛室：門朝陽者宜之。夫歲事逼冬，風霜淒凜，獸既毨毛，率多穴處，獨牛依人而生，故宜入養密室。聞之老農云：'牛室内外，必事塗墍，以備不測火災。'最爲切要。"明沈德符《萬曆野獲編》卷二："先是工部蓋農舍，築牛宮，造倉厩。"清代《世宗憲皇帝硃批諭旨·奏爲敬陳水利併改河道事》："自八達至馬蚌四十裏，有塘房可住，須添蓋牛棚二十間。"清姚之駰《元明事類鈔·人品門二·居牛棚》："吳昂短褐草鞋，負書走數十百里從學。先生奇之，曰：'生來晚，書室盡滿，惟室旁一牛棚，幸無牛，生寧居乎？'"清黃遵憲《己亥雜詩》之八○："左列牛宮右豕圈，冬烘開學鬧殘年。"

【牛屋】

即牛囤，亦即牛欄。此稱宋代已行用。見該文。

【牛宮】[1]

即牛囤，亦即牛欄。此稱宋代已行用。見該文。

牛室
（元王禎《農書》）

【牛室】

即牛囤，亦即牛欄。此稱元代已行用。見該文。

【牛棚】

即牛囤，亦即牛欄。此稱清代已行用。見該文。

牛行

爲買賣耕牛雙方説合交易而從中收取傭金的商行。此稱宋代已行用。宋蘇軾《送顏復兼寄王鞏》詩："君知牛行相君宅，扣門但覓王居士。"清查慎行注："牛行，《東京夢華録·潘樓東街巷》：'出舊曹門，朱家橋瓦子。下橋，人烟市井，不下州南；以東牛行街，一直抵新城。'"宋朱弁《曲洧舊聞》卷一："宰執稱賀，皆飲釄，獨李文靖沆終觴不懌。明日，牛行王相問其所以。"

羈

套在馬頭上用以繫繮繩、挂嚼子的器具。此稱先秦時期已行用，亦稱"勒"，南北朝時期起又稱"羈勒"。《莊子·馬蹄》："連之以羈縶，編之以皁棧。"《楚辭·離騷》："余雖好修姱以鞿羈兮，謇朝誶而夕替。"王逸注："革絡頭曰羈。"《儀禮·既夕禮》："皮弁服，纓轡貝勒，縣于衡。"《東觀漢記·馬皇后傳》："上望見車騎鞍勒，皆純黑，無金銀采飾。"三國魏曹植《白馬篇》："白馬飾金羈，連翩西北馳。"南朝梁江淹《爲蕭太傅三讓揚州牧表》："方將身侍鑾華，雪齊魯之侵地；手執羈勒，鶩燕趙之遠郊。"唐杜甫《哀江頭》詩："輦前才人帶弓箭，白馬嚼齧黃金勒。"金趙元《村居夏日》詩："羈勒困名馬，網羅多珍禽。"明沈鯨《雙珠記·從軍别意》："玉驄金勒已嘶頻，亂雲山色燕城晚。"嚴復《國聞報館附印說部緣起》："家蓄之禽獸，馴良固其分，而奔蹄泛駕或時時一見之，如此者不能不馭之以羈勒。"

【勒】

即羈。此稱先秦時期已行用。見該文。

【羈勒】

即羈。此稱南北朝時期已行用。見該文。

【馬羈】

即羈。此稱漢代已行用，南北朝時期起亦作"馬勒"。《三國志・魏書・董卓傳》："天子走陝，北渡河。"裴松之注引漢劉艾《獻帝紀》："天子步行趨河岸，岸高不得下，董承等謀欲以馬羈相續以繫帝腰……令弘居前負帝，乃得下登船。"《左傳・僖公二十四年》："臣負羈紲從君巡於天下。"晉杜預注："羈，馬羈。紲，馬繮。"《太平御覽》卷三五八引北魏劉芳《毛詩箋音義證》："轡是御者所執者也，不得以轡爲勒；且舊語云馬勒，不云轡，以勒爲轡者，蓋是北人避石勒名也。"唐蘇鶚《蘇氏演義》卷下："魏武帝以瑪瑙爲馬勒，碑碌爲酒椀。"

【馬勒】

即馬羈，亦即羈。此稱南北朝時期已行用。見該文。

【鞋】

即羈。此稱晉代已行用，宋代亦稱"羈鞋"。《太平御覽》卷三五八引晉傅玄《良馬賦》："縱銜則往，攬鞋則止。"前蜀花蕊夫人《宮詞》之二一："上得馬來纔欲走，幾回拋鞋抱鞍橋。"宋秦觀《秋夜病起懷端叔作詩寄之》："强顏入規模，垂耳受羈鞋。"清姚鼐《柬王禹卿病中》詩："而今俱作長安人，林麓朝辭暮羈鞋。"清薛雪《一瓢詩話》一六一："〔蔡天啓〕捲袖而

起，躍身直上，不假彎鞋，劃馳數十里而回。"

【羈鞋】

即鞋，亦即羈。此稱宋代已行用。見該文。

【絡】

即羈。此稱南北朝時期已行用，亦稱"絡頭""羈絡""籠頭"，唐代又稱"絡腦"，清代還稱"馬絡"。南朝宋鮑照《代結客少年場行》："驄馬金絡頭，錦帶佩吳鉤。"又《蜀四賢詠》："如令聖納賢，金璫易羈絡。"《南史・隱逸傳下・陶弘景》："唯畫作兩牛，一牛散放水草之間，一牛著金籠頭，有人執繩，以杖驅之。"唐元稹《進馬狀》："伏望陛下揚鞭頓轡，取驗其馴良，結尾絡頭，試觀其神彩。"唐李賀《馬詩》之五："何當金絡腦，快走踏清秋。"唐曹唐《病馬五首呈鄭校書章三吳十五先輩》詩之二："力憊未思金絡腦，影寒空望錦障泥。"宋孫光憲《風流子》詞："金絡玉銜嘶馬，繫向綠楊陰下。"宋蘇洵《衡論・禦將》："夫養騏驥者，豐其芻粒，潔其羈絡。"清王士禎《池北偶談・談異七・空中婦人》："見空中一婦人，乘白馬華袿素幨；一小奴牽馬絡，自北而南。"清杜岕《送張子良還燕》詩："長亭芳草桃花路，絡頭待爾橫門時。"《紅樓夢》第八二回："寶玉下學回來，見了賈母。賈母笑道：'好了！如今野馬上了籠頭了。'"

【絡頭】

即絡，亦即羈。此稱南北朝時期已行用。見該文。

【羈絡】

即絡，亦即羈。此稱南北朝時期已行用。見該文。

【籠頭】

即絡，亦即羈。此稱南北朝時期已行用。見該文。

【絡腦】

即絡，亦即羈。此稱唐代已行用。見該文。

【馬絡】

即絡，亦即羈。此稱清代已行用。見該文。

繩控

用繩子製作的馬絡頭。此稱漢代已行用，宋代亦作"繩鞚"。漢桓寬《鹽鐵論·散不足》："古者庶人賤騎繩控，革鞮皮薦而已。"宋高承《事物紀原·戎容兵械·鞍彎》："桓寬《鹽鐵論》云：'古者繩鞚草緹皮韉而已，後代以革鞍而不飾。'"

【繩鞚】

同"繩控"。此體宋代已行用。見該文。

紲

拴控馬的繩子。此稱先秦時期已行用，亦作"絏""緤"，唐代又作"靾"。《左傳·僖公二十四年》："臣負羈紲，從君巡於天下。"杜預注："紲，馬繮。"《國語·晋語四》："從者爲羈絏之僕。"《禮記·少儀》："犬則執緤。"《三國志·吳書·董襲傳》："祖横兩蒙衝挾守沔口，以栟閭大絏繫石爲矴。"唐温大雅《大唐創業起居注》卷二："就人間以齊物，從戎馬以同塵。咸願解巾，負兹羈靾。"

【絏】

同"紲"。此體先秦時期已行用。見該文。

【緤】

同"紲"。此體先秦時期已行用。見該文。

【靾】

同"紲"。此體唐代已行用。見該文。

【繮】

即紲。此稱漢代已行用，亦稱"馬繮"，唐代亦作"韁"，又稱"馬紖"，元代還稱"馬韁"。漢班固《白虎通·誅伐》："秦伯將襲鄭，入國掩人不備，行不假途，人銜枚，馬繮勒，畫伏夜行爲襲也。"《樂府詩集·清商曲辭六·青驄白馬》："青驄白馬紫絲繮，可憐石橋根柏梁。"《左傳·僖公二十四年》"臣負羈紲從君巡於天下"晋杜預注："羈，馬羈。紲，馬繮。"《急就篇》卷三"彎勒鞦韃軶羈繮"唐顔師古注："繮，馬紖也。凡此皆所以制御馬者也。"前蜀韋莊《和鄭拾遺秋日感事》："但聞爭曳組，詎見學垂繮。"元揭傒斯《曹將軍下槽馬圖》詩："朱絲不是凡馬繮，天閑十二皆龍驤。"明《殺狗記·拒絕喬人》："常言狗有溼草義，馬有垂繮志。"清蒲松齡《大人行》："圉卒毒掠肢殘傷，驛吏鞭背掣馬繮。"清錢泳《履園叢話·雜記下·閨秀詩》："得完太璞非容易，一鎖名繮便可悲。"

【韁】

同"繮"，即紲。此體唐代已行用。見該文。

【馬繮】

即繮，亦即紲。此稱漢代已行用。見該文。

【馬紖】

即繮，亦即紲。此稱唐代已行用。見該文。

【馬韁】

即繮，亦即紲。此稱元代已行用。見該文。

【韁繫】

即紲。此稱唐代已行用，宋代亦稱"韁子""韁靶"，明代又稱"韁繩""繮繩"。唐韓愈《寄崔二十六立之》詩："汝頭有韁繫，汝脚有索縻。"宋劉攽《寄韓持國》詩："小官畏繩墨，踟蹰其韁靶。”宋孟元老《東京夢華録·駕登寶津樓諸軍呈百戲》：“馬上亦有呈驍藝者，中貴人許畋押隊招呼成列，鼓聲，一齊擲身下馬，一手執弓箭，攬韁子就地，如男子儀。”《水滸傳》第五回：“原來心慌不曾解得韁繩，連忙扯斷了，騎着撺馬飛走。”《西遊記》第五三回：“孫大聖前邊引路，猪八戒攏了韁繩。”《二十年目睹之怪現狀》第六九回：“我心中無限焦燥，祇得拉着韁繩步行一程，再騎一程。”

【韁子】

即韁繫，亦即紖。此稱宋代已行用。見該文。

【韁靶】

即韁繫，亦即紖。此稱宋代已行用。見該文。

【韁繩】

即韁繫，亦即紖。此稱明代已行用。見該文。

【繮繩】

即韁繫，亦即紖。此稱明代已行用。見該文。

銜

放在馬口内的青銅或鐵製品，用以勒馬，控制它的行止。此稱先秦時期已行用，宋代起亦稱“馬銜”。《莊子·馬蹄》：“而馬知介倪，闉扼鷙曼，詭銜竊轡。”成玄英疏：“詭銜，乃吐出其勒。”陸德明釋文：“銜，口中勒也。”《楚辭·劉向〈九歎·離世〉》：“斷鑣銜以馳騖兮，暮去次而敢止。”王逸注：“銜，飾口鐵也。”唐韓愈《進王用碑文狀》：“其王用男所與臣馬一匹，并鞍銜白玉腰帶一條，臣並未敢受領。”宋孫光憲《風流子》詞：“金絡玉銜嘶馬，繫向綠楊蔭下。”宋趙與時《賓退録》卷三：“夏文莊嘗有《寄題琵琶亭》一絶云：‘流光過眼如車轂，薄宦拘人甚馬銜。若遇琵琶應大笑，何須泣淚滿青衫。’”明李時珍《本草綱目·金石

一·諸鐵器》：“馬銜，即馬勒口鐵也。”

【馬銜】

即銜。此稱宋代已行用。見該文。

【馬嚼環】

即銜。此稱明代已行用，亦稱“馬嚼”“馬環”“嚼環”，清代又稱“嚼子”。《金瓶梅詞話》第八回：“〔王婆〕向前一把手把馬嚼環扯住。”又第七一回：“西門慶再三固辭，何千户令手下把馬嚼拉住……於是併馬相行。”《三俠五義》第一四回：“〔張龍〕上前將龐昱馬環揪住，道：‘你闖了人，還往那裏去？’”《水滸傳》第一一五回：“方天定在馬上見來得兇，便打馬要走，可奈那匹馬作怪，百般打也不動，却似有人籠住嚼環的一般。”《紅樓夢》第五二回：“寶玉慢慢的上了馬，李貴王榮籠着嚼環，錢升周瑞二人在前引導。”《紅樓夢》第六八回：“你的嘴裏難道有茄子塞着？不然他們給你嚼子銜上了？”

【馬嚼】

即馬嚼環，亦即銜。此稱明代已行用。見該文。

【馬環】

即馬嚼環，亦即銜。此稱明代已行用。見該文。

【嚼環】

即馬嚼環，亦即銜。此稱明代已行用。見該文。

【嚼子】

即馬嚼環，亦即銜。此稱清代已行用。見該文。

鞍

置於馬類背上供人騎坐或馱運物品的器

具，兩頭高，中間低，多用皮革、木頭、棉墊等製作。此稱先秦時期已行用，漢代亦稱"馬鞍"，唐代又稱"鞴"，還稱"馬鞶"，宋代另稱"韉"。《管子·山國軌》："被鞍之馬千乘，齊之戰車之具，具於此，無求於民。"《玉臺新詠·古詩爲焦仲卿妻作》："舉手拍馬鞍，嗟歎使心傷。"南朝宋劉敬叔《異苑》卷三："馬即踟躕，臨澗垂鞍與〔苻〕堅。"《宋書·沈攸之傳》："樓煩白羽，投鞶成岳，漁陽墨騎，浴鐵爲羣，芝艾同焚，悔將何及。"唐杜甫《王竟攜酒高亦同過》詩："自愧無鮭菜，空煩卸馬鞍。"唐韓愈《賀張十八秘書得裴司空馬》詩："落日已曾交轡語，春風還擬並鞍行。"唐李真《丈人樂山詩》："春凍曉鞴露重，夜寒幽枕雲生。"《新唐書·地理志三》："〔太原府太原郡〕土貢：銅鏡、鐵鏡、馬鞶、梨、蒲萄酒及煎玉粉屑。"宋王安石《次楊樂道韻》之六："東門人物亂如麻，想見新韉照路華。"清孔尚任《桃花扇·沈江》："跨上白騾韉，空江野路，哭聲動九原。"

【馬鞍】

即鞍。此稱漢代已行用。見該文。

【鞴】

即鞍。此稱唐代已行用。見該文。

【馬鞶】

即鞍。此稱唐代已行用。見該文。

【韉】[1]

即鞍。此稱宋代已行用。見該文。

【鞍橋】

即鞍。以其拱起之處形狀似橋，故稱。此稱南北朝時期已行用，金代亦作"鞍鞽"，明代起亦稱"鞍子"，清代還稱"鞍座""鞍屉"。《魏書·傅永傳》："有氣幹，拳勇過人，能手執

鞍橋，倒立馳騁。"《宋史·兵志十一》："軍器監欲下河東等路采市曲木爲鞍橋。"金董解元《西廂記諸宮調》卷二："緊搭着鐵棒，牢坐着鞍鞽。"《水滸傳》第五〇回："這騎馬號烏騅馬，鞴上鞍子，扣了三條肚帶。"清蒲松齡《日用俗字·氈匠》："氍毹毯堪爲鞍座，多羅呢可冒風寒。"清黃六鴻《福惠全書·郵政·撥馬》："重者幾百數十斤，益以背夫鞍屉，不啻二百之外矣。"《儒林外史》第二回："夏總甲坐在上席，先吩咐和尚道：'和尚，把我的驢牽在後園槽上，卸了鞍子，將些草喂的飽飽的。'"

【鞍鞽】

同"鞍橋"，即鞍。此體金代已行用。見該文。

【鞍子】

即鞍橋，亦即鞍。此稱明代已行用。見該文。

【鞍座】

即鞍橋，亦即鞍。此稱清代已行用。見該文。

【鞍屉】

即鞍橋，亦即鞍。此稱清代已行用。見該文。

幛

置於馬鞍之下、垂於馬背兩旁的遮擋泥土的墊子。此稱晉代已行用，亦稱"馬幛"，南北朝時期又稱"馬韉"，隋代還稱"馬韉"，唐代亦作"韉"。《晉書·張方傳》："於是軍人便亂入宮閣，爭割流蘇武帳而爲馬幛。"《魏書·段承根傳》："暉置金於馬韉中，不欲逃走，何由爾也？"《隋書·雲定興傳》："述（宇文述）素好著奇服，炫耀時人，定興爲製馬韉，於後角上缺方三寸，以露白色。"唐李賀《馬詩》之十一："內馬賜宮人，銀韉刺麒麟。"宋葉廷珪《海錄碎事·衣冠服用》："蘇秦先貴，張儀來謁，坐於馬韉而食之。"清錢謙益《哭稼軒一百十

韻》："改葬新班劍，輿尸故馬韉。"

【韉】[2]

同"韂"。此體唐代已行用。見該文。

【馬韂】

即韂。此稱晋代已行用。見該文。

【馬韉】

即韂。此稱南北朝時期已行用。見該文。

【馬韉】

即韂。此稱隋代已行用。見該文。

【韉】

即韂。此稱唐代已行用，因其垂於馬的汗溝處，亦稱"韉汗"，清代又稱"鞍韉""障泥"。唐李賀《馬詩》之一："無人織錦韉，誰爲鑄金鞭。"王琦彙解："韉……馬之鞍韉，即障泥也。"唐杜牧《長安雜題長句》之二："韓嫣金丸莎覆綠，許公韉汗杏黏紅。"元楊允孚《灤京雜詠》之一六："車如流水毛牛捷，韉縷黃金白馬良。"元鄭光祖《三戰呂布》第三折："夾着無韉馬，兩脚走如飛。"清蒲松齡《日用俗字·走獸》："踁胸搭頦加銀錂，橫鉈鞍韉用皮鑲。"

【韉汗】

即韉，亦即韂。此稱唐代已行用。見該文。

【鞍韉】

即韉，亦即韂。此稱清代已行用。見該文。

【障泥】

即韉，亦即韂。此稱清代已行用。見該文。

韉面

韂的面料層。此稱唐代已行用。《舊唐書·五行志》："〔安樂公主〕又令尚方取百獸毛爲韉面，視之各見本獸形。韋后又集鳥毛爲韉面。"

鐙

挂在馬鞍兩旁的脚踏，多爲鐵製。此稱南北朝時期已行用，亦稱"馬鐙"。《南齊書·廬陵王子卿傳》："純銀乘具，乃復可爾，何乃作鐙亦是銀？可即壞之。"《南史·張敬兒傳》："攘兵（劉攘兵）無所言，寄敬兒馬鐙一隻，敬兒乃爲備。"唐杜甫《清明》詩："金鐙下山紅日晚，牙檣捩舵青樓遠。"宋孟元老《東京夢華録·駕登寶津樓諸軍呈百戲》："或留左脚著鐙，右脚出鐙。"金董解元《西廂記諸宮調》卷二："把金鐙笑踏，寶鞍斜坐，腕下鐵鞭是水磨。"明李時珍《本草綱目·金石一·諸鐵器》："田野燐火，人血所化，或出或没，來逼奪人精氣，但以馬鐙相戞作聲即滅。"

【馬鐙】

即鐙。此稱南北朝時期已行用。見該文。

纓

馬拉車時套在當胸的皮帶。此稱先秦時期已行用，亦稱"馬纓"，漢代又稱"馬鞅"。《周禮·春官·巾車》："王之五路，一曰玉路，錫樊纓，十有再就。"漢鄭玄注："纓，今馬鞅。"《左傳·桓公二年》："鞶、厲、游、纓，昭其數也。"《儀禮·既夕禮》："薦馬纓，三就入門，北面交轡，圉人夾牽之。"鄭玄注："纓，今馬鞅也。"《後漢書·周章傳》："太守不聽，遂便升車。章前拔佩刀絶馬鞅，於是乃止。"唐盧照鄰《劉生》詩："翠羽裝刀鞘，黃金飾馬纓。"唐杜甫《述古》詩之一："赤驥頓長纓，非無萬里姿。"元馬祖常《都門一百韻用韓文公〈會合聯句〉詩韻》："聲名惜馬纓，音律辨牛鐸。"

【馬纓】

即纓。此稱先秦時期已行用。見該文。

【馬鞅】

即鞦。此稱漢代已行用。見該文。

鞦

馬拉車時套在後股的皮帶。此稱先秦時期已行用，南北朝時期亦稱"鞧""馬鞦"，宋代還稱"馬鞦""馬絆"。《左傳·僖公二十八年》："晋車七百乘，韅、靷、鞅、鞦。"杜預注："在腹曰鞅，在後曰鞦。"南朝宋劉義慶《世説新語·政事》："閣東有大牛，和嶠鞅，裴楷鞦，王濟剔嬲不得休。"《魏書·宋弁傳》："軍人有盜馬鞦者，斬而徇之。"《北史·宋弁傳》："軍人有盜馬鞦者，斬而徇，於是三軍震懼，莫敢犯法。"宋梅堯臣《劉彝秀才歸江南》詩："鳳鳥不受笯，麒麟寧受鞦。"宋蘇軾《詔令郡吏分往屬縣寄子由》詩："羽客知人意，瑶琴繫馬鞦。"宋洪邁《夷堅支志乙·馬將軍田俊》："方解衣將寢，忽一鬼朱髮青軀，高七八尺，自外入，解其馬絆。"《兒女英雄傳》第十一回："便把牲口攏住，鞭子往後鞦裏一掖，抄着手，靠了車轅站住不動。"

【鞧】²

即鞦。此稱南北朝時期已行用。見該文。

【馬鞦】

即鞦。此稱南北朝時期已行用。見該文。

【馬絆】

即鞦。此稱宋代已行用。見該文。

【馬鞦】

即鞦。此稱宋代已行用。見該文。

縶

拴縛馬足的繩索。此稱先秦時期已行用，漢代亦稱"絆"。馬王堆漢墓帛書《戰國縱橫家書·李園謂辛梧章》："於臣也，楚不待伐，割挈馬兔而西走。"《詩·周頌·有客》："言授之縶，以縶其馬。"漢鄭玄箋："縶，絆也。"《左傳·襄公二十八年》："慶氏之馬善驚，士皆釋甲束馬。"晋杜預注："束，絆之也。"唐馬總《意林·物理論》："曹義曰：'縶馴駒以緵絆，御悍馬以腐索。'今制民以輕刑，亦如此也。"

【絆】

即縶。此稱漢代已行用。見該文。

鍐

馬頭上的裝飾品。此稱漢代已行用，亦稱"馬冠"。《後漢書·輿服志上》："金鍐方釳，插翟尾。"劉昭注引蔡邕《獨斷》："金鍐者，馬冠也。高廣各五寸，上如玉華形，在馬髦前。"《新唐書·南蠻傳上·南詔上》："以良馬六十迎之，金鍐玉珂，兵振鐸夾路陳。"

【馬冠】

即鍐。此稱漢代已行用。見該文。

櫪

盛放馬飼料的器具。此稱漢代已行用，亦稱"馬櫪""槄""皁"，晋代起又稱"槽"，明代還稱"馬槽"，清代另稱"皂"。《史記·建元以來侯者年表》："〔張章〕寄宿霍氏第舍，卧馬櫪間。"《方言》卷五："櫪，梁宋齊楚北燕之間，或謂之槄，或謂之皁。"郭璞注："櫪，養馬器也。"《淮南子·覽冥訓》："青龍進駕，飛黄伏皁。"高誘注："飛黄，乘黄也，出西方，狀如狐，背上有角，壽千歲。"三國魏曹操《步出夏門行》："老驥伏櫪，志在千里。"《晋書·宣帝紀》："〔曹操〕又嘗夢三馬同食一槽。"唐岑參《玉門關蓋將軍歌》："櫪上昂昂皆駿駒，桃花叱撥價最殊。"唐韓愈《平淮西碑》："士飽而歌，馬騰於槽。"宋王安石《驥驥在霜野》："入櫪聞秋風，悲鳴思長道。”明李時珍《本草綱目·獸一·馬》：“以猪槽飼馬，石灰泥馬槽，馬汗著門，並令馬落駒。”清袁枚《隨園詩話》卷一〇：“馬餐侵皂雪，吏掃過堦風。”清紀昀《閱微草堂筆記·灤陽消夏録一》：“晚至石門橋，客舍皆滿，惟一小屋，窗臨馬樞，無肯居者，姑解裝焉。”清杜岕《渡淮》詩：“馬樞留殘稻，魚腸挂短轅。”

【馬樞】

　　即樞。此稱漢代已行用。見該文。

【槽】

　　即樞。此稱漢代已行用。見該文。

【皁】[1]

　　即樞。此稱漢代已行用。見該文。

【槽】[1]

　　即樞。此稱晉代已行用。見該文。

【馬槽】

　　即樞。此稱明代已行用。見該文。

【皂】

　　即樞。此稱清代已行用。見該文。

勒面

　　用白、黑二色熟皮製作的一種馬用面飾。此稱先秦時期已行用。《周禮·春官·巾車》：“王后之五路，重翟，錫面，朱總。厭翟，勒面，繢總。安車，彫面，鷖總。皆有容蓋。”鄭玄注：“勒面，謂以如王龍勒之韋，爲當面飾也。”《隋書·儀禮志五》：“雕輅、篆輅，皆勒面，繢總。”

馬肆

　　買賣馬等牲畜的場所。此稱宋代已行用。宋王讜《唐語林·補遺二》：“興元中，有知馬者曰李幼清，暇日常取適于馬肆。”明楊慎《丹鉛

雜録·讀書不求甚解》：“公廨近于馬肆。”清錢謙益《鄒縣謁孟子廟》詩：“末學紛壇墠，講堂開馬肆。”

馬棧[1]

　　編木製作的墊子，用於馬欄内除濕。此稱先秦時期已行用，亦稱“棧”，漢代又稱“牀”，唐代還稱“馬牀”。《管子·小問》：“夷吾嘗爲圉人矣，傅馬棧最難。”尹知章注：“謂編次之。棧，馬所立木也。”《戰國策·齊策一》：“章子之母，得罪其父，其父殺之而埋馬棧之下。”高誘注：“馬棧，牀也。”《莊子·馬蹄》：“〔伯樂〕曰：‘我善治馬，燒之，剔之，刻之，雒之，連之以羈馽，編之以皁棧。’”成玄英疏：“棧，編木爲棧，安馬脚下，以去其濕，所謂馬牀也。”《聊齋志異·馬介甫》：“鬐如戟者如是，膽似斗者何人？固不敢於馬棧下斷絶禍胎，又誰能向蠶室中斬除孽本？”

【棧】[3]

　　即馬棧[1]。此稱先秦時期已行用。見該文。

【牀】

　　即馬棧[1]。此稱漢代已行用。見該文。

【馬牀】[2]

　　即馬棧[1]。此稱唐代已行用。見該文。

庌

　　庇馬納涼的廊屋。此稱先秦時期已行用，亦稱“廡”“廡門”，清代亦稱“馬庌”。《周禮·夏官·圉師》：“夏庌馬。”鄭玄注：“庌，廡也。廡所以庇馬凉也。”《楚辭·九歌·湘夫人》：“合百草兮實庭，建芳馨兮廡門。”朱熹集注：“廡，堂下周屋也。”《後漢書·靈帝紀》：“公府駐駕廡自壞。”李賢注：“廡，廊屋也。”宋趙彦衛《雲麓漫鈔》卷二：“文潞公作家廟，求得唐

杜岐公舊址，止餘一堂四室兩翼，公增置前兩廡及門，東廡以藏祭器，西廡以藏家譜。"清和邦額《夜譚隨録·邵廷銓》："廟中空無所有，唯一黑漆棺，停廡下。"清惲敬《與趙石農》："敬久官南中，腰脚疲軟，又笨車日行百里，單騎隨車，不必善馬，是以不敢拜惠，能於馬厊中擇一中者見賜，最得力也。"

【廡】

即厊。此稱先秦時期已行用。見該文。

【廡門】

即厊。此稱先秦時期已行用。見該文。

【馬厊】

即厊。此稱清代已行用。見該文。

馬圉

養馬的房舍。此稱先秦時期已行用，漢代亦作"馬圈"。《楚辭·劉向〈九歎·思古〉》："烏獲戚而驂乘兮，燕公操於馬圉。"王逸注："養馬曰圉。言與多力烏獲同車驂乘，令仁賢邵公執役養馬，失其宜也。"漢王充《論衡·逢遇》："馬圉之説無方，而野人説之；子貢之説有義，野人不聽。"《禪真逸史》第二三回："寨左右二邊，一帶長廊、廠屋、馬圉、倉廒。"

【馬圈】

同"馬圉"。此體漢代已行用。見該文。

【馬欄】

即馬圉。此稱漢代已行用，亦稱"馬屋"，三國時期又稱"馬閑"，南北朝時期亦作"馬闌"。漢王充《論衡·吉驗》："北夷橐離國王侍婢有娠……後産子，捐於猪溷中。猪以口氣噓之，不死。復徙置馬欄中，欲使馬藉殺之，馬復以口氣噓之，不死。"《後漢書·李燮傳》："邵（甄邵）當遷爲郡守，會母亡，邵且埋屍於馬

屋，先受封，然後發喪。"《三國志·魏書·東夷傳》"而夫餘王其中"裴松之注引三國魏魚豢《魏略》："昔北方有高離之國者，其王者侍婢有身，王欲殺之，婢云：'有氣如雞子來下，我故有身。'後生子，王捐之於溷中，猪以喙噓之，徙至馬閑，馬以氣噓之，不死。"《北史·百濟傳》："後生男，王置之豕牢，豕以口氣噓之，不死。後徙於馬闌，亦如之。"清屈大均《廣東新語·人語·盜》："凡山海盜，皆以捉人爲先，勒金取贖，打票爲約期，期過則拷掠燒鉗，備行慘毒，或投入於豕圈馬闌，或盡屠而肝其肉。"

【馬闌】

同"馬欄"，即馬圉。此體南北朝時期已行用。見該文。

【馬屋】

即馬欄，亦即馬圉。此稱漢代已行用。見該文。

【馬閑】

即馬欄，亦即馬圉。此稱三國時期已行用。見該文。

【馬坊】

即馬圉。此稱南北朝時期已行用，明代亦作"馬房"。《北史·榮毗傳》："〔晉王〕遣張衡於路次往往置馬坊，以畜牧爲辭，實給私人也。"北魏賈思勰《齊民要術·養牛馬驢騾》："常繫獼猴於馬坊，令馬不畏，辟惡，消百病也。"明梁辰魚《浣紗記·行成》："君請爲臣妻作妾，情願三年住馬坊。"《金瓶梅詞話》第二四回："因他男子漢答應馬房内臣，他在家跟着人走百病兒去了。"《歧路燈》第一二回："鄧祥在馬房裏哭，兩個爨婦在厨下哭，閻楷在賬

房哭。"

【馬房】

同"馬坊",即馬圍。此體明代已行用。見該文。

【馬棧】²

即馬圍。此稱明代已行用,清代亦稱"馬棚""馬圈"。明徐弘祖《徐霞客遊記·黔遊日記一》:"余索炬於炊者,則檻後即豬欄馬棧。"《紅樓夢》第三九回:"丫環回說,南院馬棚裡走了水,不相干,已經救下去了。"《紅樓夢》第四〇回:"我們這老婆子,越發該住馬圈去了!"《兒女英雄傳》第二四回:"向南有個箭道,由那一路出去便是馬圈、廚房。"

【馬棚】

即馬棧²,亦即馬圍。此稱清代已行用。見該文。

【馬圈】

即馬棧²,亦即馬圍。此稱清代已行用。見該文。

皁牢

飼養牛馬的圈欄。此稱先秦時期已行用。《管子·輕重戊》:"殷人之王立皁牢,服牛馬,以爲利民。"

馬牧

牧馬的場地。此稱晉代已行用,南北朝時期亦稱"馬場"。《晉書·懷帝紀》:"〔永嘉元年〕夏五月,馬牧帥汲桑聚衆反,敗魏郡太守馮嵩,遂陷鄴城。"又《姚萇載記》:"萇懼,奔於渭北,遂如馬牧。"《北史·宇文福傳》:"南北千里爲牧地,今之馬場是也。"《資治通鑑·晉孝武帝太元九年》引此文,胡三省注云:"馬牧,牧馬之地,猶漢之牧苑也。"元耶律楚材《讀唐史

有感復繼張敏之韻》:"馬牧初蕃息,民編莫校量。"《六部成語注解·兵部》:"孳牧倒斃:孳生牧養之馬病死,此論口外馬場。"

【馬場】

即馬牧。此稱南北朝時期已行用。見該文。

馬院

養馬的院子。此稱明代已行用。《水滸傳》第三一回:"當下武松入得城來,徑趄去張都監後花園牆外,却是一個馬院。"

馬號

官府或大户人家養馬的處所。此稱清代已行用。《儒林外史》第四三回:"那別莊燕同馮君瑞假扮做一班賽會的,各把短刀藏在身邊,半夜來到北門,看見城門已開,即奔到總兵衙門馬號的牆外。"《孽海花》第三五回:"第二喜歡養名馬,所以他的馬號特別大。"

馬苑

養馬的苑囿。此稱近代已行用。章炳麟《封建考》:"馬苑,猶囿也。《說文》:'苑,所以養禽獸。囿,苑有垣也。'"

驢鞍

置於驢背供人騎坐的器具。此稱清代已行用。清張問陶《題畫遺懷》詩之三:"牛屋寬留客,驢鞍穩賦詩。"

驢屋

養驢的棚屋。此稱元代已行用。《元典章·刑部四·因奸殺人》:"記住於驢屋內宿睡喂驢,妻王師姑於西屋北間宿睡。"

羸廐

養騾的棚屋。此稱清代已行用。《欽定大清會典則例》卷一六〇:"馬廐十有七,羸廐一。"

圂[1]

關養猪的柵欄。此稱漢代已行用，亦作"溷"，亦稱"厠"。《漢書·五行志中之下》："燕王宮永巷中豕出圂，壞都竈。"顏師古注："圂者，養豕之牢也。"又《燕剌王劉旦傳》："厠中豕羣出，壞大官竈。"顏師古注："厠，養豕圂也。"漢王充《論衡·吉驗》："我故有娠，後產子，捐於猪溷中。"《新唐書·五行志三》："咸通七年，徐州蕭縣民家豕出圂舞。"宋朱勝非《紺珠集》卷一〇"投李賀文藁溷中"："李藩嘗欲編集李賀歌詩，所得甚富。聞賀有表兄，與賀筆硯之舊，因示之。其人甚喜，且請借閱。久之不還，李公屢索，乃曰：'素惡賀傲，嘗思報之。遺文已投溷中久矣。'賀文由是傳者少。"《谷昌集·四庫全書提要》："《幽閒鼓吹》稱，賀遺詩爲其表兄投溷中，故流傳者少。"

【溷】[1]

同"圂[1]"。此體漢代已行用。見該文。

【厠】[1]

即圂[1]。此稱漢代已行用。見該文。

【猪溷】

即圂[1]。此稱漢代已行用，晋代起亦稱"猪欄""猪闌"，明代又稱"猪圈""豬欄"。漢王充《論衡·吉驗》："北夷橐離國王侍婢有娠，王欲殺之。婢對曰：'有氣大如雞子，從天而下，我故有娠。'後產子，捐於猪溷中，猪以口氣噓之，不死。"晋干寶《搜神記》卷一八："晋有一士人，姓王……見埭上有一女子，年十七八，便呼之留宿。至曉，解金鈴繫其臂。使人隨至家，都無女人，因逼猪欄中，見母猪臂有金鈴。"《晋書·華廙傳》："廙棲遲家巷垂十載……與陳勰共造猪闌於宅側，帝嘗出視之，問其故，

左右以實對，帝心憐之。"唐段公路《北户録》卷二："《異苑》曰：'世有紫女（一書紫姑），古來相傳云是人妾，爲大婦所嫉，每以穢事相役。正月十五日感激而死，故世以其日作其形，夜於厠門間或猪闌邊迎之。'"元楊瑀《山居新話》："杭州鹽商施生者，至正八年，其家猪欄中母猪自噉其子。"元陶宗儀《說郛》卷一一七下引《志怪録》："過猪圈，見一母猪臂上繫金鈴。"《水滸傳》第四四回："石秀應承了，叫了副手……整頓了肉案，打併了作坊、猪圈，起上數十個肥猪，選個吉日，開張肉舖。"明徐弘祖《徐霞客遊記·黔遊日記一》："余索炬於炊者，則檻後即豬欄馬棧。"清秦蕙田《五禮通考》卷一九："正南房五間，爲大祀猪圈。西房十間，爲中祀、小祀猪圈。"

【猪欄】

即猪溷，亦即圂[1]。此稱晋代已行用。見該文。

【猪闌】

即猪溷，亦即圂[1]。此稱晋代已行用。見該文。

【猪圈】

即猪溷，亦即圂[1]。此稱明代已行用。見該文。

【豬欄】

即猪溷，亦即圂[1]。此稱明代已行用。見該文。

【豕牢】

即圂[1]。此稱漢代已行用，唐代起亦稱"豚柵"，宋代又稱"彘牢"，清代還稱"豕圈"。《後漢書·東夷傳·夫餘》："王令置於豕牢。豕以口氣噓之，不死。"《晋書·湣懷太子遹傳》："嘗從帝觀豕牢，言於帝曰：'豕甚肥，何不殺以享士，而使久費五穀。'"唐王駕《社日》詩："鵝湖山下稻粱肥，豚柵雞棲半掩扉。"宋陸游《老健》詩："家添豚柵還堪賦，路認牛欄每不迷。"

又《弊廬》詩："縛木爲彘牢，附垣作雞塒。"清黃遵憲《逐客篇》："又言諸婁羅，生性極齷齪，居同狗國穢，食等豕牢薄。"又《己亥雜詩》之七九："左列牛宮右豕圈，冬烘開學鬧殘年。"徐珂《清稗類鈔·動物·豕》："〔青海〕漢人所居土舍，樹高柵爲樓，下養牲畜，必有豕圈。"

【豚柵】

即豕牢，亦即圂[1]。此稱唐代已行用。見該文。

【彘牢】

即豕牢，亦即圂[1]。此稱宋代已行用。見該文。

【豕圈】

即豕牢，亦即圂[1]。此稱清代已行用。見該文。

連厠圈

豬圈等與厠所連爲一體的建築。漢代已經普遍使用，此後長期傳承，直至當代，而此稱當代方行用。《説文·口部》："圂，厠也。从口，象豕在口中也。會意。"《釋名·釋宮室》："厠或曰溷，言溷濁也。"《急就篇》卷一："屏厠清溷糞土壤。"唐顏師古注："屏，僻宴之名也（屏，必郡反）。厠之言側也，亦謂僻側也。清言其處特異餘所常，當加潔清也。溷者，目其穢濁也。屏厠、清溷，其實一耳。柔土曰壤，言屏厠之地以糞穢，則其土爲壤也。"楊樹達《積微居小學金石論叢·釋圂》："古人豕牢本兼厠清之用，故韋昭云'豕牢，厠也'是也。今長沙農家厠清豕圈，猶古代之遺制矣。"閔宗殿《中國古代農耕史略》第四章第二節："解放後，我國曾出土過大量的連厠圈。這種將豬圈和厠所連在一起的連厠圈，反映了當時對養豬積肥的重視和普及。"

羊欄

養羊的欄圈。此稱南北朝時期已行用。北魏賈思勰《齊民要術·養羊》："養羊法，當以瓦器盛一升鹽，懸羊欄中。"

狗圈

養狗的欄圈。此稱明代已行用。明劉基《鬱離子一》："晉靈公好狗，築狗圈於曲沃。"

牧圉

飼養牲畜的場地。此稱唐代已行用。唐李德裕《幽州紀聖功碑銘》："鴈門之北，羌戎雜處，濊濊羣羊，茫茫大鹵，縱其梟騎，驚我牧圉。"《舊五代史·周書·孔知濬傳》："知濬撫士得宜，人皆盡力，故西疆無牧圉之失。"

馬廠

飼養馬的場地。此稱清代已行用，亦稱"牧馬場"。《清史稿·高宗紀二》："丁未，命副都統羅山以原銜管阿爾泰軍臺，併商都達布遜諾爾馬廠事務。"《清史稿·食貨志一》："凡駐防營皆置馬廠，其牧莊旁餘，靡不放墾。"《六部成語注解·户部》："馬廠餘地：牧馬場所剩之地也。"

【牧馬場】

即馬廠。此稱清代已行用。見該文。

牧地

飼養牲畜的田地。此稱先秦時期已行用，唐代起亦稱"牧田"。《周禮·夏官·牧師》："牧師，掌牧地，皆有厲禁而頒之。"唐儲光羲《牧童詞》："不言牧田遠，不道牧陂深。"《新唐書·高宗紀》："九月癸卯，以同州苦泉牧地賜貧民。"宋宋祁《論復監地必有羣臣以百姓稅地爲言》："國家急須軍馬之時難，良田尚可變而爲牧田，況今之牧地非盡良田者乎？"宋司馬光

《宿石堰聞牧馬者歌》："大河之曲多寬閒，牧田枕倚長隄灣。"宋唐庚《雜興》詩："水過魚村濕，沙寬牧地平。"明王鏊《追次三原王公謁陵之韻》："牧地車行平似毯，渡河船動小於杯。"清魏源《聖武記》卷三："康熙中，蒙古諸部獻其牧地，規爲圍場。"

【牧田】 [2]

即牧地。此稱唐代已行用。見該文。

【牧苑】

即牧地。此稱漢代已行用，南北朝時期亦稱"牧場"，唐代又稱"牧所"。漢黄憲《天禄閣外史·謀國》："墾其燕壤而使之耕，鑿其重池而使之漑，收其牧苑而使之畜，柔其商賈而使之業。"《魏書·食貨志》："高祖即位之後，復以河陽爲牧場。"《法苑珠林》卷一六："我念往昔過無量世，有一羣牛在於牧所。"唐陸羽《陸文學自傳》："但於牧所，做青衿小兒，急坐展卷。"宋家鉉翁《送崔壽之序》："學宫久廢，墟爲牧場，前之仕乎此者，莫或過而問之。"明沈周《五十疋馬圖》："沙樹歷歷沙草荒，江上誰開爲牧場。"清高宗《柳堤春牧》："蘸影輕黄上柳絲，緑蕪新水牧塲宜。村童卧背眠方熟，牛瘦春忙正不知。"清魏源《聖武記》卷三："時科舍圖牧場，當賊來路，距大營遠。"

【牧場】

即牧苑，亦即牧地。此稱南北朝時期已行用。見該文。

【牧所】

即牧苑，亦即牧地。此稱唐代已行用。見該文。

牧區

劃定爲放牧或生產上以畜牧業爲主的地區。此稱唐代已行用。《新唐書·柳冕傳》："會冕奏閩中本南朝畜牧地，可息羊馬，置牧區於東越，名萬安監。"

牧廠

清代設在長城和柳邊以外的飼養馬的場所。此稱清代已行用，亦作"牧廠"。《欽定大清一統志》卷四〇九："牧廠：本朝於沿邊口外置設牧場，有總管等官管轄。曰養息牧牧廠（盛京邊外），曰御馬廠（獨石口外），曰禮部牧廠、曰太僕寺左翼牧廠、曰太僕寺右翼牧廠、曰鑲黄等旗牧廠、曰正黄等旗牧廠（俱張家口外）。"清秦蕙田《五禮通考》卷二四四："蕙田案：以上牧馬之地，後世謂之牧廠，設監以治之。唐之四十八監等是也。"清魏源《聖武記》卷三："布爾尼收潰卒戰，復連敗，以三千騎遁，爲科爾沁兵射死，凡六閲月平空其故地，置牧廠，隸内務府太僕寺。"清龔自珍《擬進上蒙古圖志表文》："今葱嶺以内，古城郭之國，既有成書，而蒙古獨靈丹呼圖圖滅爲牧廠。"

【牧廠】

同"牧廠"。此體清代已行用。見該文。

第四章　稼穡、養蠶説

　　本章重點考證中國古代稼穡、養蠶器具與設施及其名稱的產生與發展。全章包括"作物種苗考""種植器具、設施考""收穫器具、設施考""養蠶器具、設施考"，共四節。

第一節　作物種苗考

　　"作物種苗"指禾類、穀類植物的種子或幼苗。禾類或須移栽，二次種植；穀類一次種植，直至長成。

種

　　糧食作物穗上的種子或豆類作物豆莢内的豆粒等，此稱先秦時期已行用。《書·呂刑》："稷降播種，農殖嘉穀。"《詩·大雅·生民》："誕降嘉種，維秬維秠，維穈維芑。"《管子·禁藏》："賜鰥寡，振孤獨，貸無種，與無賦，所以勸弱民。"按，"無種"指無穀物種子的農户。《逸周書·大匡》："無播蔬，無食種。"《淮南子·修務訓》："於是神農乃始教民播種五穀，相土地，宜燥濕肥墝高下。"《漢書·溝洫志》："如此，數郡種不得下。"顏師古注："種，五穀之子也。"《後漢書·安帝紀》："庚子，詔長吏案行在所，皆令種宿麥蔬食，務盡地力，其貧者給種餉。"晋皇甫謐《高士傳·老萊子》："飲水食菽，墾山播種。"晋干寶《搜神記》卷五："南頓張助於田中種禾，見李核，欲持去。顧見空桑中有土，因植種，以餘漿溉灌。"唐方干《題盛會新亭》詩："偶嘗嘉果求枝去，因得名花寄種來。"宋曾鞏《蘁山謝雨文》："麥則滋榮，稻可播種。"元陳樵《空翠堂》詩："息石長年依砌活，茯苓無種入階生。"章炳麟《駁康有爲論革命書》："非種不鋤，良種不滋。"

【實】

即種。此稱先秦時期已行用，漢代起亦稱"種實""實核"。《詩·周南·桃夭》："桃之夭夭，有蕡其實。"漢牟融《理惑論》："身譬如五穀之根葉，魂神如五穀之種實；根葉生必當死，種實豈有終亡？"漢王充《論衡·初稟》："草木生於實核，出土爲栽蘗，稍生莖葉，成爲長短巨細，皆由實核。"《後漢書·馬援傳》："援在交阯，常餌薏苡實。"唐韓愈《奏汴州得嘉禾嘉瓜狀》："或延蔓敷榮，异實共蔕。"明徐弘祖《徐霞客遊記·閩遊日記前》："窟旁有野橘三株，垂實纍纍。"清秦蕙田《五禮通考》卷二四八："《世祖本紀》至元四年七月，詔額齊訥新附貧民，給牛具、種實及糧食。"

【種實】

即實，亦即種。此稱漢代已行用。見該文。

【實核】

即實，亦即種。此稱漢代已行用。見該文。

【種穰】

即種。此稱先秦時期已行用，漢代亦作"種饟"。《管子·國蓄》："種穰糧食。"郭沫若等集校引聞一多曰："種穰，即種子耳。"《漢書·食貨志下》："耒耜器械，種饟糧食，必取澹焉。"金少英集釋引聞一多曰："今案字當作'穰'……《正字通》：'穰與瓤通，凡果中之子曰屖穰。'是草木之子在瓜曰瓤，在禾曰穰。"《通典·食貨十二》："春以奉耕，夏以奉耘，耒耜器械，種饟糧食，必取澹焉，故大賈畜家不得豪奪吾民矣。"

【種饟】

同"種穰"，即種。此體漢代已行用。見該文。

【種糧】

即種。此稱漢代已行用。《後漢書·順帝紀》："二年春二月甲申，詔以吳郡、會稽饑荒，貸人種糧。"唐劉禹錫《代論廢楚州營田表》："刈穫所收，無裨於國用；種糧每闕，常假於供司。"宋歐陽修《新唐書·食貨志三》："起代北墾田三百頃，出贓罪吏九百餘人，給以耒耜、耕牛，假種糧，使償所負粟。"元王禎《農書·杷杋門》："北方或遇霖潦，亦可做此，庶得種糧，勝於全廢，今特載之，冀南北通用。"清秦蕙田《五禮通考》卷二四六："陸氏九淵曰：'社倉固爲農之利，然年常豐田常熟，則其利可久。苟非常熟之田，一遇歉歲，則有散而無斂，來歲缺種糧時，乃無以賑之。'"

【子】

即種。此稱南北朝時期已行用，唐代亦稱"子粒"，清代亦作"籽"。南朝宋劉義慶《世説新語·雅量》："樹在道邊而多子，此必苦李。"北魏賈思勰《齊民要術·五穀果蓏菜茹非中國物産者》："《神异經》曰：'南方荒中有沛竹……其子美，食之可以已瘡癘。'"唐杜甫《暫住白帝復還東屯》詩："落杵光輝白，除芒子粒紅。"唐李紳《憫農》詩之一："春種一粒粟，秋成萬顆子。"宋蘇軾《花落復次前韻》："闍香入户尋短夢，青子綴枝留小園。"明唐順之《鳳陽等處災傷疏》:"且江北人家,素無積蓄,今歲原是子粒不收,起運京糧,多從遠處羅買,致之甚艱。"明歸有光《馬政議》:"牧地本與民養馬也,而徵其子粒,又有加增子粒,如此則遂併之田税而已,而又何以責之馬户。"清劉大櫆《少宰尹公行狀》:"其大畧……曰留漕運,曰助籽種,曰勸富民使之相周。"

【子粒】

即子,亦即種。此稱唐代已行用。見該文。

【籽】

同"子",即種。此體清代已行用。見該文。

【種子】

即種。此稱南北朝時期已行用。北魏賈思勰《齊民要術·收種》:"至春,治取別種,以擬明年種子。"《陳書·世祖紀》:"其有尤貧,量給種子。"《舊唐書·玄宗紀上》:"五州乏糧,遣中書舍人裴敦復巡問,量給種子。"宋楊萬里《過宜福橋》詩:"若遣明年無種子,却愁閙殺雨和風。"元王禎《農書·墾耕篇》:"緣新開地内,草根既死,無荒可生,若諸色種子年年揀净,别無稗莠,數年之間,可無荒薉,所收常倍於熟田。"明徐光啓《農政全書》卷七:"凡欲播種,篩去瓦石,取其細者,和匀種子,疎把撮之,待其苗長,又撒以壅之,何物不收。"清秦蕙田《五禮通考》卷二四六:"歲不登則以賑民,或貸爲種子,則至秋而償。"

【種粒】

即種。此稱宋代已行用。宋馬端臨《文獻通考》卷三〇一:"宋明道二年,南方大旱,種粒皆絶,人多流亡,因飢成疫,死者十二三。官作粥糜以飼之,然得食者輒死,墟里幾爲之空。"宋陳杰《過衢阻潦宿民家》詩:"翁分區

種粒,婦進圃抽芽。"《金史·宣宗紀中》:"勅侯摯諭三司行部官勸民種麥,無種粒者貸之。"又《侯摯傳》:"人授地三十畝,貸之種粒而驗所收穫。"明徐光啓《農政全書》卷二一:"其制兩柄上彎,高可三尺,兩足中虚,闊合一壠,橫桄四匝,中置耬斗,其所盛種粒各下通足竅。"

嘉種

優質糧種。此稱先秦時期已行用,漢代亦稱"上種""善種",明代起又稱"良種"。《詩·大雅·生民》:"誕降嘉種,維秬維秠。"孔穎達疏:"上天乃下善穀之種。"《史記·貨殖列傳》:"欲長錢,取下穀;長石斗,取上種。"漢袁康《越絶書·計倪内經》:"丁貨之户曰稻粟,令爲上種,石四十。"《漢書·賈山傳》:"地之磽者,雖有善種,不能生焉。"三國魏曹植《喜雨》詩:"嘉種盈膏壤,登秋畢有成。"宋王安石《和蔡樞密南都種山藥法》詩:"嘉種忽傳河右壤,靈苗更長隴西偏。"宋梅堯臣《樓種》詩:"農人力已勤,要在布嘉種。"宋范成大《峽石鋪》詩:"后皇嘉種不易熟,野草何爲攙歲功。"明王守仁《傳習録》卷上:"方丈地内,種此一大樹……四傍縱要種些嘉穀,上面被此樹葉遮覆,下面被此樹根盤結,如何生長得成,須用伐去此樹,纖根勿留,方可種植嘉種。"明徐光啓《農政全書》卷五五:"玄扈先生曰:'子本佳果,第須良種,宜廣植之。'"清查慎行《自汶上至濟寧田間多種藍及烟草》詩:"樹藝非嘉種,膏腴等廢田。"

【上種】

即嘉種。此稱漢代已行用。見該文。

【善種】

即嘉種。此稱漢代已行用。見該文。

【良種】

即嘉種。此稱明代已行用。見該文。

秋種

秋播的糧種。此稱漢代已行用。《後漢書·光武帝紀上》："五月丙子，詔曰：久旱傷麥，秋種未下，朕甚憂之。"《三國志·魏書·杜恕傳》："通率天下，十能損二，麥不半收，秋種未下，若二賊游魂於疆場，飛芻輓粟千里，不及究，此之術豈在彊兵乎？"明徐光啓《農政全書》卷二七："至春透芽，生取出，作壠或畦下，糞栽之，旱則澆，令得所，夏至後收子，可爲秋種。"

苴

麻的種子。此稱先秦時期已行用，亦稱"蕡"，漢代又稱"麻子""熬枲實"，明代還稱"麻蕡"。《詩·豳風·七月》："九月叔苴，采荼薪樗。"毛傳："叔，拾也；苴，麻子也。"《禮記·内則》："〔婦事舅姑〕問所欲而敬進之……菽、麥、蕡、稻、黍、梁、秫，唯所欲。"鄭玄注："蕡，熬枲實。"宋沈括《夢溪筆談·藥議》："麻子，海東來者最勝，大如蓮實，出柘蘿島。其次上郡、北地所出，大如大豆，亦善。其餘皆下材。"明李時珍《本草綱目·穀一·大麻》："《本經》有麻蕡、麻二條，謂蕡即麻勃，謂麻子入土者殺人。蘇恭謂蕡是麻子，非花也。蘇頌謂蕡、子、花爲三物。疑而不決。謹按吳普《本草》云：麻勃一名麻花，味辛無毒。麻藍一名麻蕡，一名青葛，味辛甘有毒。麻葉有毒，食之殺人。麻子中仁無毒，先藏地中者，食之殺人。據此説則麻勃是花，麻蕡是實，麻仁是實中仁也。普三國時人，去古未遠，説甚分明。"

【蕡】

即苴。此稱先秦時期已行用。見該文。

【麻子】

即苴。此稱漢代已行用。見該文。

【熬枲實】

即苴。此稱漢代已行用。見該文。

【麻蕡】

即苴。此稱明代已行用。見該文。

虋

穀子良種之一。此稱漢代已行用，亦稱"赤苗"，晋代又稱"赤梁粟"，明代還稱"赤黍"。《爾雅·釋草》："虋，赤苗。"郭璞注："今之赤梁粟。"明李時珍《本草綱目·穀二·黍》："赤黍曰虋。"

【赤苗】

即虋。此稱漢代已行用。見該文。

【赤梁粟】

即虋。此稱晋代已行用。見該文。

【赤黍】

即虋。此稱明代已行用。見該文。

竹葉青

一種晚熟耐水的穀種。此稱南北朝時期已行用。北魏賈思勰《齊民要術·種穀》："竹葉青、石抑閦、水黑穀、忽泥青、衝天棒、雉子青、鴟脚穀、雁頭青、攬堆黃、青子規：此十種，晚熟耐水，有蟲災則盡矣。"

石抑閦

一種晚熟耐水的穀種。此稱南北朝時期已行用，宋代亦稱"閦"。《集韻·夬韻》："閦，石抑閦，穀名。"參見本節"竹葉青"文。

【閦】

即石抑閦。此稱宋代已行用。見該文。

水黑穀

一種晚熟耐水的穀種。此稱南北朝時期已行用。參見本節"竹葉青"文。

忽泥青

一種晚熟耐水的穀種。此稱南北朝時期已行用。參見本節"竹葉青"文。

衝天棒

一種晚熟耐水的穀種。此稱南北朝時期已行用。參見本節"竹葉青"文。

雉子青

一種晚熟耐水的穀種。此稱南北朝時期已行用。參見本節"竹葉青"文。

鴟腳穀

一種晚熟耐水的穀種。此稱南北朝時期已行用。參見本節"竹葉青"文。

雁頭青

一種晚熟耐水的穀種。此稱南北朝時期已行用。參見本節"竹葉青"文。

欖堆黄

一種晚熟耐水的穀種。此稱南北朝時期已行用。參見本節"竹葉青"文。

青子規

一種晚熟耐水的穀種。此稱南北朝時期已行用。參見本節"竹葉青"文。

豆子

豆類作物的種子。此稱清代已行用。《豆棚閒話·首陽山叔齊變節》："彼時偶然席上吃那豆子，就以豆子爲題，教他吟詩一首。"

稚

水稻的幼苗。一説延期播種的農作物。此稱先秦時期已行用，亦作"稺"，亦稱"田稚"，唐代又稱"田稺"。《詩·小雅·大田》："去其螟螣，及其蟊賊，無害我田稚。"朱熹集傳："稚，幼禾也。"《詩·魯頌·閟宫》："黍稷重穋，稙稚菽麥。"毛傳："後種曰稚。"唐常袞《中書門下賀雨第三表》："郊原益茂，田稚皆登。"宋李新《求晴文》："天作淫雨，害我田稚。彌一再旬，麥禾盡偃。"明沈周《寫雨景》詩："相將事春作，田稚綠已漫。"明李流芳《送座師林先生被召北上》詩："田稚委陽侯，魚鼈半赤子。"清吳錫麒《掉角兒序·吳興道中觀插秧者》曲："風來暗長，雨來更肥。嬌兒比一般田稚，煞費栽培。"

【稺】

同"稚"。此體先秦時期已行用。見該文。

【田稚】

即稚。此稱先秦時期已行用。見該文。

【田稺】

即稚。此稱唐代已行用。見該文。

秧

水稻的幼苗。此稱漢代已行用。《説文·禾部》："秧，禾若秧穰也。從禾，央聲。"段玉裁注："秧，今俗謂稻之初生者曰秧。"《正字通·禾部》："秧，禾苗也。"唐高適《廣陵別鄭處士》詩："溪水堪垂釣，江田耐插秧。"唐張籍《江村行》詩："江南熱旱天氣毒，雨中移秧顏色鮮。"宋王安石《歸庵》詩："秧畦藏水緣秧齊，鬆鬠初乾尚有泥。"明高啓《送許先生歸越》詩："是時海國風雨凉，道士莊下初栽秧。"明謝肇淛《五雜俎·地部一》："水田自犁地而浸種，而插秧，而薅草，而車戽，從夏訖秋，無一息得暇逸，而其收穫亦倍。"清俞樾《茶香室續鈔·浮田》："農兩腋挾竿，入水，半沉半浮，手翻其土，遂以插秧。"《御定月令輯要》卷一

○《五月令》引《御制插秧詩》："千畦水澤正瀰瀰，競插新秧恐後時。"

【稻秧】

即秧。此稱宋代已行用，亦稱"幼秧"。宋林逋《葑田》詩："淤泥肥黑稻秧青，闊蓋深流旋旋生。"宋韓維《寄題蘇子美滄浪亭》詩："聞君買宅洞庭傍，白水千畦插稻秧。"宋陸游《春晚》詩："雨足人家插稻秧，蠶生隣女采桑黃。"宋楊萬里《憫旱》詩："下田半濕高全坼，幼秧欲焦老差碧。"明凌雲翰《晚春》詩之五："田頭縱步午風凉，陂水青青浸稻秧。"明楊慎《憫旱》詩："下田半濕高全坼，幼秧欲焦老差碧。"

【幼秧】

即稻秧，亦即秧。此稱宋代已行用。見該文。

【新秧】

即秧。此稱宋代已行用。宋蘇轍《漱玉亭》詩："從此出山都不棄，滿田秔稻插新秧。"宋劉子翬《懷新亭》詩："寂寂農家春，新秧滿田綠。"宋楊萬里《過百家渡》詩："遠草平中見牛背，新秧疏處有人蹤。"宋陸游《小園》詩之三："村南村北鶻鵃聲，水刺新秧漫漫平。"元王禎《農書·钁臿門》："一聲催得大麥黃，一聲喚得新秧綠。"明管時敏《吳農四時歌》之二："木龍閑掛茅簷下，百畝新秧已插齊。"明童軒《田舍雜詠五首爲梅莊諸處士賦》詩之二："十角黃牛二頃田，新秧蔟蔟遍郊阡。"

【秧苗】

即秧。此稱宋代已行用。宋范成大《鄱邸驛大雨》詩："竹葉垂頭碧，秧苗滿意青。"宋薛季宣《喜雨》詩："麥穗雖乾耳，秧苗未吐心。"元宋褧《襄陽楊萬戶命道士禱雨有應》詩："樊城麥穗千家熟，峴首秧苗幾處栽。"清傅澤洪《行水金鑑》卷七八："明英宗天順二年八月乙丑，安慶府屬縣江水泛溢，浸爛秧苗，秋成無望，糧草無從徵納，上命戶部知之。"《欽定授時通考》卷五三："秧苗已抽青，桑葉再見綠。送蛾須水邊，流傳笑農俗。"

【秧針】

"針"或作"鍼"。即秧。此稱宋代已行用。宋趙師俠《小重山·農人以夜雨晝晴爲夜春》詞："積水滿春塍，綠波翻鬱鬱，露秧鍼。"明楊慎《出郊》詩："白鷺忽飛來，點破秧針綠。"《隨園詩話補遺》卷四引清汪梅湖詩："田田蠧水白，秧針日已高。"

春秧

春季的稻秧。此稱宋代已行用。宋蘇軾《秧馬歌》："春雲濛濛雨淒淒，春秧欲老翠剡齊。"宋周紫芝《布穀》詩："農夫呼婦出山來，深種春秧苔飛鳥。"宋陸游《扁舟皆到門》詩："豈惟載春秧，亦足穫秋稼。"元王禎《農書·杷朳門》："農事方殷春已歸，綠雲滿握春秧齊。"元釋大圭《苦旱》詩："春秧黃槁百泉枯，龍骨聲中泣老夫。"

第二節　種植器具、設施考

"種植器具、設施"指埋種入土、載苗入土以及儲存種苗的器具、設施，本節以器具、設施爲序，依次考辨。

莜[2]

用竹子或草木之條編織的盛器，可盛穀種等。《廣韻·入錫》："莜，盛種器也。"元王禎《農書·莜蕢門》："莜字從草從條，取其象也，即今之盛穀種器。《語》曰：'遇丈人以杖荷莜。'蓋莜，器之小者，可杖荷之，既農隱所用，必爲盛穀器也。'包氏曰：'莜，竹器。'考其字體非從竹，若謂竹器，非也。《說文》曰：耘器。稽之書傳，錢、鎛、鋤、耨，皆刃爲之，謂莜爲耘器，亦非也。當與蕢同類，皆盛穀器，但有大小之差。故因辯之，以袪世惑。"明徐光啓《農政全書》卷二四略同。

蕢

用竹子或草木之條編織的盛器，可盛穀種、土石等。此稱先秦時期已行用。《論語·憲問》："子擊磬與衞，有蕢而過孔氏之門者。"朱熹集注："蕢，草器也。"《孟子·告子上》："不知而爲屨，我知其不爲蕢也。"《說文·艸部》："蕢，艸器也。"漢劉向《說苑·指武》："將軍在即墨之時，坐則織

蕢，立則杖臿。"《漢書·何武王嘉師丹傳贊》："以一蕢障江河，用没其身。"顏師古注："蕢，織草爲器，所以盛土也。"元王禎《農書·莜蕢門》："蕢，草器，從草，貴聲。《論語》：'有荷蕢而過孔氏之門者。'古文作'凷'，象形。盛穀器。《集韻》作'籄'，字從竹，舉土籠也。《語》云：'譬如爲山，未成一簣。'《書》云：'功虧一簣。'俱從竹。注云'土籠'。今上文從草，以草爲之，即盛穀器也。"

蕢
（元王禎《農書》）

篅

儲藏穀種等的竹器。形似圓甕，上有蓋子。此稱先秦時期已行用。《論語·雍也》："一簞食，一瓢飲。"北魏賈思勰《齊民要術》："藏稻必用篅。"元王禎《農書·莜蕢門》："種篅，盛種竹器也。其量可容數斗，形如圓甕，上有篅口。農家用貯穀種，庋之風處，不至鬱浥，勝窖藏也。古謂修篅窖。《論語》'一簞食'之'簞'，食器，與此字雖同，然制度有大小

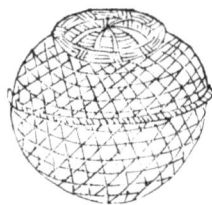

種篅
（元王禎《農書》）

之殊，作用有彼此之效。《齊民要術》云：'藏稻必用篅。'蓋稻乃水穀，宜風燥之。種時就浸水内，又其便也。"

畚²

用竹子或草木之條編織的盛器，可盛穀種、糧食等。此稱先秦時期已行用。《周禮·夏官·挈壺氏》："挈轡以令舍，挈畚以令糧。"鄭玄注引

畚
（元王禎《農書》）

鄭司農曰："畚，所以盛糧之器。"《公羊傳·宣公六年》："有人荷畚。"注曰："畚，草器。若今市所量穀者是也。"漢韓嬰《韓詩外傳》卷一："鮑焦衣弊膚見，挈畚持蔬。"《晉書·苻堅載記下》："〔王猛〕少貧賤，以鬻畚爲業。"元王禎《農書·蔟賷門》："〔畚〕蒲器也，所以盛種。'杜林以爲竹筥，揚雄以爲蒲器。'然南方以蒲、竹，北方用荆、柳。或負土，或盛物，通用器也。"

籯

用竹子或草木之條編織的盛器，可盛糧種等。其形與筥相似，而容量較小。此稱元代已行用，亦作"籯""籯"。元王禎《農書·蔟賷門》："籯：《集韻》云：'籯，筥。盛種器。蓋連底小筐，便於移用。'籯，作籯，又作籯。"又："筥多露置，可用貯糧，篅籯在室，可用盛種。皆農家收穀所先具者。"

【籯】

同"籯"。此體元代已行用。見該文。

【籯】

同"籯"。此體元代已行用。見該文。

樓

漢武帝時趙過發明的條播種子器械（又有皇甫隆發明説、漢宣帝時蔡登發明説）。適宜播種大麥、小麥、大豆、高粱等。主要由樓架、樓斗、樓脚、樓鏵等構成，前有牲畜牽引，後有人員扶持，可同時完成開溝、下種、填土、壓實多項任務。按樓脚數量，分爲一脚樓（一脚一行）、兩脚樓（播兩行）、三脚樓（播三行）等。元王禎《農書·耒耜門》曾介紹"下糞樓種"："近有創製下糞樓種，於樓斗後別置篩過細糞，或拌蠶沙。其制，兩柄上彎，高可三尺，兩足中虚，闊合一壟，橫桄四匝，中置樓斗，其所盛穀粒各下通足竅。仍旁挾兩轅，可容一牛。用一人牽，傍一人執樓，且行且摇，種乃自下。"遼陽三道壕西漢晚期村落遺址中，發現一件鐵製樓脚。山西平陸棗園村王莽時期漢墓壁畫上，也有三脚樓圖像。此稱漢代已行用，亦稱"覆種""樓犁"，三國時期起亦稱"樓犁"。北魏賈思勰《齊民要術·耕田》引漢崔寔《政論》："武帝以趙過爲搜粟都尉，教民耕植。其法三犁共一牛，一人將之，下種挽樓皆取備焉，日種一頃。"元王禎《農書·耒耜門》引漢服虔《通俗文》："覆種曰樓，一云樓犁。"《事物紀原·農業陶漁·樓犁》引三國魏魚豢《魏略》："皇甫隆爲敦煌太守，民不曉耕，隆乃教民作樓犁，省力過半。"《晉書·食貨志》："敦煌俗不作樓犁……隆（皇甫隆）到，乃教作樓犁，又教使灌溉。"《玉篇·耒部》："樓，樓犁也。"唐元稹《田家詞》："歸來攸得牛兩角，重鑄樓犁作斤劚。"一本作"樓犁"。元王禎《農書·穀屬》："凡種須用樓犁下之，又用砘車碾過，日種數畝，蓋成壟，易於鋤治。"元王禎

《芟麥歌》："再耕再耨土華膩，手把耬犁知已試。"明徐光啓《農政全書》卷七："任延治九員，易射獵爲牛耕；張堪守漁陽，開稻田；皇甫隆治敦煌，教耬犁。此先賢勸助之迹，載諸史册。今天下之民，寒而思衣，皆知有桑麻之事；飢而思食，皆知有稼穡之功。"清查慎行《秋旱四十韻》："村村抛襫襫，户户挂耬犁。"

【覆種】

即耬。此稱漢代已行用。見該文。

【耬犁】

即耬。此稱漢代已行用。見該文。

【樓犁】

即耬。此稱三國時期已行用。見該文。

【耬車】

即耬。此稱南北朝時期已行用，元代亦稱"種蒔""耩子"。北魏賈思勰《齊民要術》："耬車，狀如三足犁，中置耬斗藏種，以牛駕之，一人執耬，且行且摇，種乃隨下。"元王禎《農書·耒耜門》："耬車：下種器也。《通俗文》曰：'覆種曰耬。一云耬犁，其金倡鑱而小。'《魏志略》曰：'皇甫隆爲燉煌太守，民不知耕，隆乃教民作耬犁，省力過半，得穀加五。'崔寔

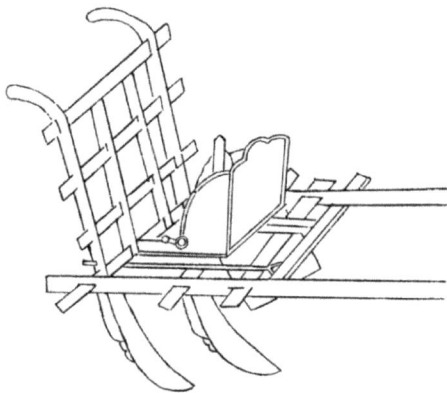

耬車
（元王禎《農書》）

《論》曰：'漢武帝以趙過爲搜粟都尉，教民耕殖。其法：三犁共一牛，一人將之，下種，輓耬，皆取備焉。日種一頃。今三輔猶賴其利。'自注云：'按：三犁共一牛，若今三脚耬矣。'然而耬種之制不一，有獨脚、兩脚、三脚之異。今燕趙、齊魯之間，多有兩脚耬。關以西有四脚耬，但添一牛，功又速也。夫耬，中土皆用之，他方或未經見，恐難成造。其制：兩柄上彎，高可三尺；兩足中虚，闊合一壠；橫桄四匝，中置耬斗，其所盛種粒，各下通足竅。仍旁挾兩轅，可容一牛。用一人牽傍，一人執耬，且行且摇，種乃自下。此耬種之體用，今特圖録，不無有'見鑱削鑱'之意。鑱，近有創制下糞耬種，於耬斗後别置篩過細糞，或拌蠶沙，耩時隨種而下，覆於種上，尤巧便也。今又名曰種蒔，曰耩子，曰耬犁，習俗所呼不同，用則一也。"清乾隆《耬車》詩："耬車播種有神權，一日能教一頃全。"

【種蒔】

即耬車，亦即耬。此稱元代已行用。見該文。

【耩子】

即耬車，亦即耬。此稱元代已行用。見該文。

碢

用於碾壓田地的石頭，可以製作砘車。此稱南北朝時期已行用，唐代亦稱"碢公"，元代又稱"砘子"。《玉篇·石部》："碢，徒禾切，碾輪石。"唐杜荀鶴《友人贈舍弟依韻戲和》："及見和詩詩自好，碢公不到更何時。"宋龐元英《文昌雜録》卷三："鴻臚陳大卿言：昔使高麗，行大海中，水深碧色，常以鑯碢長繩沉水中爲候，深及三十托已上，舟方可行。"元耶律楚材《請某庵主開堂疏》："和尚拽砣子不離寺内，老

鼠拖胡蘆只在倉中。"元王禎《農書·耒耜門》："〔砘車〕以木軸架碢爲輪，故名砘車。"

【碢公】

即碢。此稱唐代已行用。見該文。

【砘子】

即碢。此稱元代已行用。見該文。

砘車

以圓石爲輪、用木軸架碢的石製碾地農具，多與耬配合使用。石輪數目與耬脚數目相同，石輪間距與耬脚間距統一，用畜力或人力挽之，於耕地播種後鬆土壓實。此稱元代已行用。元王禎《農書·耒耜門》："砘車：砘，石碢也；以木軸架碢爲輪，故名砘車。兩碢用一牛，四碢兩牛力也。鑿石爲圓，徑可尺許，竅其中以受機栝。畜力輓之，隨耬種所過溝壠碾之。使種土相著，易爲生發。然亦看土脉乾濕何如，用有遲速也。古農法云：耬種後用撻，則壠滿土實。又有種人足躡壠底，各是一法。今砘車轉碾溝壠特速，此後人所創，尤簡當也。"明徐光啓《農政全書》卷六："今人凡下種耬種後，惟用砘車碾之，然執耬種者亦須腰繫輕撻曳之，

砘車
（元王禎《農書》）

使壠土覆種稍深也。"《廣群芳譜·穀譜·種穀》："種後，旋以石砘砘，令土堅，則苗出旺相。"

竅瓠

古代北方使用的一種播種農具，主要用於穀類、豆類作物的點播。以葫蘆裝種子，將木棍穿入葫蘆兩端，後端爲柄，前端爲下種之口，以手執柄瀉種。此稱南北朝時期已行用，宋代亦稱"瓠種"。北魏賈思勰《齊民要術·種蔥》："兩耬重耩，竅瓠下之，以批契繫腰曳之。"石聲漢注："竅瓠，用乾胡蘆作成的下種用的器具。"宋程俱《戲呈虞君明察院蕡》："請觀五石大瓠種，正以濩落浮江湖。"元王禎《農

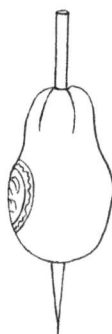

瓠種
（元王禎《農書》）

書·耒耜門》："瓠種：竅瓠貯種，量可斗許。乃穿瓠兩頭，以木篗貫之，後用手執爲柄，前用作觜。瀉種於耕過壠畔。隨耕隨瀉，務使均勻。又犁隨掩過，遂成溝壠，覆土既深，雖暴雨不至拋撻，暑夏最爲能旱。且便於撮鋤，苗亦岢茂。燕趙及遼以東多有之。《齊民要術》曰：'兩耬重溝，竅瓠下之，以批契繫腰曳之。'此舊制，以今較之，頗拙於用，故從今法。寡力之家，比耕、耙、耬、砘易爲功也。"明徐光啓《農政全書》卷二一略同。

【瓠種】

即竅瓠。此稱宋代已行用。見該文。

耬架

耬周邊構件，用以連接耬體。參見本節"耬"文。

耬斗

耬中間構件，用以盛放種粒。參見本節"耬"文。

耬脚

耬後部構件，用以支撐耬體。參見本節"耬"文。

耬鏵

耬脚下部構件，用以挖掘溝壟。參見本節"耬"文。

一脚耬

一隻脚、播一行的耬。此稱南北朝時期已行用。北魏賈思勰《齊民要術‧耕田》："其法三犂共一牛，一人將之，下種挽耬皆取備焉。"原注："兩脚耬種壟，穊；亦不如一脚耬之得中也。"

兩脚耬

兩隻脚、播兩行的耬。此稱南北朝時期已行用。參見本節"一脚耬"文。

三脚耬

三隻脚、播三行的耬。此稱漢代已行用，亦稱"三犂""樺"，晉代又稱"三犂"。元王禎《農書‧耒耜門》引漢崔寔《政論》自注："三犂共一牛，若今三脚耬矣。"《説文‧木部》："樺，六叉犂。"段玉裁注："《廣韻‧廿三魂》曰'三爪犂曰樺'，此謂一犂而三爪也。許云'六爪犂'者，謂爲三爪犂者二……趙過法用耦犂，二牛三人也。其上爲耬，貯穀下種，故亦名三脚耬。"晉葛洪《抱朴子‧詰鮑》："趙過造三犂之巧，而關右以豐；任延教九真之佃，而黔庶殷飽。"宋梅堯臣《耬種》詩："手持高斗柄，觜瀉三犂壠。"元王禎《農書‧墾耕篇》："春秋之時，后稷之裔孫叔均始作牛耕，至漢趙過增

其制，度三犂一牛，則力省而功倍，今之耕者，大率祖此。"元貢師泰《學圃吟》詩："三犂兩耜工力俱，燥溼得所避亢淤。"

【三犂】

即三脚耬。此稱漢代已行用。見該文。

【樺】

即三脚耬。此稱漢代已行用。見該文。

【三犂】

即三脚耬。此稱晉代已行用。見該文。

蝦蟆車

古代一種播種車，或用以作戰。此稱晉代已行用，清代亦作"蝦蟇車"。晉陸翽《鄴中記》："民間有名果，虎（石虎）作蝦蟆車，箱闊一丈，深一丈四，搏掘根面去一丈，合土載之，植之無不生。"《宋書‧索虜傳》："虜遂填外塹，引高樓四所，蝦蟆車二十乘，置長圍内。"清錢謙益《五芳井歌》："羊馬城前礮火飛，蝦蟇車上雷聲吼。"

【蝦蟇車】

同"蝦蟆車"。此體清代已行用。見該文。

劐

一種加裝於耬車底部的附件，其作用是加深播種的深度，同時起到覆種、鬆土的作用。此稱元代已行用，燕趙間亦稱"劐子"，燕趙迤南又稱"種金"。元司農司《農桑輯要‧播種》："燕趙多用之名曰劐子"。元王禎《農書‧钁鍤門》："劐：《農桑輯要》云：'燕趙之間用

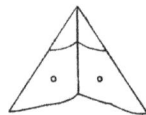

劐
（元王禎《農書》）

之．’今燕趙迆南又謂之‘種金’，耬足所耩金也。如鑱而小，中有高脊，長四寸許，闊三寸，插于耬足背上兩竅，以繩控于耬之下桄，其金入地三寸許，耬足隨瀉種粒，其種入土既深，田亦加熟。劃所過，猶小犂一遍，如古耦耕之法，即一事而兩得也。”明徐光啓《農政全書》卷二一略同。或謂同“耠”，一種翻土使鬆的農具。

【劃子】

即劃。此稱元代已行用。見該文。

【種金】

即劃。此稱元代已行用。見該文。

耬鋤

一種形似耬車翻鬆土壤用的農具，無耬斗。此稱宋元時期已行用。元王禎《農書·錢鎛門》：“《種蒔直說》云：此器出自海壖，號曰耬鋤。耬車制頗同，獨無耬斗，但用櫌鋤鐵柄，中穿耬之橫桄，下仰鋤刃，形如杏葉。撮苗後，用一驢帶籠觜輓之。初用一人牽，慣熟不用人，止一人輕扶。入土二三寸，其深痛過鋤力三倍。所辦之田，日不啻二十畝。今燕趙間用之，名曰劃子。劃子之制，又少異於此；劃子第一遍即成溝子，穀根未成，不耐旱；耬鋤刃在土中，故不成溝子，第二遍加擗土木鴈翅，方成溝子，其土分壅穀根。《韓氏直說》云：如耬鋤過，苗間有小豁不到處，用鋤理壅一遍。即爲全功也。”

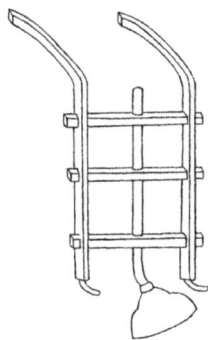

耬鋤
（元王禎《農書》）

批契

一種覆種農具。此稱南北朝時期已行用。北魏賈思勰《齊民要術·種蔥》：“兩耬重耩，竅瓠下之，以批契繼腰曳之。”又《種苜蓿》：“重耬耩地，使壟深闊，竅瓠下子，批契曳之。”石聲漢《齊民要術今釋》注：“‘批’，是從中劈破；‘契’，是一頭大一頭小的木楔子。”繆啓愉《齊民要術校釋》謂：“其形制、裝置及操作方法均未詳。……照《要術》敘述播種程序說，應是一種覆種工具。”孟方平《“批契”小考》認爲批契是北魏時期從北方少數民族地區傳入中原的一種古老的覆種工具，“就是現今遼寧西部及內蒙古農業地區常見的‘勃基’”。

青箱

舉行藉田禮時裝運種子的箱子，一般用竹子編製，飾以青色。此稱隋代已行用。《隋書·禮儀志二》：“北齊籍於帝城東南千畝內……以青箱奉穜稑種，跪呈司農，詣耕所灑之。”宋李長民《廣汴都賦》：“遂播青箱之嘉種，以成高廩之豐年。”《宋史·禮志五》：“隋以青箱奉穜稑，唐廢其禮。青箱舊無其制，請用竹木爲之而無蓋，兩端設襻，飾以青。”《明史·禮志三》：“戶部尚書北向跪，進耒耜；順天府官北向跪，進鞭。帝秉耒三推三反訖，戶部尚書跪受耒耜，順天府官跪受鞭。太常卿奏請復位，府尹挾青箱以種子，播而覆之。”

秧彈

田邊供取直插秧用的繩索。此稱元代已行用。元王禎《農書·杷杮門》：“秧彈，秧壟以篾爲彈。彈猶弦也。世呼船牽曰彈，字義俱同。蓋江鄉櫃田，內平而廣，農人秧蒔，漫無準則，故製此長篾，掣於田之兩際，其直如弦；循此布秧，了無欹斜，猶梓匠之繩墨也。"明徐光啓《農政全書》卷二二："秧壠以筬爲彈。彈猶弦也。世呼船牽曰彈，字義俱同。"石聲漢校注："彈，即縴，背縴至今四川還稱爲牽彈。"《欽定授時通考》卷三四同。

秧彈
（元王禎《農書》）

風帳

農民爲維護蔬菜生長而搭建的一種防風保溫的設施。此稱清代已行用。清潘榮陛《帝京歲時紀勝·二月·時品》："菠薐於風帳下過冬，經春則爲鮮赤根菜，老而碧葉尖細，則爲火焰赤根菜。"

豆棚

農民用竹木搭建的一種棚架，可供蔓生豆藤攀附生長，也可作爲納凉佳處。此稱清代已行用。《豆棚閒話·朝奉郎揮金倡霸》："天色乍晴，就有人在豆棚下等説古話哩，我們就去。"

第三節　收穫器具、設施考

"收穫器具、設施"指收割農作物的器具、設施及相關附屬品，本節以器具、設施爲序，依次考辨。

銍

一種較短的鐮刀，主要用來割取禾穗，有銅銍、鐵銍等。它是從原始農業收穫工具石刀、蚌刀發展而來的，早期的銍保留了石刀、蚌刀的形態。如河北平山靈壽城出土的陶銍範和雲南呈貢出土的銅銍，其形狀都是仿製有孔石刀的。安徽貴池和江蘇句容出土的銅銍則呈腰子形蚌殼狀，刃部鑄有斜綫紋鋸齒，更爲鋒利，可明顯看出是按蚌刀仿製的，也是蚌刀向鐮刀演變過程中的過渡形態。春秋以前使用的是銅銍，戰國以後則多爲鐵銍。漢代以後，鐵銍逐漸消退，鐵鐮成爲主要的收穫農具，但是銍并

未完全消失，至今在華北農村尚有使用，稱之爲"爪鐮"或"掐刀"，遼寧省也叫作"撚刀"。此稱先秦時期已行用。《詩·周頌·臣工》："命我衆人，庤乃錢鎛，奄觀銍艾。"《管子·輕重乙》："一農之事，必有一耜、一銚、一鐮、一鎒、一椎、一銍，然後成爲農。"《漢書·王莽傳中》："予之西巡，必躬載銍，每縣則稅，以勸西成。"《釋名·釋

銍
（元王禎《農書》）

用器》：“銍，穫禾鐵也。”《説文·金部》：“銍，穫禾短鐮也。”宋劉敞《九月二十五日召赴後苑觀稻》詩：“覽物秋成後，回輿銍艾前。”宋彭汝礪《寄二弟時在白彪莊》詩：“隄防詢故老，銍艾倚新甿。”宋陸游《古風》詩之二：“嘉禾終銍艾，豈獨草見耘。”元王禎《農書·銍艾門》：“銍，穫禾穗刃也。《臣工》詩曰：‘奄觀銍艾。’《書·禹貢》曰：‘二百里納銍。’《小爾雅》云：‘截穎謂之銍。’截穎，即穫也。據陸氏《釋文》云：‘銍，穫禾短鐮也。’《纂文》云：‘江湖之間，以銍爲刈。’《説文》云：‘此則銍器，斷禾聲也，故曰銍。’《管子》曰：‘一農之事，必有一椎一銍，然後成爲農。’此銍之見于經傳者如此。誠古今必用之器也。’”明宋應星《野議·民財議》：“銍鐮筐箔未藏，室中業已懸罄。”明徐光啓《農政全書》卷一六：“是歲越境大旱，如諸暨新嵊赤地數百里，農夫無事於銍艾，獨上虞大熟，餘姚次之。”清周亮工《拿口父老襃米見貽感其意賦此》：“共冀弓刀齊化犢，長犁短銍滿西疇。”

銍
（明徐光啓《農政全書》）

艾

收割穀物和割草的農具。由弧形的刀片和木柄構成。有的刀片上帶小鋸齒。此稱先秦時期已行用，亦作“刈”，漢代江淮陳楚之間亦稱“銘”“鎺”。《墨子·備城門》：“城上九尺，一弩、一戟、一椎、一斧、一艾，皆積參石蒺藜。”孫詒讓閒詁：“艾，刈之借字。”《國語·齊語》：“時雨既至，挾其槍、刈、耨、鎛，以旦暮從事於田野。”韋昭注：“刈，鐮也。”亦見《管子·小匡》。尹知章注：“皆農器也。”元王禎《農書·銍艾門》：“艾，穫器，今之鈎鐮也。《方言》曰：‘刈，江淮陳楚之間謂之鉊，或謂之鍋，自關而西或謂之鈎，或謂之鐮，或謂之鍥。’《詩》：‘奄觀銍艾。’釋音义，韻作芟草，亦作刈。賈《策》：‘若艾草菅。’注：‘艾，讀曰刈。’古艾從草，今刈從刀，宜通用。”

【刈】

同“艾”。此體先秦時期已行用。見該文。

【銘】

即艾。此稱漢代已行用。見該文。

【鎺】

即艾。此稱漢代已行用。見該文。

鐮

一種長條形帶鋸齒的收割穀物的農具，由弧形的刀片和木柄構成。鐮最早是石鐮和蚌鐮，要捆綁在木柄上纔能使用。在河北武安磁山和河南新鄭裴李崗新石器時代遺址都發現距今約八千年的石鐮。商周時期出現了青銅鐮刀，江西新幹大洋洲商代墓葬出土的幾件銅鐮，其形制已與戰國西漢的鐵鐮差不多。大致從戰國開始，鐵鐮逐漸取代銅鐮。西漢以後，銅鐮已基本消失。作爲收割禾秸的鐵鐮，自漢代開始已基本定型，此後變化并不太大，一直沿用至今。此稱先秦時期已行用，漢代亦作“鐮”。《管子·乘馬》：“藪，鐮纏得入焉，九而當一。”漢劉向《説苑·敬慎》：“〔丘吾子〕擁鐮帶索而哭。”北魏賈思勰《齊民要術·水稻》：“稻苗長七八寸，陳草復起，以鐮侵水芟之。”宋范成大《刈麥行》：“腰鐮刈熟趁晴歸，明朝雨來麥沾泥。”宋宋祁《湖上見擔稻者》詩：“壓塍霜稻報豐年，鐮響枷鳴野日天。”元王禎《農書·銍艾門》：“鐮，刈禾曲刀也。《釋名》曰：‘鐮，廉也，薄其所刈，似廉者也。’又作鎌。《禮》：‘薙氏掌殺草，春始生而萌之，夏日至而夷之。’

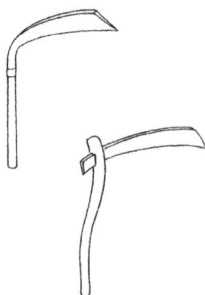

鐮
（元王禎《農書》）

鄭康成謂：‘夷之，鉤鐮迫地芟之也，若今取茭矣。’《風俗通》曰：‘鐮刀自揆，積劲蕘之效。’然鐮之制不一，有佩鐮，有兩刃鐮，有袴鐮，有鉤鐮，有鐮柯之鐮，皆古今通用芟器也。”明徐光啓《農政全書》卷二五：“令人驅鳥，稻苗長七八寸，陳草復起，以鐮侵水芟之，草悉臞死，稻苗漸長。”明胡奎《丹陽郭外》詩：“茜裙女兒青髻鬟，腰鐮刈麥夕陽間。”清查慎行《古詩四章上座主孝感相國壽》之一：“立極奠六鼇，清剛礪鐮鍔。”參見本節“艾”文。

【鎌】

同“鐮”。此體漢代已行用。見該文。

【刀鐮】

即鐮。此稱漢代已行用，宋代亦作“刀鐮”。漢王充《論衡·累害》：“卒然牛馬踐根，刀鐮割莖，生者不育，至秋不成。”唐韓愈《苦寒》詩：“肌膚生鱗甲，衣被如刀鐮。”宋陳襄《詠雪》詩：“垂枝多線縷，髯物利刀鐮。”宋梅堯臣《冬日送遏上人》詩：“霜風刮地如刀鐮，鳥不遠飛魚已潛。”明劉基《以野狸餉石末公因侑以詩》：“老刓起頓足，心如刺刀鐮。”

【刀鐮】

同“刀鐮”，即鐮。此體宋代已行用。見該文。

【鐮刀】

即鐮。此稱漢代已行用，宋代亦作“鐮刀”。元王禎《農書·銍艾門》引《風俗通》：“鐮刀自揆，積劲蕘之效。”宋何薳《春渚紀聞·草制汞鐵皆成庚》：“軍士於澤中鐮取馬草，晚歸，鐮刀透成金色。”宋李昉等《太平御覽》卷七六四：“鐮刀，有葵積劲蕘之效。”明何良臣《陣紀》卷二：“也如鳳嘴刀、三尖兩刃刀、斬馬刀、鐮刀、苗刀、……長刀、提刀之類，各有妙用。”明樊阜《田間雜咏八首》其六：“丁男備鐮刀，曉起出城郭。”《欽定大清會典則例》卷一三九：“每丁給鐮刀一，鐝一。”

【鎌刀】

同“鐮刀”，即鐮。此體宋代已行用。見該文。

【鉤】

即鐮。此稱漢代已行用，亦稱“刈鉤”，亦作“鉤”“刉”，元代亦稱“刈鉤”。《淮南子·氾論訓》：“木鉤而樵，抱甀而汲。”高誘注：“鉤，鐮也。”漢揚雄《方言》卷五：“刈鉤，自關而西或謂之鉤，或謂之鐮。”《說文·刀部》：“刉，鐮也。从刀，句聲。”段玉裁注：“刉亦作鉤。《周禮·薙氏》‘夏日至而夷之’，注云：‘以鉤鐮迫地芟之也。’”《漢書·循吏傳·龔遂》：“諸持鉏鉤田器者，皆爲良民。”《急就篇》卷三：“鈐鑺鉤銍斧鑿鉏。”《新唐書·禮樂志五》：“皇后受鉤，采桑，典制以筐受之。”清姚文田、嚴可均《說文校議》：“按《方言》‘自關而西或謂之鉤’，鉤即刉，同聲。”參見本節“艾”文。

【鉤】

同“鉤”，即鐮。此體漢代已行用。見該文。

【刉】

同“鉤”，即鐮。此體漢代已行用。見該文。

【刈鉤】

即鉤，亦即鐮。此稱漢代已行用。見該文。

【刈鈎】

即鉤，亦即鐮。此稱元代已行用。見該文。

【鉤鐮】

即鐮。此稱漢代已行用，亦作"鉤鐮"，南北朝時期又作"鉤鐮""刏鐮"，宋代另作"鈎鐮"，明代另作"勾鐮"。《周禮·秋官·薙氏》"夏日至而夷之"漢鄭玄注："夷之以鉤鐮，迫切芟之也。"漢王充《論衡·量知篇》："山野草茂，鉤鐮斬刈，乃成道路也。"北齊劉晝《新論·適才》："棠谿之劍，天下之銛也，用之穫穗，曾不如鉤鐮之功也。"北魏賈思勰《齊民要術·種穀》引《氾勝之書》："苗長不能耘之者，以刏鐮比地刈其草矣。"宋劉學箕《西巖觀瀑水簡沈莊仲三首》其三："暮雲新月一鉤鐮，歸路溪風動碧蒹。"元王禎《農書·銍艾門》："艾，魚肺切，穫器，今之刏鐮也。"明劉基《誠意伯文集》卷六："君欲任賢，當如用器，惟能避短而庸長乃克奏功而濟事，是故驊騮騄駬，以之運磨，不若蹇驢之能；干將莫耶，以之刈草，不若鉤鐮之利。"明王冕《過山家》詩："勾鐮插腰背負薪，白頭半岸烏葛巾。"清《欽定授時通考》卷三九："然鐮之制不一，有佩鐮，有兩刃鐮，有袴鐮，有鉤鐮，有鐮柯之鐮，皆古今通用芟器也。"參見本節"艾"文。

【鉤鐮】

同"鉤鐮"，即鐮。此體漢代已行用。見該文。

【鈎鐮】

同"鉤鐮"，即鐮。此體南北朝時期已行用。見該文。

【刏鐮】

同"鉤鐮"，即鐮。此體南北朝時期已行用。見該文。

【鈎鐮】

同"鉤鐮"，即鐮。此體宋代已行用。見該文。

【勾鐮】

同"鉤鐮"，即鐮。此體明代已行用。見該文。

【鐾】

即鐮。此稱南北朝時期已行用。南朝宋顏延之《重釋何衡陽書》："令鐾斧鑄刀，利害寢端。"一本作"鑒"。南朝宋何承天《答顏光禄》："牛山之木，剪性於鑒斧。"《玉篇·金部》："鐾，青州人呼鐮。"

【鑒】

同"鐾"，即鐮。此體南北朝時期已行用。見該文。

【吉鑺】

即鐮。此稱明代已行用，亦稱"鐮刀"。明李翊《俗呼小録》："鐮刀謂之吉鑺。"

【鐮刀】

即吉鑺，亦即鐮。此稱明代已行用。見該文。

腰鐮

指腰部所佩的鐮刀。此稱清代已行用。清沈岸登《尾犯·筍》詞："記紫薑畦畔，載取腰鐮，山廚先煮。"

鉊

一種比較輕便的鐮刀，多用於收割莊稼。此稱先秦時期已行用。《管子·輕重己》："耜耒耨懷，鉊鉿叉橿，權渠繩縷，所以御春夏之事也。"劉績注："鉊，鐮也。"《方言》第五："刈鉤，江、淮、陳、楚之間謂之鉊，或謂之鎬。自關而西或謂之鉤，或謂之鐮，或謂之鍥。"

《太平御覽》卷三三八引《石勒別傳》："石勒，永康中流宕山東，寄旅平原，師勸家備耕，耳恒聞鼓角鞞鐃鐸之音，勒異之。"唐李商隱《行次西郊作一百韻》："饋餉多過時，高估銅與鉊。"宋程俱《借葉内翰畫令小江模寫》詩："願從公借此妙景，已具束絹和丹鉊。"明楊基《贈鑷工王生》詩："鉊華拂刃秋霜飛，兩點春山愁不起。"明陳繼《先妣吳孺人墓版文》："操鉊荷鎛，與奴共力畦圃。"清弘曆《古中盤放歌》詩："鉊華洗盡饒本色，南國猶嫌時世裝。"

鐖

一種大鐮刀。此稱漢代已行用，亦稱"劓"，宋代又稱"鑌"。《史記・淮南衡山列傳》："今吾國雖小，然而勝兵者可得十餘萬，非直適戍之衆，鐖鑿棘矜也。"裴駰集解引徐廣曰："大鐮謂之劓，音五哀反。或是鐖乎？"《説文・刀部》："劓，大鐮也。"段玉裁注："謂可切地芟刈也。《金部》曰：'鉊，大鐮也。'"《集韻・微韻》："鐖，大鐮。"又《庚韻》："鑌，大鐮也。"元陳椿《熬波圖・樵斫柴薪》："長鐖瑩如雪，動手即披靡。"

【劓】

即鐖。此稱漢代已行用。見該文。

【鑌】

即鐖。此稱宋代已行用。見該文。

長鐮

一種長柄鐮刀，兼用作農具與兵器。此稱先秦時期已行用，亦作"長鎌"，亦稱"大鐮"。《墨子・備城門》："十步一長鐮，柄長八尺。"孫詒讓閒詁："《説文・金部》云：'鐮，鍥也。'《刀部》云：'剴，鐮也。'《方言》云：'刈鉤，自關而西或謂之鉤，或謂之鐮。'《六韜・軍用篇》云：'艾草木大鐮，柄長七尺以上，三百枚。'"一本作"長鎌"。晉干寶《搜神記》卷一八："預以長鐮，伺其還，未敢斫婦。"元王禎《農書・耮麥門》："麥釤，芟麥刃也。《集韻》曰：'釤，長鐮也。'然如鐮長而頗直，比鑷薄而稍輕，所用斫而劅之，故曰釤。"明王世貞《戚將軍贈寶劒歌》其六："腰下長鐮來便姤，不須風雨論雄雌。"明王翰《中留道中》詩："長鐮在腰來婦女，小籃負背走兒童。"清方式濟《龍沙紀畧》："卜魁官馬千，牛千，羊萬，歲計其孳，息均賞三城軍卒，默爾根艾渾各遣人來應打草役，皆腰長鐮，著樺皮冠。"

【長鎌】

同"長鐮"。此體先秦時期已行用。見該文。

【大鐮】

即長鐮。此稱先秦時期已行用。見該文。

【釤鐮】

即長鐮。此稱晉代已行用，亦稱"釤"，元代又稱"釤刃"。晉葛洪《抱朴子・外篇・逸民》："推黄鉞以適釤鐮之持，撓華旗以入林杞之下乎！"《玉篇・金部》："釤，大鐮也。"唐韓愈《鳳翔隴州節度使李公墓誌銘》："益市耕牛，鑄鎛釤鉏劚，以給農之不能自具者。"廖瑩中校注："釤，大鐮也。"元許有壬《鐽麥次明初韻》："壯夫舞釤曝將槁，饑婦念餅喜欲顛。"元王禎《農書・收穫篇》："今北方收麥多用釤刃、麥綽，釤麥覆於腰後籠内，籠滿則載而積於場，一日可收十餘畝，較之南方以鐮刈者，其速十倍。"明徐光啓《農政全書》卷二六："北方芟麥，用釤、綽、腰籠，一人日可收麥數畝。"明賈仲名《蕭淑蘭》第二折："一迷裏口似潑釤怎撲揢，那裏肯周而不比且包含。"

【釤】

　　即釤鐮，亦即長鐮。此稱晋代已行用。見該文。

【釤刃】

　　即釤鐮，亦即長鐮。此稱元代已行用。見該文。

推鐮

　　一種執柄而推的收割農具。此稱元代已行用。元王禎《農書·銍艾門》："推鐮，欽禾刃也。如蕎麥熟時，子易焦落，故製此具，便於收欽。形如偃月。用木柄，長可七尺，首作兩股短叉，架以横木，約二尺許，兩端各穿小輪圓轉，中嵌鐮，刀前向。仍左右加以斜杖，謂之蛾眉杖，以聚所劃之物。凡用，則執柄就地推去，禾莖既斷，上以蛾眉杖約之，乃回手左攏成稊，以離舊地，另作一行。子既不損，又速於刀刈數倍。此推鐮體用之效也。"

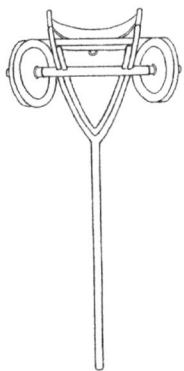

推鐮
（元王禎《農書》）

柄

　　鐮刀柄。此稱南北朝時期已行用，亦稱"鐮柄"。《玉篇·木部》："柄，鐮柄也。"宋楊公遠《次金東園農家雜詠》："買酒割雞柄杜後，踏歌摋鼓鬧清明。"元王禎《農書·麻苧門》："刈刀，穫麻刃也，或作兩刃，但用鐮柄旋插其刃，俯身控刈，取其平穩便易。"明徐光啓《農政全書》卷二二略同。

【鐮柄】

　　即柄。此稱南北朝時期已行用。見該文。

鍥

　　一種類似鐮刀的農具。此稱漢代已行用，宋代亦稱"彎刀"，亦作"鏍"，明代又稱"鍥刀"。《説文·金部》："鍥，鐮也。"宋程垣《樵家》詩："結侣腰彎刀，破衲補更厚。"元王禎《農書·銍艾門》："鏍，似刀而上彎，如鐮而下直。其背如指厚，刃長尺許，柄盈二握。江淮之間恒用之。《方言》云：'自關而西謂之鉤，江南謂之鍥。'鍥、鏍，《集韻》通用。又謂之彎刀，以刈草禾，或斫柴篠，可代鐮、斧，一物兼用，農家便之。"明徐光啓《農政全書》卷二二略同。《二刻拍案驚奇》卷一九："拿着鍥刀，望山前地上下手斫時，有一棵草甚韌，刀斫不得。"參見本節"艾"文。

鏍
（元王禎《農書》）

【鏍】

　　同"鍥"。此體宋代已行用。見該文。

【彎刀】

　　即鍥。此稱宋代已行用。見該文。

【鍥刀】

　　即鍥。此稱明代已行用。見該文。

劃刀

　　一種開墾荒地的復合式農具。此稱元代已行用，明代亦作"劃刀"，亦稱"劃"。元王禎《農書·銍艾門》："劃刀，《集韻》與'劃'同。

關荒刃也。其制如短鐮，而背則加厚。嘗見開墾蘆葦、蒿萊等荒地，根株駢密，雖強牛利器，鮮不困敗。故于耕犂之前，先用一牛引曳小犂，仍置刃裂地；關及一壟，然後犂鑱隨過覆墢，截然省力過半。

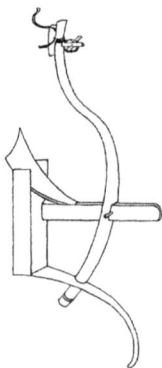

劃刀
（元王禎《農書》）

又有於本犂轅首里邊就置此刃，比之別用人畜尤省便也。”明徐光啓《農政全書》卷六：“如泊下蘆葦地內，必用劃刀引之，犂鑱隨耕，起撥（墢）特易，牛乃省力。”明蘇伯衡《望雲亭志》：“遂劃劙解剝，鷺若、鶴若、裂帛若，東西散去，煇然日出。”《三才圖會·器用》“劃刀”：“關荒刃也。其制如短鐮而背則加厚。”

【劃刀】

同“劃刀”。此體明代已行用。見該文。

【劃】

即劃刀。此稱明代已行用。見該文。

斧

一種用於砍伐的農具，由楔形縱刃斧頭和木質斧柄構成。石器時代出現石斧、蚌斧等，商周時代又出現銅斧、鐵斧等。此稱先秦時期已行用，亦作“鈇”。《詩·齊風·南山》：“析薪如之何？匪斧不克。”《墨子·備穴》：“難近穴，爲鐵鈇，金與扶林長四尺，財自足。”岑仲勉簡注：“鈇，斧也。‘金與扶林’，孫（孫詒讓）疑扶林爲鈇枋之訛，余疑應作‘鈇與柄’（鈇字誤分爲‘金、扶’兩字），謂鈇連柄共長四尺。”《列子·説符》：“人有亡鈇者，意其

鄰之子。”《説文·斤部》：“斧，斫也。”段玉裁注：“斧之爲用廣矣，斤則不見於他用也。”王筠句讀：“斤之刃橫，斧之刃縱，其用與钁相似，不與刀鋸相似。”漢王充《論衡·量知》：“屋廡則用斧斤，牆壁則用築鍤。”宋陸游《老學庵筆記》卷一：“蜀人爨薪皆短而麤……不可遽燒，必以斧破之。”元王禎《農書·銍艾門》：“斧：《釋名》曰：‘斧，甫，始也。凡將製器，始以斧伐木已乃製之也。’《周書》曰：‘神農作陶冶斧，破木爲耒耜、鋤、耨，以墾草莽，然後五穀興。’其柄爲柯。然樵斧、桑斧，制頗不同：樵斧狹而厚，桑斧闊而薄，蓋隨所宜而製也。今農夫耕作之際，修整佃具，隨身尤不可關者。”

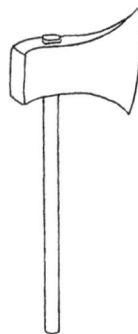

斧
（元王禎《農書》）

【鈇】[2]

同“斧”。此體先秦時期已行用。見該文。

【斧子】

即斧。此稱唐代已行用。《新唐書·五行志二》：“鐮柯不鑿孔，斧子不施柯。”宋釋普濟編《五燈會元·南泉普願》：“師見僧斫木次，師乃擊木三下，僧放下斧子，歸僧堂。”《三寶太監西洋記》第一六回：“只是那個皇木原是深山之中採來的，俱有十抱之圍，年深日久，性最堅硬，斧子急忙的砍不進，鑿子急忙的錐不進，鏟子急忙的鋤不進，鋸子急忙的鐦不進，鑽子急忙的銑不進，箭子急忙的釘不進，鉋子急忙的推不進。”《二十年目睹之怪現狀》第一二回：

"當時巡丁、扦子手，七手八脚的，拿斧子、劈柴刀，把棺材劈開了。"

斨

方形銎孔（斧上裝柄的孔）的斧子。此稱先秦時期已行用。《詩·豳風·破斧》："既破我斧，又缺我斨。"《說文·斤部》："斨，方銎斧也。"段玉裁注："銎者，斤斧空也。毛傳曰：'隋（橢）銎曰斧，方銎曰斨。'"明無名氏《霞箋記·驛亭奇遇》："混軍中執斨，不見翠眉娘，偷睛轉凝望。"清畢沅《釋名疏證》卷七："斧斨同類，唯銎稍異。銎，受柄之穿也。"按：斧與斤之別在刃，斧爲楔形縱刃，爲砍斫器，與後世所用斧子同；斤爲楔形橫刃，爲平木器，蓋後世所謂錛也，俗稱"錛子"或"平頭斧"。斧與斨之別在銎，銎爲橢圓形者稱斧，銎爲長方形者稱斨。

銎[1]

斧上裝柄的孔。此稱先秦時期已行用。《詩·豳風·七月》："取彼斧斨"毛傳："斨，方銎也。"《墨子·備穴》："以金劍爲難，長五尺，爲銎、木屎。"

斫

斧刃。此稱先秦時期已行用。《墨子·備穴》："斧以金爲斫。"孫詒讓閒詁："斫，亦即斧刃。"

斧柯

斧柄，斧體上的木質部件。此稱先秦時期已行用。《逸周書·和寤》："毫末不掇，將成斧柯。"漢賈誼《新書·審微》："焰焰弗滅，炎炎奈何；萌芽不伐，且折斧柯。"唐陳子昂《感遇》詩之一二："誰見枯城蘖，青青成斧柯。"

斧腦

斧背。此稱宋代已行用。宋文天祥《平反楊小三死事刑》："然其不用斧之鋒，而止以斧腦行打，是殆非其有殺心者。"清佚名《說唐全傳》第五回："這番程咬金拚了命，原利害的，不管斧口斧腦，亂砍亂打。這些番兵那裏當得住，只得往西城去報元帥了。"

斧頭

斧體上的楔形金屬部件，代指斧子。此稱宋代已行用。宋李昉等《太平廣記》卷三六五《妖怪七》："李師古治山亭，掘得一物，類鐵斧頭。"宋佚名《錯斬崔寧》："那人急了，正好没出豁，却見明晃晃一把柴斧頭正在手邊。"《水滸傳》第五三回："李逵搶將入去，提起斧頭，便望羅真人腦門上劈將下來。"《二十年目睹之怪現狀》第四五回："畫了一個人，拿了一雙斧頭砍一棵桃樹。"

斤[1]

砍伐木頭的斧子，由楔形橫刃斧頭和木質斧柄構成。此稱先秦時期已行用。《左傳·哀公二十五年》："皆執利兵，無者執斤。"杜預注："斤，工匠所執。"《逸周書·文傳》："山林非時不升斤，以成草木之長。"漢賈誼《治安策》："至于髖髀之所，非斤則斧。"《說文·斤部》："斤，斫木斧也。"段玉裁注："此依小徐本。凡用斫物者皆曰斧，斫木之斧則謂之斤。横者象斧頭，直者象柄。其下象所斫木。"《宋書·臧質傳》："執藥隨親，非情謬於甘苦；揮斤斬毒，豈忘痛於肌膚。"唐柳宗元《行路難》："虞衡斤斧羅千山，工命採斫杙與椽。"元揭傒斯《與尚書右丞相書》："牛之肯綮，逢庖丁之刃則解；木之盤錯，遇匠石之斤則離。"《聊齋志異·香玉》:“道士將建屋，有一耐冬礙其營造，工師將縱斤矣。”

斤[2]

一種似鋤而小的農具。此稱先秦時期已行用。《國語·齊語》:“美金以鑄劍戟，試諸狗馬；惡金以鑄鉏夷斤斸，試諸壤土。”韋昭注:“斤，形似鉏而小。”唐元稹《田家詞》:“重鑄耬犁作斤斸，姑舂婦擔去輸官，輸官不足歸賣屋。”斸，一本作“劚”。

鋸

一種剖開木料等的工具，由鋸把、鋸梁、鋸條等部件組成。通過推拉鋸條，將物分解。此稱先秦時期已行用。《墨子·備城門》:“門者，皆無得挾斧斤鑿鋸椎。”北魏賈思勰《齊民要術·種麻子》:“《氾勝之書》曰……其樹大者，以鋸鋸之。”唐柳宗元《梓人傳》:“顧而指曰鋸彼，執鋸者趨而左。”元王禎《農書·銍艾門》:“鋸：解截木也。《古史考》曰：‘孟莊子作鋸。’《説文》曰：‘鋸，槍唐也。’《莊子》曰：‘禮若亢鋸之柄。’又曰：‘天下好智，而百姓求竭矣，於是乎釿鋸制焉。’太公《農器篇》云‘钁、鍤、斧、鋸’，此鋸爲農器尚矣。今接博桑果不可闕者。”明徐光啓《農政全書》卷二二略同。明宋應星《天工開物·鋸》:“凡鋸，熟鐵鍛成薄條，不鋼，亦不淬健。出火退燒後，頻加冷錘堅性，用鎈開齒。兩頭銜木爲梁，糾篾張開，促緊使直。長者剖木，短者截木，齒最細者截竹。齒鈍之時，頻加鎈鋭，而後使之。”

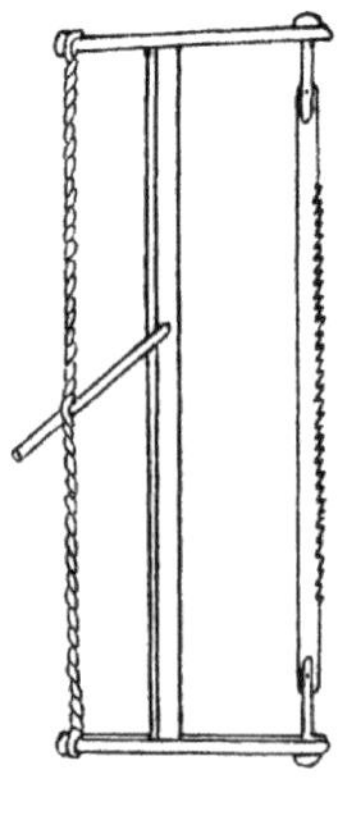

鋸
（元王禎《農書》）

鋸齒

鋸條上的尖齒。此稱漢代已行用。《抱朴子外篇·博喻》:“抱朴子曰：官達者才未必當其位，譽美者實未必副其名。故鋸齒不能咀嚼，箕舌不能別味，壺耳不能理音，屩鼻不能識氣，釜目不能攄望舒之景，牀足不能有尋常之逝。”明宋應星《天工開物·鎈》:“開鋸齒用茅葉鎈。”

鋸梁

撐着鋸把的木梁。此稱明代已行用。明鄭之珍《目連救母勸善戲文》卷下:“鋸梁正正無偏無偏，鋸齒個個剛堅剛堅，二人忙把鋸來牽，鋸你做兩半邊。”

鏍

一種用以割禾的刀刃。此稱宋代已行用，元代亦稱“粟鏍”。元王禎《農書·銍艾門》:“粟鏍，截禾穎刃也。《集韻》云：‘鏍，剛也。’其刃長寸許，上帶圓銎，穿之食指，刃向手內。農人收穫之際，用摘禾穗。與銍形制不同，而名亦异，然其用則一，此特加便捷耳。”

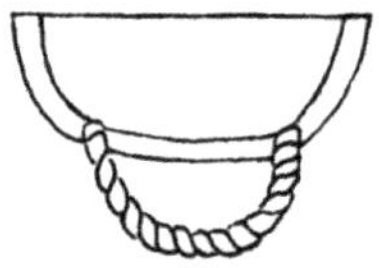

粟鏍
（元王禎《農書》）

【粟鏍】

即鏍。此稱元代已行用。見該文。

麥釤

一種長柄似鐮的割麥刀。此稱元代已行用。元陳柏《麥釤》:“利刃由來與鐙同，豈知芟麥有殊功。回看萬頃黃雲地，不用鉤鐮捲已空。”元王禎《農書·麰麥門》:“麥釤，芟麥刃也。

《集韻》曰：'釤，長鐮也。'狀如鐮，長而頗直，比鑷薄而稍輕。所用斫而劃之，故曰釤。用如鑷也，亦曰鑷。其刃務在剛利，上下嵌繫綽柄之首，以芟麥也。比之刈穫，功過累倍。"明徐光啓《農政全書》卷二四略同。清《欽定授時通考》卷三九："今北方多用麥釤、麥綽，釤麥覆于腰後籠內，籠滿則載而積于場，一日可收十餘畝，較之南方以鐮刈者，其速十倍。"

麥釤
（元王禎《農書》）

捃刀

一種拾取麥穗的農具。多用於莖棵倒伏嚴重、莖穗狼藉的地塊，不易使用鐮刀收割時，可用捃刀芟拾穗頭。此稱元代已行用，亦稱"拾麥刀"。元王禎《農書·犁麥門》："捃刀，《集韻》云：'捃，拾也。'俗謂拾麥刀。刃長可五寸，闊近二寸。上下竅繩穿之，繫於指腕，隨手芟穫，取其便也。麥禾既熟，或收刈不時，莖穗狼籍，不能净盡，單貧之人，得以取其遺滯。《詩》所謂：'此有滯穗，伊寡婦之利。'蓋捃拾之間，用此器也。"明徐光啓《農政全書》卷二四略同。

捃刀
（元王禎《農書》）

【拾麥刀】

即捃刀。此稱元代已行用。見該文。

桑斧

采伐桑葉的斧子。此稱唐代已行用，元代亦稱"斫斧"。唐張祜《題曾氏園林》詩："斫樹遺桑斧，澆花溼筍鞋。"宋吳處厚《青箱雜記》卷六："王公隨雅嗜吟詠，有《宮詞》云：'一聲啼鳥禁門靜，滿地落花春日長。'又《野步》云：'桑斧刊春色，漁歌唱夕陽。'皆公應舉時行卷所作也。"元王禎《農書·蠶桑門》："斫斧，桑斧也。其斧鋬匾而刃闊，與樵斧不同。《詩》謂：'蠶月條桑，取彼斧斨，以伐遠揚。'《士農必用》云：'轉身運斧，條葉偃落於外。'即謂'以伐遠揚'也。凡斧所剝斫，不煩再刃者爲上；至遇枯枝勁節，不能拒遏，又爲上；如剛而不闞，利而不乏，尤爲上也。然用斧有法，必須轉腕回刃向上斫之，枝查既順，津脉不出，則葉必復茂。故農語云：'斧頭自有一倍葉。'以此知科斫之利勝，惟在夫善用斧之效也。"

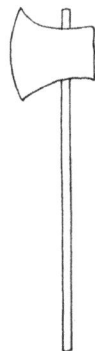

斫斧
（元王禎《農書》）

【斫斧】

即桑斧。此稱元代已行用。見該文。

採桑鈎

采桑所用的鈎子。此稱唐代已行用，宋代亦稱"桑鈎"，元代亦作"採桑鈎"，清代又稱"桑鈎"。《舊唐書·蕭宗紀》："十一曰皇后採桑鈎，長五六寸，細如箸屈，其末似真金，又似銀。"宋梅堯臣有《桑鉤》詩。元王禎《農書·蠶桑門》:"桑鉤,採桑具也。凡桑者,欲得遠揚枝葉引近就摘,故用鉤木以代臂指板援之勞。昔后妃、世婦以下親蠶,皆用筐、鉤採桑。唐蕭宗上元初,獲定國寶十三,内有採桑鉤一。以此知古之採桑,皆用鉤也。然北俗伐桑而少採,南人採桑而少伐。歲歲伐之,則樹脉易衰;久久採之,則枝條多結。欲南北隨宜,採斫互用,則桑斧、桑鉤各有所施。故兩及之,不致偏廢。"清毛奇齡《菩薩蠻》詞:"錦帶約桑鉤,使君南陌頭。"

桑鉤
（元王禎《農書》）

【採桑鉤】

同"採桑鉤"。此體元代已行用。見該文。

【桑鉤】

即採桑鉤。此稱宋代已行用。見該文。

【桑鉤】

即採桑鉤。此稱清代已行用。見該文。

劖刀

采桑所用之刀。此稱元代已行用。元王禎《農書·蠶桑門》:"劖刀,剝桑刃也。刀長尺餘,闊約二寸,木柄一握。南人斫桑剝桑,俱用此刀。北人斫桑用斧,劖桑用鐮。鐮刃雖利,

劖刀
（元王禎《農書》）

終非本器,不若劖刀之輕且順也。若南人斫桑用斧,北人劖葉用刀,去短就長,兩爲便也。"

切刀

切桑所用之刀。此稱元代已行用。元王禎《農書·蠶桑門》:"切刀,斷桑刃也。蠶蟻時用小刀,蠶漸大時用大刀,或用漫鋤。蠶多者,又用兩端有柄長刃切之,名曰懶刀。先于長櫈上鋪葉匀厚,人於其上,俯按此刀,左右切之。一刃之利,可桑百箔。"

切刀
（元王禎《農書》）

刈刀

割麻所用之刀。此稱元代已行用。元王禎《農書·麻苧門》:"刈刀,穫麻刃也。或作兩刃。但用鐮柯,旋插其刃。俯身控刈,取其平穩便易。北方種麻頗多,或至連頃,另有刀

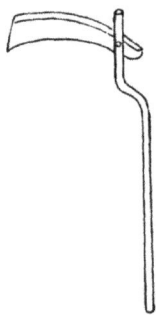

刈刀
（元王禎《農書》）

工,各具其器,割刈根莖,劖削梢葉,甚爲速效。《齊民要術》曰:麻,'勃如灰便刈。箓欲小,縛欲薄。……穫欲净。'此刈麻法也。南方惟用拔取,頗費工力,故錄於此,示其便也。"

苧刮刀

刮苧皮所用之刀。此稱元代已行用。元王禎《農書·麻苧門》:"苧刮刀,刮苧皮刃也。

煅鐵爲之，長三寸許，捲成槽，内插短柄。兩刃向上，以鈍爲用；仰置手中，將所剥苧皮横覆刃上，以大指就按刮之，苧膚即蜕。《農桑輯要》云：苧刈倒時，用手剥下皮，以刀刮之，其浮皴自去。又曰：苧，'剥取其皮，以竹刮其表，厚處自蜕，得裏如筋者，煑之，用績'。今制爲兩刃鐵刀，尤便於用。"

苧刮刀
（元王禎《農書》）

礪

質地較粗的磨刀石。此稱先秦時期已行用。《國語·楚語上》："若金，用女作礪。若津水，用女作舟。"漢劉向《説苑·建本》："學所以益才也，礪所以致刃也。"元王禎《農書·銍艾門》："礪：磨刃石也。……今農器鐮、斧、鑠、鐵之類，非礪不可，大小之家所必用也。"明沈采《千金記·定謀》："黄河一帶山如礪，惟有盟言不可更。"

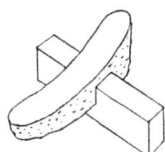

礪
（元王禎《農書》）

砥

質地較細的磨刀石。此稱先秦時期已行用。《書·禹貢》："礪砥砮丹。"孔傳："砥細於礪，皆磨石也。"《淮南子·修務訓》："劍待砥而後能利。"高誘注："砥，厲石也。"元周景《水龍吟》詞："幸自清江如砥，指黄爐、流鶯聲細。"明徐霖《繡襦記·策射頭名》："舍己從人

納諫辭，言路平如砥。"清薛福成《出使四國日記·光緒十七年正月十二日》："峻宇凌霄，大道如砥，喬木周列，行人不譁。"

磨石

磨刀石。此稱漢代已行用，亦稱"砥石"。《文選·枚乘〈上書諫吴王〉》有"磨礱砥礪"，唐李周翰注："皆磨石。"《淮南子·説山訓》："砥石不利，而可以利金。"漢王充《論衡·明雩》："砥石劘厲，欲求銛也。"《百喻經·就樓磨刀喻》："嫌刀鈍故，求石欲磨。乃於樓上得一磨石，磨刀令利。"《資治通鑑·漢成帝永始三年》："故爵禄束帛者，天下之砥石，高祖所以厲世摩鈍也。"

【砥石】

同"磨石"。此體漢代已行用。見該文。

旱石

堅固的石塊，指磨刀石。旱，通"悍"，堅固。此稱漢代已行用，宋代亦作"悍石"。《説文·厂部》："厲，旱石也。"徐鍇繫傳："旱石，麤悍石也。"段玉裁注："剛於柔石者也。"宋蘇軾《次韵王定國南遷回見寄》："土暈銅花蝕秋水，要須悍石相礱砥。"

【悍石】

同"旱石"。此體宋代已行用。見該文。

礦石

一種可製作磨刀石和石磨的粗石。此稱先秦時期已行用。《山海經·中山經》："又北三十五里，曰陰山，多礦石、文石。"晋郭璞注："礦石，石中磨者。"袁珂校注："言可以爲石磑者。"

几

供人登高踩踏以便采桑的器具。此稱南北

桑几
（元王禎《農書》）

朝時期已行用，元代亦稱"桑几"。元王禎《農書·蠶桑門》："桑几，狀如高橙，平穿二杌，就作登級。凡柔桑不勝梯附，須登几上，乃易得葉《齊民要術》云：採桑必須高几《士農必用》云：'擔負高几，遠樹上下。'今蠶家採彼女桑，茲爲便器。"

【桑几】

即几。此稱元代已行用。見該文。

桑網

盛桑葉的繩兜。此稱元代已行用。元王禎

桑網
（元王禎《農書》）

《農書·蠶桑門》："桑網，盛葉繩兜也。先作圈木，緣圈繩結網眼，圓垂三尺有餘，下用一繩紀爲網底。桑者挈之，納葉於內，網腹既滿，歸則解底繩傾之。或人挑負，或用畜力馱送，比之筐籃，甚爲輕便。北方蠶家多置之。"

耙

由原始農具耒演化而來，用以碎土平地、除草疏土、疏散穀物、聚攏柴草的尖齒類手工農具的統稱。齒數多寡不一，長短有異，多爲鐵製或竹木製。現代漢語中，鐵製的耙多寫作"鈀"，多用以碎土平地或芟除雜草；竹木製的耙則寫爲"杷"或"朳"，多用來疏散穀物、聚攏柴草。漢代已行用。山東省濟南市萊蕪區亓省莊西漢墓中出土有鐵耙陽範，範內有耙齒鑄槽八條，在全國屬首次發現。北魏賈思勰《齊民要術·種紫草》："尋壟以耙摟取整理。"自注曰："收草宜併手力，速竟爲良，遭雨則損草也。"元王禎《農書·鐵搭賦》云："有器與耙钁而各殊轍，用與耙钁而無別。"按：耙[1]（bà）和耙[2]（pá）是兩種不同的農具，雖其功用相類，但讀音不同，形制亦異。耙[1]是一種用牛牽引、碎土整地的復合式農具；耙[2]則是一種用人力碎土平地的手工農具。在古籍文獻中，通常與"犁""耢"連用者，多爲"耙[1]"，如"犁耙""耙耢"；與"鋤""钁"連用者，多爲"耙[2]"，如"鋤耙""耙钁"。

【渠疏】

即耙。此稱漢代宋魏之間已行用，亦稱"渠挐""淉挐"，唐代亦作"渠疏"，宋代又稱"淉挐"，明代還作"欋疏"。《方言》卷五："杷，宋魏之間謂之渠挐，或謂之渠疏。"郭璞注："無齒爲朳。"戴震疏證："《廣雅》'渠挐謂之杷’本此。渠挐亦作淶欂。”《玉篇·木部》：“欂，淶欂，杷也。”唐陸龜蒙《幽居賦》：“時牽掩殢，自把渠疏。”又《耒耜經》：“耕而後有爬，渠疏之義也。”《集韻·魚部》：“淶，宋、魏之間謂杷爲淶挐。通作渠。”方成珪考正：“《方言五》‘淶’作‘渠’，此蓋用僞本字。”明朱謀㙔《駢雅·釋器》：“渠挐、欋疏、渠疏、杷，朳也。”《欽定授時通考》卷三一：“耕而後有爬，渠疏之義也。散撥去芟者也。”

【渠疏】

同“渠疏”，即杷。此體唐代已行用。見該文。

【欋疏】

同“渠疏”，即杷。此體明代已行用。見該文。

【渠挐】

即渠疏，亦即杷。此稱漢代已行用。見該文。

【淶欂】

即渠疏，亦即杷。此稱漢代已行用。見該文。

【淶挐】

即渠疏，亦即杷。此稱宋代已行用。見該文。

杷頭

杷的頭部。此稱宋代已行用。宋蘇軾《吳中田婦歎》詩：“今年粳稻熟苦遲，庶見霜風來幾時，霜風來時雨如瀉，杷頭出菌鐮生衣。”

穀杷

一種攤曬穀物的農具。此稱元代已行用，亦稱“透齒杷”。元王禎《農書·杷朳門》：“後有穀杷，或謂透齒杷，用攤曬穀。”明徐光啓《農政全書》卷二二略同。

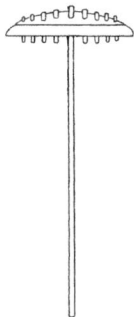

穀杷
（元王禎《農書》）

【透齒杷】

即穀杷。此稱元代已行用。見該文。

拖杷

一種集麥的農具。此稱元代已行用。元王禎《農書·犇麥門》：“拖杷，摟麥長杷也。首列二十餘齒，有短木柄，以批契繫腰曳之。嘗見麥野，爲風雨所損，而莖穗交亂，不能净鑆。故製此具，腰後縱橫摟之，仍手握柄鐮，芟其遺餘。所得稭穗，隨擁積之。有一杷畢功，得麥十餘斛者。”明徐光啓《農政全書》卷二四略同。

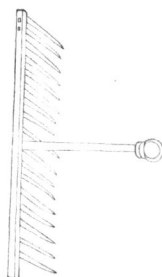

拖杷
（元王禎《農書》）

耘杷

一種耘稻的農具。此稱元代已行用，亦作“耘耙”。元王禎《農書·杷朳門》：“耘杷，以木爲柄，以鐵爲齒，用耘稻禾。”明徐光啓《農政全書》卷二二略同。一作“耘耙”。又：“或遇少旱或熇苗之後，壠土稍乾，荒薉復生，非耘耙、耘爪所能去者。”

耘杷
（元王禎《農書》）

【耘耙】

同“耘杷”。此體元代已行用。見該文。

竹杷

竹製之杷。此稱元代已行用。元王禎《農書·杷朳門》：“竹杷，場圃樵野間用之。”明徐光啓《農政全書》卷二二略同。

朳

無齒、無釘的木耙。此稱漢代已行用，元代亦作"耓"，明代亦稱"木朳""木杷"。《方言》卷五"朳"晉郭璞注："有齒曰杷，無齒爲朳。"北魏賈思勰《齊民要術·種棗》："〔曬棗法〕以朳聚而復散之，一日中二十度乃佳。"宋江休復《嘉祐雜誌》："每南風起，鹽結，須以朳翻轉，令風吹則堅實。"元王禎《農書·杷朳門》："朳，無齒杷也。所以平土壤，聚穀實。《説文》云：'無齒爲朳。'《禾譜》字作'戛'。周生烈曰：'夫忠謇，朝之杷朳；正人，國之埽篲。秉杷執篲，除凶掃穢，國之福，主之利也。'杷朳之爲器也，見於書傳，至今不替，其用爲不負紀録矣。"明徐光啓《農政全書》卷四○："以木朳打轉，澄清去水，是謂頭靛。"《水滸傳》第三二回："背後十數個人跟着，都拿木杷、白棍。"陳衍《元詩紀事·王禎》："〔王禎〕又圖畫所爲錢、鎛、耰、耬、耙、朳諸器，使民爲之。"按：今本王禎《農書·杷朳門》作"朳"。

竹杷

（明徐光啓《農政全書》）

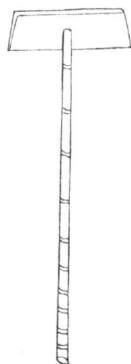

朳

（元王禎《農書》）

【耓】

同"朳"。此體元代已行用。見該文。

【木朳】

即朳。此稱明代已行用。見該文。

【木杷】

即朳。此稱明代已行用。見該文。

捌

無齒耙。此稱漢代已行用。《急就篇》卷三："捃穫秉把插捌杷。"顏師古注："無齒爲捌，有齒爲杷，皆所以推引聚禾穀也。"

籠

用竹子編製的有提手的盛物的容器，可用以盛土塊、桑柘等。此稱先秦時期已行用，漢代亦稱"笭""筊"，晉代又稱"籃"，元代還稱"笒筥"。《周禮·地官·遂師》："共丘籠。"賈公彥疏："云'共丘籠'者，土曰丘，謂共爲丘之籠器以盛土也。"《漢書·王莽傳上》："父子兄弟負籠荷鍤。"《方言》卷一三："籠，南楚江沔之間謂之笭。"《新唐書·逆臣傳上·安禄山》："帝爲禄山起第京師……帟幕率緹繡，金銀爲笒筥。"元王禎《農書·蓧蕢門》："籃：竹器。無係爲筐，有係爲籃。大如斗量。又謂之笒筥。農家用採桑柘，取蔬果等物，易挈提者。《方言》：'籠，南楚江沔之間謂之笭，或謂之筊。'郭璞云：'亦呼籃。'蓋一器而異名也。"

籃

（元王禎《農書》）

【笭】

即籠。此稱漢代已行用。見該文。

【筊】

　　即籠。此稱漢代已行用。見該文。

【籃】

　　即籠。此稱晋代已行用。見該文。

【筡筨】

　　即籠。此稱元代已行用。見該文。

篲

　　掃除、刷洗穢物或掃取糧食等的用具。多將植物束其幹，散其枝葉、毫端而成。此稱先秦時期已行用，漢代起亦稱"帚"，宋代起又稱"箒""篅"。《莊子·達生》："開之操拔篲以待門庭。"陸德明釋文："篲，帚也。"《禮記·曲禮上》："凡爲長者糞之禮，必加帚於箕上，以袂拘而退，其塵不及長者。"《南齊書·王思遠傳》："既去之後，猶令二人交帚拂其坐處。"《急就篇》卷三："箕，帚。"顏師古注："箕，可以簸揚及去糞；帚，所以掃刷。"唐薛能《寄終南隱者》詩："掃壇花入篲，科竹露霑衣。"宋李誡《營造法式·諸作料例二·磚作》："并灰刷塼牆之類，計灰一百五十斤，各用苕帚一枚。"宋程俱《即事戲作》詩之二"有人挾箒掃地待作粥"自注："數日門外輸苗，遺粒狼戾，黃雀喧集，貧家小兒争掃去，謂之'掃泥米'。"元袁桷《舟中雜詠》："白葦生寒沙，殘花搖敝帚。"元王禎《農書·蓧蕢門》："帚：今作箒，又謂之篲。《集韻》云：'少康作箕帚。'其用有二：一則編草爲之，潔除室内，制則區短，謂

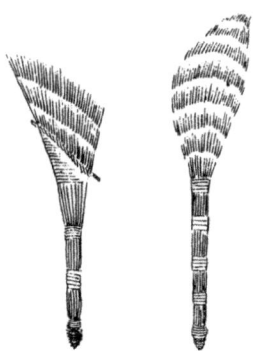

帚
（元王禎《農書》）

之條帚；一則束篠爲之，擁掃庭院，制則叢長，謂之埽帚。又有種生埽帚，一科可作一帚，謂之獨埽；農家尤宜種之，以備場圃間用也。"

【箒】

　　即篲。此稱漢代已行用。見該文。

【篅】

　　即篲。此稱宋代已行用。見該文。

【幕】

　　即篲。此稱宋代已行用。見該文。

【苕帚】

　　即篲。因取苕稈製作，故稱。此稱漢代已行用，晋代亦稱"篲箒"，南北朝時期又稱"掃篲"，隋代還稱"掃帚"，唐代另稱"篲箒"。元代亦作"苕帚""笤篲"。《周禮·夏官·戎右》："贊牛耳，桃茢"。漢鄭玄注："茢，苕帚，所以埽不祥。"晋葛洪《抱朴子·疾謬》："古人鑒淫敗之曲防，杜傾邪之端漸……縱而肆之，其猶烈猛火於雲夢，開積水乎萬仞，其可撲以箒篲，遏以撮壤哉！"《南齊書·劉休傳》："令休於宅後開小店，使王氏親賣掃篲皂莢以辱之。"《隋書·五行志上》："金作掃帚玉作把，净掃殿屋迎西家。"唐白居易《養竹記》："詢于關氏之老，則曰：此相國之手植者。自相國捐館，他人假居，繇是筐篚者斬焉，篲箒者刈焉。刑餘之材，長無尋焉，數無百焉。"宋楊萬里《五月三日早起步東園示幼輿子》詩之二："筼箕苕帚兩無蹤，竊果畦丁職不供。"元王和卿《撥不斷·長毛小狗》曲："你道你有似個成精物，咬人的笤篲。"元無名氏《舉案齊眉》第三折："剛備下布襖荆釵，又加着這一副苕帚簸箕。"《官場現形記》第三六回："老媽子又拏了一把苕帚，把他吐的東西，掃了出去。"《二十年目睹之怪現

狀》第一六回："猛攛頭看見他檐下挂着一把破掃帚。"

【苔帚】

同"苕帚"，即篲。此體元代已行用。見該文。

【笤帚】

同"苕帚"，即篲。此體元代已行用。見該文。

【蓧篲】

即苕帚，亦即篲。此稱晋代已行用。見該文。

【掃篲】

即苕帚，亦即篲。此稱南北朝時期已行用。見該文。

【掃帚】

即苕帚，亦即篲。此稱隋代已行用。見該文。

【篲篨】

即苕帚，亦即篲。此稱唐代已行用。見該文。

筦

一種裝有橫檔便於懸掛禾把防止霉變的架狀農具。此稱南北朝時期已行用，宋代亦作"筣"，元代起亦稱"筦架"。《玉篇・竹部》："筦：姑郎切，似琴有弦。《爾雅》曰：仲無筦。竹類也。"唐釋貫休《寄紫閣隱者》："苔上枯藤筦，

麥筦
（元王禎《農書》）

泉淋破石樓。"元王禎《農書・杷朳門》："筦，架也。《集韻》作筣，竹竿也。或省作筦。今湖湘間收禾，並用筦架懸之。以竹木構如屋狀，若麥若稻等稼，穫而藁之，悉倒其穗，控於其上。久雨之際，比於積垛，不致鬱浥。江南上雨下水，用此甚宜。北方或遇霖潦，亦可做此，庶得種糧，勝於全廢。今特載之，冀南北通用。"明徐光啓《農政全書》卷二二、清陳元龍《格致鏡原》卷四八略同。《農政全書》卷二四："此譜芟麥之器獨詳，以此類而推之，麥塲宜高廣，莊屋宜寬大，他如筦架、火炕如豫宜設處，以備不時之霖潦可也。"

【筣】

同"筦"。此體宋代已行用。見該文。

【筦架】

即筦。此稱元代已行用。見該文。

榜簇

一種用竹木條編結的晾曬作物的農具。此稱南北朝時期已行用。北魏賈思勰《齊民要術・種葵》："收待霜降。傷早黃爛，傷晚黑澀。榜簇皆須陰中。見日亦澀。"繆啓愉注："榜簇……指一種晾曬的工具。"元王禎《農書・蔬屬》："葵爲百菜之主，備四時之饌，本豐而耐旱，味甘而無毒，供食之餘可爲菹腊，枯枿之遺可爲榜簇。"

插²

一種挑禾束用的尖頭擔。此稱漢代已行用。《急就篇》卷三："捃、穫、秉、把、插、梱、杷。"顏師古注："插者，擔也。兩頭鐵銳，所以插刺禾束而擔之也。"

禾擔

一種肩挑或肩抬物品的農具。一般爲木製

或竹製，或扁或圓，皆長條形。此稱宋代已行用。宋胡寅《斐然集》卷一五：“岑朝持鎗就和尚妻阿劉分討所收禾，阿劉不與，岑朝便下田要奪取之時，阿劉將禾擔竿趕趁岑朝。”元王禎《農書·杷朳門》：“禾擔，負禾具也，其長五尺五寸。剡區木爲之者，謂之頓擔；斫圓木爲之者，謂之㧾擔。區者宜負器與物，圓者宜負薪與禾。《釋名》曰：‘擔，任也，力所勝任也。’凡山路崎嶇，或水陸相半，舟車莫及之處，如有所負，非擔不可。又田家收穫之後，塍埂之上，禾積星散，必欲登之場圃，荷此尤便。”明徐光啓《農政全書》卷二二略同。

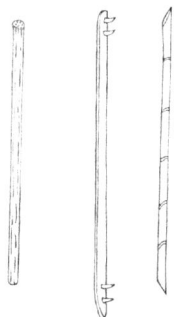

禾擔
（元王禎《農書》）

扁擔

一種扁木製作的禾擔。此稱宋代已行用，元代亦稱“頓擔”。《古尊宿語錄·佛眼普説語錄》：“一似村裏人把扁擔共上將軍鬥，我者裏七事隨身，手中是關羽八十斤刀，他便把扁擔劈頭打一棒。”《水滸傳》第九七回：“忽見崖畔林中走出一個樵者，腰插斧柯，將扁擔做個拐杖，一步一步捉腳兒走上崖來。”參見本節“禾擔”文。

【頓擔】

即扁擔。此稱元代已行用。見該文。

㧾擔

一種圓木製作的禾擔。此稱宋代已行用。《廣韻·平東》：“㧾，尖頭擔也。”黃侃《蘄春語》：“今蘄州謂擔束薪之器，曰㧾擔，音正同《廣韻》。”

杈

翻曬或堆垛時用以挑起禾秸的杈。一般爲木製，亦有以木爲杆、以鐵爲首者。此稱宋代已行用，元代亦稱“禾杈”“禾叉”。元王禎《農書·杷朳門》：“杈，箝禾具也。揉木爲之，通長五尺，上作二股，長可二尺。上一股微短，皆形如彎角，以箝取禾稛也。又有以木爲幹，以鐵爲首，二其股者，利如戈戟，唯用叉取禾束，謂之鐵禾杈。《集韻》云：‘杈、杷，農器也。’”明徐光啓《農政全書》卷二二略同。《元典章新集·刑部·再犯賊人》：“〔賊人周大添〕偷盜金正二桑葉，用禾叉戳傷事主。”

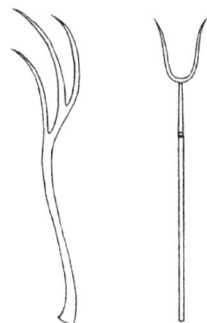

杈
（元王禎《農書》）

【禾杈】

即杈。此稱元代已行用。見該文。

【禾叉】

即杈。此稱元代已行用。見該文。

楊扠

一種叉取禾草的農具，長柄，歧頭如丫。多用楊木製作，故名。此稱清代已行用。清李調元《卍齋瑣録》卷一：“蜀人呼扠禾上架之丫曰楊扠，以楊爲之，狀如丫字。”

禾鈎

聚攏割倒在地的禾草的一種農具。多用木頭製作，有柄有鈎。此稱元代已行用。元王禎《農書·杷朳門》：“禾鈎，斂禾具也。用木鈎，長可二尺。嘗見壠畝及荒蕪之地，農人將芟倒禾稕或草稕,用此匝地,約之成綑,則易於就束。比之手捷,甚速便也。"明徐光啓《農政全書》卷二二略同。

搭爪

一種挑取禾束的農具。多爲鐵製,有柄有鈎,鈎尖分二叉,形狀如彎爪。此稱元代已行用,亦作"搭爪"。元王禎《農書·杷朳門》:"搭爪,上用鐵鈎,帶榜,中受木柄。通長尺許,狀如彎爪,用如爪之搭物,故曰搭爪。以摻草禾之束,或積或擲,日以萬數,速於手挈,可謂勝智力也。"搭,一本作"搭"。明徐光啓《農政全書》卷二二略同。

禾鈎
(元王禎《農書》)

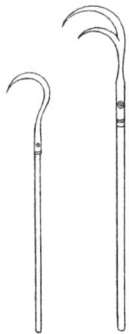

搭爪
(元王禎《農書》)

【搭爪】

同"搭爪"。此體元代已行用。見該文。

麥綽

收割麥子所使用的一種農具。此稱元代已行用。元王禎《農書·麰麥門》:"麥綽,抄麥器也。篾竹編之,一如箕形,稍

麥綽
(元王禎《農書》)

深且大。旁有木柄,長可三尺,上置釤刃,下橫短枒,以右手執之。復於釤旁以繩牽短軸,左手握而掣之。以兩手齊運,芟麥入綽,覆之籠也。嘗見北地芟取蕎麥,亦用此具,但中加密耳。"

積苫

用茅草編製的覆蓋物,用以防護堆積的麥子免遭雨水浸淋。此稱元代已行用。元王禎《農書·麰麥門》:"積苫,芟麥既積,編草覆之也。《農桑輯要》云:

積苫
(元王禎《農書》)

'苫須於農隙時備下,以防雨作。'《農桑直說》云:'作苫用穀草、黃野草皆可,但紐作腰緊,一頭留梢者爲苫,兩頭齊者爲薦。凡露積須苫繳蓋,不爲雨所敗也。嘗見農家有以麻經或草索織之,又可速就。'"

苫

一頭留梢的積苫。參見本節"積苫"文。

薦

兩頭齊平的積苫。參見本節"積苫"文。

抄竿

抄起倒伏之麥以便收割的竿子。此稱元代已行用。元王禎《農書·麰麥門》:"抄竿,扶麥竹也。長可及丈。麥已熟時,忽爲風雨所倒,不能芟取。乃別用

抄竿
(元王禎《農書》)

一人執竿，抄起臥穗，竿舉則釤隨鐝之，殊無損失。必兩習熟者能用，不然則有矛盾之差矣。或曰：今麥事有掆刀、柁杷、抄竿等器，名色冗細，似不足紀録，而皆取之何也？曰：物有濟於人而遺之，不可。然世之豪侈輩，固不屑知，而貧寠者，欲得爲利。拯既壞於無遺，取棄餘爲有用，是可尚也。故綴於麥事之末。”

蠶籠

盛放采伐桑葉的籠子。此稱南北朝時期已行用，元代亦稱“桑籠”。南朝梁蕭子顯《日出東南隅行》：“蠶籠拾芳翠，桑陌採柔條。”元王禎《農書·蠶桑門》：“桑

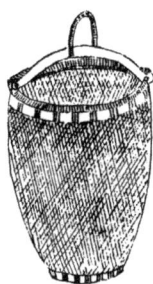

桑籠
（元王禎《農書》）

籠，《集韻》云：‘籠，大篝也。’今謂有係筐也，桑者便於携挈。古樂府云：‘羅敷善採桑，採桑城南隅。青絲爲籠繩，桂枝爲籠鉤。’今南方桑籠頗大，以擔負之，尤便於用。”

【桑籠】

即蠶籠。此稱元代已行用。見該文。

績籭

盛麻的籠子。此稱元代已行用。元王禎《農書·麻苧門》：“績籭，盛麻績器也。績，《集

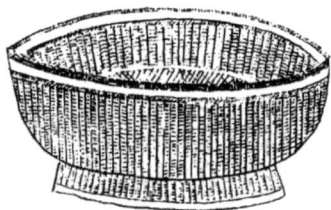

績籭
（元王禎《農書》）

韻》云：‘緝也。’籭，《説文》曰：籠也，又姑籔也。字從竹。或以條莖編之，用則一也。大小深淺，隨其所宜制之。麻、苧、蕉、葛等爲之絺綌，皆本于此，有日用生財之道也。”

桑碪

切割桑葉的墊板。此稱元代已行用。元王禎《農書·蠶桑門》：“桑碪，《爾雅》曰：‘碪謂之椹。’郭璞曰：‘碪，木碪也。’碪從石，椹從木，即木碪也。碪，截木爲碼，圓形，豎理，切物乃不拒刃。此北方蠶小時，用刀切葉碪上；或用几，或用夾。南方蠶無大小，切桑俱用碪也。”

桑夾

一種采伐桑葉的器具。此稱元代已行用。元王禎《農書·蠶桑門》：“桑夾，挾桑具也。用木礩，上仰置叉股，高可二三尺；於上順置鍘刃。左手茹葉，右手按刃切之。此夾之小者。若蠶多之家，乃用長椽二莖，駢豎壁前，中寬尺許。乃實納桑葉，高可及丈，人則躡梯上之，兩足後踏屋壁，以胸前向壓住，兩手緊按長刃，向下裁切。此桑夾之大者。南方切桑，唯用刀碪，不識此等桑具，故特歷説之，以廣其利。”

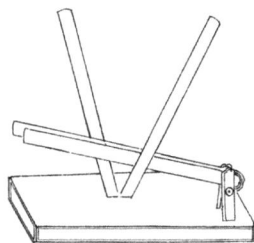

桑夾
（元王禎《農書》）

桑梯

采伐桑葉時所使用的梯子。此稱元代已行用。元王禎《農書·蠶桑門》：“桑梯，《説文》

桑梯
（元王禎《農書》）

曰：'梯，木階也。'夫桑之穉者，用几採摘；其桑之高者，須梯剝斫。梯若不長，未免攀附；旁條不還，則鳩脚多亂；樛枝折垂，則乳液旁出。必欲趁於高下，隨意去留，須梯長可也。《齊民要術》云：'採桑必須長梯，梯不長則高枝折'，正謂此也。"

場

翻曬作物和脫粒的平坦土地。多爲園圃共用，亦有專用者。此稱先秦時期已行用，漢代亦稱"治穀田"，南北朝時期又稱"治穀處"，宋代還稱"治穀地"，清代另稱"麥場"。《詩·豳風·七月》："九月肅霜，十月滌場。"孔穎達疏："十月之中，埽其場上粟麥盡皆畢矣。"又《小雅·小宛》："交交桑扈，率場啄粟。"《說文·土部》："場，一曰治穀田也。"桂馥義證："《玉篇》引作'一曰治穀處'。'《廣韻》：'場，治穀地也。'"唐白居易《納粟》詩："家人不待曉，場上張燈燭。"宋陸游《秋興》詩之四："鄰父築場收早稼，溪姑負籠賣秋茶。"宋范成大《丙午東宮壽詩》："史賀星同軌，農歌稼滌場。"清采蘅子《蟲鳴漫録》卷二："有村居者新婚，親友鬧房，戲縛新郎於麥場樹上。"清杜岕《九日荔軒招泛虎丘觀穫》詩："吾儕野人輩，想見滌場福。"清陳維崧《鶯啼序·蘭陵邵子湘有畫像五幀索予題詞》詞："其一江村，滌場納稼，髣髴柴桑里。"

【治穀田】

即場。此稱漢代已行用。見該文。

【治穀處】

即場。此稱南北朝時期已行用。見該文。

【治穀地】

即場。此稱宋代已行用。見該文。

【麥場】

即場。此稱清代已行用。見該文。

秋場

秋收所用之場。此稱南北朝時期已行用。南朝宋鮑照《觀圃人藝植》："春畦及耘藝，秋場早芟築。"《文選·謝朓〈和王著作八公山〉》："春秀良已凋，秋場庶能築。"李周翰注："秋場庶能築，謂告老將歸田也。"元方回《次韻謝李寅之鄂渚見寄》："邇來稍喜休兵革，賽社秋場醊祭釐。"明李東陽《韓大沖西成歸樂圖爲陳侍郎德卿題》："秋場滿穀衣成霜，家雞正肥村酒香。"

打稻場

翻曬水稻和脫粒的平坦土地。此稱宋代已行用，清代亦稱"稻場"。宋陸游《暮秋·其四》："舍前舍後養魚塘，溪北溪南打稻場。"《儒林外史》第一六回："稻場上都是煙煤，兀自有焰騰騰的火氣，一村人家房子都燒成空地。"

【稻場】

即打稻場。此稱清代已行用。見該文。

漚池

浸麻的池子。此稱元代已行用。元王禎《農書·麻苧門》："漚池：漚，浸漬也；池，猶泓也。《詩》云：'東門之池，可以漚麻。'凡蓺麻之鄉，如無水處，則當掘地成池，或甃以塼石，蓄水於内，用作漚所。《齊民要術》云：'漚欲清水，生熟合宜。'注説云：'濁水則麻黑，水少則麻脆。生則難剥，太爛則不任。'此漚法也。《氾勝之書》曰：'夏至後二十日漚枲，枲和如絲。'大凡北方治麻，刈倒即蘽之，卧置池内。水要寒煖得宜，麻亦生熟有節，須人體測得法，則麻皮潔白柔韌，可績細布。南方但連根拔麻，遇用則旋浸旋剥，其麻片黄皮粗厚，不任細績。雖南北習尚不同，然北方隨刈即漚於池，可爲上法。又《詩》云：'東門之池，可以漚苧。'以此知苧亦可漚。問之南方造苧者，謂苧性本難頓，與漚麻不同，必先績苧，以紡成纑，乃用乾石灰拌和累日。既畢，抖去，別

漚池
（元王禎《農書》）

用石灰煮熟。待冷，于清水中濯净。然後用蘆簾平鋪水面，攤纑於上，半浸半曬。遇夜收起，瀝乾。次日如前。候纑極白，方可起布。此則漚苧之法，須假水浴日曝而成，北人未之省也。今録之，冀南北通用。竊讀《孟子》，所謂：'江漢以濯之，秋陽以曝之，皜皜乎不可尚已！'今漚苧雖曰小技，亦此理歟？"

第四節　養蠶器具、設施考

"養蠶器具、設施"指蓄養桑蠶的器具、設施。本節以器具、設施爲序，依次考辨。

曲

一種以竹篾或葦子等編製的養蠶器具。此稱先秦時期已行用，唐代起亦稱"蠶箔""蠶薄"，宋代起又稱"蠶曲"，元代起還稱"曲簿"。《禮記·月令》："〔季春之月〕具曲、植、籧、筐。"鄭玄注："時所以養蠶器也。曲，薄也。"《史記·絳侯周勃世家》："勃以織薄曲爲生。"司馬貞索隱："謂勃本以織蠶薄爲生業也。

韋昭云：‘北方謂薄為曲。’許慎注《淮南》云：‘曲，葦薄也。’”《古文苑·揚雄〈元后誄〉》：“蠶于繭館，躬筐執曲。”章樵注：“筐、曲皆育蠶之具。”唐陸龜蒙《崦裏》詩：“處處倚蠶箔，家家下魚筌。”宋梅堯臣《和孫端叟蠶具·蠶薄》：“相與為蠶曲，還殊作筠籠。”元王禎《農書·蠶繅門》：“蠶箔，曲簿，承蠶具也。《禮》：‘具曲、植’。曲，即箔也。周勃‘以織簿曲為生’。顏師古注云：葦簿為曲。北方養蠶者多，農家宅院後或園圃間，多種萑葦，以為箔材；秋後芟取，皆能自織。方可四丈，以二椽棧之，懸於槌上；至蠶分擡去蓐時，取其卷舒易用。南方萑葦甚多，農家尤宜用之，以廣蠶事。”明唐寅《長拍·春情》曲：“蠶箔吐新絲，一似我柔腸萬千愁思。”

【蠶箔】

　　即曲。此稱唐代已行用。見該文。

【蠶薄】

　　即曲。此稱唐代已行用。見該文。

【蠶曲】

　　即曲。此稱宋代已行用。見該文。

【曲簿】

　　即曲。此稱元代已行用。見該文。

植

　　懸掛蠶箔的柱子，一說擱置蠶箔的木架。

蠶箔
（元王禎《農書》）

蠶槌
（元王禎《農書》）

此稱先秦時期已行用，漢代亦稱“槌”，宋代又稱“蠶槌”。《禮記·月令》：“〔季春之月〕具曲、植、籧、筐。”鄭玄注：“植，槌也。”《方言》卷五：“槌，宋、魏、陳、楚、江、淮之間謂之植。”郭璞注：“縣蠶薄柱也。”宋梅堯臣有《和孫端叟蠶具·蠶槌》詩。元王禎《農書·蠶繅門》：“蠶槌，《禮》：季春之月，‘具曲、植’。植，即槌也。《務本直言》云：‘穀雨日豎槌。’夫槌，立木四莖，各過梁柱之高，隨屋每間豎之。其立木外旁，刻如鋸齒而深，各每莖挂桑皮圜繩，四角按二長椽，椽上平鋪葦箔，稍下縋之。凡槌下懸。中離九寸，以居箔；擡飼之間，皆可移之上下。《農桑直說》云：‘每槌上中下閒鋪三箔：上承塵埃，下隔淫潤，中備分擡。’”

【槌】

　　即植。此稱漢代已行用。見該文。

【蠶槌】

　　即植。此稱宋代已行用。見該文。

蔟

供蠶吐絲作繭的用具,多以竹、木、草等製作。此稱漢代已行用,亦稱"蠶蔟",南北朝時期亦作"簇",宋代起亦稱"蠶簇",清代又稱"蠶山"。漢揚雄《元后誄》:"帥導羣妾,咸循蠶蔟。"《晉書·后妃傳上·左貴嬪》:"《元楊皇后誄》:'躬執桑曲,率導媵姬,修成蠶蔟,分繭理絲。'"北魏賈思勰《齊民要術·雜說》:"四月,繭既入蔟,趨繅。"宋陸游《初夏閒居》詩之二:"蠶蔟尚寒憂繭薄,稻陂初滿喜秧青。"元王禎《農書·蠶繰門》:"蠶蔟,《農桑直說》云:'蔟用蒿、梢、叢柴、苫席等也。'凡作先蔟,立蔟心:用長椽五莖,上撮一處繫定,外以蘆箔繳合,是爲蔟心。仍周圍勻豎蒿、梢。布蠶蔟訖,復用箔圍及苫繳,蔟頂如圓亭者,此團蔟也。又有馬頭長蔟:兩頭植柱,中架橫梁,兩傍以細椽相搭爲蔟心,餘如常法。此橫蔟。皆北方蠶蔟法也。嘗見南方蠶蔟,止就屋內蠶槃上,布短草蔟之,人既省力,蠶亦無損。又按南方蠶書云:'蔟泊:以杉木解枋,長六尺,濶三尺。以箭竹作馬眼槅,揷茅,疏密得中;復以無葉竹篠,縱橫搭之。蔟背鋪蘆箔,而以竹篾透背面縛之。即蠶可駐足,無跌墜之患。'此皆南蔟。較之上文北蔟,則蠶有多少,故蔟有大小難易之不同也。然嘗論之,南北蔟法,俱未得中。何哉?夫南蔟蠶少,規制狹小,殆若戲技,故獲利亦薄。北蔟雖大,其弊頗多:蒿薪積叠,不無覆壓之害;風雨浸浥,亦有翻倒之虞;復內外寒煥之不勻,或高下稀密之易所:以致蔟內病生、繭少,皆由此故。習俗既久,未能遽革。今聞善蠶者一法:約量本家育蠶多少,選於院內空地,就添椽木、苫草等物,

作連脊厦屋。尋常別用。至蠶老時,置蔟於內,隨其長短,先搆蔟心,空直如洞。就地掘成長槽,隨宜闊狹,旁可人行,以備火候。外則周以層架,隨層臥布蒿梢,以均蠶居。既畢,用重箔圍之。若蠶少屋多,疏開窗户,就內簇之,亦可。如此則上有苞覆,下無淫潤,架既寬平,蠶乃自若。又總簇用火,便於照料。南北之間,去短就長,制此良法,皆宜用之,則始終無憾矣。故梅聖俞《蠶簇》詩云:'競畏風雨寒,露置未如屋。'正謂此也。明朱國禎《湧幢小品·農蠶》:"蠶簇宜高,高則爽。"清沈公練《廣蠶桑說輯補》卷下:"蠶山以糯稻草爲之⋯⋯如洗箒狀。"

蠶簇
(元王禎《農書》)

【簇】

同"蔟"。此體南北朝時期已行用。見該文。

【蠶蔟】

即蔟。此稱漢代已行用。見該文。

【蠶簇】

即蔟。此稱宋代已行用。見該文。

【蠶山】

即蔟。此稱清代已行用。見該文。

繰盆

浸繭所用之盆。此稱南北朝時期已行用。《南齊書·皇后傳論》:"繰盆獻種,罔非耕織。佩管晨興,與子同事。"

蠶紙

承接蠶蛾產卵以留蠶種之紙。此稱唐代已

行用，元代亦稱"蠶連""連"，明代又稱"蠶連紙"。唐李商隱《無愁果有愁曲北齊歌》："白楊別屋鬼迷人，空留暗記如蠶紙。"馮浩箋注："此故言其人已死，惟有暗記其事者。"元王禎《農書·蠶繰門》："蠶連，蠶種紙也。舊用連二大紙。蛾生卵後，又用線長綴，通作一連，故因曰'連'。匠者嘗別抄以鬻之。《務本新書》云：'蠶連，厚紙為上，薄紙不禁浸浴。'如'用小灰紙更妙'。連須以時浴之。浴畢挂時，令蠶子向外，恐有風磨損。冬至日及臘八日浴時，無令水極深。浸浴畢，取出。比及月望，數連一卷，桑皮索繫定，庭前立竿高挂，以受臘天寒氣。年節後，甕內豎連，須使玲瓏。安十數日，候日高時一出。每陰雨後，即便曬曝。此蠶連育養法，直至暖種而生。"明李時珍《本草綱目·蟲一·蠶》："馬明退、蠶連紙，功用相同，亦如蟬蛻、蛇蛻之義。但古方多用蠶紙者，因其易得耳。"

【蠶連】

即蠶紙。此稱元代已行用。見該文。

蠶連
（元王禎《農書》）

【連】

即蠶紙。此稱元代已行用。見該文。

【蠶連紙】

即蠶紙。此稱明代已行用。見該文。

熱釜

繰絲所用之釜。此稱宋代已行用。元王禎《農書·蠶繰門》："熱釜，秦觀《蠶書》云：繰絲自鼎面引絲直錢眼。此繰絲必用鼎也。今農家象其深大，以盤甌接釜，亦可代鼎。故《農桑直說》云：'釜要大，置於竈上。釜上大盤甌接口。添水至甌中八分滿。可容二人對繰。水須常熱。宜旋旋下繭繰之，多則煑損。'凡繭多者，宜用此釜，以趨速效。"

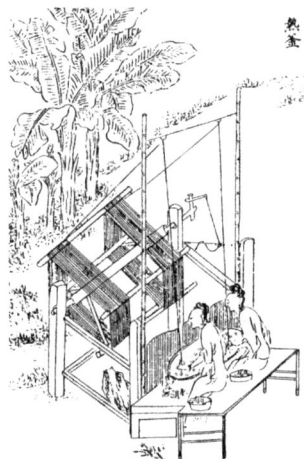

熱釜
（元王禎《農書》）

火倉

養蠶室內的一種保溫設備。此稱宋代已行用。宋陳旉《農書》卷下："蠶，火類也，宜用火以養之。而用火之法，須別作一小鑪，令可擡舁出入。蠶既鋪葉餧矣，待其循葉而上，乃始進火。火須在外燒令熟，以穀灰蓋之，即不暴烈生焰。"元王禎《農書·蠶繰門》："火倉，蠶室火龕也。凡蠶生，室內四壁挫壘空龕，狀

火倉
（元王禎《農書》）

如三星，務要玲瓏，頓藏熟火，以通煖氣，四向勻停。蠶家或用旋燒柴薪，煙氣薰籠，蠶蘊熱毒，多成黑蔫。今制爲擅爐，先自外燒過薪糞，舁入室内，各龕約量頓火，隨寒熱添減。若寒熱不均，後必眠起不齊。”

蠶椽

架立蠶箔的木頭。此稱元代已行用。元王禎《農書·蠶繅門》：“蠶椽，架蠶箔木也。或用竹。長一丈二尺，皆以二莖爲偶，控於槌上，以架蠶箔。須直而輕者爲上，久不蠹者又爲上。”

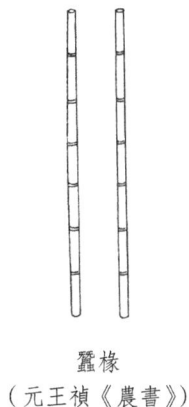

蠶椽
（元王禎《農書》）

蠶筐

養蠶所用之筐。此稱元代已行用，明代亦作“蠶筐”。元王禎《農書·蠶繅門》：“蠶筐，古盛幣帛竹器，今用育蠶，其名亦同。蓋形制相類，圓而稍長，淺而有緣，適可居蠶。蠶蟻及分居時用之。閣以竹架，易於擅飼。梅聖俞前《蠶箔》詩云：‘相與爲蠶曲，還殊作筠筐。’北箔南筐，皆爲蠶具。然彼此論之，若南蠶大時用箔，北蠶小時用筐，庶得其宜，兩不偏也。”明徐光啓《農政全書》卷三三略同，作“蠶筐”。

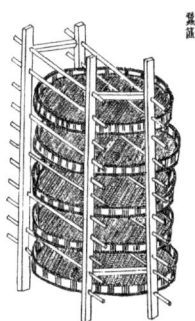

蠶筐
（元王禎《農書》）

【蠶筐】

同“蠶筐”。此體明代已行用。見該文。

蠶槃

盛蠶之槃。此稱元代已行用，明代亦作“蠶盤”。元王禎《農書·蠶繅門》：“蠶槃，盛蠶器也。秦觀《蠶書》云：‘種變方尺；及乎將繭，乃方四丈。織萑葦，範以蒼筤竹，長七尺，廣五尺，以爲筐。……

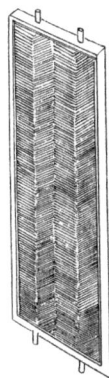

蠶槃
（元王禎《農書》）

懸筐，中間九寸。凡槌下懸，以居食蠶。今呼筐爲槃。’又有以木爲框，以疏簟爲底，架以木槌，用與上同。”明徐光啓《農政全書》卷三三略同，作“蠶盤”。

【蠶盤】

同“蠶槃”。此體明代已行用。見該文。

蠶架

放置蠶槃、蠶筐的架子。此稱元代已行用。

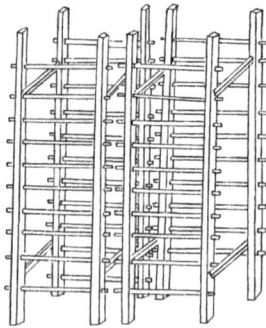

蠶架
（元王禎《農書》）

元王禎《農書·蠶繅門》："蠶架，閣蠶槃、筐具也。以細枋四莖豎之，高可八九尺，上下以竹通作橫桄十層。每層皆閣養蠶槃、筐，隨其大小，蓋筐用小架，槃用大架。此南方槃筐有架，猶北方椽箔之有槌也。"

蠶網

抬蠶之網。此稱元代已行用。元王禎《農書·蠶繅門》："蠶網，擡蠶具也。結繩爲之，如魚網之制。其長短廣狹，視蠶槃大小製之。沃以漆油，則光緊難壞；貫以網索，則維持多便。至

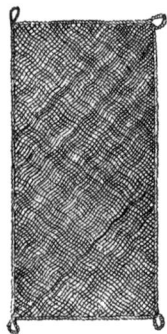

蠶網
（元王禎《農書》）

蠶可替時，先布網于上，然後灑桑。蠶聞葉香，皆穿網眼上食；候蠶上葉齊，共手提網，移置別槃。遺餘拾去。比之手替，省力過倍。南蠶多用此法。北方蠶小時，亦宜用之。"

蠶杓

盛蠶之杓。此稱元代已行用。元王禎《農書·蠶繅門》："蠶杓，《集韻》，'杓'作'勺'。量器也。《周禮》，勺容一升，所以斟酒。《說文》

曰：'杓音摽。今云酌物爲杓，以勺从木，姑與今同。'此作蠶杓，斲木刳之，首大如杯，柄長三尺許。如槃蠶空隙，或飼葉偏疏，則必持此送之，以補其處。至蠶老歸簇，或稀密不倫，亦用均布。倘有不及，復以竹接其柄。此南俗蠶法。北方箔簇頗大，臂指間有不能周徧，亦宜假此，以便其事，幸毋忽諸。"

蠶杓
（元王禎《農書》）

繭甕

浸繭所用之甕。此稱元代已行用。元王禎《農書·蠶繅門》："繭甕，《蠶書》云：凡洇繭，列'埋大甕地上，甕中先鋪竹箅，次以大桐葉覆之，乃鋪繭一重，以十斤爲率，摻鹽二兩；上又以桐葉平鋪。如此重重隔之，以至滿甕；然後密蓋，以泥封之。七日之後，出而繅之，頻頻換水，即絲明快。'蓋爲繭多不及繅取，即以鹽藏之，蛾乃不出，其絲柔韌潤澤，又得勻

繭甕
（元王禎《農書》）

細。此南方淹繭法，用甕頗多，可不預備？嘗讀北方《農桑直説》云：'生繭即繅爲上。如人手不及，殺繭慢慢繅者。殺繭法有三：一曰日曬，二曰鹽浥，三曰籠蒸。籠蒸最好，人多不解；日曬損繭，鹽浥甕藏者穩。'"

繭籠

蒸繭所用之籠。此稱元代已行用。元王禎《農書·蠶繅門》："繭籠，蒸繭器也。《農桑直説》云：用籠三扇；以軟草扎圈，加於釜口，以籠兩扇，坐於其上。籠内勻鋪繭，厚三指許。頻於繭上以手試之。如手不禁熱，可取去底扇，却續添一扇在上。如此登倒上下，故必用籠也。不要蒸得過了，過則軟了絲頭；亦不要蒸得不及，不及則蠶必鑽了。如手不禁熱，恰得合宜。此用籠蒸繭法也。"

繭籠
（元王禎《農書》）

冷盆

繅絲所用之盆。此稱元代已行用。元王禎《農書·蠶繅門》："冷盆，《農桑直説》云：冷盆可繅全繳細絲；中等繭可繅下繳：比熱釜者有精神，又堅韌也。雖曰冷盆，亦是火温之。盆要小，先泥其外。用時添水八九分滿，繅之。"

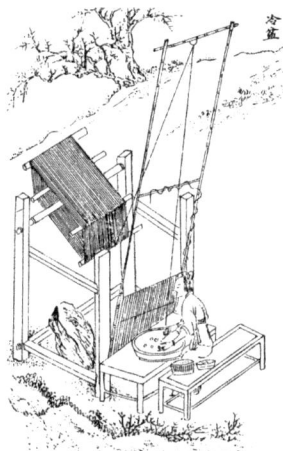

冷盆
（元王禎《農書》）

公桑 [2]

王室養蠶的宮館。此稱先秦時期已行用，亦稱"蠶室"，漢代亦稱"蠶宮""繭館"，三國時期又稱"蠶館"，南北朝時期還稱"川室"，隋代另稱"蠶觀"。《禮記·祭義》："古者天子、諸侯必有公桑、蠶室。"孔穎達疏："公桑、蠶室者，謂官家之桑，於處而築養蠶之室。"漢蔡邕《漢交趾都尉胡府君夫人黃氏神誥》："採柔桑于蠶宮，手三盆于繭館者，蓋三十年。"《後漢書·荀悦傳》："故在上者先豐人財以定其志，帝耕籍田，后桑蠶宮，國無遊人，野無荒業。"李賢注："《禮記》曰：古者天子諸侯必有公桑、蠶室，近川而爲之，宮仞有三尺也。"三國魏曹植《卞太后誄》："親桑蠶館，爲天下式。"《晋書·禮志上》："漢儀，皇后親桑東郊苑中，蠶室祭蠶神。"《宋書·后妃傳·孝武文穆王皇后》："朕卜祥大昕，測辰拂羽，爰詔六宮，親蠶川室。"《南史·宋紀中·孝武帝》："〔大明三年〕冬十一月甲子，立皇后蠶宮於西郊。"《隋書·禮儀志》："置大殿七間，又立蠶觀。"宋梅堯臣《和孫端叟蠶具·蠶館》："漢儀后親蠶，採桑來繭館。"元王禎《農書·蠶繰門》:"繭館:皇后親蠶之所,古公桑、蠶室也。按:《禮·月令》:季春之月,'具曲、植、籧、筐。后妃齋戒,親東鄉躬桑。禁婦女毋觀,省婦使,以勸蠶事。蠶事既登,分繭、稱絲效功,以共郊廟之服,無有敢惰。'周制:'天子諸侯,必有公桑、蠶室,近川而爲之。築宮,仞有三尺,棘牆而外閉之。''后妃齋戒,享先蠶而躬桑,以勸蠶事。'《皇后親蠶儀》曰:'皇后躬桑,始捋一條,執筐受桑;捋三條,女尚書跪曰:可止。執筐者以桑授蠶母,以桑適金室。'《前漢·文帝紀》詔:'皇后親桑,以奉祭服。'景帝詔:'后親桑……爲天下先。'元帝王皇后爲太后,幸繭館,率皇后及列侯夫人桑。明帝時,皇后率諸侯夫人蠶。魏文帝黄初中,皇后蠶於北郊,遵周典也。晉武帝太康中,立蠶官,皇后躬桑,依漢魏故事。宋孝武立蠶觀,后親桑,循晉禮也。北齊置蠶宮,皇后躬桑于其所。後周制,皇后至蠶所。桑,隋制,皇后親桑於位。唐太宗貞觀元年,皇后親蠶。顯慶元年,皇后武氏;先天二年,皇后王氏;乾元二年,皇后張氏,並見親蠶禮。玄宗開元中,命宮中食蠶,親自臨視。宋《開寶通禮》《郊祀錄》並有后親蠶祝辭。此歷代后妃親蠶之事,采之史編,

昭然可見。兹特冠於篇首,庶有國家者,按圖考譜,知繭館之不徒名也。"清吳偉業《繭虎》詩:"奇物巧從蠶館製,内家親見豹房來。"

【蠶室】[1]

即公桑[2]。此稱先秦時期已行用。見該文。

【蠶宫】

即公桑[2]。此稱漢代已行用。見該文。

【繭館】

即公桑[2]。此稱漢代已行用。見該文。

【蠶館】

即公桑[2]。此稱三國時期已行用。見該文。

【川室】

即公桑[2]。此稱南北朝時期已行用。見該文。

【蠶觀】

即公桑[2]。此稱隋代已行用。見該文。

蠶室[2]

民間養蠶的房屋。此稱元代已行用。元王禎《農書·蠶繰門》:"民間蠶室,必選置蠶宅,負陰抱陽,地位平爽。正室爲上,南、西爲次,東又次之。若室舊,則當净掃塵埃,預期泥補;

繭館
(元王禎《農書》)

蠶室
(元王禎《農書》)

若逼近臨時，墻壁濕潤，非所利也。夫締構之制，或草或瓦，須内外泥飾材木，以防火患。復要間架寬敞，可容槌箔；牕户虛明，易辨眠起。仍上于行椽各置炤牕，每臨蠶暮，以助高明。下就附地，列置風竇，令可啓閉，以除濕欝。考之諸蠶書云：蠶時，先辟東間養蟻，停眠前後撤去。西牕宜遮西晒。尤忌西南風起，大傷蠶氣，可外置墻壁四五步以禦。所有蠶神室、蠶神像，宜于高空處安置。凡一切忌惡之事，邪穢之氣，辟除蠲潔，夙夜齋敬，不致褻慢。如能依上法，自然宜蠶，不必泥于陰陽家拘忌，巫覡等誘惑，至使回换門户，謟禱神祇，虛費財用，實無所益。"

【蠶舍】

即蠶室[2]。此稱南北朝時期已行用，唐代起亦稱"蠶房""蠶屋"。《魏書·儒林傳·徐遵明》：〔徐遵明〕乃詣平原唐遷，納之，居於蠶舍。"唐王建《田家留客》詩："不嫌田家破門户，蠶房新泥無風土。"唐耿湋《贈田家翁》詩："蠶屋朝寒閉，田家晝雨閒。"明朱國禎《湧幢小品·農蠶》："蠶房宜卑，卑則温。"

【蠶房】

即蠶舍，亦即蠶室[2]。此稱唐代已行用。見該文。

【蠶屋】

即蠶舍，亦即蠶室[2]。此稱唐代已行用。見該文。

先蠶壇

祭祀先蠶之壇。先蠶指黄帝元妃西陵氏，傳説自她開始養蠶。此稱元代已行用。元王禎《農書·蠶繅門》："先蠶壇，先蠶，猶先酒、先

先蠶壇
（元王禎《農書》）

飯，祀其始造者。壇，築土爲祭所也。黄帝元妃西陵氏始蠶，即先蠶也。《禮·月令》：季春，是月也，'后妃齋戒，享先蠶而躬桑，以勸蠶事。'《周禮·天官·内宰》：'中春，詔后帥外内命婦，始祭於北郊。'《漢·禮儀志》：皇后祀先蠶，禮以中牢。魏黄初中，置壇于北郊，依周典也。晋制，先蠶壇高一丈，方二丈，四出陛，陛廣五尺。皇后至西郊親祭，躬桑。北齊先蠶壇高五尺，方二丈，四陛，陛各五尺，外兆四十步，面開一門。皇后升壇，祭畢而桑。後周，皇后至先蠶壇，親饗。隋制，宫北三里，壇高四尺。皇后以太牢制幣而祭。唐制，壇在長安宫北苑中，高四尺，周圍三十步。皇后並有事於先蠶。其儀備《開元禮》。宋用北齊之制，築壇如中祠禮。《通禮義纂》：后親享先蠶，貴妃亞獻，昭儀終獻。夫蠶祭有壇，稽之歷代，雖儀制少異，然皆遞相沿襲，餼羊不絶，知禮之不可獨廢。有天下國家者，尚鑒兹哉！"

第五章　灌排、施肥説

本章重點考證中國古代灌排、施肥器具與設施及其名稱的産生與發展。全章包括"灌排器具考""灌排設施考""肥源、肥料及其用品考"，共三節。

第一節　灌排器具考

"灌排器具"指農田灌溉、排水器具。二者或單用，如桔槔；或兼用，如水筒。本節大致以時間爲序，依次考辨。

綆

井架上汲水的繩索。此稱先秦時期已行用，漢代起亦作"綄"，又稱"綆靡"，唐代又稱"靡綆"，元代還稱"井索"。《左傳·襄公九年》："具綆缶。"杜預注："綆……汲水索。"《荀子·榮辱》："短綆不可以汲深井之泉。"《文選·王粲〈詠史〉》："臨穴呼蒼天，涕下如綆靡。"張銑注："綆、靡皆繩索。"《漢書·枚乘傳》："泰山之霤穿石，單極之綄斷幹。"顏師古注引晉灼曰："綄，古綆字也。"唐賈島《戲贈友人》詩："筆硯爲轆轤，吟詠作靡綆。"唐李商隱《爲李兵曹祭兄亳州刺史文》："心摧則冰炭交集，血下而綆靡相續。"前蜀貫休《行路難》詩："幾度美人照影來，素綆銀餅濯纖玉。"

宋王禹偁《謝轉刑部郎中表》："淚如綆縻，悲入骨髓。"元王禎《農書·利用門》："綆：郭璞云：'汲水索也。'《易》卦云：'汔至，亦未繘井。'《方言》：'繘，自關而東周洛韓魏間……謂之絡，關西謂之繘。'綆，或作絖。俗謂井索，下繫以鉤。今汲用之家，必有轆轤，爲綆設也。"

【絖】

同"綆"。此體漢代已行用。見該文。

【綆縻】

即綆。此稱漢代已行用。見該文。

【縻綆】

即綆。此稱唐代已行用。見該文。

【井索】 [1]

即綆。此稱元代已行用。見該文。

貞綆

由兩根平行橫木和井繩組成的汲取井水的器具。此稱南北朝時期已行用。南朝宋鮑照《秋夜》詩之二："既遠人世歡，還賴泉卉樂，折柳樊場圃，貞綆汲潭壑。"黃節補注："此言貞綆，謂兩木衡駕，引綆以汲也。"

缶 [1]

汲水或盛水的瓦器。此稱先秦時期已行用，亦作"瓿"。《左傳·襄公九年》："具綆缶。"杜預注："缶，汲器。"陸德明釋文："汲水瓦器。"《墨子·備城門》："水瓿，容三石以上，大小相雜。"宋王禹偁《唐河店嫗傳》："嫗持綆缶趨

井，懸而復止。"元王禎《農書·利用門》："缶：汲水器。《左傳》：宋災，樂喜爲政，'具綆缶'。杜注：'缶，汲器。'《爾雅》疏云：'比卦初爻，有孚盈缶。'注云：'爻辰在木，上值東井，井之水，人所汲，用缶。'《楊惲傳》曰：'田家作苦，歲時伏臘，烹羊炰羔，斗酒自勞。酒後耳熱，仰天擊缶而呼烏烏。'應邵曰：'缶，瓦器也。'今汲器用瓦，亦缶之遺制也。"

【瓿】

同"缶 [1]"。此體先秦時期已行用。見該文。

瓢

以老熟的葫蘆對半剖開製成的舀水或盛酒器，亦有用木頭或金屬製作者。此稱先秦時期已行用，明代亦稱"水瓢"。《莊子·逍遙遊》："剖之以爲瓢，則瓠落無所容。"《氾勝之書·種瓠法》："度可作瓢，以手摩其實，從蒂至底，去其毛，不復長，且厚。"唐韓愈《調張籍》詩："刺手拔鯨牙，舉瓢酌天漿。"明沈榜《宛署雜記·經費下》："水斗二個，水瓢十個。"

【水瓢】

即瓢。此稱明代已行用。見該文。

擢對

一種貯存雨水等的器具。此稱漢代已行用。《淮南子·說林訓》："澤則具擢對，旱則修土龍。"高誘注："擢對，貯水器也。"

桔槔

井上汲水的工具。在井旁架上設一杠杆，一端繫汲器，一端懸、綁石塊等重物，用不大

桔槔
（元王禎《農書》）

的力量即可將灌滿水的汲器提起。此稱先秦時期已行用，亦稱"槔""橰""桔"，漢代亦作"桔皋"，又稱"皋"。《莊子·天運》："且子獨不見夫桔槔者乎，引之則俯，舍之則仰。"又《天地》："鑿木爲機，後重前輕，挈水若抽，數如洗湯，其名爲槔。"《呂氏春秋·過理》："雕柱而桔諸侯，不適也。"高誘注："雕畫高柱，施桔槔於其端，舉諸侯而上下之，故曰不適。"《淮南子·氾論訓》："斧柯而樵，桔皋而汲。"漢揚雄《甘泉賦》："燎薰皇天，皋搖泰壹。"唐王勃《彭州九隴縣龍懷寺碑》："巖莊轉梵，杳冥松桂之墟；磵戶棲槔，寂寞藤蘿之院。"唐陸龜蒙《江邊》詩："江邊日晚潮煙上，樹裏鴉鴉桔槔響。"宋韓琦《登廣教院閣》詩："花去春叢蝴蝶亂，雨勻朝圃桔槔閒。"宋辛弃疾《臨江仙》詞："記取桔槔春雨後，短畦菊艾相連，拙於人處巧於天。君看流水地，難得正方圓。"元王禎《農書·灌溉門》："桔槔，挈水械也。《通俗文》曰：桔槔，機汲水也。《說文》曰：桔，結也，所以固屬；槔，皋也，所以利轉。又曰：皋，緩也，一俯一仰，有數在焉，不可速也，然則桔其植者，而槔其俯仰者與？《莊子》

曰：子貢……過漢陰，見一丈人，方將爲圃畦，鑿隧而入井，抱甕而出灌，搰搰然用力甚多，而見功寡。子貢曰：有械於此，一日浸百畦……鑿木爲機，後重前輕，挈水若抽，數如沃湯，其名爲槔。又曰：獨不見夫桔槔者乎？引之則俯，舍之則仰。彼人之所引，非引人者也，故俯仰不得罪於人。今瀕水灌園之家多置之，實古今通用之器，用力少而見功多者。"明梁寅《對雨》詩："園夫桔槔廢，流水滿青畦。"《紅樓夢》第一七回："籬外山坡之下，有一土井，旁有桔槔轆轤之屬。"清魏源《聖武記》卷一四："若拒礧石，以柔制剛，張幕結網，布桔囊糠。"

【桔皋】

同"桔槔"。此體漢代已行用。見該文。

【槔】

即桔槔。此稱先秦時期已行用。見該文。

【橰】

即桔槔。此稱先秦時期已行用。見該文。

【皋】²

即桔槔。此稱漢代已行用。見該文。

【桔】

即桔槔。此稱先秦時期已行用。見該文。

【頡皋】

即桔槔。此稱先秦時期已行用，亦作"頡皋"，亦稱"橋"，漢代又作"檴槔""頡橋"，唐代還作"撟掉"，金代另作"樏槔"。《墨子·備穴》："命有力者三人用頡皋衝之，灌以不潔十餘石。"又《備城門》："城上之備渠譫、藉車、行棧、行樓，到頡皋、連挺、長斧、長椎、長茲、距、飛衝、懸梁、批屈。"孫詒讓閒詁引蘇時學曰："即桔槔。"又《備穴》："橐以牛皮，

鑪有兩瓴，以橋鼓之百十。”畢沅校注：“橋，桔
皋也。”漢劉向《説苑·反質》：“衛有五丈夫俱
負缶而入井，灌韭，終日一區，鄧析過，下車
爲教之曰：‘爲機，重其後，輕其前，命曰橋，
終日灌韭百區，不倦。’”《禮記·曲禮上》：“奉
席如橋衡。”鄭玄注：“橋，井上桔槔。”漢趙曄
《吳越春秋·勾踐陰謀外傳》：“於是袁公即杖箖
箊竹，竹枝上頡橋未墮地，女即捷末。”唐玄應
《一切經音義》卷一一：“擑掇，又作結、擑二
形，同古罄反；下音高。《通俗文》：‘機汲謂之
擑掇。’”唐慧琳《一切經音義》卷五九：“《墨
子》曰‘剛木爲擑掇’是也。”金朱自牧《自鄜
州歸至新市鎮時方渡險喜見桑野》詩：“山川險
盡鞍馬穩，昔居檉槔今乘船。”清查慎行《觀插
秧二十四韻》：“百汊通舟檝，千畦罷檉槔。”

【頡皋】

同“頡皋”，即桔槔。此體先秦時期已行
用。見該文。

【擑掇】

同“頡皋”，即桔槔。此體唐代已行用。見
該文。

【檉槔】

同“頡皋”，即桔槔。此體漢代已行用。見
該文。

【頡橋】

即頡皋，亦即桔槔。此稱漢代已行用。見
該文。

【檉槔】

同“頡皋”，即桔槔。此體金代已行用。見
該文。

【橋】

即頡皋，亦即桔槔。此稱先秦時期已行用。

見該文。

挈皋

即桔槔。亦指形似桔槔的焚柴祭天之具。
此稱三國時期已行用，亦稱“挈皋”。《漢書·郊
祀志上》“通權火”顏師古注引三國魏張晏曰：
“權火，烽火也，狀若井挈皋矣。”《文選·揚雄
〈甘泉賦〉》：“燎薰皇天，皋搖泰壹。”李善注引
三國魏如淳曰：“皋，挈皋也。積柴於挈皋頭，
置牲玉於其上，舉而燒之，欲近天也。”胡韞玉
《譯師梨詩》：“萬籟盡寥寂，唯聞喧挈皋。”

【挈皋】

同“挈皋”。此體三國時期已行用。見該文。

玉皋

桔槔的美稱。此稱南北朝時期已行用。南
朝梁簡文帝《大法頌》：“桂薪不斧而丹甑自熟，
玉皋詎牽而銀甕斯滿。”明楊時偉《諸葛忠武
書》卷九：“瑞應圖曰：丹甑不炊而自熟，玉皋
不汲而常滿。”

橋直

桔槔上的衡木。一端繫重物，一端繫水桶，
可以上下轉動，便於取水。此稱漢代已行用，
亦稱“槔”。《淮南子·主術訓》：“今夫橋直植
立而不動，俛仰取制焉。”高誘注：“橋，桔皋
上衡也。”楊樹達證聞：“直植二字誤倒，景宋
本同，當作‘橋直植立而不動。’《覽冥》篇言
井植溝植，橋植語例同。”《説文·木部》：“槔，
繘崮木也。”徐鍇繫傳：“繘，井索也，繘崮木，
所以關汲桶也。”段玉裁注：“繘，汲井綆也，
綆崮木者，下崮有罋，上崮有木以爲硯，槔之
言系也。”

【槔】

即橋直。此稱漢代已行用。見該文。

轆轤

利用輪軸原理製成的井上汲水的起重裝置，通常安在井上用以汲水，與桔槔功用相似，但桔槔一般適用於汲取淺水，而轆轤則深淺皆宜。此稱南北朝時期已行用，唐代亦稱"轆轤"，亦作"楷櫨"，宋代又作"檰轤""轆轤"，清代別作"檰櫨"。南朝宋劉義慶《世說新語・排調》："顧曰：'井上轆轤臥嬰兒。'"北魏賈思勰《齊民要術・種葵》："井別作桔槔、轆轤。"原注："井深用轆轤，井淺用桔槔。"唐李賀《美人梳頭歌》："轆轤咿啞轉鳴玉，驚起芙蓉睡新足。"唐許渾《秋日早朝》詩："井轉轆轤千樹曉，鑰開閶闔萬山秋。"唐玄應《一切經音義》卷一五："轆轤。又作楷櫨……《蒼頡篇》：三輔舉水具也。"按，清孫星衍輯《蒼頡篇》轆轤作"檰櫨"。宋范仲淹《和李光化秋詠四首・曉》："牆外轆轤響，樓前江漢欹。"宋梅堯臣《書南事》詩："城中舊無井，魏鑿安轆轤。"宋朱敦儒《念奴嬌・中秋月》詞："參橫斗轉，轆轤聲斷金井。"元趙明道《鬥鵪鶉・題情》套曲："秋聲和轆轤砧韻鼓，淅零零細雨灑芭蕉，初凋。"

轆轤
（元王禎《農書》）

元侯克中《野興》詩："醉魂正到悠然處，恨殺隣翁轉轆轤。"元王禎《農書・灌溉門》："轆轤：繘絣械也。《唐韵》云：圓轉木也。《集韵》作'檰轤'，汲水木也。井上立架置軸，貫以長轂，其頂嵌以曲木；人乃用手掉轉，繘絣於轂，引取汲器。或用雙絣而逆順交轉，所懸之器，虛者下，盈者上，更相上下，次第不輟，見功甚速。凡汲於井上，取其俯仰則桔槔，取其圓轉則轆轤，皆挈水械也。然桔槔絣短而汲淺，獨轆轤深淺俱適其宜也。"明徐光啓《農政全書》卷一七略同。《欽定授時通考》卷五一："清晨課僮僕，轆轤轉雙腕。"

【楷櫨】 [1]

同"轆轤"。此體唐代已行用。見該文。

【轆轤】

同"轆轤"。此體宋代已行用。見該文。

【轆轤】

即轆轤。此稱唐代已行用。見該文。

【檰轤】

即轆轤。此稱宋代已行用。見該文。

【檰櫨】

即轆轤。此稱清代已行用。見該文。

楷櫨 [2]

轆轤中間起旋轉作用的圓木。此稱南北朝時期已行用。北周庾信《和張侍中述懷》："道險臥楷櫨，身危累素轂。"倪璠注："楷櫨，井上汲水圓轉木也。"

戽

一種取水灌田用的農具。用竹篾、藤條等編成。略似斗，兩邊有繩，使用時兩人對站，拉繩汲水。亦有中間裝把，供一人使用者。此稱三國時期已行用，宋代亦稱"水戽""戽斗"。

戽斗
（元王禎《農書》）

《廣雅·釋詁二》：“戽，抒也。”《玉篇·斗部》：“戽，抒水器也。”宋沈與求《次韻宏父喜雨》：“四郊戽尾開新瀆，一雨苗根長舊科。”又《雨不止》詩：“已看城郭半浮槎，水戽聯翩接渚涯。”宋陸游《喜雨》詩：“水車罷踏戽斗藏，家家買酒歌時康。”元王禎《農書·灌溉門》：“戽斗：挹水器也。《唐韻》云：‘戽，抒也。’抒水器挹也。凡水岸稍下，不容置車，當旱之際，乃用戽斗。控以雙緪，兩人挈之，抒水上岸，以溉田稼。其斗或柳筥，或木罌，從所便也。”明徐光啟《農政全書》卷一七略同。明王徵《諸器圖說》：“戽，水戽，所以盛水者也。”明楊慎《升菴集》卷四四：“夔州府近掘地得一鐘，形如戽斗，匾而長，一面凸爲十八乳，一陰一陽總爲九乳。”清田雯《翠微寺》詩：“一僧出汲水，竹戽行相從。”清李斗《揚州畫舫錄·虹橋錄下》：“〔龍船〕順流而折，謂‘打招’。一招水如濺珠，中置戽斗戽水。”

【水戽】

即戽。此稱宋代已行用。見該文。

【戽斗】

即戽。此稱宋代已行用。見該文。

渴烏

一種用竹子製作的灌溉器具。把大竹之節鑿通，使其頭尾相接，利用水流衝擊力汲引泉水等，可以放在平地上，也可架在山谷間。此稱漢代已行用。《後漢書·宦者傳·張讓》：“又作翻車、渴烏，施於橋西，用灑南北郊路，以省百姓灑道之費。”李賢注：“翻車，設機車以引水；渴烏，爲曲筒，以氣引水上也。”唐李白《天馬歌》：“尾如流星首渴烏，口噴紅光汗溝珠。”《通典·兵十》：“渴烏隔山取水，以大竹筒去節，雄雌相接，勿令漏洩，以麻漆封裹，推過山外，就水置筒，入水五尺。即於筒尾取松樺乾草，當筒放火，火氣潛通水所，即應而上。”宋陸游《七月十七日大雨極凉》詩：“吳中七月熱未已，渴烏呀呀井無水。”元袁桷《天祿硯滴歌》：“光和玉堂銅作模，爬沙引水如渴烏。”明石珤《中平宮詞二首》之一：“水繞靈昆苑草春，渴烏新灑近郊塵。”清乾隆《夏至齋居》：“渴烏滴珠遲，早葉流綺香。”

【水筒】

即渴烏。此稱南北朝時期已行用，唐代亦作“水筒”。北魏楊衒之《洛陽伽藍記》卷五：“有佛錫杖，長丈七，以水筒盛之，金箔其上，此杖輕重不定。”唐杜甫《信行遠修水筒》詩：“雲端水筒坼，林表山石碎。”宋朱熹《雲谷合記事目要俳體戲作三詩寄季通》詩：“并築雙臺子，東山接水筒。”元王禎《農書·灌溉門》：“筒車，流水筒輪。凡制此車，先視岸之高下，可用輪之大小，須要輪高於岸，筒貯於槽，乃爲得法。”明徐光啟《農政全書》卷一八：“或遇天旱，旋於大輪一週，列置水筒，晝夜溉田數頃。”明黃淳耀《韜光寺》詩：“蛟宮楠木蔽，

僧竈水筒分。"清朱彝尊《懷上方山二首》之
一："水筒雲碓安排易，只欠江南遠屋梅。"

【水筒】

　　同"水箭"，即渴烏。此體唐代已行用。見
該文。

【筒車】

　　即渴烏。此稱宋代已行用，元代亦稱"筒
輪"。宋張孝祥《前日出城，苗猶立槁，今日
過興安，境上田水灌輸，鬱然彌望，有秋可必，
乃知賢者之政神速如此，輒寄呈交代仲欽秘
閣》詩："筒車無停輪，木枧著高格。"元王禎
《農書・灌溉門》："若田高而水下，則設機械用
之，如翻車、筒輪、戽斗、桔槔之類，挈而上
之。"又《灌溉篇》："筒車，流水筒輪。凡制此
車，先視岸之高下，可用輪之大小，須要輪高
於岸，筒貯於槽，乃爲得法。其車之所在，自
上流排作石倉，斜擗水勢，急湊筒輪。其輪就
軸作轂；軸之兩傍，閣於椿柱山口之內。輪輻
之間，除受水板外，又作木圈縛繞輪上，就繫
竹筒或木筒於輪之一週。水激輪轉，衆筒兜水，
次第下傾於岸上所橫木槽，謂之天池，以灌田
稻。日夜不息，絶勝人力，智之事也。若水力
稍緩，亦有木石制爲陂柵，橫約溪流，旁出激

筒車
（元王禎《農書》）

輪，又省工費。或遇流水狹處，但壘石斂水湊
之，亦爲便易。此筒車大小之體用也。有流水
處，俱可置此。但恐他境之民未始經見，不知
制度，今列爲圖譜，使倣傚通用，則人無灌溉
之勞，田有常熟之利，輪之功也。"元陳柏《高
車》詩："通渠激浪走轟雷，激轉筒車幾萬回。"
明宋應星《天工開物・水利》："凡河濱有製筒車
者，堰陂障流，繞于車下，激輪使轉，挽水入
筒，一一傾于枧內，流入畝中。"明劉嵩《詠早
禾溪水》詩："續續筒車灌，喧喧槳筏催。"

【筒輪】

　　即筒車，亦稱渴烏。此稱元代已行用。見
該文。

【筧】

　　即渴烏。此稱唐代已行用，宋代亦稱"竹
筧"。唐白居易《錢唐湖石記》："錢唐湖一名上
湖，周迴三十里，北有石函，南有筧，凡放水
溉田，每減一寸，可溉十五餘頃。"宋曾幾《題
陸務觀草堂》詩："草堂人去客來遊，竹筧泉鳴
山更幽。"宋陸游《杜門》詩："筧水晨澆藥，
燈窗夜覆棋。"又《閉戶》詩之一："地爐枯葉
夜煨芋，竹筧寒泉晨灌蔬。"元宋無《答無住和
太初韻見寄》詩："竹筧分泉細，檀烟上甑輕。"
清王士禎《羚山寺》詩："紅泉尚分飛，竹筧通
坳窪。"清湯右曾《注水小池》詩："漾漾苔磯
没，淙淙竹筧分。"

【竹筧】

　　即筧，亦稱渴烏。此稱宋代已行用。見該文。

【連筒】

　　即渴烏。此稱唐代已行用，清代亦作"連
筩"。唐杜甫《春水》詩："接縷垂芳餌，連筒
灌小園。"仇兆鼇注："李實曰：川中水車如紡

連筒
（元王禎《農書》）

車，以細竹爲之，車骨之末，縛以竹筒，旋轉時低則舀水，高則瀉水，故曰‘連筒灌小園’。若夔州府修水筒，則引山泉者。”元黄鎮成《南山紫雲山居》詩之三：“接板橋横澗，連筒水入廚。”明史鑑《次進士馬中錫吴淑遊京師西山韻八首》之一：“千里關城臨絶塞，萬家園圃灌連筒。”清朱彝尊《七夕詞六首》之一：“兒童免戴青荷葉，借我連筒卷白波。”清顧禄《桐橋倚棹録·山水》：“石梁，俗呼雙吊桶，在劍池上，寺僧汲水處也……連筒稱深汲，惠澤遍下土。”

【連筥】

同“連筒”，即渴烏。此體清代已行用。見該文。

翻車

東漢靈帝時發明的一種用於河邊汲水的機車。其結構是以木板爲槽，尾部浸入水流中，有小輪軸。另一端也有小輪軸，固定於堤岸的木架上。用時踩動拐木，使大輪軸轉動，帶動槽内板葉刮水上行，傾灌於地勢較高的田中。後經馬鈞改良，機件輕便，效率提高。除壓欄木及列檻椿外，本身用木板作槽，槽長約兩丈，高約一尺，槽中架一條行道板，長度比槽板上下兩端各短一尺，以便空出位置安裝位於上端的大輪軸和位於下端、伸入水中的小輪軸。在行道板上安裝着龍骨板葉，在大輪上安裝着四根拐木。大輪被安裝在岸邊的木架之間。需要提水時，人伏在木架上，用雙脚踏動拐木，轉動大輪軸，龍骨葉片就從板槽間連續不停地把水帶上岸來。此稱漢代已行用。《後漢書·宦者傳·張讓》：“又作翻車、渴烏。”李賢注：“翻車，設機車以引水。”晋傅玄《馬鈞傳》：“先生乃作翻車，令童兒轉之，而灌水自覆，更入更出，其功百倍於常。”宋陸游《南堂晨坐》詩：“緑桑糝箔開蠶食，白水翻車浸稻秧。”元王禎《農書·灌溉門》：“翻車，今人謂龍骨車也。《魏畧》曰：‘馬鈞居京都，城内有地，可爲園，無水以灌之。乃作翻車，令兒童轉之，而灌水自覆。’漢靈帝使畢嵐作翻車，設機引水，洒南北郊路，則翻車之制又起於畢嵐矣。今農家用之溉田。其車之制，除壓欄木及列檻椿外，車身用板作槽，長可二丈，闊則不等，或四寸，至七寸，高約一尺。槽中架行道板一條，隨槽闊狹，比槽板兩頭俱短一尺，用置大小輪軸。同行道板上下通週以龍骨板葉。其在上大軸，兩

翻車
（元王禎《農書》）

端各帶拐木四莖，置於岸上木架之間。人憑架上，踏動拐木，則龍骨板隨轉，循環行道板刮水上岸。此翻車之制關楗頗多，必用木匠，可易成造。其起水之法，若岸高三丈有餘，可用三車，中間小池，倒水上之，足救三丈已上高旱之田。凡臨水地段，皆可置用，但田高則多費人力。如數家相助，計日趨工，俱可濟旱。水具中機械巧捷，惟此爲最。"明程敏政《西涯學士再和東坡雪韻邀予同作四章》之一："一色遥空點去鴉，小園荒井罷翻車。"清乾隆《雨後圓明園》詩："底用翻車引，行看秧馬騎。"參見本節"渴烏"文。

【龍骨】

即翻車。帶水的木板用木樺連接成環帶，形如龍骨，故稱。此稱漢代已行用，宋代起亦稱"龍骨車""水輪"。《古文苑·揚雄〈答劉歆書〉》："作《繡補》《靈節》《龍骨》之銘詩三章，成帝好之。"章樵注："龍骨，水車也。禁苑池沼中或用以引水。"宋梅堯臣《和十一月十二日與諸君登西園亭榭懷舊書事》之二："更看白水滿城下，説着當時龍骨車。"宋蘇舜欽、蘇舜元《水輪聯句》："痛矣真源喪，紛紜物象來；水輪今若此，世事亦宜哉。"宋王安石《元豐行示德逢》詩："倒持龍骨掛屋敖，買酒澆客追前勞。"宋陸游《春晚即事》詩之四："龍骨車鳴水入塘，雨來猶可望豐穰。"清徐榮《嶺南勸耕詩·九月》："潮來龍骨鳴，潮去禾蟲碎。"清孫枝蔚《不雨》詩："水輪鳴晝夜，牛力盡淮湖。"范文瀾、蔡美彪等《中國通史》第四編第一章第二節："宋朝推廣種水稻，農民群衆用多種水車引水灌漑。較爲普遍使用的人力翻車，稱龍骨車或踏車。"

【龍骨車】

即龍骨，亦即翻車。此稱宋代已行用。見該文。

【水輪】

即龍骨，亦即翻車。此稱宋代已行用。見該文。

水車 [1]

一種灌漑機械。以人力或畜力爲動力，通過管、筒、水槽等機件將水上提。此稱唐代已行用，亦稱"車""水轀"，明代又稱"戽水車"。唐鄭谷《宣義里舍冬暮自貽》詩："板屋漸移方帶野，水車新入夜添寒。"唐段成式《酉陽雜俎·樂》："直遂集客，車水竭池，窮池索之。"唐司空圖《二十四詩品·流動》："若納水轀，如轉丸珠。"宋蔡襄《和王學士水車》詩："扶持水車倚塍畔，飜飜龍脊超雙踵。"宋陸游《入蜀記》卷一："婦人足踏水車，手猶績麻不置。"《宋史·河渠志五》："地高則用水車汲引，灌漑甚便。"元王禎《備荒論》："水多浸濫，則用水車出之。"明徐光啓《農政全書》卷一六："湖蕩之傍田者，田高則車升之，田低則隄岸以固之。有水車升而出之，欲得水，決堤引之，湖蕩而遠于田者，疏導而車升之，此數者與用流之法畧相似也。"明張内蘊、周大韶《三吳水考》卷一二："本塘四十五里，每十里該用戽水車二百輛，計水車九百輛。"明童冀《水車行》："零陵水車風作輪，綠江夜響盤空雲。"明張寧《山水圖》詩："水車聲急綠陰肥，水漫魚罾白鳥飛。"明沈德符《萬曆野獲編》卷一二："某處可築壩建閘，某處可通渠築堤，高則灌注，下則車汲，悉照南方開水田法。"清錢泳《履園叢話·考索·水車》："大江以南灌田之法，俱用水車，其來已久。又名曰桔橰。"清傅澤洪《行水金鑑》卷六四："初建堤以障之，而堤内之水自若也；尋又建子堤以障之，而子堤内之水自若也；尋又設水車於子堤以撤之，而隨撤隨盈，舊龍觜之淹自若也。"

【車】

即水車[1]。此稱唐代已行用。見該文。

【水輨】

即水車[1]。此稱唐代已行用。見該文。

【戽水車】

即水車[1]。此稱明代已行用。見該文。

【篝車】

即水車[1]。此稱宋代已行用，亦稱"牽車"。宋陳造《江湖長翁集》卷三七："僭題石鼎，固宜招瓜芋之嘲；謬薦豚蹄，豈謂詫篝車之滿。"宋吕南公《和次道村田歌》："强丁屢歎牽車遠，稚子或訶鳴犢緩。"明王廷陳《夏日山居即事》詩之五："應笑襄田者，篝車望已奢。"清唐孫華《喜雨》詩："喜聞桔橰罷，預想篝車盈。"清查慎行《觀插秧二十四韻》詩："篝車思預祝，稬莠待徐薅。"清黄六鴻《福惠全書·教養·修水利》："若夫山壟之田，于下流築大壩，寸寸而壅之，引以牽車，使不傷于大旱。"清乾隆《北遠山村》詩："柄穗篝車滿，桔橰溪町閒。"

【牽車】

即篝車，亦即水車[1]。此稱宋代已行用。見該文。

水轉翻車

一種以水力爲動力的翻車。此稱元代已行用。元王禎《農書·灌溉門》："水轉翻車，其制與人踏翻車俱同，但於流水岸邊，掘一狹塹，置車於内；車之踏軸外端，作一竪輪；竪輪之

水轉翻車
（元王禎《農書》）

傍，架木立軸，置二卧輪；其上輪適與車頭竪輪輻支相間。乃擗水傍激，下輪既轉，則上輪隨撥車頭竪輪，而翻車隨轉，倒水上岸。此是卧輪之制。若作立輪，當別置水激立輪。其輪輻之末，復作小輪，輻頭稍闊，以撥車頭竪輪。此立輪之法也。然亦當視其水勢，隨宜用之。其日夜不止，絶勝踏車。"

水轉筒車

一種以水力爲動力的筒車。此稱元代已行用。元王禎《農書·灌溉門》："衛轉筒車，即前水轉筒車。"明徐光啓《農政全書》卷一七、《欽定授時通考》卷三七略同。

牛轉翻車

一種以牛拉動的翻車。此稱元代已行用。

牛轉翻車
（元王禎《農書》）

元王禎《農書・農器圖譜集之十三・灌溉門》：
"牛轉翻車，如無流水處用之。其車比水轉翻車
臥輪之制，但去下輪，置於車傍岸上，用牛拽
轉輪軸，則翻車隨轉，比人踏，功將倍之。與
後水轉翻車，皆出新制，欲遠近傚之，俱省工
力。"

衛轉筒車

　　一種以驢拉動的翻車。此稱元代已行用，
亦稱"驢轉筒車"。元王禎《農書・灌溉門》：
"衛轉筒車，即前水轉筒車，但於轉軸外端別造
豎輪，豎輪之側，岸上復置臥輪，與前牛轉翻
車之制無异。凡臨坎井或積水淵潭，可用澆灌
園圃，勝於人力汲引。案：驢一名衛。"明徐光
啓《農政全書》卷一七："驢轉筒車，即前水轉
筒車。"《欽定授時通考》卷三七略同。

衛轉筒車
（元王禎《農書》）

【驢轉筒車】

　　即衛轉筒車。此稱元代已行用。見該文。

高轉筒車

　　車輪兩傍高起，便於澆灌地勢較高的農田
的一種翻車。此稱元代已行用。元王禎《農
書・灌溉門》："高轉筒車，其高以十丈爲準。上
下架木，各豎一輪，下輪半在水內。各輪徑可

高轉筒車
（元王禎《農書》）

四尺。輪之一週，兩傍高起，其中若槽，以受
筒索。其索用竹，均排三股，通穿爲一；隨車
長短，如環無端。索上相離五寸，俱置竹筒。
筒長一尺。筒索之底，托以木牌，長亦如之，
通用鉄線縛定；隨索列次，絡於上下二輪。復
于二輪筒索之間，架劄木平底行槽一連，上與
二輪相平，以承筒索之重。或人踏，或牛拽轉
上輪，則筒索自下，兜水循槽至上輪；輪首覆
水，空筒復下。如此循環不已，日所得水，不
減平地車戽。若積爲池沼，再起一車，計及
二百餘尺。如田高岸深，或田在山上，皆可及
之。今平江虎邱寺劍池，亦類此制，但小小汲
飲，不足溉田，故不録。此近創捷法，已經較
試，庶用者述之。"

水轉高車

　　便於澆灌地勢較高的農田的一種翻車。此
稱元代已行用。元王禎《農書・灌溉門》："水
轉高車，遇有流水岸側，欲用高水，可用此車。
其車亦高轉筒輪之制，但於下輪軸端，別作豎
輪，傍用臥輪撥之，與水轉翻車無异。水輪既

水轉高車
（元王禎《農書》）

轉，則筒索挹水，循槽而上。餘如前例。又須水力相稱，如打輾磨之重，然後可行。日夜不息，絕勝人牛所轉。此誠祕術，今表暴之，以諭來者。”

刮車

一種輪式手搖水車。水輪高約五尺。先在岸邊挖一水槽，與車輻寬度相當，然後立下架子，安上水輪，輪軸一端安裝鐵鉤或木拐，手搖即可灌溉農田。此稱元代已行用。元王禎《農書·灌溉門》：“刮車，上水輪也。其輪高可

刮車
（元王禎《農書》）

五尺，輻頭闊止六寸，如水陂下田，可用此具。先於岸側掘成峻槽，與車輻同闊，然後立架安輪。輪輻半在槽内，其輪軸一端，摜以鐵鉤木拐，一夫執而掉之，車輪隨轉，則衆輻循槽，刮水上岸，灌田便於車戽。”

龍尾車

一種水車，因形狀似龍尾而得名。此稱明代已行用。明徐光啓《農政全書》卷一九：“龍尾車者，河濱挈水之器也。”清齊彦槐《龍尾車歌》：“無事静觀龍取水，製爲水車像龍尾。”徐珂《清稗類鈔·舟車·龍尾車》：“嘉慶己巳，〔徐朝俊〕製龍尾車，爲灌田之用。”

踏車

一種分段引水進入高田的組合踩踏水車。此稱宋代已行用，亦稱“水車”“踏水車”，明代又稱“連車”，清代還稱“踏塘車”。宋蘇軾《有言郡東北荆山下可以溝畎積水，因與吳正字、王户曹同往相視》詩之一：“使君下策真堪笑，隱隱驚雷響踏車。”宋陸游《入蜀記》卷一“六月八日”：“婦人足踏水車，手猶績麻不置。”元馬祖常有《踏水車行》詩，元李昱有《踏車行》詩。明童冀《甯泥行》詩：“君不聞，越上之田高於城，連車引水千尺坑。”清顧禄《清嘉録·小滿動三車》：“旱則用連車，遞引溪河之水，傳戽入田，謂之踏水車。”清弘曆《長河放舟進宮之作》詩之一：“稻畦麥壠緑芊芊，踏水車聲别一川。”清錢泳《履園叢話·臆論·水利》：“吾鄉高田多，低田少，每遇旱年，枝河乾涸，則苗立槁。一鄉之人言之保長，將水車數十百具，移至大河有水處，車進枝河，以灌苗田，謂之踏塘車。”清方薰《踏塘車》詩：“去年踏塘車，田中赤裂飛黄沙。今年踏塘車，

田中滉瀁多魚蝦。"

【水車】[2]

即踏車。此稱宋代已行用。見該文。

【踏水車】

即踏車。此稱宋代已行用。見該文。

【連車】

即踏車。此稱明代已行用。見該文。

【踏塘車】

即踏車。此稱清代已行用。見該文。

第二節　灌排設施考

"灌排設施"指農田灌溉、排水設施。二者或單用，如井；或兼用，如溝渠。本節以一般設施、特殊設施爲序，依次考辨。

浸

可灌溉農作物的河澤湖泊，後亦泛指河澤湖泊。此稱先秦時期已行用。《周禮·夏官·職方氏》："其川三江，其浸五湖。"鄭玄注："浸，可以爲陂灌溉者。"晋潘岳《西征賦》："浸決鄭、白之渠，漕引淮、海之粟。"唐李群玉《洞庭風雨》詩之二："巨浸吞湘澧，西風忽怒號。"宋毛滂《夜行船·餘英溪》詞："桃花春浸一篙深，畫橋東柳低煙遠。"明歸有光《寶界山居記》："太湖，東南巨浸也。"清梁章鉅《歸田瑣記·神木》："道光癸未夏，淫雨爲災，直隸百餘州縣，皆成巨浸。"柳亞子《迭求秋韵再寄個石一律》："不信滔天成巨浸，早凭一柱奠横流。"

川

便於灌溉農作物的河流。此稱先秦時期已行用。《周禮·地官·遂人》："凡治野，夫間有遂，遂上有徑；十夫有溝，溝上有畛；百夫有洫，洫上有涂；千夫有澮，澮上有道；萬夫有川，川上有路，以達于畿。"鄭玄注："萬夫，四縣之田。遂、溝、洫、澮，皆所以通水於川也。"《漢書·李尋傳》："今汝潁畎澮皆川水漂踊，與雨水並爲民害，此《詩》所謂'爗爗震電，不寧不令，百川沸騰'者也。"《南齊書·五行志》："人君不禱祀，簡宗廟，廢祭祀，逆天時，則霧水暴出，川水逆溢，壞邑軼鄉，沈溺民人。"宋王安石《晚歸》詩："岸迥重重柳，川低渺渺河。"

【川谷】

即川。此稱先秦時期已行用，南北朝時期亦稱"畎谷"。《老子》："譬道之在天下，猶川谷之於江海。"北魏酈道元《水經注·渭水上》："西北逕苗谷，屈而東逕伯陽城南，謂之伯陽川，蓋李耳西入往逕所由，故山原畎谷，往往播其名焉。"唐儲光羲《過新豐道中》詩："雷雨杳冥冥，川谷漫浩浩。"明徐元太《喻林》卷二："南山既能高峻，又以草木平滿其旁，倚之畎谷，使之齊均也。"清毛奇齡《上以久旱躬禱郊壇立需奉和高陽相公恭紀原韻》詩："龍行甽谷迎猶緩，雲起封壇饗自通。"

【畎谷】

即川谷，亦即川。此稱南北朝時期已行用。見該文。

【川瀆】

即川。此稱漢代已行用，亦稱"川原""川河"，三國時期又稱"川流"。漢董仲舒《春秋繁露·考功名》："其爲天下除害也，若川瀆之瀉於海也，各順其勢，傾側而制於南北。"《漢書·溝洫志贊》："中國川原以百數，莫著於四瀆，而河爲宗。"《後漢書·西域傳論》："若其境俗性智之優薄，産載物類之區品，川河領障之基源，氣節涼暑之通隔，梯山棧谷繩行沙度之道，身熱首痛風災鬼難之域，莫不備寫情形，審求根實。"三國魏曹丕《善哉行》："湯湯川流，中有行舟。"晋左思《吳都賦》："谿壑爲之一罄，川瀆爲之中貧。"南朝梁劉勰《文心雕龍·隱秀》："夫隱之爲體，義生文外，祕響傍通，伏采潛發，譬爻象之變玄體，川瀆之韞珠玉也。"《魏書·郭祚傳》："蕭衍狂悖，擅斷川瀆，役苦民勞，危亡已兆。"

【川原】

即川瀆，亦即川。此稱漢代已行用。見該文。

【川河】

即川瀆，亦即川。此稱漢代已行用。見該文。

【川流】

即川瀆，亦即川。此稱三國時期已行用。見該文。

【沃流】

即川。此稱晋代已行用。晋張華《博物志》卷八："齊桓公出，因與管仲故道，自燉煌西涉流沙，往外國，沙石千餘里，中無水，時則有沃流處，人莫能知，皆乘駱駝，駱駝知水脈，過其處輒停，不肯行，以足蹋地，人於其蹋處掘之，輒得水。"《文選·王粲〈登樓賦〉》："背墳衍之廣陸兮，臨皋隰之沃流。"李善注引《漢書》孟康注："沃，灌溉也。"宋王柏《蔣叔行挽辭》："竆蜿蜒兮有隧，枕皋隰兮沃流，東望兮廬舍，西望兮松楸。"

陂[1]

蓄水灌溉的池塘湖泊。此稱先秦時期已行用，亦稱"陂塘"。《國語·周語下》："陂塘汙庳，以鍾其美。"韋昭注："畜水曰陂，塘也。"《淮南子·説林訓》："十頃之陂可以灌四十頃，而一頃之陂可以灌四頃，大小之衰然。"高誘注："畜水曰陂。"《三國志·魏書·劉馥傳》："揚州士民，益追思之，以爲雖董安于之守晋陽，不能過也，及陂塘之利，至今爲用。"南朝宋劉義慶《世説新語·德行》："叔度汪汪如萬頃之陂。澄之不清，擾之不濁。"唐韓愈《唐故江西觀察使韋公墓誌銘》："築堤扞江長十二里，疏爲斗門，以走潦水……灌陂塘五百九十八，得田萬二千頃。"《舊唐書·劉仁軌傳》："仁軌始令收歛骸骨，瘞埋弔祭之，修録户口，署置官長，開通塗路，整理村落，建立橋梁，補葺堤堰，修復陂塘，勸課耕種，賑貸貧乏，存問孤老。"宋王安石《招約之職方并示正甫書記》詩："横陂受後澗，直塹輸前瀆。"宋賀鑄《竹雞詞》詩："東南澤國陂塘闊，旱歲少逢晴五月。"宋錢易《南部新書》庚："今爲耕民畜作陂塘，資澆溉之用。"元王禎《農書·灌溉門》："陂塘：《説文》曰：陂，野池也，塘，猶堰也。陂必有塘，故曰陂塘。《周禮》：'以瀦蓄水，以防止水。'說者謂：'瀦者，蓄流水之陂也。防者，瀦旁之隄也。'今之陂塘，即與上同。考之書傳，盧江有芍陂，穎川有鴻隙陂，廣陵有雷陂、愛敬陂，陽平沛郡有鉗盧陂，餘難徧舉。其各溉田，大則數千頃，小則數百頃。後世故跡猶存，因以為利。今人有能別度地形，亦效此制，足溉田畝千萬。比作田圍，特省工費，又可畜育魚鱉，栽種菱藕之類，其利可勝言哉？"明李曇《踏車行》詩："況當今日滴雨無，陂塘之水爭喧譁。"清曹寅《聞蛙》詩："南園舊經行，陂塘盛藻荇。"清秦蕙田《五禮通考》卷二四八："至於近日，巡歷又得親見，所至原野，極目蕭條，唯是有陂塘處，則其苗之蔚茂秀實，無以異於豐歲，於是竊嘆。"

【陂塘】

即陂[1]。此稱先秦時期已行用。見該文。

陂塘
（元王禎《農書》）

【陂遏】

即陂[1]。此稱三國時期已行用，晋代亦作"陂堨"，清代亦稱"陂蕩"。《三國志·魏書·鄭渾傳》："渾於蕭、相二縣界，興陂遏，開稻田。"晋杜預《論水利疏》："陂堨歲決，良田變生蒲葦。"《南齊書·徐孝嗣傳》："淮南舊田，觸處極目，陂遏不脩，咸成茂草。"宋蘇轍《戲作家釀》詩之二："今年利陂堨，碓聲喧里閭。"《資治通鑑·漢獻帝建安五年》："廣屯田，興陂堨。"胡三省注："以土壅水曰堨。"元王禎《農書·灌溉門》："民間所自為溪堨水蕩，難以數計，大可灌田數百頃，小可溉田數十畝，若溝渠陂堨上置水閘，以備啓閉，若塘堰之水，必置涵竇，以便通洩。"元王禎《水柵》詩："却資沃灌開田封，向來陂堨皆餘蹤。"清曹寅《雨夕送令彰還廣陵》詩："陂蕩水連江，泥塗聚石矼。"

【陂堨】

同"陂遏"，即陂[1]。此稱晋代已行用。見該文。

【陂蕩】

即陂遏，亦即陂[1]。此稱清代已行用。見該文。

瀦

水停聚處，可用於農田灌溉等。此稱先秦時期已行用，漢代亦稱"渟"，宋代起亦作"豬"，又稱"渟瀦"。《周禮·地官·稻人》："稻人，掌稼下地，以瀦畜水。"鄭玄注："偃瀦者，畜流水之陂也。"《史記·李斯列傳》："禹鑿龍門，通大夏，疏九河，曲九防，決渟水致之海。"《文選·馬融〈長笛賦〉》："於是山水猥至，渟涔障潰。"李善注引《埤蒼》："渟，水止也。"宋蘇舜欽《漣水軍新聞記》："古之障川，有防、豬、庸、遂、列、澮之法。"宋葉適《北齋》詩之二："跳蛙浴漏瀦，野穀媚穿果。"宋張禮《游城南記》："若自甫張村引黃渠水，經鮑陂以注曲江，則江景可復其舊，不然疏其已塞之泉淳瀦，歲月亦可觀矣。"《宋史·河渠志一》："〔星宿海〕流出復瀦，曰哈剌海。"明歸有光《奉熊分司水利集并論今年水災事宜書》："放今年淳瀦之流，備來年涔至之水，亦救時之策也。"明王世貞《藝苑巵言》卷三："池塘者，泉水瀦溉之池。"清馮桂芬《興水利議》："不特平者成膏腴，下者資瀦蓄，即高原之水有所洩，粱麥亦倍收矣。"

【豬】[2]

同 "瀦"。此體宋代已行用。見該文。

【淳】

即瀦。此稱漢代已行用。見該文。

【淳瀦】

即瀦。此稱宋代已行用。見該文。

潢

停積不流的大水池。此稱先秦時期已行用，晋代亦稱 "陂潢"。《國語·周語下》："絕民用以實王府，猶塞川原而爲潢汙也，其竭也無日矣。"韋昭注："大曰潢，小曰汙。"《文選·木華〈海賦〉》："乃鑴臨崖之阜陸，決陂潢而相浚。"李善注引高誘曰："陂，畜也……《說文》曰：'潢，積水池也。'"明湯顯祖《豫章攬秀樓賦》："戒驕譁於水次，妥積膚於潢潯。"

【陂潢】

即潢。此稱晋代已行用。見該文。

汙

停積不流的小水池。此稱先秦時期已行用，漢代亦作 "洿"。《左傳·隱公三年》："潢汙行潦之水，可薦於鬼神，可羞於王公。"孔穎達疏引服虔曰："水不流謂之汙。"《荀子·王制》："汙池淵沼川澤，謹其時禁。"楊倞注："汙，停水

之處。"《亢倉子·全道》："夫尋常之汙，巨魚無所還其體，而鯢鰌爲之制。"《淮南子·精神訓》："苦洿之家，決洿而注之江，洿水弗樂也。"高誘注："洿水猶滯水也。"

【洿】

同 "汙"。此體漢代已行用。見該文。

池[1]

蓄水的坑，可用於農田灌溉等。此稱先秦時期已行用，明代起亦稱 "池子"。《書·泰誓上》："惟宮室、臺榭、陂池、侈服以殘害于爾萬姓。"孔傳："停水曰池。"《西京雜記》卷四："路喬如爲《鶴賦》，其辭曰：'白鳥朱冠，鼓翼池干。'"唐温庭筠《菩薩蠻》詞之四："翠翹金縷雙鸂鶒，水紋細起春池碧。"前蜀李珣《酒泉子》詞之四："秋月嬋娟，皎潔碧紗窗外，照花穿竹冷沉沉，印池心。"明楊珽《龍膏記·邂逅》："池亭頃刻擄芳怨，又被鶯聲偷喚。"《水滸傳》第七回："你且去菜園池子裏洗了來，和你衆人説話。"《儒林外史》第四〇回："一個極寬的金魚池，池子旁邊，都是硃紅欄杆，夾着一帶走廊。"

【池子】

即池[1]。此稱明代已行用。見該文。

【沼】

即池[1]。此稱先秦時期已行用，宋代亦稱 "酉"。《詩·小雅·正月》："魚在于沼，亦匪克樂。"漢司馬相如《上林賦》："日出東沼，入乎西陂。"前蜀韋莊《訴衷情》詞之二："碧沼紅芳煙雨静，倚蘭橈。"宋陳造《房陵》詩之三："祠壇歌舞雜嗟吁，下酉猶濡上酉枯。"自注："瀦水溉曰酉。"

【酉】

即沼，亦即池[1]。此稱宋代已行用。見該文。

【塘】[1]

即池[1]。此稱先秦時期已行用，宋代起亦稱"水塘"。《孔叢子·連叢子上》："伐之原野，樹之中塘，漑浸以時，日引月長。"漢劉楨《贈徐幹》詩："細柳夾道生，方塘含清源。"晋潘尼《苦雨賦》："瞻中塘之浩汗，聽長雷之潺潺。"前蜀李珣《南鄉子》詞："乘綵舫，過蓮塘，棹歌驚起睡鴛鴦。"宋黄庭堅《發舒州向皖口道中作寄李德叟》詩："駝裘惜蒙茸，俱落水塘缺。"宋范成大《光福塘上》詩："秖今農事村村急，第一先陂貯水塘。"元王禎《農書·灌漑門》："水塘，即洿池也。因地形坳下，用之瀦蓄水潦，或修築畎堰，以備灌漑田畝，兼可畜育魚鼈，栽種蓮芡，俱各獲利累倍。大凡陸地平田，別無溪澗、井泉以漑田者，救旱之法，非塘不可。夫江淮之間，在在有之。然官民異屬，各爲永業，歲收産利，誠用水之多便者。"明董説《清明竹枝詞》："碧紗轎駐水塘灣，楊柳風吹燕尾鬟。"《紅樓夢》第七六回："湘雲笑道：'這個鶴有趣，倒助了我了。'因聯道：'窗燈焰已昏。寒塘渡鶴影。'"

水塘
（元王禎《農書》）

【水塘】

即塘[1]，亦即池[1]。此稱宋代已行用。見該文。

【汙池】

即池[1]。此稱先秦時期已行用，宋代亦作"污池"。《晏子春秋·諫下十四》："今君窮臺榭之高，極汙池之深而不止。"《列子·楊朱》："吞舟之魚，不游枝流；鴻鵠高飛，不集汙池。何則？其極遠也。"漢桓寬《鹽鐵論·申韓》："是猶舍鄰之醫，而求俞跗而後治病；廢汙池之水，待江海而後救火也。"宋洪邁《夷堅支志癸·羅漢汙池木》："饒州城内永寧寺東廊，羅漢泗洲兩院相鄰。其外有污池，方闊三四丈，深不能三尺。"

【污池】

同"汙池"，即池[1]。此體宋代已行用。見該文。

【汙澤】

即池[1]。此稱漢代已行用，唐代亦稱"汙瀦"，亦作"污澤"，宋代又作"污瀦"。《漢書·溝洫志》："陂障卑下，以爲汙澤。"《後漢書·西南夷傳·邛都》："無幾而地陷爲汙澤，因名爲邛池。"唐薛能《秋雨》詩："有形皆霢霂，無地不汙瀦。"唐陸龜蒙《投龍潭》詩："良田爲巨浸，汙澤成赤地。"宋蘇轍《黄樓賦》："下者爲汙澤，上者爲沮洳。"宋洪邁《夷堅支志甲·錢塘老僧》："吾鄉羣蛙之受釣，發端自汝。今污瀦所産，萬計皆空，暴殄天物如此，將招業報。"

【污澤】

同"汙澤"，即池[1]。此體唐代已行用。見該文。

【汙瀯】

即汙澤，亦即池[1]。此稱唐代已行用。見該文。

【污瀯】

即汙澤，亦即池[1]。此稱宋代已行用。見該文。

【潢洿】

即池[1]。此稱漢代已行用，南北朝時期亦作“潢汙”，明代亦稱“潢池”。《漢書·食貨志下》：“絶民用以實王府，猶塞川原爲潢洿也。”晉葛洪《抱朴子·嘉遁》：“潢洿足以泛龍鱗，豈事乎滄海。”南朝宋鮑照《拜侍郎上疏》：“潢汙流藻，充金鼎之實。”唐錢起《酬劉員外雨中見寄》詩：“潢污三逕絶，砧杵四鄰稀。”唐劉禹錫《酬皇甫十少尹暮秋久雨喜晴有懷見示》詩：“掃開雲霧呈光景，流盡潢汙見路岐。”前蜀貫休《鼓腹曲》：“有酒如濁醴兮呼我喫，往往醉倒潢洿之水邊兮人盡識。”明何景明《石磯賦》：“彼執筍繫竹，操繩逝梁，較獲易捕，乃潢污之陋漁。”明唐順之《海上凱歌贈湯將軍》詩之二：“自咤一身都是膽，欲將巨海作潢池。”

【潢汙】

同“潢洿”，即池[1]。此體南北朝時期已行用。見該文。

【潢池】

即潢洿，亦即池[1]。此稱明代已行用。見該文。

【沼池】

即池[1]。此稱先秦時期已行用，漢代亦稱“池沼”，晉代又稱“沼沚”。《管子·輕重甲》：“大夫立沼池，令以矩游爲樂。”漢劉向《新序·雜事五》：“周文王作靈臺，及爲池沼，掘地得死人之骨。”漢揚雄《〈羽獵賦〉序》：“宮館臺榭，沼池園囿。”晉潘岳《閒居賦》：“池沼足以漁釣，春税足以代耕。”晉葛洪《抱朴子·廣

譬》：“黄河雖混渾，不可以方沼沚之清澄。”《宋書·樂志四》：“鳳凰棲靈囿，神龜游沼池。”南朝梁沈約《郊居賦》：“漸沼沚於雷垂，周塍陌於堂下。”清李斗《揚州畫舫録·草河録上》：“鷄頭菱角，熟于池沼。”

【池沼】

即沼池，亦即池[1]。此稱漢代已行用。見該文。

【沼沚】

即沼池，亦即池[1]。此稱晉代已行用。見該文。

【池塘】

即池[1]。此稱南北朝時期已行用，亦稱“塘池”，唐代起又稱“池潢”“塘坳”。南朝宋謝靈運《登池上樓》詩：“池塘生春草，園柳變鳴禽。”北魏酈道元《水經注·耒水》：“川之北有盧塘，塘池八頃，其深不測。”唐楊師道《春朝閑步》詩：“池塘藉芳草，蘭芷襲幽衿。”唐張九齡《感遇》詩之四：“孤鴻海上來，池潢不敢顧。”唐杜甫《茅屋爲秋風所破歌》：“茅飛渡江灑江郊，高者掛罥長林梢，下者飄轉沈塘坳。”宋柳永《鬥百花》詞之二：“池塘淺蘸煙蕪，簾幕閒垂風絮。”宋陸游《題齋壁》詩：“隔葉晚鶯啼谷口，唼花雛鴨聚塘坳。”

【塘池】

即池塘，亦即池[1]。此稱南北朝時期已行用。見該文。

【池潢】

即池塘，亦即池[1]。此稱唐代已行用。見該文。

【塘坳】

即池塘，亦即池[1]。此稱唐代已行用。見該文。

【氹】

即池[1]。此稱清代已行用。清嚴如熤《苗防備覽·險要考上》：“四面峻嶺中有田氹，廣里

許。"徐珂《清稗類鈔·經術類》:"氹,蓄水爲池也。"《廣東通志·風俗志》:"蓄水之地爲氹,通水之道爲圳。"

淀

淺水湖泊、沼澤,可用於農田灌溉等。此稱晋代已行用,亦作"澱",宋代亦稱"蕩""漾",清代又稱"茆"。《文選·左思〈魏都賦〉》:"掘鯉之淀,蓋節之淵。"張載注:"淀者,如淵而淺也。"《文選·郭璞〈江賦〉》:"栫澱爲涔,夾潨羅筌。"李善注:"劉淵林《吳都賦》注曰:'淀,如淵而淺。'澱與淀古字通。"北魏酈道元《水經注·汶水》:"汶水又西合一水,西南入茂都澱。澱,陂水之异名也。"北齊顔之推《顔氏家訓·歸心》:"江陵高偉,隨吾入齊,凡數年,向幽州淀中捕魚。"趙曦明注:"淀,今北方亭水之地也。"宋范成大《四時田園雜興》詩之一四:"湖蓮舊蕩藕新翻,小小荷錢没漲痕。"宋周密《癸辛雜識續集·龍負舟》:"湖州土山有富人命數僕駕舟往田所點視塍岸。至漾中(凡水潤之處名曰漾),忽舟若湊淺不能進。"《水滸傳》第一九回:"又行不到兩條港汊,只聽得蘆花蕩裏打唿哨。"清魏源《東南七郡水利略叙》:"太湖匯源水之來,湖所不能容者,則亞而爲蕩,爲漾,爲茆,爲澱,凡百有奇,如人之有腹乎? "

【澱】

同"淀"。此體晋代已行用。見該文。

【蕩】

即淀。此稱宋代已行用。見該文。

【漾】

即淀。此稱宋代已行用。見該文。

【茆】

即淀。此稱清代已行用。見該文。

金塘

堅固的石塘或堤堰。此稱漢代已行用。《文選·劉楨〈公讌詩〉》:"芙蓉散其華,菡萏溢金塘。"李善注:"金塘,猶金堤也。"南朝梁江淹《學梁王兔園賦》:"於是金塘涵演,綠竹被坂。"唐李賀《河南府試十二月樂詞·四月》:"金塘閑水摇碧漪。"王琦彙解:"金塘,石塘也。以石爲塘,喻其堅固若以金爲之。"元郯韶《次韻楊子壽同浦太守游顧園四首》詩之三:"遲遲綵艇香風度,灩灩金塘柳色饒。"明黄哲《扶溪春望》詩:"相望相思雲路遥,金塘流水亂春潮。"

隄塘 [1]

有堤壩的池塘。此稱唐代已行用,明代亦作"堤塘"。《漢書·高帝紀上》"嘗息大澤之陂"唐顔師古注:"蓋於澤陂隄塘之上休息而寢寐也。"《新唐書·地理志五》:"高郵,上有隄塘,溉田數千頃。"明張國維《吳中水利全書》卷一三:"殊不知,開吳松江而不築兩岸堤塘,則所道上源之水輻輳而來,適爲兩州之患。蓋江水溢入南北溝浦,而不能徑趨於海,故也儻效漢唐以來堤塘之法修築。"

【堤塘】 [1]

同"隄塘 [1]"。此體明代已行用。見該文。

石涵

石砌的蓄水池。此稱唐代已行用。唐許渾《秋晚懷茅山石涵村舍》詩:"十畝山田近石涵,村居風俗舊曾諳。"宋馬端臨《文獻通考》卷六:"長慶中,白居易爲杭州刺史,浚錢塘湖,周廻三十里,北有石涵,南有筧凡,放水溉田,每減一寸,可溉十五頃,每一伏時,可溉五十餘頃。”

海塘

防海潮、護農田的堤防。此稱宋代已行用。《宋史·河渠志七》：“鹽官縣海塘衝決，命淛西提舉劉垕專任其事。”《元史·河渠志二》：“江浙省并庸田司官修築海塘，作竹籧篨，内實以石，鱗次壘壘，以禦潮勢。”元仇遠《鎮海亭》詩：“海塘三十里，此屋獨巍然。”清查慎行《海塘歎》詩：“沙崩岸塌風駕潮，潮頭勢與城爭高。”

井[3]

由地面向地下鑿成的能取水的深洞，可用於農田灌溉等。此稱先秦時期已行用。《易·井》：“改邑不改井。”孔穎達疏：“古者穿地取水，以瓶引汲，謂之爲井。”《吕氏春秋·察傳》：“宋之丁氏，家無井而出溉汲，常一人居外。”前蜀毛文錫《贊成功》詞：“昨夜微雨，飄灑庭中，忽聞聲滴井邊桐。”元王禎《農書·灌溉門》：“井：穴地出水也。《説文》曰：清也。《易》曰：‘井洌寒泉，食。’甃之以石，則潔而不泥；汲之以器，則養而不窮：井之功大矣。按《周書》云：‘黃帝穿井。’又《世本》云：‘伯益作井。’堯民鑿井而飲。湯旱，伊尹教民田頭鑿井以溉田，今之桔槔是也。此皆人力之井也。若夫岩穴泉竇，流而不窮，汲而不竭，此天然之井也。皆可灌溉田畝，水利之中所不可闕者。”明文震亨《長物志·鑿井》：“鑿井須於竹樹之下，深見泉脉，上置轆轤引汲，不則蓋一小亭覆之。”

井
（元王禎《農書》）

埳井

淺井。此稱先秦時期已行用，亦作“坎井”。《莊子·秋水》：“且夫擅一壑之水，而跨跱埳井之樂，此亦至矣。”成玄英疏：“埳井，猶淺井也。”《荀子·正論》：“淺不足與測深，愚不足與謀知，坎井之鼃，不可與語東海之樂，此之謂也。”《後漢書·杜篤傳》：“彼埳井之潢汙，固不容夫吞舟。”李賢注：“埳井喻小也。”清紀昀《閲微草堂筆記·灤陽續録一》：“〔鬼〕或隱入坎井，人過乃徐徐出。”

【坎井】

同“埳井”。此體先秦時期已行用。見該文。

遂

田頭引水小溝。此稱先秦時期已行用。《周禮·地官·稻人》：“稻人掌稼下地。以瀦畜水，以防止水，以溝蕩水，以遂均水，以列舍水，以澮寫水，以涉揚其芟作田。”鄭玄注：“遂，田首受水小溝也。”孫詒讓正義：“云‘遂，田首受水小溝也’者，即《遂人》云‘夫間有遂’是也。匠人爲溝洫，田首廣二尺，深二尺，謂之遂，故云田首受水小溝，五溝以遂爲最小也。”宋蘇舜欽《漣水軍新牐記》：“古之障川，有防豬庸遂列澮之法，以既見於經也。”《儒林外史》第四〇回：“溝間有洫，洫間有遂，開得高高低低，仿佛江南的光景。”

【畎遂】

　　即遂。此稱先秦時期已行用，唐代亦作"甽遂"。《周禮·考工記·匠人》："匠人爲溝洫，耜廣五寸，二耜爲耦，一耦之伐，廣尺深尺謂之畎，田首倍之，廣二尺深二尺謂之遂。"鄭玄注："畎，畎也……遂者，夫間小溝。"唐李翱《平賦書》："凡百里之州，爲方十里者百……丘墓鄉井之所聚，甽遂溝瀆之所渠，大計不過方十里者三十有六。"宋程俱《秋將穫水行田中，不復留，因窾塍通溝引水，過堂下，小兒以芒葦作車其上，晝夜決決不休，戲書》詩："功成則退逝不留，去彼甽遂來清溝。"宋馬端臨《文獻通考》卷一："井田之制，雖先廢於商鞅而後諸侯封建截然，封建既絕，井田雖在，亦不可獨存矣，故井田封建相待而行者也。夫畎遂、溝洫環田而爲之，間田而疏之。"明張國維《吳中水利全書》卷二四："大江橫其北，太湖處其東，南而挹北江之潮汐，釃具區之泛濫爲河港，以十數港之中又有港焉，瓜而爲溝洫，濚而爲畎遂。"

【甽遂】

　　同"畎遂"，即遂。此體唐代已行用。見該文。

溝

　　田間排泄用的水道。此稱先秦時期已行用，亦稱"陂溝"。《周禮·地官·稻人》："以溝蕩水。"鄭玄注："杜子春讀蕩爲和蕩，謂以溝行水也。"又《考工記·匠人》："九夫爲井，井間廣四尺，深四尺，謂之溝。"《管子·五輔》："導水潦，利陂溝，決潘渚，潰泥滯，通鬱閉，慎津梁，此謂遺之以利。"《逸周書·大聚》："陂溝道路，蒙苴丘墳，不可樹穀者，樹以材木。"朱右曾校釋："陂，阪也。山旁曰陂，水注谷曰

溝。"宋薛季宣《浪語集》卷三五："若爲隸農，於大姓者亡慮，振業三千八百餘家，要約明具，器用便利，廬舍有伍，疆場端正，場圃牢牧，陂溝、路橋悉皆治修。"清秦蕙田《五禮通考》卷二〇一引《水經注》云："大浦下導陂溝，競奔漙沱，是故人因決之，謂之百道隘。"

【陂溝】

　　即溝。此稱先秦時期已行用。見該文。

陰溝 [1]

　　山北背陽處的水溝。此稱漢代已行用，晋代亦稱"陰渠"。《文選·王延壽〈魯靈光殿賦〉》："玄醴騰涌於陰溝，甘露被宇而下臻。"張載注："醴泉出地，故曰陰溝也。"張銑注："溝，渠也，在殿北，故稱陰溝。"又《孫綽〈遊天臺山賦〉》："惠風佇芳於陽林，醴泉涌溜於陰渠。"李善注："陰渠，山北之渠。"

【陰渠】 [1]

　　即陰溝 [1]。此稱晋代已行用。見該文。

陰溝 [2]

　　地下排水溝。此稱唐代已行用，元代亦稱

陰溝
（元王禎《農書》）

"陰渠"。唐丘光庭《兼明書·楊溝》："凡溝有露見其明者，有以土填其上者。土填其上者謂之陰溝，露見其明者謂之陽溝。"元陳樵《八詠樓賦》："露井飛霜，陰渠沃雪。"元無名氏《神奴兒》第二折："我和你把這小廝埋在陰溝裏。"元王禎《農書·灌溉門》："陰溝：行水暗渠也。凡水陸之地，如遇高阜形勢，或隔田園聚落，不能相通，當于川岸之傍，或溪流之曲，穿地成穴，以磚石爲圈，引水而至。若別無隔礙，則當踏視地形，用策索度其高下及經由處所，畫爲界路，先引潈犁耕過，後復浚掘，及作甃穴，上覆元土，亦是一法。如灌溉之餘，常流不絕，又可蓄爲魚塘蓮蕩，其利亦博。或貫穿域邑巷陌，及注之園囿池沼，悉周于用。雖遠近、大小、深淺、曲直不同，然皆泆流内達，膏澤傍通，水利之中，最爲永便。此皆泉源在上，或在平地，易以通流。如水在溝下，當車水上之，溉田則一也。或遇田澇，則反能撤水下之，此又陰溝用水之變法。"明徐光啓《農政全書》卷一七略同。清高士奇《金鼇退食筆記》卷下："水皆從前殿基下陰渠之内過，而至於其殿之前。"

【陰渠】[2]

即陰溝[2]。此稱元代已行用。見該文。

洫[1]

井田成和成之間的水道。後泛指田間水道。此稱先秦時期已行用，亦作"淢"。《周禮·考工記·匠人》："九夫爲井，井間廣四尺，深四尺，謂之溝。方十里爲成，成間廣八尺，深八尺，謂之洫。"《左傳·襄公十年》："子駟爲田洫。"杜預注："洫，田畔溝也。"《詩·大雅·文王有聲》："築城伊淢，作豐伊匹。"毛傳："淢，

成溝也。"鄭玄箋："方十里曰成；淢，其溝也，廣深各八尺。"陸德明釋文："淢字又作洫。"《史記·夏本記》："〔禹〕卑宮室，致費於溝淢。"裴駰集解引包氏曰："方里爲井，井間有溝，溝廣深四尺。十里爲成，成間有淢，淢廣深八尺。"《説文·水部》："洫，十里爲成，成間廣八尺深八尺謂之洫。"三國魏張揖《廣雅·釋水》："洫，坑也。"宋王安石《洪範傳》："土言稼穡，則水之井洫，火之爨冶，木、金之爲械器，皆可知也。"明李攀龍《上朱大司空》詩："太史但裁溝洫志，丈人何減漢臣風。"

【淢】

同"洫[1]"。此體先秦時期已行用。見該文。

田洫

田畔的水溝，主要用來灌溉農作物。此稱先秦時期已行用。《左傳·襄公十年》："初，子駟爲田洫，司氏、堵氏、侯氏、子師氏皆喪田焉。"杜預注："洫，田畔溝也。"孔穎達疏："溝洫俱是通水之路，相對大小爲異耳，皆於田畔爲之，故云田畔溝也。"郭沫若《中國史稿》第二編第四章第四節："周靈王九年（前563），鄭國執政子駟整頓'田洫'以正疆界。"

石洫

石砌的水渠。此稱漢代已行用。《後漢書·鮑昱傳》："郡多陂池，歲歲決壞，年費常三千餘萬。昱乃上作方梁石洫，水常饒足，溉田倍多，人以殷富。"李賢注："洫，渠也，以石爲之。"

澮

田尾排水大溝。此稱先秦時期已行用，明代亦稱"田澮"。《周禮·地官·稻人》："以列舍水，以澮寫水。"鄭玄注："澮，田尾去水大

溝。"《爾雅·釋水》:"水注川曰溪,注溪曰谷,注谷曰溝,注溝曰澮。"南朝梁劉勰《文心雕龍·知音》:"閱喬岳以形培塿,酌滄波以喻畎澮,無私於輕重,不偏於憎愛,然後能平理若衡,照辭如鏡矣。"宋王安石《上杜學士言開河書》:"而深山長谷之水,四面而出,溝渠澮川,十百相通。"宋蘇舜欽《漣水軍新聞記》:"古之障川,有防、豬、庸、遂、列、澮之法,以既見於經也。"明高啓《寄永甯丁期府》詩:"盜散山棚城少閉,渠通田澮水多流。"清鄭世元《感懷雜詩三首》之三:"河海不自廣,因溝澮以名。"

【田澮】

即澮。此稱明代已行用。見該文。

池 [2]

由沼澤向圩塘引水的水道。此稱先秦時期已行用。《周禮·秋官·雍氏》:"掌溝、瀆、澮、池之禁。"鄭玄注:"池,謂陂障之水道也。"賈公彥疏:"謂障澤爲陂之時於澤通水入陂之道曰池。"《禮記·月令》:"〔仲春之月〕是月也,毋竭川澤,毋漉陂池,毋焚山林。"鄭玄注:"畜水曰陂,穿地通水曰池。"

列 [2]

田壟間用以灌溉農作物的水渠。此稱先秦時期已行用,漢代亦稱"畦埒",南北朝時期又稱"列門"。《周禮·地官·稻人》:"以列舍水,以澮寫水。"鄭玄注:"列,田之畦埒也。"北魏酈道元《水經注·穀水》:"并記列門廣長深淺於左右巷,東西長七尺,南北龍尾廣十二丈。"宋蘇舜欽《漣水軍新牘記》:"古之障川,有防、豬、庸、遂、列、澮之法,以既見於經也。"

【畦埒】 [1]

即列 [2]。此稱漢代已行用。見該文。

【列門】

即列 [2]。此稱南北朝時期已行用。見該文。

竇

灌溉用的小水渠,亦指水道口。此稱先秦時期已行用,亦作"瀆",亦稱"灌瀆""穴",宋代又稱"水竇",元代還稱"洰"。《周禮·考工記·匠人》:"竇其崇三尺。"鄭玄注:"宮中水道。"孫詒讓正義:"竇若今陰溝,穿地爲之,以通水潦者。"《易·需》:"需于血,出自穴。"高亨注:"出自穴,由穴竇中逃出。"《左傳·襄公二十六年》:"有大雨,自其竇入。"杜預注:"雨,故水竇開。"《韓非子·五蠹》:"澤居苦水者,買庸而決竇。"《論語·憲問》:"〔管仲〕豈若匹夫匹婦之爲諒也,自經於溝瀆而莫之知也?"《莊子·外物》:"夫揭竿累,趣灌瀆,守鯢鮒,其於得大魚難矣。"陸德明釋文引司馬彪曰:"溉灌之瀆。"《韓非子·五蠹》:"澤居苦水者,買庸而決竇。"《文選·宋玉〈高唐賦〉》:"陬互橫啎,背穴偃蹠。"李善注:"穴,孔也。"《史記·屈原賈生列傳》:"彼尋常之汙瀆兮,豈能容吞舟之魚!"司馬貞索隱:"瀆,小渠也。"又《太史公自序》:"維禹浚川,九州攸寧;爰及宣防,決瀆通溝。"漢董仲舒《春秋繁露·求雨》:"通道橋之雍塞,不行者決瀆之。"《文選·木華〈海賦〉》:"江河既導,萬穴俱流。"李周翰注:"萬穴,水道也。"《梁書·徐勉傳》:"瀆中並饒菰蔣,湖裏殊富芰蓮。"唐杜甫《三川觀水漲二十韻》:"不有萬穴歸,何以尊四瀆。"唐柳宗元《時令論上》:"季春利隄防,遠溝瀆,止田獵,備鼉器,合牛馬,百工無悖於時。"宋秦觀《寄陳季常》詩：“揭竿趣灌瀆，與爾不同調。”宋周密《齊東野語·巴陵本末》：“王聞變，匿水竇中。”元王禎《農書·灌溉門》：“若塘堰之水，必置洇竇，以便通洩。”一説，疑即梘，通水器。《字彙補·水部》：“洇，竇也。”明馮夢龍《智囊補·兵智·賀若弼》：“賀若弼諜謀攻京口，先以老馬多，買陳船而匿之，買敝船五六十艘，置於瀆内，陳人覘之，以爲中國無船。”清顧炎武《濟南》詩之一：“西來水竇緣王屋，南去山根接岱宗。”《聊齋志異·促織》：“遽撲之，入石穴中……以筒水灌之，始出。”清談遷《北遊録·後紀程》：“自是長隄多水竇，水塋緑异常。”清唐孫華《官米行》：“去年霪潦歲不熟，楪楪窮民在溝瀆。”《醫宗金鑒·刺灸心法要訣·三焦經文》：“三焦者，決瀆之官，水道出焉。”

【瀆】

同“竇”。此體先秦時期已行用。見該文。

【灌瀆】

即竇。此稱先秦時期已行用。見該文。

【穴】

即竇。此稱先秦時期已行用。見該文。

【洇】

即竇。此稱元代已行用。見該文。

【水竇】

即竇。此稱宋代已行用。見該文。

渠

人工開鑿的水道，可用於灌溉農作物。此稱先秦時期已行用，漢代亦稱“洫”。《國語·晉語二》：“景霍以爲城，而汾、河、涑、澮以爲渠。”韋昭注：“渠，池也。”《説文·水部》：“渠，水所居。”王筠句讀：“河者，天生之；渠者，人鑿之。”《史記·河渠書》：“蜀守冰鑿離碓，辟沫水之害，穿二江成都之中。此渠皆可行舟，有餘則用溉浸，百姓饗其利。”《後漢書·鮑昱傳》：“昱乃上作方梁石洫，水常饒足，灌田倍多。”李賢注：“洫，渠也。以石爲之，猶今之水門也。”南朝陳張正見《帝王所居篇》：“紫微臨複道，丹水亘通渠。”北魏酈道元《水經注·汾水》：“漢河東太守潘係穿渠，引汾水以溉皮氏縣，故渠尚存，今無水也。”唐韓愈《赴江陵途中》：“傳聞閭裏間，赤子棄渠溝。”唐杜牧《東都送鄭處誨校書歸上都》詩：“悠悠渠水清，雨霽洛陽城。”宋文彥博《遊史館張大卿致政李少卿史館傅兵部濟上郊園》詩：“一渠寒水流清濟，千仞濃嵐聳太行。”宋朱熹《答王無功》詩：“渠水經夏響，石苔終歲青。”明劉崧《早春燕城懷古》詩之二：“酒坊當户懸荷葉，兵壘緑渠插柳枝。”清洪昇《長生殿·窺浴》：“你看清渠屈注，洄瀾皺漪，香泉柔滑宜素肌。”清曹雪芹《紅樓夢》第二七回：“質本潔來還潔去，不教汙淖陷渠溝。”

【洫】[2]

即渠。此稱漢代已行用。見該文。

【陂渠】

即渠。此稱漢代已行用，三國時期亦稱“河渠”，南北朝時期又稱“渠壥”。《後漢書·樊宏傳》：“其所起廬舍，皆有重堂高閣，陂渠灌注。”《南史·海南諸國傳》：“佛道所興國也，人敦厖，土饒沃。其王號茂論。所都城郭，水泉分流，繞于渠壥，下注大江。”《北齊書·李愍傳》：“愍於州内開立陂渠，溉稻千餘頃，公私賴之。”宋蘇軾《上神宗皇帝書》：“又有好訟之黨，多怨之人，妄言某處可作陂渠。”宋劉克莊《漁梁》詩："水入陂渠喧似瀑，雲從山崦上如炊。"元王禎《農書 · 田制門》："稔知燕地多陂渠，糞溉膏腴倍常歆。"明宋濂《文憲集》卷一六："余觀載籍之中，有民社者，能修陂渠之政，則屢書之而不厭其詳。"明李時珍《本草綱目 · 草五 · 狗舌草》集解引蘇恭曰："狗舌生渠塹濕地。"

【河渠】

即陂渠，亦即渠。此稱三國時期已行用。見該文。

【渠壍】

即陂渠，亦即渠。此稱南北朝時期已行用。見該文。

【槽】²

即渠。此稱唐代已行用。唐元稹《酬劉猛見送》詩："去去我移馬，遲遲君過橋。雲勢正橫壍，江流初滿槽。"宋楊萬里《過封建寺下連魚灘》詩："江收衆水赴單槽，石壁當流鬪雪濤。"明胡震亨《唐音癸籤 · 詁箋一》："今黃河舟子稱水落爲歸槽。槽本馬槽，象渠形言之也。"

【漊】

即渠。此稱唐代已行用。宋黃庭堅《次韻錢穆父贈松扇》詩："可憐遠度幬溝漊，適堪今時褆襪子。"明陸容《菽園雜記》卷五："如'漊'字本雨不絕貌，今南方以爲溝渠之名，北人則不解道也。"明徐光啓《農政全書》卷一五："若田中有漊蕩，或原因取土致田深陷者，即用河土填平。"明張内蘊、周大韶《三吳水考》卷二："其上流西北有荊溪百瀆，受建康常潤諸郡之水；西南有苕霅二溪七十二漊，受宣歙臨安杭湖諸山溪之水。諸水自西南北總滙

於太湖。"清弘曆《寄題道場山用蘇東坡遊道場山何山詩韻》："望湖亭畔漫泐碑，漊港疏治崖顧嘆。"清龔自珍《己亥雜詩》之一四〇："太湖七十漊爲墟，三泖圓斜各有初。"清魏源《東南七郡水利略叙》："三江導尾水之去，江所不能遽泄者，則亞而爲浦，爲港，爲渠，爲瀆，爲洪、涇、浜、漊，凡千有奇。"

石渠

石築的水渠。此稱漢代已行用，晋代亦稱"石槽"，清代又稱"石筧"。漢劉楨《公宴》詩："清川過石渠，流波爲魚防。"《三國志 · 魏書 · 華佗傳》："後十八歲，成病竟發，無藥可服，以至於死。"裴松之注引晋常璩《華佗別傳》："有婦人長病經年，冬十一月中，佗令坐石槽中，平旦用寒水汲灌，云當滿百。"北魏楊衒之《洛陽伽藍記 · 景樂寺》："義井里北門外有叢樹數株，枝條繁茂。下有甘井一所，石槽鐵罐，供給行人，飲水庇廕，多有憩者。"北魏酈道元《水經注 · 鮑丘水》："命司馬關内侯逢惲，内外將士二千人，起長岸，立石渠，修立遏，治水門。"唐孟浩然《病癒過龍泉寺精舍呈易業二公》詩："石渠流雪水，金子耀霜橘。"宋曹勛《過小圃》詩："碧色新松徑，泉聲舊石渠。"宋陳耆卿《赤城志》卷二三："歲久梁廢，池亦堙，獨石槽畧有存者。"明蔡羽《引奏後即事》詩："金水荷花接綺軒，石渠銀鑰掌中闔。"清徐元文《登灮崒峰》詩："路轉千盤隨石筧，崖臨百丈聳丹臺。"

【石槽】

即石渠。此稱晋代已行用。見該文。

【石筧】

即石渠。此稱清代已行用。見該文。

架槽

架起的水槽。多用竹木椿作架，上設板槽引水灌溉，適於距離水源較遠的農田灌溉等。此稱元代已行用，亦稱"槽"。元王禎《農

架槽
（元王禎《農書》）

書·灌溉門》："架槽，木架水槽也。間有聚落，去水既遠，各家共力造木爲槽，遞相嵌接，不限高下，引水而至。如泉源頗高，水性趨下，則易引也。或在窪下，則當車水上槽，亦可遠達。若遇高阜，不免避礙，或穿鑿而通；若遇坳險，則置之叉木，駕空而過；若遇平地，則引渠相接，又左右可移。隣近之家，足得借用。非惟灌溉多便，抑可潴蓄爲用。"明徐光啓《農政全書》卷一七略同。《山西通志》卷一六七："元和志，禹鑿山，河水下趨峻急，深七丈，經行之處，元禁捕魚。今山中鑿空架槽，濶五十步，束流懸注七十餘尺，魚鼈所不能游，號石槽。東岸有石槽祠，禹之施功始此。"

【槽】[3]

即架槽。此稱元代已行用。見該文。

浚渠

深水渠，便於灌溉距離水源較遠或地勢曲折的田地。此稱元代已行用。元王禎《農書·灌溉門》："浚渠：凡川澤之水，必開渠引用，可及於田。考之古有溝洫畎澮，以治田水，《書》云'濬畎澮距川'是也。逮夫疏鑿已遠，井田變古，後世則引川水爲渠，以資沃灌。按：《史記》秦鑿涇爲渠，又關西有鄭國、白公、六輔之渠，外有龍首渠，河內有史起十二渠，范陽有督亢渠，河北有廣戾渠，朗州有古史渠，今懷孟有廣濟渠，俱各溉田千百餘頃，利澤一方，永無旱暵。所謂人能勝天，豈不信哉！後之人有能因其地利水勢，繼此而作，益國富民，可見速效。凡長民者，宜審行之。"

浚渠
（元王禎《農書》）

畎

田間小水溝。此稱先秦時期已行用，亦作"畎""甽"，漢代又作"甽"。《周禮·考工記·匠人》："匠人爲溝洫，耜廣五寸，二耜爲耦，一耦之伐，廣尺深尺謂之畎，田首倍之，廣二尺深二尺謂之遂。"鄭玄注："畎，甽也……遂者，夫間小溝。"陸德明釋文："甽，古犬反，與畎同，古今字也。"畎，一本作畎。《書·益稷》："浚畎澮距川。"孔傳："一畝之間，廣尺深尺曰

畎。"《漢書・劉向傳》:"欲終不言,念忠臣雖在畎畝,猶不忘君,惓惓之義也。"顏師古注:"甽者,田中之溝也……字或作畎,其音同耳。"唐李翱《平賦書》:"凡百里之州,爲方十里者百……丘墓鄉井之所聚,甽遂溝瀆之所渠,大計不過方十里者三十有六。"宋趙抗等《引流聯句》:"別派從江垠,邀流入農畎。"宋程俱《秋將穫水行田中,不復留,因窺塍通溝引水,過堂下,小兒以茫葦作車其上,晝夜決決不休,戲書》詩:"功成則退逝不留,去彼甽遂來清溝。"宋馬端臨《文獻通考》卷一:"井田之制,雖先廢於商鞅而後諸侯封建絕然,封建既絕,井田雖在,亦不可獨存矣,故井田封建相待而行者也。夫畎遂、溝洫環田而爲之,間田而疏之。"明張國維《吳中水利全書》卷二四:"大江橫其北,太湖處其東,南而抱北江之潮汐,瀦具區之泛濫爲河港,以十數港之中又有港焉,泒而爲溝洫,濚而爲畎遂。"明徐光啓《農政全書》卷四:"一畝之中,三畎三伐,廣六尺,長六百尺。"又卷一四:"濬畎及川,义之以播種也。"清俞正燮《癸巳類稿・溝洫占地解》:"周,畎廣一尺,路亦一尺,去二尺也。"

【畖川】

同"畖川"。此體先秦時期已行用。見該文。

【畎】[1]

同"畖川"。此體先秦時期已行用。見該文。

【甽】[1]

同"畖川"。此體漢代已行用。見該文。

溝渠

城郭或田間水道。此稱先秦時期已行用。《墨子・節葬下》:"若苟寡,是城郭溝渠者寡也。"《後漢書・安帝紀》:"三年春,正月甲戌,

修理太原舊溝渠,溉灌官私田。"《梁書・昭明太子傳》:"伏聞當發王弁等上東三郡民丁,開漕溝渠,導泄震澤,使吳興一境無復水災,誠矜恤之至仁,經畧之遠吉,暫勞永逸,必獲後利。"宋陸游《老學庵筆記》卷六:"京師溝渠極深廣,亡命多匿其中。"宋唐庚《圓蛤》詩:"夏潦漲溝渠,喧呼自酬答。"元陳旅《和康庸田魯瞻公言懷韻》詩:"溝洫巳非神禹迹,東西空引白溝渠。"明李曩《菜圃爲鄰畜所殘》詩:"僕夫勤灌溉,引水通溝渠。"

溝洫

田間水道。此稱先秦時期已行用,漢代亦作"溝減"。《周禮・考工記・匠人》:"匠人爲溝洫……九夫爲井,井間廣四尺,深四尺,謂之溝。方十里爲成,成間廣八尺,深八尺,謂之洫。"鄭玄注:"主通利田間之水道。"《史記・夏本紀》:"〔禹〕薄衣食,致孝于鬼神。卑宮室,致費於溝減。"裴駰集解引包氏曰:"方里爲井,井間有溝,溝廣深四尺;十里爲成,成間有減,減廣深八尺。"晉左思《蜀都賦》:"溝洫脉散,疆里綺錯,黍稷油油,秔稻莫莫。"宋彭汝礪《暴雨》詩:"衣挐脚芒看溝減,有惻烝徒老荊棘。"元陳旅《和康庸田魯瞻公言懷韻》詩:"溝洫巳非神禹迹,東西空引白公渠。"明徐問《廣西風土四首》詩之四:"山上結茅廬,山下舊溝洫。"

【溝減】

同"溝洫"。此體漢代已行用。見該文。

【溝澮】

即溝洫。此稱先秦時期已行用。《孟子・離婁下》:"苟爲無本,七八月之間雨集,溝澮皆盈;其涸也,可立而待也。"《荀子・王制》:"脩

隄梁，通溝澮。"楊倞注："溝澮，皆所以通水。《周禮》：'十夫之田有溝，溝上有畛。千夫有澮，澮上有道。'鄭云：'溝，廣深各四尺。澮，廣二尋，深二仞也。'"漢張衡《南都賦》："溝澮脉連，堤塍相輞。"唐戴叔倫《喜雨》詩："田家共歡笑，溝澮亦已深。"宋陸游《夏雨》詩："塵沙洗濯草木醒，溝澮潋灩舟舸通。"元陳謙《虎丘三首鄭君明德偕廉夫伯雨諸公同賦次東坡先生韻》詩之二："寧容溝澮雨，汪洋敵千頃。"明吳寬《送張都水》詩："憶此尋丈耳，譬如溝澮然。"《聊齋志異·雷曹》："時久旱，十里外，雨僅盈指，獨樂里溝澮皆滿。"

【溝瀆】

即溝洫。此稱先秦時期已行用，漢代亦稱"洫瀆"。《易·説卦》："坎爲水，爲溝瀆。"漢劉向《説苑·臣術》："子路爲蒲令，備水災，與民春修溝瀆。"《後漢書·文苑傳上·杜篤》："洫瀆潤淤，水泉灌溉，漸澤成川，粳稻陶遂。"元張翥《題李白觀泉圖》詩："尋常溝瀆不可濯，何處容伸遭汙足。"章炳麟《吊伊藤博文賦》："信尋常之溝瀆兮，固鯤鮞爲之長。"

【洫瀆】

即溝瀆，亦即溝洫。此稱漢代已行用。見該文。

【溝洫】[1]

即溝洫。此稱先秦時期已行用。《子華子·晏子問黨》："其四野之外，未耜從其宜，溝洫以其便。"唐元稹《田野狐兔行》："種豆耘鋤，種禾溝洫。"宋曾鞏《詠雪》詩："漸涵溝洫兆豐富，洗濯閭閻消瘴疫。"宋葉適《司農卿湖廣總領詹公墓誌銘》："是薄而小，不足盡地力，且無溝洫，何以行水？"明石珤《畫灰》詩："巨擘縱橫分岸畔，先王經國區溝洫。"清查慎行《苦雨聯句》："翃廼疲鞍馱，溝甽潯齊腰。"

【畦洫】

即溝洫。此稱南北朝時期已行用。亦稱"清甽"。《陳書·宣帝紀》："良疇美柘，畦洫相望。連宇高甍，阡陌如繡。"南朝齊王融《永明九年策秀才文》："將使杏花菖葉，耕穫不愆，清甽泠風，述遵無廢。"宋梅堯臣《貽妄怒》詩："南方食蝦蟆，密捕向清洫。"元吳萊《方景賢回聞吳中水澇甚戲效方子清儂言》詩："屋扉蚌蛤上，畦洫魚龍争。"明楊慎《歸田四咏爲憲副卜蒢溪賦·夏牧》："長夏泠風清甽，新晴丹鉛緑疇。"清彭孫遹《送蘭皋之滇中》詩："精廬聞雅吹，清甽見深耕。"清汪森《粵西文載》卷一九："俯盼之，如驚湍，如怒濤，如畦洫，如坵阿，如鼎爼，如籩豆。"

【清甽】

即畦洫，亦即溝洫。此稱南北朝時期已行用。見該文。

洫澮

田間水溝。泛指溪流、溝渠。此稱先秦時期已行用，三國時期亦作"甽澮"。《書·益稷》："予決九川距四海，濬畎澮距川。"鄭玄注："畎澮，田間溝也。"《漢書·李尋傳》："今汝穎洫澮皆川水漂踊，與雨水並爲民害。"顏師古注："洫澮，小流也。"三國魏阮籍《元父賦》："甽澮不暢，垢濁寔臻。"宋王禹偁《醴泉無源賦》："任大禹之功深，寧歸洫澮；縱張騫之力盡，曷識根源？"明孫承恩《喜雨奉郡伯喻惕菴》："洫澮緑盈川，已慰三農望。"清顧炎武《常熟縣耿侯橋水利書》詩："洫澮遍中原，粒食詒百姓。"清毛奇齡《禱祀詞爲李使君作》:"匪爲敕壇壝,祇以念畎澮。"

【甽澮】

同"畎澮"。此體三國時期已行用。見該文。

灉穴

圩田所設進出水的涵洞。此稱元代已行用。元王禎《農書·田制門》:"翻車能沃槁,灉穴可抽泉。"又:"旁置灉穴供吐納,水旱不得爲虧盈。"

卡兒水

通稱"坎兒井"。維吾爾語的音譯。新疆一帶的一種灌溉工程。從山坡上直到田地每隔二三十米挖一豎井,再把井底挖通,連成暗溝,把山上溶化的雪水和地下水引來澆灌田地。利用地下水通過地下渠道灌溉農田的水利設施,在新疆地區應用非常廣泛。王國維《觀堂集林·西域井渠考》:"今新疆南北路通鑿井取水,吐魯番有所謂卡兒水者,乃穿井若干,於地下相通以行水。"

堤

沿江河湖海用石頭、土木等建造的防水設施。此稱先秦時期已行用,亦作"隄"。《左傳·襄公二十六年》:"宋芮司徒生女子,赤而毛,棄諸堤下。"《管子·度地》:"春三月……土乃益剛,令甲士作隄大水之旁。"漢班固《西都賦》:"茂樹蔭蔚,芳草被隄。"唐韓愈《暮行河堤上》詩:"暮行河堤上,四顧不見人。"唐溫庭筠《春日野行》詩:"日西塘水金隄斜,碧草萋萋晴吐芽。"《紅樓夢》第五八回:"寶玉也正要去瞧黛玉,起身拄拐,辭了他們,從沁芳橋一帶堤上走來。"清鈕琇《觚賸續編·桃花園》:"無須訪載酒之隄,已見烟迷村路。"

【隄】

同"堤"。此體先秦時期已行用。見該文。

【防】[2]

即堤。此稱先秦時期已行用,清代亦稱"圩""圩防""水防"。《周禮·地官·稻人》:"稻人掌稼下地,以瀦畜水,以防止水。"鄭玄注:"防,豬旁隄也。"《呂氏春秋·慎小》:"巨防容螻,而漂邑殺人。"高誘注:"防,堤也。"《爾雅·釋山》:"如防者,盛。"郭璞注:"防,隄。"《文選·干寶〈晋紀總論〉》:"若積水于防,燎火于原,未嘗暫静也。"宋葉適《紹興府新置二莊記》:"越之西皆海也,水怒防失,冒寶盆,隳白楊市,兩縣間蕩爲滄溟。"清顧炎武《中憲大夫寇公墓誌銘》:"公乘舟出郊,勸民興工築圩,以食農民。"清唐甄《潛書·柅政》:"察農桑,築圩防,計豐凶,除奸慝,則民亦少害矣。"清徐昂發《下田雨歎》詩:"古者制田畝,其要維溝防。"清錢泳《履園叢話·水學·圍田》:"大約有田百畝,必築三尺之圩,以洩水而防潦。"康有爲《大同書》甲部第二章:"水防未修,溝洫不開,樹木不多,宣洩無自,不能調燮陰陽。"《雲南通志》卷二九之八:"然當其水勢汎渙,決圩防,没田廬,又往往爲民患。"

【圩】[2]

即防[2],亦即堤。此稱清代已行用。見該文。

【圩防】

即防[2],亦即堤。此稱清代已行用。見該文。

【水防】

即防[2],亦即堤。此稱清代已行用。見該文。

【坊】

即堤。此稱先秦時期已行用。《禮記·檀弓

上》："吾見封之若堂者也，見若坊者也。"鄭玄注："坊，形旁殺，平上而長。"孔穎達疏："坊，堤也……上平而兩旁殺，其南北長也。"《戰國策·秦策一》："濟清河濁，足以爲限；長城鉅坊，足以爲基。"唐杜甫《崔氏東山草堂》詩："盤剥白鴉谷口栗，飯煮青泥坊底芹。"

【岸】

即堤。此稱先秦時期已行用，亦稱"塘"，南北朝時期又稱"塘岸"。《詩·衛風·氓》："淇則有岸，隰則有泮。"《莊子·達生》："被髮行歌而游於塘下。"成玄英疏："塘，岸也。既安於水，故散髮而行歌，自得逍遥，遨遊岸下。"三國魏張揖《埤蒼》："塘，長沙謂隄爲塘。"《文選·左思〈吳都賦〉》："横塘查下，邑屋隆夸。"李善注："横塘在淮水南，近家渚緣江築長堤，謂之横塘。"《宋書·恩倖傳·阮佃夫》："於宅内開瀆，東出十許里，塘岸整絜，汎輕舟，奏女樂。"唐王灣《次北固山下》詩："潮平兩岸濶，風正一帆懸。"宋李彌遠《渡横溪》詩："百尺滄浪兩岸沙，肩輿徒涉步欹斜。"

【塘】²

即岸，亦即堤。此稱先秦時期已行用。見該文。

【塘岸】

即岸，亦即堤。此稱南北朝時期已行用。見該文。

【陂】²

即堤。此稱先秦時期已行用，漢代亦稱"澤障"。《詩·陳風·澤陂》："彼澤之陂，有蒲與荷。"毛傳："陂，澤障也。"孔穎達疏："澤障，謂澤畔障水之岸，以陂内有此二物，故舉陂畔言之，二物非生於陂上也。"《漢書·高帝紀上》："母媪，嘗息大澤之陂，夢與神遇。"唐姚合《遊春》詩之一〇："晴野花侵路，春陂水上橋。"明徐弘祖《徐霞客遊記·楚遊日記》："土人環石爲陂，壅成巨潭，以灌山塍。"

【澤障】

即陂²，亦即堤。此稱漢代已行用。見該文。

【障】²

即堤。此稱先秦時期已行用，唐代亦稱"隄障"，宋代又稱"堤障"。《國語·周語中》："澤不陂障，川無舟梁。"《吕氏春秋·愛類》："禹於是疏河決江，爲彭蠡之障，乾東土，所活者千八百國，此禹之功也。"高誘注："障，隄防也。"唐韓愈《岳陽樓別竇司直》詩："朝過宜春口，極北缺隄障。"唐杜牧《罪言》："國家因之，畦河脩障。"宋蘇轍《寄孔武仲》詩："官吏困堤障，麻鞋汙泥滓。"《宋史·滕元發傳》："瘞死食饑，除田租，修隄障。"《續資治通鑑·元泰定帝泰定元年》："鹽官州海水溢，屢壞隄障，浸城郭，遣使祀海神，仍與有司視形勢所便。"

【隄障】

即障²，亦即堤。此稱唐代已行用。見該文。

【堤障】

即障²，亦即堤。此稱宋代已行用。見該文。

【隄防】

即堤。此稱先秦時期已行用，亦作"堤坊"，隋代亦稱"堤封"，唐代起又稱"堤塘"，明代還稱"隄塘"。《商君書·算地》："藪澤隄防足以畜。"《孫子·行軍》："丘陵堤防，必處其陽，而右背之。"《禮記·月令》："〔孟秋之月〕命百官，始收斂，完隄防，謹壅塞，以備水潦。"陸德明釋文："隄，本又作堤……防，本又作坊。"《後漢書・循吏傳・王景》："河決積久，日月侵毀，濟渠所漂數十許縣。脩理之費，其功不難。宜改脩堤防，以安百姓。"隋《宋永貴墓誌銘》："堤封峻而不測，墻宇高而不窺。"唐杜牧《昔事文皇帝》詩："河漢注清源，川口隄防決。"《舊唐書・高瑀傳》："瑀召集州民，繞郭立堤塘一百八十里，蓄洩既均，人無饑年。"宋蘇轍《論黃河東流劄子》："惟是時民力凋弊，堤防未完，北流汗漫，失於陂障。"明許承欽《薄暮望徐州諸山》詩："指顧中原橫要害，紆迴大澤鎖堤封。"明徐光啓《農政全書》卷一六："馬公惟知地勢之所趨，橫築隄塘，章捍三十六源之水，故湖不勞而自成。"清唐甄《潛書・權實》："泉流，至澤也，不能越隄防而灌溉。"

【堤坊】

同"隄防"，即堤。此體先秦時期已行用。見該文。

【堤封】

即隄防，亦即堤。此稱隋代已行用。見該文。

【堤塘】[2]

即隄防，亦即堤。此稱唐代已行用。見該文。

【隄塘】[2]

即隄防，亦即堤。此稱明代已行用。見該文。

【梁】

即堤。此稱先秦時期已行用。《春秋・襄公十六年》："公會晋侯、宋公……小邾子于溴梁。"楊伯峻注："溴梁，溴水之隄梁《爾雅・釋地》'梁莫大於溴梁'是也。"《爾雅・釋宮》："隄謂之梁。"

【隄遏】

即堤。此稱三國時期已行用，唐代亦稱

"堤岸""隄岸"，宋代又稱"隄捍"。《三國志・吳書・諸葛恪傳》："魏以吳軍入其疆土，恥於受侮，命大將吳遵、諸葛誕等率衆七萬，欲攻圍兩塢，圖壞隄遏。"唐韓愈《此日足可惜贈張籍》詩："下馬步堤岸，上船拜吾兄。"唐柳宗元《田家》詩之三："蓼花被堤岸，陂水寒更淥。"唐元稹《茅舍》詩："邊緣隄岸斜，詰屈簷楹枒。"宋蘇轍《論黃河東流劄子》："又與本路監司同奏，乞隨宜開導口地一帶河漕，務令深闊，并修葺緊急堤岸。"宋張淏《雲谷雜記・艮嶽》："鑿池爲溪澗，疊石爲隄捍，任其石之性，不加斧鑿，因其餘土，積而爲山。"明徐光啓《屯田疏稿・用水》："隄岸者，以禦水，使不入也。大則爲黃河之帚，小則爲江河之圩。"

【堤岸】

即隄遏，亦即堤。此稱唐代已行用。見該文。

【隄岸】

即隄遏，亦即堤。此稱唐代已行用。見該文。

【隄捍】

即隄遏，亦即堤。此稱宋代已行用。見該文。

連隄

長堤。此稱先秦時期已行用，南北朝時期起亦稱"長圍"，宋代亦作"連堤"。《呂氏春秋・下賢》："好禮士，故南勝荆於連隄，東勝齊於長城，虜齊侯，獻諸天子。"《南史・張劭傳》："及至襄陽，築長圍，修立堤堰，創田數千頃，公私充給。"《宋史・五行志一上》："鄆州河漲，壞連堤四處。"又："六月乙酉，汴水溢於浚儀縣，壞連堤，浸民田。"宋趙善括《同葉宰餞春淨衆寺》詩："千尺飛虹跨碧溪，綠陰沉水暗連堤。"明王冕《過武塘》詩："楊柳連堤鵝鴨聚，家家茅屋似淮鄉。"明李贄《渡黃河》詩："激浪奔雷萬馬追，黃河南出遠長圍。"

【連堤】

同"連隄"。此體宋代已行用。見該文。

【長圍】

即連隄。此稱南北朝時期已行用。見該文。

石隄

石築的堤防。此稱漢代已行用，唐代亦作"石堤"。《漢書·溝洫志》："今可從淇口以東爲石隄，多張水門。"唐李商隱《安平公》詩："三月石堤凍銷釋，東風開花滿陽坡。"宋葉紹翁《四朝聞見録·張司封廟》："夏（張夏）令作石隄一十二里，以防江潮之害。"明高秉蘷《湖隄》詩："斷橋曾不斷，石堤相與永。"

【石堤】

同"石隄"。此體唐代已行用。見該文。

沙堰

沙石築的堤防。此稱唐代已行用，宋代起亦稱"沙坻""沙岸"，元代又稱"沙隄"。唐張祜《送薛鼎臣侍禦》詩："淺瀨橫沙堰，高巖峻石斑。"宋梅堯臣《觀拽龍舟懷裴宋韓李》詩："截春流，築沙坻，拽龍舟，過天池。"《吳越備史》卷一："初定其基，而江濤晝夜衝激，沙岸板築不能就。"《宋史·河渠志七》："去歲海水泛漲，湍激橫衝，沙岸每一潰裂，常數十丈。"元黃潛《佘山》詩："春雲牢落鴈無聲，沙岸參差石有稜。"元喬吉《滿庭芳·漁父詞》曲："沙隄纜船，樵夫問訊，溪友留連。"

【沙坻】

即沙堰。此稱宋代已行用。見該文。

【沙岸】

即沙堰。此稱宋代已行用。見該文。

【沙隄】

即沙堰。此稱元代已行用。見該文。

木岸

編排木樁且填以土石的堤防。此稱宋代已行用。宋王鞏《聞見近録》："又舊河並以木岸，後人止用土筏棧子，謂之外添裡補。"《宋史·蘇軾傳》："〔蘇軾〕徙知徐州，河決曹村……復請調來歲夫增築故城，爲木岸，以虞水之再至。"《宋史·河渠志一》："又有馬頭、鋸牙、木岸者，以感水勢護隄焉。"

鋸牙

一種保護堤防的設施。此稱宋代已行用。宋蘇轍《論所言不行劄子》："雖罷四河之名，仍存減水之資，鋸牙、馬頭率皆如故。"《宋史·河渠志一》："凡埽下非積數疊，亦不能過其迅湍，又有馬頭、鋸牙、木岸者，以蹙水勢護隄焉。"

馬頭

船隻停泊處，可用作水利設施，也可用於軍事行動等。此稱宋代已行用，明代起亦作"碼頭"。《資治通鑑·唐穆宗長慶二年》："又於黎陽築馬頭，爲度河之勢。"胡三省注："附河岸築土植木夾之至水次，以便兵馬入船，謂之馬頭。"宋梅堯臣《次韻和馬都官宛溪浮橋》："馬頭分朱欄，水底裁碧天。"《醒世恒言·蔡瑞虹忍辱報仇》："却説朱源舟至揚州，那接取大夫人的還未曾到，只得停泊碼頭等候。"《儒林外史》第六回："少刻，船攏了馬頭。"《二十年目睹之怪現狀》第二一回："連忙起來到外面一看，原來船已到了上海，泊了碼頭。"

【碼頭】

同"馬頭"。此體明代已行用。見該文。

金隄 [1]

堅固的堤防。亦用爲堤防的美稱。此稱漢代已行用，南北朝時期亦作"金堤"。《漢書·司馬相如傳上》："嬘姍勃窣，上金隄。"顏師古注："言水之隄塘堅如金也。"南朝梁蕭統《錦帶書十二月啓·無射九月》："金堤翠柳，帶星采而均調。"唐孟浩然《上已日洛中寄王迥十九》詩："垂柳金堤合，平沙翠幕連。"宋柳永《笛家弄》詞："水嬉舟動，禊飲筵開，銀塘似染，金堤如繡。"元袁桷《黃樓》詩："詩到徐州不用題，危濤千尺壓金堤。"明胡奎《遊春詞》："彎弓馳紫陌，躍馬過金堤。"清錢謙益《寄督漕張御史》詩之二："鐵甕雲帆連析木，金堤春水泛桃花。"

【金堤】[1]

同"金隄[1]"。此體南北朝時期已行用。見該文。

防隅

山角之堤。此稱唐代已行用。唐杜甫《峽口》詩之一："開闢當天險，防隅一水關。"仇兆鼇注："防隅，水防山隅也。"

戧

大堤外圍對其加固和保護的小堤。此稱明代已行用，亦稱"小戧"，清代又稱"土戧"。明徐光啓《農政全書》卷一五："蓋大圍如城垣，小戧如院落，二者不可缺一。萬一水潰外圍，纔及一戧，可以力扂。即多及數戧，亦可以衆力扂。"清林則徐《勘估寶山縣海塘工程折》："寶山江西各段塘面所築土戧，均被風潮漫溢，全行穿缺。"

【小戧】

即戧。此稱明代已行用。見該文。

【土戧】

即戧。此稱清代已行用。見該文。

闞

堤壩上壅水的閘板。此稱漢代已行用，亦稱"提闞"，唐代又稱"隄闞"。《漢書·循吏傳·召信臣》："行視郡中水泉，開通溝瀆，起水門提闞凡數十處，以廣溉灌，歲歲增加，多至三萬頃。"顏師古注："闞，所以壅水。"《新唐書·于頔傳》："頔行縣，命脩復隄闞，歲獲秔稻蒲魚無慮萬計。"《宋史·河渠志六》："宣和元年二月，臣僚言：'江、淮、荊、漢間，荒瘠彌望，率古人一畝十鍾之地，其隄闞、水門、溝澮之迹猶存。'"明徐光啓《農政全書》卷一二："凡爲堨七，距堨里許，上重置斗門，互爲提闞，以通舟止水。"

【提闞】

即闞。此稱漢代已行用。見該文。

【隄闞】

即闞。此稱唐代已行用。見該文。

堰

用來擋水護田等的低壩。此稱先秦時期已行用，亦稱"渠匽"，漢代亦作"隁""堨"，南北朝時期又稱"渠堰"，明代又作"隁"。《荀子·非相》："亦必遠舉而不繆，近舉而不偪，與時遷徙，與世偃仰，緩急嬴絀，府然若渠匽、檃栝之于已也，曲得所謂焉，然而不折傷。"楊倞注："渠匽所以制水，檃栝所以制木。"《後漢書·董卓傳》："乃於所度水中僞立隁，以爲捕魚，而潛從隁下過軍。"李賢注："《續漢書》'隁'字作堰，其字義則同，但异體耳。"北魏酈道元《水經注·河水》："〔元城〕縣北有沙丘堰。堰，障水也。"北魏楊衒之《洛陽伽藍記·永明寺》：

"長分橋西有千金堨，計其水利，日益千斤，因以爲名。"北周庾信《明月山銘》："堤梁似堰，野路疑村。"《魏書·刁雍傳》："夫欲育民豐國，事須大田，此土乏雨，正以引河爲用，觀舊渠堰，乃是上古所制，非近代也。"《北史·賀蘭祥傳》："周文以涇渭溉灌之處，渠堰廢毀，乃令祥修造富平堰，開渠引水，東注於洛，功用既畢，人獲其利。"唐高適《自淇涉黃河途中作》詩之四："古堰對河壖，長林出淇口。"《新唐書·百官志三》："使者二人，正五品上。掌川澤、津梁、渠堰、陂地之政。"宋蘇舜欽《太子太保韓公行狀》："又去郡數十里有羣寇，大浮艦而下，將劫旁邑。公廉知之，自部十餘卒，夜掩至，命匽河絕上流，舉火伐鼓以疑之，賊棄舟迸走。"《字彙·阜部》："隁，以畜水也。亦作'堰'。"明徐光啓《農政全書》卷一二："大德二年，召守敬至上都，議開鐵幡竿渠。守敬奏：山水頻年暴下，非大爲渠堰，廣五七十步不可。執政咎於工費，以其言爲過，縮其廣三之一。"明張國維《吳中水利全書》卷一〇："至正元年，都水庸田使左答納失里修治各路府州河塘，濬吳淞江，修渠堰。"清吳廷楨《天妃牐》："斷堰鎖崔嵬，奔流下石限。"

【隁】

同"匽"。此體漢代已行用。見該文。

【堰】

同"匽"。此體漢代已行用。見該文。

【隃】

同"匽"。此體明代已行用。見該文。

【渠匽】

即匽。此稱先秦時期已行用。見該文。

【渠堰】

即匽。此稱南北朝時期已行用。見該文。

【潜】

即匽。此稱漢代已行用。《說文·水部》："潜，所以攤水也。"段玉裁注："攤當爲讎，塞也。"《廣雅·釋宮》："潜，隁也。"王念孫疏證："隁之言偃也，所以障水，或用以取魚。"

【堨】

即匽。此稱三國時期已行用，南北朝時期亦稱"渠堨"。《三國志·魏書·劉馥傳》："於是聚諸生，立學校，廣屯田，興治芍陂及茄陂、七門、吳塘諸堨以溉稻田，官民有畜。"北魏酈道元《水經注·濟水》："以竹籠石，葺土而爲堨。"又《穀水》："永嘉初，汝陰太守李矩、汝南太守袁孚脩之，以利漕運，公私賴之。水積年，渠堨頹毀，石砌殆盡，遺基見存，朝廷太和中脩復故堨。"《新唐書·張守珪傳》："是時，渠堨爲虜毀，材木無所出。"宋王安石《詔獎諭知唐州光禄卿高賦》："卿招懷饑流，墾闢荒梗，繕修陂堨，績效具昭。"宋曾鞏《襄州宜城縣長渠記》："及其後言渠堨者鑫出，然其心蓋或有求，故多詭而少實。"《集韻·祭韻》："堨，堰也。"《元史·烏古孫澤傳》："陂水墾田，築八堨以節潴洩。"

【渠堨】

即堨，亦即匽。此稱南北朝時期已行用。見該文。

【堤堰】

即匽。此稱南北朝時期已行用，元代亦作"隄堰"，明代亦稱"塘堰"，清代又稱"堤垸"。《南史·張邵傳》："及至襄陽，築長圍，修立堤堰，創田數千頃，公私充給。"《舊五代史·梁書·胡規傳》：“乾化元年，詔修洛河堤堰。”《續資治通鑑·元泰定帝泰定二年》：“咸平府清河、滵河合流，失故道，壞隄堰，敕蒙古軍千人及民丁修之。”明徐光啓《農政全書》卷一一：“夏秋之交，大風及有，海沙雲起，俗呼謂之風潮。古人名之曰颶風，言其具四方之風，故名颶風。有此風，必有霖淫大雨同作，甚則扷木偃禾，壞房室，决堤堰。”《明史·河渠志六》：“凡開塘堰四萬九百八十七處，其恤民者至矣。”清顧祖禹《讀史方輿紀要·江南一·塗水》：“古人多於川澤之地立塘隄，以遏水溉田。”清魏源《湖廣水利論》：“下游之湖面江面日狹一日，而上游之沙漲日甚一日，夏漲安得不怒，堤垸安得不破。”

【隄堰】

同“堤堰”，即匽。此體元代已行用。見該文。

【塘堰】

即堤堰，亦即匽。此稱明代已行用。見該文。

【堤垸】

即堤堰，亦即匽。此稱清代已行用。見該文。

【陂堰】

即匽。此稱南北朝時期已行用。北魏酈道元《水經注·睢水》：“昔鄭渾爲沛郡太守，于蕭相二縣興陂堰，民賴其利，刻石頌之，號曰鄭陂。”《宋史·河渠志五》：“開修古淳河一百六里，灌田六千六百餘頃，修治陂堰，民已獲利。”元陳鎰《好溪堰爲吳明府作》詩：“去年陂堰未曾開，況值亢旱天爲灾。”明徐弘祖《徐霞客遊記·黔游日記》：“越坳而西，見西壑中堰水滿陂，始以爲東出，而實不流之波也，循之又西一里，則大塢擴然西去，陂堰橫障。”

石碣

石築的堰。此稱南北朝時期已行用，唐代亦稱“石堰”。《宋書·自序傳·沈良》：“郡界有古時石碣，蕪廢歲久，亮（沈亮）籤世祖修治之。”《新唐書·食貨志三》：“河南尹裴迥……自龍門東山抵天津橋爲石堰以遏水。”《宋史·河渠志四》：“涇河中舊有石堰，修廣皆百步。”清汪由敦《雙溪絶句七十首》之一：“石碣橫截水濺濺，水碓風輪疾轉圜。”

【石堰】

同“石碣”。此體唐代已行用。見該文。

畦堰

田間的堰。此稱南北朝時期已行用。北魏酈道元《水經注·江水二》：“〔秭歸〕縣東北數十里，有屈原舊田宅，雖畦堰廩漫，猶保屈田之稱也。”《魏書·楊椿傳》：“州有宗子稻田，屯兵八百户，年常發夫三千，草三百車，修補畦堰。”

硬堰

用巨木大石築成的堰，一般用於水勢舒緩的江河畔。此稱宋代已行用。宋范鎮《東齋紀事》卷四：“蓋蜀州江來遠，水勢緩，故爲硬堰。硬堰者，皆巨木大石。漢州江來近，水聲湍悍，猛暴難制，故爲軟堰。軟堰者，以粗茭細石，各有所宜也。”

軟堰

用粗茭細石築成的堰，一般用於水流湍急、難以阻擋的江河畔。此稱宋代已行用。《宋史·河渠志三》：“蓋東流本人力所開，闊止百餘步，冬月河流斷絶，故軟堰可爲。”參見本節“硬堰”文。

壩

攔截水流的建築物，用以抬高水位、積蓄水量、修建水庫以及造田等。此稱宋代已行用，明代亦稱"水壩"。《集韻·禡部》："壩，堰也。"宋單鍔《吳中水利書》："而其河自西壩至東壩十六里有餘。"明徐弘祖《徐霞客遊記·粵西遊日記》："壩堰水甚巨，曰上官壩。"明謝肇淛《安平宋尚書禮祠》詩："戴村一以壩，分水開龍渠。"《東周列國志》第七六回："孫武遂奉闔閭入郢都城，即使人掘開水壩，放水歸江，合兵以守四郊。"

【水壩】

即壩。此稱明代已行用。見該文。

滾壩

築於田畔阻水引流的堤壩。此稱清代已行用。清乾隆《廣源閘易舟過萬壽寺，至昆明湖登陸回御園，沿途即景雜詠》詩之五："玉河高水向東流，滾壩平鋪雪浪浮。"清魏源《上陸制府論下河水利書》："況下游海口各閘金門皆窄，若上建滾壩，下無去路，仍將漾災各邑。"清傅澤洪《行水金鑒》卷五〇："只知七邑之民田昔受決口之水，今受滾壩之水，而不知八邑之民田在黃河兩岸以內者，其苦尤甚也。"

埭

擋水的土壩。古代常於水淺不利行船之處築土遏水，兩岸樹立轉軸，遇有船過，以纜繫船，用人力或畜力挽而渡之。亦常仿此擋水護田。此稱晉代已行用，宋代亦稱"塘埭"。《晉書·謝安傳》："及至新城，築埭於城北，後人追思之，名爲召伯埭。"唐宋之問《登北固山》詩："埭橫江曲路，戍入海中山。"《續資治通鑑·宋真宗咸平三年》："今順安西至西山，地雖數軍，路才百里，縱有邱陵岡阜，亦多川瀆泉源，儻因而廣之，制爲塘埭，則可戢敵騎，息邊患矣。"

【塘埭】

即埭。此稱宋代已行用。見該文。

水藏

攔洪蓄水、調節水流的建築設施，可用以灌溉、防洪和養魚等。此稱先秦時期已行用，亦作"水臧"，明代亦稱"水庫"。《管子·立政》："修障防，安水藏。"《荀子·王制》："脩隄梁，通溝澮，行水潦，安水藏，以時決塞。"楊倞注："使水歸其壑。"明徐光啓《農政全書》卷二〇："水庫者，水池也。曰庫者，固之其下，使無受漏也。冪之其上，使無受損也。"

【水臧】

同"水藏"。此體先秦時期已行用。見該文。

【水庫】

即水藏。此稱明代已行用。見該文。

【水櫃】

即水藏。此稱宋代已行用，亦作"水匱"。宋蘇轍《乞給還京西水櫃所占民田狀》："臣欲乞指揮汴口以東州縣，各具水櫃所占頃畝數目及每歲有無除放二稅，仍具水櫃委實可與不可廢罷。"《宋史·太祖紀一》："甲戌，幸城南，觀修水匱。"明張國維《吳中水利全書》卷二二："縣治有高阜之地，必設爲上浜水匱，關閉其水，以自灌溉，則水有所儲積，不得反流而趨內，是爲措置高亢之地。"清乾隆《侍郎明興奏報疏濬水利工程完竣微山湖水勢增長情形詩以誌慰》詩："所關運河之灌輸，是以向稱爲水櫃。"

【水匱】

同"水櫃"，即水藏。此體宋代已行用。見該文。

沛

浙中舊稱依山建閘蓄水用以灌溉的水庫、山塘。此稱明代已行用。明都卬《三餘贅筆·淫沛》："浙中少水，人家多於山上置閘蓄水，遇旱歲，開以灌田，名之曰沛。"

陪敦

方田周圍取土修築的埝壩和繞田溝渠合成的道路與灌溉系統。此稱先秦時期已行用，亦稱"附庸"。《左傳·定公四年》："是使之職事于魯，以昭周公之明德。分之土田陪敦、祝、宗、卜、史、備物、典策、官司、彝器。"楊伯峻注："土田陪敦即《詩·魯頌·閟宮》'乃命魯公，俾侯于東，錫之山川，土田附庸'之'土田附庸'，亦即《召伯虎簋》之'僕墉土田'。附庸，或謂即《孟子·萬章下》'不能五十里，不達於天子，附於諸侯，曰附庸'之附庸。"晉陸雲《吳故丞相陸公誄》："本膺寵祚，土田陪敦。四牡載路，出餞于郊。"宋宋祁《上許州呂相公嗣崧許康詩二首並書》："是故復申之宇以陪敦章大，即許之舊以濟美顯庸。"參閱郭沫若《中國史稿》第二編第三章第二節。

【附庸】

即陪敦。此稱先秦時期已行用。見該文。

水柵

設於水中的柵欄，用以遏擋水流下泄，使水位漸高。此稱南北朝時期已行用，元代亦稱"陂柵"。《南齊書·周山圖傳》："山圖斷取行旅船板，以造樓櫓，立水柵，旬日皆辦。"《陳書·韋載傳》："高祖聞義育軍不利，乃自將征之，剗其水柵。"唐張籍《江南行》："娼樓兩岸臨水柵，夜唱《竹枝》留北客。"元王禎《農書·灌溉篇》："如地勢曲折而水遠，則爲漕架連筒陰溝，浚渠陂柵之類，引而達之。"又《灌溉門》："水柵：排木障水也。若溪岸稍深，田在高處，水不能及，則於溪之上流作柵遏水，使之旁出下溉，以及田所。其制：當流列植樹椿，椿上枕以伏牛，擗以拉木，仍用塊石高壘，衆楗斜撑，以邀水勢。此柵之小者。如秦雍之地，所拒川水，率用巨柵。其蒙利之家，歲例量力均辦所需工物。乃深植椿木，列置石囤，長或百步，高可尋丈，以橫截中流，使傍入溝港。凡所溉田畝計千萬，號爲陸海。此柵之大者。其餘各處境域，雖有此水，而無此柵，非地利素不彼若，蓋工所未及也。今特列于《圖譜》，以示大小規制，庶彼方傚之，俾水爲有用之水，田爲不旱之田，由此柵也。"明徐光啓《農政全書》卷一七："若水力稍緩，亦有木石制爲陂柵，橫約溪流，旁出激輪，又省工費，或遇流水狹處，但壘石斂水湊之，亦爲便易。"

水柵
（元王禎《農書》）

【陂栅】

即水栅。此稱元代已行用。見該文。

水門

可以啓閉的閘門，用以控制灌排水量以及船隻通行等。多建於江河、湖泊、水庫及濱海地區等。公元前598年至前591年，楚國令尹孫叔敖建芍陂灌區時，已設五閘引水。此稱漢代已行用。《漢書·循吏傳·召信臣》：〔信臣〕行視郡中水泉，開通溝瀆，起水門提閼凡數十處，以廣溉灌。"北魏酈道元《水經注·鮑丘水》："依北岸立水門，門廣四丈，立水十丈。"唐杜甫《宿江邊閣》詩："暝色延山徑，高齋次水門。"明湯顯祖《麗水風雨下船棘口有懷》詩："石城雙水門，落日遠江介。"明陳獻章《古耶道中有懷》詩："何處相思不相見，木棉花下水門西。"章炳麟《中華民國解》："遠猷辰告而不能治一水門，長駕遠馭而不能捕一劫盜，經畫國常而不能理一凶政，高張籌筴而不能平一租庸。"

【斗門】

即水門。此稱唐代已行用。唐李白《題瓜洲新河餞族叔舍人賁》詩："海水落斗門，潮平見沙汭。"宋李燾《續資治通鑑長編·宋神宗元豐二年》："古索河等暴漲，即以魏樓、滎澤、孔固三斗門泄之。"宋陸游《老學庵筆記》卷五："白渠灌涇陽、高陵、櫟陽及耀州雲陽、三原、富平，凡六縣。斗門百七十餘所。"元吳師道《九月廿三日城外紀游》詩："斗門決水已數日，淺沙漫漫無餘波。"明歸有光《嘉靖庚子科鄉試對策第五問》："或置沿海埕身，堙置斗門，使渠河之通海者，不湮於潮泥；堤塘之捍患者，不至於摧壞。"明孫賁《送何都閫濟南省親至京還廣》詩："開宴斗門橋下屋，宣州梨子鵝兒黃。"清秦蕙田《五禮通考》卷二〇五："夫河行之道，宜直不宜紆；入海之口，宜近不宜遠；河之兩岸宜濶，而歸流宜深；渾水則宜置斗門，且多置之。"

【閘】

即水門。此稱宋代已行用，亦作"牐"，亦稱"閘頭""水閘"。宋范仲淹《上呂相公并呈中丞諮目書》："新導之河，必設諸閘，常時扃之，禦其來潮，沙不能塞也。"宋蘇舜欽《漣水軍新閘記》："或謂埭下切淮，轄木爲之閘，使淳泄啓閉，相潮上下，則無復留行矣。"閘，一本作"牐"。宋陸游《秋聲》詩："漲水雨餘晨放閘，騎兵戰罷夜還營。"宋楊萬里《寒食雨中同舍約遊天竺得十六絕句呈陸務觀》："清遠溪中小閘頭，遮攔溪水不教流。"《宋史·河渠志六》："哲宗元祐四年，知潤州林希奏復呂城堰，置上下牐，以時啓閉。"又《魏瓘傳》："〔魏瓘〕鑿東西澳爲水閘，以時啓閉焉。"元揭傒斯《建都水分監記》："地下迤則水疾洇，故爲防以節之；水溢則繩起懸板，以通其舟之往來，謂之牐。"元王禎《農書·灌溉門》："水閘：開閉水門也。間有地形高下，水陸不均，則必跨據津

水閘
（元王禎《農書》）

要，高築堤塸匯水，前立斗門：甃石爲壁，疊木作障，以備啓閉。如遇旱涸，則撤水灌田，民賴其利。又得通濟舟楫，轉激碾磑，實水利之總揆也。”明徐光啓《農政全書》卷一七略同。明張國維《吳中水利全書》卷二一：“五代之季，民利舟行之便而決之，故高田多不可治。今乞查支河通舟者，責令得利大戶共造水閘，其不通舟者，量置水竇。”明張以寧《泊沽頭》詩：“沙河雨漲催開閘，半夜櫓聲無數舟。”清顧炎武《清江浦》詩：“牐下三春盡，湖存數尺瀲。”清王士禎《歸經鵲華二山間即目》：“七十二閘遠鈎帶，如棋布子交回環。”

【牐】

同“閘”，即水門。此體宋代已行用。見該文。

【閘頭】

即閘，亦即水門。此稱宋代已行用。見該文。

【水閘】

即閘，亦即水門。此稱宋代已行用。見該文。

【硤】

即閘。此稱宋代已行用，亦稱“硤牐”，明代又稱“硤閘”。宋曾鞏《廣德湖記》：“鄞人累石陻水，闕其間而扃以木，視水之小大而閉縱之，謂之硤。”宋蘇軾《錄進單鍔吳中水利書》：“次置常州運河一十四處之斗門、石硤、隄防，管水入江。”元張翥《次韻題大雷山桃源汪氏桃隱》詩：“墟通賣魚硤，潮入種蚶田。”《宋史·河渠志七》：“有硤牐三所，曰烏金，曰積瀆，曰行春。”明徐光啓《農政全書》卷一六：“西南鄉之田；所恃者廣德一湖，環百里，周以堤塘，植榆柳以爲固，四面爲斗門硤閘。”《明史·張可大傳》：“城內外田數千畝，海潮害稼。

可大築硤蓄淡水，遂爲膏腴，民稱曰‘張公硤’。”清顧炎武《天下郡國利病書·浙江六》：“侵湖之衆，以水爲病，春夏水盈，輒偷啓諸硤而縱洩之，欲湖之無涸，不可得已。”

【硤牐】

即硤，亦即閘。此稱宋代已行用。見該文。

【硤閘】

即硤，亦即閘。此稱明代已行用。見該文。

石撻

石製之閘。此稱宋代已行用，亦稱“石牐”，明代又稱“石閘”。宋杜大珪《名臣碑傳琬琰之集》中卷一九：“奏除山陵所假都水監腐爛材木，免民破產之患；增築湖河堤，爲石撻，節水以溉城中。”《宋史·河渠志六》：“及因濬河，隳敗古涇函、石牐、石碴、河流益阻，百姓勞弊。”《元史·河渠志一》：“延祐六年，雨多水溢，月河、土堰及石牐鴈翅日被衝齧，土石相離，深及數丈。”明沈德符《萬曆野獲編·河漕·賈魯河故道》：“若于原決築堤處，建一石閘，分沁水一派，東流入衞，爲力甚易。”明張國維《吳中水利全書》卷一〇：“三十四年，丹陽縣知縣陳奎，置水關石牐。”明賀復徵《文章辨體彙選》卷三一六：“其周三百五十有八里，凡水之出於東南者，皆委之州之東。自城至於東江，其北隄、石撻、二陰溝，十有九通民田。”清弘曆《青龍橋西》詩：“石牐繁聲纔度響，麥田翠色早依裙。”清畢沅《續資治通鑑·宋孝宗淳熙九年》：“本司近已興修塘岸，建置斗門、石撻各一所於東、西潊口二處。”《清史稿·文宗紀》：“辛亥，濬江蘇白茅河，移建海口石牐於老牐橋。”

【石牐】

　　即石撻。此稱宋代已行用。見該文。

【石闈】

　　即石撻。此稱明代已行用。見該文。

牐板

　　裝在水閘或管道上可以啓閉，從而控制水位和調節流量的木板等。此稱宋代已行用，元代亦作"閘板"，明代又作"牐版"，又稱"閘門"。《宋史·河渠志七》："若河水不乏，即收牐板，聽舟楫往還爲便。"《元史·河渠志三》："大德二年，渾河水發，爲民害，大都路都水監將金口下閉閘板。五年間，渾河水勢浩大，郭太史恐衝没田、薛二村，南北二城，又將金口以上河身用砂石、雜土盡行堵閉。"《正字通·門部》："今漕艘往來，甃石左右如門，設版潴水，時啓閉以通舟……門曰閘門，河曰閘河。"明王圻《三才圖會·器用八·牐版》："右牐版，與城門爲重門。其制：用榆、槐木，廣狹準城門，漫以生牛皮，裹以鐵葉，兩傍施鐵環，貫鐵索。"《儒林外史》第二一回："〔牛浦〕無計奈何，只得把自己所住的間半房子典與浮橋上抽閘板的閘牌子，得典價十五兩。"

【閘板】

　　同"牐板"。此體元代已行用。見該文。

【牐版】

　　同"牐板"。此體明代已行用。見該文。

【閘門】

　　即牐板。此稱明代已行用。見該文。

函管

　　埋設在地下的管道，一般爲陶製，潦時可以排水。此稱宋代已行用，元代亦稱"瓦竇"。宋蘇軾《録進單鍔吳中水利書》："昔治平中提

刑元積中開運河，嘗開見函管，但見函管之中皆泥沙，以謂功力甚大，非可易復，遂已。"宋劉宰《運河行》："函管掘開須到底，運材歸府供薪爨。庶幾一壞不可復，民田雖槁河長滿。"《宋史·王琪傳》："議者卒請廢古城埭，破古函管而浚之，河反狹，舟不得方行。"元王禎《農書·灌溉門》："瓦竇，泄水器也，又名函管。以瓦筒兩端，牙鍔相接，置於塘堰之中，時放田水。須預于塘前堰内，叠作石檻，以護筒口，令可啓閉。不然，則水湊其處，非惟難于窒塞，抑亦衝激滲漏，不能久穩。必立此檻，其竇乃成。唐韋丹爲江南西道觀察使，築堤扞江，竇以疏漲。此雖竇之大者，亦其類也。"明徐光啓《農政全書》卷一七略同。明張國維《吳中水利全書》卷一○："成化二年，丹陽縣知縣蔡竇，築練湖隄，置斗門、函管。"

【瓦竇】

　　即函管。此稱元代已行用。見該文。

瓦竇
（元王禎《農書》）

埽

　　舊時治河，將秫秸、石塊、樹枝捆扎成圓柱形用以堵口或護岸的設施。此稱宋代已行用，明代亦稱"岸埽"。《宋史·河渠志一》："埽之

制，密布芟索鋪梢，梢芟相重，壓之以土，雜以碎石，以巨竹索橫貫其中，謂之‘心索’，卷而束之，復以大芟索繫其兩端，別以竹索自內旁出，其高至數丈，其長倍之。"宋沈括《夢溪筆談・官政一》："凡塞河決垂合，中間一埽，謂之‘合龍門’，功全在此……時合龍門埽長六十步。"《金史・高霖傳》："數年之後，隄岸既固，埽材亦便，民力漸省。"《明史・蘭芳傳》："新築岸埽，止用草索，不能堅久。宜編木成大囷，貫樁其中，實以瓦石，復以木橫貫樁表，牽築隄上，則殺水固隄之長策也。"

【岸埽】

即埽。此稱明代已行用。見該文。

涵洞

一種洞穴式水利設施。有閘門以調節水量。此稱明代已行用。《明史・河渠志三》："築高郵河堤，堤內鑿渠，四十里久之。復置呂梁石閘，竝築寶應汜光白馬諸湖堤，堤皆置涵洞，互相灌注。"清乾隆《永濟橋》詩："多疏涵洞防秋漲，已看洪川吸衆波。"《清會典・工部三・都水清吏司》："凡工有隄，有壩，有埽，有牐，有涵洞。"注："涵洞之式，有淤窪涵洞，有洩水涵洞，有漑田涵洞。以石爲之，牆身砌面石，下爲鋪底石，上爲蓋口石，牆後襯砌城甎，餘與石牐同。"

石籠

用竹木、藤蘿等製作的裝有石塊等的禦水籠子。此稱元代已行用，亦稱"臥牛"。元王禎《農書・灌漑門》："石籠，又謂之臥牛。判竹或用藤蘿，或木條，編作圈眼大籠，長可三二丈，高約四五尺，以籤樁止之，就置田頭。內貯塊石，用擗暴水。或相接連，延遠至百步。若水

石籠
（元王禎《農書》）

勢稍高，則壘作重籠，亦可遏止。如遇隄岸盤曲，尤宜周折，以禦犇浪，併作洄流，不致衝蕩埂岸。農家瀕溪護田，多習此法，比於起疊堤障，甚省工力。又有石笓擗水，與此相類。"

【臥牛】

即石籠。此稱元代已行用。見該文。

芍陂

古代淮水流域最著名的水利工程。相傳係春秋楚相孫叔敖所鑿，在今安徽壽縣南。因引淠水經白芍亭東積而成湖，故名。此稱漢代已行用，宋代亦稱"期思陂"，清代又稱"安豐塘"。《後漢書・循吏傳・王景》："郡界有楚相孫叔敖所起芍陂稻田。"李賢注："陂在今壽州安豐縣東。陂徑百里，灌田萬頃。"北魏酈道元《水經注・沘水》："太康三年，廬江郡治湖水，又西北分爲二水，芍陂出焉。"宋馬端臨《文獻通考》卷六："後漢章帝建初中，王景爲廬江太守，郡部安豐，縣有楚孫叔敖所起芍陂，先是荒廢，景重修之，境內豐給。"宋梅堯臣《送刁安豐》詩："嘗遊芍陂上，頗見楚人爲。"宋樂史《太平寰宇記》卷一二九："楚相孫叔敖廟，在縣東北二里。崔寔云：楚孫叔敖作期思

陂，以功冠歷代，遂於壇上立廟。"元王禎《農書·灌漑門》："考之書傳，廬江有芍陂，潁川有鴻隙陂，廣陵有雷陂、愛敬陂，陽平沛郡有鉗廬陂，餘難徧舉。"明張國維《吳中水利全書》卷二二："况陂湖之利，魚鰕雜産，茭葦叢生，貧者資以養生，富者因而便利。大雨一注，衆流復積，前者既瀉，後者復蓄，山鄉水利，無愈此者，故叔孫之芍陂，汝南之鴻却陂，古人成績，可以引見。"《江南通志》卷一七："芍陂在壽州南安豐廢縣，亦曰安豐塘，又曰期思陂。楚相孫叔敖決期思之水，即此。"

【期思陂】

即芍陂。此稱宋代已行用。見該文。

【安豐塘】

即芍陂。此稱清代已行用。見該文。

都江堰

戰國初期開始建設，後世不斷擴建整修并使用至今的大型水利工程，位於今四川都江堰市城西，岷江上游340公里處。戰國初，蜀相開明決玉壘山，分引岷江水，以排除水患。秦昭王時，蜀郡太守李冰父子訪察地形，因勢利導，完成了都江堰的排灌水利工程，調濟水量，用以灌漑川西平原土地，蜀郡由此變爲殷富之區，號稱"天府"。李冰先後被封爲"大安王""應聖靈感王""廣濟王"等。宋高承《事物紀原·靈宇廟貌·廣濟王》："秦孝文王時，〔李冰〕爲蜀郡守。自汶山壅江灌漑，三郡開稻田。歷代以來，蜀人德之，饗祀不絶。僞蜀封大安王，孟昶又號應聖靈感王，開寶七年，改號廣濟王。"歷代屢有擴建整修。新中國成立後，經大力修治擴建，灌漑面積已擴大到八百餘萬畝。都江堰水利工程由創建時的魚嘴分水堤、飛沙堰溢洪道、寶瓶口引水口三大主體工程和百丈堤、人字堤等附屬工程構成，科學地解決了江水自動分流、自動排沙、控制進水流量等問題，消除了水患，造福了川西百姓。都江堰南北朝時期稱"湔堋""都安堰""犍尾堰"，宋代又稱"湔堰"，元代始稱"都江堰"，清代又稱"金隄"。湔爲水名，漢代源出今四川汶川縣玉壘山，東南至瀘州市入江。後世自玉壘山發源，南流至灌縣西注入岷江的一段，又在灌縣與岷江分流而東，至金堂縣注入洛水的一段，仍名湔水。北魏酈道元《水經注·江水一》："江水又歷都安縣。縣有桃關漢武帝祠，李冰作大堰於此。壅江作堋，堋有左右口，謂之湔堋。江入郫江、撿江，以行舟。《益州記》曰：江至都安，堰其右，撿其左，其正流遂東，郫江之右也。"宋樂史《太平寰宇記》卷七三："都安堰，一名湔堰，李冰擁江作堋，蜀人謂堰爲堋。"《元史·趙世延傳》："世延皆除其弊而正其罪，又脩都江堰，民尤便之。"明曹學佺《蜀中廣記》卷五一《灌縣》："《李冰傳》：'江水堰流，以灌平陸，謂之灌口。'貞觀曰灌寧，孟蜀曰灌州也。上古爲魚鳧氏之國，今有魚鳧故城。三國曰都安。《水經注》云：'即都安堰也。'諸葛亮北伐，以此堰農大國之所資，發征丁千二百人。主護之。有堰官。宋勅永康軍兼管堰事，國朝尤慎重焉。冬閉時修，春開時祀，水利道主其事，間行別駕及灌令代。"明楊慎有《春三月四日仰山余尹招游疏江亭觀新修都江堰》詩。明朱鶴齡《禹貢長箋》卷一一："近世設都江堰，在岷江中流，歲費鉅萬。李冰嘗題深淘灘淺作堰，此治之之法也。"《大清一統志》卷二九三："〔都安堰〕亦曰犍尾堰……又謂金隄，左思《蜀都賦》云'西蹦金隄'者也。"

【湔堋】

即都江堰。此稱南北朝時期已行用。見該文。

【都安堰】

即都江堰。此稱南北朝時期已行用。見該文。

【揵尾堰】

即都江堰。此稱南北朝時期已行用。見該文。

【金隄】[2]

即都江堰。此稱清代已行用。見該文。

【湔堰】

即都江堰。此稱宋代已行用。見該文。

白起渠

秦昭王二十八年（前279），秦將白起率兵攻楚時爲堵攔蠻河水灌楚鄢郢而開鑿的戰渠。後來用爲灌渠，并於唐、宋、元先後五次進行大規模的復修與延伸。位於今湖北南漳縣東的武安鎮境內。此稱南北朝時期已行用，唐代亦稱"長渠"。北魏酈道元《水經注・沔水》："木里溝是漢南郡太守王寵所鑿，故渠引鄢水也，灌田七百頃。白起渠溉三千頃，膏良肥美，更爲沃壤也。"《元和郡縣圖志》卷二一："長渠，在縣南二十六里，派引蠻水。昔秦使白起攻楚，引西山谷水兩道，爭灌鄢城。"《湖廣通志》卷四四："宜城縣舊有白起渠，久壞。〔孫〕永至，率民修理。"

【長渠】

即白起渠。此稱唐代已行用。見該文。

鄭國渠

古代關中平原的人工灌溉渠。秦王政十年（前237），采納韓國水工鄭國的建議開鑿。歷時十餘年始成。渠長三百多里，灌田四萬餘頃，關中成爲沃野。漢、魏時爲涇水流域主要灌溉系統。此稱先秦時期已行用，亦稱"鄭渠"。《史記・河渠書》："而韓聞秦之好興事，欲罷之，毋令東伐，乃使水工鄭國閒説秦，令鑿涇水自中山西邸瓠口爲渠，並北山東注洛三百餘里，欲以溉田……渠就，用注填閼之水，溉澤鹵之地四萬餘頃，收皆畝一鐘。於是關中爲沃野，無凶年，秦以富彊，卒並諸侯，因命曰鄭國渠。"《初學記》卷六引作"鄭渠"。宋劉一止《再用韵呈允迪祕監江子我郎中二首》詩之一："願公先卜嵌巖隱，秦利寧忘鄭國渠。"元台哈布哈《春日次宋顯夫韻》詩："玉樓侶是秦宮宅，金水元非鄭國渠。"明徐光啓《農政全書》卷三："關中引涇通渭，故有鄭國渠、白渠諸跡可尋。"明沈鍊《贈葛儀封堤成二首》其二："鄭國渠成千里完，葛公堤就萬人歡。"清秦蕙田《五禮通考》卷二〇五："穿渠引水非古也，自溝洫之制廢而灌溉之事興，利於田而河則病矣，關中引水溉田自鄭國渠始。"

【鄭渠】

即鄭國渠。此稱先秦時期已行用。見該文。

鏵觜

秦代史禄所修的鏵狀的堤壩，位於今廣西興安縣境內，屬於靈渠水利工程的一部分。自此長江水系與珠江水系連接。此稱宋代已行用。宋范成大《鏵觜》詩："導江自海陽，至縣迺迤邐。狂瀾既奔傾，中流遇鏵觜。分爲兩道開，南灘北湘水。"自注："在星安縣五里所，秦史録（禄）所作也。迎海陽水，纍石爲壇，前鋭如鏵，衝水分南北下，爲湘灘二江。"一説此鏵觜爲唐李渤或魚孟威所置。參閱周汝昌《范成大詩選》注。清查慎行《夕抵全州城外》詩："晨發鏵觜潭，暮抵洮陽境。"

蕭何堰

陝西關中引褒水的灌溉工程，傳爲漢初蕭何創建。北宋初曾加修治灌田四萬畝。南宋時大加修治，灌田二十多萬畝。此稱宋代已行用，亦稱"山河堰"，清代又稱"柳邊堰"。宋歐陽修《司封員外郎許公行狀》："〔許逖〕出知興元府，大修山河堰。堰水舊溉民田四萬餘頃，世傳漢蕭何所爲。"宋度正《正同諸丈錢別制干郎中》詩："徘徊蕭何堰，萬斛收賦租。"宋王素有《重修山河堰》詩。《宋史·河渠志五》："興元府山河堰，灌溉甚廣，世傳爲漢蕭何所作。"又《食貨志·農田》："興元府山河堰，世傳漢蕭曹所作。"元王禎《農書·灌溉篇》："興化有蕭何堰。"繆啓愉、繆桂龍注："'興化'是'興元'的形誤。"《大清一統志》卷一八六："山河堰在褒城縣東，引褒水溉田，一名柳邊堰。《輿地紀勝·山河》爲'蕭何'堰，後乃語訛爲'山河'。"清畢沅《關中勝蹟圖志》卷二一："〔山河堰正身〕堤長三百六十步，其下植柳築坎，名曰柳邊堰。"

【山河堰】

即蕭何堰。此稱宋代已行用。見該文。

【柳邊堰】

即蕭何堰。此稱清代已行用。見該文。

龍首渠

漢武帝時嚴熊（一作莊熊羆）倡議開鑿的水渠，引北洛水（渭河支流）灌溉洛水東岸廣袤鹽碱地帶。水渠穿越土質疏鬆的商顏山，須鑿井通水，該段長達十餘里，最深處達四十餘丈。施工過程中曾挖出龍骨化石，故名龍首渠。龍首渠修建歷時十餘年，雖曾通水，但未取得預期成果。此稱漢代已行用。《史記·河渠書》："井渠之生自此始。穿渠得龍骨，故名曰龍首渠。"《周書·武帝紀上》："〔保定〕二年春正月壬寅初，於蒲州開河渠，同州開龍首渠，以廣灌溉。"《舊唐書·德宗紀下》："〔貞元十三年〕六月己卯朔，以衡州刺史陳雲爲邕管經略使。辛巳，引龍首渠水，自通化門入，至太清宮前。"《宋史·河渠志五》："〔大中祥符七年〕六月，知永興軍陳堯咨導龍首渠入城，民庶便之。"《明史·河渠志六》："〔洪武〕十二年，李文忠言陝西病鹹鹵，請穿渠城中，遙引龍首渠東注，從其請。"

瓠子

漢武帝時興建的河堤，舊址在今河南濮陽境內。此稱漢代已行用。《史記·孝武本紀》："還至瓠子，自臨塞決河，留二日，沈祠而去。"裴駰集解："服虔曰：'瓠子，隄名。'蘇林曰：'在甄城以南，濮陽以北。'"當時曾流傳《瓠子歌》："瓠子決兮將奈何，皓皓洋洋兮慮殫爲河。殫爲河兮地不得，寧功無已時兮吾山平。"元陳基《孟冬觀淮水》詩："漢武當年塞瓠子，勞民兆亂紛搶攘。"明李攀龍《送皇甫別駕往開州》詩："人家夜雨黎陽樹，客渡秋風瓠子河。"清李光地《餞宗伯許時菴致政》詩："瓠子浩未塞，抱薪勞公卿。"

白渠

漢代關中平原的人工灌溉渠道，在今陝西省境。由白公所開，故名。此稱漢代已行用，元代起亦稱"白公渠"。《漢書·溝洫志》："太始二年，趙中大夫白公，復奏穿渠引涇水，首起谷口，尾入櫟陽，注渭中。袤二百里，溉田四千五百餘頃，因名曰白渠。"元楊維楨《餘姚海堤爲判官葉敬常賦》："陳公堤，白公渠，無足數。"《明一統志》卷三二："白公渠在涇陽縣西北，漢白公引涇水溉田，有大白、中白、南白三渠，下流入高陵縣界。當時民得其利。"《古詩源·鄭白渠歌》："田於何所，池陽谷口，鄭國在前，白渠起後。"

【白公渠】

即白渠。此稱元代已行用。見該文。

鉗盧

漢元帝時南陽太守召信臣主持修築的蓄水工程，在今河南鄧州市南。壘石爲堤，旁開六石門以調節水勢，溉田達三萬頃。東漢光武帝時杜詩爲南陽太守，徵集民工，復加疏浚，大爲民便。後代屢有興廢。此稱漢代已行用，宋代亦稱"鉗盧陂"。漢張衡《南都賦》："於其陂澤，則有鉗盧玉池，赭陽東陂。"宋梅堯臣《送王察推緝之鄧州》詩："車過白水沙痕闊，雁落鉗盧稻穟長。"宋馬端臨《文獻通考》卷六："建昭中，召信臣爲南陽太守，於穰縣理南六十里造鉗盧陂。壘石爲堤，傍開六石門以節水勢，澤中有鉗盧玉池，因以爲名。用廣溉灌，歲歲增多至二萬頃，人得其利。及後漢杜詩爲太守，復修其業，時歌之曰：前有召父，後有杜母。"元王禎《農書·灌溉門》："陂塘：《説文》曰：陂，野池也，塘，猶堰也。陂必有塘，故曰陂塘。《周禮》：'以瀦蓄水，以防止水。'説者謂：'瀦者，蓄流水之陂也。防者，瀦旁之隄也。'今之陂塘，即與上同。考之書傳，廬江有芍陂，潁川有鴻隙陂，廣陵有雷陂、愛敬陂，陽平沛郡有鉗盧陂，餘難徧舉。其各溉田，大則數千頃，小則數百頃。後世故跡猶存，因以爲利。今人有能别度地形，亦效此制，足溉田畝千萬。比作田圍，特省工費，又可畜育魚鱉，栽種菱

藕之類，其利可勝言哉？"明徐光啓《農政全書》卷三："當秋水時至，百川灌河，方數千里之水，曾無一溝一澮爲之停蓄，以故頻受其患，而不獲資尺寸之利。若乃鄴之漳水，南陽之鉗盧陂，昔人率用以廣灌溉。"

【鉗盧陂】

即鉗盧。此稱宋代已行用。見該文。

鴻隙

古代大陂，故址在今河南淮河北正陽、息縣間。跨汝河，受淮北諸水，郡以爲饒。漢成帝時，關東患水，陂溢爲害，翟方進等奏罷之。後歲旱，民失其利。東漢鄧晨爲汝南太守，修復舊陂，起塘四百餘里，灌田數千頃，汝土以饒。至安帝永初三年（109），詔以陂假與貧民，自是遂廢。此稱漢代已行用，亦稱"鴻郤陂""鴻隙陂"，南北朝時期又稱"鴻郤陂"。《漢書·翟方進傳》："汝南舊有鴻隙大陂，郡以爲饒。"顏師古注："鴻隙，陂名，藉其溉灌及魚鱉萑蒲之利，以多財用。"《後漢書·鄧晨傳》："晨興鴻郤陂數千頃田，汝土以殷。"李賢注："鴻郤，陂名，在今豫州汝陽縣東。成帝時，關東水陂溢爲害，翟方進爲丞相，奏罷之。"北魏酈道元《水經注·淮水》："應劭曰：慎水所出，東北入淮。慎水又東流，積爲燋陂。陂水又東南流爲上慎陂，又東爲中慎陂，又東南爲下慎陂，皆與鴻郤陂水散流。"唐無名氏《對爲人興利判》："昔鄧晨開夢，理鴻隙而滌源；何敞效能，流銅陽而刻石。"宋秦觀《汝水漲溢説》：《漢書》稱汝南有鴻隙陂，翟方進爲相始奏罷，郡人怨甚切。意鴻隙陂者，非特爲灌溉之利，菱芡蒲魚之饒，實一郡瀦水處也。"宋晁公遡《視通濟堰二首》之二："再見龍尾水，如

興鴻却陂。"元王禎《農書·灌溉門》:"考之書傳，盧江有芍陂，潁川有鴻隙陂，廣陵有雷陂、愛敬陂，陽平沛郡有鉗盧陂，餘難徧舉。"明湯顯祖《金堤賦》:"貲寧成之陂田兮，復汝南之鴻隙。"明徐光啓《農政全書》卷一六:"況陂湖之利，魚鰕雜産，茭葦叢生，貧者資以養生，富者因而便利。大雨一注，衆流復積，前者既瀉，後者復蓄，山鄉水利，無逾此者。故叔孫之芍陂，汝南之鴻隙陂，古人成績，可以引見。"清乾隆《讀翟方進傳》詩:"反復鴻隙陂，童謠翟子威。"清全祖望《煨芋分韻》:"上之應昴星，下或謠鴻隙。"

【鴻郤陂】

即鴻隙。此稱漢代已行用。見該文。

【鴻郄陂】

即鴻隙。此稱南北朝時期已行用。見該文。

【鴻隙陂】

即鴻隙。此稱漢代已行用。見該文。

金隄 [3]

堤名。在今河南滑縣東。此稱漢代已行用，唐代亦稱"千里隄"。《史記·河渠書》:"孝文時河決酸棗，東潰金隄。"張守節正義引唐李泰主修《括地志》:"金隄，一名千里隄，在白馬縣東五里。"

【千里隄】

即金隄 [3]。此稱唐代已行用。見該文。

雷波

陂名。波，通"陂"。在今江蘇揚州市。此稱漢代已行用，唐代亦作"雷陂"，宋代亦稱"雷塘"。《漢書·景十三王傳》:"四人皆溺，二人死後游雷波。"顏師古注:"波讀爲陂。雷陂，陂名。"宋劉放《故朝散大夫給事中集賢院學

士權判南京留司御史臺劉公行狀》:"揚州雷塘，即漢江都之雷陂也。"元王禎《農書·灌溉門》:"考之書傳，盧江有芍陂，潁川有鴻隙陂，廣陵有雷陂、愛敬陂，陽平沛郡有鉗盧陂，餘難徧舉。"明徐光啓《農政全書》卷七:"盧江有孫敖芍陂，潁川有鴻隙陂，廣陵有雷陂，浙左有馬臻鏡湖，興化有蕭何堰，西蜀有李冰文翁穿江之迹，皆能灌溉民田，爲百世利。"

【雷陂】

同"雷波"。此體唐代已行用。見該文。

【雷塘】

即雷波。此稱宋代已行用。見該文。

鏡湖

東漢永和五年（140）會稽太守馬臻主持修建的大型農田水利工程。在今浙江紹興會稽山北麓。其得名諸説不一:或稱取自王逸少"山陰路上行，如在鏡中游";或稱軒轅氏曾鑄鏡湖邊;或稱黃帝曾獲寶鏡於此;或稱以水平如鏡命名。此稱唐代已行用，亦省稱"鏡"。唐孟浩然《書懷貽京邑故人》詩:"晴山秦望近，春水鏡湖寬。"唐李白《越女詞》之五:"鏡湖水如月，耶溪女如雪。"唐白居易《代諸妓贈送周判官》詩:"妓筵今夜别姑蘇，客棹明朝向鏡湖。"唐孟郊《送淡公》詩:"鄉在越鏡中，分明見歸心，鏡芳步步緑，鏡水日日深。"唐方干《鏡中别業》詩之一:"寒山壓鏡心，此處是家林。"宋梅堯臣《送傅越石都官歸越州代關》詩:"越客舟從真定至，夜夜鏡湖生夢寐。"宋蘇軾《永和清都觀道士求此詩》:"鏡湖勅賜老江東，未似西歸玉局翁。"宋施宿等《會稽志》卷二:"馬臻，永和五年爲太守，創立鏡湖，在會稽山陰。縣兩界築塘蓄水，水高丈餘，田又高海丈

餘。若水少，則洩湖灌田；如水多，則閉湖洩田中水入海，所以無凶年。"元趙孟頫《送姚子敬教授紹興》詩："子徃訪遺跡，棹船鏡湖濱。"明高啓《題滕用衡所藏山水圖》詩："君言我初適東越，酒船橫渡鏡湖月。"明徐尊生《送博士錢子予還鄉》詩："乞得成均老病身，懸車便向鏡湖濱。"明徐光啓《農政全書》卷七："廬江有孫敖芍陂，穎川有鴻隙陂，廣陵有雷陂，浙左有馬臻鏡湖，興化有蕭何堰，西蜀有李冰文翁穿江之迹，皆能灌溉民田，爲百世利。"清陳維崧《鷓鴣天・秋日撥悶作》詞："一派涼秋，似鏡湖，西風蕭瑟雁啷蘆。"

【鏡】

"鏡湖"之省稱。此稱唐代已行用。見該文。

【鏡水】

即鏡湖。此稱隋代已行用，唐代亦稱"鏡川"，清代又稱"鏡沼"。隋煬帝《賜書召釋惠覺》："其義端雄辯，獨演暢於稽陰；談柄微言，偏引汲於鏡水。"唐賀知章《采蓮曲》："稽山罷霧鬱嵯峨，鏡水無風也自波。"唐駱賓王《疇昔篇》："百年鬱鬱少騰遷，萬里迢迢入鏡川。"陳熙晋箋注引《太平寰宇記》："漢順帝永和五年，會稽太守馬臻創立鏡湖，在會稽、山陰兩縣界。"唐高適《秦中送李九赴越》詩："鏡水君所憶，蓴羹余舊便。"清顧炎武《禹陵》詩："蠡城迷白草，鏡沼爛紅菱。"王蘧常輯注引徐嘉注："《一統志》：府南，一名鏡湖。"

【鏡川】

即鏡水，亦即鏡湖。此稱唐代已行用。見該文。

【鏡沼】

即鏡水，亦即鏡湖。此稱清代已行用。見該文。

【鑑湖】[1]

即鏡湖。此稱唐代已行用，宋代亦稱"慶湖""南湖""長湖""大湖"。唐杜甫《壯遊》詩："越女天下白，鑑湖五月涼。"宋賀鑄《慶湖遺老詩集原序》："慶湖今爲鏡湖，傳譌也。"宋陳大猷《書集傳或問》卷上："唐人謂鑑湖八百里，今僅存溝港，此何异？見今日鑑湖，而疑唐人爲妄乎。"宋姜夔《送王孟玉歸山陰》詩："鑑湖一曲荷花浦，君不歸來花有語。"宋施宿等《會稽志》卷一○："鏡湖在縣東二里，故南湖也。一名長湖，又名大湖。"元薩都刺《題汀州丁三溪知事卷》詩："鑑湖分半曲，賀老竟何如。"明王褘《送許時用歸越》詩："鑑湖求一曲，吾計尚茫然。"

【慶湖】

即鑑湖，亦即鏡湖。此稱宋代已行用。見該文。

【南湖】

即鑑湖，亦即鏡湖。此稱宋代已行用。見該文。

【長湖】

即鑑湖，亦即鏡湖。此稱宋代已行用。見該文。

【大湖】

即鑑湖，亦即鏡湖。此稱宋代已行用。見該文。

【鑑曲】

即鏡湖。語本《新唐書・隱逸傳・賀知章》："又求周宮湖數頃爲放生池，有詔賜鏡湖剡川一曲。"此稱宋代已行用，亦作"鑑曲"。宋周密《一萼紅・登蓬萊閣有感》詞："鑑曲寒沙，茂陵煙草，俛仰千古悠悠。”一本作“鑑曲”。宋張炎《憶舊游·寄沈堯道諸公》詞：“留連，住人處，是鑒曲窺鶯，蘭沼圍泉。”元貢性之《鑑湖》詩：“鑑曲雨晴秋水多，千年遺迹未消磨。”明劉嵩《和靈隱蒲菴長寄二律》之二：“何時乘月過靈隱，同泛秋風鑑曲船。”清俞蛟《夢廠雜著·潮嘉風月·軼事》：“何日扁舟返鑑曲，匡牀夜雨話聯蟬。”

【鑑曲】

同“鑒曲”，即鏡湖。此體宋代已行用。見該文。

鑑湖 ²

湖名。在今江西吉水縣東二里。此稱明代已行用。《古謠諺》卷二七引《廣輿記·鑒湖諺》：“水繞鑑湖弦，吉水出狀元。”

鑑湖 ³

湖名。在今新疆烏魯木齊市。湖濱有閱微草堂，相傳爲清代文人紀昀謫戍新疆時的故居所在。

愛敬陂

陂名。在今江蘇揚州市。此稱唐代已行用。唐梁肅《通愛敬陂水門記》：“化磽薄爲膏腴者，不知幾千萬畝。”元王禎《農書·灌溉門》：“廣陵有雷陂、愛敬陂。”

千金堨

古代水利工程名。在今河南洛陽市境。此稱晉代已行用，南北朝時期亦稱“千金堰”。《晉書·李矩傳》：“永嘉初，使矩與汝南太守袁孚率衆修洛陽千金堨，以利運漕。”北魏酈道元《水經注·穀水》：“《河南十二縣境簿》曰：河南縣城東十五里有千金堨。《洛陽記》曰：千金堨舊堰穀水，魏時更修此堰，謂之千金堨……堨是

都水使者陳協所造。”北魏楊衒之《洛陽伽藍記·城西》：“長分橋西有千金堰，計其水利，日益千金，因以爲名。”宋李昉等《太平御覽》卷七三：“戴延之《西征記》曰：‘金瀘谷三水合處有千金堨，即魏陳思王所立，引水東灌，民今賴之。’又《九州要記》：‘洛陽千金堨，傍有九龍祠存。’又《地理書》曰：‘穀水出爲湖溝，費千金以堰之。’”清秦蕙田《五禮通考》卷二〇三：“瀍水又東南流，注于穀，穀水自千金堨東注，謂之千金渠也。”

【千金堰】

即千金堨。此稱南北朝時期已行用。見該文。

金隄 ⁴

堤名。指今四川灌縣都江堰一帶岷江的江堤。此稱晉代已行用。《文選·左思〈蜀都賦〉》：“西踰金隄，東越玉津。”劉逵注：“金隄在岷山都安縣西，隄有左右口，當成都西也。”

督亢渠

戰國時期燕國太子丹規劃開鑿的水渠，位於今河北范陽鎮。北魏時期幽州刺史裴延雋派盧文偉主持重建。此稱南北朝時期已行用，亦稱“督亢陂”。《魏書·裴延雋傳》：“范陽郡有舊督亢渠，徑五十里，漁陽燕郡有故戾陵諸堰，廣袤三十里，皆廢毀多時，莫能修復。時水旱不調，民多飢餒，延雋謂疏通舊跡，勢必可成，乃表求營造。”《北齊書·盧文偉傳》：“〔盧文偉〕說刺史裴儁按舊迹修督亢陂，溉田萬餘頃。”《資治通鑑·陳文帝天嘉元年》：“肅宗即位，平州刺史嵇曄建議開督亢陂，置屯田，歲收稻粟數十萬石，北境周贍。”元王禎《農書·灌溉篇》：“後魏裴延雋爲幽州刺史，范陽有舊督亢渠，漁陽燕郡有故戾諸堰，皆廢，延雋營造而

就溉田萬餘頃，爲利十倍。”明徐光啓《農政全書》卷一七：“按《史記》，秦鑿涇爲渠，又關西有鄭國、白公、六輔之渠，外有龍首渠，河内有史起十二渠，范陽有督亢渠，河北有廣戾渠，朗州有右史渠，今懷孟有廣濟渠，俱各溉田千百餘頃，利澤一方，永無旱暵，所謂：人能勝天，豈不信哉？”《大清一統志》卷五：“督亢陂在涿州東南，即燕太子丹使荆軻以獻秦者。”

【督亢陂】

即督亢渠。此稱南北朝時期已行用。見該文。

通濟渠

古代水渠名，在今河南省。前身爲戰國梁惠王主持開鑿的鴻溝，據《史記·項羽本紀》載：“項王乃與漢約，中分天下，割鴻溝以西者爲漢，鴻溝而東者爲楚。”後世不斷改造、擴建。此稱南北朝時期已行用，唐代改稱“廣濟渠”。《北史·隋文帝紀》：“壬子，開通濟渠，自渭達河，以通運漕。”《隋書·煬帝紀上》：“辛亥，發河南諸郡男女百餘萬，開通濟渠。”《宋史·河渠志三》：“唐初，改通濟渠爲廣濟渠。”《大清一統志》卷一一七：“通濟渠在州城南隅，引大水澗入城溉官民園圃，今淤塞。”

【廣濟渠】

即通濟渠。此稱唐代已行用。見該文。

右史渠

唐穆宗長慶二年（822）朗州刺史温造增修水渠。此稱唐代已行用，本稱“後鄉渠”，亦稱“右史堰”，明代又稱“石英渠”。《舊唐書·温造傳》：“〔温〕造爲朗州刺史，在任開後鄉渠九十七里，溉田二千頃，郡人獲利，乃名爲右史渠。”《新唐書·地理志四》：“〔武陵〕又有右史堰。”明徐光啓《農政全書》卷一七：“朗州有右史渠。”《明一統志》卷六四：“右史渠：本名後鄉渠，又名石英渠。唐温造以起居舍人出知朗州，開此渠溉田，民獲其利，故名。”《大清一統志》卷二八〇：“右史堰：在武陵縣北萬金村，即後門渠，一曰石英渠。《唐書·地理志》：‘武陵有右史堰，長慶二年刺史温造增修，開後門渠九十七里，溉田二千頃。造以起居舍人出爲刺史，故以官名。’”

【後鄉渠】

即右史渠。此稱唐代已行用。見該文。

【右史堰】

即右史渠。此稱唐代已行用。見該文。

【石英渠】

即右史渠。此稱明代已行用。見該文。

强公渠

唐代雍州司士參軍强循所修的一條水渠，後世多次修浚，灌溉面積不斷擴大。此稱唐代已行用。《新唐書·强循傳》：“華原無泉，人畜多渴死。〔强〕循教人渠水以浸田，一方利之，號强公渠。”明彭大翼《山堂肆考》卷八七：“華原無泉，人多渴死，〔强〕循教人穿渠，因以灌田，名强公渠。”《大清一統志》卷一七八：“强公渠，在耀州西南。”

第三節　肥源、肥料及其用品考

"肥源"指肥料的來源，如人畜糞便、動物骨頭和皮毛、綠肥作物、油料作物種子榨油後剩餘的渣子，以及各種可以用作肥料的礦產等。"肥料"指可供給養分使植物發育、生長的物質，分無機、有機兩類，所含養分主要爲氮、磷、鉀三種。本節對肥源、肥料"用品"，包括產生、儲存、製作、使用器具與設施等，依次考辨。

屎

人或動物體內由腸道系統產生，從肛門排泄出來的物體，可用作肥料、藥物等。此稱先秦時期已行用，亦作"矢"，宋代又作"菌""屄"。《莊子·知北遊》：〔東郭子〕曰：'何其愈甚邪。'〔莊子〕曰：'在屎溺。'"《左傳·文公十八年》："〔惠伯〕弗聽，乃入，殺而埋之馬矢之中。"《史記·廉頗藺相如列傳》："廉將軍雖老，尚善飯，然與臣坐，頃之，三遺矢矣。"司馬貞索隱："矢，一作屎。"北魏賈思勰《齊民要術·炙法》："炙車熬：炙如蠣。汁出，去半殼，去屎，三肉一殼。"《新唐書·關播傳》："賊遣將李克誠以精騎薄城，募者內應，縛元平馳見希烈，遺矢於地。"宋梅堯臣《宣州雜詩》之五："鳥屎常愁污，蟲絲幾爲捫。"宋戴侗《六書故》卷八："屎，式眠切，人糞也。古亦通作'矢'，又作'菌'，別作'屄'。"

【矢】

同"屎"。此體先秦時期已行用。見該文。

【菌】

同"屎"。此體宋代已行用。見該文。

【屄】

同"屎"。此體宋代已行用。見該文。

大便

人體內由腸道系統產生，從肛門排泄出來的物體，可用作肥料、藥物等。此稱南北朝時期已行用，初爲動詞，指拉屎。《北齊書·安德王延宗傳》："爲定州刺史，於樓上大便，使人在下張口承之。"宋朱弁《曲洧舊聞》卷五："倒黏子花也，結子如馬乳，爛紫可食……童兒食之或大便難。"明湯顯祖《牡丹亭·道覡》："大便孔似'園荽抽條'，小凈處也'渠荷滴瀝'。"明代亦爲名詞，指人拉的屎，又稱"人屎"。《西遊記》第六一回："我恨不得囫圇吞他下肚，化作大便餵狗。"明李時珍《本草綱目》有《人屎》。

【人屎】

即大便。此稱明代已行用。見該文。

馬矢

馬體內由腸道系統產生，從肛門排泄出來的物體，可用作肥料。此稱先秦時期已行用，漢代亦稱"馬通"，宋代又稱"通"，明代還作"馬屎"。《左傳·文公十八年》："殺而埋之馬矢之中。"《後漢書·獨行傳·戴就》："主者窮竭酷慘，無復餘方，乃臥就覆船下，以馬通薰之。"李賢注："《本草經》曰：'馬通，馬矢也。'"《三國志·吳書·諸葛恪傳》："恪之才捷,皆此類也。"南朝宋裴松之注:"《恪別傳》曰:太子嘗嘲恪:'諸葛元遜可食馬矢。'恪曰:'願太子食鷄卵。'權曰:'人令卿食馬矢,卿使人食鷄卵何也?'恪曰:'所出同耳。'權大笑。"宋梅堯臣《五月七日見賣瓠者》詩:"老圃奪天時,馬通爲煦嫗。"宋王安石《登小茅山》詩:"物外真游來几席,人間榮願付芩通。"明李時珍《本草綱目·獸一·馬》:"馬屎曰通,牛屎曰洞,豬屎曰零,皆諱其名。凡屎必達胴腸乃出,故曰通,曰洞。胴,即廣腸也。"清邵長蘅《城根婦》詩:"彼何者婦,椎髻蒙茸。朝拾馬通,暮拾馬通。衣單腹餓,拾不滿籠。"

【馬屎】

同"馬矢"。此體明代已行用。見該文。

【馬通】

即馬矢。此稱漢代已行用。見該文。

【通】

即馬矢。此稱宋代已行用。見該文。

牛矢

牛體内由腸道系統產生,從肛門排泄出來的物體,可用作肥料。此稱先秦時期已行用,明代亦作"牛屎",亦稱"洞"。《荀子·榮辱》:"以君子與小人相賊害也……是人也,所謂以狐父之戈钃牛矢也。"元張雨《汪道人野逸軒》詩:"酷無文采如我輩,牛矢雞栖當結鄰。"清黃遵憲《養屙雜詩》之三:"欲尋歸路無牛矢,轉向無人迹處尋。"參見本節"馬矢"文。

【牛屎】

同"牛矢"。此體明代已行用。見該文。

【洞】

即牛矢。此稱明代已行用。見該文。

豬屎

豬體内由腸道系統產生,從肛門排泄出來的物體,可用作肥料。此稱南北朝時期已行用,亦作"豬屎",宋代又作"豬矢",明代還作"豬矢",亦稱"零"。北魏酈道元《水經注·沔水》:"襄陽太守曰:'此中作豬屎臭,可易名豬蘭橋。'"宋戴侗《六書故》卷四:"豨令亦生於木,伏令之類。而狀似豬矢,故曰豨令也。"明方以智《通雅》卷四六:"豬矢曰零。"參閱本節"馬矢"文。

【豬屎】

同"豬屎"。此體南北朝時期已行用。見該文。

【豬矢】

同"豬屎"。此體宋代已行用。見該文。

【豬矢】

同"豬屎"。此體明代已行用。見該文。

【零】

即豬屎。此稱明代已行用。見該文。

羊矢

羊體内由腸道系統產生,從肛門排泄出來的物體,可用作肥料。此稱南北朝時期已行用。北魏賈思勰《齊民要術·種穀》:"三四日去附子,以汁和蠶矢、羊矢各等分撓之。"

蠶沙

蠶屎。黑色顆粒,可作肥料,亦可藥用。此稱南北朝時期已行用,亦稱"蠶矢",明代又稱"沙"。北魏賈思勰《齊民要術·種瓠》:"用蠶沙與土相和,令中半;若無蠶沙,生牛糞亦得。"明李時珍《本草綱目·蟲一·蠶》:"蠶之屎曰沙,皮曰蛻,瓮曰繭。"清蔣士銓《第二碑·書表》:"幾年來雙鉤響搨,墨香浮蟬翼紗,還仗你仙人鐵筆劃蠶沙,趁着這一片新碑如玉滑。"參閱本節"羊矢"文。

【蠶矢】

即蠶沙。此稱南北朝時期已行用。見該文。

【沙】

即蠶沙。此稱明代已行用。見該文。

溺

人或動物體内由腎臟産生，從尿道排泄出來的液體，可用作肥料。此稱先秦時期已行用，南北朝時期亦作"尿"。《莊子·知北遊》："東郭子問於莊子曰：'所謂道，惡乎在？'莊子曰：'無所不在。'東郭子曰：'期而後可。'莊子曰：'在螻蟻……在屎溺。'"《漢武故事》："上微行，嘗至桓谷，宿於逆旅。乞漿飲，旅翁曰：'無，正有溺，無漿也。'"《百喻經·爲王負劍喻》："髮毛爪齒，屎尿不净，不以爲醜。"《西遊記》第三四回："等我撒泡溺罷！"清吴下阿蒙《斷袖篇·張浪狗》："〔馬〕踏帝左脅，遂昏倒。浪狗驚惶，以銀盂注尿灌之，良久方甦。"

【尿】

同"溺"。此體南北朝時期已行用。見該文。

小便

人體内由腎臟産生，從尿道排泄出來的液體，可用作肥料。此稱漢代已行用，晋代亦稱"人尿"，南北朝時期又稱"人溺"。《後漢書·方術傳下·甘始》："或飲小便，或自倒懸。"晋葛洪《肘後備急方》卷六："蜂螫人，取人尿洗之。"北魏賈思勰《齊民要術·種紫草》："著敞屋下陰涼處，棚棧上其棚，下勿使驢馬糞及人溺。"宋朱弁《曲洧舊聞》卷五："吾久苦小便白濁。"

【人尿】

即小便。此稱晋代已行用。見該文。

【人溺】

即小便。此稱北南北朝時期已行用。見該文。

馬尿

馬體内由腎臟産生，從尿道排泄出來的液體，可用作肥料。此稱晋代已行用，唐代亦作"馬溺"。晋陶潛《搜神後記》卷五："冢口有馬尿及餘草，周甚驚惋。"唐歐陽詢《藝文類聚·馬》："《怪志》曰：有人與奴俱得心腹病。……試取馬溺灌之，便消爲水。病者乃飲一升馬溺，乃差。"宋歐陽修《五代史·四夷附録》："其國三面皆室韋……地尤寒，馬溺至地成冰堆。"宋袁樞《通鑑紀事本末》卷三一中："食盡，一鼠直錢四千。淘牆鼓及馬尿以食焉。"《紅樓夢》第七回："兩日没水，得了半碗水，給主子喝，他自己喝馬溺。"

【馬溺】

同"馬尿"。此體唐代已行用。見該文。

糞

人及動物屎、尿與動物骨汁等的統稱，是古代常用的有機肥料。此稱先秦時期已行用，唐代亦稱"糞便"，明代又稱"糞肥"。《周禮·地官·草人》："凡糞種，騂剛用牛，赤緹用羊。"鄭玄注："凡所以糞種者，皆謂煮取汁也……鄭司農云：用牛，以牛骨汁漬其種也，謂之糞種。"北魏賈思勰《齊民要術·收種》："依《周官》相地所宜，而糞種之。"唐釋道世《法苑珠林》卷一一三："復有一人見其以手除地狗糞便，唾笑之。"明董斯張《廣博物志》卷七："氾勝之奏曰：'昔湯有旱災，伊尹爲區田，教民糞種，負水澆稼，收至畝百石，勝之試爲之，收至畝四十石。'"明徐光啓《農政全書》卷五："必須教民爲區田，家各二三畝以上，一家糞肥多在其中，遇旱則汲井溉之。”又卷六：“劚起宿土，雜以蒿草，火燎之，以絶蟲類，併得爲糞。”《欽定授時通考》卷二〇：“明年田有糞肥，土脈發燒，東南風助，煖則盡發，炎火大壞苗穗，此一災也。”范文瀾、蔡美彪等《中國通史》第一編第五章第二節：“《周禮·草人》分土壤爲九類，用九種動物骨煮汁拌穀物種子，種在一定的土壤上，稱爲‘糞種’。”

【糞便】

即糞。此稱唐代已行用。見該文。

【糞肥】

即糞。此稱明代已行用。見該文。

惡

污穢骯髒之物。特指糞便。此稱先秦時期已行用。《左傳·成公六年》：“土厚水深，居之不疾，有汾澮以流其惡。”杜預注：“惡，垢穢。”漢趙曄《吳越春秋·勾踐入臣外傳》：“適遇吳王之便，大宰嚭奉溲惡以出。逢户中，越王因拜請嘗大王之溲以决吉凶，即以手取其便與惡而嘗之。”《漢書·昌邑哀王劉髆傳》：“陛下左側讒人衆多，如是青蠅惡矣。”顔師古注：“惡即矢也。越王勾踐爲吳王嘗惡，亦其義也。”唐劉禹錫《説驥》：“遂儆其僕，齷其皁，筐其惡，屜其溲。”

穢

糞便、污物等。此稱晉代已行用，南北朝時期亦稱“穢汙”“矢穢”，清代又稱“污穢”。《晉書·殷浩傳》：“錢本糞土，故將得錢而夢穢。”南朝宋劉義慶《世説新語·文學》：“官本是臭腐，所以將得而夢棺屍；財本是糞土，所以將得而夢穢汙。”又：“人有問殷中軍：‘何以將得位而夢棺器，將得財而夢矢穢？’”明馮夢龍《情史·情疑·張老》：“張老既取韋氏，園業不廢，負穢钁地，鬻蔬不輟。”清劉大櫆《胡孝子傳》：“歸則取母中裙穢汙，自浣滌之。”《花月痕》第四九回：“道路矢穢，人氣薰蒸，遠遠的就不堪入鼻。”

【穢汙】

即穢。此稱南北朝時期已行用。見該文。

【矢穢】

即穢。此稱南北朝時期已行用。見該文。

【污穢】

即穢。此稱清代已行用。見該文。

【溷】 [2]

即穢。此稱南北朝時期已行用。南朝宋劉義慶《世説新語·排調》：“謝幼輿謂周侯曰：‘卿類社樹，遠望之，峨峨拂青天；就而視之，其根則羣狐所託，下聚溷而已。’”劉孝標注：“謂〔周〕顗好媟瀆故。”宋趙令時《侯鯖録》卷八：“川中一士人作食菜詩十餘韻，其警句云：‘溲頻傾緑水，溷急走青蛇。’”宋江休復《江鄰幾雜誌》：“蘇大舜，元爲浙憲，登杭州黄皮塔，索溷床，溷於其顛，羣僧惡之。”

糞汁

過濾所得的糞液，可用作藥物、肥料等。此稱漢代已行用，明代亦稱“糞清”“金汁”。《後漢書·耿子恭傳》：“匈奴遂於城下擁絶澗水，恭於城中穿井十五丈不得水，吏士渴乏，笮馬糞汁而飲之。”《魏書·司馬衍傳》：“蘇峻并兵攻大業，大業水竭，皆飲糞汁。”北魏賈思勰《齊民要術·種穀》：“骨汁糞汁溲種：剉馬骨、牛、羊、猪、麋、鹿骨一斗，以雪汁三升，煮之三沸。取汁以漬附子，率汁一升，附子五枚。漬之五日，去附子。搗麋、鹿、羊矢等分，置汁

中熟撓和之。"宋陳旉《農書·糞田之宜篇》:
"凡掃除之土, 燒燃之灰, 簸揚之糠粃, 斷藁落
葉, 積而焚之, 沃以糞汁, 積之既久, 不覺其
多。"明李時珍《本草綱目·人一·人屎》"糞清
釋名": "黃龍湯(弘景)還元水(《菽園記》),
人中黃。(陶)弘景曰: '近城市人以空罌塞
口, 納糞中, 積年得汁, 甚黑而苦, 名爲黃龍
湯, 療瘟病垂死者皆瘥。'"明宋應星《天工開
物·火藥料》: "毒火以白砒, 硇砂爲君, 金汁、
銀銹、人糞和製。"鍾廣言注: "金汁, 即糞清,
用棉紙過濾後貯藏一年以上的糞汁。"明徐光
啓《徐光啓手跡·糞甕規則》: "凡種植無不宜用
糞者, 惟桃樹宜用糞清, 物不宜濃耳。盆景中
特海棠不用糞, 用酒脚。"清李漁《比目魚·徵
利》: "莫説帶在身上的髒, 沒得教你藏過; 就
是吃下肚的, 也要用糞清灌下去, 定要嘔你的
出來。"

【糞清】

即糞汁。此稱明代已行用。見該文。

【金汁】

即糞汁。此稱明代已行用。見該文。

生糞

未經漚製、曝曬的糞便。此稱南北朝時期
已行用, 明代亦稱"水糞"。北魏賈思勰《齊民
要術》卷四: "凡五果, 花盛時遭霜, 則無子。
常預於園中, 往往貯惡草生糞。"元王禎《農
書·糞壤篇》: "糞田之法, 得其中則可, 若驟用
生糞, 及布糞過多, 糞力峻熱, 即燒殺物, 反
爲害矣。"明徐光啓《農政全書》卷三五: "北
土用熟糞者……南土無之, 大都用水糞、豆餅、
草藨、生泥四物。水糞積過半年以上, 與熟糞
同。此既難得, 旋用新糞, 畝不能過十石, 過

則青酣, 一爲糞性熱, 一爲花科密也。"又《糞
甕規則》: "南土甕稻, 每畝約用水糞十石。"

【水糞】[1]

即生糞。此稱明代已行用。見該文。

新糞

新鮮的糞便, 多指生糞。北魏賈思勰《齊
民要術·蔓菁》: "種不求多, 唯須良地故墟, 新
糞、新墙垣乃佳。"元楊瑀《山居新話》卷三:
"凡有瘋狗、毒蛇咬傷者, 只以人糞塗傷處, 極
妙。新糞尤佳。諸藥皆不及此。"

熟糞

經過漚製、曝曬的糞便。此稱南北朝時期
已行用, 元代亦稱"乾糞"。北魏賈思勰《齊民
要術·種瓜》: "種冬瓜法: 傍墙陰地作區, 圓二
尺, 深五寸, 以熟糞及土相和。"元魯明善《農
桑衣食撮要·十一月·甕椒》: "宜用焦土、乾糞
培甕, 與草蓋, 免致凍死。"元王禎《農書·蓏
屬》: "凡種先用熟糞勻布畦內, 仍用灰糞和
之令勻, 撒種之。"明徐光啓《農政全書》卷
三二: "栽條法: 秋暮農隙時分, 預掘下區……
熟糞一二升與土相合, 納於區內。"又卷三五:
"北土用熟糞者, 堆積乾糞, 羃覆踰時, 熱烝已
過, 然後用之, 勢緩而力厚, 雖多無害。"又
《糞甕規則》: "丙辰初到天津, 用南稻種, 田師
孫彪用乾大糞, 每畝八石, 是年稻科大如碗,
根大如斗, 而含胎不秀, 竟不收。"

【乾糞】

即熟糞。此稱元代已行用。見該文。

人糞

人的糞便, 可用作肥料。此稱南北朝時期
已行用, 宋代亦稱"大糞", 明代又稱"溲"。
《北齊書·文襄六王傳》: "安德王延宗……於

樓上大便，使人在下張口承之，以蒸脂糝和人糞以飼，左右有難色者，鞭之。"宋戴侗《六書故》卷八："屎，式眠切，人糞也。"宋陳旉《農書·卷上·善其根苗篇》："切勿用大糞，以其瓮腐芽蘖，又損人脚手成瘡痍難療。"宋洪邁《夷堅丙志·曾三失子》："昨日正午，鄉人擔大糞亦見之。"元司農司《農桑輯要》卷六："薯蕷，今名山藥。……二月初取出便種，忌人糞。"元王禎《農書·糞壤篇》："大糞力壯，南方治田之家，常于田頭置塼檻窖，熟而後用之，其田甚美。"明梁辰魚《浣紗記·問疾》："誰肯嘗溲，許我沈痾不日瘳？"明徐光啓《農政全書》卷三〇："葡萄……生子時去其繁葉遮露，則子尤大，忌澆人糞。"又卷三七："揀肥長山藥上有芒刺者，每段折長三四寸，鱗次相挨，卧於區內。復以糞勻覆五寸許，旱則澆之，亦不可太濕，忌大糞。"

【大糞】

即人糞。此稱宋代已行用。見該文。

【溲】

即人糞。此稱明代已行用。見該文。

圊糞

厠所中的人糞，多指腐熟的人糞。此稱明代已行用。明徐光啓《農政全書》卷四一："魚之自糞多，而返復食之，則汎，亦以圊糞解之。"

馬糞

馬的糞便，可用作肥料。此稱漢代已行用。漢趙煜《吳越春秋·越王無余外傳第六》："吳王登遠高望，見越王及夫人、范蠡坐於馬糞之旁，君臣之禮存，夫婦之儀具。"《前漢書卷六十一考證》"鹽水中數有敗"："胡三省曰：'裴

矩《西域記》：鹽水在西州高昌縣東，東南去瓜州一千三百里，並沙磧之地，道路不可準，惟以人畜骸骨及駝馬糞爲標驗，由此數有死亡。'"《後漢書·耿恭傳》："吏士渴乏，笮馬糞汁而飲之。"晋葛洪《抱朴子·黄白》："陰乾一月，乃以馬糞火煴之。"《欽定授時通考》卷六〇引《羣芳譜》："種植種藷，宜高地、沙地。……須歲前深耕，以大糞壅之，春分後下種。若非沙土，先用柴灰或牛馬糞和土中，使土脈散緩，與沙土同，庶可行根。"

牛糞

牛的糞便，可用作肥料。此稱南北朝時期已行用。《南史·孝義傳·孫法宗》："取牛糞煮傅之即驗。"北魏楊衒之《洛陽伽藍記》卷五："出遊城東，見四童子累牛糞爲塔，可高三尺，俄然即失。"《新五代史·四夷附錄第二》："遂入平川，多草木，始食西瓜，云契丹破回紇得此種，以牛糞覆棚，而種大如中國冬瓜，而味甘。"宋周密《武林舊事》卷六："小經紀：……淘灰土，淘河，剔撥義，黄牛糞灰，挑疥蟲，賣烟火。"元司農司《農桑輯要》卷五"區種瓜法"："又法：冬天以瓜子數枚納熱牛糞中，凍即拾聚，置之陰地（量地多少，以足爲限）。正月地釋，即耕逐畼布之，率方一步，下一斗糞，耕土覆之，肥茂早熟。雖不及區種，亦勝凡瓜遠矣。"明徐光啓《糞壅規則》："京東永年等處，大田用雜牛、馬等糞。"

羊糞

羊的糞便，可用作肥料等。此稱宋代已行用。宋曾公亮等《武經總要前集》卷五："置烽之法……其土筒裏常須預著羊糞，鬱心火使暖。"明徐光啓《農政全書》卷三〇："橘柚橙

柑等……最忌猪糞，以茅灰及羊糞壅之，多生實。"清雍正《甘肅通志·仙釋方伎》"牧羊女"條："每入山牧羊，念佛一聲，拾羊糞一粒投於智井。數十年，山谷坑塹處盡爲念佛所投之糞粒。"

鹿糞

鹿的糞便，可用作肥料等。此稱明代已行用。明李時珍《本草綱目·産難》："鹿糞：經日不産，乾濕各三錢，爲末，薑湯下。"清雍正《浙江通志·物産一》："蘭……用橫山黄土揀去石塊種之，澆以羊、鹿糞水，雞、鵝毛水。"

鵝糞

鵝的糞便，可用作肥料等。此稱宋代已行用。宋黄休復《景山人》："山人園圃中養二斑鵝，夜見鵝糞中有光明，往告之。"明方以智《物理小識》卷六："白菜。七月種者，冬菜。九月杵淺坑種，四月收子榨油，名油菜。冬以雞、鵝糞或芝麻稭覆根，則春盛。"明高濂《遵生八牋》卷一六："和土法：土宜畦高，以遠水患；寬溝，以便水流。取黑泥去瓦礫，用雞、鵝糞和土在地，舖五七寸厚。"

鴨糞

鴨的糞便，可用作肥料等。此稱宋代已行用。宋李昉等《太平御覽》卷九一九"鴨"條："《嶺南異物志》曰：廣州洽濰縣金池黄家養鴨，有鴨池，嘗於鴨糞中見有數金，遂多收淘之，日得一兩，緣此致富。"明徐光啓《農政全書》卷二八："蔥種不拘時，先去冗鬚，微晒，疏行密排種之，宜糞培壅，猪糞、雞鴨糞和粗糠壅之。"

鳥糞

鳥的糞便，可用作肥料等。此稱宋代已行用。《通志·昆蟲草木略·木類》："寄生生于木上，有兩種，一種大者，葉如石榴；一種小者，葉如麻黄。其實皆相似。云是鳥糞感木而生。入藥，以桑上者良。"明徐光啓《農政全書》卷四一："樹葡萄架子于上，可以兔鳥糞。"明方以智《通雅》卷四八："陸文裕曰：金剛鑽可以刻玉，其質類水晶，其色微黄，出西域，土人于鳥糞中得之，生極高峰巒，鷹鸇之屬打食於上，遂吞而復出，其大者極難得。"

猪糞

猪的糞便，可用作肥料等。此稱元代已行用，清代亦作"豬糞"。元魯明善《農桑衣食撮要·七月·分韭菜》："韭根多年交結則不茂，別作畦分栽，摘去花根，微留嫩根栽之，用雞糞壅，或乾猪糞亦可。"明馮復京《六家詩名物疏·大雅文王之什》"菫"："冬至前將陸田耕五七遍，以猪糞糞之。"明宋詡《竹嶼山房雜部·菊》："清明時每莖分析，預以猪糞更番爲沃土，取瓦規之。"《欽定授時通考》卷五八："冬青：取其幹可作骨，取子作藥，取其葉冬夏不凋，病在二十年後即爛壞。或云以豬糞壅之則久，宜試二、三、八、九月移。"

【豬糞】

同"猪糞"。此體清代已行用。見該文。

雞糞

雞的糞便，可用作肥料等。此稱元代已行用，亦作"鷄糞"。元司農司《農桑輯要》卷五："《博聞録》：韭畦若用雞糞尤好。"又卷六："《四時類要》：二月種百合，此物尤宜雞糞。"元魯明善《農桑衣食撮要》卷上："栽蔥韭薤，去冗鬚，微曬乾，疏行密排栽之，宜雞糞培壅。"元陶宗儀《説郛》卷七四上："《歲時廣記·二月種法》：宜雞糞化書山蚯，化爲百合，乃宜雞糞。”明徐光啓《農政全書》卷四〇：“《便民圖纂》曰：‘八月中，鋤成行壠，舂穴下種，或灰或雞糞蓋之，澆灌不宜濃糞。’”

【雞糞】

同“雞糞”。此體元代已行用。見該文。

鴿糞

鴿子的糞便，可用作肥料等。此稱宋代已行用。《太平廣記》卷二一三：“〔厲歸真〕曾遊洪州信果觀，見三官殿内功德塑像是玄宗時夾紵製作，甚妙，多被雀鴿糞穢其上。”明徐光啓《農政全書》卷四一：“魚遭鴿糞則汎，以圊糞解之。”《欽定授時通考》卷七一《農餘·畜牧二》略同。

水糞[2]

糞便等腐熟後加水而成的肥料。此稱南北朝時期已行用。南朝齊天空三藏法師求那毗地譯《百喻經·比種田喻》：“彼人即便依法用之，即以水糞調和其田，下種於地。”北魏賈思勰《齊民要術·種韭》：“收韭子如葱子法，治畦下水糞覆，悉與葵同，然畦欲極深。”明徐光啓《農政全書》卷二八：“苗寸以上，灌水糞。”又《麻》：“種子取班黑者爲上，撒後以灰蓋之，密則細，疎則粗。布葉後以水糞澆灌，恐葉焦死。”

藁

稻、麥等的秆子，腐爛後可用作肥料。此稱先秦時期已行用，漢代亦作“藳”，南北朝時期亦稱“芻藁”，唐代又稱“禾稈”“藁秸”。《吕氏春秋·任地》：“子能使藁數節而莖堅乎？”《漢書·趙充國傳》：“臣所將吏士馬牛食，月用糧穀十九萬九千六百三十斛，鹽

千六百九十三斛，茭藁二十五萬二百八十六石。”顔師古注：“藁，禾稈也。”南朝梁任昉《天監三年策秀才文》：“每時入芻藁，歲課田租。”唐陸龜蒙《奉酬襲美先輩吳中苦雨》詩：“踐蹋比塵埃，焚燒同藁秸。”元王禎《農書·墾耕篇》：“晚田宜待春乃耕，爲其藁秸堅韌，必待其朽腐，易爲牛力也。”又《糞壤篇》：“《農書》云：‘種穀必先治田。’積腐藁敗葉，劃薙枯朽根荄，遍鋪而燒之，即土煖而爽。及初春，再三耕耙，而以窖罨之肥壤壅之，麻粃、穀殼皆可與火糞窖罨。穀殼朽腐，最宜秧田。必先渥漉精熟，然後踏糞入泥，盪平田面，乃可撒種。”清紀昀《閲微草堂筆記·灤陽消夏録五》：“凡捕鶉者必以夜，先以藁秸插地，如禾壠之狀，而布網於上。”《欽定授時通考》卷一九《穀種·彙考》：“《詩·豳風》：‘黍稷重穋，禾麻菽麥。’……《朱子集傳》：‘禾者，穀連藁秸之總名。’”中國農業遺産研究室編《中國古代農業科學技術史簡編》第五章第一節：明清時期“藁秸肥有諸穀秸根葉、芝麻秸、豆箕、麻秸等四種”。

【藳】

同“藁”。此體漢代已行用。見該文。

【芻藁】

即藁。此稱南北朝時期已行用。見該文。

【禾稈】

即藁。此稱唐代已行用。見該文。

【藁秸】

即藁。此稱唐代已行用。見該文。

溝泥

水溝處的淤泥，可用作肥料。此稱漢代已行用。《方言》卷一〇：“抯，取也。南楚之間，

凡取物溝泥中，謂之担，或謂之擒。"元司農司《農桑輯要·蘭香（香菜附）》："《博聞錄》：'香菜，常以洗魚水澆之，則香而茂；溝泥水、米泔尤佳。'"明徐光啓《農政全書》卷二九："梅……《便民圖纂》曰：'春間取核埋糞地，待長三二尺許，移栽，其樹接桃則實脆，若移大樹，則去其枝梢，大其根盤，沃以溝泥，無不活者。'"

河泥

河渠中的淤泥，可用作肥料。此稱唐代已行用。唐徐寅《憶潼關早行》詩："行客起看仙掌月，落星斜照濁河泥。"元魯明善《農桑衣食撮要·鉬竹園》："以稻糠或麥糠壅，不可雜用。或添河泥蓋之。"明徐光啓《農政全書》卷六："壅田，或河泥，或麻、豆餅，或灰糞，各隨其地土所宜。（麻、豆餅畝三十斤，和灰糞、棉餅畝三百斤，插禾前一日將棉餅化開，勻攤田內，秒，然後插禾或草。）"又卷二七："《便民圖纂》曰：芋之種，……於五月間，擇近水肥地移栽，其科行與種稻同，或用河泥，或用灰糞、爛草壅培。"

塘泥

池塘中的淤泥，可用作肥料。此稱宋代已行用。宋梅堯臣《雜詩絶句十七首》之一四："塘上挽船人，塘泥深及脛。"明海瑞《邵守愚人命參語》："檢得耳竅亦有塘泥在內，則與程週同盜之情似實。"

湖泥

湖泊中的淤泥，可用作肥料。此稱宋代已行用。宋范致明《岳陽風土記》："今湖泥湮没，不復如昔。"元楊維楨《湖上感事奉寄玉山》詩："湖水明於鏡，湖泥濁似涇。"明歸有光：

"太湖入海之道，獨有一路，所謂吳淞者。顧江自湖口距海不遠，有湖泥填淤，反土之患，爲民所占，所以淞江日隘。"

泥肥

用作肥料的淤泥等，一般爲基肥。此稱宋代已行用，元代亦稱"泥糞"。宋洪邁《容齋續筆·天生對偶》："泥肥禾尚瘦，晷短夜差長。"元王禎《農書·糞壤篇》："泥糞：於溝港內，乘船以竹夾取青泥，枕潑岸上；凝定，裁成塊子，擔去同大糞和用，比常糞得力甚多。或用小便，亦可澆灌，但生者立見損壞，不可不知。"中國農業遺產研究室編《中國古代農業科學技術史簡編》第五章第一節："〔明清時期〕泥肥有河泥、溝泥、湖泥、塘泥、灶泥、灶下千層肥泥、畜欄前鋪地肥泥等七種。"浙江省農業廳主編《土壤肥料》第六章第五節："河泥、塘泥是水網平原地區大量施用的肥料，在供給養料、改良土壤等方面起了積極作用。河塘泥主要集中了地表沖刷下來的肥沃表土、無機鹽類以及水中的腐爛有機物。一般顏色越黑，有機物越多，肥力越高。溝、湖、河、塘四種泥肥的肥分含量平均爲：有機質 5.09%，氮 0.33%，磷 0.34%，鉀 1.62%；速效氮 0.0214%，速效磷 0.05%，速效鉀 0.0193%。"

【泥糞】

即泥肥。此稱元代已行用。見該文。

草糞

用野草製作的綠肥。此稱晋代已行用。晋干寶《搜神記》卷一七"嘉興倪彦思"條："酒殽既設，魅乃取廁中草糞布著其上。"元王禎《農書·糞壤篇》："草糞者，於草木茂盛時芟倒，就地內掩罨腐爛也。記禮者曰：'仲夏之月，利以殺草，可以糞田疇，可以美土疆。'今農夫不知此，乃以其耘除之草，弃置他處，殊不知和泥渥漉，深埋禾苗根下，漚罨既久，則草腐而土肥美也。"明方以智《物理小識》卷九："種枸杞……以三月朔截作段，先以草糞而牛糞蓋之，又土蓋之，出則勤澆。"

惡草

有害或有毒的草，可製作肥料。此稱南北朝時期已行用。北魏賈思勰《齊民要術》卷四："凡五果，花盛時遭霜，則無子。常預於園中，往往貯惡草生糞。"唐李商隱《述德抒情》詩："惡草雖當路，寒松實挺生。"

赤豆

一年生草本植物，莖直立，葉互生，花黃色。種子一般呈暗紅色，可供食用、藥用，亦可用作肥料。此稱漢代已行用，南北朝時期亦稱"小豆"，宋代又稱"赤小豆""赤小"。《東觀漢記·鄧禹傳》："禹與赤眉戰，赤眉陽敗，棄輜重走，皆載赤豆覆其上。兵士飢，爭取之。赤眉引還，擊之，軍潰亂。"北魏賈思勰《齊民要術·小豆》："小豆大率用麥底，然恐小晚，有地者常須兼留。"《北史·流求傳》："宜稻、粱、禾、黍、麻、豆、赤豆、胡黑豆等。"宋蘇軾《仇池筆記·二紅飯》："今年東坡收大麥二十餘石……今日復令庖人雜小豆作飯，尤有味。老妻大笑曰：'此新樣二紅飯也。'"宋惠洪《豆粥》詩："出碓新秔明玉粒，落叢小豆楓葉赤。"宋范成大《立秋》詩序："戴楸葉，食瓜水，吞赤小豆七粒，皆吳中節物也。"又《立秋》詩之二："折枝楸葉起園瓜，赤小如珠嚥井花。"明李時珍《本草綱目·穀三·赤小豆》："此則入藥用赤小者也。"明宋應星《天工開物·菽》："赤

小豆入藥，有奇功。"參見本節"綠豆"文。

【小豆】

即赤豆。此稱南北朝時期已行用。見該文。

【赤小豆】

即赤豆。此稱宋代已行用。見該文。

【赤小】

即赤豆。此稱宋代已行用。見該文。

綠豆

豆科植物名。一年生草本，葉由三片小葉組成，花小，綠黃色。莢果內有綠色種子，可供食用，亦可釀酒、製粉條。用水浸濕，令發芽，稱綠豆芽，可作蔬菜。還可入藥，能清熱解毒。又可用作肥料。此稱元代已行用。元王禎《農書·糞壤篇》："苗糞者，按《齊民要術》云：'美田之法，綠豆爲上，小豆、胡麻次之。悉皆五六月穊種，七八月犁掩殺之。爲春穀田，則畝收十石，其美與蠶矢、熟糞同。'此江淮迤北用爲常法。"明徐光啟《農政全書》卷七略同。明李時珍《本草綱目·穀三·綠豆》："綠以色名也。舊本作菉者，非矣……北人用之甚廣，可作豆粥、豆飯、豆酒。炒食粉食，磨而爲麪，澄濾取粉，可以作餌頓餻。盪皮搓索，爲食中要物。以水浸濕，生白芽，又爲菜中佳品。牛馬之食亦多賴之，真濟世之良穀也。"

胡麻

一年生草本植物。種子小而扁平，有白、黑、黃、褐等不同顏色。可食用、藥用，也可榨油，還可用作肥料。此稱漢代已行用，亦稱"巨勝""麻"，清代又稱"麻子"。相傳漢代張騫得其種於西域，故名。《神農本草經》卷一："胡麻，一名巨勝。"《參同契》卷上："巨勝尚延年，還丹可入口。"《禮記·月令》："〔孟秋之

月〕天子居總章右个……服白玉，食麻與犬，其器廉以深。"晋葛洪《抱朴子·仙藥》："巨勝一名胡麻，餌服之不老，耐風濕補衰老也。"《晋書·殷仲堪傳》："城内大飢，以胡麻爲糜。"《南史·劉虬傳》："罷官歸家静處，常服鹿皮袷，斷穀，餌术及胡麻。"唐王維《送孫秀才》詩："山中無魯酒，松下飯胡麻。"唐葛鴉兒《懷良人》詩："胡麻好種無人種，正是歸時不見歸。"唐曹唐《黄初平將入金華山》詩："白羊成隊難收拾，喫盡溪邊巨勝花。"明李時珍《本草綱目·穀一·胡麻》集解引陶弘景曰："胡麻，八穀之中，惟此爲良。純黑者名巨勝，巨者大也。本生大宛，故名胡麻。又以莖方者爲巨勝，圓者爲胡麻。"據今人研究，胡麻原産中國雲貴高原一帶，見李璠《中國栽培植物發展史》第二章。清平步青《霞外攟屑·釋諺·麻餈》："今越中冬日有麻餈，以秔稻粉爲之，餡以餹，而外傅麻子，故名。"參見本節"緑豆"文。

【巨勝】

即胡麻。此稱漢代已行用。見該文。

【麻】

即胡麻。此稱漢代已行用。見該文。

【麻子】

即胡麻。此稱清代已行用。見該文。

【脂麻】

即胡麻。此稱宋代已行用，明代亦作"芝麻"，清代又作"脂麻"。宋蘇軾《和蔣夔寄茶》："柘羅銅碾棄不用，脂麻白土須盆研。"明李時珍《本草綱目·穀一·胡麻》："巨勝、方莖、狗蝨、油麻、脂麻。（俗作芝麻，非。）"《鏡花緣》第九二回：〔紫芝〕朝地下一丟道：'我只當是些脂麻，原來是幾張虱子皮。'"清賈臻

《郡齋筆乘》卷六："富陽董文恭公晚歲，每元日朝賀歸第，衣冠坐廳事，于脂麻一粒上莊書'天下太平'四字，豪芒彪炳。"

【芝麻】

同"脂麻"，即胡麻。此體明代已行用。見該文。

【脂麻】

同"脂麻"，即胡麻。此體清代已行用。見該文。

【油麻】

即胡麻。此稱宋代已行用。宋沈括《夢溪筆談·藥議》："胡麻直是今油麻，更無他説，予已於《靈苑方》論之。其角有六稜者，有八稜者，中國之麻，今謂之大麻是也。有實爲苴麻，無實爲枲，又曰麻牡。張騫始自大宛得麻油之種，亦謂之麻，故以胡麻别之，謂漢麻爲大麻也。"明李時珍《本草綱目·穀一·胡麻》："方莖以莖名，狗蝨以形名，油麻、脂麻謂其多脂油也。"

麻枯

芝麻榨油後剩餘的渣滓製成的餅形物，可用作牲畜飼料、作物肥料等。此稱宋代已行用，元代亦稱"麻枯餅"。宋陳旉《農書·善其根苗篇》："轉以糞壅之，若用麻枯尤善。但麻枯難使，須細杵碎，和火糞窖罨如作麴樣，候其發熱生鼠毛，即攤開中間熱者置四傍，收歛四傍冷者置中間；又堆窖罨，如此三四次，直待不發熱乃可用，不然即燒殺物矣。"元鄒鉉《壽親養老新書·牢牙烏髭方》："芝麻辛（三兩），此是壓油了麻枯餅是也。"明李時珍《本草綱目·穀一·胡麻》："麻枯八兩，鹽花三兩，用生地黄十斤取汁，同入鐺中熬乾。"

【麻枯餅】

即麻枯。此稱元代已行用。見該文。

【麻籸】

即麻枯。此稱宋代已行用，元代亦稱"芝麻辛"。《宋史・錢顗傳》："並城民買麻籸麥麩合米爲糜，或茹木實草根。"元司農司《農桑輯要・豬》："《四時類要》：閹豬子，待瘡口乾平復後，取巴豆兩粒，去殼爛搗，和麻籸、糟糠之類飼之。"元鄒鉉續編《壽親養老新書》卷三："芝麻辛三兩，此是壓油了麻枯餅是也。"明李時珍《本草綱目・穀一・胡麻》："〔麻枯餅〕此乃榨去油麻滓也，亦名麻籸（音辛）。荒歲人亦食之。可以養魚肥田。"明徐光啓《糞壅規則》："北天津壅稻，丁巳年每畝用麻籸四斗，是年每畝收米一石五斗，科大如酒杯口。"

【芝麻辛】

即麻籸，亦即麻枯。此稱元代已行用。見該文。

【麻餅】

即麻枯。此稱明代已行用，亦稱"芝麻餅"。明徐光啓《農政全書》卷二七："先以麻餅或豆餅拌勻河泥，種時以蘆插記根處，十餘日後，每科用河泥三四碗壅之。"明方汝浩《東度記》第六回："衆道吃的吃，說的說。吃的是芝麻餅、餖子籃、素油面卷粉饅頭；說的是吹玉簫、敲檀板、唱粉紅蓮帶錦纏道。"《欽定授時通考・脂麻》："又麻餅，筭去油麻滓也。亦名麻籸。可食，荒歲人以救饑。入鹽作醬，甚滑膩。又可養魚、肥田。《周禮》'疆樂用蕡'亦此意也。"

【芝麻餅】

即麻餅，亦即麻枯。此稱明代已行用。見該文。

豆餅

豆類植物榨油後剩餘的渣滓製成的餅形物，可用作牲畜飼料、作物肥料等。此稱南北朝時期已行用。《北齊書・庫狄伏連傳》："冬至之日，親表稱賀，其妻爲設豆餅。伏連問：'此豆因何而得？'妻對：'向於食馬豆中分減充用。'"明徐光啓《農政全書》卷二七："蓮……二月間，取帶泥小藕栽池塘淺水中，不宜深水，待茂盛，深亦不妨。或糞或豆餅壅之，則益盛。""烏芋（即俗名荸臍也）……冬至前後起之，耘盪與種稻同。豆餅或糞皆可壅之。"《欽定授時通考・稻》："《農桑輯要》：壅稻田，或河泥，或麻、豆餅，或灰糞，各隨其地土之宜。""又：揚稻後，將灰糞或麻、豆餅屑撒田內。"

烏桕

烏桕樹籽榨油後剩餘的渣滓製成的餅形物，可用作牲畜飼料、作物肥料等。此稱宋代已行用，明代亦稱"桕"。宋陳耆卿《赤城志・風土門一》："烏桕，實如雞頭，液如豬脂，可壓油爲燭。"明宋應星《天工開物・乃粒・稻宜》篇："勤農糞田，多方以助之。人畜穢遺、榨油枯餅、草皮木葉，以佐生機，普天之所同也。"自注曰："枯者，以去膏而得名也。胡麻、萊菔子爲上，蕓薹次之，大眼桐又次之，樟、桕、棉花又次之。"

【桕】

即烏桕。此稱明代已行用。見該文。

棉花餅

棉子榨油後剩餘的渣滓製成的餅形物，可用作牲畜飼料、作物肥料等。此稱明代已行用。明徐光啓《糞壅規則》："浙人用棉花餅，每畝用百片，約二百餘斤。"

菜子餅

　　油菜子榨油後剩餘的渣滓製成的餅形物，可用作牲畜飼料、作物肥料等。此稱明代已行用。明宋詡《竹嶼山房雜部·種五穀法·稻》："秋前必下膏壅，柴灰爲上，芝蔴莘（壓油已枯之餅）爲次，菜子餅、荳餅又次。皆能助其發實，亦視其田之肥瘠而加之。太肥則稈盛而實更粃，太瘠則稈小而穟亦短。"

荳餅

　　大豆榨油後剩餘的渣滓製成的餅形物，可用作牲畜飼料、作物肥料等。此稱明代已行用。明宋詡《竹嶼山房雜部·種五穀法·稻》："秋前必下膏壅，柴灰爲上，芝蔴莘（壓油已枯之餅）爲次，菜子餅、荳餅又次。"

枯餅

　　油料作物的種子榨油後剩餘的渣滓製成的餅形物，可用作牲畜飼料、作物肥料等。此稱明代已行用。明宋應星《天工開物·乃粒·稻宜》："勤農糞田，多方以助之。人畜穢遺、榨油枯餅、草皮木葉，以佐生機，普天之所同也。"參見本節"烏桕"文。

豆渣

　　製作豆漿或豆腐後剩下的渣滓，可作副食品或飼料，也可用作肥料。此稱清代已行用，亦稱"豆腐渣"。《甘肅通志》卷四二"生員張爾紳妻齊氏"："荒歲絕糧，旬日不能舉火，以豆渣充饑。"《御纂醫宗金鑑》卷七○："止疼或用豆腐渣，蒸熱揑作餅貼之。"

【豆腐渣】

　　即豆渣。此稱清代已行用。見該文。

糟

　　未漉清的帶滓的酒，後指酒渣。此稱先秦時期已行用，南北朝時期亦稱"酒糟"，宋代又稱"酒脚"。《周禮·天官·酒正》："共賓客之禮酒，共后之致飲於賓客之禮，醫酏糟，皆使其士奉之。"鄭玄注："糟，醫酏不沛者；沛曰清，不沛曰糟。"《楚辭·漁父》："衆人皆醉，何不餔其糟而歠其醨？"《禮記·內則》："飲，重醴，稻醴清糟，黍醴清糟，粱醴清糟。"鄭玄注："糟，醇也。"孔穎達疏："此稻、黍、粱三醴，各有清糟；以清糟相配重設，故云重醴；凡致飲之時，有清者，有糟者。"晋劉伶《酒德頌》："奮髯踑踞，枕麴藉糟，無思無慮，其樂陶陶。"北魏賈思勰《齊民要術·作酢法》："酒糟酢法：春酒糟則壓，頤須（酒）糟亦中用。"元陶宗儀《說郛》卷一九下引宋晁迥《晁氏客語》："以煮酒脚塗靈璧石，其黑如漆，永不脱，極妙。"宋石介《歲晏村居》詩："天寒酒脚落，春近臘頭香。"宋梅堯臣《十五日雪三首》之二："只待鄰醅熟，微聲聽酒糟。"《續資治通鑑長編·宋真宗天禧元年》："甲子，令京東西、河北、陝西、淮南、江浙災傷州軍，出榷務酒糟濟貧民。"

【酒糟】

　　即糟。此稱南北朝時期已行用。見該文。

【酒脚】

　　即糟。此稱宋代已行用。見該文。

粉

　　豆粉。此稱先秦時期已行用，漢代亦稱"豆屑"。《周禮·天官·籩人》："糗餌粉餈。"鄭玄注引漢鄭司農曰："糗，熬大豆與米也；粉，豆屑也。"明王世貞《綱鑑會纂·隋高祖紀》：

"癸丑十三年，關中飢，帝如洛陽，上遣左右
閱民食，得豆屑雜糠，流涕以示羣臣，深自咎
責。"

【豆屑】

即粉。此稱漢代已行用。見該文。

麻渣

亞麻、芝麻等種子榨油後剩餘的渣滓，可
用作肥料。此稱明代已行用。明沈自徵《鞭歌
妓》："那裏擺來一個大歪剌呀，一個麻渣呀，
一個麻渣。"

牛皮膠

用牛皮熬製的膠塊。加熱後可粘合物體，
亦用爲藥品、肥料等。此稱明代已行用。明李
時珍《本草綱目·獸一·黃明膠》引蘇頌曰：
"今方家所用黃明膠，多是牛皮……但今牛皮膠
製作不精，故不堪用，止以膠物耳。"

馬骨

馬的骨頭，經過水煮，可作肥料。此稱南
北朝時期已行用。北魏賈思勰《齊民要術·種
穀第三》："《氾勝之書》曰：'薄田不能糞者，以
原蠶矢雜禾種種之，則禾不蟲。又取馬骨，剉
一石，以水三石煮之，三沸，漉去渣，以汁漬
附子五枚。三四日去附子，以汁和蠶矢、羊矢
各等分，撓（呼老反，攪也）令洞洞如稠粥。'"

骨灰

動物骨頭燒成的灰，可用作肥料。此稱明
代已行用。明徐光啓《徐光啓手跡·農政全書
手劄·廣糞壤》："骨灰，六畜、鳥、獸、魚。"

牛豬骨灰

牛、豬骨頭燒成的灰，可用作肥料。此稱
明代已行用。明徐光啓《糞壅規則》："閩廣人
用牛豬骨灰。"

灰

物質充分燃燒後殘留的粉狀物，有的可作
肥料。此稱先秦時期已行用，晋代亦稱"灰
末"，唐代又稱"灰火"。《周禮·地官·掌炭》：
"掌灰物炭物之徵令，以時入之，以權量受之，
以共邦之用。"《禮記·月令》："〔仲夏之月〕毋
燒灰。"鄭玄注："火之滅者爲灰。"《史記·龜
策列傳》："不信不誠，則燒玉靈，揚其灰，以
徵後龜。"《晋書·藝術傳·鳩摩羅什》："乃以五
色絲作繩結之，燒爲灰末投水中。"唐韓愈《詠
雪》："鯨鯢陸死骨，玉石火炎灰。"唐項斯《古
觀》詩："壇邊見灰火，幾燒祭星文。"《説岳全
傳》第二八回："這灰裏不要倒藏着東西。"

【灰末】

即灰。此稱晋代已行用。見該文。

【灰火】

即灰。此稱唐代已行用。見該文。

【爐】

即灰。此稱先秦時期已行用，晋代亦稱
"煨爐"。《詩·大雅·桑柔》："民靡有黎，具禍
以爐。"朱熹集傳："爐，灰爐也。"晋葛洪《抱
朴子·金丹》："凡草燒之即爐，而丹砂燒之成
水銀。"晋左思《魏都賦》："翼翼京室，耽耽帝
宇。巢焚原燎，變爲煨爐。"宋王安石《外廚
遺火》詩之一："圖書得免同煨爐，却賴廚人清
不眠。"宋陸游《夜宴》詩："酒浪搖春不受寒，
燭花垂爐忽堆盤。"

【煨爐】

即爐，亦即灰。此稱晋代已行用。見該文。

【灰爐】

即灰。此稱三國時期已行用，唐代亦稱
"爐灰"。三國魏曹冏《六代論》："宗廟焚爲灰

燼，宫室變爲秦數。"晋干寶《搜神記》卷一：
"封子積火自燒，而隨烟氣上下，視其灰燼，猶
有其骨。"唐柳宗元《興州江運記》："由是轉巨
石，仆大水，焚以炎火，沃以食醯，摧其堅剛，
化爲灰燼。"《全唐詩》卷七八七載《觀南郊回
仗》詩："德澤施雲雨，恩光變燼灰。"清朱琦
《狼兵收寧波失利書憤》詩："奈何一炬付燼灰，
勾餘山頭鼓聲慘。"

【燼灰】

即灰燼，亦即灰。此稱唐代已行用。見該文。

草木灰

草本和木本植物充分燃燒後殘留的粉狀物，
可用作肥料等。此稱宋代已行用。宋李昉等
《太平廣記》卷四六五："水母……南中好食之，
云性煖，治河魚之疾。然甚腥，須以草木灰點
生油再三洗之。"

灰糞

由廄肥和柴草灰燼混合而成的一種有機肥
料。此稱元代已行用，亦稱"糞灰"。元司農
司撰《農桑輯要》卷五"接諸果"："砧上有葉
生，即旋去之。乃以灰糞擁其砧根，外以刺棘
遮護，勿使有物動撥其枝。"元魯明善《農桑衣
食撮要》卷上"種苦蕒萵苣生菜芥"條："二三
月皆可移種，宜用盦過熟灰糞培壅之。""種椒"
條："擇濕潤肥地深耕杷匀，取上年元埋地中椒
子種之，用灰糞和細土覆蓋，則易生。來年依
時分開，每株約離七八尺地，用麻籸、灰糞栽
之，忌水浸根。"元陶宗儀《説郛》卷一〇六下
引郭橐駝《種樹書》："凡木擣麻餅雜糞灰壅之，
則枝葉茂。"明徐光啓《農政全書》卷六："《農
桑輯要》曰：'治秧田……壅田或河泥或麻豆餅
或灰糞各隨其地土所宜。'麻豆餅䫂三十斤，和

灰糞、棉餅䫂三百斤。插禾前一日，將棉餅化
開，匀攤田内，秒，然後插禾或草。"《欽定授
時通考》卷六〇"甘露子"："雨中以灰雜糞土
覆掩根，鋤草净，則生繁。"

【糞灰】

即灰糞。此稱元代已行用。見該文。

竈土

鍋臺、爐竈損毀或焚燒後産生的土灰，可
用作肥料等。此稱宋代已行用，明代亦稱"竈
灰""炊燼"，清代又稱"灶灰"。宋張杲《醫
説》卷一〇"患瘡"："踐壞竈土，令人患瘡。踏
雞子殼，令人得白癜風。"明陸深《題利路紀雨
詩三首》："亦有水淡者，復以竈灰雜土淋鹵煮
之，頗亦艱難。"明徐光啓《農政全書》卷一一
"論雨"："竈灰帶温作塊，天將變作雨兆。"明
宋應星《天工開物·麥工》："陝洛之間，憂蟲蝕
者，或以砒霜拌種子，南方所用惟炊燼也。"清
張履祥《補農書·總論》："人畜之糞與灶灰脚
泥，無用也，一入田地，便將化爲布帛菽粟。"

【竈灰】

即竈土。此稱明代已行用。見該文。

【炊燼】

即竈土。此稱明代已行用。見該文。

【灶灰】

即竈土。此稱清代已行用。見該文。

火糞

將草木混合泥土或雜肥，經焚燒後粉碎
而成的肥料。此稱元代已行用。元王禎《農
書·糞壤篇》："火糞：積土同草木堆叠，燒之；
土熱（熟）冷定，用碌碡碾細用之。江南水多
地冷，故用火糞。種麥、種蔬尤佳。"

牆土

陳舊墻壁粉碎而成的土灰，可用作肥料。此稱元代已行用，亦稱"壞垣墻"，明代又稱"炕土""牆壁""立土""牆基"。元鄭元祐《古牆行》："舊時每見古牆邊，鬼燈夜暗光如漆，牆土于今化作灰，欲問故老心先摧。"元王禎《農書·蔬屬》："蔓菁……《齊民要術》云：種不求多，唯須良地，新糞、壞垣牆乃佳。"明徐光啓《糞壅規則》："山西人用陳年炕土作糞壅，既聞之，又聞多年牆壁亦可作壅。諺曰：'立土三年成糞。'所以《齊民要術》云'故牆基可種蔓菁'也。不知他方亦爾否？宜試之。""沂州人用炕土燒過一二年者，杵細壅水田，每斗當糞十石。"中國農業遺産研究室編《中國古代農業科學技術史簡編》第五章第一節："我國古代爲了培肥土壤和提高産量，很注意開闢肥源，凡是可以利用的東西，差不多都用來作肥料。……魏晉南北朝時期又增加了舊牆土、蹄角等。"

【壞垣墻】

即牆土。此稱元代已行用。見該文。

【炕土】

即牆土。此稱明代已行用。見該文。

【牆壁】

即牆土。此稱明代已行用。見該文。

【立土】

即牆土。此稱明代已行用。見該文。

【牆基】

即牆土。此稱明代已行用。見該文。

墊脚土

牲畜糞尿、墊料和飼料殘屑等混和漚成的有機肥料。此稱明代已行用。明徐光啓《糞壅規則》："真定人云，每畝壅二三大車，問其糞，則秋時鋤苜蓿、楂子載回，與六畜墊脚土積上田也。"

肥

能供給養分使植物發育生長的物質。此稱清代已行用。清陳淏子《花鏡·澆灌得宜法》："夏至梅雨時澆肥，根必腐爛，八月尤忌澆肥。"

肥水

液體肥料。此稱宋代已行用。宋陳旉《農書》卷上："隄得牛踐而堅實，桑得肥水而沃美。"元王禎《農書·糞壤篇》："於廚棧之下深潤鑿一池，細甃使不滲洩，每春米，則聚礱簸穀殼及腐草敗葉，漚漬其中，以收滌器肥水。"明徐光啓《農政全書》卷三九："先用半糞之水，復用肥水灌之，葉上不可以沾糞，沾之則葉枯。"清李漁《奈何天·形變》："這樣臭身子，那裏被他薰得過。不如走了開去，等他自家好洗。桶內香湯易倒，盆中臭氣難聞。少停出賣肥水，祇要一錢一斤。"清陳淏子《花鏡·澆灌得宜法》："早宜肥水澆根，晚宜清水洒葉。"

洗魚水

洗魚的水，可用作肥料。此稱宋代已行用。元司農司《農桑輯要》卷五"蘭香附香菜"："〔宋陳元靚〕《博聞録》：'香菜常以洗魚水澆之，則香而茂。溝泥水、米泔尤佳。'"

溝泥水

溝裏的泥水，可用作肥料。此稱宋代已行用。參見本節"洗魚水"文。

泔

淘米的水，可用作肥料。此稱南北朝時期已行用，明代亦稱"米泔"，清代又稱"米泔水"。北魏賈思勰《齊民要術·白醪酒》："取魚眼湯，沃浸米泔二斗，煎取六升；著甕中，以竹掃衝之，如茗渤。”宋蘇軾《鳳翔八觀·東湖》詩：“有山禿如赭，有水濁如泔。”明李時珍《本草綱目·穀一·稻》：“米泔，甘，涼，無毒。”《二十年目睹之怪現狀》第七四回：“我餓極了，自己到竈上看時，却已是收拾的乾乾净净，求一口米泔水都没了。”

【米泔】

即泔。此稱明代已行用。見該文。

【米泔水】

即泔。此稱清代已行用。見該文。

腐藁敗葉

腐爛的稻麥秆與植物葉等，可用作肥料。稾，稻、麥等的秆。此稱元代已行用。元王禎《農書·糞壤篇》：“《農書》云：‘種穀必先治田。’積腐藁敗葉，劃薙枯朽根荄，遍鋪而燒之，即土煖而爽。”

穀殼

穀子的皮，可用作肥料。此稱元代已行用。元王禎《農書·糞壤篇》：“穀殼朽腐，最宜秧田。”

禽獸毛羽

禽、獸的毛，可用作肥料。此稱元代已行用。元王禎《農書·糞壤篇》：“凡退下一切禽獸毛羽親肌之物，最爲肥澤，積之爲糞，勝於草木。”

豬毛

猪的毛，可用作肥料。此稱明代已行用。明徐光啓《徐光啓手跡·糞壅規則》：“浙人用豬毛（插秧時同下），每畝用……每科秧用十餘根同插。”

雞鵝毛

鷄、鵝的毛，可用作肥料。此稱明代已行用。明徐光啓《徐光啓手跡·糞壅規則》：“北京西山用雞、鵝毛壅稻，每畝用……。”

豬羊毛

猪、羊的毛，可用作肥料。此稱明代已行用。明徐光啓《徐光啓手跡·糞壅規則》：“豬、羊毛壅田，金衢多有之，各處客人販往發賣，以□□毛爲上。”

厠[2]

供人大小便的地方。此稱先秦時期已行用，宋代亦稱“厠所”，清代又稱“毛厠”。《左傳·成公十年》：“〔晋侯〕將食，張，如厠，陷而卒。”《史記·項羽本紀》：“沛公起如厠。”《資治通鑑·唐僖宗乾符二年》：“突將作亂，大譟突入府廷。駢走匿於厠間。”宋楊士瀛《仁齋直指》卷二六：“婦遣面南而行，忽從後呼之，左回首者爲男，右回首者爲女。或於厠所呼之，亦同。”宋李昉等《太平廣記》卷：“會腹脹，起湊厠所，持古劍可以避惡。厠畢取裹劍紙，忽見劍光粲然。”明戚繼光《練兵實紀·練營陣第七》：“第九放厠所。凡白日登厠員役，由各營門將腰牌懸于門上，方准開門，而出畢即還。”《二十年目睹之怪現狀》第四六回：“這大門裏面的一所毛厠，向來係家丁們包與鄉下人淘去的。”

【厠所】

即厠[2]。此稱宋代已行用。見該文。

【毛厠】

即厠[2]。此稱清代已行用。見該文。

【圂】[2]

即厠[2]。此稱先秦時期已行用，漢代亦作

"溷"，亦稱"清溷""溷軒"，南北朝時期又稱"糞溷"，唐代還稱"厠屋"。《墨子·備城門》："五十步一厠，與下同圂。"孫詒讓間詁："上厠爲城上之厠，圂則城下積不潔之處。"楊樹達《積微居小學金石論叢·釋圂》："按豕在口中得爲厠者，《晋語》云：'小溲於豕牢而得文王'，知古人豕牢本兼厠清之用。故韋昭云：'豕牢，厠也。'"《釋名·釋宮室》："〔厠〕或曰溷，言溷濁也。"漢史游《急就篇》卷三："屏厠清溷糞土壤。"顏師古注："清，言其處特异餘所，常當加潔清也；溷者，目其穢濁也。屏厠清溷，其實一耳。"《後漢書·薰鮒傳·李膺》"郡舍溷軒有奇巧"唐李賢注："溷軒，厠屋。"《摩訶僧祇律·明威儀法之一》："從今已後應作厠屋。厠屋不得在東在北，應在南在西開風道。"《晋書·文苑傳·左思》："遂構思十年，門庭藩溷皆著筆紙，遇得一句，即便疏之。"《南史·范縝傳》："人生如樹花同發，隨風而墮，自有拂簾幌墜於茵席之上，自有關籬牆落於糞溷之中。"唐王燾《外臺秘要方》卷三五"小兒霍亂方一十二首"："取厠屋户簾燒灰，研以飲服，一錢匕。"《新唐書·忠義傳下·黃碣》："抵溷中，夷其家百口，坎鏡湖之南同瘞焉。"宋曾慥《類説》卷五〇"渾家聯句"條："主人歸呼廷俊，二人俱不見，身坐厠屋下，旁有大蒼蠅、禿掃箒而已。"明陳耀文《天中記》卷一五："厠，溷。"清和邦額《夜譚隨録·張五》："汝起點燈，我蹔出解手便轉也，乃啓門至衚内，方欲登溷，忽有二人過其前。"清陳康祺《郎潛紀聞》卷一〇："一曰底號，糞溷之窩。過猶唾之，寢處則那。"

【溷】[3]

　　同"圂[2]"，即厠[2]。此體漢代已行用。見該文。

【清溷】

　　即圂[2]，亦即厠[2]。此稱漢代已行用。見該文。

【溷軒】

　　即圂[2]，亦即厠[2]。此稱漢代已行用。見該文。

【糞溷】

　　即圂[2]，亦即厠[2]。此稱南北朝時期已行用。見該文。

【厠屋】

　　即圂[2]，亦即厠[2]。此稱唐代已行用。見該文。

【厠溷】

　　即厠[2]。此稱隋代已行用，唐代亦稱"溷厠"，宋代亦作"厠圂"。《隋書·百濟傳》："後遂生一男，棄之厠溷，久而不死，以爲神，命養之，名曰東明。"漢史游《急就篇》卷三〇"依溷汙染貪者辱"唐顏師古註："言近溷厠者，則被汙染。貪賄賂者，必致戮辱。"宋歐陽修《歸田録》卷一："每罷官去後，人至官舍，見厠溷間燭淚在地，往往成堆。"宋戴侗《六書故》卷一七："厠圂亦謂之牢，言其圂也。"《元史·裕宗徽聖皇后傳》："侍昭睿順聖皇后，不離左右，至溷厠所用紙，亦以面擦令柔軟以進。"

【厠圂】

　　同"厠溷"，即厠[2]。此體宋代已行用。見該文。

【溷厠】

　　即厠溷，亦即厠[2]。此稱唐代已行用。見該文。

【清】

　　即厠[2]。此稱先秦時期已行用，漢代亦作"圊"。《荀子·王制》："脩採清，易道路。"漢應劭《風俗通·怪神·世間多有精物妖怪百端》："女孫年三四歲亡之，求不能得，二三日乃於清中糞下啼。"《説文·广部》："厠，清也。从广，則聲。”清段玉裁注：“清、圊，古今字。圊言至穢之處，宜常修治使潔清也。”《釋名·釋宮室》：“厠，或曰圊，言至濊之處宜常修治使潔清也。”《廣雅·釋宮》：“圊，厠也。”《搜神記》卷三：“〔右扶風臧仲英〕女孫年三四歲，亡之，求不知處。兩三日，乃於圊中糞下啼。”《新唐書·叛臣傳下·高駢》：“駢之自將出屯也，突將亂，乘門以入，駢匿于圊，求不得。”徐柯《清稗類鈔·盜賊類》：“宮有圊，乃不顧污穢，藏其中。”

【圊】

同“清”，即厠[2]。此體漢代已行用。見該文。

【圊溷】

即厠[2]。此稱三國時期已行用，南北朝時期亦稱“圊厠”，清代又稱“圊牏”。《三國志·蜀書·諸葛亮傳評》裴松之注引《袁子》：“所至營壘、井竈、圊溷、藩籬、障塞，皆應繩墨。”梁釋玄光《畏鬼帶符妖法之極一》：“至於使六甲神而跪拜圊厠，愚癡顛倒，豈識儀節？”唐釋道世《法苑珠林·興福部》：“七者造作圊厠，施便利處。”宋延壽《萬善同歸集》卷中：“我昔於波羅奈國，安設圊厠，緣此功德，世世清净。”宋文天祥《正氣歌序》：“或圊溷，或毀屍，或腐鼠，惡氣雜出，時則爲濊氣。”明劉基《杭州實庵和尚福嚴寺記》：“丙戌作新山門、廊廡、鐘樓、軒廳、丈室、塔院、期堂以及庖湢、圊溷，無不俱備。”《紅樓夢》第七三回：“從者每人打二十板，革去三月月錢，撥入圊厠行内。”清龔自珍《壬癸之際胎觀第七》：“女子十五，避男子於圊牏，惡也。”梁啓超《新民説》九：“首善之區，而男婦以官道爲圊牏，何其自由也？”

【圊厠】

即圊溷，亦即厠[2]。此稱南北朝時期已行用。見該文。

【圊牏】[1]

即圊溷，亦即厠[2]。此稱清代已行用。見該文。

褻器

人排便時所用的盛器。此稱先秦時期已行用，漢代亦稱“清器”，清代又稱“圊牏”。《周禮·天官·玉府》：“掌王之燕衣服、衽、席、牀、第，凡褻器。”鄭玄注引鄭司農曰：“褻器，清器，虎子之屬。”孫詒讓正義：“蓋漢時名厠爲清，故謂受糞之器爲清器。清器即行清，謂以木爲函，可移徙者，通謂之厠。”明沈德符《萬曆野獲編》卷八：“聞籍分宜時，有褻器，乃白金美人，以其陰承溺。”清谷應泰《明史紀事本末》卷七五：“〔李〕覺斯立命取民間圊牏，亦數百枚。”清《江南通志·顏琇傳》：“父既老，免歸，奉養愈謹。必躬滌圊牏，家人止之，躬滌如故。”

【清器】

即褻器。此稱漢代已行用。見該文。

【圊牏】[2]

即褻器。此稱清代已行用。見該文。

馬桶

人排便時所用的有蓋的桶。此稱宋代已行用。宋吳自牧《夢粱錄·諸色雜買》：“杭城户口繁夥，街巷小民之家多無坑厠，祇用馬桶。”清孔尚任《桃花扇·却奩》：“今日早起，又要刷馬桶，倒溺壺，忙個不了。”

虎子

男性小便時所用的盛器。因形作伏虎狀，故名。多以陶、瓷、漆或銅製作，漢代王室貴族亦有以玉爲之者。漢、魏、南北朝時期古墓中常以虎子作爲隨葬品。此稱漢代已行用，唐代起亦稱“馬子”。《周禮·天官·玉府》：“掌王之燕衣服，衽、席、牀、第，凡褻器。”漢鄭玄注：“褻器，清器、虎子之屬。”孫詒讓正義：“虎子，盛溺器，亦漢時俗語。”漢應劭《漢官儀》卷上：“侍中……分掌乘輿服物，下至褻器虎子之屬。”唐陸龜蒙《奉酬襲美苦雨見寄》詩：“唾壺虎子盡能執，舐痔折枝無所辭。”宋趙彥衞《雲麓漫鈔》卷四：“馬子，溲便之器也。本名虎子，唐人諱虎，始改爲馬。”《兒女英雄傳》第九回：“請問，一個和尚廟，可那裏給你找馬子去？”章炳麟《官制索隱》：“漢初侍中，非奉唾壺，即執虎子。”

【馬子】

即虎子。此稱唐代已行用。見該文。

糞坑

排泄、積蓄糞便的坑池。此稱唐代已行用，宋代亦稱“糞池”。唐王梵志《王梵志詩》之二二八：“飲酒是癡報，如人落糞坑。”唐釋道世《法苑珠林》卷三七：“寺主言：‘是施我耳。若欲奪，吾糞可施汝；若不時，去斮汝手足，投於糞坑。’衆潛其癡，默然各去。”《太平廣記》卷一〇二“趙文昌”：“及出南門，見一大糞坑，中有人頭髮上出……（出《法苑珠林》）。”又卷三八二“河南府史”：“初至糞池獄，從廣數頃，悉是人糞，見其妻糞池中受穢惡，出没數四……（出《廣異記》）。”明徐光啓《農政全書》卷三〇“楊梅”：“《便民圖纂》曰：‘六月間取糞池中浸過核收盒，二月鋤地種之。’”《二十年目睹之怪現狀》第七五回：“那一位侍郎呢，年紀略大了，跳不動，便找地方去躱，跑到毛

廁裏去，以爲可以躱過了；誰知走得太忙，一失脚掉到了糞坑裏去，幸得那糞坑還淺，不曾占滅頂之凶，然而已經鬧得异香遍體了。”

【糞池】

即糞坑。此稱宋代已行用。見該文。

糞屋

積蓄糞便、釀製糞肥的房屋，多由猪圈、畜欄、厠所兼之。此稱宋代已行用。宋陳旉《農書·糞田之宜篇》：“農居之側必置糞屋，低爲簷楹，以避風雨飄浸。且糞露星月，亦不肥矣。糞屋之中，鑿爲深池，甃以磚甓，勿使滲漏，凡掃除之土，燒燃之灰，簸揚之糠粃，斷槁落葉，積而焚之，沃以糞汁，積之既久，不覺其多。”宋蘇軾《張先生》詩：“脱屣不妨眠糞屋，流澌爭看浴冰川。”王十朋注：“堯卿本朝靳信者，得道之异人也，常汙垢徉狂，晝脱屣而行，夜眠糞屋中，人莫測之。又楊文公《説苑》曰：‘郭忠恕大寒鑿冰而浴。’”

糞窖

積蓄糞便、釀製糞肥的地窖，多建於宅側或田邊。此稱宋代已行用。宋周密《癸辛雜識別集》卷下“綿上火禁”條：“或以食暴日中，或埋食器於羊馬糞窖中，其嚴如此。”明錢允治《村石硯銘》：“吳西界三十里有村名礦，亦曰硯石之山。上爲吳王之故宫。其石也，村中人取以爲猪之欄、糞之窖，等於瓦甓。城中人取以爲牆之趾、階之級，稍爲尊崇。而爲硯者千不得一也。”繆希雍《先醒齋廣筆記》卷三：“跌打秘方：用露天糞窖中磚瓦塊多年者，或碗架濁水長流處磚瓦塊，火煅紅，研極細，跌打傷者，酒調服，五分，立愈；未打，服之可不痛。不宜多服，令人骨軟。”《水滸傳》第七回：

"〔魯〕智深不等他占身，右脚早起，騰的把李四先踢下糞窖裏去。張三恰待走，智深左脚早起，兩個潑皮都踢在糞窖裏挣扎。"《儒林外史》第二三回："牛浦被他摜的發昏，又慣倒在一個糞窖子眼前，滾一滾就要滾到糞窖子裏面去，祇得忍氣吞聲，動也不敢動。"

糞車

運輸糞便、肥料的車子。此稱漢代已行用。《文選·張衡〈東京賦〉》："却走馬以糞車，何惜腰褭與飛兔。"薛綜注："却，退也。老子曰：'天下無道，戎馬生於郊；天下有道，却走馬以糞。'河上公曰：'糞者，糞田也。兵甲不用，却走馬以務農田。'"晋張協《七命》："却馬於糞車之轅，銘德於昆吾之鼎。"宋李昉等《太平御覽》卷五六："文子曰：'却走馬以糞車，軌不接於遠方之外，是謂坐馳陸汎。'"元吳澄《題女真調馬圖》詩："誰其却之服糞車，欲畫此時無此筆。"

糞箕

盛放糞便、肥料等的簸箕。此稱南北朝時期已行用。南朝宋劉義慶《幽明録·石長和》："〔石長和〕斯須見承閤西頭來，一手捉掃箒糞箕，一手捉把筘，亦問家消息。"明釋居頂《續傳燈録·宗杲禪師》："師高聲叫曰：'行者將糞箕掃箒來！'"明彭大翼《山堂肆考》卷一四七"願假一乘"："師怒曰：'糞箕扛，汝自清。'即成一偈云：'糞箕扛出轎攆回，優鉢羅華向日開，但願老僧高着眼，管教平地一聲雷。'遂辭去。"

糞筐

盛放糞便、肥料等的筐子。此稱宋代已行用。宋施宿等《會稽志》卷一七："石首魚……舊説北人有寓南海者，夜視糞筐中有光，燭之，但魚頭耳。"

糞壤

拌有肥料的土壤。此稱漢代已行用。漢王充《論衡·率性》："深耕細鋤，厚加糞壤，勉致人功，以助地力。"宋王安石《古松》詩："豈因糞壤栽培力，自得乾坤造化心。"宋蘇軾《柏石圖》詩："土膏雜糞壤，成壞幾何耳？"宋項安世《周易玩辭》卷一六："凡果爛而仁生，物爛而蠱生，木葉爛而根生，糞壤爛而苗生，皆剝復之理也。"元王禎《農書·田制門》："惟務多取糞壤，以爲膏腴之本。"明高啓《行路難》："君不見，盤中鯉，暫失風濤登俎几。君不見，枝上蜩，綯出糞壤凌雲霄。"

第六章　裝運、加工說

本章重點考證中國古代裝運、加工器具與設施及其名稱的産生與發展。全章包括"裝運器具考""加工器具、設施考"，共兩節。

第一節　裝運器具考

"裝運器具"指裝載、運輸農耕物品與人員的器具，主要包括車輛、船隻及其附屬品，本節依次考辨。

箱

指載糧的車厢。此稱先秦時期已行用，亦稱"斯箱"。《詩·小雅·甫田》："乃求千斯倉，乃求萬斯箱。"鄭玄箋："成王見禾穀之稅委積之多，於是求千倉以處之，萬車以載之。"箱，車箱。斯，助詞。《墨子·雜守》："爲板箱長與輾等。"《韓詩外傳》卷五："成王之時，有三苗貫桑而生，同爲一秀，大幾滿車，長幾充箱。"南朝梁劉勰《文心雕龍·諸子》："迄至魏晉，作者間出，讕言兼存，璅語必録，類聚而求，亦充箱照轸矣。"北周庾信《周祀方澤歌·昭夏》："斯箱既千，子孫則百。"唐張九齡《奉和聖製瑞雪篇》詩："預數斯箱慶，應如此雪多。"唐高適《單父逢鄧司倉覆倉庫因而有贈》詩："校緝閱帑藏，發廩忻斯箱。”元王禎《農書·舟車門》：“下澤車，田間任載車也，古所謂箱者。《詩》曰：乃求萬斯箱。又，睆彼牽牛，不以服箱。箱即此車也。”

【斯箱】

即箱。此稱先秦時期已行用。見該文。

【下澤】

即箱。此稱唐代已行用，元代亦稱“下澤車”“板轂車”。唐王績《在京思故園見鄉人問》詩：“行當驅下澤，去剪故園萊。”宋陸游《覽鏡有感》詩：“緋衫蔭子逾初望，下澤還鄉負聖時。”元王禎《農書·舟車門》：“下澤車：田間任載車也。古所謂箱者。《詩》曰：‘乃求萬斯箱。’又：‘睆彼牽牛，不以服箱。’箱即此車也。《周禮·車人》：‘行澤者反輮。’又：‘行澤者，欲短轂……短轂則利轉。’今俗謂之板轂車。其輪用厚潤板木相嵌，斲成圓樣，就留短轂，無有輻也。泥淖中易於行轉，了不沾塞，即《周禮》‘行澤’車也。蓋如車制而畧，但獨轅著地，如犁托之狀，上有欄，以摜牛輓縶索；上下坡坂，絕無軒輊之患。漢馬援弟少遊嘗謂‘乘下澤車’，是也。”清趙翼《入都依外舅劉午岩先生館舍》詩：“五畝何時乘下澤，一壺還仗引中流。”

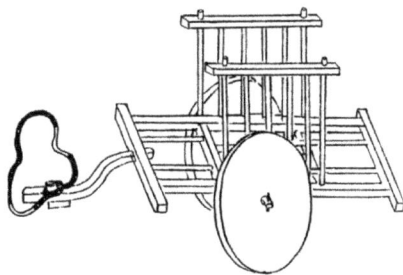

下澤車
（元王禎《農書》）

【下澤車】

即下澤。此稱元代已行用。見該文。

【板轂車】

即下澤。此稱元代已行用。見該文。

舴艋

指農家小渡船。此稱三國時期已行用，唐代起亦稱“野航”。《廣雅·釋水》：“舴艋，舟也。”王念孫疏證：“《玉篇》：‘舴艋，小舟也。’小舟謂之舴艋，小蝗謂之蚱蜢，義相近也。”《南齊書·張敬兒傳》：“部伍泊沔口，敬兒乘舴艋過江，詣晉熙王燮。”唐杜甫《南鄰》詩：“秋水纔深四五尺，野航恰受兩三人。”唐皮日休《送從弟皮崇歸復州》詩：“車螯近岸無妨取，舴艋隨風不費牽。”元王禎《農書·舟車門》：“野航，田家小渡舟也。或謂之舴艋，謂形如蚱蜢，因以名之。如村野之間，水陸相間，豈所在橋梁皆能畢備？故造此以便往來。制頗樸陋，廣纔尋丈，可載人畜一二。不煩人駕，但於渡水兩傍，維以竹草之索，各倍其長，過者挈索，即抵彼岸。或畧具篙楫。田農便之。杜詩‘野航恰受兩三人’即謂此也。”清趙翼《年初偕同鄉諸公艤舟亭探春半年間瀛坡稚存相繼下世今

野航
（元王禎《農書》）

日重遊不勝存歿之感》詩：“曾聯步屐探春光，今日重來泊野航。”清厲鶚《東城雜記·東里草堂》：“葫蘆盛酒待明月，舴艋載琴當上流。”

【野航】

即舴艋。此稱唐代已行用。見該文。

漕船

運輸漕糧的大型船隻。此稱唐代已行用，宋代亦稱“漕舟”，明代又稱“漕舫”“漕艘”。《新唐書·張萬福傳》：“萬福因馳至渦口，駐馬于岸，悉發漕船相銜進，賊兵倚岸熟視不敢動。”宋沈遘《漕舟》詩：“漕舟上太倉，一鐘且千金。”明宋應星《天工開物·漕舫》：“凡京師爲軍民集區，萬國水運以供儲，漕舫所由興也。”明沈德符《萬曆野獲編》卷一二：“宜仍遣漕艘之半，分行其中，以防意外之梗。”清王士禛《居易錄談》卷中：“若漕艘不至京師，米價翔貴，於事體未便。”清俞樾《春在堂隨筆》卷六：“居數年，或薦之漕艘，授童子讀，遂至京師，考取供事。”清方苞《送左未生南歸序》：“未生自燕南附漕船東下，至淮陰，始知《南山集》禍作。”清魏源《籌漕篇上》：“今清口齟齬，漕舟不能入黃，則盍仿建倉之意，截留漕粟於淮揚？”

【漕舟】

即漕船。此稱宋代已行用。見該文。

【漕舫】

即漕船。此稱明代已行用。見該文。

【漕艘】

即漕船。此稱明代已行用。見該文。

農舟

農家所用船隻。此稱元代已行用。元王禎《農書·舟車門》：“農舟，農家所用舟也。夫水

農舟
（元王禎《農書》）

鄉種蓺之地，溝港交通，農人往來，利用舟楫，故異夫漁釣之名也。”

劃船

農家所用的一種短小輕便的船隻。此稱元代已行用，亦稱“秧塌”。元王禎《農書·舟車門》：“劃船，《集韻》：劃謂‘撥進’也。其船制，短小輕便，易於撥進，故曰劃船，別名秧塌。嘗見淮上瀕水及灣泊田土，待冬春水涸耕過，至夏初，遇有淺漲所漫，乃劃此船，就載宿涽稻種，徧撒田間水內。候水脈稍退，種苗即出，可收早稻。又見江南春夏之間，用此箝

劃船
（元王禎《農書》）

貯泥糞，及積載秧薬，以往所佃之地。若際水，則以鍬棹撥至；或隔陸地，則引纜掣去；如泥中草上，尤爲順快。水陸互用，便於農事，故備録於此。"

【秧塌】

即劃船。此稱元代已行用。見該文。

大車

牛拉的車。泛指牲口拉的兩輪或四輪車，常用於農事。此稱先秦時期已行用。《論語·爲政》："大車無輗，小車無軏，其何以行之哉？"何晏集解引包咸曰："大車，牛車……小車，駟馬車。"元王禎《農書·舟車門》："大車，《考工記》曰：'大車……牝服二柯。'鄭玄謂：'平地任載之車。'《詩》：'無將大車。'《論語》：'大車無輗。'皆此名也。《世本》云：'奚仲造車。'凡造車之制，先以脚圓徑之高爲祖，然後可視梯檻長廣得所。制雖不等，道路同軌也。中原農家例用之。"《兒女英雄傳》第二回："老爺一輛太平車，太太一輛河南棚車，其餘家人都是半裝半坐的大車。"

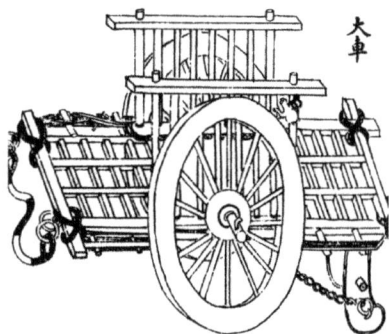

大車
（元王禎《農書》）

拖車

一種農用車輛。此稱元代已行用，亦稱"拖脚車"。元王禎《農書·舟車門》："拖車，即拖脚車也。以脚木二莖，長可四尺，前頭微昂，上立四簧，以橫木栝之；闊約三尺，高及二尺。用載農具及穄、種等物，以往耕所。有就上覆草爲舍，取蔽風雨。

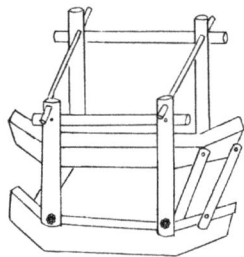

拖車
（元王禎《農書》）

耕牛挽行，以代輪也，故曰拖車。中土多用之。庶四方陸種者傚之，以便農事。"

【拖脚車】

即拖車。此稱元代已行用。見該文。

縴

篾製的牽引船隻、牲口等的繩索。此稱唐代已行用，宋代亦稱"彈子"，明代亦作"牽"，又稱"搵索""彈"。唐劉禹錫《觀市》："馬牛有縴，私屬有閑。"宋周密《齊東野語·舟人稱謂有據》："余生長澤國，每聞舟子呼造帆曰'歡'，以牽船之索曰'彈子'。"明高啓《贈楊滎陽》詩："渡河自撐篙，水急船斷牽。"明徐光啓《農政全書》卷一八："簧頭豎置偃木，形如初月，上用鞦鞴索懸之。復於排前植一勁竹，上帶搵索，以控排扇。"又卷二二："秧壠以篾爲彈。彈猶弦也。世呼船牽曰彈，字義俱同。"石聲漢校注："彈，即縴，背縴至今四川還稱爲牽彈。"清俞樾《縴夫行》："頑青鈍碧起迎面，高可千盤寬一綫。輿丁欲上愁遷延，乃仿船家例用縴。"清孫枝蔚《黃河舟中》詩之四："不敢端然坐，常隨挽縴人。"

【牽】

同"縴"。此體明代已行用。見該文。

【彈子】

即縴。此稱宋代已行用。見該文。

【捧索】

即縴。此稱明代已行用。見該文。

【彈】

即縴。此稱明代已行用。見該文。

橇

撈取淤泥中物體時，可代步乘坐而不至深陷的一種器具。其形似船但較短小，前頭與兩邊略高如箕，中間有毛繩，底板寬闊。此稱漢代已行用。《史記・夏本紀》："陸行乘車，水行乘船，泥行乘橇，山行乘檋。"裴駰集解引孟康曰："橇形如箕，擿行泥上。"張守節正義："橇形如船而短小，兩頭微起，人曲一脚，泥上擿進，用拾泥上之物。"宋蘇軾《秧馬歌序》："《史記》禹乘四載：'泥行乘橇。'解者曰：'橇形如箕，擿行泥上，豈秧馬之類乎？'"宋姜夔《越九歌・王禹吳調》詞："珠爲橇，玉爲車。"元王禎《農書・蓑笠門》："橇，泥行具也。《史記》：'禹乘四載……泥行乘橇。'孟康曰：'橇形如箕，擿行泥上。'

橇
（元王禎《農書》）

東坡《秧馬歌》叙云：橇'豈秧馬之類歟？'以康言考之，非秧馬類也。嘗聞向時河水退灘淤地，農人欲就泥裂，漫撒麥種，奈泥深恐没，故制木板以爲履，前頭及兩邊高起如箕，中綴毛繩，前後繫足。底板既闊，則舉步不陷。今海陵人泥行，及刈過葦泊中，皆用之。切詳本字從木從毛，即其義也。"

秧馬

農民拔秧時乘坐的一種類似橇的器具。其形如船，底部平滑，首尾上翹，利於滑移。此稱宋代已行用，元代亦稱"薅馬""竹馬"。宋蘇軾《秧馬歌引》："余昔游武昌，見農夫皆騎秧馬……日行千畦，較之傴僂而作者勞佚相絶矣。"宋陸游《春日小園雜賦》："自此年光應更好，日驅秧馬聽繅車。"元王禎《農書・耒耜門》："秧馬：蘇文忠公序云：'余過廬陵，見宣德郎致仕曾君安止，出所作《禾譜》，文既温雅，事亦詳實，惜其有所缺，不譜農器也。予昔遊武昌，見農夫皆騎秧馬。以榆、棗爲腹，欲其滑；以楸、梧爲背，欲其輕。腹如小舟，昂其首尾；背如覆瓦，以便兩髀雀躍於泥中。繫束藁其首，以縛秧。日行千畦，較之傴僂而作者，勞佚相絶矣。《史記》：'禹乘四載，泥行乘橇。'解者曰：'橇形如箕，摘行泥上。'豈秧馬之類乎？"又《錢鎛門》："薅馬：薅禾所乘竹馬也。似籃而長，如鞍而狹，兩端攀以竹系。農人薅禾之際，乃置於跨間，餘裳斂之於

秧馬
（元王禎《農書》）

馬薅

蒔馬

薅馬
（元王禎《農書》）

內，而上控於腰畔，乘之。兩股既寬，又行壠上，不礙苗行，又且不爲禾葉所緒，故得專意摘剔稂莠，速勝鋤薅。此所乘順快之一助也。余嘗盛夏過吳中見之，土人呼爲‘竹馬’，與兒童戲乘者名同而實异，若秧馬之類，因命曰薅馬。”明徐光啓《農政全書》卷二二略同。明謝晋《江雨軒爲偶武翁賦》詩：“桑鳩昏逐婦，秧馬綠生漪。”明吳寬《王叔明村舍圖》詩：“田間雨過騎秧馬，箔底煙生餒火蠶。”清張英《新

絲》詩：“秧馬纔看過壟迹，繰車又聽隔籬聲。”清趙翼《横塘曲》：“朝行秧馬宵呼犢，不抵清歌侑一觴。”

【薅馬】

　　即秧馬。此稱元代已行用。見該文。

【竹馬】

　　即秧馬。此稱元代已行用。見該文。

農輿

　　古代天子、諸侯行藉田禮時所乘坐的馬車。此稱漢代已行用。《文選·張衡〈東京賦〉》：“立戈迤戛，農輿輅木。”薛綜注：“農輿無蓋，所謂耕根車也。言耕稼於藉田，乘馬無飾，故稱木。”張銑注：“農輿，籍田車也。”

馬輦

　　古代帝后行藉田禮時所乘坐的馬車。此稱南北朝時期已行用。《魏書·禮志四》：“馬輦，重級，其飾皆如之。續漆直軸六，左右排駕。天子藉田、小祀時，則乘之。”

第二節　加工器具、設施考

　　“加工器具、設施”指把帶有皮殼的“原糧”（“自然糧”）製成“成品糧”（“加工糧”）的器具、設施。

曬槃

　　一種攤曬穀物的竹製農具。此稱元代已行用。元王禎《農書·篠簣門》：“曬槃，曝穀竹器。廣可五尺許，邊緣微起，深可二寸，其中平似圓闊而長；下用溜竹二莖，兩端俱出一握許，以便扛移。趁日攤布穀實曝之。

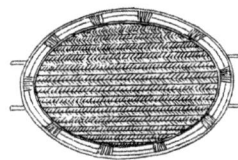

曬槃
（元王禎《農書》）

鹽時，農家兼用爲筐，但底密而不通風氣，終非鹽具。”

摜稻簟

承接抖擻稻把所脱子粒的葦席或竹席。此稱元代已行用。元王禎《農書·篠簀門》：“摜稻簟：摜，抖擻也。簟，承所遺稻也。農家禾有早晚，次第收穫，即欲隨手得糧，故用廣簟展布，置木物或石於上，各舉稻把摜之，子粒隨落，積於簟上。非惟免污泥沙，抑且不致耗失。又可曬穀物，或捲作笘，誠爲多便。南方農種之家，率皆制此。”明徐光啓《農政全書》卷二四略同。

摜稻簟
（元王禎《農書》）

枷

由一個長柄和一組平排的竹條或木條構成的脱粒用的農具。此稱先秦時期已行用，亦作“耞”，清代亦稱“麥枷”。《國語·齊語》：“令夫農羣萃而州處，察其四時，權節其用，耒、耜、枷、芟，及寒，擊菜除田，以待時耕。”《釋名·釋用器》：“枷，加也，加杖於柄頭以撾穗而出其穀也。”明宋應星《天工開物·粹精》：“凡豆菽刈穫，少者用枷，多而省力者仍舖場……凡打豆枷，竹木竿爲柄，其端錐圓眼，拴木一條，長三尺許。舖豆于場，執柄而擊之。”明徐光啓《農政全書》卷二二：“連枷，擊禾器……其制：用木條四莖，以生革編之。長可三尺，闊可四寸。又有以獨梃爲之者。皆於長木柄頭，造爲摜軸，舉而轉之，以撲禾也。”清曹寅《淳化鎮》詩：“綠樹連村響麥枷，井泉無鹻飯無砂。”

【耞】

同“枷”。此體先秦時期已行用。見該文。

【麥枷】

即枷。此稱清代已行用。見該文。

【連枷】

即枷。此稱漢代已行用，亦稱“柫”“佥”“攝殳”“度”“拂”“架”“棓”“𢭏”“棒”“欴”“桲”，晋代亦作“連架”，元代還作“連枷”。《説文·木部》：“柫，擊禾連枷也。”漢揚雄《方言》第五：“佥，宋魏之間謂之攝（欇）殳，或謂之度。”郭璞注：“佥，今連架，所以打穀者。……今江東呼打爲度，音，量度也。”《漢書·王莽傳中》：“予之北巡，必躬載拂，每縣則粟，以勸蓋藏。”顏師古注：“拂，音佛，所以擊治禾者也，今謂之連枷。”宋范成大《秋日田園雜興》詩之八：“笑歌聲裏輕雷動，一夜連枷響到明。”宋周密《癸辛雜識後集·連架》：“今農家打稻之連架，古之所謂柫也。”又：“按：《天官書》棓亦作柈及棒，又連枷也，見《玉篇》。此棓杖之棓，其字從木、音，非止於擊禾；又以鐵爲之，短兵之利便也。”元王禎《農書·杷杇門》：“連枷：擊禾器。《國語》曰：‘權節其用，耒、耜、枷、芟。’《廣雅》曰：‘柫謂之架。'《説文》曰：'拂，架也。''拂，擊禾連架。'《釋名》曰：'架，加也，加杖於柄頭，以撾穗而出穀也。'其制：用木條四莖，以生革編之，長可三尺，闊可四寸。又有以獨梃爲之者。皆於長木柄頭，造爲擐軸，舉而轉之，以撲禾也。《方言》云：'僉，宋魏之間謂之攝殳……自關而西謂之棓，齊、楚、江淮之間謂之柍，或謂之桲。'今呼爲連耞，南方農家皆用之。北方穫禾少者，亦易取辦也。"明徐光啓《農政全書》卷二二略同。清李調元《卍齋瑣録》卷一："連枷古謂之拂。"

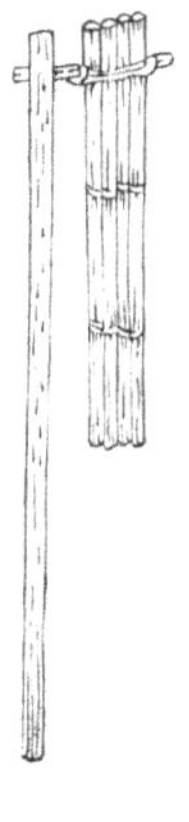
連耞
（元王禎《農書》）

【連架】

同"連枷"，即枷。此體晉代已行用。見該文。

【連耞】

同"連枷"，即枷。此體元代已行用。見該文。

【柫】

即連枷，亦即枷。此稱漢代已行用。見該文。

【僉】

即連枷，亦即枷。此稱漢代已行用。見該文。

【度】

即連枷，亦即枷。此稱漢代已行用。見該文。

【攝殳】

即連枷，亦即枷。此稱漢代已行用。見該文。

【拂】

即連枷，亦即枷。此稱漢代已行用。見該文。

【架】

即連枷，亦即枷。此稱漢代已行用。見該文。

【棓】

即連枷，亦即枷。此稱漢代已行用。見該文。

【柈】

即連枷，亦即枷。此稱漢代已行用。見該文。

【棒】

即連枷，亦即枷。此稱漢代已行用。見該文。

【柍】

即連枷，亦即枷。此稱漢代已行用。見該文。

【桲】

即連枷，亦即枷。此稱漢代已行用。見該文。

【了了】

即枷。此稱漢代已行用。《釋名·釋用器》："枷……或曰了了，以杖轉於頭。故以名之也。"按，畢沅疏："了，今本譌作丫。"

杌桔

一種連枷類脱粒農具。此稱明代已行用。明吴甡《築場吟》："禾耳日日長，刈穫徒辛苦。杌桔響不歇，山歌相和發。"清鄭燮《滿江紅·田家四時苦樂歌》詞之三："紫蟹熟，紅菱剥；杌桔響，村歌作。"

碌碡

用牲畜或人力牽引以壓平田地、碾脱穀粒等的一種農具。此稱南北朝時期已行用，亦作"陸軸"，宋代又作"碌軸"，明代亦稱"石滚"。北魏賈思勰《齊民要術·大小麥》"青稞麥"原注："治打時稍難，唯伏日用碌碡碾。"又《水稻》："三月種者爲上時，四月上旬爲中時，中旬爲下時。先放水，十日後，曳陸軸十遍。"宋蘇轍《次韻子瞻山村五絕》："何用橐駝朝塞外，試聽碌軸語場中。"宋范成大《四時田園雜興》詩之六："繫牛莫礙門前路，移繫門西碌磚邊。"《金史·赤盞合喜傳》："大兵用砲則不然，破大磑或碌磚爲二、三，皆用之。"元盧摯《折桂令·田家》曲："小二哥昔涎刺塔，碌軸上澮着個琵琶。"元宋褧《公安道中》："碌軸如醉翁，深春臥晴綠。"明馬愈《馬氏日抄·奇盜》："夜已昏暗，衆出廟門，坐石滾上，疑未決。"《醒世姻緣傳》第七九回："分付已完，這牛順馴而去。那日正在打場，將他套上碌軸，他也不似往時踢跳，跟了別的牛沿場行走。"清紀昀《閱微草堂筆記·灤陽消夏録三》："吾待君牆外車屋中，棗樹下繫一牛，旁有碌碡者是也。"清姜炳璋《詩序補義》卷五："高平曰：陸軸，盤桓不進之意。"

【陸軸】

同"碌磚"。此體南北朝時期已行用。見該文。

【碌軸】

同"碌磚"。此體宋代已行用。見該文。

【石滾】

即碌磚。此稱明代已行用。見該文。

杵

春搗穀物、藥物及築土、搗衣等用的棒槌，一頭粗，一頭細。此稱先秦時期已行用。《易·繫辭下》："斷木爲杵，掘地爲臼。"《藝文類聚》卷八五引漢班倢伃《搗素賦》："於是投香杵，扣玟砧。"唐張籍《築城詞》："築城處，千人萬人齊把杵。"五代譚峭《化書·術化》："水寶可以下溺，杵糠可以療噎。"宋陸游《病中偶書》詩："竹杖影瘦橫殘月，藥杵聲寒續暮

砧。"元顧嗣立《藥山道中》："西風砧杵日相催，着破征衣整未迴。"明潘宣王恬焌《秋興》："斜日斷雲簾影外，疏林落葉杵聲中。"清黃媛貞《立秋日夢分得成字》："凌虛久接梧桐影，孤坐新驚砧杵聲。"

場杵

春搗穀物的棍棒之屬。此稱清代已行用。清曹寅《泛舟虎丘觀獲得菊字》詩："回舟看稻穗，歲事喜初熟。登登場杵鳴，靄靄茅簷簇。"

碓頭

杵的頭部。此稱漢代已行用，宋代亦稱"杵頭"，以其末梢略尖，宛如鳥嘴，明代又稱"碓嘴"。《周禮·地官·鼓人》："以金錞和鼓。"漢鄭氏注："錞，錞于也，圜如碓頭，大上小下，樂作鳴之，與鼓相和。"宋李覯《寄輝老》："小師親得法，新度碓頭能。"宋李昉等《太平御覽》卷七六二："燕書曰：昭武帝營新殿，昌黎大棘城縣河岸崩出鐵築杵頭一千一百七十枚。"元俞琰《書齋夜話》卷三："在南而下者曰南極，入地下三十六度，如杵頭之著地。"《西遊記》第九五回："這大聖掄鐵棒，仔細迎着看時，見那短棍兒一頭壯，一頭細，却似春碓臼的杵頭模樣。"又："却說那妖精見事不諧……取出一條碓嘴樣的短棍，急轉身來亂打行者。"明徐光啓《農政全書》卷三八："玄扈先生曰：榆根皮作麵，可和香劑，嫩葉煤浸淘淨可食，榆錢可羹又可蒸糕餌，榆皮濕搗如糊，粘瓦石極有力，汴洛以石爲碓嘴，用此膠之。"清朱彝尊《奉題徐副相祝圉修禊卷三首》："滴珠方勝杵頭新，瘦本看來妙入神。"《欽定授時通考》卷四○："八口以上之家，掘地藏石臼其上，臼量大者容五斗，小者半之，橫木穿插碓

頭，足踏其末而舂之，不及則粗，太過則粉，精糧從此出焉。”

【杵頭】

即碓頭。此稱宋代已行用。見該文。

【碓嘴】

即碓頭。此稱明代已行用。見該文。

碓機

杵的末端。此稱漢代已行用，亦稱“梴碓”“磑”，晋代又稱“碓梢”。《方言》卷五：“碓機，陳、魏、宋、楚自關而東謂之梴碓，或謂之磑。”郭璞注：“碓機，碓梢也。”錢繹箋疏：“碓機謂之梴，蓋謂機在此而舂在彼也。”唐王燾《外臺秘要方》卷五：“右令瘰人碓梢上捧上卧，莫令人道姓字即差。”元王禎《農書·利用門》：“槽碓，碓梢作槽受水，以爲舂也。”明徐光啓《農政全書》卷一八略同。

【梴】

即碓機。此稱漢代已行用。見該文。

【梴碓】

即碓機。此稱漢代已行用。見該文。

【磑】

即碓機。此稱漢代已行用。見該文。

【碓梢】

即碓機。此稱晋代已行用。見該文。

臼

舂搗穀物等的容器，多用木石製成。此稱先秦時期已行用，見《易·繫辭下》。亦稱“舂”，清代又稱“舂揄”。《穀梁傳·文公十三年》：“禮，宗廟之事，君親割，夫人親舂，敬之至也。”《世本·作》：“雍父作舂。”漢王充《論衡·量知》：“穀之始熟曰粟，舂之於臼，簸其秕穅，蒸之於甑，爨之以火，成熟爲飯，乃

甘可食。”唐王維《酬黎居士淅川作》詩：“松龕藏藥裹，石臼安茶臼。”宋晁補之《臨江僊》：“謫宦江城無屋買，殘僧野寺相依，松間藥臼竹間衣。”元顧嗣立《無題四首》之一：“葛令寄來丹臼一，陶公歸去酒瓢雙。”明陳獻章《題新村書齋壁》：“一逕漁樵入，孤村井臼同。”《聊齋志異·汪士秀》：“剛勇有力，能舉石舂。”何垠注：“石舂，石臼也。”清龔自珍《農宗》：“宅不什一，則不足以容魚菽之祭，不足以容舂揄。”

【舂】

即臼。此稱先秦時期已行用。見該文。

【舂揄】

即臼。此稱清代已行用。見該文。

石臼

石頭製作的臼。此稱漢代已行用，元代亦稱“霜臼”。《後漢書·逸民傳·梁鴻》：“孟氏有女，狀肥醜而黑，力舉石臼，擇對不嫁，至年三十。”晋羅含《湘中記》：“耒陽縣北有蔡倫宅，宅西有一石臼，云是倫舂紙臼也。”宋郭茂倩《樂府詩集》卷二五：“粟穀難舂付石臼，弊衣難護付巧婦。”元薩都剌《春遊太真觀》詩：“遼東白鶴胡不歸，松下丹鉛老霜臼。”元吳志淳《鄭元明高啓文攜友人所畫谷口圖訪予湖山未幾啓文先入城府元明獨留僧舍一月講明古今詩文墨制及秦漢以來書法歲晚將歸永嘉賦餞》詩：“石臼松煙和露搗，寒林柿葉帶霜書。”清查慎行《水碓聯句四十韻》：“石臼質本頑，甘爲杵所賊。”

【霜臼】

即石臼。此稱元代已行用。見該文。

碓

舂米的工具。最早是一臼一杵，用手執杵舂米。後用柱架起一根木杠，杠端繫石頭，用腳踏另一端，連續起落，脫去下面臼中穀粒的皮。爾後又有利用畜力、水力等代替人力的，使用範圍亦擴大，如舂搗紙漿等。此稱漢代已行用，三國時期亦稱"硴"。《太平御覽》卷七六二引漢桓譚《新論》："宓犧之制杵臼，萬民以濟。及後人加巧，因延力借身重以踐碓，而利十倍。杵臼又復設機關，用驢、蠃、牛、馬，及役水而舂，其利乃且百倍。"晋陸翽《鄴中記》："石虎有指南車及司里車，又有舂車木人，及作行碓于車上，車動則木人踏碓舂，行十里成米一斛。"唐杜甫《雨》詩之一："柴扉臨野碓，半濕搗香秔。"宋穆修《和毛秀才江墅幽居好十首》其八："碓下雞爭黍，籬根蚓逐蛀。"元王禎《農書·杵臼門》："碓：舂器，用石，杵臼之一變也。《廣雅》曰：'硴，碓也。'《方言》云：碓梢謂之碓機，自關而東謂之梜。桓譚《新論》曰：'杵臼之利，後世加巧，因借身重以踐碓，而利十倍。'"明徐光啓《農政全

碓
（元王禎《農書》）

書》卷二一："碓，舂器，用石，杵臼之一變也。《廣雅》云：'硴，碓也。'"又卷二三："碓，舂器。用石杵臼之一變也。"明徐弘祖《徐霞客遊記·滇遊日記》："其內皆雲舂水碓，極幽寂之致。"《清平山堂話本·快嘴李翠蓮記》："推得磨，搗得碓，受得辛苦吃得累。"清秦蕙田《五禮通考》卷七四："鄭康成曰：錞圜如碓頭，上大下小，樂作鳴之，與鼓相應。"清孫枝蔚《磨吟》："家家須磨笑鄉風，也與江南米碓同。"

【硴】

即碓。此稱三國時期已行用。見該文。

【舂碓】

即碓。此稱南北朝時期已行用。《南史·侯景傳》："景虐於用刑，酷忍無道，於石頭立大舂碓，有犯法者擣殺之。"唐貫休《東西二林寺流水》："數家舂碓磑，幾處浴狷猴。"宋陸游《稽山行》："舂碓聲如雷，私債逾官倉。"元盧琦《遊吳廷用南莊》："野水晴舂碓，巖松晝掩門。"明唐文鳳《經大嶺山》："舂碓水傾槽，饌廚泉注筧。"

【地碓】

即碓。此稱宋代已行用。宋蘇軾《豆粥》詩："地碓舂秔光似玉，沙缾煮豆軟如酥。"宋陸游《小舟遊近村舍舟步歸》詩："數家茅屋自成村，地碓聲中晝掩門。"元王禎《農書·杵臼門》："更須水輪轉，地碓勞蹴躡。"

【碓臼】

即碓。此稱宋代已行用。宋趙明誠《金石錄》卷一三："余觀秦以前碑刻如此鼓，及詛楚文、泰山秦篆皆粗石，如今世以爲碓臼者，石性既堅頑難壞，又不堪他用，故能存至今。"元王禎《農書·杵臼門》："墥碓，以墥作碓臼也。"

《西遊記》第九五回："這大聖用心力輪鐵棒，仔細迎着看時，見那短棍兒一頭壯，一頭細，却似舂碓臼的杵頭模樣。"

水碓

利用水力舂米之碓，大約東漢時期發明。此稱漢代已行用，亦稱"轓車"。漢劉熙《釋名》卷一："人所爲之曰瀸。瀸，術也，堰使水鬱。術也，魚梁水碓之謂也。"厲荃《事物異名錄·器用·碓》引漢服虔《通俗文》："水碓曰轓車。"《三國志·魏書·張既傳》："既假三郡人爲將吏者休課，使治屋宅，作水碓，民心遂安。"唐岑參《晚過盤石寺禮鄭和尚》詩："岸花藏水碓，谿水映風爐。"宋嚴粲《秋風》："水碓長腰米，邨船巨口魚。"元清珙《溪巖雜詠》："水碓夜舂米，竹籠春焙茶。"元周砥《水碓》："雷轉晴矼雪濺珠，轓車處處碓雲腴。"明宋濂《文憲集·王先生小傳》："復使之視春溪濱，挾册坐轓車，則米成粉，不悟，父怒，逐之出。"明宋應星《天工開物·攻稻》："凡水碓，山國之人居河濱者之所爲也。"明徐光啓《農政全書》卷一八："如此間打一軸可供數排，宛若水碓之制，亦甚便捷。"

【轓車】

即水碓。此稱漢代已行用。見該文。

水碓
（《農政全書》卷一八）

【水舂】

即水碓。此稱漢代已行用，唐代起亦稱"溪舂"，宋代起又稱"谿碓""溪碓"，清代起還稱"谿舂"。《後漢書·西羌傳·東號子麻奴》："因渠以溉，水舂河漕，用功省少，而軍糧饒足。"唐李白《送内尋廬山女道士李騰空二首》其一："水舂雲母碓，風掃石楠花。"唐孟郊《石淙十首》之六："穀碓有餘力，溪舂亦多機。"宋陸游《有客》："米滑溪舂碓，醅渾草塞瓶。"又《農家》詩："谿碓新舂白，山廚野蔌香。"又《晚霽》詩："溪碓舂香稻，霜叢剪綠橙。"宋方岳《即事》："自刈香秔稅水舂，旋筥新酒搦泥封。"元袁桷《送長洲江都史》詩："曉風殘月千村櫓，細雨疎煙隔水舂。"元仇遠《題扇》詩："泉急喧溪碓，山深怯瘦驢。"明張岳《和可齋宿憑祥州》："紫蓋銀鞍千里道，水舂雨汲百家廛。"清《右林塢朝暉》："小亭如笠水之湄，碓借水舂逸且奇。"清厲鶚《將返武林留別張梁友先生》詩："社鼓聞茅店，谿舂隔竹扉。"清吳偉業《苦雨》詩："夜深溪碓近，人語釣船逢。"清厲鶚《冬日重遊大滌洞天得詩》之三："谿碓自鳴疑擣藥，松風不斷學吹簫。"

【溪舂】

即水舂，亦即水碓。此稱唐代已行用。見該文。

【谿碓】

即水舂，亦即水碓。此稱宋代已行用。見該文。

【溪碓】

即水舂，亦即水碓。此稱宋代已行用。見該文。

【䉶舂】

即水舂，亦即水碓。此稱清代已行用。見該文。

連機碓

利用水力舂米之碓，水激輪轉，軸間橫木間打所排碓梢，一起一落舂米。傳爲西晉杜預發明。此稱晉代已行用，唐代亦稱"機舂"，元代又稱"機碓"。《太平御覽》卷七六二引晉傅暢《晉諸公贊》："征南杜預作連機碓。"唐韓愈、孟郊《城南聯句》："機舂潺溙力，吹籟飄飄精。"宋蘇軾《與正輔遊香積寺》詩："我慚作機舂，鑿破混沌穴。"元劉將孫《石碓》："鑿石作機舂，聊應僧鉢求。"元王禎《農書·利用門》："機碓：水搗器也。《通俗文》云：水碓曰翻車碓。杜預作連機碓。孔融《論》：'水碓之巧，勝於聖人斸木掘地。'則翻車之類，愈出於後世之機巧。干隱《晉書》曰：'石崇有水碓三十區。'今人造作水輪，輪軸長可數尺，列貫橫木相交，如滾槍之制。水激輪轉，則軸間橫木，間打所排碓梢，一起一落舂之，即連機碓也。凡在流水岸傍，俱可設置。須度水勢高下爲之。如水下岸淺，當用陂柵；或平流，當用板木障水；俱使傍流急注，貼岸置輪，高可丈餘，自下衝轉，名曰撩車碓。若水高岸深，則爲輪減小而闊，以板爲級，上用木槽引水，直下射轉輪板，名曰斗碓，又曰鼓碓。此隨地所制，各趨其巧便也。"明程敏政《歸途有作》："潮嚙新沙知廢路，水舂機碓隔荒垣。"明徐光啓《農政全書》卷一八："水激輪轉，則軸間橫木，間打所排碓梢，一起一落舂之，即連機碓也。凡在流水岸傍，俱可設置，須度水勢高下爲之。"清查慎行《出白鹿洞經羅漢嶺下至王陽坂》："兩傍設機碓，日可轉百斛。"又《興安田家》："澀勒連邨綠樹濃，家家臨水設機舂。"

【機舂】

即連機碓。此稱唐代已行用。見該文。

【機碓】

即連機碓。此稱元代已行用。見該文。

槽碓

利用水力舂米之碓。與水碓相似，但碓梢呈槽狀，可以儲水，水滿前起，水瀉前落，一起一落即可舂米，適宜在可用水量較少的地方使用。此稱元代已行用。元王禎《農書·利用

機碓
（元王禎《農書》）

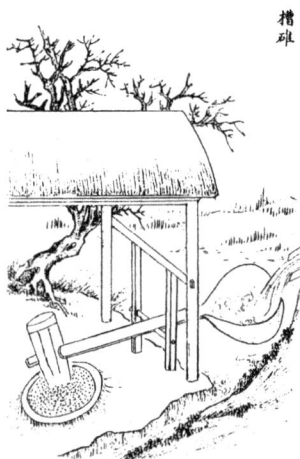

槽碓
（元王禎《農書》）

門》："槽碓：碓梢作槽受水，以爲舂也。凡所居之地，間有泉流稍細，可選低處，置碓一區，一如常碓之制。但前頭減細，後稍深闊爲槽，可貯水斗餘，上庇以廈，槽在廈，乃自上流用筧引水，下注於槽。水滿，則後重而前起，水瀉，則後輕而前落，即爲一舂。如此晝夜不止，可毇米兩斛，日省二工，以歲月積之，知非小利。"明徐光啓《農政全書》卷一八略同。明程敏政《新安文獻志》卷五七引呂旭《途中即事》詩："小橋路轉清溪曲，水滿山槽碓自舂。"

雲碓

用石頭製作的碓。此稱唐代已行用。唐白居易《尋郭道士不遇》詩："藥爐有火丹應伏，雲碓無人水自舂。"宋蘇軾《峽山寺》詩："雲碓水自舂，松門風爲關。"宋陸游《累日無酒亦不食肉戲作此詩》："雲碓旋舂菰米滑，風爐親候藥苗香。"明黃佐《中秋遊揚歷岩二十韻奉謝鄭南雄》："潤花寒未落，雲碓晚相喧。"明胡應麟《清源寺中戲效晚唐人五言近體二十首》之一："稻香雲碓遠，花影石壇深。"

塪碓

用塪製作的碓。塪：瓮，缸。此稱元代已行用。元王禎《農書·杵臼門》："塪碓：以塪作碓臼也。《集韻》云：塪，甕也。又作瓶。其制：先掘埋塪坑，深逾二尺；次下木地釘三莖，置石於上；後將大磁塪穴透其底，向外側嵌坑内埋之；復取碎磁與灰泥和之，以塞底孔，令圓滑如一。候乾透，乃用半竹籯，長七寸許，徑四寸，如合脊瓦樣，但其下稍闊，以熟皮周圍護之，倚于塪之下唇。籯下兩邊，以石壓之，或兩竹竿刺定。然後注糙於塪内，用碓木杵搗於籯内。塪既圓滑，米自翻倒，籔於籯内。一

塪碓
（元王禎《農書》）

搗一籔，既省人攪，米自勻細。然木杵既輕，動防狂迸，須於踏碓時已起而落，隨以左足躡其碓腰，方得穩順。一塪可舂米三石，功校常碓累倍。始於浙人，故又名浙碓。今多於津要商旅輳集處所，可作連屋，置百餘具者，以供往來稻船，貨糴粳糯；及所在上農之家，用米既多，尤宜置之。"

籔

用塪碓舂米時使用的一種無底的竹筐。此稱元代已行用。元王禎《農書·杵臼門》："籔下兩邊，以石壓之，或兩竹竿刺定。"明宋應星《天工開物·粹精·攻稻》："凡稻去穀用礱……一土礱，析竹筐圍成圈，實潔净黃土於内，上下兩面，各嵌竹齒，上合籔空受穀，其量倍於木礱。"

電碓

利用電力舂米的碓。此稱近代已行用。康有爲《大同書》辛部第七章："農場、林圃、花圃、果園、電碓、石廠、礦場偏於高山絶島間。"

碓栅

支碓的木架。此稱南北朝時期已行用，五代時期亦稱"碓桯"。《太平御覽》卷七六二引南朝宋劉義慶《幽明録》："弘農徐儉家，有一遠來客，寄宿。有馬一疋，中夜驚跳。客不安，騎馬而去。一物長丈餘，來逐馬後，客射之，聞如中木聲。明日尋昨路，見箭着一碓栅。"南唐李建勳《田家》詩之一："犬吠限籬落，雞飛上碓桯。"清查慎行《敬業堂詩集》卷三九："爐香餲餲分茶灶，樹影離離上碓桯。"

【碓桯】

即碓栅。此稱五代時期已行用。見該文。

行碓

裝在車上的舂米器具，車上裝有木人，車一動木人便會踏着碓舂，從而舂搗穀物。此稱晋代已行用。晋陸翽《鄴中記》："〔石虎〕又有舂車木人，及作行碓於車上，車動則木人踏碓舂，行十里，成米一斛。"

碾

一種農具。在一個石製圓形碾盤的中央，裝一根固定軸，由人力或畜力驅使一個石輥在碾盤上繞軸滾動，利用石輥的重量滾壓穀物等。此稱南北朝時期已行用，元代亦作"輾"，清代亦稱"碾子"。《魏書·崔亮傳》："亮在雍州，讀《杜預傳》，見爲八磨，嘉其有濟時用，遂教民爲碾。"唐韓愈《虢州司户韓府君墓誌銘》："破豪家水碾利民田，頃凡百萬。"宋陸游《十一月上七日蔬飯驟嶺小店》詩："建溪小春初出碾，一碗細乳浮銀粟。"元王禎《農書·杵臼門》："輾：《通俗文》曰：'石碨礳穀曰輾。'《後魏書》曰：'崔亮在雍州，讀《杜預傳》，見其爲八磨，嘉其有濟時用，因教民爲輾。'今以糲石，輯爲圓槽，周或數丈，高逾二尺；中央作臺，植以簨軸；上穿榦木，貫以石碨。有用前後二碨相逐，前備撞木，不致相擊。仍隨帶攪杷，畜力輓行，循槽轉輾，日可穀米三十餘斛。近有法製輾槽，輾米特易，可加前數。此又輾之巧便者。"明徐光啓《農政全書》卷二三略同。《西遊記》第六九回："醫官聽命，即將八百八味每味三斤及藥碾、藥磨、藥羅、藥乳并乳鉢、乳槌之類都送至館中，一一交付收訖。"《醒世姻緣傳》第一九回："但小人家又没個男女走動，脱不得要自己掏火，自己打水，上碾子，推豆腐，怎在那一間房裏藏躲得住？"

【輾】

同"碾"。此體元代已行用。見該文。

【碾子】

即碾。此稱清代已行用。見該文。

水碾

利用水力帶動旋轉的碾，多用以碾穀物。此稱南北朝時期已行用，亦作"水輾"。《魏書·崔亮傳》："〔亮〕奏於張方，橋東堰穀水，造水碾磨數十區。"碾，一本作"輾"。元王禎

水碾
（元王禎《農書》）

《農書·利用門》："水碾：水輪轉碾也。《後魏書》：崔亮教民爲碾。奏於張方，橋東堰穀水，造水碾數十區。豈水碾之制，自此始歟？其碾制上同，但下作卧輪或立輪，如水磨之法。輪軸上端，穿其碫幹，水激則碫隨輪轉，循槽輾穀，疾若風雨。日所穀米，比于陸碾，功利過倍。"明徐光啓《農政全書》卷一八："水碾，水輪轉碾也。"清顧炎武《與潘次耕書》："彼地有水而不能用，當事遣人到南方，求能造水車、水碾、水磨之人。"

【水輾】

同"水碾"。此體南北朝時期已行用。見該文。

石碾

石製的碾。此稱宋代已行用，元代亦稱"輥輾""海青輾"。宋梅堯臣《宋著作寄鳳茶》詩："石碾破微綠，山泉貯寒泂。"宋丁謂《煎茶》："自遶風爐立，誰聽石碾眠。"元王禎《農書·杵臼門》："輥輾，世呼曰海青輾，喻其速也。但比常輾減去圓槽，就碫幹栝以石輥。上置板檻，隨輾幹圓轉作竅。下穀不計多寡，旋碾旋收，易於得米。較之碫輾，疾過數倍。故

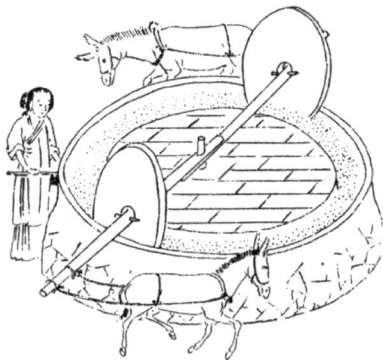

石輾
（元王禎《農書》）

比于鷙鳥之尤者，人皆便之。"明徐光啓《農政全書》卷二三略同。徐珂《清稗類鈔·物品·海青輾》："海青輾，以石爲輥軸，軋輾穀粒者。"

【輥輾】

即石碾。此稱元代已行用。見該文。

【海青輾】

即石碾。此稱元代已行用。見該文。

磨[1]

用兩個圓石盤做成的弄碎糧食的工具。一般由畜力或人力驅使，有石磨、水磨、風磨等，是古時重要的碾磨工具。此稱先秦時期已行用，漢代亦作"䃺"，元代亦稱"旱水磨"。《墨子·天志中》："以磨爲日月星辰，以昭道之。"《晉書·天文志上》："譬之蟻行磨石之上，磨左旋而蟻右去，磨疾而蟻遲，故不得隨磨以左回焉。"宋林希逸《和後邨韻贈硯士方生》："精能磨石似磨磚，巧手馳聲積有年。"元王禎《農書·杵臼門》："䃺《唐韻》作：'磨，礚也。''䃺同。'《説文》云：'䃺，石磑也。'《世本》曰：'公輸班作磑。'《方言》：'或謂之磑。'《字説》云：'䃺，從石從靡，䃺之而靡焉。'今皆作磨。字既從石，又從磨之義，特易曉也。《通俗文》曰：'填磑曰硐，磨床曰摘。今又謂主磨曰臍，

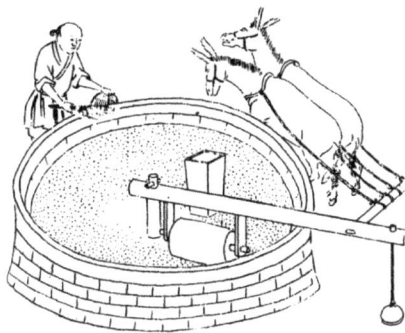

輥輾
（元王禎《農書》）

注磨曰眼，轉磨曰斡，承磨曰槃，載磨曰床。多用畜力輓行；或借水輪；或掘地架木，下置鐇軸，亦轉以畜力，謂之旱水磨，比之常磨，特爲省力。凡磨，上皆用漏斗盛麥，下之眼中，則利齒旋轉，破麥作麩，然後收之篩羅，乃得成麪。世間餅餌，自此始矣。詩云：'斲圓山骨舊胚胎，動静乾坤有自來。利齒細噴常日雪，旋機深殷不雲雷。臨流須借水輪轉，役畜豈勞人力推。一自世間多餅食，便知元是濟民材。'"清張岱《陶庵夢憶·目連戲》："凡天地神祇、牛頭馬面、鬼母喪門、夜叉羅刹、鋸磨鼎鑊……一似吳道子《地獄變相》。"《醒世姻緣傳》第八九回："〔顧氏〕專常借人家磨使，他兩扇磨一齊掇着徑走。"參見"磨石"。

【䃺】

同"磨[1]"。此體漢代已行用。見該文。

【旱水磨】

即磨[1]。此稱元代已行用。見該文。

【磨石】

即磨[1]。此稱先秦時期已行用，漢代亦作"磟石"，宋代起亦稱"轉磨"。《莊子·天下》："若羽之旋，若磨石之隧。"《晉書·天文志上》："譬之蟻行磨石之上，磨左旋而蟻右去，磨疾而蟻遲，故不得隨磨以左回焉。"唐寒山《詩三百三首》："長存磨石下，時哭路邊隅。"宋胡朝穎《小金山》："喚取頭陀磨石壁，爲渠題作小金山。"宋朱松《饋歲》："何時鴟識村，莫作驢轉磨。"元耶律楚材《轉燈》詩："藏燈藉微明，細火薰其座。乘兹風火力，盤旋如轉磨。"元王禎《農書·杵臼門》："今又謂主磨曰臍，注磨曰眼，轉磨曰斡，承磨曰槃。"明郭子章《紀夢》："馳驅竹王疆，迅速等轉磨。"明唐順之

《荊川集》卷九："嗚呼，碓磑、磨石遂登几席，亦繫其遭。"明徐光啓《農政全書》卷二三："䃺，《唐韻》作磨䃺也。《說文》云：䃺石，磑也。"

【䃺石】

同"磨石"，即磨[1]。此體漢代已行用。見該文。

【轉磨】

即磨石，亦即磨[1]。此稱宋代已行用。見該文。

【磑】

即磨[1]。此稱漢代已行用，亦稱"䃴"。漢王充《論衡·說日》："其喻若蟻行於磑上，日月行遲，天行疾，天持日月轉，故日月實東行，而反西旋也。"《方言》卷五："磑，或謂之䃴。"郭璞注："䃴，即磑也。"《急就篇》卷三"碓磑扇隤舂簸揚"唐顏師古注："磑所以䃺也，亦謂之䃴。"《太平御覽》卷七六二引漢服虔《通俗文》："〔䃺〕齲曰䃴。"唐張喬《送友人往宜春》詩："野橋喧磑水，山郭入樓雲。"《新唐書·宦者傳上·高力士》："都北堰灃列五磑，日僦三百斛直。"宋高承《事物紀原·農業陶漁·磑》："《世本》曰：'公輸般作磑。'今以磑穀，首自山而東謂之磑，江浙之間或曰䃺，編木附泥爲之，所以破穀出米矣。"元趙孟頫《題耕織圖二十四首奉懿旨》之一："激水轉大輪，磑碾亦易成。"清查慎行《豆腐詩和楊芝田宮坊四首》其一："服食神仙事不難，磑牀幾轉便還丹。"

【䃴】

即磑，亦即磨[1]。此稱漢代已行用。見該文。

【碓磑】

即磨[1]。此稱漢代已行用。《急就篇》卷三："碓磑扇隤舂簸揚。"唐釋貫休《禪月集》

卷一〇："數家春碓磑，幾處浴猢猴。"《資治通鑑·唐僖宗中和三年》："時民間無積聚，賊掠人爲糧，生投於碓磑，併骨食之。"宋文瑩《湘山野錄》卷中："民間舟車碓磑箱篋銀釧之物悉籍之。"明徐光啓《農政全書》卷三八："每歲于寒露前三日收取楮子……開後取子，曬極乾，入碓磑中碾細，蒸熟，榨油，如常法。"

【碾磨】

即磨[1]。此稱南北朝時期已行用。《魏書·崔亮傳》："亮在雍州，讀《杜預傳》，見爲八磨，嘉其有濟時用，遂教民爲碾，及爲僕射，奏於張方，橋東堰穀水，造水碾磨數十區，其利十倍。"元許謙《贈潁川趙璉十九首》之一："碾磨豈苟苟，厭此春漏促。"明唐順之《荊川集》卷九："嗚呼，碓碾磨石，遂登几席，亦繫其遭。"《醒世姻緣傳》第四九回："廚房裏做飯、擀餅，上碾磨，做衣服，這還是小可，最難得的不搬挑舌頭，不合人成羣打夥，抵熟盜生。"

水排

一種利用水力推動革囊鼓風的冶鐵裝置。此稱三國時期已行用。《三國志·魏書·韓暨傳》："舊時冶，作馬排，每一熟石用馬百匹；更作人

水排
（元王禎《農書》）

排，又費功力；暨乃因長流爲水排，計其利益，三倍於前。"元王禎《農書·利用門》："水排：《集韻》作橐，與鞴同，韋囊吹火也。後漢杜詩爲南陽太守，'造作水排，鑄爲農器，用力少而見功多，百姓便之。'注云：'冶鑄者爲排吹炭，令激水以鼓之也。'《魏志》曰：朝暨，字公至，爲'樂陵太守，徙監冶謁者。舊時冶，作馬排，每一熟石，用馬百匹；更作人排，又費工力。暨乃因長流水爲排，計其利益，三倍於前。'由是器用充實。詔褒美，就加司金都尉。以今稽之，此排古用韋囊，今用木扇。其制：當選湍流之側，架木立軸，作二臥輪；用水激轉下輪，則上輪所週絃索，通繳輪前旋鼓，掉枝一例隨轉；其掉枝所貫行桄，因而推輓臥軸左右攀耳，以及排前直木，則排隨來去，搧冶甚速，過於人力。又有一法：先於排前直出木簨，約長三尺，簨頭竪置偃木，形如初月，上用鞦韆索懸之。復於排前植一勁竹，上帶棒索，以控排扇。然後却假水輪臥軸所列枴木，自然打動排前偃木，排即隨入；其枴木既落，棒竹引排復回。如此間打，一軸可供數排，宛若水碓之制，亦甚便捷，故併錄此。夫銅鐵，國之大利，凡設立冶監，動支工帑，雇力興搧，極知勞費；若依此上法，頓爲減省。但去古已遠，失其制度。今特多方搜訪，列爲圖譜，庶冶煉者得之，不惟國用充足，又使民鑄多便，誠濟世之秘術。幸能者述焉。"明徐光啓《農政全書》卷一八："水排……古用韋囊，今用木扇。"

碾磑

利用水力啓動的石磨。此稱唐代已行用，宋代亦稱"水磨"。《通典·食貨二》："往日鄭白渠溉田四（萬）餘頃，今爲富商大賈競造碾磑，

堰過費水，渠流梗澀，止溉一萬許頃。"《資治通鑑·唐代宗大曆十三年》："春，正月，辛酉，救毀白渠支流碾磑以溉田。"胡三省注："公輸班作磑，後人又激水為之，不煩人力，引水激輪，使自旋轉，謂之水磨。"宋葉適《財總論二》："坊場、河渡免引，茶場、水磨之額，止以給吏祿而已。"宋楊傑有《留題城西水磨》詩。《金史·宣宗紀上》："議弛諸處碾磑，以其水溉民田。"元王禎《農書·灌溉門》："少掣溝渠供碾磑，每通膏澤到田疇。"又《利用門》："水磨，凡欲置此磨，必當選擇用水地所，先盡並岸，擗水激轉。或別引溝渠，掘地棧木。棧上置磨，以軸轉磨中，下徹棧底，就作臥輪，以水激之，磨隨輪轉，比之陸磨，功力數倍。此臥輪磨也。"明歸有光《嘉靖庚子科鄉試對策》："又督成水利之官，常時相視，禁富人豪家碾磑蘆葦茭荷陂塘，壅礙上流。"清《欽定授時通考》卷三七："民賴其利，又得通濟舟楫，轉激碾磑，實水利之總揆也。"

【水磨】

即碾磑。此稱宋代已行用。見該文。

臥輪水磨
（元王禎《農書》）

連磨

一種較大型的磨具，中間有一大輪，輪子周圍列有八個磨盤，輪輻與各磨木齒相間，大輪一轉，則八個磨盤全部轉動，既可節省勞力，又能提高效率。史載係西晉時期的杜預發明，或謂劉景宣創製。此稱宋代已行用，亦稱"八磨"。宋高承《事物紀原》卷九：《後漢書》云：'崔亮在雍州，讀《杜預傳》，見其為八磨，嘉其有濟時用，遂教民為碾。'此疑碾之起也。"元王禎《農書·杵臼門》："連磨，連轉磨也，其制：中置巨輪，輪軸上貫架木，下承鑄臼，復於輪之周圍，列遶八磨，輪輻適與各磨木齒相間。一牛拽轉，則八磨隨輪輻俱轉。用力少而見功多。《後魏書》：'崔亮在雍州讀《杜穎（預）傳》，見其為八磨，嘉其有濟時用。劉景宣作磨，竒巧特異，第一牛之任，轉八磨之重。'竊謂此雖並載前史，然世罕有傳者。今乃尋繹搜索，度其可用，述此制度。既圖於前，復叙於後，庶來者效之，以廣食利。"明方以智《通雅》卷三四略同。

【八磨】

即連磨。此稱宋代已行用。見該文。

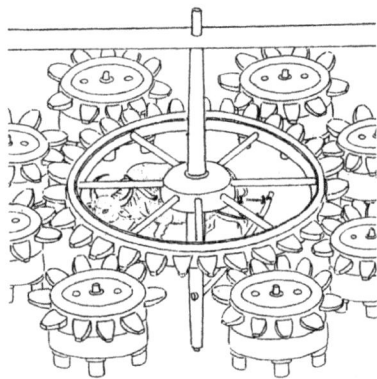

連磨
（元王禎《農書》）

水轉連磨

一種用水利轉動的大型磨具，其制與陸轉連磨不同。此稱元代已行用。元王禎《農書·利用門》："水轉連磨：其制與陸轉連磨不同。此磨須用急流大水，以湊水輪。其輪高濶，輪軸圍至合抱，長則隨宜。中列三輪，各打大磨一槃。磨之周匝，俱列木齒。磨在軸上，閣以板木。磨傍留一狹空，透出輪輻，以打上磨木齒。此磨既轉，其齒復傍打帶齒二磨，則三輪之力，互撥九磨。其軸首一輪，既上打磨齒，復下打碓軸，可兼數碓。或遇天旱，旋于大輪一週，列置水筒，晝夜溉田數頃。此一水輪，可供數事，其利甚博。嘗到江西等處，見此制度，俱係茶磨。所兼碓具，用搗茶葉，然後上磨。若他處地分，間有溪港大水，倣此輪磨，或作碓碾，日得穀食，可給千家。誠濟世之奇術也。陸轉連磨下用水輪，亦可。"明唐順之《武編前集》卷六略同。

水轉連磨
（元王禎《農書》）

鐏臼

連磨上的一種球窩軸承。此稱明代已行用，亦稱"鐏軸"。明徐光啓《農政全書》卷二三："多用畜力輓行，或借水輪，或掘地架木，下置鐏軸，亦轉以畜力，謂之旱水磨。"又："中置巨輪，輪軸上貫架木，下承鐏臼。"石聲漢校注："'鐏'：是器物突出的一端，呈圓球狀。'鐏臼'，即球窩軸承。"

【鐏軸】

即鐏臼。此稱明代已行用。見該文。

石磨

石製之磨。始於秦代，至西漢已普遍使用，東漢磨齒更由凹窩改進爲有規律的縱橫疊錯的斜齒，效率明顯提高，一直沿用至今。此稱三國時期已行用，南北朝時期又稱"石磑子"。《三國志·魏書·明帝紀》"曹真遣將軍費曜等拒之"裴松之注引三國魏魚豢《魏略》："昭（郝昭）又以繩連石磨，壓其衝車，衝車折。"南朝宋劉敬叔《異苑》卷二："上黨侯亮之于江都城下獲一石磨，下有銅馬。"北魏賈思勰《齊民要術·作酢法》："用石磑子，辣穀令破，以水拌而蒸之。"《廣西風物志·灘江》："半邊渡斜對面一小山上有兩塊巨石，一塊圓如石磨，一塊狀似石人，略向南傾斜，作推磨狀。"

【石磑子】

即石磨。此稱南北朝時期已行用。見該文。

磨車

一種載有石磨的車。利用車輪對地面的磨擦力，把車前進的運動間接傳到其他機構上，達到磨物的目的。此稱晋代已行用。晋陸翽《鄴中記》："石虎有指南車及司里車……又有磨車，置石磨於車上，行十里輒磨麥一斛。凡此車皆以朱彩爲飾，惟用將軍一人，車行則衆並發，車止則止。"

風磨

利用風力轉動的磨。將以往人力、畜力驅使改爲風力帶動，大大節省了勞力，是碾磨史上的一大進步。此稱宋代已行用。宋徐夢莘《三朝北盟會編》卷八四："初一日，邦昌初入門之時大風，一日，内前四壁似有鼓聲，已而乃屬俗以爲風磨。"明徐光啓《農政全書》卷三一："掛時須蠱子向外，恐有風磨損其子。"清王士禎《池北偶談·談異四·風磨風扇》："西域哈烈、撒馬兒罕諸國，多風磨。其制：築垣牆爲屋，高處四面開門，門外設屏牆迎風。室中立木爲表，木上用圍置板乘風，下置磨石，風來隨表旋動，不拘東南西北，俱能運轉。"

立輪連二磨

一種利用水力帶動的磨。此稱元代已行用。元王禎《農書·利用門》："又有引水置閘，甃爲峻槽，槽上兩傍植木作架，以承水激輪軸。軸腰別作豎輪，用擊在上卧輪一磨。其軸末一輪，傍撥周圍木齒一磨。既引水注槽，激動水輪，則上傍二磨隨輪俱轉。此水機巧异，又勝獨磨。此立輪連二磨也。"

立輪連二磨
（元王禎《農書》）

活法磨

一種利用水力帶動的磨。此稱元代已行用。元王禎《農書·利用門》："復有兩船相傍，上立四楹，以茆竹爲屋，各置一磨，用索纜於急水中流；船頭仍斜插板木湊水，拋以鐵爪，使不橫斜。水激立輪，其輪軸通長，旁撥二磨。或遇泛漲，則遷之近岸。可許移借，比之他所，又爲活法磨也。庶興利者度而用之。"

連二水磨

一種利用牛力帶動的磨。此稱清代已行用。《欽定授時通考》卷四〇："連二水磨圖說：連磨，連轉磨也。其制，中置巨輪，輪軸上貫，架木下承鐏臼，復於輪之周回，列遶八磨，輪輻近與各磨木齒相間。一牛拽轉，則八磨隨輪輻俱轉，用力少而見功多。後魏崔亮在雍州讀杜預傳，見其爲八磨，嘉其有濟時用。劉景宜作磨奇巧特异，第一牛之任，轉八磨之重，竊謂此雖並載前史，然世罕有傳者。今乃尋繹搜索，度其可用，述此制度，庶來者效之，以廣食利。"

磨礱

磨石。此稱南北朝時期已行用，清代亦作"磨礲"。南朝梁元帝《金樓子·雜記下》："枚乘有之：磨礱不見其損，有時而盡。"唐黃滔《書懷寄友人》詩："此生如孤燈，素心挑易盡，不及如頑石，非與磨礱近。"清錢謙益《保硯齋記》："以磨礱比德焉，以介石比貞焉。"

【磨礲】

同"磨礱"。此體清代已行用。見該文。

轉臍

磨心的轉軸。形如人的肚臍，故稱。此稱宋代已行用，亦稱"磨臍"。宋梅堯臣《茶磨》詩之一："楚匠琢山骨，折檀爲轉臍。"《朱子語類》卷二："南極北極，天之樞紐，只有此處不動如磨臍。"

【磨臍】

即轉臍。此稱宋代已行用。見該文。

蜂腰

槽碓轉動裝置的代稱，因其中細，故名。此稱元代已行用。元王禎《農書·利用門》："《詩》云：刳槽制碓水爲功，積注涓流滿不容。螳腹低時泉自瀉，蜂腰轉處杵還舂。"元張憲《遊黄公洞十八韻》："厓瀉蜂腰橫斷杵，巖撐虎口抱空巻。"

銅磨笥

石磨上用來轉動磨盤的銅製磨杆。此稱元代已行用。元關漢卿《金線池》第一折："這紙湯瓶再不向紅鑪頓，鐵煎盤再不使清油混，銅磨笥再不把頑石運。"元石德玉《曲江池》第二折："從今後鐵銚盤少去煎，銅磨笥再休轉。"《盛世新聲·醉太平》："紙糊鍬莽鏺，銅磨笥疾趃，《陽關》一曲唱三疊。"

磨扇

磨盤。此稱明代已行用，亦稱"磨"。《水滸傳》第一一二回："不提防賊兵城上飛下一片磨扇來。"《古謠諺·嘉靖初童謠》："嘉靖二年半，秫黍磨成麪。東街咽瞪眼，西街喫磨扇。"明無名氏《鳴鳳記·林遇夏舟》："下官貪磨蝰之微名，忘枕鴛之雅愛。"

【磨】2

即磨扇。此稱明代已行用。見該文。

礱

脱去稻殼的農具，形制與磨相似，有木礱、水礱等，多用畜力、人力或水力驅使。此稱南北朝時期已行用，元代亦稱"礱磨"。北魏賈思勰《齊民要術·種胡荽》："多種者，以磚瓦蹉之亦得，以木礱礱之亦得。"宋陸游《農家秋晚戲詠》詩："鞭地如鏡築我場，破礱玉粒輸官倉。"元王禎《農書·杵臼門》："礱，破穀器，所以去穀殼也。淮人謂之礱，江浙之間亦謂礱。編竹作圍，内貯泥土，狀如小磨，仍以竹木排爲密齒，破穀不致損米。就用拐木，竅貫礱上，掉軸以繩懸檁上，衆力運肘轉之，日可破穀四十餘斛。北方謂之木礱，石鑿者謂之石木礱。礱、礦字從石，初本用石，今竹木代者亦便。又有礲磨，上級甚薄，可代穀礱，亦不損米；或人或畜轉之，謂之'礲磨'。復有畜力挽行大木輪軸，以皮弦或大繩繞輪兩周，復交於礱之上級，輪轉則繩轉，繩轉則輪亦隨轉。計輪轉一周，則礱轉十五餘周，比用人功，既速且省。"明徐光啓《農政全書》卷一八略同。元許有壬《李惟中學士自西臺侍御召入以未央宮瓦硯爲貺作此謝之》："西臺執法好事者，礱磨爲硯尤瑰奇。"明宋應星《天工開物·攻稻》："凡稻去殼用礱，去膜用舂、用碾。"明徐光啓《農政全書》卷二三："礱，破穀器，所以去穀殼也。淮人謂之礱，江浙之間亦謂礱。"又："又有礲磨，上級已薄，可代穀磨，亦不損米，或人或畜轉之，謂之礲磨。"明張吉《賀鄭師順菴先生八十

礱
（明徐光啓《農政全書》）

礱
（元王禎《農書》）

壽》詩："十年師力百倍餘，礱磨滌濯兼吹噓。"清弘曆《森玉笏》詩："色無需藻繪，堅不受礱磨。"

【礱磨】

即礱。此稱元代已行用。見該文。

木礱

木質礱器，多以堅木鑿齒製作。此稱南北朝時期已行用。唐柳宗元《柳河東集》卷六："人又從之，負大木礱、密石，以益其居。"明宋應星《天工開物·攻稻》："凡礱有二種：一用木爲之，截木尺許，斲合成大磨形，兩扇皆鑿縱橫斜齒，下合植筍穿貫，上合，空中受穀。木礱攻米二千餘石，其身乃盡。"清毛奇齡《西河集》卷六二："櫨丹桷赤，山雕木礱。"參見本節"礱"文。

水礱

利用水力轉動的礱。此稱元代已行用。元王禎《農書·利用門》："水礱：水轉礱也。礱制上同，但下置輪、軸，以水激之，一如水磨。日夜所破穀數，可倍人畜之力。水利中未有此

水礱
（元王禎《農書》）

制，今特造立，庶臨流之家，以憑倣用，可爲永利。"明徐光啓《農政全書》卷一八略同。參見"礱"。

箕

用竹篾或柳條編成的器具，三面有邊沿，一面敞口，用來揚米去糠或暫時盛放東西。此稱先秦時期已行用，漢代起亦稱"簸箕"。《詩·小雅·大東》："維南有箕，載翕其舌。"《戰國策·齊策六》："大冠若箕，脩劍拄頤，攻狄不能，下壘枯丘。"鮑彪注："箕，簸器。"《說文·竹部》："箕，簸箕也。"王筠句讀："依《玉篇》補'箕'字。今語猶然。"漢李尤《箕銘》："箕主簸揚，糠粃及陳。"《急就篇》卷三："箯、筥、箕、帚、筐、篋、簍。"顏師古注："箕可以簸揚。"北魏賈思勰《齊民要術·種槐柳楸梓梧柞》："至秋，任爲簸箕。"唐鍾輅《前定錄·劉逸》："我讀《金剛經》四十三年，今方得力，就說初坐時，見巨手如簸箕，翕然遮背。"宋黃庭堅《五祖演禪師真贊》："赤土畫簸箕，也有第一義。"金董解元《西廂記諸宮調》卷二："彎一枝竅鐙黃華弩，擔柄簸箕來大開山板斧：是把橋將士孫飛虎。"元王禎《農書·鑊

舌門》：“竿頭擲穀一
箕輕，忽作晴空驟雨
聲。”又《篠簀門》：
“箕：簸箕也。《説文》
云：‘簸，揚米去糠
也。’《莊子》曰：‘箕
之簸物，雖去粗留精，
然要其終皆有所除是
也。然北人用柳，南
人用竹，其制不同，用則一也。’《詩》云：‘哆
兮侈兮，成是南箕。’箕四星：二星爲踵，二
星爲舌，哆侈，謂踵已大而舌又廣也。又：‘維
南有箕，載翕其舌。’故箕皆有舌，易播物也。
諺云：‘箕星好風。’謂‘主簸揚’。農家所以資
其用也。”明徐光啓《農政全書》卷二四：“箕，
簸箕也。《説文》云：‘簸，揚米去糠也。’《莊
子》曰：‘箕之簸物，雖去粗留精，然要其終皆
有所除是也。’”明徐元太《喻林》卷三一：“或
有三盲摸象，得象耳者爭云象如簸箕，得象鼻
者爭云象如舂杵，雖獲象一方，終不得全象
之實。”

【簸箕】
即箕。此稱漢代已行用。見該文。

【畚箕】
即箕。此稱清代已行用，亦稱“畚斗”“筅
子”。《説岳全傳》第三回：“〔岳飛〕即去取
了一個畚箕，走出門來。”清褚人穫《堅瓠秘
集·中時弊》：“知縣是掃箒，太守是畚斗，布政
是又袋口，都將去京裏抖。”《醒世姻緣傳》第
五四回：“一百六十文錢買了兩個筅子，四十文
錢買了副鐵勾擔仗。”

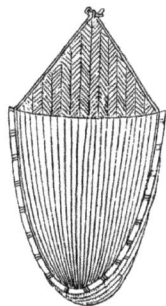

箕
（元王禎《農書》）

【畚斗】
即畚箕，亦即箕。此稱清代已行用。見該文。

【筅子】
即畚箕，亦即箕。此稱清代已行用。見該文。

筴 [2]
小箕。此稱先秦時期已行用。《莊子·人間
世》：“鼓筴播精，足以食十人。”陸德明釋文：
“筴，初革反，徐又音頰。司馬云：鼓，簸也。
小箕曰筴。”

舌
指箕外伸的部分。此稱先秦時期已行用。
《詩·小雅·大東》：“維南有箕，載翕其舌。”

扇隤
利用片狀轉軸轉動生風，把已碾過的穀類
的殼和米粒分開的一種農械。1973 年，在河南
濟源縣泗澗溝西漢晚期墓中發現陶製扇隤模型。
其車厢呈梯形，中部有方漏斗形高檻，檻下有
窄縫啓門，門下有出米口，口右側有圓形風口，
後立一陶俑，雙手前伸做搖動風車姿態。旁有
一空箱，用以盛所扇出穀糠。此發現説明在西
漢晚期就已發明分離穀米及秕糠工具。此稱漢
代已行用，唐代亦稱“扇車”，宋代又稱“田
扇”“白扇”，清代還稱“風箱”。《急就篇》卷
三：“碓磑扇隤舂簸揚。”顏師古注：“扇，扇車
也。隤，扇車之道也……隤之言墜也，言既扇
之，且令墜下也。”宋梅堯臣《和孫端叟寺丞農
具·颺扇》：“田扇非團扇，每來場圃見，因風吹
糠粃，編竹破筍箭。”田，一本作“白”。宋劉
子翬《夏日吟》：“扇車起長風，冰檻瀝寒雨。”
元王禎《農書·杵臼門》：“又有扆之，場圃間
用之者謂之扇車。”清袁枚《隨園詩話》卷九：
“嗣後學者，遂以‘瓶’爲‘軍持’，‘橋’爲

'略勺'……'風箱'爲'扇隤'。"

【扇車】

即扇隤。此稱唐代已行用。見該文。

【田扇】

即扇隤。此稱宋代已行用。見該文。

【白扇】

即扇隤。此稱宋代已行用。見該文。

【風箱】

即扇隤。此稱清代已行用。見該文。

【颺扇】

即扇隤。此稱宋代已行用，元代亦稱"風榻"，明代還稱"風車"，清代另稱"搊箱"。宋梅堯臣有《和孫端叟寺丞〈農具·颺扇〉》詩。元王禎《農書·杵臼門》："颺扇：《集韻》云：颺，風飛也。揚穀器。其制：中置篗軸，列穿四扇或六扇，用薄板，或糊竹爲之。復有立扇、臥扇之別。各帶掉軸，或手轉、足躡，扇即隨轉。凡舂輾之際，以糠米貯之高檻，檻底通作匾縫下瀉，均細如籭，即將機軸掉轉搊之。糠粃既去，乃得淨米。又有舁之場圃間用之者，謂之扇車。凡蹂打麥禾等稼，穰粃相雜，亦須用此風扇。比之杴擲、箕簸，其功多倍。"明宋應星《天工開物·攻稻》："凡去秕，南方盡用風

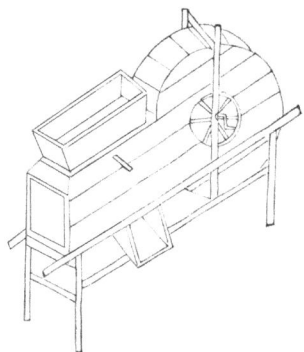

颺扇
（元王禎《農書》）

車扇去。"清黃六鴻《福惠全書·錢穀·漕項》："按開徵之時……總須日日在倉，多置搊箱斗斛，以便速收。"

【風榻】

即颺扇，亦即扇隤。此稱元代已行用。見該文。

【風車】

即颺扇，亦即扇隤。此稱明代已行用。見該文。

【搊箱】

即颺扇，亦即扇隤。此稱清代已行用。見該文。

竹揚枕

一種拋揚穀物的農具，多爲竹製。此稱元代已行用。元王禎《農書·钁臿門》："以竹爲之者，淮人謂之竹揚枕，與江浙颺籃少异。"明徐光啓《農政全書》卷二一略同。

竹揚枕
（元王禎《農書》）

颺籃

一種揚穀器，形狀似簸箕而略小，前有木舌，後有竹柄。此稱元代已行用。元王禎《農書·篠簣門》："颺籃，颺，《集韻》謂風飛也。籃形如北箕而小，前有木舌，後有竹柄，農夫收穫之後，場圃之間所蹂禾穗，糠粃相雜，執

颺籃
（元王禎《農書》）

此擟而向風擲之，乃得净穀。不待車扇，又勝箕簸，田家便之。"明徐光啓《農政全書》卷二四："農人撲禾之後，同稃穗子粒旋旋貯之於内，輒篩下之，上餘穰藁，逐節棄去，其下所留穀物須付之颺籃，以去糠秕，嘗見於江浙農家。"

籭

一種用竹絲或金屬絲等編製的農具。多小孔，用以分離粗細顆粒，漏細留粗。此稱漢代已行用，亦作"筬"，南北朝時期又作"簁""篩"。《説文·竹部》："籭，竹器也。可以取麤去細。"段玉裁注："《廣韻》云：'籭，籞也，能使麤者上存，細者籞下。'籭、筬，古今字也。"《急就篇》卷三："筬箄箕帚筐篋簍。"顔

籭
（元王禎《農書》）

師古注："筬，所以籭去麤取細者也。今謂之篩。"《玉篇·竹部》："簁，同篩。"唐李洞《喜鸞公自蜀歸》詩："掃石月盈箒，濾泉花滿篩。"宋林逋《淮甸南遊》詩："數抹晚霞憐野笛，一篩寒雨羡沙禽。"宋陸游《春雪》："江雲垂野雪如篩，閏歲春來特地遲。"明宋濂《蛟門春曉圖歌序》："平旦東望，霞光燭天，紅日如篩，冉冉上升。"元王禎《農書·蓧蕢門》："籭：竹器，内方外圓，用篩穀物。《説文》云：可以除粗取精。《集韻》作簁，又作筬；或作篩。其制有疎密大小之分，然皆粒食之總用也。"又《杵臼門》："凡舂輾之際，以糠米貯之高檻，檻底通作扁縫下瀉，均細如籭。"明馮夢龍《古今譚

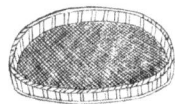

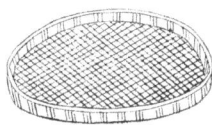

概·儇弄·張咸光》："大諫嘗製《碣山潛龍宮上梁文》云：'饅頭似椀，胡餅如籭，暢殺劉月明主簿，喜殺張咸光秀才。'"清唐甄《潛書·用賢》："簸籭既施，秕稗乃去，嘉穀乃得。"清全大震《報國寺雙松》："秃頂卧篩凉夜月，低柯舞襯碧堦苔。"

【筬】

同"籭"。此體漢代已行用。見該文。

【簁】

同"籭"。此體南北朝時期已行用。見該文。

【篩】

同"籭"。此體南北朝時期已行用。見該文。

【篩羅】

即籭。此稱五代時期已行用，宋代亦作"篩籭"，元代起亦稱"羅"，清代又作"筬羅"。後蜀何光遠《鑒誡録·高僧論》："莫怪狂言無次第，篩羅漸入籭中細。"《朱子語類》卷一二一："這箇是轉水車相似，只撥轉機關子，他自是轉，連那上面磨子篩羅一齊都轉，自不費力。"宋陳淵《留龍居士試建茶既去輒分送并頌寄之》："未下鈐鎚墨如漆，已入篩羅白如雪。"元無名氏《藍采和》第一折："將着個瓦餅木鉢白磁罐，抄化了些羅頭磨底薄麩麵。"明宋應星《天工開物·粹精》："凡麥經磨之後，幾番入羅，勤者不厭重復。"《説文·竹部》："籭，竹器也。可以取麤去細。"段玉裁注："俗云筬羅是也。"

【篩籭】

同"篩羅"，即籭。此體宋代已行用。見該文。

【筬羅】

同"篩羅"，即籭。此體清代已行用。見該文。

【羅】

即篩羅，亦即籮。此稱元代已行用。見該文。

筊

用竹篾編製的篩穀的農具。此稱宋代已行用，元代亦稱"篩穀筊"。《原本廣韻》卷三："筊，求蟹切，竹具。用之魚笱，竹器二。"元王禎《農書・篠簀門》："篩穀筊，竹器。筊與袋同音，《篇》《韻》俱各不收，蓋土俗所呼，傳寫於文字者如此。其制比籮疎而頗深，如籃大而梢淺，上有長繫可挂。農人撲禾之後，同稈、穗、子粒，旋旋貯之於內，輒篩下之。上餘穰藁，逐節棄去。其下所留穀物，須付之颺籃，以去糠粃。嘗見於江浙農家。"

【篩穀筊】

即筊。此稱元代已行用。見該文。

篩穀筊
（元王禎《農書》）

罜罳

一種篩穀物的羅，以竹爲筐，以絹爲幔。南宋臨安有專門製作罜罳的手藝人，見宋周密《武林舊事・小經紀》。此稱宋代已行用。宋文天祥《文山集》卷一八："初四日，予在桂公塘北……有白鬚老子，設青罜罳，飯於救生寺，竈前稱南朝相公。"元劉壎《水雲村稾》卷一："是雨也，橫嶂沿堤，循山截谿，方直或似乎屏障，彎環又類乎罜罳。"清厲荃《事物異名錄・器用・篩》："《事物原始》：罜罳以竹爲筐，以絹爲幔，以篩米麥之粉，留粗以出細者。"

水擊麵羅

一種利用水利篩面的羅。此稱元代已行用。元王禎《農書・利用門》："水擊麵羅，隨水磨用之。其機與水排俱同。按圖視譜，當自考索。羅因水力，互擊椿柱，篩麵甚速，倍于人力。又有就磨輪軸作機擊羅，亦爲捷巧。"明徐光啓《農政全書》卷一八略同。

舂堂

中國古代南方流行的一種舂穀用的木槽，或用作葬具。每個槽兩邊大約有十個杵，舂搗穀物時聲音若鼓。此稱唐代已行用，亦稱"禾堂"，宋代又稱"舂塘"。唐劉恂《嶺表錄異》卷上："廣南有舂堂，以渾木刳爲槽，一槽兩邊約十杵，男女間立，以舂稻糧。敲磕槽舷，皆有徧拍。槽聲若鼓，聞于數里。"唐許渾《歲暮自廣江至新興往復中題峽山寺》詩之四："藍塢寒先燒，禾堂晚併舂。"自注："人以木槽舂禾，謂之禾堂。"宋利登《田父怨》詩："黃雲百畝割還空，垂老禾堂泣晚舂。"宋周煇《清波雜誌》卷七引《南海錄》："南人送死者無棺槨之具，稻熟時理米，鑿大木若小舟以爲臼，土人名舂塘，死者多殯於舂塘中以葬。"

【禾堂】

即舂堂。此稱唐代已行用。見該文。

【舂塘】

即舂堂。此稱宋代已行用。見該文。

磑船

一種形似水車的舂米船。此稱宋代已行用。宋陸游《棧路書事》詩：“危閣聞鈴駄，湍流見磑船。”清王士禛《蜀道驛程記》九：“江間多磑船，如水車之製，泊急溜中，礴磑舂簸，悉用水功，軋鴉之聲不絶。”

磨坊

磨麵粉等的作坊。此稱唐代已行用，宋代起亦作“磨房”，亦稱“磨室”。唐釋道世《法苑珠林》卷一〇七：“訴云：嘗三度於隱師處受戒，懺悔自省無過，何忍遣作牛身，受苦如是。均已被配磨坊，經二十日苦使後爲勘當，受戒是實不虛，始得免罪。”宋洪邁《夷堅志》戊卷七：“許大郎者，京師人，世以鬻麵爲業，然僅能自贍，至此老頗留意營理，增磨坊三處，買驢三四十頭，市麥於外邑，貪多務得，無時少緩，如是十數年，家道日以昌盛，駸駸致富矣。”宋朱勝非《紺珠集》卷一三：“麥奴，磨室中所浮麥塵也。”宋曾慥《類説》卷二四：“吾死亦無大過，陰官置我一室中，不令他適，汝既受朝，封我爲縣太君，乃縱出入。今往生冀州磨房，某人家爲女因，得來此。家人日具飲食，唯聞匕筯聲，月餘告去，舉家送至郊外，空中有哭泣聲。”元郝經《九日閒居》：“故鼎反磨室，六雄競光榮。”明徐弘祖《徐霞客遊記·滇遊日記十二》：“峽中小室累累，各就水次，其瓦俱白，乃磨室也。以水運機，磨麥爲麵。”明顧璘《幕府山望江》：“因尋達磨室，仰叩西來禪。”明王志長《周禮註疏删翼》卷一〇：“磨室，徐廣注：磨歷也。《戰國策》、《新序》作歷室。”明無名氏《白兔記·挨磨》：“向磨房愁眉鎖，受勞碌也是没奈何。”清李光暎

《金石文考略》卷三：“嘉靖八年，潁上村民耕，得此石，送縣治，縣官都不省視；送之學宫，學官亦不復省視。齋夫移置鄰壁磨房，凡來磑者，俱坐其上，真如明妃嫁呼韓，有餘辱矣。”

【磨房】

同“磨坊”。此體宋代已行用。見該文。

【磨室】

即磨坊。此稱宋代已行用。見該文。

碓坊

舂米的作坊。此稱唐代已行用，宋代起亦稱“碓屋”，明代起亦作“碓房”，清代又稱“碾房”“碾窩”。《壇經·自序品》：“復兩日，有一童子於碓坊過，唱誦其偈。”宋王炎《雙溪類稾》卷二三：“且今六縣之民，近市井者或買糟粕，近碓坊者或糶糠粞。”宋劉克莊《宿山中》詩之二：“就泉爲碓屋，纍石作書龕。”明彭大翼《山堂肆考》卷一四六：“惠能時爲行者在碓坊、杵臼之間聞之，乃曰：美則美矣，了則未了。”《水滸傳》第一三回：“那步兵都頭姓雷名横……原是本縣打鐵匠人出身，後來開張碓房，殺牛放賭。”《皇朝文獻通考》卷三六：“糶賣官米原以接濟民食，使人人得霑減價之實惠，内外城碓房不下千餘所。”《醒世姻緣傳》第一九回：“或在井上看他打水，或在碾房看他推碾。”清程恩澤《邠州道中》詩：“行蹤已踏天涯半，豈料贏驂困碾窩。”

【碓房】

同“碓坊”。此體明代已行用。見該文。

【碓屋】

即碓坊。此稱宋代已行用。見該文。

【碾房】

即碓坊。此稱清代已行用。見該文。

【碾窩】

即碓坊。此稱清代已行用。見該文。

田場

堆放、加工作物的場地。此稱元代已行用，清代亦稱"場"。《元史·刑法志四》："其無人居止空房，并損壞財物及田場積聚之物，同竊盜，免刺計贓斷罪。"明何景明《長歌行贈旺兄》："我家東岡舊鄉土，穀有田場桑有圃。"清王士禎《池北偶談》卷一〇："王庭發軍收討不順之人當都頭，將本營諸團百姓、軍人及祖父本分田場、土產歸明。"《兒女英雄傳》第一四回："村外一個大場院，堆着大高的糧食，一簇人像是在那裏揚場呢。"《二十年目睹之怪現狀》第七九回："從那賣鴉片煙的人家前面走過去，便是一片田場。"

【場】

即田場。此稱清代已行用。見該文。

第七章 儲藏、祭社説

本章重點考證中國古代儲藏、祭社器具與設施及其名稱的産生與發展。全章包括"儲藏器具考""儲藏設施考""社稷祭器、祭所考",共三節。

第一節 儲藏器具考

"儲藏器具"指短期或長期積蓄、保存糧食的器具。部分糧食量器兼具儲藏功用,置於本節一并考辨。

豆

糧食儲藏器具。亦爲容量單位,四升爲一豆。此稱先秦時期已行用。《左傳·昭公三年》:"齊舊四量,豆、區、釜、鍾。四升爲豆,各自其四,以登於釜。釜十則鍾。"《儀禮·士喪禮》:"稻米一豆實於筐。"鄭玄注:"豆,四升。"《小爾雅·廣量》:"一手之盛謂之溢,兩手謂之

掬,掬四謂之豆,豆四謂之區。"《太平廣記》卷三六二引唐牛肅《紀聞·武德縣婦人》:"開元二十八年,武德有娠婦,將生男,其姑憂之,爲具儲糗,其家窶,有麵數豆,有米一區。"

區[3]

糧食儲藏器具。亦爲容量單位,四豆爲一區。此稱先秦時期已行用。《左傳·昭公三年》:

"齊舊四量：豆、區、釜、鐘。"杜預注："四豆爲區，區，一斗六升。"《韓非子・外儲說右上》："夫田成氏甚得齊民，其於民也，上之請爵祿行諸大臣，下之私大斗斛區釜以出貸，小斗斛區釜以收之。"

釜

糧食儲藏器具。亦爲容量單位，四區爲一釜。春秋、戰國時代流行於齊國。現存有戰國時的子禾子釜和陳純釜，都作壇形，小口大腹，有兩耳。子禾子釜的容積爲 20.46 公升，陳純釜的容積爲 20.58 公升。與商鞅量、新莽嘉量的容積已很接近。此稱先秦時期已行用，宋代亦作"鬴"。《左傳・昭公三年》："齊舊四量，豆、區、釜、鐘。四升爲豆，各自其四，以登於釜。"杜預注："四豆爲區，區斗六升。四區爲釜，釜六斗四升。"《論語・雍也》："子華使於齊。冉子爲其母請粟。子曰：'與之釜。'"《莊子・寓言》："曾子再仕而心再化，曰：吾及親仕三釜而心樂，後仕三千鐘不洎，吾心悲。"宋蘇軾《范景仁墓誌銘》："公作律尺、龠、合、升、斗、豆、區、鬴、斛，欲圖上之。"

【鬴】

同"釜"。此體宋代已行用。見該文。

鐘

糧食儲藏器具。亦爲容量單位，十釜爲一鐘。春秋時齊國公室的公量，一鐘合六斛四斗。之後亦有合八斛及十斛之制。此稱先秦時期已行用。《左傳・昭公三年》："齊舊四量：豆、區、釜、鐘。四升爲豆，各自其四，以登於釜。釜十則鐘。"杜預注："六斛四斗。"《左傳・昭公三年》："陳氏三量，皆登一也，鐘乃大也。"杜預注："登，加也，加一謂加舊量之一也。以五升

爲豆，五豆爲區，五區爲釜，則區二斗，釜八斗，鐘八斛。"《孫子・作戰》："故智將務食於敵。食敵一鐘，當吾二十鐘。"郭化若注："鐘，春秋時容量單位。齊國分奴隸主公室的'公量'，同新興地主階級陳氏的'家量'兩種。公量一鐘爲六百四十升，家量一鐘爲一千升。"宋范成大《秋日田園雜興》之九："不惜兩鐘輸一斛，尚贏糠覈飽兒郎。"清孫枝蔚《喜任淑源歸自閩中兼送之燕》詩："文人行萬里，孝子粟千鐘。"

㪵

糧食儲藏器具。亦爲容量單位，一斗二升爲一㪵。此稱先秦時期已行用。《周禮・考工記・陶人》："鬲實五㪵。"鄭玄注："鄭司農云：'㪵讀爲斛'……玄謂豆實三而成㪵，則㪵受斗二升。"楊樹達《積微居小學述林・說文讀若探源》："《說文》鬲字下云：'斗二升曰㪵'，此亦假㪵爲斛。蓋以音讀相同，漢世尚通作也。"

斛

糧食儲藏器具。亦爲容量單位，十斗爲一斛。此稱先秦時期已行用。《莊子・胠篋》："爲之斗斛以量之，則並與斗斛而竊之。"《韓非子・二柄》："故田常上請爵祿而行之羣臣，下大斗斛而施於百姓。"漢莊忌《哀時命》："世並舉而好朋兮，壹斗斛而相量。"南朝梁劉勰《文心雕龍・銘箴》："菁龜神物，而居博弈之中；衡斛嘉量，而在臼杵之末。"元王禎《農書・倉廩門》："斛：十斗量也。《前漢・志》云：'十

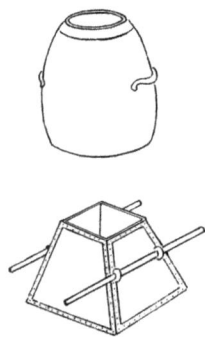

斛
（元王禎《農書》）

斗爲斛……斛者，角斗平多少之量也。’《廣雅》云：‘斛謂之鼓。方斛謂之角。’”

庾[1]

糧食儲藏器具。亦爲容量單位，二斗四升爲一庾，一説十六斗爲一庾。此稱先秦時期已行用。《周禮·考工記·陶人》：“庾實二觳，厚半寸，脣寸。”孫詒讓正義引戴震曰：“量之數：斗二升曰觳，十斗曰斛，二斗四升曰庾，十六斗曰籔。”《左傳·昭公二十六年》：“粟五千庾。”杜預注：“庾，十六斗，凡八千斛。”《論語·雍也》：“與之釜。請益，曰：‘與之庾。’”

缶[2]

糧食量器。容量爲一缶，即十六斗。此稱先秦時期已行用。《國語·魯語下》：“其歲收，田一井出稷禾、秉芻、缶米，不是過也。”韋昭注：“缶，庾也。《聘禮》曰：‘十六斗曰庾。’”

缶[3]

糧食量器。容量爲一缶，即三十二斗。此稱漢代已行用。《小爾雅·廣量》：“釜二有半謂之籔，籔二有半謂之缶。”宋咸注：“缶，四斛也。”胡承珙義證：“此‘有半’二字疑衍。十六斗曰籔，二籔爲三斛有二斗……《御覽》八百三十引作‘籔二謂之缶’是也。”

籔

糧食儲藏器具。亦爲容量單位，十六斗爲一籔。此稱先秦時期已行用。《儀禮·聘禮》：“門外米三十車，車秉有五籔。”鄭玄注：“秉、籔，數名也。”賈公彦疏：“下記云：十斗曰斛，十六斗曰籔，十籔曰秉。”

漕斛

糧食量器。容量爲一斛，即五斗。此稱清代已行用。清魏源《江南吟》之一：“洋銀價高漕斛大，納過官糧餘秸稓。”

盆

糧食儲藏器具，口大底小，較淺。亦爲容量單位，十二斗八升爲一盆。此稱先秦時期已行用，南北朝時期亦稱“盆子”。《周禮·考工記·陶人》：“盆實二鬴。”鄭玄注：“量六斗四升曰鬴。”《荀子·富國》：“今是土之生五穀也，人善治之，則留數盆。”楊倞注：“蓋當時以盆爲量。”北魏賈思勰《齊民要術·醴酪》：“預前多買新瓦盆子容受二斗者，抒粥著盆子中。”

【盆子】

即盆。此稱南北朝時期已行用。見該文。

缸

糧食儲藏器具，瓦製長頸，腹大口小。亦爲容量單位，十升爲一缸。此稱漢代已行用，亦作“瓨”。《説文·缶部》：“缸，瓨也。”段玉裁注：“《瓦部》曰：‘瓨，似罌，長頸。’……‘缸’與‘瓨’音義皆同也。”唐李商隱《因書》詩：“海石分碁子，郫筒當酒缸。”宋張泌《酒泉子》詞：“酒香噴鼻懶開缸，惆悵更無人共醉。”宋陸游《閑遊》詩之一：“肺腸自與人間別，堪笑醉缸與飯囊。”《紅樓夢》第六三回：“老媽媽們一面明吃，一面暗偷，酒缸已罄，衆人聽了，方收拾盥漱睡覺。”

【瓨】

同“缸”。此體漢代已行用。見該文。

盎

糧食量器。此稱漢代已行用。《急就篇》卷三：“甄、缶、盆、盎、甕、甖、壺。”顔師古注：“缶、盆、盎一類耳。缶即盎也，大腹而斂口，盆則斂底而寬上。”《後漢書·逸民傳·逢萌》：“〔萌〕乃首戴瓦盎，哭於市。”李賢注：

"盎，盆也。"唐韓愈《〈此日足可惜〉贈張籍》詩："篋中有餘衣，盎中有餘糧。"清方文《毘陵畣楊逢玉送米》詩："晝出樽常滿，宵歸盎每虛。"

秉

糧食儲藏器具。亦爲容量單位，十籔爲一秉。此稱先秦時期已行用。《儀禮·聘禮》："十斗曰斛，十六斗曰籔，十籔曰秉。"《論語·雍也》："冉子與之粟五秉。"《韓詩外傳》卷一："曾子仕於莒，得粟三秉。"宋梅堯臣《杜挺之新得和州》詩："前時永叔寄秉粟，一秋已免憂朝昏。"

斗¹

糧食儲藏器具。亦爲容量單位，十升爲一斗。此稱先秦時期已行用。《墨子·雜守》："五食，終歲十四石四斗。"南朝梁任昉《奏彈劉整》："整就兄妻范求米六斗哺食。"《新唐書·食貨志一》："百姓殘於兵盜，米斗至錢七千。"元王禎《農書·倉廩門》："斗：十升量也。《前漢·志》云：'十升爲斗……斗者，聚升之量也。'《說文》云：'斗……象形，有柄。'《唐韻》云：俗作斗。《天文集》曰：'斗星仰則天下斗斛不平，覆則歲稔。'

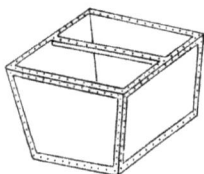

斗
（元王禎《農書》）

斗²

糧食量器。容量爲一斗，即十升。此稱先秦時期已行用。《莊子·胠篋》："掊斗折衡，而民不爭。"

升¹

糧食儲藏器具。亦爲容量單位，十合爲一升，十升爲一斗。公制一升分爲1000毫升，合一市升。今公制與市制相同。此稱漢代已行用。《漢書·律曆志上》："合龠爲合，十合爲升。"范文瀾、蔡美彪等《中國通史》第一編第四章："春秋時期的量，大約五升等于現在的一升。"

升²

糧食量器。容量爲一升，即十合。此稱晉代已行用。晉陶潛《搜神後記》卷一○："忽見石窠中有二卵大如升。"元王禎《農書·倉廩門》：

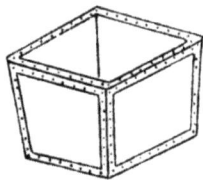

升
（元王禎《農書》）

"升：十合量也。《前漢·志》云：'以子穀秬黍中者千二百實其龠，以井水準其槩。二龠爲合，十合爲升。'《說文》云：'升……从斗，象形。'《唐韻》云：'升，成也。'"《兒女英雄傳》第三三回："那位孔夫子，但凡有個吃飽飯的正經主意，怎的周流列國的時候，半道兒會斷了頓兒，拿着升兒不糴出升米來呢？"

合

糧食儲藏器具。亦爲容量單位，十龠爲一合，一說十勺爲一合，十合爲一升。此稱漢代已行用。漢劉向《說苑·辨物》："千二百黍爲一龠，十龠爲一合，十合爲一升。"晉張華《博物志》逸文："當用柏葉五合，松葉三合，不可過度。"《孫子算經》卷上："十抄爲一勺，十勺爲一合，十合爲一升。"元無名氏《陳州糶米》第一折："俺看承的一合米，關着八九個人的命。"

龠[1]

糧食儲藏器具。亦爲容量單位，二龠爲一合。此稱唐代已行用。唐李商隱《太倉箴》："問龠、合、斗、斛，何以用銅？取寒暑暴露、不改其容。"宋陸游《硯湖》詩引："余得英石，數峯環立，其中凹處，可容一龠。"

龠[2]

糧食量器。容量爲一龠，即二分之一合，一説十分之一合。此稱漢代已行用。漢劉向《説苑·辨物》："千二百黍爲一龠，十龠爲一合。"向宗魯校證："'十'字誤。《漢志》'合龠爲合。'《廣雅·釋器》：'二龠爲合。'則合龠者，合二龠也。《漢志》'合龠'，亦或誤爲'十龠'。"北周庾信《爲晋陽公進玉律秤尺斗升表》："至於分粟絫黍，量絲數龠，實以仰禀聖規，詳參神思。"明宋應星《天工開物·麻》："胡麻數龠充腸，移時不餒。"清唐甄《潛書·審知》："自辨之明者，如別黑白，權銖兩，量斗龠。"

勺

糧食儲藏器具。亦爲容量單位，十抄爲一勺，一説十撮爲一勺，十勺爲一合。此稱漢代前後已行用。《孫子算經》卷上："十撮爲一抄，十抄爲一勺，十勺爲一合。"李時珍《〈本草綱目〉序例》引南朝梁陶弘景《名醫別録合藥分劑法則》："十撮爲一勺，十勺爲一合，十合爲一升。"

抄

糧食儲藏器具。亦爲容量單位，十撮爲一抄，十抄爲一勺。此稱漢代前後已行用。《孫子算經》卷上："量之所起，起於粟。六粟爲一圭，十圭爲一撮，十撮爲一抄，十抄爲一勺，十勺爲一合，十合爲一升。"

撮[1]

糧食儲藏器具。亦爲容量單位，六十粟爲一撮。此稱漢代前後已行用。《孫子算經》卷上："量之所起，起於粟。六粟爲一圭，十圭爲一撮。"

撮[2]

糧食儲藏器具。亦爲容量單位，一百二十黍爲一撮。此稱漢代已行用。《漢書·律曆志上》："度長短者不失毫氂，量多少者不失圭撮。"顔師古注："應劭曰：'四圭曰撮，三指撮之也。'孟康曰：'六十四黍爲圭。'"清俞正燮《癸巳類稿·藥量稱考》："《藏經·方藥》云：'四刀匕爲撮，十撮爲勺，兩勺爲合。則撮，百二十黍；勺，千二百黍；合，二千四百黍。'"

圭

糧食儲藏器具。亦爲容量單位，六粟爲一圭，十圭爲一撮。此稱漢代前後已行用。《孫子算經》卷上："量之所起，起于粟。六粟爲一圭，十圭爲一撮。"《新唐書·西域傳上·高昌》："陛下終不得高昌圭粒咫帛助中國費。"明李時珍《本草綱目·序例·陶隱居名醫別録合藥分劑法則》："量之所起爲圭，四圭爲撮，十撮爲勺，十勺爲合，十合爲升，十升爲斗，五斗曰斛，二斛曰石。"

粟

糧食儲藏器具。亦爲容量單位，六分之一圭爲一粟。此稱漢代前後已行用。參見本節"圭"文。

鼓

一種糧食量器或衡器，其容量或重量説法不一。此稱先秦時期已行用。《禮記·曲禮上》："獻米者操量鼓。"鄭玄注："量鼓，量器名。"

孔穎達疏："量是斗斛之數，鼓是量器名也。《隱義》曰：'東海樂浪人呼容十二斛者爲鼓，以量米，故云量鼓。'獻米者執器以呈之。"孫希旦集解："鼓，量名，其容受之數未聞。疏謂'樂浪人呼容十二斛者爲鼓'，然器容十二斛則不可執以將命，非也。"《左傳·昭公二十九年》："遂賦晉國一鼓鐵，以鑄刑鼎。"楊伯峻注："鼓爲衡名，亦爲量名。《禮記·曲禮上》'獻米者操量鼓'；《管子·地數篇》'武王立重泉之戍，令曰，民有百鼓之粟者不行'，注云：'鼓，十二斛'，此鼓爲計容量之單位與器皿。《孔子家語·正論篇》亦載此事，注云：'三十斤爲鈞，鈞四爲石，石四爲鼓。'則以鼓爲重量單位，當時之四百八十斤。《小爾雅》説同。許慎《五經異義》以四十斤爲斛，若如此，則十二斛亦四百八十斤，衡量與容量相合。倪倬《讀〈左〉瑣言》略明此而不敢肯定。"

錕

一種糧食量器，亦爲容量單位。此稱先秦時期已行用。《管子·輕重丁》："今齊西之粟釜百泉，則錕二十也；齊東之粟釜十泉，則錕二錢也。"按，尹知章注謂一斗二升八合爲一錕。王念孫、孫詒讓謂二斗爲一錕，張佩綸仍以尹注爲是。參閱戴望《管子校正》、郭沫若等《管子集校》。

量

計量物體多少的容器。《書·舜典》："協時月正日，同律度量衡。"陸德明釋文："量，力尚反，斗、斛也。"《左傳·昭公三年》："齊舊四量，豆、區、釜、鍾。四升爲豆，各自其四，以登於釜，釜十則鍾。"《漢書·律曆志上》："量者，龠、合、升、斗、斛也。"清蒲松齡《聊齋

志異·阿纖》："山（奚山）下爲操量執概，母放女收，頃刻盈裝，付之以去。"

概

計量穀物時用以刮平斗斛的器具。此稱先秦時期已行用，漢代起亦作"槩"。《禮記·月令》："〔仲春之月〕角斗甬，正權概。"鄭玄注："概，平斗斛者。"漢袁康《越絕書·請糴內傳》："胥聞越王句踐罷吳之年……妻操斗，身操概，自量而食，適餓不費。"元王禎《農書·倉廩門》："槩：平斛斗器。《説文》云：'槩，朾斗斛。從木，既聲。''朾，平也。'《漢書》云'以井水準其槩'也。《唐書·列女·李畬母傳》：畬爲監察御史，得米，量之，三斛而贏。問於吏，曰：'御史本不槩。'是也。《集韻》：朾，亦音槩，亦書作槩。"明徐渭《三茅觀觀潮》詩："誰將練帶括秋空？誰將古概量春雪？"《聊齋志異·張不量》："蓋張素封積粟甚富，每春貧民就貸，償時多寡不校，悉内之，未嘗執概取盈，故名不量。"

概
（元王禎《農書》）

【槩】

同"概"。此體漢代已行用。見該文。

筐

用竹篾編成的方形的盛物器具，可以儲藏糧食等。此稱先秦時期已行用。《詩·周南·卷耳》："采采卷耳，不盈頃筐。"又《豳風·七月》："女執懿筐，爰求柔桑。"元王禎《農書·蓧蕡門》："筐，竹器之方者。《詩》注云：'筐，筥屬。可以行幣帛及盛物。'《三禮圖》曰：'大筐以竹，受五斛，以盛米，致饋於聘

賨；小筐以竹，受五升，以盛米。'又曰：'筐以盛熬穀。'《詩》曰：'采采卷耳，不盈頃筐。'又曰：'女執懿筐……爰求柔桑。'筐之制，其來已久，今用於農家者多矣。"

筐
（元王禎《農書》）

筥

用竹篾編成的圓形的盛物器具，可以儲藏糧食等。此稱先秦時期已行用，元代亦作"籚"。《詩·召南·采蘋》："于以盛之，維筐及筥。"毛傳："方曰筐，圓曰筥。"又《周頌·良耜》："或來瞻女，載筐及筥。"鄭玄箋："筐筥，所以盛黍也。"《左傳·隱公三年》："筐筥錡釜之器，橫汙行潦之水，可薦于鬼神，可羞于王公。"《淮南子·時則》："具撲曲筥筐。"高誘注："圓底曰筥，方底曰筐。"元王禎《農書·蓧蕢門》："筥：亦作籚，竹器之圓者。注曰：筥，圓而長，但可實物而已。《三禮圖》曰：筥，受五升，盛饔餼之米，致於賓館。《良耜》詩曰：'載筐及筥。'《左傳》：'筐、筥、錡、釜之器。'《字説》云：筐、筥，一器也，特方圓之異云耳。'江沔之間謂之籯，趙岱之間謂之筥，淇衛之間謂之牛筐……小者，南楚謂之篹，自關而西秦晋之間謂之篔。筥，其通語也。"元趙孟頫《題耕織圖二十四首奉懿旨撰》："爛然滿筐筥，愛此顏色新。"

筥
（元王禎《農書》）

【籚】

同"筥"。此體元代已行用。見該文。

缾

儲藏粟等的器具。此稱先秦時期已行用，清代亦作"瓶"。《左傳·昭公七年》："人有言曰：雖有挈缾之知，守不假器，禮也。"《説文·缶部》："缾，罋也。"晋陶潛《歸去來兮辭》序："幼稚盈室，缾無儲粟。"宋陸游《秋盡自遣》詩："席下錢雖盡，缾中粟有儲。"清王士禎《祭孫無言文》："而無言獨爲竆人，居闤闠中，委巷掘門，缾無儲粟。"清董道權《雪中答李杲堂》詩："歸來兒女候柴門，笑指缾中不盈斗。"缾，一本作"瓶"。

【瓶】

同"缾"。此體清代已行用。見該文。

笔

用竹篾、荆條、稻草等編成的儲藏稻穀的器具。此稱漢代已行用。《急就篇》卷三："笔、箅、篋、筥、篔、篔、籌。"顏師古注："笔、箅，皆所以盛米穀也。以竹木篹席若泥塗之，則爲笔，笔之言屯也，物所屯聚也；織草而爲之，

笔
（元王禎《農書》）

則曰篅。"元王禎《農書・蓧蕢門》："笆,《集韻》云:'盛穀器'。或作囤,又'蘧也'。北方以荊、柳或蒿卉,製成圓樣;南方判竹、編草,或用籧篨,空洞作圍,各用貯穀。南北通呼曰笆,兼篅鹽而言也。然笆多露置,可用貯糧;篅、鹽在室,可用盛種。皆農家收穀所先具者,故併次之。"明徐光啓《農政全書》卷二四:"北方以荊柳或蒿卉製爲圓樣;南方判竹編草或籧篨,空洞作圍,各用貯穀。南北通呼曰笆。"

【囤】

即笆。此稱南北朝時期已行用。《魏書・高祖紀上》:"三月壬午,詔諸倉囤穀麥充積者,出賜貧民。"前蜀貫休《山居詩》之一七:"且爲小囤盛紅粟,別有珍禽勝白鷗。"宋戴侗《六書故・工事二》:"囤,徒本切,困類。織竹規以貯穀也。"宋張至能《豐年行》:"長田一畝三石收,截茅作囤遮水牛。"明王彥泓《鄧尉山》:"半山已見太湖全,米囤蟲頭出沒邊。"《兒女英雄傳》第三三回:"高粱桿兒就是秫稭,剝下皮兒來就織席作囤。"

篅

用竹篾、荊條、稻草等編成的儲藏稻穀的器具。其形似笆:但笆多置於室外,形狀較大;篅多放於室內,形狀較小。此稱漢代已行用,亦作"圌"。《急就篇》卷三:"笆、篅皆所以盛米穀也,……織艸而爲之則曰篅,取其圓圓然也。"《說文・竹部》:"篅,以判竹圜以盛穀者。"段玉裁注:"用竹篾圍其外,殺其上,高至於屋,蓋以盛穀,近底之處爲小户,常閉之,可出穀。"《釋名・釋宮室》:"圌,以草作之,團團然也。"《廣雅・釋器》:"笆謂之篅。"《玉篇・竹部》:"篅,曰判竹圜以盛穀也。"《藝文類聚》

卷八五引南朝宋劉義慶《幽明錄》:"穀在圌中。"北魏賈思勰《齊民要術・水稻》:"經五宿,漉出,內草篅中裹之。"石聲漢注:"篅,盛穀的圓形容器,用草編織成。"宋釋覺範《送琳上人》:"解將骨董藏涪叟,又負籧篅訪了齋。"元王禎《農書・蓧蕢門》:"篅,《說文》云:'判竹,圓以盛穀。笆類也。篅,或作圌。此鹽與篅,皆笆之別名,但大小有差。亦蓧、蕢之舊制,不可遺也。"又:"然笆多露置,可用貯糧;篅、鹽在室,可用盛種。"明朱謀瑋《駢雅・釋器》:"授米者笆、篅。"《夏侯陽算經・言斛法不同》:"今有圓篅,周三丈,高一丈六尺,問受粟幾何?"

【圌】

同"篅"。此體漢代已行用。見該文。

儋

儲藏穀米等的瓦器。此稱漢代已行用。《淮南子・氾論訓》:"肩荷負儋之勤也。"《漢書・食貨志》:"漿千儋。"顏師古注引孟康曰:"儋,甖也。"又《揚雄傳》:"〔揚雄〕家產不過十金,乏無儋石之儲。"顏師古注:"齊人名甖爲儋,受二斛。"《三國志・魏書・楊阜傳》:"今天下彫弊,民無儋石之儲,國無終年之畜。"又《蜀書・董和傳》:"〔董和〕年死之日,家無儋石之財。"元王禎《農書・蓧蕢門》:"儋,貯米器也。《漢書》:揚雄'無儋石之儲'。晋劉毅家無儋石之儲。應劭曰:'齊人名甖爲儋,受二斛。'顏師古曰:'儋者,一

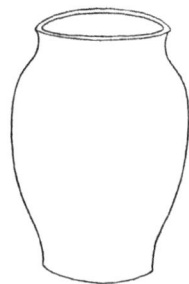

儋
(元王禎《農書》)

人所負擔也。'《方言》云：'罃，陳魏宋楚之間曰瓵，或曰瓶，燕之東北、朝鮮洌水之間謂之瓼……周洛韓鄭之間謂之甀。'儋，或作甔，字從瓦，瓦器也。今江淮間農家造泥爲甕，披以麻草，用貯食米，可以代儋，細民甚便之。"明陳章《即席贈趙栗夫》："胸中富有書千卷，誰信家無儋石儲。"

【甔】

即儋。此稱漢代已行用。《史記·貨殖列傳》："漿千甔。"裴駰集解引徐廣曰："大罌缶。"唐陸龜蒙《京口與友生話別》詩："國計徒盈策，家儲不滿甔。"一説爲小甖。見《玉篇·瓦部》。

麥籠

儲藏麥子的竹器。此稱金代已行用，元代亦稱"腰籠"。金元好問《續夷堅志·鬼拔樹》："此人行半里，見道左大柳樹拔根出，擲之十步外。泥中印大臀髀痕，如麥籠許。"元王禎《農書·粵麥門》："麥籠：盛芟麥器也。判竹編之，底平口綽，廣可六尺，深可二尺。載以木座，座帶四碢，用轉而行。芟麥者腰繫鈎繩牽之，且行且曳，就借使力前向綽麥，乃覆籠內。籠

麥籠
（元王禎《農書》）

滿則异之積處。往返不已，一籠日可收麥數畝。又謂之腰籠。"

【腰籠】

即麥籠。此稱元代已行用。見該文。

喬扦

用細竹杆製作的三脚架，遇雨雪導致地面潮濕時懸挂收穫的莊稼。此稱元代已行用。元陳柏《喬扦》："江鄉新霽稻初收，縛竹爲扦可寄留。"元王禎《農書·勸助篇》："江南地下多雨，上霖下潦，劖刈之際則必須假之喬扦，多則置之筅架，待晴乾曝之，可無耗損之失。"又《杷朳門》："喬扦，挂禾具也。凡稻，皆下地沮濕，或遇雨潦，不無潒浸；其收穫之際，

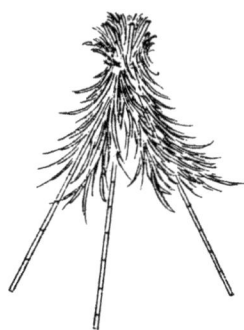
喬扦
（元王禎《農書》）

雖有禾稇，不能卧置。乃取細竹，長短相等，量水淺深，每以三莖爲數，近上用篾縛之，又於田中，上控禾把；又有用長竹橫作連脊，挂禾尤多。凡禾多則用筅架，禾少則用喬扦，雖大小有差，然其用相類，故并次之。"明徐光啓《農政全書》卷二二略同。

穀匣

儲藏穀物的方形木匣，可以開啓，還可纍疊。此稱元代已行用。元王禎《農書·蓧蕢門》："穀匣，盛穀方木層匣也。用板四葉，相嵌而方；

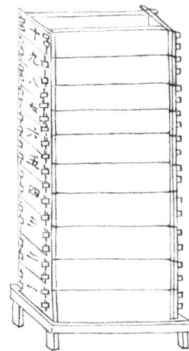
穀匣
（元王禎《農書》）

大小不等，高下隨宜；下作底足，疊累數層；上作頂蓋，貯穀於內。置穴於下，可以啓閉。用之多在屋室，亦可露置，以瓦覆之。比之囷、京，可以移頓；較之篅、笔，可以增減。既無雀鼠之耗，又無濕泡之虞，實穀藏之佳者。”

籮

稱量、儲藏米穀等的竹器，大多方底圓口，容納一斛。此稱漢代已行用，陳、魏、宋、楚之間亦稱“篅”，自關而西又稱“注箕”。《方言》卷五：“所以注斛。陳、魏、宋、楚之間謂之篅，自關而西謂之注箕，陳巍宋楚之間謂之籮。”郭璞注：“盛米穀寫斛中者也，今江東亦呼爲篅，音巫覡。篅亦籮屬也，形小而高，無耳。”錢繹箋疏：“注，猶瀉也。瀉與寫同。”宋范成大《雪中聞牆外鬻魚菜者求售之聲甚苦有感》之一：“飯籮驅出敢偷閒，雪脛冰鬚慣忍寒。”金元好問《學東坡移居》詩之四：“兒啼飯籮空，堅陣爲屢却。”元王禎《農書 · 篠簣門》：“籮：匠竹爲之，上圓下方，挈米穀器，量可一斛。”《中國民間歌謠資料 · 農民十二月》：“一下入年價，籮篇親戚敬。”

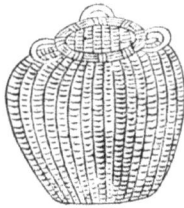
籮
（元王禎《農書》）

【篅】

即籮。此稱漢代陳、魏、宋、楚之間已行用。見該文。

【注箕】

即籮。此稱漢代已行用。見該文。

篦

一種盛放食物等的籮筐類竹器。此稱宋代已行用。宋洪邁《夷堅乙志 · 滄浪亭》：“〔守宿老卒〕明日入白主人，即命十車徙池水，掘污泥，拾朽骨，盛以大竹篦，凡滿八器，共置大棺中。”元王禎《農書 · 篠簣門》：“篦：亦籮屬，比籮稍匾而小，用亦不同。篦則造酒、造飯，用之漉米，又可盛食物。蓋籮盛其粗者，而篦盛其精者，精粗各適所受，不可易也。”

篦
（元王禎《農書》）

瓮

儲藏穀物的陶器或木器，口小腹大，或用爲墓葬明器。此稱漢代已行用，亦作“甕”。《禮記 · 檀弓上》：“醯醢百瓮。”宋王安石《賜也》：“桔槔俯仰妨何事，抱瓮區區者此身。”《水滸傳》第三三回：“此計大妙，却似甕中捉鱉，手到拿來！”

【甕】

同“瓮”。此體漢代已行用。見該文。

【罌】

即瓮。此稱漢代已行用，南北朝時期亦稱“糧罌”，宋代又稱“糧罌”。《説文》：“甕，罌也。”《方言》卷五：“瓮，罌也……自關而東，趙魏之郊謂之甕，或謂之罌。”錢繹箋疏：“甕，並與瓮通。”晉劉伶《酒德頌》：“先生於是方捧罌承槽，銜杯漱醪。”北齊顏之推《顏氏家訓 · 終制》：“吾當松棺二寸，衣帽已外，一不得自隨，牀上唯施七星板；至如蠟弩牙、玉豚、錫人之屬，並須停省，糧罌明器，故不得營，碑誌旒旐，彌在言外。”《新唐書 · 南蠻傳下 · 投和》："親喪，斷髮爲孝，焚尸，斂灰于罌，沉之水。"宋高承《事物紀原·吉凶典制·糧罌》："今喪家棺斂，柩中必置糧罌者……《禮·檀弓》曰：重，生道也。《三禮圖》曰：重起於商代，以飯含餘粥以鬲盛之，名曰重。設之於庭，恐神依之以食。今之糧罌，即古重之遺意也。"《聊齋志異·狐妾》："門外一罌，可供數日飲。"何垠注："罌音罌，瓦器。"

【糧罌】

即罌，亦即瓮。此稱南北朝時期已行用。見該文。

【糧罌】

即罌，亦即瓮。此稱宋代已行用。見該文。

穀盅

用竹篾等編製的底部稍大的圓筒狀中空器具，多置於穀倉中疏通潮氣，以保持穀物乾燥。此稱宋代已行用。元王禎《農書·倉廩門》："穀盅，《集韻》云：虛器也。又謂之氣籠。編竹作圍，徑可一尺，高可二丈，底足稍大，易于

豎立。内置木撐數層。乃先列倉中，每間或五或六，亦量積穀多少，高低大小而制之。嘗見倉廩、困京等所貯米穀，蒸濕結厚數尺，謂之礁頭，以致壓盦變黃，漸成涫腐，徃徃耗損元數，公私坐致陷害，誠甚可惜。今置此器，使欎氣升通，米得堅燥，免蹈前弊，實濟物之良法。凡儲蓄之家，不可闕也。"

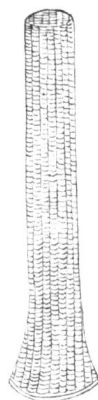

穀盅
（元王禎《農書》）

摺子

以竹篾或蘆葦編織，用以圈儲糧食的長席。此稱清代已行用。《儒林外史》第二二回："第二日清早，卜誠起來，掃了客堂裏的地，把囤米的摺子搬在窗外廊簷下。"

第二節　儲藏設施考

"儲藏設施"指短期或長期積蓄、保存糧食的設施。本節以一般儲藏設施與特殊儲藏設施爲序，依次考辨。

竇

儲藏穀物的小口大腹的橢圓形地穴。此稱先秦時期已行用。《禮記·月令》："可以築城郭、建都邑、穿竇窖、修困倉。"鄭玄注："入地橢

曰竇，方曰窖。"孔穎達疏："橢者似方非方，似圓非圓，以其名竇，與窖相似，故云橢曰竇。方曰窖者，竇既爲橢圓，故以窖爲方也。"元王禎《農書·倉廩門》："竇，似窖。《月令》

竇
（元王禎《農書》）

曰：'穿竇窖。'鄭注云：'穿竇窖者，入地橢曰竇，方曰窖。'疏云：'橢者，似方非方，似圓非圓。'《釋文》云：'橢，謂狹而長。'今人下掘，或旁穿出土，轉于他處，內實以粟，復以草塈封塞，他人莫辨，即謂竇也。蓋小口而大腹。竇，小孔穴也，故名竇。"

窖

儲藏穀物的方形地穴。此稱先秦時期已行用。《禮記 · 月令》有"穿竇窖"。《漢書 · 蘇武傳》："單于愈益欲降之，乃幽武置大窖中，絕不飲食。"宋林希逸《考工記解》卷下："窖藏雖掘地其上，必有牆圍而後蓋蔽之也。"元王

窖
（元王禎《農書》）

禎《農書 · 倉廩門》："窖：藏穀穴也。……嘗謂穀之所在，民命是寄，今藏置地中，緩急可恃。且風、蟲、水、旱，十年之內，儉居五六，安可不預備凶災？夫穴地爲窖，小可數斛，大至數百斛，先投柴棘，燒令其土焦燥，然後周以糠穩，貯粟於內。五穀之中，唯粟耐陳，可歷遠年。有於窖上栽樹，大至合抱。內若變浥，樹必先驗，驗謂葉必萎黃。又搗別窖。北地土厚，皆宜作此。江淮高峻土厚處，或宜傚之。既無風雨、雀鼠之耗，又無水火、盜賊之虞，雖篋笥之珍，府藏之富，未可埒也。"《沈氏農書 · 運田地法》："種田地肥壅最緊，人糞力旺，牛糞力長，不可偏廢，租窖乃根本之事。"參見本節"竇"文。

【窌】

即窖。此稱先秦時期已行用。《周禮 · 考工記 · 匠人》："囷窌倉城。"鄭玄注："穿地曰窌。"孫詒讓正義："《說文 · 穴部》云：'窌，窖也。''窖，地藏也。'……《呂氏春秋 · 季春紀》：'發倉窌。'高注亦云：'穿地曰窌。'又《仲秋紀》注云：'穿窌，所以盛穀也。'義並與鄭同。"《新唐書 · 田神功傳》："劉展反，鄧景山引神功助討，自淄青濟淮，衆不整，入揚州，遂大掠居人貲産，發屋剔窌，殺商胡波斯數千人。"參見本節"竇"文。

竇窌

儲藏穀物的地穴。此稱先秦時期已行用，亦作"竇窌"，亦稱"垣窌"。《禮記 · 月令》有"穿竇窖"。《荀子 · 富國》："故田野縣鄙者，財之本也。垣窌倉廩者，財之末也。"楊倞注："垣，築牆四周以藏穀也。窌，窖也，掘地藏穀也。"《逸周書 · 月令》："穿竇窌，修囷倉。"一

説指水溝和地窖。《淮南子·時則訓》：“穿竇窖。”高誘注：“穿竇所以通水，不欲地濕也；穿窖所以盛穀也。”宋李覯《富國》：“斂時多賤，賤則傷農而利末也，農人倉廩既不盈，竇窖既不實，多或數月，少或旬時，而用度竭矣。”宋黃庶《送楊侍讀自長安之蜀》：“今亦夏秋稔，竇窖飽滿，雞猪肥。”《授時通考·蓄聚·圖式》：“北方高亢多粟，宜用竇窖，可以久藏；南方墊溼多稻，宜用倉廩，亦可歷遠年。”

【竇窌】

同“竇窖”。此體先秦時期已行用。見該文。

【垣窌】

即竇窖。此稱先秦時期已行用。見該文。

庚

露天儲藏穀物的方形糧倉。此稱先秦時期已行用，三國時期起亦作“庾”。《國語·吳語》：“市無赤米，而囷鹿空虛。”韋昭注：“員曰囷，方曰鹿。”《廣雅·釋宮》：“庚，倉也。”清王念孫疏證：“庚，通作鹿。”《玉篇·广部》：“庚，庾也，倉也。”

【庾】

同“庚”。此體三國時期已行用。見該文。

庾[2]

露天儲藏穀物的糧倉。此稱漢代已行用。《史記·孝文本紀》：“發倉庾以振貧民，民得賣爵。”裴駰集解：“胡公曰：‘在邑曰倉，在野曰庾。’”司馬貞索隱引郭璞注《三倉》：“庾，倉無屋也。”《説文·广部》：“庾，一曰倉無屋者。”段玉裁注：“無屋，無上覆者也。”晉潘岳《楊荆州誄》：“倉盈庾億，國富兵强。”南朝梁虞羲《詠霍將軍北伐》：“位登萬庾積，功立百行成。”《舊唐書·音樂志三》：“三推禮就，萬庾祈凝。”

元王禎《農書·倉廩門》：“庾：鄭《詩箋》云：‘露積穀也。’《集韻》：庾‘或作㢼’，‘倉無屋者’。《詩》曰：‘曾孫之庾，如坻如京。’又曰：‘我庾維億。’蓋謂庾積穀多也。”

露囤

露天圍起的儲藏糧食的倉庫。此稱宋代已行用。《宋史·李若谷傳》：“官倉依山而貯穀少，若谷使作露囤，囤可貯二萬斛。”《明史·河渠志四》：“命于天津置露囤千四百所，以廣儲蓄。”清傅澤洪《行水金鑑·運河水》：“其抵壩者，行河西務鈔關速，輸進倉；不得抵壩者，暫貯露囤。”《清會典事例·户部·漕運六》：“漕米截留北倉及天津露囤各米，現在輪流派運。”

倉

儲藏糧食的倉庫。此稱先秦時期已行用。《詩·小雅·甫田》：“乃求千斯倉，乃求萬斯箱。”又《小雅·楚茨》：“我倉既盈，我庾維億。”《國語·越語下》：“除民之害，以避天殃，田野開闢，府倉實，民衆殷。”韋昭注：“貨財曰府，米粟曰倉。”《説文·倉部》：“倉，穀藏也。”段玉裁注：“穀藏者，謂穀所藏之處。”三國魏曹操《對酒》：“三年耕有九年儲，倉穀滿盈。”晉葛洪《抱朴子·守塉》：“收粖秬之千倉，積我庾之惟億。”《北史·魏本紀》：“以頻遇霜旱，年穀不登，命出布帛、倉穀以振貧窮。”唐韓愈《路公神道碑銘》：“校其倉得石者五十萬餘。”唐聶夷中《田家》之一：“六月禾未秀，官家已修倉。”宋文天祥《正氣歌序》：“倉腐寄頓，陳陳逼人，時則爲米氣。”元王禎《農書·倉廩門》：“倉，穀藏也。《釋名》曰：‘倉，藏也，藏穀物也。’《天文集》曰：‘廩星主倉。’《史記·天官書》：‘胃爲天倉。’此名著於天象

倉
（元王禎《農書》）

者。《禮・月令》曰：孟冬，令有司'修囷倉'《周禮》：'倉人，掌粟入之藏。'此名著於公府者。《甫田》詩曰：'乃求千斯倉。'《管子》曰：'倉廩實而知禮節。'此名著於民家者。推而言之，則知倉之類尚矣。今國家備儲蓄之所，上有氣樓，謂之敞房；前有簷楹，謂之明廈；倉爲總名。蓋其制如此。夫農家貯穀之屋，雖規模稍下，其名亦同，皆係纍年蓄積所在。內外材木露者，悉宜灰泥塗飾，以備火災，木又不蠹，可爲永法。"《明史・循吏傳・徐九思》："歲侵穀湧貴，巡撫發倉穀數百石，使平價糶而償直於官。"清龔煒《巢林筆談》卷五："亳州倅顧周士，以漕米數上不收，憤激量官倉，歸一夕卒。"清龔自珍《〈阮尚書年譜〉第一序》："京師轉漕東南，歲七百萬，積以升斗，極於京垓，盤倉古法，今也失傳，其數至頤而不可稽，其欺至隱而不可詰。"

大倉

京城大型國家糧庫。此稱先秦時期已行用，亦稱"墳倉"，漢代起亦作"太倉"。《莊子・秋水》："計中國之在海內，不似稊米之在大倉乎？"《韓非子・八奸》："其於德施也，縱禁財，發墳倉。"《史記・平準書》："太倉之粟，陳陳相因，充溢露積於外，至腐敗不可食。"唐白居易《和思歸樂》："太倉一稊米，大海一浮萍。"宋周弼《菰菜》："野人穫之亦自足，何用虛靡太倉粟。"元吳訥《李將軍歌》："太倉積粟皆紅腐，羣猫晝眠鼠變虎。"清昭槤《嘯亭雜録・朱清張瑄》："及夫末際，歲運至四百萬之多，使太倉陳陳相因，紅朽不可食。"《清史稿・食貨志一》："天府太倉之蓄，一旦蕩然。"

【太倉】

同"大倉"。此體漢代已行用。見該文。

【墳倉】

即大倉。此稱先秦時期已行用。見該文。

公倉

官府的糧庫。此稱先秦時期已行用，隋代起亦稱"官倉"。《商君書・農戰》："百姓曰：'我疾農，先實公倉，收餘以食親，爲上忘生而戰，以尊主安國也。'"《周書・張軌傳》："時穀糴湧貴，或有請貸官倉者。"《隋書・食貨志》："〔魏天平元年〕於諸州緣河津濟，皆官倉貯積，以擬漕運。"唐張籍《野老歌》："苗疎稅多不得食，輸入官倉化爲土。"《宋史・李若谷傳》："官倉依山而貯穀少，若谷使作露囷，囷可貯二萬斛。"元謝應芳《踏車婦》："四郊未種圍田穀，三邊已運官倉粟。"《元史・王都中傳》："都中以官倉之米定其價爲三等，言於行省。"明靳學顏《講求財用疏》："今徐、臨、德州皆有官倉，本爲寄囷，至於存積幾何哉？"清《蘭州紀畧》卷一七："除去公倉費等項銀七兩外，每監生一名應多餘銀八兩。"

【官倉】

即公倉。此稱隋代已行用。見該文。

神倉

儲藏祭祀用穀物的倉庫。此稱先秦時期已行用。《禮記·月令》：“〔季秋之月〕乃命冢宰，農事備收，舉五穀之要，藏帝籍之收於神倉，祇敬必飭。”鄭玄注：“藏祭祀之穀爲神倉。”孔穎達疏：“神倉者，貯祀鬼神之倉也。”《吕氏春秋·季秋紀》：“藏帝籍之收於神倉，祇敬必飭。”高誘注：“天子藉田千畝其所收穀也，故謂之帝藉。之收於倉，受粢以供上帝神祇之祀，故謂之神倉。”《新唐書·禮樂志四》：“藉田之穀，斂而鍾之神倉，以擬粢盛及五齊、三酒，穰槀以食牲。”宋文彦博《耤田集議》：“千畝方田開帝耤，四時和氣聚神倉。”《宋史·禮志一》：“置廩犧局，設牢預養，籍田舊地，種植粢盛，納于神倉，以待祭祀之用。”《明史·禮志三》：“請以耤田所出，藏南郊圓廩神倉，以供圜丘、祈穀、先農、神祇壇、長陵等陵、歷代帝王及百神之祀。”清洪世澤《聖主躬耕耤田恭紀三首》：“玉趾祥風細轉拂，朱絃神倉從此多。”

禁倉

帝王的糧倉。此稱漢代已行用。《史記·三王世家》：“虛御府之藏以賞元戎，開禁倉以賑貧窮。”《唐文拾遺·唐故開府儀同三司兼左羽林軍大將軍知軍事文安郡王贈工部尚書清河張公神道碑銘》：“至於經費餘羨，緡錢繒縞、米鹽稻麥之數，莫之能紀，咸登於内府，實於禁倉。”

義倉

各地爲備荒而設置的糧倉。始於漢代，盛於隋唐，歷代管理、發放等不盡統一。此稱隋代已行用，亦稱“社倉”。《隋書·長孫平傳》：“平見天下州縣多罹水旱，百姓不給，奏令民間每秋家出粟麥一石已下，貧富差等，儲之閭巷，以備凶年，名曰義倉。”又《食貨志》：“十六年正月，又詔秦疊……銀扶等州社倉，並於當縣安置。二月，又詔社倉，准上中下三等税，上户不過一石，中户不過七斗，下户不過四斗。”《舊唐書·順宗紀》：“今春所貸義倉粟，方屬歲饑餽容至豐熟，歲送納。”又《食貨志下》：“武德元年九月四日，置社倉。”宋林光朝《代陳季若上倉使》：“義倉有粟腐，物價敢喧闐。”宋曾鞏《本朝政要策·義倉》：“使歲穰，輸其餘；歲凶，受而食之：故義倉之法自此始。長孫平修之，隋以富足。”《宋史·食貨志上六》：“陸九淵在敕令局，見之嘆曰：‘社倉幾年矣，有司不復舉行，所以遠方無知者。’”明解縉《大庖西上封事》：“欲拯其困而革其弊，莫若行授田、均田之法，兼行常平、義倉之舉積之，以漸至有九年之食無難者。”明靳學顏《講求財用疏》：“夫社倉即義倉也。蓋始于漢耿壽昌，而盛于隋長孫平、唐戴冑之徒，唐又最盛。計天下積至數千萬以上，及推其故，唐義倉之開每歲自王公以下皆有入，是以其積獨多。”明葉盛《水東日記·黃東發社倉記》：“鄉有李令君捐粟六百石爲倡，將成社倉。”《醒世恒言·張廷秀逃生救父》：“官府看不過，開發義倉，賑濟百姓。”王闓運《儲玫躬傳》：“譬喻州人，積穀設義倉，以待非常。”

【社倉】

即義倉。此稱隋代已行用。見該文。

陳倉

儲藏陳糧的倉庫。此稱唐代已行用。唐賀

知章《奉和御製春臺望》:"尚有靈蛇下郾時,還徵瑞寶入陳倉。"元王實甫《西廂記》第三折:"茶飯已安排定,淘下陳倉米數升,碟下七八碗軟蔓青。"《平妖傳》第一回:"其中有一員外,家中巨富,真個是錢過壁斗,米爛陳倉。"《水滸傳》第二三回:"家裏錢過北斗,米爛陳倉,赤的是金,白的是銀,圓的是珠,光的是寶。"

屯倉

屯田區的糧倉。此稱唐代已行用。《元和郡縣志·關內道·夏州》:"平河水首受黃河,隋文帝開之,以通屯倉。"元陳金《海口記》:"軍民、夫匠各給以糧,糧皆取諸屯倉。"明何孟春《何文簡疏議·地方疏》:"歸化、河陽、祿豐等府州縣地方,先年設有屯倉,例該委官前去收受。"《明史·食貨志一》:"三十年定科則:軍田一分,正糧十二石,貯屯倉,聽本軍自支,餘糧爲本衛所官軍俸糧。"

河倉

儲藏漕糧等的倉庫。此稱宋代已行用。《宋史·兵志八》:"於是嚴河倉乞取減刻之事。"元吳當《述感十五首》之三:"河倉紅粟腐,漕壞紫臺煙。"《元典章·聖政二·救災荒》:"義倉舊例:豐年蓄其有餘,歉歲補其不足。前年使民運赴河倉,有失設置義倉初意。"《續文獻通考·市糴考》:"八年,以和糴糧及諸河倉所撥糧貯之。"

鋪倉

儲藏糧食的倉庫。此稱清代已行用。清黃六鴻《福惠全書·錢穀·催徵》:"非多蠹嚼吞于坊肆,即累日困閉于鋪倉。"《醒世姻緣傳》第九〇回:"但是改折了,却問何人去要鋪倉的常例?問那個要解剩的餘米?"清葉夢珠《閱世編》卷六:"而鋪倉租廠脚米,承上接下,送迎官長之費在外。"

廩

有頂棚而無墙壁的糧倉,亦泛指糧倉。此稱先秦時期已行用,亦作"廩""稟",漢代亦作"㐭",唐代又作"凛"。《詩·周頌·豐年》:"亦有高廩,萬億及秭。"注云:"廩,所以藏粢盛之穗。"《左傳·文公十六年》:"自廬以往,振廩同食。"杜預注:"振,發也。廩,倉也。"《管子·輕重甲》:"請使州有一稟,里有積五窌。"郭沫若等集校引王引之曰:"稟,古廩字也。廩與窌皆所以藏穀。"《説文·㐭部》:"倉黃㐭而取之,故謂之㐭。穀所振入也。"段玉裁注:"《周禮》注曰:米藏曰廩。"《史記·五帝本紀》:"瞽叟尚復欲殺之,使舜上塗廩,瞽叟從下縱火焚廩,舜乃以兩笠自扞而下,去,得不死。"《後漢書·寇榮傳》:"故大舜不避塗廩浚井之難,申生不辭姬氏讒邪之謗。"《晉書·摯虞傳》:"期運度數,自然之分,固非人事所能供御,其亦振廩散滯,貶食省用而已矣。"《新唐書·李密

廩
(元王禎《農書》)

傳》："今禀無見糧，難以持久。"《舊五代史·梁書·葛從周傳》："今燕帥來赴，不可外戰，當縱其入壁，聚食困廩，力屈糧盡，必可取也。"宋蘇軾《內中侍御以下賀年節詞語·太皇太后》："捐財振廩，救民溝壑之中；求賢審官，拔士茅茨之下。"元王禎《農書·倉廩門》："廩，倉別名。……今農家構爲無壁厦屋，以儲禾穗及稑稑之種，即古之亩也。"

【廪】

同"廩"。此體先秦時期已行用。見該文。

【稟】

同"廩"。此體先秦時期已行用。見該文。

【亩】

同"廩"。此體漢代已行用。見該文。

【禀】

同"廩"。此體唐代已行用。見該文。

御廩

儲藏天子耕種用以饗祀的糧食的倉庫。此稱先秦時期已行用，亦作"御廩"。《春秋·桓公十四年》："秋八月壬申，御廩災。"杜預注："御廩，公所親耕以奉粢盛之倉也。"又《穀梁傳·桓公十四年》："甸粟而內之三宮，三宮米而藏之御廩，御廩者粢盛之所藏也。"《晋書·天文志上》："天廩四星在昴南，一曰天廥，主蓄黍稷以供饗祀；《春秋》所謂御廩，此之象也。"唐蔣防《題杜賓客新豐里幽居》："已去龍樓籍，猶分御廩儲。"唐柳宗元《監祭使壁記》："節三宮御廩之實，畢備而聽命焉。"宋易祓《周官總義》卷一○："蓋倉人掌粟入之藏，辨九穀之物，則掌穀可知廩。如御廩、常廩之類，則皆米也，不然明堂位何以曰米廩。"清龔自珍《非五行傳》："成周宣榭火，御廩災、桓僖廟災，

非火不炎上也。"

【御廪】

同"御廩"。此體先秦時期已行用。見該文。

穀廩

儲藏穀物的糧倉。此稱先秦時期已行用，漢代亦作"穀廩"。《管子·山國軌》："穀廩重有加十。"《後漢書·朱浮傳》："及王莽時，故吏二千石皆引置幕府，乃多發諸郡倉穀廩，贍其妻子。"晋袁宏《後漢紀·孝明皇帝紀第十》："是歲，兖、豫、徐州民被水旱災害，令勿收田租，以見穀廩賜貧民焉。"《宋史·職官志·司農寺》："倉二十有五掌九穀廩藏之事，以給官吏軍兵禄食之。"明王鏊《姑蘇志·人物·正奉大夫子溧》："民社既豐，則賑糶以還官，社仍再糴，以實穀廩焉。"

【穀廪】

同"穀廩"。此體漢代已行用。見該文。

國廩

國家儲藏糧食的倉庫。此稱漢代已行用。漢趙曄《吳越春秋·勾踐伐吳外傳》："吳民既疲於軍，困於戰，闠市無赤米之積，國廩空虛，其民必有移徙之心。"《舊唐書·文苑傳下·劉賁》："國廩罕蓄，乏九年之儲；吏道多端，微三載之績。"清代《世宗憲皇帝聖訓·聖治一·四月壬子》："漕運所經河道固以通國廩之輸，輸亦以便商民之利。"

廩庫

儲藏糧食的倉庫。此稱三國時期已行用，晋代亦稱"圌廩"，唐代亦作"廩庫"。《三國志·吳書·陸凱傳》："當務息役養士，實其廩庫，以待天時。"晋葛洪《抱朴子·守堎》："稗稌曠於圌廩，薪糧廢於庖廚。"唐元稹《贈左散

騎常侍裴公墓誌銘》：“歲旱，廩庫空少，不數年皆羨溢。”《舊唐書·杜兼傳》：“廩庫饒實，三軍百姓安業。”《宋史·五行志五》：“十月，雷州颶風壞廩庫、民舍七百區。”

【稟庫】

同“廩庫”。此體唐代已行用。見該文。

【圖廩】

即廩庫。此稱晉代已行用。見該文。

邊廩

邊地糧倉。此稱唐代已行用，亦作“邊廩”。唐孫逖《爲宰相賀武威郡石化爲面表》：“石變爲麪，既資人食，又濟邊廩。”宋范仲淹《上相府書》：“邊民未豐，邊廩未實，罷武之際，兵足食寡，如屯大軍，必須遠饋。”《續資治通鑑長編·宋神宗熙寧九年》：“舊法以鹽鈔易緣邊軍儲，今則鹽錢散在内地，邊廩頗耗，但聞殘民未見國富也。”《宋史·河渠志五》：“建阡陌、濬溝洫、益樹五穀，所以實邊廩而限戎馬。”明余繼登《典故紀聞》卷一二：“開廣屯田，以漸實邊廩。”

【邊廩】

同“邊廩”。此體唐代已行用。見該文。

【邊庾】

即邊廩。此稱宋代已行用。宋蔡襄《送許寺丞知古田縣》：“賜衣縻國帑，走粟填邊庾。”《宋史·李至傳》：“張攻城，數萬兵食倍之，今日邊庾未充，況范陽之傍坦無陵阜，去山既遠，取石尤難。”明王與《弘治庚戌治河記》：“乃命户部搏邊庾之糧，價計河南之儲積，得白金一十七萬八千餘兩，以備資費。”明王直《開平衛新建廟學記》：“荒穢墾爲良田，由是邊庾充實，士氣百倍。”《明史·陳俊傳》：“邊庾空竭，

歲又不登，而榆林道險，遠轉輸難。”清畢沅《續資治通鑑·宋太宗雍熙三年》：“兵多費廣，勢須廣備餼糧。假令一日克平，當爲十旬準計，未知邊庾充此乎？”

春廩

儲藏春糧的倉庫。此稱宋代已行用。《宋史·外國傳二·夏國下》：“我居漢二十年，每見春廩既虛，秋庾未積，糧草轉輸，例給空券。”明吳與弼《即事》：“寒爐剩辱花封炭，春廩遥承皁蓋金。”

秋廩

囤積秋糧的倉庫。此稱宋代已行用，亦稱“秋庾”。宋司馬光《喜雨》詩：“直可憂秋廩，非徒病夏畦。”《宋史·外國傳二·夏國下》：“我居漢二十年，每見春廩既虛，秋庾未積，糧草轉輸，例給空券，方春未秋，士有饑色。”

【秋庾】

即秋廩。此稱宋代已行用。見該文。

私廩

私人儲藏糧食的倉庫。此稱宋代已行用。《宋史·真宗紀三》：“民有出私廩振貧乏者，三千石至八千石第援助教、文學、上佐之秩。”元迺賢《潁州老翁歌》：“淮南私廩久紅腐，轉輸豈惜千金資。”元善繼《大雪行》：“官倉私廩例空虛，蒼生何以守環堵。”明高啓《看刈禾》：“今年幸稍豐，私廩各已盈。”明張國維《吳中水利全書·毛節卿水利議》：“民窮財盡，當役大户不當役小户，當發公廩不當發私廩。”

倉廩

儲藏米、穀的倉庫，泛指糧倉。此稱先秦時期已行用，宋代亦作“倉廪”。《墨子·非樂上》：“士君子……内治官府，外收斂關，市山

林澤梁之利，以實倉廩府庫，此其分事也。"《禮記·月令》："季春之月……命有司發倉廩，賜貧窮，振乏絶。"孔穎達疏引蔡邕曰："穀藏曰倉，米藏曰廩。"唐元稹《范季睦授尚書倉部員外郎制》："乘我有秋，大實倉廩。"唐元結《雪中懷孟武昌》："我麥根已濡，各得在倉廩。"宋張耒《輸麥行》："半歸倉廩半輸王，免致縣吏相催迫。"元朱德潤《水深圍》："徵糧每歲歸倉廩，稻糧無種長菰蒲。"明楊榮《皇都大一統賦》："倉廩之積，如坻如京，露積紅腐，陳陳相因。"清昭槤《嘯亭雜録·純皇愛民》："地方偶有偏災，即命開啓倉廩，蠲免租税。"清《授時通考·蓄聚·圖式》："北方高亢多粟，宜用寶窖，可以久藏；南方墊濕多稻，宜用倉廩，亦可歷遠年。"

【倉廩】

同"倉廩"。此體宋代已行用。見該文。

庾[3]

便於水運、中轉的糧倉，泛指糧倉。此稱先秦時期已行用。《戰國策·魏策一》："粟糧漕庾，不下十萬。"鮑彪注："漕，水運。庾，水漕倉。"《廣雅·釋宫》："庾，倉也。"《文選·左思〈魏都賦〉》："囹圄寂寥，京庾流衍。"李周翰注："庾，倉也。"唐杜牧《阿房宫賦》："釘頭磷磷，多于在庾之粟粒。"五代齊己《荆渚病中因思匡廬遂成三百字寄梁先輩》："敢謂囊盈物，那言庾滿儲。"宋王禹偁《贈吕通秘丞》詩："已入朝行翻掌庾，未如畿尉且吟詩。"

庾
（元王禎《農書》）

倉庾

糧倉。此稱漢代已行用。《史記·孝文本紀》："發倉庾以振貧民。"《三國志·魏書·倉慈傳》："闢土殖穀，倉庾盈溢，庸績致矣。"《晋書·宣帝紀》："自是淮北倉庾相望，壽陽至於京師，農官屯兵連屬焉。"《舊唐書·王虔休傳》："〔王虔休〕管内州倉庾皆積糧，儲可支軍人。"宋王安石《感事》詩："州家閉倉庾，縣吏鞭租負。"明曾棨《送楊郎中催馬草還京》："菽麥盈倉庾，醹醴溢盆盎。"清王夫之《後鴈蕨行》："大家倉庾皆封閉，懸望開倉如開霽。"清昭槤《嘯亭雜録·理足國帑》："每令直省將天下正供糴米隨漕以入，故倉庾亦皆充實。"

【廩庾】

即倉庾。此稱漢代已行用，唐代亦作"稟庾"，明代又作"廩庾"。《史記·平準書》："都鄙廩庾皆滿，而府庫餘貨財。"《漢書·食貨志》："至武帝之初七十年間，國家亡事，非遇水旱，則民人給家足，都鄙廩庾盡滿，而府庫餘財，京師之錢累百鉅。"《新唐書·劉禹錫傳》："是不耕而歎廩庾之無餘，可乎？"又《王潮傳》："潮自縣史署軍正，主稟庾。"明王志長《周禮註疏删翼》卷四："武帝之初承文景後，都鄙廩庾皆滿，京師之錢貫朽而不可校，太倉之粟腐敗而不可食，漢之富庶於是極矣。"《明史·張昭傳》："預備義倉，本以振貧民，乃豪猾多冒支不償，致廩庾空虚。"《清代文獻通考·學校考四》："天下少士而不知養材之道，鬱湮不揚非天不生材也，是不耕而歎廩庾之無餘，可乎？"

【稟庾】

同"廩庾"，即倉庾。此體唐代已行用。見

該文。

【廩庾】

同"廪庾",即倉庾。此體明代已行用。見該文。

【庫庾】

即倉庾。此稱唐代已行用。唐元稹《唐故越州刺史兼御史中丞河東薛公神道碑文銘》："予視其庫庾,案牘盈羨,無逋負。"宋沈括《池州新作鼓角門記》："巨材生於山林,貨力出於民,取材于山,合民之力,以爲官府庫庾,宜不爲難。"《宋史·袁甫傳》："江東常平適歲旱,亟發庫庾之積。"明張徹《新喻縣治記》："庫庾、壇壝、坊巷、衢道,咸撤而新之。"清李斗《揚州畫舫錄·草河錄上》："山門大殿後有章武殿,兩廡有庫庾庖湢。"

【庾廩】

即倉庾。此稱宋代已行用,亦作"庾廪"。宋劉摯《論備契丹奏》："勞人以繕城郭,倍估以儲庾廩。"宋鄭俠《謝蘇子瞻端明啓》："故取於下則庾廩殫竭,饑窮相食,而不以爲念。"《金史·胥鼎傳》："平陽歲再被兵,人戶散亡,樓櫓修繕未完,衣甲器械極少,庾廩無兩月食。"明張白齋《不寐》之三："口論庾廩虛實,脚揣衿裯短長。"明沈鍾《次石田先生用東坡清虛堂韻自述》："休官寄鄂棲金沙,食非庾廩門非衙。"

【庾廩】

同"庾廩",即倉庾。此體宋代已行用。見該文。

官庾

官府的糧倉。此稱宋代已行用。宋蘇頌《光祿卿葛公墓誌銘》："土少租,重取之,無名

所得幾七百斛,悉輸之官庾。"宋陸游《新涼書懷》詩："先輸官庾無逋賦,共賽神祠有社錢。"宋王栢《賑濟利害書》："今不若先發官庾,如常平義倉、社倉、廣惠倉之類,盡盡數散之官庾竭,然後及於私家。"明孫繼皋《修建新設常鎮兵備道江陰縣駐扎公署記》："至歲久圮壞,即餘址十五築爲官庾矣。"清徐乾學《資治通鑑後編·元順帝至正十六年》："掠婦女、劫貨財、官庾粟四十萬,皆籍爲己有。"

天庾

天子的糧倉。此稱明代已行用。明王應電《周禮翼傳》卷一："天庾貯于民間小倉。"清代《世宗憲皇帝聖訓·重農桑·雍正五年丁未二月乙酉》："若截漕米以濟民,則天庾所關更爲緊要,輾轉思維,實無善策。"清倪象愷《保陽賑濟賦》："開太倉之天庾兮,用平糶而撫字;或借籽以播種兮,疊恩膏於罔替。"清魏源《籌漕篇》下："内河之貢道,天庾之正供,其不能全歸于海運明矣。"

囷

圓形穀倉,泛指糧倉。此稱先秦時期已行用。《周禮·考工記·匠人》："囷窌倉城,逆牆六分。"鄭玄注:"囷,圓倉。"賈公彥疏:"方曰倉,圓曰囷。"《詩·魏風·伐檀》："不稼不穡,胡取禾三百囷兮。"《管子·輕重丁》："今者夷吾過市,有新成囷京者二家。"元王禎《農書·農器圖譜集》引《說文》:"廩之圓者。圓謂之囷,方謂

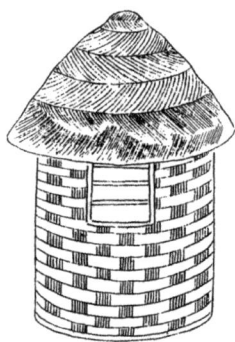

囷
(元王禎《農書》)

之京。"《三國志·吴書·魯肅傳》："周瑜謁魯肅，肅指其囷以與之。"《新唐書·突厥傳下》："蘇禄略人畜，發囷貯。"《資治通鑑·唐昭宗龍紀元年》："徐温獨據米囷，爲粥以食餓者。"元王禎《農書·倉廪門》："囷，圓倉也。……今貯穀圓笆，泥塗其内，草苫於上，謂之露笆者，即囷也。"

囷窌

糧倉。此稱先秦時期已行用，亦作"囷窖"。《周禮·考工記》："囷窌、倉城，逆墻六分。"劉古孝注："窌，當爲窖，作窌假借也。"《管子·輕重乙》："君案囷窌之數令之，曰國貧而用不足，請以平價取之。"《新唐書·杜亞傳》："貧不能償者發囷窖畧盡，流亡過半。"宋蘇頌《朝散大夫累贈户部侍郎趙公墓誌銘》："〔公〕諭諸豪發宿儲囷窖以平物價，艱窘者獲濟矣。"宋鄭獬《郧溪集·下州縣勸農詔》："及夫賓客、祭祀、送死養生、弔慶之具外，皆聚之囷窖，無得妄費。"《毛詩集解》卷一七："九月築場圃，將以納禾稼，既而納之囷窖。"《宋史·食貨志上六》："飢民劫囷窖者薄其罪，民之流亡者關津毋責。"清顧炎武《郡縣論五》："縣之倉廪，皆其囷窌。"《荒政叢書·常平倉考》："國貧而用不足以價取之，則積藏囷窌之粟皆歸于君矣。"

【囷窖】

同"囷窌"。此體先秦時期已行用。見該文。

【囷倉】

即囷窌。此稱先秦時期已行用。《禮記·月令》："〔孟秋之月〕築城郭，建都邑，穿竇窖，修囷倉。"《管子·外言四》："囷倉寡而臺榭繁者，其藏不足以共其費。"《戰國策·秦一》："今天下之府庫不盈，囷倉空虚，悉其士民張軍數千百萬，白刃在前，斧質在後，而皆去之不能死，非其百姓不能死也。"《淮南子·時則訓》："天子命有司發囷倉，助貧窮，振乏絶。"《史記·龜策列傳》："田者不彊，囷倉不盈。"《三國志·魏書·辛毗傳》："國無囷倉，行無裹糧，天災應於上，人事困於下，民無愚智皆知土崩瓦解，此乃天亡尚之時也。"唐陸龜蒙《村夜》詩："耕稼一以微，囷倉自然罄。"清顧炎武《贈于副將元剴》詩："囷倉禾百廪，趨走僮千指。"《日下舊聞通考》引《長安客話》："唐太宗東征高麗，嘗屯兵于此，虚設囷倉，以疑敵人。"

【倉囷】

即囷窌。此稱先秦時期已行用。《韓非子·難二》："因發倉囷賜貧窮。"唐白居易《初除户曹喜而言志》詩："廪禄二百石，歲可盈倉囷。"唐元稹《賽神》詩："貧者日消鑠，富亦無倉囷。"元王結《文忠集·捕蝗歎》："詔書已復田租半，賑乏行看倒倉囷。"清《御製詩四集·喜雨》："是誠優渥利大田，麥收況入倉囷裏。"清朱軾等《史傳三編·循吏傳四·范喬》："故大田多稼，而民有倉囷之贏者，風之所以盛也。"《格致鏡原·昆蟲類四·蛇》："〔富貴蛇〕如穴人家倉囷下，米粟必多倍於所入，其家必富。"

【囷鹿】

即囷窌。此稱先秦時期已行用，宋代起亦作"囷籭"。《國語·吳語》："市無赤米，而囷鹿空虚。"韋昭注："員曰囷，方曰鹿。"宋蘇軾《密州祭常山文》："自秋不雨，霜露殺菽。黄穈黑黍，不滿囷籭。"宋蘇轍《太白山祈雨詩五首》之五："雨既止，百穀復。築場壤，治囷籭。"明趙完璧《道見饑民掃拾草子》："囷籭已空猶菜色，簸揚何日足飢餐。"《南巡盛典·入山東境》："稍因秋糧積囷簏，更逢春色被原田。"《欽定熱河志·天章六·聞京師得雨誌慰》："麥已登囷鹿，禾黍資怒生。"《日下舊聞通考·京畿·御製順義縣行宫作》："囷鹿户有積，室家幸苟完。"

【囷簏】

同"囷鹿"，即囷窌。此體宋代已行用。見該文。

【囷庾】

即囷窌。此稱漢代已行用。漢韓嬰《韓詩外傳》卷一〇："王者藏於天下，諸侯藏於百姓，農夫藏於囷庾，商賈藏於篋匱。"《南齊書·武帝紀》："將使囷庾内充，遺秉外牣，既富而教兹焉。"元王禎《圃田》詩："隨分了朝昏，無心富囷庾。"明李東陽《松嚴記》："予聞君敦孝彊義，動多利濟，傾囷庾，治橋道，費數千百計。"清黃六鴻《福惠全書·錢穀·催徵》："非有刑名，錢穀之司，囷庾庫藏之守，可侵而竊也。"

【囷廩】

即囷窌。此稱南北朝時期已行用，明代亦作"囷稟"。北魏酈道元《水經注·溫水》："清朗無風之日，徑望朱崖州，如囷廩大。"宋梅堯臣《送張諷寺丞赴青州幕》詩："上無租賦逋，下有囷廩蓄。"宋張方平《上倉廩論》："令天下之縣各於逐鄉築爲囷廩，於中户已上爲之等級，課入穀麥，其輸入之數視歲薄厚爲之。"宋張耒《羅官粟有感》："兼并閉囷廩，一粒不肯分。"《金史·五行志》："常有五色雲氣若二千斛囷廩之狀，屢見東方。"明徐禎卿《重與獻吉書》："然其民俗苦瘠，尚利薄義，户無囷廩之食，人無相固之心，雜以山夷，輕躁易動，非久安長

治之國也。"清錢謙益《敕封安人丁氏墳前石表辭》："鄉里洊饑，道殣相枕，指麾孤童，傾倒囷廩。"

【囷稟】

同"囷廩"，即囷窌。此體明代已行用。見該文。

草囷

以草作頂的圓形穀倉。此稱宋代已行用。宋趙蕃《城下道中二首》之一："瓦室人家茅屋邊，瓦囷亦與草囷連。"《宋史·李肅之傳》："大雨地震，官舍民廬摧陷。肅之出入泥潦中，結草囷以儲庾粟之暴露者。"

瓦囷

以瓦作頂的圓形穀倉。此稱宋代已行用，見宋趙蕃《城下道中二首》之一詩。明李時勉《博羅縣重修儒學記》："諸夫茸屋瓦囷，倉之制至微也。"參見本節"草囷"文。

廥

本爲堆放秣草的房舍，後又泛指儲藏糧草的倉庫。此稱先秦時期已行用，亦稱"廥倉"。《韓非子·内儲説下》："故燒芻廥而中山罪，殺老儒而濟陽賞也。"《管子·度地》："虛牢獄，實廥倉。"《廣雅·釋宫》："廥，倉也。"《後漢書·蘇不韋傳》："潛入廥中，夜則鑿地，晝則逃伏，如此經月，遂得傍達暠之寢室。"唐崔敖《鹽池靈慶公碑》："乃滌場圃，乃完廥倉。"唐韓愈、孟郊《秋雨聯句》："貧薪不燭竈，富粟空填廥。"《新唐書·李頻傳》："頻發官廥，庸民浚渠。"宋施宿等《會稽志·山·府城》："張瑤種田，立廥倉於山中，故名之，俗稱粟山。"《授時通考·天時》："當冬三月，天地閉藏，暑雨止，大寒起，萬物實熟。利以填塞空郤、繕

邊城、塗郭術，實廥倉，凡一年之事畢矣。"章炳麟《訄書·定版籍》："田不均，雖衰定賦税，民不樂其生，終之發難。有帑廥而不足以養民也。"

【廥倉】

即廥。此稱先秦時期已行用。見該文。

倉廥

糧倉。此稱先秦時期已行用。《韓非子·廟攻》："昭奚恤之用，荊也。有燒倉廥窌者而不知其人。昭奚恤令吏執販茅者而問之，果燒也。"《史記·平準書》："天子遣使者虛郡國倉廥，以振貧民。"《新唐書·宋慶禮傳》："不數年，倉廥充，居人蕃輯。"宋王應麟《玉海·食貨·營州屯田》："元宗時，兼營州都督開屯田八十餘所，不數年，倉廥充。"《資治通鑑·漢武帝元狩三年》："山東大水，民多飢乏，天子遣使者虛郡國倉廥以振貧民，猶不足。"元吳萊《書歐陽子急就章後》："此猶富家萬金之產，田連阡陌、粟盈倉廥，要亦取之，有窮用之。"清劉大櫆《乞里人共建義倉引》："朝廷遽下蠲租之詔，虛郡邑倉廥以振之。"

【廥廩】

即倉廥。此稱唐代已行用。《新唐書·顔真卿傳》："霖雨增，陴濬隍，料才壯，儲廥廩，日與賓客泛舟飲酒，以紓祿山之疑。"宋王明清《揮麈後録·周望》："兵自盤門入，劫踐官府、民居、廥廩積聚，虜掠子女、金帛。"宋葛勝仲《軍學記》："正殿授經之堂，肄業之舍，若廥廩饎爨之所。"宋樓鑰《長汀菴記》："補其闕，別爲屋數楹於外，以爲廥廩。"明章潢《圖書編·武臣議》："夫無所比數，徒取充位而蠹廥廩。上無濟於國事，而資縉紳之詬病，是獨諸

武臣之過哉。"《明史·陳友定傳》："今足下視郡縣如室家，驅官僚如圉僕，擅廥廩如私藏，名雖報國，實有鷹揚跋扈之心。"

【廥庫】

即倉廥。此稱唐代已行用，亦稱"儲廥"。唐鄭子春《北嶽碑銘》："兹嶽靈實司朔土，東生、南長、西成、北聚，廥庫閉藏，爰及坁庾。"《新唐書·杜鴻漸傳》："即具上兵馬招輯之勢，且録軍資、器械、儲廥凡最，使涵詣平涼見太子。"又《李罕之傳》："晋州王重盈欲出汴兵救，罕之解圍，還而言善積聚勸民力耕，儲廥稍集。"宋喻汝礪《杜工部草堂記》："當是時，關門廢備儲廥，單耗有司責糧急甚，人心寒懼。"《明史·侯震暘傳》："然而廥庫已竭，其能赤手效包胥乎？"

【儲廥】

即廥庫，亦即倉廥。此稱唐代已行用。見該文。

軍廥

軍中儲藏糧草的倉庫。此稱唐代已行用。《新唐書·錢徽傳》："澤卒，士頗希賞，周澈主留事，重擅發軍廥，不敢給。"

京

方形的大穀倉，泛指大糧倉。此稱先秦時期已行用，亦稱"囷京"，宋代起又稱"京囷"。《管子·輕重丁》："今者夷吾過市，有新成囷京者二家。"尹知章注："大囷曰京。"漢賈誼《新書·匈奴》："善廚處，大囷京。"《急就篇》卷三："門户井竈廡囷京。"顔師古注："京，方倉也。"《史記·扁鵲倉公列傳》："黄氏諸倩見建家京下方石，即弄之。"裴駰集解引徐廣曰："京者，倉廩之屬也。"《廣雅·釋宮》："京，倉

也。"王念孫疏證引《說文》："圜謂之囷，方謂之京。"宋王安石《閔旱》詩："平時溝洫今多廢，下戶京囷久已空。"元王禎《京詩》："大云倉廩次囷京，各貯粢糧取象成。"又《穀匣》詩："取制異囷京，初憑梓匠成。"又《農書·倉廩門》："京，倉之方者。《廣雅》云：字從广，廪，倉也。又謂：'四起曰京。'今取其方而高大之義，以名倉曰京，則其象也。夫囷、京有方圓之別：北方高亢，就地植木，編條作筐，故圓，即囷也；南方墊濕，離地嵌板作室，故方，即京也。此囷、京又有南北之宜，庶識者辨之，擇而用也。"清汪琬《甲子冬十月紀事語五首》："旱潦蟊螣政苦頻，窮檐無復見京囷。"

京
（元王禎《農書》）

【囷京】

即京。此稱先秦時期已行用。見該文。

【京囷】

即京。此稱宋代已行用。見該文。

京倉

大糧倉。此稱漢代已行用。《文選·張衡〈東京賦〉》："發京倉，散禁財。"薛綜注："京，大也。"《魏書·食貨志六》："若不入京倉、入外州郡倉者三千石，畿郡都統依州格；若輸五百石入京倉者，授本郡維那。"《新唐書·食貨志三》："每歲，短遞輸京倉者，百餘萬斛。"《宋史·太宗紀二》："八月庚子，免諸州吏所逋京倉米二十六萬七千石。"又《邊珝傳》："宋初，〔邊珝〕詣衛州，視秋稼及掌京倉。"《元史·仁宗紀一》："壬辰，發京倉米，減價以賑貧民。"《明史·職官志一》："永樂中，遷都北京，置京倉及通州諸倉，以戶部司員經理之。"《續通志·太平傳》："嶺北地寒不任稼事，歲募富民和糴為邊餉，至是乃請別輸京倉米百萬斛。"《授時通考·蓄聚·彙考》："凡京倉五十有六，通倉十有六。直省府州縣藩府、邊隘堡站衛所屯戍皆有倉，少者一二，多者二三十。"

【京庾】

即京倉。此稱三國時期已行用。三國魏何晏《景福殿賦》："京庾之儲，無物不有。"《文選·左思〈魏都賦〉》："囹圄寂寥，京庾流衍。"李周翰注："京，大；庾，倉也。"唐柳宗元《非〈國語〉上·不藉》："京庾得其貯，老幼得其養。"宋王應麟《玉海·元祐後苑觀稼》："八月其穫，乃登爾稼，滯穗棲原，餘糧厭野，盈溢京庾，流衍方夏。"《宋史·張齊賢傳》："王延德與朱貽業同掌京庾。"明徐階《疏鑿呂梁洪記畧》："我國家漕東南之粟，貯之京庾，為石至四百萬。"明楊守陳《順菴墓表》："景泰癸酉之歲，聞朝廷將北征募民助軍餉，乃輸米八百斛於京庾，詔錫冠帶以榮之。"

敖倉[1]

秦代建於敖山的糧倉，故址在今河南鄭州市西北邙山上。泛指糧倉。此稱漢代已行用，亦稱"敖庾"，唐代又稱"敖"。宋代還稱"廒"。《史記·項羽本紀》："漢軍滎陽，築甬道屬之河，以取敖倉粟。"裴駰集解引臣瓚曰："敖，地名，在滎陽西北山，臨河有大倉。"又《黥布列傳》："東取吳，西取楚，并韓取魏，據敖庾之粟，塞成皋之口，勝敗之數未可知也。"

《玉海·食貨》引《淮南子·精神訓》許慎注："敖倉，古常滿倉也。"三國魏李康《運命論》："褰裳而涉汶陽之丘，則天下之稼如雲矣；椎紒而守敖庾、海陵之倉，則山坻之積在前矣。"《新唐書·裴耀卿傳》："往貞觀、永徽時，禄廩者少，歲漕粟二十萬略足；今用度寖廣，運數倍且不支，故數東幸，以就敖粟。"宋李至《上太宗諫親征》："方國家士馬精强，戈甲犀利，府庫羨饒，敖粟紅腐。"《五音集韻·豪韻》："廒，倉廒也。"宋葉適《趙子容任溫州司法爲賦讀書行》："常平築敖米山積，讀書豈知米塵滿！"宋袁文《甕牖閑評》卷六："敖乃地名，秦以敖地爲倉故爾。今所在竟謂倉爲敖，蓋循習之誤。"《格致鏡原》引《事物紀原》："倉，所以貯國儲也。商有鉅橋，漢有成皋、敖倉及常平，隋有黎陽，自古亦無名額。"元傅若金《河西務》："驛路通畿甸，敖倉俯漕河。"明薛瑄《滎陽道中九首》之六："敖倉甬道不知處，唯見孤雲自往還。"清顧棟高《春秋大事表》卷六上："敖山在河陰縣西二十里，宣十二年晋師在敖鄗之間，即此敖山也。秦于其地沿河置倉，名曰敖倉。北臨汴水，酈生説'漢高據敖倉之粟'即此。"

【敖庾】

即敖倉[1]。此稱漢代已行用。見該文。

【敖】

即敖倉[1]。此稱唐代已行用。見該文。

【廒】

同"敖"。此體宋代已行用。見該文。

敖倉[2]

指糧倉。此稱漢代已行用，亦稱"敖庾"，唐代又稱"敖庫"，宋代還稱"敖廩"。《淮南子·説林訓》："近敖倉者不爲之多飯，臨江河者不爲之多飲，期滿腹而已。"《漢書·酈食其傳》："願足下急復進兵收取滎陽，據敖庾之粟。"顔師古注："敖庾，即敖倉。"唐陳子昂《諫靈駕入京書》："犯武牢之鎮，盜敖倉一杯之粟，陛下何不預過之？"《新唐書·李密傳》："公雖受命，然賴人之天口固國本。而稟取不節，敖庾之藏有時而傷，粟竭人散，胡仰而成功？"又《藩鎮傳·李師道》："請燒河陰敖庫，募洛壯士劫宮闕，即朝廷救腹心疾，此解蔡一奇也。"宋葉適《蔡知閣墓志銘》："乾道中，爲寨屋五百，敖倉七十，今浸廢。"宋崔伯易《感山賦》："據敖倉之粟，杜此山之險，距飛狐之口，守白馬之津。"宋王安石《茶商十二説》："堆積敖廩。"元姚燧《興元行省瓜爾佳公神道碑》："墾田數千頃，灌以龍江之水，收皆畝鍾，敖庾盈衍矣。"明王世貞《贈通帥袁君正》："敖倉積粟數百萬，不救齎敵何忽忽。"參閲北魏酈道元《水經注·濟水一》。

【敖庾】

即敖倉[2]。此稱漢代已行用。見該文。

【敖庫】

即敖倉[2]。此稱唐代已行用。見該文。

【敖廩】

即敖倉[2]。此稱宋代已行用。見該文。

【倉廒】

即敖倉[2]。此稱唐代已行用，元代亦作"倉廒""倉敖"。唐柳宗元《與李睦州論服氣書》："鹽東海之水以爲鹹，醯倉廒之粟以爲酸。"《宋史·食貨志上三》："令發運司督脩倉廒。"元鄭光祖《老君堂》第四折："中原清晏賀昇平，幸倉廒滿盈。"《文獻通考·市糴二》："凡十有四年，得息米造成倉廒，及以元數六百石還府。"
又《國用三》："奉行之吏因循，止將歲供額斛，
於真、揚、楚、泗倉廒，爲御納摺運之地。"
《水滸傳》第一〇回："推開看裏面時，七八間
草房做着倉廒。"明張四維《雙烈記・代役》：
"見今城中蓋造倉廒，預備軍儲。"清魏源《籌
漕篇上》："無素備之倉廒與一定之成憲，而倉
卒暫試者，尤左也。"《清史稿・災異志一》："江
水驟發，城内水深丈餘……衙署民房城垣倉廒
均有倒塌。"宋袁文《甕牖閑評》卷六以爲"廒
乃地名，秦以廒地爲倉，故爾。今所在竟謂倉
爲廒，蓋循習之誤"。

【倉廠】

同"倉廒"，即廒倉²。此體元代已行用。
見該文。

【倉廒】

同"倉廒"，即廒倉²。此體元代已行用。
見該文。

進廒

糧倉内的分間。此稱清代已行用。《六部成
語注解・户部・進廒》："進廒，倉中放米之分室
曰進廒。"

稻廬

儲藏稻糧的房屋。此稱漢代已行用，元代
亦稱"稍房"。漢焦贛《易林・損之解》："鳥過
稻廬，甘樂廣鮋，雖驚不走，田畯懷憂。"元無
名氏《爭報恩》楔子："噤這裏説話。也不是自
在處。咱去稍房裏説話去來。"又第三折："白
日裏在那街上討飯吃，到晚來在那店家稍房裏
安下。"

【稍房】

即稻廬。此稱元代已行用。見該文。

備安庫

儲糧以備荒的倉庫。此稱宋代已行用。《宋
史・辛棄疾傳》："未期歲，積鏹至五十萬緡，牓
曰'備安庫'。謂閩中土狹民稠，歲儉則糴于
廣，今幸連稔，宗室及軍人入倉請米，出即糶
之，候秋賈賤，以備安錢糴二萬石，則有備無
患矣。"

漕藏

儲藏漕糧的倉庫。此稱南北朝時期已行用。
《南史・虞玩之傳》："今漕藏有闕，吾賢居右丞，
已覺金粟可積也。"

邸閣

儲藏糧食等的倉庫。此稱三國時期已行用。
三國魏曹植《謝賜穀表》："詔書念臣經用不足，
以船河邸閣穀五千斛賜臣。"《晋書・武帝紀》：
"六月益梁八郡，水殺三百餘人，没邸閣別倉。"
《新唐書・裴休傳》："時方鎮設邸閣居茶取直。
因視商人它貨橫賦之，道路苦擾。"《資治通
鑑・魏明帝太和二年》："橫門邸閣與散民之穀，
足周食也。"胡三省注："魏置邸閣於橫門以積
粟。"明邵寶《途中次白參議輔之》："程趨漕兵
無邸閣，籤傳候吏有津橋。"清吳偉業《茸城
行》："千箱布帛運輜車，百貨魚鹽充邸閣。"清
陳維崧《寄黄梨洲先生求爲先人志墓》詩："東
都壇墠立名字，西園邸閣紛袿襜。"

常平倉¹

漢宣帝時耿壽昌倡建的糧倉，後世泛指糧
倉。以穀賤時用較高價買入，穀貴時用較低價
賣出，從而平衡米價得名。此稱漢代已行用，
南北朝時期亦稱"常平"。《漢書・食貨志上》：
"時大司農中丞耿壽昌以善爲算能商功利得幸
於上……遂白令邊郡皆築倉，以穀賤時增其賈

而糶，以利農，穀貴時減賈而糶，名曰‘常平倉’。民便之。”北周庾信《羽調曲》：“錢則都內貫朽，倉則常平粟紅。”《隋書·食貨志》：“其倉，京都有龍首倉，即石頭津倉也，臺城內倉、南塘倉、常平倉、東西太倉、東宮倉，所貯總不過五十餘萬。”《通典·職官·諸卿中》：“後漢明帝置常滿倉，晉又曰常平倉，自後無聞。梁亦曰常平倉，而不糶糴。陳因之，後魏太和中，雖不名曰常平，亦各令官司糶，貯儉則出糶。隋曰常平倉，大唐武德中置常平監官以均天下之貨。”《宋史·食貨志上》：“淳化三年，京畿大穰，分遣使臣於四城門置場，增價以糴，虛近倉貯之，命曰常平，歲饑即下其直予民。”參閱《文獻通考·常平義倉租税》。

【常平】

即常平倉。此稱南北朝時期已行用。見該文。

常滿倉

東漢王莽所建糧倉，泛指糧倉。此稱漢代已行用，晉代亦稱“常平倉”。《漢書·王莽傳上》：“是歲，莽奏起明堂、辟雍、靈臺，爲學者築舍萬區，作市、常滿倉，制度甚盛。”《晉書·食貨志》：“永平五年作常滿倉，立粟市於城東，粟斛直錢二十。”《通典·職官·諸卿中》：“後漢明帝置常滿倉，晉又曰常平倉，自後無聞。”後魏楊衒之《洛陽伽藍記·城東》：“東有中朝時常滿倉，高祖令爲租場，天下貢賦所聚蓄也。”

【常平倉】[2]

即常滿倉。此稱晉代已行用。見該文。

鉅橋

傳爲商紂王儲藏糧食的倉庫，故址在古衡潼東岸（今河北曲周縣東北），因水上有大橋得名。周武王攻克殷都後，散其糧食賑濟百姓。此稱先秦時期已行用，亦作“巨橋”，唐代亦稱“巨橋倉”。《書·尚武》：“散鹿臺之財，發鉅橋之粟。”孔傳：“紂所積之府倉，皆散發以賑貧民。”《逸周書·克殷》：“〔武王〕乃命南宮忽振鹿臺之財，巨橋之粟。”《管子·地數》：“夫昔者武王有巨橋之粟，貴糶之數。”尹知章注：“巨橋倉，在今廣平郡曲周縣。”《史記·殷本紀》：“帝紂……厚賦税以實鹿臺之錢，而盈鉅橋之粟。”裴駰集解引服虔曰：“鉅橋，倉名。許慎曰鉅鹿水之大橋也，有漕粟也。”司馬貞索隱引鄒誕生曰：“鉅，大；橋，器名也。紂厚賦税，故因器而大其名。”唐胡曾《鉅橋》：“積粟成塵竟不開，誰知拒諫剖賢才。武王兵起無人敵，遂作商郊一聚灰。”宋王禹偁《吊税人場文》：“虎之搏人也，止于充腸；官之税人也，幾于敗俗。則有泉涌鹿臺之錢，山積巨橋之粟。”又《五福先後論》：“商辛、夏桀積鉅橋之粟，聚鹿臺之財，行厚斂之風，取多藏之禍。”明王鏊《吳子城賦》：“鉅橋、瓊林非不富也，崤函、鞏洛非不固也。”

【巨橋】

同“鉅橋”。此體先秦時期已行用。見該文。

【巨橋倉】

即鉅橋。此稱唐代已行用。見該文。

海陵之倉

漢代吳王劉濞所建糧倉，故址在今江蘇泰州市東面的海陵。此稱漢代已行用，唐代起亦稱“海陵倉”。《文選·枚乘〈上書重諫吳王〉》：“轉粟西鄉，陸行不絕，水行滿河，不如海陵之倉。”李善注引臣瓚曰：“海陵，縣名，有吳太倉。"唐宋之問《送姚侍御出使江東》："帝憂河朔郡，南發海陵倉。"唐劉長卿《送營田判官鄭侍御赴上都》詩："幸論開濟力，已實海陵倉。"宋樂史《太平寰宇記·淮南道·泰州》："海陵倉，即漢吳王濞之倉也。"宋陸游《送王仲言倅泰州絕句》："豹尾屬車留不住，却尋陳迹海陵倉。"明劉嚴《觀柳林水田》："取給海陵倉，艫舳傾荆吳。"

【海陵倉】

即海陵之倉。此稱唐代已行用。見該文。

石頭倉

東晋所建糧倉。此稱晋代已行用。《晋書·庾亮傳》："如往年偷石頭倉米一百萬斛，皆是豪將輩，而直打殺倉督監以塞責。"《宋書·百官志上》："晋江左以來，又有東倉、石頭倉丞各一人。"又《宋書·索虜傳》："蓋江旗甲星燭皇太子出戍石頭城，前將軍徐湛之守石頭倉。"《唐六典·司農寺》："東晋有東倉、石頭倉。"宋周應合《景定建康志·城闕·諸倉》："古石頭倉在石頭城內，吳置晋曰：'常平倉，南朝因之；唐武后徙縣倉，以實石頭神龍；二年移倉于冶城。'"

含嘉倉

隋大業元年（605）在洛陽所建的皇家糧倉。都城以東糧租均彙於此，然後轉運京城太倉。1970年，洛陽考古現場出土載有"含嘉倉"文字的倉磚，證明該倉沿用於隋、唐、宋三朝五百多年。倉城東西長612米，南北長710米，總面積43萬平方米，共有糧倉287座，糧窖40餘座。糧倉儲藏，有糙米、粟、小豆等。規模之大，爲我國古代罕見。此稱唐代已行用，宋代亦稱"含加倉"。《唐六典·倉部郎中·員外郎》："凡都之東租納於都之含嘉倉，自含嘉倉轉運，以實京之太倉。"《舊唐書·德宗紀》："十二月……出東都含嘉倉粟七萬石，開場糶以惠河南饑民。"又《食貨志下》："舊制東都含嘉倉積江淮之米，載以大輿。"《通典·食貨七》："隋氏西京太倉，東京含嘉倉、洛口倉，華州永豐倉，陝州太原倉，儲米粟多者千萬石，少者不減數百萬石。"又《食貨十》："自河陰候水漲涸，漕送含嘉倉。"宋曾鞏《汴水》："江南租船，自淮西北泝鴻溝，轉相輸納于河陰、含嘉、太原等倉，凡三年，運米七百萬石者，唐開元之際也。"宋王應麟《困學紀聞·歷代漕運考》："《六典》：東都曰含嘉倉。自含嘉倉轉動，以實京之太倉。"嘉，一本作"加"。宋王欽若等《册府元龜·帝王部·惠民第二》："貞元十三年三月，河南府上言：'當府旱損，請借含嘉倉粟五萬石，賑貸百姓。'可之。"

【含加倉】

即含嘉倉。此稱宋代已行用。見該文。

永豐倉

隋代在華州所建的糧倉，明代曾重建，并沿用至清。此稱隋代已行用。《隋書·食貨志》："百姓饑饉亦不能救，義師入長安，發永豐倉以振之，百姓方蘇息矣。"《資治通鑑·隋煬帝大業九年》："東都援軍益至我軍數敗，不可久留，不如直入關中，開永豐倉以振貧乏。"胡三省注：《新唐志》：'華陰縣有永豐倉，蓋隋所置也。'"明陳鑑《重建永豐倉記》："永豐倉，在閶門內，即元舊址，四面皆水。知府邢有重建廠屋九連，共一百十七間，各縣糧自起運之餘悉併侍于此，凡蘇州衛官軍俸糧及各項公用俱支給于此。"《淵鑑類函·政術部十四·漕運一》：

"三年，左常侍兼陝州刺史韋堅開漕河，自苑西引渭水，因古渠至華陰入渭漕，永豐倉及三門倉米以給京師。"

太原倉

隋代在陝州所建的糧倉。此稱唐代已行用。《舊唐書·高宗紀下》："十一月庚辰，發九州人夫，轉發太原倉米粟入京……自河陰送納含嘉倉，又送納太原倉，謂之北運。自太原倉浮於渭，以實關中。"《新唐書·哥舒高封傳》："仙芝急乃開太原倉，悉以所有賜士卒。"《資治通鑑·唐肅宗寶應元年》："自陝州太陽津度河，食太原倉粟，與諸道俱進。"胡三省注："隋置太原倉在河東界，史言回紇所利在中國財寶，而不敢輕與賊遇。"《通典·食貨七》："隋氏西京太倉，東京含嘉倉、洛口倉，華州永豐倉，陝州太原倉，儲米粟多者千萬石，少者不減數百萬石。"

東宮倉

隋代所建糧倉。此稱隋代已行用。《隋書·食貨志》："其倉，京都有龍首倉，即石頭津倉也，臺城內倉、南塘倉、常平倉、東西太倉、東宮倉，所貯總不過五十餘萬。"

興洛倉

隋大業二年（606），在舊洛水入黃河處附近建此糧倉。故址在今河南鞏義市東南。周圍二十餘里，穿窖三千，每窖可容糧食八千石。大業十三年春，瓦崗農民起義軍攻克此倉，并增築洛口城，周圍四十里。唐代開元二十一年（733），復置糧倉於此。此稱隋代已行用，亦稱"洛口倉"。《隋書·李密傳》："明公親率大衆直掩興洛倉，發粟以賑窮乏，遠近孰不歸附。……十三年春，出陽城北踰方山，自羅口襲興洛倉，破之，開倉恣民所取，老弱襁負道路不絶。"

《隋書·食貨志》："是時李密據洛口倉，聚衆百萬。"《新唐書·李密傳》："離民食興洛倉者，給受無檢，至負取不勝委於道，踐轢狼扈。"宋王應麟《玉海·食貨》引《地理志》："鞏縣有興洛倉。"明靳學顏《講求財用疏》："漢以前有敖倉，隋以前有洛口倉，唐有義倉，宋有常平倉，皆隨在而貯不專京師。"《通鑑考異·隋煬帝大業十二年》引《革命記》："密説讓曰：'洛口倉米逾巨億，請公發一札之令，使密奉之，告諸道英雄，就倉喫米，必當雲合響應，受命於公，然後稱帝號以定中原。'"《授時通考》引《玉海》："大業二年十月，置洛口倉於鞏城，周二十里，穿三千窖，置回洛倉於洛陽北城，周十里，穿三百窖，窖容八百石。"

【洛口倉】

即興洛倉。此稱隋代已行用。見該文。

豐儲倉

宋高宗紹興二十六年（1156）始建（一説宋孝宗淳熙十二年即1185年始建、或説宋孝宗淳熙元年即1174年始建）的國家糧倉。此稱宋代已行用。宋樓鑰《雷雪應詔條具封事》："豐儲倉所以爲中都之備，一時欲用，出聖斷，排羣議，積貯爲之一空。"宋劉克莊《後村集·玉牒初草·皇宋寧宗皇帝》："辛未詔，以歲晚嚴寒出豐儲倉米三萬石，賑贍臨安貧民。"《資治通鑑後編·宋孝宗淳熙六年》："甲午，建豐儲倉。"《宋史·孝宗紀二》："乙巳，置豐儲倉。"又："乙丑，增築豐儲倉。"明田汝成《西湖遊覽志·北山分脈城內勝跡一》："豐儲倉：景定初，賈似道行公田法，以此收其租入。"

轉般倉

宋代推行轉般法時，在泗州與楚、真、揚

三州（約今安徽泗縣與江蘇淮安、儀徵、揚州）所建的中轉倉庫，用以卸納東南六路漕糧，然後換船運至京師。此稱宋代已行用。宋蘇軾《論綱梢欠折利害狀》："遂立法令真、揚、楚、泗轉般倉並行倉法。"《續資治通鑑·宋徽宗政和元年》："於是大革弊事，改京所鑄當十大錢爲當三以平泉貨，復轉般倉以罷直達。"《玉海·食貨·漕運》："真、揚、楚、泗置轉般倉，沂流摺運以贍中都，且因豐凶而平其糴，至是省之。"《宋史·孝宗紀二》："己亥，置郢州轉般倉……壬寅，置鎮江建康府轉般倉。"又《職官志七》："政和二年，罷轉般倉，六路上供米徑從本路直達中都……六年，詔復轉般倉。"

氣樓

國家糧倉等頂部通氣的小樓，或在窗上釘製隔孔以防鳥雀。此稱宋代已行用。宋龍袞《江南野史·盧絳傳》："絳夜躍困簹，自氣樓間入竊官粟數十。"清吳任臣《十國春秋·盧絳傳》："更躍倉詹，自氣樓入倉中盜米。"《大清會典·工部·倉廒》："牆址留下孔，以洩其淫；廒頂建氣樓，以散其蒸。"《大清會典則例·户部·倉庚》："七年，奏准各倉廒上設氣樓窗隔。每致鳥雀出入，傷耗糧米，嗣後均用竹篾編成隔孔，釘於窗牖之上。"

第三節　社稷祭器、祭所考

"社稷"是古代帝王、諸侯所祭的土神和穀神。社，土神；稷，穀神。其"祭器、祭所"各有所用，本節分別考辨。

社 [1]

祭祀時爲土地神設立的有底座的木製牌位。此稱先秦時期已行用。《論語·八佾》："哀公問社於宰我，宰我對曰：'夏后氏以松，殷人以柏，周人以栗。'"邢昺疏："謂用其木以爲社主。"

社主

土地神的神主。此稱漢代已行用。清王鳴盛《蛾術編·説制七·社主》："《淮南·齊俗訓》云：'有虞氏社用土，夏后氏社用松，殷人社用石，周人社用栗'；《五經異義》云《論語》夏后氏以松，殷人以柏，周人以栗，謂社主也'。"按，《淮南子·齊俗訓》："殷人之禮其社用石"。高誘注："以石爲社主也。"

社木

代表土地神神主的大樹。此稱漢代已行用。《漢書·眭弘傳》："是時，昌邑有枯社木卧復生。"顏師古注："社木，社主之樹也。"

祭服

社稷等祭祀活動中穿着的禮服，各代形制不同。此稱先秦時期已行用。《周禮·天官·内宰》："中春，詔后，帥外内命婦始蠶于北郊，以爲祭服。"賈公彦疏："《禮記·祭義》亦云：蠶事既畢，遂朱緑之，玄黄之，以爲祭服。此亦當染之以爲祭服也。"《詩·豳風·七月》"爲公子裳"毛傳："祭服，玄衣纁裳。"孔穎達疏："玄黄之色施於祭服。"《國語·周語上》"晋侯端委以入"三國吴韋昭注："説云：'衣玄端，冠委兒，諸侯祭服也。'"宋孟元老《東京夢華録·駕詣郊壇行禮》："南設一大幕次，謂之'大次'，更换祭服，天平冠，二十四旒，青裳龍服，中單朱鳥，純玉佩。"

社²

祭祀土神之壇。古代封土作社，各種其土所宜之樹，以爲祭祀社神場所。此稱先秦時期已行用，唐代起亦稱"社壇"。《左傳·昭公十七年》："伐鼓於社。"《公羊傳·哀公四年》："社者，封也。"何休注："封土爲社。"《漢書·齊懷王劉閎傳》"嗚呼！小子閎"顔師古注引三國魏張晏曰："王者以五色土爲太社，封四方諸侯，各以其方色土與之，苴以白茅，歸以立社。"《莊子·應帝王》"鼷鼠深穴乎神丘之下"唐成玄英疏："神丘，社壇。"宋洪邁《夷堅志》支丁卷一〇《鄭道人》："鄱陽有鄭道人，不知從何來。不肯入道堂，日行丐於市，夜則出宿於城北縣社壇内，距郭門七里，四無人居。"清俞正燮《癸巳存稿·釋社》："俗之敝士通文曰詞壇，曰吟壇，亦社壇也。"

【社壇】

即社²。此稱唐代已行用。見該文。

【后土】

即社²。此稱先秦時期已行用。《禮記·檀弓上》："君舉而哭於后土。"鄭玄注："后土，社也。"《漢書·武帝紀》："朕躬祭后土地祇，見光集于靈壇，一夜三燭。"唐張説《大唐祀封禪頌》："〔陛下〕前年祈后土，人獲大穰。"

【神丘】

即社²。此稱先秦時期已行用，亦稱"神社""方邱"，晋代起又稱"方丘"。《莊子·應帝王》："鼷鼠深穴乎神丘之下，以避熏鑿之患。"成玄英疏："神丘，社壇。"《墨子·明鬼下》："昔者齊莊君之臣有所謂王里國、中里徼者。此二子者訟三年而獄不斷。齊君由謙殺之，恐不辜；猶謙釋之，恐失有罪。乃使之人共一羊，盟齊之神社。"《廣雅·釋天》："方澤大折，祭地也。"王念孫疏證引《周禮·春官·大司樂》："夏日至，於澤中之方邱奏之。"三國魏阮籍《獼猴賦》："鼷畏逼以潛身兮，穴神丘之重深。"晋張華《博物志》卷八："子路與子貢過鄭之神社，社樹有鳥，子路搏鳥，社神牽攣子路。子貢説之，乃止。"晋陸雲《歲暮賦》："處孝敬於神丘兮，結祇慕於帷桑。"《晋書·武帝紀》："并圜丘、方丘於南北郊，二至之祀合於二郊。"宋王安石《議郊祀壇制》："天陽而動，地陰而静，故祭於澤中之方丘。"參見"社²"。

【神社】

即神丘，亦即社²。此稱先秦時期已行用。見該文。

【方邱】

即神丘，亦即社²。此稱先秦時期已行用。見該文。

【方丘】

即神丘，亦即社²。此稱晋代已行用。見該文。

【社場】

即社²。此稱漢代已行用，唐代亦稱"祀場"。漢桓寬《鹽鐵論·散不足》："貧者雞豕五芳，衛保散臘，傾蓋社場。”《新唐書·張文琮傳》：“州尚淫祀，不立社稷，文琮下教曰：‘……社在于敬，可以致福。’於是建祀場，民悅從之。”參閱南朝梁宗懍《荊楚歲時記》、五代丘光庭《兼明書·社日》。

【祀場】

即社場，亦即社[2]。此稱唐代已行用。見該文。

馬社

養馬之地所設祭祀后土之社，以發明用馬駕車者配食。亦指配食者。此稱先秦時期已行用。《周禮·夏官·校人》：“秋祭馬社、臧僕。”鄭玄注：“馬社，始乘馬者。”孫詒讓正義：“牧地及十二閑之中，蓋皆爲置社，以祭后土，而以始制乘馬之人配食焉，謂之馬社也。”宋吳自牧《夢粱錄·八日祠山聖誕》：“其日都城內外，詣廟獻送繁盛，最是府第及內官迎獻馬社，儀仗整肅，裝束華麗。”

社廟

祭祀土地神之廟。此稱晋代已行用，清代亦稱“社屋”。《晋書·郭璞傳》：“璞曰：‘得健夫二三十人，皆持長竿，東行三十里，有丘林社廟者，便以竿拍打，當得一物，宜急持歸。’”清錢謙益《跋王原吉〈梧溪集〉》：“君臣之義，雖國亡，社屋猶不忍廢。”

【社屋】

即社廟。此稱清代已行用。見該文。

社宮

祭祀土地神的宮殿。此稱先秦時期已行用。《左傳·哀公七年》：“初，曹人或夢眾君子立於社宮，而謀亡曹。”杜預注：“社宮，社也。”《史記·管蔡世家》引此文，裴駰集解引鄭眾曰：“社宮，中有室屋者。”三國魏李康《運命論》：

“曹伯陽之獲公孫彊也，微發於社宮。”

社稷之壝

四周築有矮墻的社壇。此稱先秦時期已行用，亦稱“社壇”。《周禮·地官·大司徒》：“設其社稷之壝。”鄭玄注：“壝，壇與堳埒也。”孫詒讓正義：“蓋壝者委土之名，凡委土而平築之謂之壝，於壝之上積土而高若堂謂之壇，外爲庫垣謂之堳埒，通言之，壝、壇皆得稱壝。”又《封人》：“封人掌設王之社壝。”鄭玄注：“壝謂壇及堳埒也。”孫詒讓正義：“凡委土爲壇及卑垣之堳埒，通謂之壝。”又《春官·邕人》：“凡祭祀，社壝用大罍。”鄭玄注：“壝，謂委土爲壝、壇，所以祭也。”《逸周書·作雒》：“封人社壝……其壝東青土，南赤土，西白土，北驪土，中央釁以黄土。”

【社壇】

即社稷之壝。此稱先秦時期已行用。見該文。

方澤

設於澤中的社壇。此稱先秦時期已行用。《廣雅·釋天》：“圓丘大壇，祭天也；方澤大折，祭地也。”王念孫疏證引《周禮·春官·大司樂》：“夏日至，於澤中之方邱奏之，若樂八變，則地示皆出，可得而禮矣。”唐楊炯《少室山少姨廟碑》：“圓丘方澤，所以享天神地祇。”宋蘇軾《郊祀奏議》：“當郊之歲，以夏至祀地祇於方澤。”《六部成語·禮部》：“方澤：地壇之祭，掘地爲方池，貯水以祭，謂之方澤。”

地壇

皇帝祭地之壇。今北京市安定門外有明清地壇，明嘉靖九年（1530）建，清代重加修治。方形，周圍約五十丈，廣八九丈，中有方壇。此稱清代已行用，亦稱“地祇壇”。《清會典·工部》：“紫禁城之南，左太廟，右社稷。設壇於四郊：都城之巳爲天壇，丑爲地壇，卯爲日壇，酉爲月壇，未爲先農壇，三壇附焉。”《清會典事例·禮部》：“吉禮之目……曰祈祭地祇壇。”

【地祇壇】

即地壇。此稱清代已行用。見該文。

太社

古代天子爲百姓祈福、爲天下報功而設立的祭祀土地神的場所。此稱先秦時期已行用。《禮記·祭法》：“王爲群姓立社曰太社。”漢班固《白虎通·社稷》：“太社爲天下報功。”元王禎《農書·田制門》：“按《唐郊祀録》云：社壇居東面北，廣五丈，高五尺，以五色土爲之。四面宮坎，飾以方色。稷壇在西，如社之制。每於春秋二仲元辰及臘，各以太牢祭焉。皇帝親祀，則司農省牲進熟，司空亞獻，司農終獻。”

太社
（元王禎《農書》）

王社

古代天子爲百姓祈福、爲京師報功而設立的祭祀土地神的場所。此稱先秦時期已行用，漢代亦稱“帝社”。《禮記·祭法》：“王自爲立社曰王社。”漢班固《白虎通·社稷》：“王社爲京師報功。”孔穎達疏：“王社所在《書》《傳》無文，或云與大社同處，王社在大社之西。崔氏

並云：‘王社在藉田。’”漢蔡邕《獨斷》：“天子之社曰王社，一曰帝社。古者有命將行師，必于此社授以政。”

【帝社】

即王社。此稱漢代已行用。見該文。

侯社

古代諸侯爲自己設立的祭祀土地神的場所。此稱先秦時期已行用。《禮記·祭法》：“諸侯自爲立社曰侯社。”孔穎達疏：“侯社在藉田。”

國社

古代諸侯爲百姓設立的祭祀土地神的場所。此稱先秦時期已行用。《禮記·祭法》：“諸侯爲百姓立社曰國社。”孔穎達疏：“諸侯國社亦在公宮之右。”《史記·三王世家》：“所謂‘受此土’者，諸侯王始封者必受土於天子之社，歸立之以爲國社，以歲時祠之。”元王禎《農書·田制門》：“其制度，考之朱文公《社稷壇記》云：壇方二丈五尺，崇三尺；其再成，方面皆殺尺，崇四分而去一；三成，方殺如之，而崇不復殺。用三獻禮，祭以少牢。今郡國祭社，皆有定式，此不復具載。”

里社

古代里中祭祀土地神的場所。此稱漢代已行用。《史記·封禪書》：“民里社，各自財以祠。”漢蔡邕《獨斷》卷上：“大夫不得特立社，與民族居，百姓已上則共一社，今之里社是也。”宋梅堯臣《南陽謝紫微挽詞》之三：“里社當存祀，邦人定立碑。”元王禎《農書·田制門》：“古有里社，樹以土地所宜之木，如夏后氏以松，殷人以栢，周人以栗。《莊子》‘見櫟社樹’，漢高祖‘禱豐枌榆社’，唐有楓林社，皆以樹爲主也。自朝廷至于郡縣，壇壝制度，皆有定

例。惟民有社以立神樹，春秋祈報，莫不羣祭於此。考近代祭儀：前一日，社正及諸社人各齋戒。祭日，未明三刻，烹牲于厨。掌饌者實祭器，掌事者以席入，設社神之席於神樹之下，設稷神之席於神樹之西，俱北面。質明，社正以下皆再拜，讀祝。禮成而退。案：社壇，祭社稷神之所也。社，五土之祇；稷，五穀之神。稷非土無以生，土非穀無以成，故祭社必及稷。觀先王之制，其于社稷，春有祈，歌《載芟》之詩；秋有報，歌《良耜》之詩。然自漢以來，歷代之祭，雖有不同，而春秋二仲祈報，皆不廢也。嘗考近代祭儀，社以后土勾龍氏，稷以后稷氏配。按：《社稷壇記》所謂‘社壇必受霜露風雨，以達天地之氣，其表則木松栢栗’是也。《韓詩外傳》云：社主以石爲之，准五數，長五尺，準陰之二數，方二尺；剡其上以象物，方其下以象地體。埋其半，以根在土中而本末均也。《禮考索》云：‘自天子至郡縣，下逮庶人，莫不通祭。’”

稷祠

稷神的祠堂。此稱漢代已行用。《史記·封禪書》：“后稷稼穡，故有稷祠。”《漢書·郊祀志上》：“有烈山氏王天下，其子曰柱，能殖百穀，死爲稷祠。”

稷

祭祀穀神的處所。此稱漢代已行用，唐代亦稱“稷壇”。《漢書·郊祀志下》：“聖漢興，禮儀稍定，已有官社，未立官稷，遂於官社後立官稷……后稷配食。”又：“稷種穀樹。”顔師古注：“穀樹，楮樹也。其子類穀，故於稷種。”參見“太社”。

【稷壇】

即稷。此稱唐代已行用。見該文。

社稷壇 [1]

帝王祭祀土神、穀神的處所。此稱宋代已行用。《資治通鑑·後周太祖廣順三年》：“帝欲祀南郊……於是始築圜丘社稷壇，作太廟於大梁。”清昭槤《嘯亭雜録·辛酉工賑》：“上減膳撤樂，步禱社稷壇祈晴。”

社稷壇 [2]

在今北京市天安門西側中山公園內。

附錄

本"附錄"是對《中華博物通考·農耕卷》前七章的補充，重點考證中國古代農耕服裝、雜器及其名稱和農田及農業器具、設施并稱與泛稱的產生與發展。全章包括"農耕服裝、雜器考""農田及農業器具、設施并稱與泛稱考"，共兩節。

第一節　農耕服裝、雜器考

"農耕服裝"指農民在勞動過程中所穿戴的專門服裝，農耕"雜器"指農民在勞動過程中所使用的日常器皿，它們或保護農民身體，或助力農民耕耘、稼穡、養蠶、灌排、施肥、裝運、加工、儲藏等，也是不可或缺的農耕器具。

蓑

用竹葉或草、棕製作的披在身上的防雨用具。此稱先秦時期已行用，亦作"簑"，漢代亦作"衰"，亦稱"萆"。《詩·小雅·無羊》："爾牧來思，何蓑何笠，其負其餱。"《山海經·西山經》："〔三危之山〕其上有獸焉，其狀如牛……其豪如披蓑。"《儀禮·既夕禮》："藁車載蓑笠"。清阮元校勘記："毛本從簑。"《說文·衣部》："衰，艸雨衣，秦謂之萆。"《廣雅·釋器》："萆謂之衰。"王念孫疏證："《越語》云：'譬如衰笠，時雨既至，必求之。'經傳或從艸作蓑。"按，今本《國

蓑
（元王禎《農書》）

語·越語上》作"蓑笠"。宋陸游《五十》詩："夜宴看長劍，秋風舞短蓑。"《紅樓夢》第四五回："〔寶玉〕一面說，一面摘了笠，脫了蓑，一手舉起燈來。"元王禎《農書·蓑笠門》："蓑：雨衣。《無羊》詩曰：'何蓑何笠。'毛註曰：'蓑所以備雨，笠所以禦暑。'《唐韻》云：'蓑，草名，可爲雨衣。'又名襏襫。《說文》云：'秦謂之萆。'《爾雅》曰：'蕍侯，莎。'蓑衣以莎草爲之，故音同莎。又名薜。《六韜·農器篇》曰：'蓑、薜、簦、笠。'今總謂之蓑。雨具中最爲輕便。"明徐光啟《農政全書》卷二四略同。明馮惟敏《恬退》曲："也不管花開花落，年年一短蓑，寒暑飽經過。順水推船，隨風倒舵。"

【簑】

同"蓑"。此體先秦時期已行用。見該文。

【蓑】

同“蓑”。此體漢代已行用。見該文。

【蕫】

即蓑。此稱漢代已行用。見該文。

【蓑衣】

即蓑。此稱晉代已行用，明代亦作“簑衣”。晉葛洪《抱朴子·鈞世》：“至於閬錦麗而且堅，未可謂之減於蓑衣。”唐劉禹錫《插田歌》：“農婦白紵裙，農夫綠蓑衣。”《水滸傳》第一九回：“船頭上立着一個人，頭戴青篛笠，身披綠簑衣，却沒有戴竹笠。”《紅樓夢》第四五回：“一語未盡，祇見寶玉頭上戴着大箬笠，身上披着蓑衣。”

【簑衣】

同“蓑衣”。此體明代已行用。見該文。

笠

用竹篾、箬葉或棕皮等編織的戴在頭上的禦暑和禦雨用具。此稱先秦時期已行用，唐代亦稱“笠子”。《詩·小雅·無羊》：“爾牧來思，何蓑何笠。”毛傳：“笠所以禦暑。”《詩·小雅·都人士》：“彼都人士，臺笠緇撮。”毛傳：“笠所以禦雨。”南朝宋劉義慶《世說新語·言語》：“謝靈運好戴曲柄笠，孔隱士謂曰：‘卿欲希心高遠，何不能遣曲蓋之貌。’謝答曰：‘將不畏影者，未能忘懷。’”唐李白《戲贈杜甫》詩：“飯顆山頭逢杜甫，頭戴笠子日卓午。”元王禎《農書·蓑笠門》：“笠：戴具也。古以臺皮爲笠，《詩》所謂‘臺笠緇撮’。今之爲笠，

笠
（元王禎《農書》）

編竹作殼，衷以籜篛，或大或小，皆頂隆而口圓，可芘雨蔽日，以爲蓑之配也。”明徐光啓《農政全書》卷二四略同。清周亮工《南溪陳克興以所著詩文見示賦此奉贈》：“青霞笠子白雲裳，敗硯殘書意莫當。”《紅樓夢》第四五回：“寶玉一面說，一面摘了笠，脫了蓑，一手舉起燈來，一手遮着燈兒，向黛玉臉上照了一照，覷着瞧了一瞧，笑道：‘今兒氣色好了些。’”

【笠子】

即笠。此稱唐代已行用。見該文。

青箬笠

即笠。因用箬竹葉或篾編製，故稱。此稱唐代已行用，宋代亦作“青篛笠”，亦稱“青篛”“青箬”，清代又稱“箬帽”“箬笠”。唐張志和《漁父》詞：“青箬笠，綠蓑衣，斜風細雨不須歸。”宋孫覿《題穀隱》詩：“葦間青篛笠，髣髴見秦逃。”宋楊萬里《後苦寒歌》：“絕憐紅船黃帽郎，綠蓑青篛牽牙檣。”宋陸游《一叢花》詞：“何如伴我，綠蓑青箬，秋晚釣瀟湘。”《水滸傳》第七七回：“船上一個人，頭戴青箬笠，身披綠蓑衣，斜倚着舡背，岸西獨自釣魚。”清王士禎《玄墓歸答李户部》詩：“何能共醉寒香裏，悵絕清溪箬帽斜。”《紅樓夢》第四五回：“寶玉頭上戴着大箬笠，身上披着蓑衣。”清厲鶚《施北亭攜酒湖上》詩：“詩從青箬笠前得，秋在白荷花上來。”

【青篛笠】

同“青箬笠”。此體宋代已行用。見該文。

【青篛】

即青箬笠。此稱宋代已行用。見該文。

【青箬】

即青箬笠。此稱宋代已行用。見該文。

【箬帽】

即青箬笠。此稱清代已行用。見該文。

【箬笠】

即青箬笠。此稱清代已行用。見該文。

笠簷

指笠帽周圍下覆冒出的部分。此稱唐代已行用。唐陸龜蒙《晚渡》詩：“各樣蓮船逗村去，笠簷蓑袂有殘聲。”

屝

粗鞋，多以皮、麻、草製作。此稱先秦時期已行用，亦作“菲”。《左傳·僖公四年》：“若出於陳鄭之間，共其資糧屝屨，其可也。”杜預注：“屝，草屨。”《禮記·曾子問》：“不杖，不菲，不次。”陸德明釋文：“菲，一本作屝，草屨。”《樂府詩集·相和歌辭十三·孤兒行》：“手爲錯，足下無菲，愴愴履霜，中多蒺藜。”元王禎《農書·蓑笠門》：

屝
（元王禎《農書》）

“屝：草屨也。《左傳》曰：‘共其資、糧、屝、屨。’《説文》曰：‘屝，草屨也。’孔疏云：‘屝、屨俱是在足之物，善惡異名耳……’《喪服·傳》曰：‘疏屨者，粗蒯之屝也。’是屝用草爲之。注云‘草履’者，履、屨通言耳，今云屝、屨，相形以曉人也。”明徐光啓《農政全書》卷二四略同。清俞正燮《癸巳存稿·不借》：“周時謂之屨，子夏時謂之菲，漢時謂之不借。”

【菲】

通“屝”。此體先秦時期已行用。見該文。

【屝屨】

即屝。此稱先秦時期已行用，見《左傳·僖公四年》。亦稱“菲履”，又稱“扉履”。《晏子春秋·問下》：“治唐園，考菲履。”《初學記》卷二六引《世本》：“於則作屝履。”《漢書·刑法志》：“世俗之爲説者，以爲治古者無肉刑，有象刑墨黥之屬，菲履赭衣而不純，是不然矣。”顏師古注：“菲，草履也。”唐王叡《炙轂子録·麻鞻》：“夏殷皆以草爲之屬，左氏謂之菲履也。至周以麻爲之，謂之鞻，貴賤通著之。”唐獨孤及《諫表》：“以其糧儲屝履之資，充疲人貢賦。”清俞樾《春在堂隨筆》卷四：“自軍興以來，資糧屝履，不能不取給於捐輸。”參見本節“屝”文。

【菲履】

即屝履，亦即屝。此稱先秦時期已行用。見該文。

【扉履】

即屝履，亦即屝。此稱先秦時期已行用。見該文。

【蹻】

即屝。此稱先秦時期已行用，漢代亦稱“履蹻”。《莊子·天下》：“使後世之墨者，多以裘褐爲衣，以跂蹻爲服。”成玄英疏：“木曰跂，草曰蹻也。”漢賈誼《新書·屬遠》：“履蹻不數易，不足以至。錢用之費稱此，苦甚。”《漢書·卜式傳》：“初式不願爲郎，上曰：‘吾有羊在上林中，欲令子牧之。’式既爲郎，布衣草蹻而牧羊。”顏師古注：“蹻，即今之鞋也。南方謂之蹻。”

【履蹻】

即蹻，亦即屝。此稱漢代已行用。見該文。

屨

單底鞋。多以麻、葛、皮等製作。此稱先秦時期已行用。《周禮·天官·屨人》："掌王及后之服屨。"鄭玄注："複下曰舄，禪下曰屨。"唐韓愈《孔公墓誌銘》："親戚之不仕與倦而歸者，不在東阡在北陌，可杖屨來往也。"元王禎《農書·蓑笠門》："屨，麻屨也。傳云：屨滿戶外。蓋古人上堂，

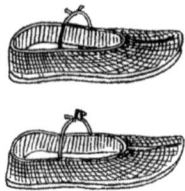
屨
（元王禎《農書》）

則遺屨於外。此常屨也。今農人春夏則屝，秋冬則屨，從省便也。《方言》：'屝，粗屨也。徐兗之郊謂之屝；自關而西謂之屨，中有木者謂之複舄；自關而東謂之複屨，其卑者謂之𦙶，下禪謂之鞮。絲作者謂之履，麻作者謂之不借，粗者謂之屨；東北朝鮮洌水之間謂之𦨮，或謂之𧝓。徐土邳沂之間，大粗謂之𦨮角。皆屨之別名也。'"明徐光啓《農政全書》卷二四略同。

葛屨

用葛草編製的鞋。此稱先秦已行用。《詩·齊風·南山》："葛屨五兩，冠綏雙止。"《詩·魏風·葛屨》："糾糾葛屨，可以履霜。"宋陸游《東偏小室去日最遠每爲逃暑之地戲作五字》："渴愛飱漿美，慵便葛屨輕。"《剪燈餘話·洞天花燭記》："忽有二使，布袍葛屨，聯袂而來。"

覆殼

用篾竹等編織的，披在身上的一種防暑、防雨用具。此稱元代已行用，亦稱"鶴翅""背蓬"。元王禎《農書·蓑笠門》："覆殼：一名鶴翅，一名背蓬。篾竹編如龜殼，裏以籜箬，覆於人背，繩繫肩下。耘耨之際，以禦畏日，兼作雨具。

覆殼
（元王禎《農書》）

下有卷口，可通風氣，又分雨溜。適當盛暑，田夫得此，以免曝烈之苦，亦'一壺千金'之比也。"明徐光啓《農政全書》卷二四、《授時通考》卷三六略同。

【鶴翅】

即覆殼。此稱元代已行用。見該文。

【背蓬】

即覆殼。此稱元代已行用。見該文。

通簪

虛綰髮髻的一種簪子，可以鹿角製作。此稱元代已行用，亦稱"氣筒"。元王禎《農書·蓑笠門》："通簪，貫髮虛簪也，一名氣筒。以鹿角稍尖作之，長可

通簪
（元王禎《農書》）

三寸餘，筒之周圍，橫穿小竅數處，使俱相通，故曰通簪。田夫田婦，暑日之下，折腰俛首，氣騰汗出，其髮髻蒸鬱，得貫此簪一二，以通風氣，自然爽快。夫物雖微末，而有利人之效，甚可愛也。"

【氣筒】

即通簪。此稱元代已行用。見該文。

臂篝

江淮地區農民耕耘、收割時套在臂上的一

種竹籠，用於收放衣袖，保護胳臂。此稱元代已行用，亦稱"臂籠"。元王禎《農書·蓑笠門》："臂篝：狀如魚笱，篾竹編之，又呼爲臂籠。江淮之間，農夫耘苗或刈禾，穿臂於內，以卷衣袖。猶北俗芟刈草木，以皮爲袖套。皆農家所必用者。"明徐光啓《農政全書》卷二四略同。

【臂籠】

即臂篝。此稱元代已行用。見該文。

臂篝
（元王禎《農書》）

壺

利用滴水數量計算時間的一種儀器，今人多稱"漏壺"。壺中插入標竿箭，其下用箭舟承托，浮於水面。當水流出壺外或流入壺內時，箭亦隨之下沉或上升，藉以指示時刻。前者爲沉箭漏壺，後者爲浮箭漏壺，統稱箭漏。中國古代使用最多、流傳最廣的是浮箭漏壺，另有一種以沙代水的沙漏。周朝已經發明漏壺，後世爲提高水流速度穩定性，又在漏水壺上另加一隻或幾隻漏水壺，形成多級漏壺。此稱先秦時期已行用，亦稱"漏刻"，唐代又稱"漏"。

《詩·齊風·東方未明序》："挈壺氏。"唐孔穎達疏："壺，盛水器也。世主挈壺水以爲漏……刻，謂置箭壺內，刻以爲節而浮之水上，令水漏而刻下，以記晝夜昏明之度數也。"《六韜·分兵》："明告戰日，漏刻有時。"《漢書·哀帝紀》："漏刻以百二十爲度。"顔師古注："舊漏晝夜共百刻，今增其二十。"南朝梁慧皎《高僧傳·義解·釋道祖》："山中無漏刻，乃於泉水中立十二葉芙蓉，因流波轉，以定十二時，晷影無差焉。"宋彭乘《墨客揮犀》卷七："國朝置天文院於禁中，設漏刻、觀天臺、銅渾儀，皆如司天監，與司天監互相檢察。"

【漏刻】

即壺。此稱先秦時期已行用。見該文。

【漏】

即壺。此稱唐代已行用。見該文。

浮箭

漏壺指示時刻的箭頭。此稱漢代已行用。《後漢書·律曆志下》："孔壺爲漏，浮箭爲刻。"《文選·張協〈七命〉》："浮箭未移，再踐千里。"李周翰注："浮箭謂水漏刻日時節者。"唐褚亮《奉和詠日午》："曦車日亭午，浮箭未移暉。"

鍾箭

漏壺的部件。其上刻有度數，隨水浮沈以指示時間。此稱南北朝時期已行用，亦作"鐘箭"，宋代亦稱"漏箭"。南朝梁陸倕《爲張侍中謝啓》："徒課虛無，空延鍾箭。"一本作"鐘箭"。南朝陳張正見《上之回》詩："欲知鍾箭遠，遙聽寶雞聲。"宋陸游《晨起》詩："夜潤熏籠煖，燈殘漏箭長。"元薩都剌《雲山圖》詩："城頭漏箭催更鼓，將軍燕寢元戎府。"清納蘭性德《菩薩蠻·早春》詞："曉寒瘦著西南月，丁丁漏箭餘香咽。"

【鐘箭】

同"鍾箭"。此體南北朝時期已行用。見該文。

【漏箭】

即鍾箭。此稱宋代已行用。見該文。

田漏

農家使用的漏壺。此稱宋代已行用。宋梅堯臣有《和孫端叟寺丞農具·田漏》。元王禎《農書·利用門》："田漏，田家測景水器也。凡寒暑昏曉，已驗於星。若占候時刻，惟漏可知。古今刻漏有二：曰沉漏，曰浮漏。夫沉漏以權衡作之，殆不如浮漏之簡要。今田漏概取其制，置箭壺內，刻以爲節，既壺水下注，則水起箭浮，時刻漸露。自巳初下漏，而測景焉，至申初爲三辰，得二十五刻；倍爲六辰，得五十刻。畫之于箭，視其下，尚可增十餘刻也。乃於卯酉之時，上水以試之，今日午至來日午，而漏與景合，且數日皆然，則箭可用矣。如或有差，當隨所差而損益之，改畫辰刻，又試如初，必待其合也。農家置此，以揆時計工，不可闕者。大凡農作須待時氣，時氣既至，耕種耘耔，事在晷刻，苟或違之，時不再來，所謂寸陰可競，

分陰當惜，此田漏之所以作也。"

田漏
（元王禎《農書》）

葛燈籠

以葛爲原料製作的一種燈籠。此稱南北朝時期已行用。《宋書·武帝紀下》："牀頭有土鄣，壁上挂葛燈籠。"元王禎《農書·蓑笠門》："葛燈籠：《南史》，宋武祖微時，躬耕於丹徒。及受命，耨耜之具，頗有存者，皆命藏之，以示子孫。及孝武帝大明中，壞所居陰室，起玉燭殿，與群臣觀之，牀頭有障，壁挂葛燈籠。侍臣盛稱武帝素儉之德。帝曰：'田舍翁得此足矣！'今農家襲用，以憑暮夜提携，往來照視，有古之遺風焉。"

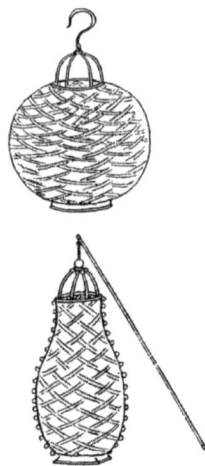

葛燈籠
（元王禎《農書》）

牧笛

牧童或牧民所吹的笛子。此稱唐代已行用，亦稱"牛笛"。唐張喬《題河中鸛雀樓》詩："漁人遺火成寒燒，牧笛吹風起夜波。"唐杜荀鶴《題汪明府山居》詩："牛笛漫吹煙雨裏，稻苗平入水雲間。"元王禎《農書·蓑笠門》："牧笛：牧牛者所吹。早暮招來群牧，猶牧馬者鳴筋也。嘗於村野間聞之，則知時和歲豐，寓於聲也。每見模爲圖畫。詠爲歌詩。實古今太平之風物也。"

【牛笛】

即牧笛。此稱唐代已行用。見該文。

牧笛
（元王禎《農書》）

梧桐角

浙江東部農家兒童用梧桐葉卷製的可以吹奏鳴響的角狀物。此稱元代已行用。元王禎《農書·鑺甾門》：“梧桐角，浙東諸鄉農家兒童，以春月卷梧桐爲角吹之，聲遍田野。

梧桐角
（元王禎《農書》）

前人有‘村南村北梧桐角，山後山前白菜花’之句，狀時景也。則知此制已久，但故俗相傳，不知所自。蓋音樂主和，寓之于物，以假聲韻，所以感陽舒而蕩陰鬱，導天時而達人事。則人與時通，物隨氣化，非直爲戲樂也。”

擊壤

投擊塊壤游戲之具。將一塊鞋狀木片側置於地，在三四十步外用另一塊木片投擊，擊中者獲勝。此稱漢代已行用。漢王充《論衡·刺孟》：“夫毀瓦畫墁，猶比童子擊壤於塗，何以異哉！”南朝宋謝靈運《初去郡》詩：“即是羲唐化，獲我擊壤情。”唐張説《季春下旬詔宴薛王山池序》：“河清難得，人代幾何？擊壤之懽，良有以也。”宋范成大《插秧》詩：“誰知細細青青草，中有豐年擊壤聲。”元王禎《農書·杷朳門》：“擊壤，《釋名》曰：‘擊壤，野老之戲。’蓋擊塊壤之具，因以爲戲也。《藝苑》曰：‘擊壤，古戲也。’又曰：‘壤，以木爲之，前廣後鋭，長尺四寸，闊三寸，其形如履。將戲，先側一壤于地，遥于三四十步，以手中壤敲之，中者爲上。’《風土記》曰：‘擊壤，以木爲之……其形如履。臘節，僮少以爲戲，分部如摘博也。’玄晏先生曰：‘十七年，與姑從子果柳等擊壤於路。’此非直野老僮少之戲，至於逸人隱士，亦有時而爲此戲也。《逸士傳》曰：堯時有壤父五十人，擊壤於康衢。觀者曰：‘大哉！堯之爲君。’壤父作色曰：‘吾日出而作，日入而息，鑿井而飲，耕田而食，帝何力於我哉！’此有以見其時平歲熟，不知樂之所自。信哉！堯之德蕩蕩乎，民無能名焉，宜壤父有此答也。吳盛彦《擊壤賦》云：‘論衆戲之

擊壤
（元王禎《農書》）

爲樂，獨擊壤之可娛。因風托勢，側一殺兩。'《藝文》曰：'以磚二枚，長七寸，相去三十步，立爲標。各以塼一枚，方圓一尺，擲之。主人擲籌隨多少。甲先擲破，則得一籌；後破則奪先破者。'又今村陌中張梃爲戲者，皆其遺（遺）制歟？"清方貞觀《出宗陽》詩："生逢擊壤世，不得守耕桑。"

土鼓

一種致敬鬼神、祈禱豐收的鼓。此稱先秦時期已行用，亦作"土鼓"，宋代亦稱"收田鼓"，清代又作"土鼔"。《周禮·春官·籥章》："掌土鼓豳籥。"鄭玄注引杜子春云："土鼓以瓦爲匡，以革爲兩面，可擊也。"晉袁宏《後漢紀·和帝紀》："古者民人淳樸，制禮至簡，汙樽抔飲，可以盡歡於君親；蕢桴土鼓，可以致敬於鬼神。"唐李白《鄂州刺史韋公德政碑》："乃登豳歌，擊土鼓，祀蓐收，迎田祖。"宋梅堯臣《村豪》詩："日擊收田鼓，時稱大有年。"元王禎《農書·鼎釜門》："土鼓：古樂器也。杜子春云：'以瓦爲匡，以革爲面兩，可擊也。'《禮運》曰：'蕢桴而土鼓。'《明堂位》曰：'土鼓、蕢桴……伊耆氏之樂也。'《周禮·春官》：'籥章，掌土鼓豳籥。中春，畫擊土鼓，龡《豳詩》，以逆暑。中秋，夜迎寒，亦如之。凡國祈年于田祖，龡《豳雅》，擊土鼓，以樂田畯。國祭蜡，龡《豳頌》，擊土鼓，以息老物。'杜子春云：'息老物'謂'息田夫'，養老勞。今農

土鼓
（元王禎《農書》）

家秋斂之後，擊鼓以祀田祖，即其遺意也。詩云：'粵昔伊耆氏，樂制惟土苴。繼自神農氏，作鼓正從瓦。蕢桴一引擊，真性足陶寫。當時風俗成，往往朴而野。大音能希聲，調高和誠寡。迨周因用之，龡合《豳頌雅》。祈年及祭蜡，齊敬格上下。是雖器質晷，名亦不徒假。花腰鳴且急，可以愧來者。'"清曹寅《琴塼歌》："稗官流傳號琴薦，土鼓康瓠函宮商。"清龔自珍《五經大義終始論》："此言有异乎土鼓之祭，其實升平也。"

【土鼓】

同"土鼓"。此體先秦時期已行用。見該文。

【土鼔】

同"土鼓"。此體清代已行用。見該文。

【收田鼓】

即土鼓。此稱宋代已行用。見該文。

薅鼓

蜀地農村薅田時所用的一種鼓，用以招集農民下田、控制勞動節奏、提醒專心勞作等。此稱元代已行用。元王禎《農書·錢鎛門》："薅鼓：曾氏《薅鼓序》云：'薅田有鼓，自入蜀見之。始則集其來，既來則節其作，既作則防其笑語而妨務也。其聲促烈清壯，有緩急抑揚而

薅鼓
（元王禎《農書》）

無律呂，朝暮曾不絶響。'"

禾詞鼓

一種祈禱豐收的鼓。此稱清代已行用。《清朝續文獻通考·樂五》："禾詞鼓，制如龍鼓而略小，面徑一尺三寸九分，高六寸一分，匡旁釘貼金鐶二，繫黃絨紃懸於項而鼓之。"

土牛

打春所用的泥土製作的牛形物體。打春，又稱鞭春，是古代州縣於立春日鞭打泥土製作的牛形物體以祈豐年的習俗。據宋孟元老《東京夢華録·立春》載："立春前一日……置春牛於府前，至日絶早，府僚打春。""土牛"之稱先秦時期已行用，唐代亦稱"泥牛""牛"。《禮記·月令》："〔季冬之月〕命有司大難，旁磔，出土牛，以送寒氣。"漢鄭玄注："土牛者，丑爲牛，牛可牽止也。"清孫希旦集解："出土牛者，牛爲土畜，又以作之，土能勝水，故於旁磔之時，出之於九門之外，以穰除陰氣也。"《後漢書·禮儀志上》："立春之日，夜漏未盡五刻，京師百官皆衣青衣，郡國縣道官下至斗食令史，皆服青幘，立青幡，施土牛耕人于門外，以示兆民，至立夏。"南朝宋鮑照《發長松遇雪》詩："土牛既送寒，奠陵方浹馳。"唐張説《喜雨賦應制》："越人出泥牛待沃，胡士以賣龍求費。"唐寒山《寒山子詩集》："土牛耕石田，未有得稻日。"唐元積《生春》詩之七："鞭牛

縣門外，争土蓋蘯叢。"宋劉敞《土牛行》："立春自昔爲土牛，古人設象今人愁。豈有范泥作頭角，便可代天熙九疇。"明于謙《立春》詩："擊罷泥牛物侯新，一鞭分與萬家春。"清吳偉業《捉船行》："村人露肘捉頭來，背似土牛耐鞭苦。"清富察敦崇《燕京歲時記·打春》："謹按禮部則例載：立春前一日，順天府尹率僚屬朝服迎春於東直門外，隸役舁芒神土牛，導以鼓樂，至府署前，陳於彩棚。"清顧禄《清嘉録·正月·打春》："立春日，太守集府堂，鞭牛碎之，謂之打春。農民競以麻麥米豆拋打春牛，里胥以春毯相餽貽，預兆豐稔。"

【泥牛】

即土牛。此稱唐代已行用。見該文。

【牛】²

即土牛。此稱唐代已行用。見該文。

【春牛】²

即土牛。此稱唐代已行用。唐盧肇《謫連州書春牛榜子》詩："不得職田饑欲死，兒儂何用打春牛。"宋孟元老《東京夢華録·立春》："前一日，開封府進春牛入禁中鞭春。"元尚仲賢《單鞭奪槊》第二折："只待將他盆吊死，單怕他一拳打的我做春牛。"明王世貞《正德宮詞二十首》之一九："傳呼京兆進春牛，百戲魚龍曼衍游。"

第二節　農田及農業器具、設施并稱與泛稱考

"并稱"即合并稱説，"泛稱"即"總稱""統稱"，亦即總的名稱。它們從一個側面揭示了農田及農業器具、設施的種類與特性，是農耕卷必不可少的一個內容。

土

泛指農田。此稱先秦時期已行用，亦稱"土田"。《易·離》："百穀草木麗乎土。"《詩·大雅·崧高》："王命召伯，徹申伯土田。"《爾雅·釋言》："土，田也。"郝懿行義疏："土爲田之大名，田爲以耕之土。對文則別，散則通也。"《三國志·魏書·武帝紀》："其舉義兵已來，將士絕無後者，求其親戚以後之，授土田，官給耕牛，置學師以教之。"唐柳宗元《封建論》："周有天下，裂土田而瓜分之。"《宋史·河渠志五》："其土田迫大川，數經水害，或地勢汙下，雨潦所鍾，要在修築圩埠、堤防之類以障水潦或疏導溝澮畎澮以泄積水。"《元史·安南傳》："爲今之計，莫若遣使諭安南，歸我土田，返我人民。"《明史·李信圭傳》："致土田荒蕪，民無蓄積。稍遇歉歲，輒老稚相攜，緣道乞食，實可憫傷。"清唐甄《潛書·卿牧》："司徒之職，重農功，籍土田，審肥磽。"《清史稿·河渠志四》："伊犁土田肥潤，可耕之地甚多，向因乏水，今擬設法疏渠引泉，以資汲灌。"

【土田】

即土。此稱先秦時期已行用。見該文。

【田土】

即土。此稱先秦時期已行用。《管子·輕重四》："泰夏，賦穀以市檟，民皆受上穀以治田土。"《後漢書·馬援傳》："其田土肥壤，灌溉流通……不可棄也。"唐杜甫《岳麓山道林二寺行》："桃源人家易制度，橘洲田土仍膏腴。"《資治通鑑·漢光武帝建武十一年》："破羌以西，城多堅牢，易可依固；其田土肥壤，灌溉流通。"元無名氏《凍蘇秦》第一折："家中頗有資財，郭外多增田土。"《水滸傳》第五回："僧衆盡皆走散，田土已都賣了。"明馮夢龍《東周列國志》第四回："誠割取二國田土，以畀宋人，則楚之恨宋愈甚。"

【土地】

即土。此稱先秦時期已行用。《周禮·地官·小司徒》："乃經土地，而井牧其田野。"《呂氏春秋·孟春紀·正月紀》："善相丘陵阪險原隰，土地所宜，五穀所殖，以教道民，以躬親之。"《史記·平準書》："《禹貢》九州，各因其土地所宜，人民所多少而納職焉。"《三國志·魏書·武帝紀》："土地雖廣，糧食雖豐，適足以爲吾奉也。"晋陶淵明《桃花源記》："土地平曠，屋舍儼然，有良田美池桑竹之屬。"南朝宋劉義慶《世說新語·德行》："王武子、孫子荊各言其土地人物之美。"

【土脉】

即土。此稱唐代已行用，亦作"土脈"。唐韋應物《新理西齋》："春陽土脉起，膏澤發生初。"唐韓愈《苦寒》詩："雪霜頓銷釋，土脈膏且黏。"宋曾鞏《諸寺觀祈雨文》："春氣已中，農功方急，而膏澤未洽，土脉尚乾。"《宋史·河渠志一》："滑州土脉疏，岸善隤，每歲河決南岸，害民田。"元翁合老《春日田園雜興》詩："土脉正融催穀觫，林陰微合聽鉤輈。"《元史·兵志三》："其地廣闊，土脉膏腴，皆有古昔屯田之迹。"明宋應星《天工開物》："夏種冬收之穀，必山間源水不絕之畝，其穀種亦耐久，其土脉亦寒，不催苗也。"清唐甄《潛書·性才》："十月之間，雖陽存而不用，不能疏土脉，鼓萬物，謂之無陽。"清王允祉《刈麥記》："山川衍沃，土脉肥饒，所藝諸田日見豐茂，而隴麥日至之時皆成熟矣。"

【土脈】

　　同“土脉”，即土。此體唐代已行用。見該文。

壤 2

　　泛指農田。此稱先秦時期已行用，宋代起亦稱“田壤”。《管子·巨乘馬》：“一農之量，壤百畝也。”唐韓愈《出國夫人墓誌銘》：“爲王屏翰，有壤千里。”宋韓維《答和叔城東尋春》：“時屬積雪霽，田壤墳以蘇。”元王禎《農書·田制門》：“夫禹別九州其田壤之法，固多不同。”明劉三吾《野莊賦》：“宅幽兮勢廣，宜爾居兮與爾田壤。”清陸次雲《雜感》：“芝蘭出穢壤，芙蕖生淤泥。”清厲鶚《遼史拾遺·文學傳上》：“以官封曠爲牧地，吞我林麓，既如彼廢我田壤，又若此使庖舍缺薪蒸之，供齋堂乏餅餌之。”

【田壤】

　　即壤 2。此稱宋代已行用。見該文。

【壤土】

　　即壤 2。此稱先秦時期已行用。《管子·白心》：“天之視而精，四璧而知請，壤土而與生。”《漢書·董仲舒傳》：“諸侯背畔，殘賊良民以爭壤土，廢德教而任刑罰，刑罰不中則生邪氣。”《新唐書·西域傳上·疏勒》：“疏勒，一曰佉沙，環五千里，距京師九千里而贏。多沙磧，少壤土。”宋蘇轍《燕薊》：“中原未嘗血刃而壤土自復。”清惠士奇《禮説·地官三》：“蘟土、壤土、浮土爲上土。”康有爲《大同書》辛部第七章：“於其泊沭漸引川河，徧植草樹，將多雨澤，漸可使沙漠化爲壤土。”

【壤地】

　　即壤 2。此稱先秦時期已行用，亦作“壤垎”。《國語·魯語上》：“豈其貪壤地，而棄先王之命？其何以鎮撫諸侯？”《戰國策·秦四》：“齊太公聞之，舉兵伐魏，壤地兩分，國家大危。”又《魏策一》：“張儀惡陳軫於魏王曰：‘軫善事楚，爲求壤垎也甚力。’”《新唐書·陸贄傳》：“自安史之亂，朝廷因循涵養，而諸方自擅壤地，未嘗會朝。”《宋史·朱勔傳》：“所居直蘇市中孫老橋，忽稱詔，凡橋東西四至壤地室廬悉買賜予己，合數百家，期五日盡徙，郡吏逼逐，民嗟哭於路。”《元史·地理志二》：“壤地平坦，數有河患。”章炳麟《訄書·定版籍》：“孫文曰：‘故買鬻者，庚償其勞力而已，非能買其壤地也。’”

【壤垎】 2

　　同“壤地”，即壤 2。此體先秦時期已行用。見該文。

地

　　泛指農田。此稱先秦時期已行用，亦作“坔”，金代起亦稱“地畝”。《周禮·地官·載師》：“以場圃任園地。”《管子·權修》：“地之生財有時，民之用力有倦，而人君之欲無窮。”又《山權數》：“農夫敬事力作，故天毀坔凶旱水洪，民無入於溝壑乞請者也。”《戰國策·燕策一》：“噲子謂文公曰：‘不如以坔請合於齊。’”《史記·平準書論》：“魏用李克，盡地力，爲彊君。”《新唐書·魏徵傳》：“修洛陽宮，勞人也；收地租，厚斂也。”《金史·宣宗紀中》：“丙子，稅民種地畝，議行均輸。”《元史·崔彧傳》：“差官度量大都州縣地畝，本以革權勢兼并之弊，欲其明白。”《明史·食貨志五》：“光宗立，始盡蠲天下額外稅，撤回稅監，其派入地畝、行户、人丁、間架者，概免之。”《紅樓夢》第一三回：“莫若依我定見，趁今日富貴，將祖塋附近多置田莊、房舍、地畝，以備祭祀、供給之費皆出自此處。"清林則徐《〈畿輔水利議〉總序》："竊見南方地畝狹於北方，而一畝之田，中熟之歲，收穀約有五石，則爲米二石五斗矣。"

【坔】

同"地"。此體先秦時期已行用。見該文。

【地畝】

即地。此稱金代已行用。見該文。

【食地】

即地。此稱先秦時期已行用，亦稱"食土"，清代又稱"莊稼地"。《管子・八觀》："彼野悉辟而民無積者，國地小而食地淺也；田半墾而民有餘食、而粟米多者，國地大而食地博也。"《國語・吳語》："食土不均，地之不修，內有辱於國，是子也。"《兒女英雄傳》第三三回："如莊稼地是一項，菜園子是一項，菓木莊子是一項。"

【食土】

即食地，亦即地。此稱先秦時期已行用。見該文。

【莊稼地】

即食地，亦即地。此稱清代已行用。見該文。

野

郊外土地，泛指農田。此稱先秦時期已行用，亦稱"原野""原壄"。《國語・周語中》："今陳國火朝覿矣，而道路若塞，野場若棄，澤不陂障，川無舟梁，是廢先王之教也。"又《魯語上》："大者陳之原野，小者致之市朝。"《呂氏春秋・季春記》："循行國邑，周視原野。"高誘注："廣平曰原，郊外曰野。"《楚辭・九歌・國殤》："天時墜兮威靈怒，嚴殺盡兮棄原壄。"朱熹集注："壄，古野字。棄原壄，骸骨棄於原壄

也。"漢王逸《楚辭章句・七諫章句》："平生於國兮，長於原壄。"唐李白《夕霽杜陵登樓寄韋繇》："原野曠超緬，關河紛錯重。"宋陸游《蕎麥初熟刈者滿野喜而有作》詩："城南城北如鋪雪，原野家家種蕎麥。"《三國演義》第三三回："今天下分崩，九州幅裂，二袁兄弟相争，冀民暴骨原野。"清龔自珍《〈送欽差大臣侯官林公〉序》："取不逞夷人及奸民，就地正典型，非有大兵陳之原野之事，豈古人于陸路開邊釁之比也哉？"

【原野】

即野。此稱先秦時期已行用。見該文。

【原壄】

即野。此稱先秦時期已行用。見該文。

【田野】

即野。此稱先秦時期已行用，三國時期起亦稱"野田"，南北朝時期起亦作"田墅"。《管子・八觀》："行其田野，視其耕芸，計其農事，而饑飽之國可以知也。"漢桓寬《鹽鐵論・園池》："田野闢，麻枲治，則上下俱衍，何困乏之有矣？"三國魏曹植有《野田黃雀行》詩。《南齊書・祥瑞志》："永明二年八月，梁郡睢陽縣界野田中穫嘉禾，一莖二十三穗。"《梁書・裴之平傳》："遂與僮屬數百人，於芍陂大營田墅，遂致殷積。"唐王維《偶然作》之二："得意苟爲樂，野田安足鄙。"唐儲光羲《田家雜興》詩之一："春至鶬鶊鳴，薄言向田墅。"一本作"田野"。宋鄧牧《龍洞》："風雲幾聚散，田野正辛苦。"元謝應芳《劉旭齋過婁江客舍作詩贈之》："田野無人鴉種麥，漕渠通海蟹輸芒。"清魏源《京口琴娘曲》："野田積水淮南道，日乞窮途夜青草。"

【田墅】

同“田野”，即野。此體南北朝時期已行用。見該文。

【野田】

即田野，亦即野。此稱三國時期已行用。見該文。

【農野】

即野。此稱漢代已行用，唐代亦稱“野畦”。漢班昭《東征賦》：“到長垣之境界，察農野之居民。”唐陳子昂《漢州雒縣令張君吏人頌德碑并序》：“田畯失業，農野榛荒，此邦膏腴利在江浸。”唐杜甫《陪王使君晦日泛江就黃家亭子》詩之二：“野畦連蛺蝶，江檻俯鴛鴦。”宋張耒《饑烏詞》：“北風夜雨烏翅濕，低飛野畦啄遺粒。”元仇遠《多雨詩》：“菜色青肥麥漸黃，雨多泥滑野畦荒。”明劉基《冬暖》詩：“野畦落日舞殘蝶，小池過雨喧鳴蛙。”

【野畦】

即農野，亦即野。此稱唐代已行用。見該文。

田³

泛指農田。此稱先秦時期已行用，亦稱“耕田”，漢代起又稱“田地”，唐代還稱“田墟”。《易·乾》：“見龍在田。”王弼注：“處於地上，故曰在田。”宋祚胤考辨：“田，田野。”《管子·揆度》：“百乘爲耕田萬頃，爲户萬户。”《史記·蕭相國世家》：“今君胡不多買田地，賤貰貸以自汙？”《玉篇·田部》：“田，土也，地也。”唐韓愈《曹成王碑》：“民老幼婦女不驚，市買不變，田之果穀下無一迹。”唐元稹《景申秋》詩之六：“經雨籬落壞，入秋田地荒。”唐釋道世《法苑珠林·敬佛篇第六之二·觀佛部》：“留元之東陽長山人，家以種芋爲業，每燒田墟，

輒有一處叢草不燃。”明曹溶《羌中風土詩》之二：“耕田難得穫，更覓禹餘糧。”《説岳全傳》第三回：“小人一向種的老相公的田地，老相公有十餘年不曾到此，小人將歷年租米賣出來的銀子收在家裡。”

【耕田】

即田³。此稱先秦時期已行用。見該文。

【田地】

即田³。此稱漢代已行用。見該文。

【田墟】

即田³。此稱唐代已行用。見該文。

【原田】

即田³。此稱先秦時期已行用，亦稱“田原”，漢代又稱“原陸”。《左傳·僖公二十八年》：“原田每每，舍其舊而新是謀。”杜預注：“高平曰原，喻晉軍美盛若原田之草。”《莊子·達生》：“田原不遇歲，事君不遇世，賓於鄉里，逐於州部，則胡罪乎？”《禮記·月令》：“〔孟夏之月〕命野虞出行田原，爲天子勞農勸民，毋或失時。”漢張衡《東京賦》：“乘輿巡乎岱嶽，勸稼穡于原陸。”晉葛洪《抱朴子·正郭》：“雖在原陸，猶恐滄海橫流，吾其魚也。”《宋書·周朗傳》：“歲發佐農令堤湖盡修，原陸並起。”唐張九齡《奉和聖制燭龍齋祭》詩：“沛然時雨，雨我原田。”唐儲光羲《同諸公秋日遊昆明池思古》詩：“淒風披田原，橫汙益山陂。”唐柳宗元《田家》詩之三：“田翁笑相念，昏黑慎原陸。”宋蘇軾《大秦寺》：“原田浩如海，袞袞盡東傾。”宋郭印《立秋日出郊有感》：“田原矜雨足，秔芋報年豐。”宋朱熹《遊書寒以茂林脩竹清流激湍分韻賦詩得竹字》：“急雨遍原陸，入谷尚輕埃。”明王樵《尚書日記·禹

貢》：“豫爲中土，原田既美，人功亦修幾與冀埒。”明楊榮《皇都大一統賦》：“至若王畿之內，輦轂之間，沃野彌望，原陸寬閑，烟火相接，雞犬相聞。”清顧炎武《日知録・茶》：“詩云：荼陸穢草，然則茶者，原田蕪穢之草，非苦菜也。”清朱鶴齡《尚書埤傳・禹貢》：“《爾雅》《周禮》所載諸州，澤藪如陽紆奚養，大陵甫田焦穫等今皆變爲原陸，不能定其所在。”

【田原】

即原田，亦即田³。此稱先秦時期已行用。見該文。

【原陸】

即原田，亦即田³。此稱漢代已行用。見該文。

【田畝】

即田³。此稱先秦時期已行用，漢代亦稱“農田”。《書・盤庚上》：“惰農自安，不昏作勞，不服田畝，越其罔有黍稷。”《管子・輕重四》：“夫以室廡籍，謂之毀成；以六畜籍，謂之止生；以田畝籍，謂之禁耕；以正人籍，謂之離情；以正户籍，謂之養贏。”《禮記・王制》：“制農田百畝。”漢揚雄《法言》：“若污人老，屈人孤，病者獨，死者逋，田畝荒，軸空之謂。”三國魏曹丕《讓禪第三令》：“嬰兒未可托於高巢，餘糧未可以宿於田畝：人事未備，至於此也。”晉干寶《搜神記》：“〔董永〕少偏孤，與父居肆，力田畝，鹿車載自隨。”唐白居易《夏旱》：“旱日與炎風，枯燋我田畝。”宋蘇舜欽《城南感懷呈永叔》：“去年水後旱，田畝不及犂。”《新唐書・權德輿傳》：“今霪雨二時，農田不開，逋亡日衆。”《金史・河渠志》：“今曹、單雖被其患，而兩州本以水利爲生，所害農田無幾。”元郭鈺《從軍別》：“煙塵暗天南北阻，英雄盡合

回田畝。”明宋應星《天工開物》：“若田畝逢旱乾、水溢，不可插秧。”明徐光啓《農政全書》卷三：“督吏民修農田水利，而具勅天下。”清張傑鑫《三俠劍》：“過了麥秋，農田無事之時又以捕魚爲業，旱潦得收。”

【農田】

即田畝，亦即田³。此稱漢代已行用。見該文。

【田業】¹

即田³。此稱漢代已行用。《後漢書・皇后紀下・靈思何皇后》：“斌將妻子詣長安，賜第宅田業，拜奉車都尉。”《三國志・吳書・孫休傳》：“今欲廣開田業，輕其賦税，差科强贏，課其田畝，務令優均。”唐于濆《田翁歎桑》：“富家田業廣，用此買金章。”《舊唐書・列女傳・冀州女子王氏》：“每晝營田業，夜便紡績，衣食所須，無非阿足出者，如此二十餘年。”宋高承《事物紀原・農業陶漁・田業》：“秦孝公任衛公孫鞅，廢井田，開阡陌，民得賣買，而天下之田爲私業，此民田業賣買之始也。”《宋史・金安節傳》：“與兄相友愛，田業悉推與之，又以恩奏其孤子與。”《明史・王來傳》：“遣近臣循行，督有司籍爲編户，給田業，課農桑，立社學、鄉約、義倉，使敦本務業。”《清史稿・潘思榘傳》：“民間田業授受，往往不及推糧過割。”

【田園】

即田³。此稱漢代已行用，亦稱“園田”。《史記・魏其武安侯列傳》：“田園極膏腴，而市買郡縣器物相屬於道。”《漢書・汲黯傳》：“於是黯隱於田園者數年，會更立五銖錢，民多盜鑄錢者，楚地尤甚。”《後漢書・竇融傳》：“今猥規郊城之地以爲苑囿，壞沃衍，廢田園，驅居人畜禽獸。”又《竇憲傳》：“憲恃宫掖聲勢，遂

以賤直請奪沁水公主園田，主逼畏，不敢記。”晉陶潛《歸去來兮辭》：“歸去來兮，田園將蕪胡不歸！”又《歸園田居》詩之一：“開荒南野際，守拙歸園田。”《宋書·沈慶之傳》：“廣開田園之業，每指地示人曰：‘錢盡在此。’”唐韋應物《答庫部韓郎中》詩：“風雪積深夜，園田掩荒蹊。”唐司空圖《河上二首》詩之二：“新霽田園處，夕陽禾黍明。”《舊唐書·姜謩傳》：“沐我恩貸，庇爾子孫，宜放歸田園以恣娛樂。”宋曾鞏《上齊工部書》：“鞏世家南豐，及大人謫官以還，無屋廬田園于南豐也。”宋程俱《龍尾硯同毛彥時隨聯句》：“吾今欲焚棄，負耒歸園田。”《宋史·外國傳六·高昌》：“有水源出金嶺，導之周圍國城以溉田園，作水磑。”元金涓《送張學諭歸三衢》詩：“春風莫問田園計，須趁功名在黑頭。”元麻革《題李氏寓酒軒》詩：“所以陶靖節，浩歌歸園田。”明鎦炳《紀夢》詩：“青松在園田，桑柘蔭廬室。”明蔡羽《思田園》詩：“王官鑿氷罷，忽起田園思。”《二刻拍案驚奇》卷一九：〔萬延之〕自此營建第宅，置買田園，扳結婚姻。”

【園田】

即田園，亦即田[3]。此稱漢代已行用。見該文。

【田種】[2]

即田[3]。此稱三國時期已行用。三國魏嵇康《養生論》：“夫田種者，一畝十斛，謂之良田。”《晉書·劉弘傳》：“于時流人在荆州十餘萬戶……弘乃給其田種糧食，擢其賢才，隨資叙用。”唐元積《春分投簡陽明洞天詩》：“舟船通海嶠，田種繞城隅。”《金史·食貨志五》：“‘河東及代州田種今歲佳否？’曰：‘比常年頗登。’”元陳草庵《中呂·山坡羊》：“民，田種

多；官，差稅寡。”《元史·董俊傳》：“于是民之歸者戶四五萬，悉授田種，頒農具。”

【田産】

即田[3]。此稱晉代已行用。《晉書·季重傳》：“季重言因革之理，駁田産之制，詞愜事當，蓋亹亹可觀。”《新唐書·李叔明傳》：“叔明素豪侈，在蜀殖財，廣第舍、田産。”《宋史·孝宗紀二》：“兩淮歸正，忠義有田産者，蠲役五年。”元白珽《上尚郎中》：“典到琴書猶小事，賣抛田産更銷魂。”《二十年目睹之怪現狀》第一五回：“先君在生時，曾經捐了五萬兩銀子的田産做贍族義田。”

【田陌】

即田[3]。此稱南北朝時期已行用，亦稱“井田”，唐代又稱“田圻”。南朝宋鮑照《從拜陵登京峴》詩：“深德竟何報，徒令田陌空。”北齊顏之推《顏氏家訓·歸心》：“豈令磬井田而起塔廟，窮編戶以爲僧尼也？”唐李白《贈何七判官昌浩》詩：“老死田陌間，何因揚清芬。”唐柳宗元《唐鐃歌鼓吹曲·晉陽五》：“日之昇，九土晞；訴田圻，流洪輝。”明彭長宜《過下壩換小舟》詩：“田陌晴飛雀，村莊午聽雞。”清梁詩正《降豐欣此日行令及茲辰》詩：“香釐周田陌，嘉禾滿鹿囷。”清余瀾閣《蜀燹死事者略傳》：“幾處請兵星火急，千家避難井田荒。”

【井田】[2]

即田陌，亦即田[3]。此稱南北朝時期已行用。見該文。

【田圻】

即田陌，亦即田[3]。此稱唐代已行用。見該文。

【田皋】

即田[3]。此稱宋代已行用。宋沈遘《次韻

和君實苦雨》之一："田皋何處在？誰復顧蕭蘭？"宋賀鑄《右提壺引》："而予不耕陂下田，田皋驅馬揮長鞭。"宋王炎《雨晴出田間》詩："去年龜兆生田皋，今年龍骨挂屋敖。"

【田畈】

即田[3]。此稱宋代已行用。宋文天祥《高沙道中》詩序："一夕，行田畈中，不知東西。"宋程大昌《李白墓》："采石江之南岸，田畈間有墓，世傳爲李白葬所。"清于成龍《東山就撫後飭行保甲諭》："本府親履田畈，編立保甲。"

村田

村中農田，泛指農田。此稱南北朝時期已行用。南朝陳徐陵《新亭送別應令》詩："野燎村田黑，江秋岸荻黃。"唐盧照鄰《初夏日幽莊》詩："釣渚青鳧没，村田白鷺翔。"唐白居易《詠懷》詩："如何辦得歸山計？兩頃村田一畝宮。"宋范成大《次韻子永雪後見贈》："想得村田來歲好，瓦盆嘉釀灌愁城。"明解縉《重會鄉人康子寧於橫州》詩："定知此夜扁舟客，閑聽村田社鼓歸。"

畬

泛指農田。此稱唐代已行用，宋代亦稱"新畬"。唐白居易《歸田》詩之二："迎春治未耜，候雨闢菑畬。"宋朱熹《墨莊》詩："嗣世知有人，新畬更開闢。"

【新畬】

即畬。此稱宋代已行用。見該文。

田坡

山坡農田，泛指農田。此稱宋代已行用。宋歐陽修《讀〈徂徠集〉》詩："垢面跣雙足，鋤犁事田坡。"宋唐詢《吳王獵場》詩："猛獸亦已盡，牛羊在田坡。"

田萊[2]

農田和休耕地，亦單指農田。此稱先秦時期已行用。《周禮·地官·縣師》："縣師掌邦國都鄙稍甸郊里之地域，而辨其夫家人民、田萊之數。"鄭玄注："萊，休不耕者，郊內謂之易，郊外謂之萊。"《魏書·李孝伯傳》："田萊之數，制之以限。蓋欲使土不曠功，民罔游力。"《舊唐書·崔融傳》："求徑捷之欲速，忘歲計之無餘，遂使田萊日荒、倉廩不積，蠶織休廢。"宋傅寅《禹貢說斷·禹貢》："周官井牧之法，以田萊爲辨，則地以萊名，宜可耕作。"清梅曾亮《臣事論》："使農、工、商、賈皆汲汲然有爲士之心，則方其爲農也，田萊必不能闢。"

田圃

農田和果木瓜菜園地，亦單指農田。此稱先秦時期已行用，漢代起亦稱"農圃"。《韓非子·外儲說左上》："故中章、胥己仕，而中牟之民棄田圃而隨文學者邑之半。"《漢書·蕭望之傳》："修農圃之疇，畜雞種黍，竢見二子没齒而已矣。"晋張載《七哀詩》："頹隴並墾發，萌隸營農圃。"《梁書·沈約傳》："若乃園宅殊製、田圃异區，李衡則橘林千樹，石崇則雜果萬株。"北魏酈道元《水經注·河水》引《地理志》："水受大河東，北逕富平城，所在分裂以溉田圃，北流入河，今無水。"唐儲光羲《田家雜興》詩之一："既念生子孫，方思廣田圃。"宋范成大《田汝成桂林行》："予世勤農圃，少隱丘樊。步武不出閭里之間，聞見不越簡編之事。"《宋史·五行志一上》："仁和縣瀕江二鄉壞田圃。"元范梈《寄題胡氏園趣亭》詩："詩書吾所好，農圃也須明。"元王禎《鍤詩》："何去應官徭，歸來事田圃。"明湛若水《格物通·慎賞賜下》："潁國公傅友德，請懷遠縣等官地九頃六十餘畝，以爲田圃。"明劉魁《過德州次納溪韻寄斛山》："農圃漁樵俱是侶，江湖廊廟敢忘憂。"清劉獻廷《廣陽雜記》卷一："〔劉青士等〕歲輪一人出遊，一人辦賦役，一人力田圃，所著之書甚衆。"

【農圃】

即田圃。此稱漢代已行用。見該文。

田貨

農田和其他家庭財產，亦單指農田。此稱漢代已行用，晋代起亦稱"田財"，唐代起又稱"田貲"。《漢書·食貨志下》："賈人有市籍，及家屬，皆無得名田，以便農。敢犯令，没入田貨。"《後漢書·桓譚傳》："富商大賈，多收田貨。中家子爲之保役受計上疏，趨走俯伏，譬若臣僕坐而分利。"《穀梁傳·哀公十二年》："十有二年春，用田賦。"晋范寧注："古者九夫爲井，十六井爲丘，丘賦之法，因其田財通，共出馬一匹，牛三頭。今别其田及家財各出此賦。"《新唐書·高宗三女傳》："諸子及黨與死者數十人。簿其田貲，瓌寶若山，督子貸，凡三年不能盡。"宋吕祖謙《金華戚如圭母周氏墓誌銘》："戚君卒，四子一女皆幼，田財數十畝，族黨憂不能濟。"元徐碩《崇福田記》："古者地方一同，提封萬井，計口而授之田財，足百里之食。"明宋濂《故承事郎漳州府漳浦縣知縣張府君新墓碣銘》："後能遵廢舉之術，大振其宗，田貨悉逾於前人。"清劉謙吉《長史鄭公安民傳》："及長，登崇禎庚午鄉薦，以公父所置宅讓澤民，自爲别業，凡田貨、奴婢如之。"

【田財】

即田貨。此稱晋代已行用。見該文。

【田貲】

即田貨。此稱唐代已行用。見該文。

田畜

農田和耕畜，亦單指農田。此稱漢代已行用。《史記·貨殖列傳》："任公家約非田畜所出，弗衣食。"漢桓寬《鹽鐵論》："今不減除其本而欲澹其末，設機利造田畜，與百姓争薦草，與商賈争市利，非所以明主德而相國家也。"明趙汸《讀貨殖傳》："宣曲任氏，以田畜富而人主重之。"《明一統志·外夷·默德那國》："有城池宮室，田畜市列，與江淮風土不异。"

田莊

農田和莊園，亦單指農田。此稱唐代已行用。《舊唐書·張嘉貞傳》："若負譴責，雖富田莊亦無用也。"《新唐書·高郢傳》："禄廩雖薄，在我則有餘，田莊何所取乎？"《舊五代史·宋彦筠傳》："〔宋彦筠〕將終以伊洛之間田莊十數區，上進竝籍于官焉。"宋何應龍《次花翁自笑韻》："知翁活計謝田莊，肯與時人較短長。"《初刻拍案驚奇》卷三三："〔張員外〕廣有田莊地宅，只是寸男尺女並無，以此心中不滿。"《明史·聊讓傳》："廣置田莊，不入賦稅，寄户郡縣不受征徭，阡陌連亘而民無立錐，害五也。"清顧炎武《書太虚山人〈象象譚〉後》："嗣位諸王，又皆生深宮之中，長婦人之手，無不廣置田莊，放情酒色。"

田牛

農田和耕牛，亦單指田地。此稱金代已行用。《金史·兵志》："皆分隸諸總管府、節度使，授田牛使之耕食，以蕃衛京國。"《續文獻通考·兵考》："襄陽熟券軍并城居之民，仍居襄陽，給其田牛；生券軍分隸各萬户翼。"

畎²

田間小水溝，泛指農田。此稱先秦時期已行用，亦作"献""甽"。《國語·周語下》："天所崇之子孫，或在畎畝，由欲亂民也。"韋昭注："下曰畎，高曰畝。畝，壟也。"《莊子·讓王》："異哉後之爲人也，居於畎畝之中，而遊堯之門。"献，一本作"畎"。《荀子·成相》："舉舜甽畝，任之天下身休息。"《漢書·劉向傳》："欲終不言，念忠臣雖在甽畝，猶不忘君，惓惓之義也。"顏師古注："甽……字或作畎，其音同耳。"《南史·蕭穎達傳》："子敏嗣，位新安太守，好射雉，未嘗在郡，辭訟者遷於畎焉。"宋趙抗等《引流聯句》："別派從江垠，邀流入農畎。"明徐光啓《農政全書》卷一四："濬畎及川，义之以播種也。"

【献】

同"畎²"。此體先秦時期已行用。見該文。

【甽】²

同"畎²"。此體先秦時期已行用。見該文。

畎畝

田間小水溝和田壟，泛指農田。此稱先秦時期已行用，亦作"献畝""甽畝"。南北朝時期亦作"畎畝""畎畝"，唐代又作"畎畮"，宋代還作"甽畮"，明代另作"畎畮"。《吕氏春秋·離俗覽·離俗》："居於畎畝之中，而遊入於堯之門。"漢賈誼《旱雲賦》："畎畝枯槁而失澤兮，壤石相聚而爲害。"南朝宋顏延之《庭誥文》："雖及僕妾，情見則事通；雖在献畝，明晦則功博。"南朝宋范曄《逸民傳論》："然觀其甘心畎畝之中，憔悴江海之上，豈必親魚鳥樂林草哉？"《新唐書·李翱傳》："今歲關中麥不收，陛下哀民之窮，下明詔蠲賦十萬石，群臣動色，百姓歌樂遍畎畮。"宋王之道《蝶戀花》詞："竹屋數間環甽畮，個中自有無窮趣。"宋王安石《上五事書》："釋天下之農，歸於畎畝。"《宋史·李防傳》："〔李防〕體量二浙民饑，建言逃户田宜即召人耕種，使人不敢輕去甽畝，而官賦常在。"明何景明《祭亡兄東昌公文》："吾家自始祖有籍，世服畎畝。"清譚嗣同《仁學》四四："顧農夫之於畎畝，工役之于機器……於今之衣冠禮範有大不便者，而亦不聞異其制，何耶？"參見"畎"。

【献畝】

同"畎畝"。此體先秦時期已行用。見該文。

【甽畝】

同"畎畝"。此體先秦時期已行用。見該文。

【献畮】

同"畎畝"。此體南北朝時期已行用。見該文。

【畎畝】

同"畎畝"。此體南北朝時期已行用。見該文。

【畎畮】

同"畎畝"。此體唐代已行用。見該文。

【甽畮】

同"畎畝"。此體宋代已行用。見該文。

【畎畮】

同"畎畝"。此體明代已行用。見該文。

疆畎

田界和田壟，泛指農田。此稱先秦時期已行用，晉代亦作"疆甽"。《書·梓材》："惟其陳修，爲厥疆畎。"孔傳："惟其陳列修治，爲其疆畔畎壟，然後功成，以喻教化。"晉束晳《廣農議》："理疆甽於原隰，勤麃蔉於中田，猶不足以致倉庾盈億之積也。"《晉書·束皙傳》："后稷親農，理疆畎於原隰，勤蔴裘於中田，猶不足以致倉庾盈億之積也。"宋何鳴鳳《春日田園雜興》詩："草緣疆畎縱橫綠，花隔藩籬深淺紅。"元王充耘《商書·説命上》："若稽田而疆畎，若作室而塗茨。"清陳兆崙《聖主躬耕耤田詩》："萬年疆畎今咸理，百族情田此悉該。"

【疆甽】

同"疆畎"。此體晉代已行用。見該文。

溝畎[2]

田間水道和田壟，泛指農田。此稱南北朝時期已行用，亦稱"畎壑"。《宋書·孝義傳論》："若夫孝立閨庭，忠被史策，多發溝畎之中，非出衣簪之下。"南朝梁江淹《到主簿日箋詣右軍建平王》："〔淹〕常欲永辭冠劍，弋釣畎壑。"唐徐彦伯《南郊賦》："獸躑躅苑山，一秭二米之穎，紛挐畎壑。"宋汪藻《避地西亭野步》詩："溝畎戲鳧鶩，新蒲映浮沈。"

【畎壑】

即溝畎[2]。此稱南北朝時期已行用。見該文。

塍畎

田壟，藉指農田。此稱南北朝時期已行用。《陳書·後主紀》："其有新闢塍畎，進墾蒿萊，廣袤勿得度量，征租悉皆停免。"清弘曆《由萬泉隄上至聖化寺即景襍詠》其二："春仲鳩工闢塍甽，稻秧今看已菁葱。"

畝[3]

泛指農田。此稱先秦時期已行用，漢代亦作"母"，明代又作"晦"。《詩·豳風·七月》："同我婦子，饁彼南畝。"《史記·魯周公世家》："天降祉福，唐叔得禾，异母同穎，獻之成王。"

司馬貞索隱："《尚書》曰'异畝'。此'母'義並通。"錢大昕《廿二史考異·史記四》："'异母同穎'……古文畝爲晦，母即晦之省。"《文選·鍾會〈檄蜀文〉》："百姓士民，安堵樂業，農不易畝，市不迴肆。"李善注引《呂氏春秋》："農不去疇，商不變肆。"唐廣宣《寺中柿樹一蒂四顆詠應制》："珍木生奇畝，低枝拂梵宮。"明徐光啓《農政全書》卷一："故晦欲廣以平，甽欲小以深。"《聊齋志異·李八缸》："春貸秋償，田所出，登場輒盡。乃割畝爲活，業益消減。"

【母】

同"畝[3]"。此體漢代已行用。見該文。

【晦】

同"畝[3]"。此體明代已行用。見該文。

【農畝】

即畝[3]。此稱先秦時期已行用，唐代起亦稱"民畝"。《戰國策·齊策四》："今夫士之高者，乃稱匹夫，徒步而處農畝，下則鄙野、監門、閭里，士之賤也，亦甚矣！"《淮南子·人間訓》："當此之時，男子不得修農畝，婦人不得剡麻考縷，羸弱服格于道，大夫箕會於衢。"唐韓愈《送牛湛序》："登第於有司者，去民畝而就吏禄，由是進而累爲卿相者，常常有之。"《舊唐書·李大亮傳》："突厥未平之前，尚不安業；匈奴微弱已來，始就農畝。若即勞役，恐致妨損。"宋翟汝文《恩制》："策謀浚導澀流，灌溉民畝，使歲無水旱之虞而知川澤之利。"《宋史·食貨志上一》："酌民力豐寡，農畝肥磽，均配督課，令其不倦。"

【民畝】[2]

即農畝，亦即畝[3]。此稱唐代已行用。見該文。

南畝

南邊的農田，泛指農田。南坡嚮陽，利于作物生長，古人多向南開墾田地，故稱。此稱先秦時期已行用，晋代亦稱"南野"，南北朝時期又稱"南隴"。《詩・小雅・大田》："俶載南畝，播厥百穀。"漢桓寬《鹽鐵論・園池》："夫如是，匹夫之力盡於南畝，匹婦之力盡於麻枲。"三國魏王肅《諫修營宮室疏》："是以丁夫疲於力作，農者離其南畝，種穀者寡，食穀者衆，舊穀既没，新穀莫繼。"晋陶潛《歸園田居》詩之一："開荒南野際，守拙歸園田。"南朝梁吳均《贈周興嗣》詩之四："青松蔽南隴，白雲生北園。"唐戴叔倫《南野》詩："東山有遺塋，南野起新築。"唐杜牧《阿房宮賦》："使負棟之柱，多於南畝之農夫。"宋王安石《感事》詩："鄉鄰銖兩徵，坐逮空南畝。"元陶宗儀《輟耕録・狷潔》："歲時，伏臘望南野，哭而再拜乃返，人莫識焉。"明高啓《牧牛詞》："共拈短笛與長鞭，南隴東岡去相逐。"清方文《響山訪梅杓司及令弟崐白各賦》詩之一："孤村南畝外，九載始重過。"清王闓運《采芬女子墓誌銘》："春寒南隴，鷦鴣始啼；水下西州，伯勞空去。"

【南野】

即南畝。此稱晋代已行用。見該文。

【南隴】

即南畝。此稱南北朝時期已行用。見該文。

長畝

整片農田，泛指農田。此稱先秦時期已行用。《詩・小雅・甫田》："禾易長畝，終善且有。"毛傳："長畝，竟畝也。"孔穎達疏："故使禾生易而治理，長而次列，徧竟畝中。"宋陳傅良《登祝融峯喜霽》詩："江過數州多曲折，山緣長畝半青黃。"宋王琮《春耕》詩："好勸賣刀添健犢，盡令長畝種香秔。"元元明善《縣尹張養浩去思碑》詩："畇畇甫田，穀菽茂止，力者詵詵，佃彼長畝。"明曹學佺《蜀中廣記・方物記・鳥》："必生長畝之秀，以期王者之瑞。"明陸深《辛丑歸途中絶句五首》之二："野曠餘長畝，家嚴具敞樓。"

壠畝

泛指農田。此稱先秦時期已行用，晋代起亦作"壟畝"，清代又作"壠畞"。《戰國策・齊策三》："使曹沫釋其三尺之劍而操銚鎒，與農夫居壠畝之中，則不若農夫。"《晉書・孫晷傳》："雖侯家豐厚，而晷常布衣蔬食，躬親壟畝，誦詠不廢。"《南史・隱逸傳上・宗彧之》："我布衣草萊之人，少長壟畝，何宜枉軒冕之客。"《舊唐書・王方慶傳》："奈何列騎齊驅，交横壟畝，野有遊客，巷無居人。"宋陳淵《鉛山道中小休》詩："黃雲堆壠畝，早稻一尺穗。"宋彭汝礪《春雨》詩："壟畝千家知有望，江湖萬里喜通津。"《金史・食貨志五》："且用功多而所種少，復恐廢壠畝之田功也。"清范家相《詩瀋・信南山》："古者八尺爲步，步百爲畝，畝之中爲壠。以種穀有似今之田疄，故曰壠畝也。"

【壟畝】

同"壠畝"。此體晋代已行用。見該文。

【壠畞】

同"壠畝"。此體清代已行用。見該文。

【隴畝】

即壠畝。此稱先秦時期已行用，宋代亦作"晦隴"，金代又作"畝隴"。《戰國策・趙策四》："昔者堯見舜於草茅之中，席隴畝而廕庇桑，陰移而授天下傳。"《後漢書・馬援傳》："願聽詣行在所，極陳滅囂之術，得空匈腹，申愚策，退就隴畝，死無所恨。”《三國志·蜀書·諸葛亮傳》：“亮躬耕隴畝，好爲《梁父吟》。”《周書·孝義傳》：“荆可、秦族之徒，生自隴畝，曾無師資之訓，因心而成孝友，乘理而蹈禮節。”《隋書·來護兒傳》：“會爲國滅賊以取功名，安能區區久事隴畝！”唐杜甫《兵車行》：“縱有健婦把鋤犁，禾生隴畝無東西。”宋王禹偁《杜伏威傳贊序》：“庶民惟星爾，君之明也，則耕田鑿井，皷腹於畸隴間，資山澤之利，輸黍稷之税。”宋韓淲《眼兒媚》詞：“西溪回合小青蒼，梅雨弄殘陽。意行隴畝，景分庭院，乳燕春長。”金王寂《探春二首》：“破凍薺芽敷畝隴，向陽蔬甲觸藩垣。”《前漢書平話》卷上：“韓信坐家，作念：‘高皇，爾乃徐州豐沛人也，畝隴生計，好酒及色。’”《三國演義》第三八回：“先生爾時年三九，收拾琴書離隴畝。”清紀昀《閱微草堂筆記》卷一八：“余重其爲人，因就問其詳而書其大略如右，俾學士大夫，知隴畝間有是人也。”清嚴虞惇《讀詩質疑》卷二五上：“趙過曰，后稷始畎田，則畝隴之法自稷始也。”

【畸隴】

即隴畝，亦即壠畝。此稱宋代已行用。見該文。

【畝隴】

即隴畝，亦即壠畝。此稱金代已行用。見該文。

【丘壟】

即壠畝。此稱漢代已行用，南北朝時期起亦作“丘隴”，明代又作“坵壟”。《漢書·荆燕吳傳》：“迫劫萬民，伐殺無罪，燒殘民家，掘

其丘壟，甚爲虐暴。”南朝宋鮑照《代邊居行》：“長松何落落，丘壟無復行。”南朝梁江淹《恨賦》：“綺羅畢兮池館盡，琴瑟滅兮丘壟平。”唐方干《仲山》詩：“長陵亦是閑丘隴，异日誰知與仲多。”《舊唐書·蕭至忠傳》：“憸利之輩，冒進而莫識廉隅；方雅之流，知難而斂分丘隴。”宋滕珂《謁梅都官墓》詩：“落日牛羊上丘隴，草埋翁仲獨峩冠。”宋蘇軾《附子由原作十首》詩之一〇：“長條困風雨，倒卧枕丘壟。”元姚樞《題城南陰氏永思亭》詩：“結廬守丘壟，種柏長孫枝。”明韓邦靖《漫成二首》詩之二：“牛羊落日新丘壟，楊柳春風古渡頭。”《明史·太祖紀一》：“城下之日，毋殺掠，毋毀廬舍，毋發坵壟。”清唐甄《潛書·兩權》：“豪傑失望，思歸丘壟，人心解蔽，不可復振。”

【丘隴】

同“丘壟”，即壠畝。此體南北朝時期已行用。見該文。

【坵壟】

同“丘壟”，即壠畝。此體明代已行用。見該文。

【垺畝】

即壠畝。此稱漢代已行用，南北朝時期亦稱“萊畝”，宋代又稱“萊畦”。《淮南子·本經訓》：“菑榛穢，聚垺畝，芟野菜，長苗秀。”劉文典集解引俞樾云：“言榛穢之區，皆災殺之，而集成垺畝也。”《宋書·沈攸之傳》：“出自萊畝，寂寥累世。”宋王與之《周禮訂義·遂人中大夫》：“六鄉上地無萊畝，而六遂上地則有萊五十畝矣。”宋楊傑《不易之地家百畝賦》：“以餘夫次其地，猶有萊畦。”

【萊畝】

即埒畝，亦即壠畝。此稱南北朝時期已行用。見該文。

【萊畮】

即埒畝，亦即壠畝。此稱宋代已行用。見該文。

疇[4]

泛指農田，或指麻地。此稱先秦時期已行用，亦稱"田疇"，漢代起又稱"疇畝""疇土"，元代還稱"疇畮"。《呂氏春秋·慎大》："農不去疇，商不變肆。"《孟子·盡心上》："易其田疇，薄其稅斂，民可使富也。"孫奭疏："《說文》云：〔疇〕爲耕治之田也。"《國語·周語下》："田疇荒蕪，資用乏匱。"韋昭注："穀地爲田，麻地爲疇。"《禮記·月令》："〔季夏之月〕燒薙行水，利以殺草，如以熱湯，可以糞田疇。"孔穎達疏引蔡邕曰："穀田曰田，麻田曰疇。"漢王粲《槐樹賦》："超疇畝而登殖，作階庭之華暉。"漢董仲舒《春秋繁露·王道》："虞不離津澤，農不去疇土，而民相愛也，此非盈意之過邪？"晉阮籍《東平賦》："原壤荒蕪，樹藝失時，疇畝不辟，荊棘不治。"唐韓愈《唐故江南西道觀察使王公神道碑銘》："風雨順易，秔稻盈疇。"宋范仲淹《稼穡惟寶賦》："田疇播殖之時，豈慚種玉。"元吳皋《筠邑丞禱雨有感賦以贈之》："龜拆布疇畮，百穀日已萎。"元陳高《感興七首》詩之一："商君佐嬴秦，變法開田疇。"明徐禎卿《題唐氏園池》詩："綠陰交樹石，白水散田疇。"

【田疇】[2]

即疇[4]。此稱先秦時期已行用。見該文。

【疇土】

即疇[4]。此稱漢代已行用。見該文。

【疇畝】

即疇[4]。此稱漢代已行用。見該文。

【疇畮】

即疇[4]。此稱元代已行用。見該文。

原疇

泛指農田。此稱漢代已行用，唐代起亦稱"原畇"。漢王粲《從軍詩》之五："雞鳴達四境，黍稷盈原疇。"南朝宋謝惠連《西陵遇風獻康樂》詩："浮氛晦崖巘，積素惑原疇。"晉李充《正月七日登剡西寺》詩："命駕升西山，寓目眺原疇。"唐元稹《代曲江老人百韻》："南郊禮天地，東野闢原畇。"宋曾鞏《送徐竑著作知康州》詩："四封鳴雞犬，五穀被原疇。"元方回《行休寧縣南山中》詩："原疇苧苗肥，嶺塢杉木大。"元袁易《諸友約遊虎丘不及往》詩："原疇擁危阜，岡巒帶重闉。"明蘇伯衡《西枝草堂記》："俯則聚落原疇相參錯，河流如曳。"清弘曆《夜雨》詩："過午雲開復雲聚，何當大沛普原畇。"

【原畇】

即原疇。此稱唐代已行用。見該文。

【疇隴】

即原疇。此稱三國時期已行用，唐代起亦作"疇壟"。《文選·曹植〈贈丁儀〉詩》："朝雲不歸山，霖雨成川澤。黍稷委疇隴，農夫安所穫。"呂延濟注："霖雨久滯，黍稷委死於田中。"唐李白《感興八首》詩之八："常恐委疇隴，忽與秋蓬飛。"唐玄奘《大唐西域記·阿點婆翅羅國》："穢艸荒茂，疇壟少墾，穀稼雖備，菽麥特豐。"明劉崧《窪泉記》："至樟洲，始衍夷而平曠，疇壟彌望，水下激成厓，深行地中，故田若益高，水若益下，耕者俯臨之不能致。”

【疇壟】

同“疇隴”，即原疇。此體唐代已行用。見該文。

【農疇】

即原疇。此稱宋代已行用。宋蘇轍《臘雪次遲韻》：“紛紛了歲事，閔閔念農疇。”宋陸游《初春幽居》詩：“老民不預人間事，但喜農疇漸可犁。”《宋史·樂志十三》：“彼美嘉禾，一莖九穗。農疇告祥，史牒書瑞。”清胤禛《立春》詩：“爲問迎春吏，農疇幾處開。”

西疇

西面的農田，泛指農田。此稱漢代已行用。漢黃憲《天祿閣外史》：“今有宗族巨室子孫，保之西疇千畝。百農耕之，以衡門爲關，以隄堰爲垣，以溝澮爲池，溉彼千畝，深耕穫而望菑畲，若無患也。”晋陶潛《歸去來兮辭》：“農人告余以春及，將有事於西疇。”唐韓愈《南溪始泛二首》詩之二：“置居在西疇，困倉米穀滿。”宋王之道《和張公儀》：“歸去西疇新雨足，飯秔應不羨胡麻。”明湯舜民《南呂·一枝花》：“抱經綸無官朝北闕，買犁鋤有子事西疇。”清震鈞《前種菜歌》：“西疇漠漠稻粳田，北邙漠漠松楸樹。”

平疇

平坦的農田，泛指農田。此稱晋代已行用。晋陶潛《癸卯歲始春懷古田舍》詩之二：“平疇交遠風，良苗亦懷新。”唐李夐《恒嶽晨望有懷》詩：“禋祠彰舊典，壇廟列平疇。”明徐弘祖《徐霞客遊記·楚遊日記》：“越龍頭二里得平疇曰東嶺塢，塢內水田平衍，村居稠密。”清汪

中柱《唐棲夜泊》詩：“稻黍平疇熟，魚鰕晚市新。”《授時通考·土宜·水利一》：“蓋平疇沃壤綿亘阡陌，有江湖潴泄之利焉。”

中疇

泛指農田。此稱晋代已行用。晋夏侯湛《春可樂賦》：“嘉新田之啓菜，悅中疇之發苗，桑冉冉以奮條，麥遂遂以揚秀。”南朝宋傅亮《喜雨賦》：“灑豐浸於中疇，覃余潤於嘉蔬。”明李夢陽《送裴生京師》詩：“懷役念戈殳，潢潦憂中疇。”

畛[2]

有徑路的舊田，泛指農田。此稱先秦時期已行用，明代起亦稱“畛隰”。《詩·周頌·載芟》：“千耦其耘，徂隰徂畛。”鄭玄箋：“隰，謂新發田也；畛，謂舊田有徑路者。”南朝宋鮑照《侍郎報滿辭閣疏》：“本應守業，墾畛剗芿，牧雞圈豕，以給征賦。”明謝肇淛《五雜俎·地部二》：“故仕宦富室相競畜田，貪官勢族有畛隰遍於鄰境者。”清顧炎武《靈石縣東北三十五里神林晋介之推祠》詩：“去矣適其時，耕此荒山畛。”

【畛隰】

即畛[2]。此稱明代已行用。見該文。

畦[3]

有界限的長條田塊，泛指農田。此稱先秦時期已行用，漢代起亦稱“區”“町”。《楚辭·招魂》：“倚沼畦瀛兮，遙望博。”王逸注：“畦，猶區也。”《列子·天瑞》：“林類年且百歲，底春被裘，拾遺穗于故畦，竝歌竝行。”張湛注：“收刈後田中棄穀挎之也。”漢劉向《說苑·反質》：“衛有五大夫，俱負缶而入井灌韭，終日一區。”《文選·張衡〈西京賦〉》：“篠簜敷衍，編町成

篁。"薛綜注:"町,謂畎畝。"南朝齊謝朓《和沈祭酒行園》:"霜畦紛綺錯,秋町鬱蒙茸。"北魏賈思勰《齊民要術·種葵》:"畦長兩步,廣一步。"《魏書·高閭傳》:"嘉穀秀町,素文表石。"唐姚合《過李處士山居》詩:"閑居畫掩扉,門柳陰菜畦。"宋文天祥《沈顧家》詩:"斷岸行篸影,荒畦落履痕。"明宋濂《篇海類編·地理類·田部》:"畦,區也。"清魏源《吳農備荒議》:"畦廣丈許,中高傍下,畦見有溝。"

【區】[4]

即畦[3]。此稱漢代已行用。見該文。

【町】

即畦[3]。此稱漢代已行用。見該文。

畦畝

泛指農田。此稱漢代已行用,亦稱"畦苑",宋代起亦作"畦畞"。漢桓寬《鹽鐵論·論鄒》:"諸生守畦畝之慮,閭巷之固,未知天下之義也。"《後漢書·仲長統傳》:"躕躇畦苑,游戲平林。濯清水,追涼風,釣游鯉,弋高鴻。"晋梅陶《怨詩行》:"鼓枝遊畦畝,棲釣一丘壑。"宋郭三益《題廣陵院》詩:"高僧日無事,種植畦畞濶。"元戴表元《居清堂記》:"假山林、田宅、溝池、畦苑之饒,足以養富;舟車、僮役、浮游、釣弋之具,足以養佚。"明李維禎《山西通志·左雲縣》:"邑中畦畞灌溉多資焉。"清高士奇《題黃鶴山樵樂志圖兼憶盤山》詩:"田疇既已耕,畦苑游可樂。"

【畦畞】

同"畦畝"。此體宋代已行用。見該文。

【畦苑】

即畦畝。此稱漢代已行用。見該文。

【畦町】

即畦畝。此稱南北朝時期已行用,唐代起亦稱"小畦",宋代起又稱"畛畦",元代還稱"畦兒"。南朝宋謝靈運《山居賦》:"畦町所藝,含蘤藉芳。"唐杜甫《種萵苣》詩序:"既雨已秋,堂下理小畦。"宋陸游《初夏》詩:"地煖小畦花永長,泥融幽徑藥苗肥。"宋朱松《久旱新歲乃雨》詩:"漸看蓑笠出,笑語喧畛畦。"元文矩《題中慶學廟壁二首》詩之一:"季世乃夸敖,畦町逾紛紛。"元馬致遠《任風子》第二折:"繳轆轤,偎籠兒,撥畦兒,打勤勞,受辛苦。"元王結《市莊》詩:"城居匪湫隘,桑果連畛畦。"明陶宗儀《題李州銘所藏毛澤民山水》詩:"脫略畦町掃邊幅,八法默契烏絲闌。"明湯顯祖《信陽道中即事》詩:"巉巖繞畛畦,小徑通車馬。"《聊齋志異·陸判》:"荒舍匪遥,合乘興來覓飲,幸勿爲畛畦。"王闓運《影山草堂銘》:"廣漠寂寥之鄉,畦町高下之處。"

【小畦】[2]

即畦町,亦即畦畝。此稱唐代已行用。見該文。

【畛畦】

即畦町,亦即畦畝。此稱宋代已行用。見該文。

【畦兒】

即畦町,亦即畦畝。此稱元代已行用。見該文。

【畦畹】

即畦畝。此稱南北朝時期已行用,元代亦稱"町疃"。南朝梁張纘《瓜賦》:"於是蒼春發歲,天地交和,乃啓沃壤,是殖是播,納佳種於畦畹。"唐柳宗元《晋問》:"但至其所,則見溝塍畦畹，交錯輪囷。"宋韓維《從道損舅乞移山藥》詩："安得畦畹餘，種食羽翼生。"元陳樵《八詠樓賦》："畦畹浩其繽繽，金沙及於河浹。"元吳萊《金華山遊雙龍、冰壺二洞》詩："囷倉斂穧列町疃，椸架韜捲冠裳懸。"王邦采、王繩曾箋："《說文》：'田踐處曰町。'疃同畽。《說文》：'城下田也。'"

【町疃】

即畦畹，亦即畦畝。此稱元代已行用。見該文。

郊

周制距國都百里或五十里、三十里、十里之地，根據國之大小確定。也泛指農田。此稱先秦時期已行用，亦稱"農郊"，南北朝時期又稱"郊阡""郊原"。《周禮·春官·肆師》："〔肆師〕與祝侯禳于疆及郊。"鄭玄注："疆，五百里。遠郊百里，近郊五十里。"《詩·衛風·碩人》："碩人敖敖，說於農郊。"《儀禮·聘禮》："有司展羣幣以告，及郊，又展如初。"鄭玄注："郊，遠郊也。周制：天子畿內千里，遠郊百里。以此差之，遠郊上公五十里，侯、伯三十里，子、男十里也。近郊各半之。"《文選·司馬相如〈上林賦〉》："地可墾闢，悉爲農郊，以贍萌隸。"李善注引張揖曰："邑外謂之郊。郊，田也。"《漢書·郊祀志下》："天地以王者爲主，故聖王制祭天地之禮必於國郊。"南朝齊王儉《靈丘竹賦》："霜暾鏡於原隰，木衰疏於郊阡。"南朝梁蕭子範《東亭極望》詩："郊原共超遠，林野雜依菲。"唐呂公弼《送桂州張田經畧遷祠部》詩："霜嚴塞幕論兵略，春滿農郊勸火耕。"宋蘇軾《過雲龍山人張天驥》詩："郊原雨初足，風日清且好。"宋傅寅《禹貢說斷》卷二：

"履歷農郊，利害在目，君子其可忽於此乎？"明梁辰魚《浣紗記·送餼》："國破山河在，城傾草樹迷。看縱橫白骨郊原蔽。"

【農郊】

即郊。此稱先秦時期已行用。見該文。

【郊阡】

即郊。此稱南北朝時期已行用。見該文。

【郊原】

即郊。此稱南北朝時期已行用。見該文。

郊牧

泛指郊外牧地。此稱先秦時期已行用。《國語·周語中》："國有郊牧，疆有寓望。"韋昭注："國外曰郊。牧，放牧之地也。"晉陸雲《牛責季友》："而崎嶇隴坂，息駕郊牧，玉容含楚，孤牛在疾。"《南齊書·高帝紀上》："是以五光來儀於軒庭，九穗含芳於郊牧。"

郊桑 [2]

泛指郊外桑田。此稱唐代已行用。唐沈佺期《有所思》詩："園槿綻紅豔，郊桑柔綠滋。"

阡 [2]

田間南北向小路，亦泛指田間小路，藉指農田。此稱漢代已行用。漢賈誼《過秦論上》："〔陳涉〕躡足行伍之間，而倔起阡陌之中，率疲弊之卒，將數百之衆，轉而攻秦。"一說，"阡陌"當從《史記》作"什伯"，指行伍。見清俞樾《諸子平議·賈子一》。《文選·潘岳〈藉田賦〉》："遄阡繩直，邇陌如矢。"張銑注："阡陌，田畔道也。言如繩矢之端。"南朝梁沈約《宿東園》詩："野徑既盤紆，荒阡亦交互。"元朱德潤《官買田》詩："官出緡錢輸里正，要買膏腴最上阡。"

陌²

田間東西或南北向小路，亦泛指田間小路，藉指農田。此稱漢代已行用。《史記・秦本紀》："爲田開阡陌，東地渡洛。"司馬貞索隱引應劭《風俗通》："南北曰阡，東西曰陌。河東以東西爲阡，南北爲陌。"三國魏曹操《短歌行》之一："越陌度阡，枉用相存。"唐韓愈《孔公墓誌銘》："親戚之不仕，與倦而歸者，不在東阡在北陌，可杖屨來往也。"

阡陌²

阡和陌，泛指農田。此稱漢代已行用，見漢賈誼《過秦論上》。晋陸機《豪士賦》序："援旗誓衆，奮於阡陌之上。"宋王應麟《困學紀聞・歷代田制考》："是以盡開阡陌，悉除禁限。"清紀昀《閲微草堂筆記・槐西雜誌四》："儒者舍其耒耜，荒其阡陌，而皇皇持梃荷戈。"《授時通考・土宜・水利一》："蓋平疇沃壤綿亘阡陌，有江湖瀦泄之利焉。"參見本節"阡²""陌²"文。

阡畝

泛指農田。此稱元代已行用，清代亦作"阡畝"。元劉詵《荷花莊獨步》詩："徘徊阡畝間，感會獨在已。"清弘曆《夏至齋居》詩："廑意依阡畝，齋居守禁寮。"清黄六鴻《福惠全書・編審・總論》："阡畝仍屬參差。"

【阡畝】

同"阡畝"。此體清代已行用。見該文。

塊²

土塊，泛指農田。此稱漢代已行用。漢桓寬《鹽鐵論・水旱》："當此之時，雨不破塊，風不鳴條，旬而一雨，雨必以夜，無丘陵高下皆熟。"唐劉禹錫《楚望賦》："野無完塊，少陰之中，景物澄鮮，舟葉星房，燭燿川原。"宋蘇軾《跋姜君弼課册》詩："雷緪四墜，日中見昧。移暑而收，野無完塊。"《醒世姻緣傳》第二四回："真是五日一風，十日一雨，風不鳴條，雨不破塊，夜濕晝晴，信是太平有象。"

甸⁴

泛指農田。此稱南北朝時期已行用。南朝宋鮑照《潯陽還都道中》："登艫眺淮甸，掩泣望荆流。"南朝齊謝朓《晚登三山還望京邑》詩："喧鳥覆春洲，雜英滿芳甸。"唐劉希夷《江南曲》："潮平見楚甸，天際望維揚。"明楊慎《垂楊篇》："蒼凉苑日籠燕甸，飄渺宫云覆京縣。"

東菑

東面的農田，泛指農田。此稱南北朝時期已行用，亦稱"東田"。南朝齊謝朓《在郡卧病呈沈尚書》詩："連陰盛農節，篳笠聚東菑。"《南齊書・明帝紀》："可罷東田，毁興光樓。"南朝梁沈約《郊居賦》："緯東菑之故耡，浸北畝之新渠。"《梁書・徐勉傳》："中年聊於東田閑營小園者，非在播藝以要利人，正欲穿池種樹，少寄情賞。"唐儲光羲《田家即事》詩："迎晨起飯牛，雙駕耕東菑。"唐李白《贈宣城宇文太守兼呈崔侍御》詩："時時慰風俗，往往出東田。"宋姜夔《東菑》詩："東菑足時雨，離離半青黄。"明皇甫汸《奉答子安兄》詩："暫就北山招，轉恓東田税。"清弘曆《催耕鳥》詩："秉耒耕南畝，提壺餉東菑。"

【東田】

即東菑。此稱南北朝時期已行用。見該文。

陔²

泛指農田。此稱唐代已行用。唐劉禹

錫《和州送錢侍御自宣州幕拜官便于華州覲省》詩：“蘭陔行可采，蓮府猶回瞪。”宋王安石《定林示道源》詩：“昨登定林山，俯視東南陔。”

洋頭

泛指農田。此稱宋代已行用。宋佚名《張協狀元》戲文第二三出：“小二，去洋頭看，怕有人來偷雞。”錢南揚校注：“當作‘垟’。溫州方言田間叫‘垟’，至今猶然。”元鄭東《送郭彥昭北遊》詩之二：“黑水洋頭好風色，數過萊州五日程。”

畸零

零散而不能劃爲井田的耕地，泛指小塊農田。此稱清代已行用，亦作“奇零”。清顧鎮《虞東學詩·魯頌》：“此外所餘二千一百餘井，尚當出車三十餘乘，畸零不復成數，故不言耳。”清沈彤《周官祿田考》：“大夫之邑二十里受田者，千有二十四家，以千家爲二鄙，而奇零附之，蓋亦並計其家之中數而定也。”《兒女英雄傳》第三三回：“我丈人拿着本子《九章算法》，問他幾塊怎樣畸零的田湊起來應合多少畝。”清龔自珍《論私》：“地有畸零華離，爲附庸閒田，地有私也；日月不照人床闥之內，日月有私也。”

【奇零】

同“畸零”。此體清代已行用。見該文。

東田 [2]

秦漢對陝東六國井田的泛稱。商鞅變法改井田二百四十步爲畝，但陝東六國仍以百步爲畝，故稱。此稱先秦時期已行用。《禮記·王制》：“古者以周尺八尺爲步，今以周尺六尺四寸爲步。古者百畝，當今東田百四十六畝三十步。”《南齊書·明帝紀》：“廢文帝所起太子東田，斥賣之。”清俞正燮《癸巳類稿·〈王制〉東田名制解義》：“謂之‘今東田’者，漢文帝時，洛濱以東，河北燕趙及南方舊井地。武帝以後即無之。《史記·秦本紀》云：‘商鞅開阡陌，東地渡洛。’言‘開阡陌’者，改井田以二百四十步爲畝；言‘東地渡洛’，則盡秦地井田皆改，而六國仍以步百爲畝，故謂之東田，對秦田言之也。”

督亢

戰國燕的膏腴之地，約今河北涿州市東南督亢陂附近定興、高碑店、固安諸縣市一帶平衍之區。泛指膏腴農田，亦藉指高地或山脉。此稱漢代已行用。《史記·燕召公世家》：“太子丹陰養壯士二十人，使荆軻獻督亢地圖於秦，因襲刺秦王。”清錢謙益《直隸順德府平鄉縣仇夢臺授文林郎制》：“爾其更列狀以上，化沮洳爲督亢，此吾之所急也。”清曹寅《送桐祈南歸》詩之二：“雨收督亢天全綠，恰是詩人策馬時。”章炳麟《文例雜論》：“後世破碎，犬牙相錯，然土宜民俗，以川原督亢爲經界，終莫能變古也。”

新田 [2]

泛指新開墾的農田。此稱南北朝時期已行用。南朝梁蕭綱《鬭雞》詩：“百花非一色，新田多异流。”唐皇甫冉《河南鄭少尹城南亭送鄭判官還河東》詩：“故絳青山在，新田綠樹齊。”宋蔡伸《浣溪沙·仙漳二首》詞之二：“漠漠新田綠未齊，柳陰陰下水平堤。”元徐瑞《贈別彭東皐》詩：“語別有期頻作惡，預憐清夢繞新田。”明朱曜《喜雨》：“一犁春雨潤新田，小犢還宮老牸眠。”

楚田

楚地的農田，泛指農田。此稱唐代已行用。唐皎然《答鄭方回》詩：“莊生誠近名，夫子罕言命。是以耕楚田，曠然殊獨行。”宋陳造《高頭山》詩：“楚田銜樹闊，漢水挾山青。”元馬祖常《鄢陵別南客》詩：“秋雨喜沾梁土麥，暝烟愁合楚田蕪。”

邊田

泛指邊地的農田。此稱唐代已行用。唐李觀《上宰相安邊書》：“欲財之不盡也，不願衣食共給山東，願邊田敢以古言之，則趙充國之奏是也。”《新唐書‧吐蕃傳》：“二國所棄戍地母、增兵母、創城堡母，耕邊田。”宋王禹偁《重修北嶽廟碑》：“然後雨我禾黍，潔爾粢盛，鑄農器而毀戈鋋，洎興多稼耕邊田，而飽士卒永樂豐年。”明徐渭《送石府公之兩淮鹽使序》：“召商以中商廬於邊，募游手者耕邊田，聚邊斂以輸於邊幕。”清孫承澤《春明夢餘錄‧戶部二‧墾荒》：“釋罪吏耕邊田，歲償官逋四十萬斛，又募人爲屯田。”

澇田

泛指因地勢低下而易積水受淹的農田。此稱宋代已行用，清代亦稱“澇地”。宋王安石《和錢學士喜雪》：“公今早晚班春去，強勸澇田補歲饑。”宋韓淲《寄周正字》：“澇田檢放難終歲，寒事經營易得秋。”清劉書年《劉貴陽說經殘稿‧舅》：“似此等澇地，麥後亦可播種。”

【澇地】

即澇田。此稱清代已行用。見該文。

靠天田

泛指人們祇種植、收穫而不進行管理，任由植物自然生長的農田。此稱清代已行用。清阮葵生《茶餘客話》卷一三：“〔蒙古〕多依山爲田。既播種，則四出游牧射獵，秋穫乃歸。耘耨之術，皆所不講。俗云‘靠天田’。”《廣西通志‧諸蠻》卷九二：“水田低則稱田，旱田高則稱地。田皆種稻，地種雜糧，間有種旱禾。雨水足，即豐收，謂之靠天田。”

農具

泛指從事農業生產時所使用的各種器具。此稱先秦時期已行用，亦稱“農器”，元代又稱“農耜”。《管子‧禁藏》：“繕農具，當器械。”《韓詩外傳》卷九：“鑄庫兵以爲農器。”南朝宋鮑照《河清頌》：“銷我長劍，歸爲農器。”宋敖陶孫《改周晉仙贈丁相士之什》詩：“何如吳淞江上住，門橫釣車屋農具。”宋陳造《布穀行》：“輸租質農器，有袴那解新。”元朱德潤《次方叔淵先生自趙屯歸城中韻》：“村深雞競鳴，時見出農耜。”《明史‧太祖紀三》：“八月癸丑，徙澤潞民無業者墾河南、北田，賜鈔備農具，復三年。”

【農器】

即農具。此稱先秦時期已行用。見該文。

【農耜】

即農具。此稱元代已行用。見該文。

摩田器

泛指碎土、平地、覆種等農具。此稱漢代已行用，唐代亦稱“摩田之器”。《漢書‧吾丘壽王傳》：“民以鑡鉏箠梃相撻擊”。顏師古注：“鑡，摩田之器也。”北魏賈思勰《齊民要術‧耕田》：“春耕尋手勞”。注曰：“古曰‘鑡’，今曰‘勞’。《說文》曰：‘櫌（鑡），摩田器。’今人亦名‘勞’曰‘摩’。”

【摩田之器】

即摩田器。此稱唐代已行用。見該文。

耕器

耕種用的器具，泛指農具。此稱五代時期已行用，宋代起亦稱“耕具”。《新五代史·雜傳十·劉審交》：“〔劉審交〕出視民田，見民耕器薄陋，乃取河北耕器爲範，爲民更鑄。”宋范祖禹《檢校司空左武衛上將軍郭公墓誌銘》：“乃户選壯士一人爲捉生軍，分隸蕃將，貸以耕具，闢延州、順安、懷寧等曠土以居之。”《金史·阿離合懣傳》：“收國元年，太祖即位。阿離合懣與宗翰以耕具九爲獻，祝曰：‘使陛下毋忘稼穡之艱難。’”明薛瑄《永壽縣大成廟碑》：“督令有役于官者，假借耕具，給與種子，俾以時種穫。”明崔銑《太子少保吏部尚書贈太子太保謚襄毅許公神道碑》：“令隸遺夷，同置故城，給牛種、耕器。”

【耕具】

即耕器。此稱宋代已行用。見該文。

蠶具

泛指養蠶所用的各種器具。此稱宋代已行用，亦稱“蠶器”。宋梅堯臣有《和孫端叟蠶具十五首》詩。宋蘇轍《次韻李曼朝散得郡西歸留別》之一：“豚肩尚有冬深味，蠶器應逢市合時。”

【蠶器】

即蠶具。此稱宋代已行用。見該文。

耒耜

耒和耜，泛指農具。此稱先秦時期已行用，因《易·繫辭下》有“斲木爲耜，揉木爲耒”語，宋代亦稱“揉斲”。《孟子·滕文公上》：“陳良之徒陳相，與其弟辛，負耒耜而自宋之滕。”《禮記·月令》：“〔孟春之月〕天子親載耒耜，措之於參保介之御間。”唐陸龜蒙《耒耜經》：“經曰耒耜，《農書》之言也。民之習，通謂之犂。”宋梅堯臣《和孫端叟寺丞農具·耒耜》：“古聖通物宜，揉斲資粒食。”宋王安石《和聖俞農具詩·耒耜》：“山林盡百巧，揉斲無良材。”又《耒耜》詩：“耒耜見於易，聖人取風雷。”清譚嗣同《仁學》三六：“敵既壓境，始起而奪其農民之耒耜，强易以未嘗聞之後膛槍礮，使執以禦敵，不聚殲其兵而饋械於敵，夫將焉往？”

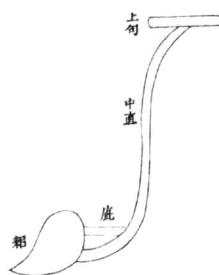

耒耜

（元王禎《農書》）

【揉斲】

即耒耜。此稱宋代已行用。見該文。

耒耨

耒和耨，泛指農具。此稱先秦時期已行用。《易·繫辭下》：“包犧氏没，神農氏作，斲木爲耜，揉木爲耒，耒耨之利，以教天下。”《莊子·胠篋》：“昔者齊國鄰邑相望，雞狗之音相聞，罔罟之所布，耒耨之所刺，方二千餘里。”王先謙集解引李頤曰：“耒，犂；耨，鋤也。”

鋤犂

鋤和犂，泛指農具。此稱漢代已行用，亦稱“犂鋤”，宋代亦作“鋤犁”，金代又作“鉏犂”，明代又稱“犂鉏”。漢王粲《從軍詩》：“不能效沮溺，相隨把鋤犂。”漢史游《急就篇》卷三：“疆畔畷伯耒犂鋤。”《後漢書·王符傳》：“丁夫不扶犂鋤，而懷丸挾彈，攜手上山遨遊。”唐杜甫《兵車行》：“縱有健婦把鋤犂，禾生隴畝無東西。”宋歐陽修《讀〈徂徠集〉》詩：“垢面跣雙足，鋤犁事田坡。"宋陸游《雨後》詩："新涼生枕簟，餘潤入犁鋤。"金元好問《寄答溪南詩老辛願敬之》詩："丈夫不合把鉏犁，青鬢無情忽衰素。"明何景明《彭中丞四民圖歌》："高原犁鉏破煙雨，書閣窈窕穿松林。"

【鋤犂】

同"鋤犁"。此體宋代已行用。見該文。

【鉏犁】

同"鋤犁"。此體金代已行用。見該文。

【犁鋤】

即鋤犁。此稱漢代已行用。見該文。

【犂鉏】

即鋤犁。此稱明代已行用。見該文。

鋤櫌

鋤和櫌，泛指農具。此稱先秦時期已行用，漢代亦作"鉏櫌""鉏櫌"，唐代起又作"鋤櫌"。《呂氏春秋·簡選》："鋤櫌白梃，可以勝人之長銚利兵，此不通乎兵者之論。"《史記·秦始皇本紀》："鉏櫌棘矜，非銛於句戟長鎩也。"《漢書·陳勝項籍傳贊》："鉏櫌棘矜，不敵於鉤戟長鎩。"南朝梁蕭衍《藉田》詩："公卿秉耒耜，庶甿荷鉏櫌，一人慙百王，三推先億兆。"唐韓愈《劉生》詩："我為羅列陳前修，芟蒿斬蓬利鋤櫌。"宋蘇軾《送張琥》："鋤櫌、銍艾相尋於其上者如魚鱗，而地力竭矣。"宋蘇轍《次韻子瞻端午日與遲適遠三子出遊》："惟當理鉏櫌，教子蓺稷黍。"

【鉏櫌】

同"鋤櫌"。此體漢代已行用。見該文。

【鉏櫌】

同"鋤櫌"。此體漢代已行用。見該文。

【鋤櫌】

同"鋤櫌"。此體唐代已行用。見該文。

鉏鉤

鉏和鉤，泛指農具。此稱漢代已行用。《漢書·循吏傳·龔遂》："諸持鉏鉤田器者皆為良民，吏無得問，持兵者乃為盜賊。"明陳子龍《熊水部伯等與予同討山寇》詩："美哉龔少卿，鉏鉤化戈戟。"

鉏耒

鉏和耒，泛指農具。此稱晉代已行用。《晉書·桓宣傳》："或載鉏耒於軺軒，或親芸穫於隴畝。"南朝宋劉義慶《世說新語·賞譽》："凡此諸君，以洪筆為鉏耒，以紙札為良田。"

銛鉏

銛和鉏，泛指農具。此稱明代已行用。明張居正《答兩廣劉凝齋言賊情軍情民情書》："譬彼芟草，銛鉏既過，根芽再萌，惟旋生旋除之耳。"

籠臿

籠和臿，泛指農具。此稱先秦時期已行用。《管子·度地》："籠臿、板築各什六，土車什一，雨輂什二，食器兩具人有之。"漢桓寬《鹽鐵論·擊之》："昔夏后底洪水之災，百姓孔勤，罷於籠臿。及至其後，咸享其功。"

臿築

臿和杵，泛指掘土、搗土類農具。此稱漢代已行用。《後漢書·張衡傳》："士或解裋褐而襲黼黻，或委臿築而據文軒者，度德拜爵，量績受祿也。"

畚臿

畚和臿，泛指盛土、掘土類農具。此稱晉代已行用，亦作"畚鍤"，宋代又作"畚插"。《晉書·束皙傳》："以其雲雨生於畚臿，多稌生於決泄。"又《石季龍載記論》："窮驕極侈，勞役繁興，畚鍤相尋，干戈不息。"唐段成式《酉陽雜俎續集·支諾皋下》："〔王哲〕治第西偏。家人掘地拾得一石子，朱書其上，曰'修此不吉'，家人揩拭轉分明，乃呈哲。哲意家人惰於畚鍤，自磨朱，深若石脈。"宋范仲淹《送河東提刑張太傅》詩："呼兵就畚插，悦使咸忻忻。"

【畚鍤】²

同"畚臿"。此體晋代已行用。見該文。

【畚插】

同"畚臿"。此體宋代已行用。見該文。

畚挶

畚和挶，泛指土建類農具。此稱先秦時期已行用，亦作"畚梮"，漢代又作"畚輂"，清代還作"畚踞"。《左傳·襄公九年》："火所未至，徹小屋，塗大屋，陳畚挶，具綆缶，備水器。"杜預注："畚，簣籠。挶，土轝。"楊伯峻注："挶即梮，與輂同，音菊，舁土之器。畚音本，以草索爲之，可以盛糧，亦可以盛土。其器較大，甚至晋靈公用以盛死尸。梮或是以二木爲之，貫穿畚之兩耳，二人擡之以運土。"《國語·周語中》："其時儆曰：'收而場功，偫而畚梮，營室之中，土功其始。'"韋昭注："畚，器名，土籠也。梮，舉土之器。"《漢書·五行志上》："陳畚輂，具綆缶，備水器。"顏師古注引應劭曰："畚，草籠也。輂，所以輿土也。"清姚錫光《東方兵事紀略·山東篇》："知畚踞，不知行陳，蓋土夫，非戰兵也。"清胡敬《林少穆中丞治蘇新政》詩："一朝具畚梮，河已瀏其清。"

【畚梮】

同"畚挶"。此體先秦時期已行用。見該文。

【畚輂】

同"畚挶"。此體漢代已行用。見該文。

【畚踞】

同"畚挶"。此體清代已行用。見該文。

畚築

畚和築，泛指土建類農具。此稱先秦時期已行用。《左傳·宣公十一年》："令尹蔿艾獵城沂，使封人慮事，以授司徒。量功命日，分財用，平板榦，稱畚築……事三旬而成，不愆于素。"楊伯峻注："畚，盛土之器。築，築土之杵。"宋蘇軾《徐州謝獎諭表》："臣敢不躬親畚築，益修今歲之防。"

鋒銛

鋒和銛，泛指農具。此稱漢代已行用。漢王充《論衡·幸偶》："等之金也，或爲劍戟，或爲鋒銛。"

鏵犂

鏵和犂，泛指農具。此稱南北朝時期已行用。《玉篇·金部》："鏵，鏵鏊也。"《資治通鑑·後晋齊王開運三年》："銅禁至嚴，民猶盜鑄，況家有鐺釜，野有鏵犂，犯法必多。"

錢鎛

錢和鎛，泛指農具。此稱先秦時期已行用。《詩·周頌·臣工》："命我衆人，庤乃錢鎛。"鄭玄箋："教我庶民，具女田器。"三國魏曹操《步出夏門行》："錢鎛停置，農收積場。"宋范仲淹《鑄劍戟爲農器賦》："繇是星陳畎畝之具，日新錢鎛之類。"明杜濬《唐港耕人歌》："東鄰借錢鎛，西鄰借桔槔。"

鎛器

泛指鎛類農具。此稱先秦時期已行用。《周禮·考工記·輈人》："段氏爲鎛器，桃氏爲刃。"

鄭玄注："鑄器，田器。錢鑄之屬。"郭沫若《奴隸制時代·希望有更多的鐵器出土》："鑄器就是耕器，官名'段氏'，段即鍛之省，可見耕器是以鐵爲原料的。"

銚耨

銚和耨，泛指鋤田類農具。此稱先秦時期已行用，亦作"銚鎒"。《管子·禁藏》："推引銚耨，以當劍戟。"《莊子·外物》："春雨日時，草木怒生，銚鎒於是乎始脩。"《鹽鐵論·申韓》："非患銚耨之不利，患其舍草而芸苗也。"

【銚鎒】

同"銚耨"。此體先秦時期已行用。見該文。

畜

人類飼養的禽獸。此稱先秦時期已行用，亦作"俙""嘼"。《禮記·曲禮下》："問庶人之富，數畜以對。"孔穎達疏："數畜以對者，謂雞豚之屬。"《古三墳·歸藏易》："育教俙。"阮咸注："聖人以教養六俙。"《書·武成》："武王伐殷，往伐歸獸。"唐陸德明釋文："獸……本或作嘼，許救反。"漢王褒《四子講德論》："逐水隨畜，都無常處。"《說文·嘼部》："嘼，獸，牲也。"《玉篇·嘼部》："六嘼：牛、馬、羊、犬、雞、豕也。養之曰嘼，用之曰牲。今作畜。"唐顏師古《匡謬正俗·嘼》："嘼、獸類屬不同，嘼者人之所養，獸者是山澤所育。故《爾雅》論牛、馬、羊、豕，則在《釋畜》；論麋、鹿、虎、豹，即在《釋獸》。"唐韓愈《鱷魚文》："鱷魚睅然不安谿潭，據處食民畜熊豕鹿麞，以肥其身。"《聊齋志異·造畜》："又有變人爲畜者，名曰'造畜'。"

【俙】

同"畜"。此體先秦時期已行用。見該文。

【嘼】

同"畜"。此體先秦時期已行用。見該文。

牲

供人祭祀、盟誓和食用的家畜，泛指人類飼養的禽獸。此稱先秦時期已行用，亦稱"牲牢"，南北朝時期又稱"牲窍"。《周禮·地官·閭師》："凡庶民不畜者，祭無牲。"《詩·小雅·瓠葉序》："上棄禮而不能行，雖有牲牢饔餼，不肯用也。"鄭玄箋："牛羊豕爲牲，繫養者曰牢。"《左傳·桓公六年》："不以畜牲。"孔穎達疏："牲、畜一物，養之則爲畜，共用則爲牲。"《穀梁傳·僖公九年》："葵丘之會，陳牲而不殺。"范甯注引鄭氏曰："盟牲，諸侯用牛，大夫用豭。"《史記·樂書》："食三老五更於太學，天子袒而割牲。"南朝梁蕭子雲《雅樂歌·需雅》："蒸民乃粒有牲窍，自衛反魯刪《詩》《書》。"唐杜甫《有事於南郊賦》："司門轉致乎牲牢之繫，小胥專達乎懸位之使。"宋陸游《初夏書感》詩："桑悴知蠶起，牲肥賽麥豐。"金元好問《致樂堂記》："故牲牢不加于菽水，三釜無羨乎萬鍾。"明沈德符《萬曆野獲編》補遺卷四："太常寺謂祭舊用素饌，今既封帝，宜改用牲。"清昭槤《嘯亭續錄·王文靖》："公家訓云：祭墓無以牲牢，惟以蔬果代之。"

【牲牢】

即牲。此稱先秦時期已行用。見該文。

【牲窍】

即牲。此稱南北朝時期已行用。見該文。

畜牲

泛指人類飼養的禽獸。此稱先秦時期已行用，亦作"畜生"，唐代起亦稱"牲口"。《左傳·桓公六年》："不以畜牲，不以器幣。"《韓非子·解老》："民産絶則畜生少，兵數起則士卒盡。"北魏酈道元《水經注·河水一》："縣有龍泉……畜生將飲者，皆畏避而走。"《通典·食貨七》："自十三載以後，安禄山爲范陽節度，多有進奉駝馬牲口，不曠旬日。"《金瓶梅詞話》第五五回："分付叫把牲口牽到後槽去。"《明史·職官志三》："其外有内府供用庫……牲口房。"原注："收養異獸珍禽。"《儒林外史》第二一回："那幾個人都上了牲口……那一羣馬潑剌剌的如飛一般也似去了。"清吴趼人《俏皮話·投生》："但罰做畜生，則請做犬馬，不願做猪羊。"

【畜生】

　　同"畜牲"。此體先秦時期已行用。見該文。

【牲口】

　　即畜牲。此稱唐代已行用。見該文。

畜産

　　即畜牲。此稱先秦時期已行用，亦稱"畜獸"，漢代起又稱"畜物"，宋代還稱"畜孽"。《墨子·號令》："小城不自守通者，盡葆其老弱粟米畜産。"《禮記·月令》："〔仲冬之月〕農有不收藏積聚者，馬牛畜獸有放佚者，取之不詰。"《史記·韓長孺列傳》："匈奴虜略千餘人及畜産而去。"又《史記·匈奴列傳》："於是説教單于左右疏記，以計課其人衆畜物。"《資治通鑑·漢文帝前六年》引此文，作"畜牧"。宋洪邁《夷堅乙志·馴鳩》："嗚呼，孰謂畜産無知乎！"宋岳珂《桯史·義騐傳》："方淮民習安，倉卒間，虜至而逃，畜孽滿野。"

【畜獸】

　　即畜産。此稱先秦時期已行用。見該文。

【畜物】

　　即畜産。此稱漢代已行用。見該文。

【畜孽】

　　即畜産。此稱宋代已行用。見該文。

畜牧

　　即畜牲。此稱漢代已行用，亦稱"牧畜"，清代又稱"牧芻"。《史記·韓長孺列傳》："徒見畜牧於野，不見一人。"《後漢書·樊宏傳》："又池魚牧畜，有求必給。"《宋書·索虜傳》："芮芮此春因其來掠，掩襲巢窟，種落畜牧，所亡太半。"宋蘇舜欽《杜誼孝子傳》："水又至，並山之民，居廬田墓畜牧漂壞者衆。"明劉基《二鬼》詩："虎狼妨畜牧，必過其孕孳。"清侯方域《定鼎説》："〔建康〕草蔓潲濯，牧芻蕭寂，非天塹之險艱于渡也。"

【牧畜】

　　即畜牧。此稱漢代已行用。見該文。

【牧芻】

　　即畜牧。此稱清代已行用。見該文。

六牲

　　指牛、馬、羊、豕、犬、雞，或指牛、羊、豕、犬、鴈、魚，亦泛指人類飼養的禽獸。此稱先秦時期已行用，亦稱"六畜"。《周禮·地官·牧人》："掌牧六牲，而阜蕃其物，以共祭祀之牲牷。"鄭玄注："六牲，謂牛、馬、羊、豕、犬、雞。"又《天官·膳夫》："凡王之饋，食用六穀，膳用六牲。"鄭玄注："六牲，馬、牛、羊、豕、犬、雞也。"王引之《經義述聞·周官上》："此六牲與《牧人》不同。《牧人》之六牲謂馬、牛、羊、豕、犬、雞，此六牲則牛、羊、豕、犬、鴈、魚也。蓋膳夫之飲食膳羞，與《食醫》之六食、六膳、百羞相應。"又

《天官·庖人》:"掌共六畜、六獸、六禽,辨其名物。"鄭玄注:"六畜,六牲也。始養之曰畜,將用之曰牲。"《左傳·昭公二十五年》:"爲六畜、五牲、三犧,以奉五味。"杜預注:"馬、牛、羊、雞、犬、豕。"《淮南子·墜形訓》:"其地宜禾,多牛羊及六畜。"唐拾得《詩》之三:"昨日設個齋,今朝宰六畜。"清紀昀《閱微草堂筆記·灤陽消夏錄五》:"六畜充庖,常理也;然殺之過當,則爲惡業。"

【六畜】

即六牲。此稱先秦時期已行用。見該文。

五牲

指牛、羊、豕、犬、雞。此稱先秦時期已行用。《左傳·昭公十一年》:"五牲不相爲用。"杜預注:"五牲:牛、羊、豕、犬、雞。"《大戴禮記·曾子天圓》:"成五穀之名,序五牲之先後貴賤。"北魏酈道元《水經注·洛水》:"帝遊洛水之上,見大魚,殺五牲以醮之。"

三牲

指牛、羊、豕。此稱大約秦漢時期已行用。《孝經·紀孝行》:"雖日用三牲之養,猶不爲孝也。"邢昺疏:"三牲,牛、羊、豕也。"晋葛洪《抱朴子·道意》:"太牢三牲,曷能濟焉!"宋司馬光《送巢縣崔尉》詩:"何必羞三牲,然後稱甘旨。"明無名氏《尋親記·勸勉》:"問寢承顏,難效三牲之養。"

雞豚狗彘

雞和豚、狗、彘,泛指農家所養禽畜。此稱先秦時期已行用。《孟子·梁惠王上》:"雞豚狗彘之畜,無失其時。"

雞豚

雞和豚,泛指農家所養禽畜。此稱先秦時期已行用。《孟子·梁惠王上》:"雞豚狗彘之畜,無失其時。"唐劉禹錫《武陵書懷五十韻》:"來憂禦魑魅,歸願牧雞豚。"明謝讜《四喜記·尋樂江村》:"雞豚早秋斂,盆醪自酣。"

羊豕鵝鴨

羊、豕和鵝、鴨,泛指農家所養禽畜。此稱漢代已行用。《西京雜記》卷四:"羊豕鵝鴨,皆道其數。"

鵝鴨

鵝和鴨,泛指農家所養水禽。此稱漢代已行用。《西京雜記》卷四:"羊豕鵝鴨,皆道其數。"唐杜甫《舍弟占歸草堂檢校聊示此詩》:"鵝鴨宜長數,柴荊莫浪開。"

牽

指牛、羊、豕。此稱先秦時期已行用。《左傳·僖公三十三年》:"吾子淹久於敝邑,唯是脯資餼牽竭矣。"杜預注:"牽,謂牛、羊、豕。"孔穎達疏:"牛、羊、豕可牽行,故云'牽謂牛羊豕'也。"

耕畜

泛指農耕所用牛、馬、驢等家畜。此稱漢代已行用。《史記·越王勾踐世家》:"於是自謂陶朱公,復約要父子耕畜,廢居,候時轉物,逐什一之利。"清弘曆《含遠樓》詩:"豈以遊攬興,而忘耕畜謀。"

牛馬

牛和馬,泛指農畜。此稱先秦時期已行用,亦稱"馬牛"。《周禮·夏官·職方氏》:"其畜宜牛馬,其穀宜黍稷。"《書·費誓》:"無敢寇攘,踰垣牆,竊馬牛。"唐杜甫《雨》詩:"牛馬行無色,蛟龍鬬不開。"唐韓愈《獲麟解》:"然麟之爲物,不畜於家,不恒有於天下,其爲形也不類，非若馬牛犬豕豺狼麋鹿然。”

【馬牛】

即牛馬。此稱先秦時期已行用。見該文。

駒犢

駒和犢，泛指幼畜。此稱先秦時期已行用。《禮記·月令》：“〔季春之月〕乃合累牛騰馬，遊牝于牧，犧牲駒犢，舉書其數。”漢桓寬《鹽鐵論·未通》：“故駒犢生於戰地。”北魏賈思勰《齊民要術·養羊》：“乳母好，堪爲種産者，因留之以爲種，惡者還賣，不失本價，坐贏駒犢。”唐李復言《續玄怪録·張逢》：“夜久頗飢，因傍村落徐行，犬彘駒犢之輩，悉無可取。”

牛犁 [3]

牛和犁，泛指農畜和農具。此稱唐代已行用。《新唐書·徐申傳》：“申按公田之廢者，募人假牛犁墾發。”宋陸游《枕上》詩：“元非破賊手，只合架牛犁。”明唐順之《稗編》卷一二〇“宋屯田”：“多買牛犁，縱耕其中，官不收租，人自樂從。”

牛具

耕牛和農具，泛指農畜和農具。此稱宋代已行用。《宋史·莊夏傳》：“時流民來歸，夏言：‘荆、襄、兩淮多不耕之田，計口授地，貸以屋廬牛具。’”《元史·世祖紀十》：“以別速帶逃軍七百餘人付安西王屯田，給以牛具。”

牛種

牛和穀種，泛指農畜和糧種。此稱元代已行用。元張翥《雜詩》之八：“沆亡使復業，牛種當及春。”《元史·世祖紀十一》：“乙巳，賜合迷里貧民及合剌和州民牛種。”

馬畜

泛指農耕所用馬、牛、驢等家畜。此稱漢代已行用。《漢書·蘇武傳》：“三歲餘，王病，賜武馬畜服匿穹廬。”

駒子

泛指初生的馬、驢、騾。此稱明代已行用。明徐光啓《農政全書》卷四一：“治新生小駒子瀉肚方：藁本末三錢，七大麻子，研汁調，灌下咽喉，便效。”

騋牝

《詩·鄘風·定之方中》：“騋牝三千。”毛傳：“馬七尺曰騋，騋馬與牝馬也。”後爲馬的泛稱。唐杜甫《沙苑行》：“苑中騋牝三千匹，豐草青青寒不死。”明陸采《懷香記·氏羌謀叛》：“鐵騎銅駝當百萬，當百萬，休誇騋牝有三千，有三千。”清蔣士銓《空谷香·報選》：“敢則要調和騋牝三千牡。”

馬匹

馬的泛稱。馬以匹計，故稱。此稱先秦時期已行用，漢代亦作“馬疋”。《易·中孚》：“六四，月幾望，馬匹亡，無咎。”《類説》卷三六引漢應劭《風俗通》：“馬疋，俗説馬比君子，與人相疋，或説馬夜目明照前四丈，或説馬縱横適得一疋，或説馬匹賣直一疋帛。”《水滸傳》第二〇回：“見衆頭領盡把車輛扛上岸來，再叫撑船去載頭口馬匹，衆頭領大喜。”

【馬疋】

同“馬匹”。此體漢代已行用。見該文。

馬鹿

馬和鹿。此稱漢代已行用。漢陸賈《新語·辨惑》：“夫馬鹿之异形，衆人所知也。”唐古之奇《秦人謡》：“上下一相蒙，馬鹿遂顛倒。”《新唐書·元積傳》：“彼趙高，刑餘之人，傅之以殘忍戕賊之術，日恣睢，天下之人未盡愚，而亥不能分馬鹿矣。"

騾馬

騾和馬,泛指農畜。此稱明代已行用。《金瓶梅詞話》第二〇回:"家道營盛,外莊内宅煥然一新,米麥陳倉,騾馬成羣,奴僕成行。"

豕畜

泛指豕類家畜。此稱清代已行用。清王韜《代上廣州馮太守書》:"其居人爲奇貨,輾轉販售,視同豕畜。"

豚犬

豚和犬,泛指家畜。此稱先秦時期已行用,亦稱"犬彘""犬豕",宋代又稱"猪狗"。《國語·楚語上》:"國君有牛享,大夫有羊饋,士有豚犬之奠。"《吕氏春秋·明理》:"國有游虵西東,馬牛乃言,犬彘乃連,有狼入於國。"《列子·仲尼》:"長幼羣聚而爲牢藉庖廚之物,奚异犬豕之類乎!"《三國志·吴書·吴主傳》"曹公望權軍"裴松之注引晋胡沖《吴曆》:"公見舟船器仗軍伍整肅,喟然歎曰:'生子當如孫仲謀,劉景升兒子若豚犬耳!'"宋蘇軾《書〈孟德傳〉後》:"有人夜自外歸,見有物蹲其門,以爲猪狗類也,以杖擊之,即逸去,至山下月明處,則虎也。"

【犬彘】

即豚犬。此稱先秦時期已行用。見該文。

【犬豕】

即豚犬。此稱先秦時期已行用。見該文。

【猪狗】

即豚犬。此稱宋代已行用。見該文。

犬雞

犬和雞,泛指農家所養禽畜。此稱先秦時期已行用。《左傳·隱公十一年》:"鄭伯使卒出豭,行出犬雞,以詛射潁考叔者。"

犬馬

犬和馬,泛指家畜。此稱先秦時期已行用,唐代起亦稱"狗馬"。《書·旅獒》:"犬馬非土性不畜,珍禽奇獸不育于國。"唐韓愈《四門博士周況妻韓氏墓誌銘》:"開封卓越豪縱,不治資業,喜酒色狗馬。"清侯方域《南省試策三》:"人主好狗馬,則韓盧之駿足,蒲梢之龍種,不問而充太子之御矣。"

【狗馬】

即犬馬。此稱唐代已行用。見該文。

犬羊

犬和羊,泛指家畜。此稱先秦時期已行用。《論語·顔淵》:"虎豹之鞟,猶犬羊之鞟。"

羈紲

羈和紲,亦泛指馭馬或縛繫禽獸的繩索。此稱先秦時期已行用,宋代亦作"羈絏"。《左傳·僖公二十四年》:"臣負羈紲從君巡於天下。"杜預注:"羈,馬羈;紲,馬繮。"陸德明釋文:"羈,馬絡頭也;紲,繫。"唐元稹《諭寶》詩:"大鵬無長空,舉翮受羈紲。"宋蘇洵《衡論·禦將》:"蹄者可取以羈紲,觸者可拘以福衡。"陳天華《中國革命史論》:"國民爲其束縛馳驟,實無异於牛馬之受羈紲。"

【羈絏】

同"羈紲"。此體宋代已行用。見該文。

羈縶

羈和縶,亦泛指駕馭牛馬之物。此稱先秦時期已行用,亦作"羈縶",亦稱"羈靮",唐代又稱"羈靮"。《公羊傳·襄公二十七年》:"夫負羈縶,執鈇鑕,從君東南西北,則是臣僕庶孼之事也。"《韓詩外傳》卷七:"如皆守社稷,則執負羈縶而從？"《禮記·檀弓下》："如皆守社稷，則孰執羈靮而從？"陳澔集解："羈，所以絡馬；靮，所以靮馬。"唐韓愈《畫記》："執羈靮立者二人。"唐元稹《春餘遣興》詩："野馬籠赤霄，無由負羈靮。"宋司馬光《旬慮十七韻呈同舍》："征夫解甲冑，疲馬脱羈靮。"宋范成大《新嶺》詩："山行何許深，空翠滴羈靮。"明張居正《襄陽府科第題名記》："雖絶材奔駟，亦必頫首屈就羈靮。"

【羇縶】

同"羈縶"。此體先秦時期已行用。見該文。

【羈靮】

即羈縶。此稱先秦時期已行用。見該文。

【羈靮】

即羈縶。此稱唐代已行用。見該文。

【韁勒】

即羈縶。此稱宋代已行用，亦稱"韁絡"，明代又稱"繩絡"，清代還稱"韁轡"。宋梅堯臣《觀何君寶畫》詩："幹馬精神在韁勒，嵩牛怒鬪無牽拘。"宋范晞文《對床夜語》卷五："劉長卿有《湘中紀行》十詩……詞妙氣逸，如生馬駒不爲韁絡所掣，讀之使人飄飄然有憑虛御風之意。"明陳繼儒《讀書鏡》卷九："然必如調鷹者，縱之九霄之間，而縧鏇在臂；靮馬者，逸之百步之外，而繩絡在手，如是而可以御士矣。"清戴名世《甲戌房書小題文序》："譬如仄徑窘步未嘗涉歷，氣浮力弱而遽試千里之驥，銜勒不施，韁轡俱絶，其勢未有不顛仆者也。"

【韁絡】

即韁勒，亦即羈縶。此稱宋代已行用。見該文。

【繩絡】

即韁勒，亦即羈縶。此稱明代已行用。見該文。

【韁轡】

即韁勒，亦即羈縶。此稱清代已行用。見該文。

鞍勒

鞍和勒，亦泛指駕馭牛馬之物。此稱漢代已行用，唐代起亦稱"鞍銜"，明代又稱"鞚鞍""鞍籠""轡勒"。《漢書·匈奴傳下》："安車一乘，鞍勒一具。"唐韓愈《進王用碑文狀》："其王用男所與臣馬一匹，并鞍銜白玉腰帶一條，臣並未敢受領。"宋秦觀《題腰褭圖》詩："鞍銜不施韁復脱，旁無馭者氣騰越。"《宋史·儀衞志六》："先是，御馬以織成帕覆鞍勒，今後以廣絹代之。"明蔣一葵《長安客話·皇都雜記·南城》："黄居中雜詠禁中……《景德殿》：'景德殿前調御馬，黄金鞚鞍紫絲韁。'"明沈德符《萬曆野獲編》卷一四："凡部曹一拜副郎，馬前即得用鞍籠……京師因爲之曰：'禮科不帶鞍籠，求同吏部。'"明田藝蘅《留青日劄》卷三："〔明太祖〕有神駿，振鬣一鳴，萬馬辟易，轡勒不可近，近輒作人立而吼。"《紅樓夢》第一五回："秦鍾遠看着寶玉所騎的馬，搭着鞍籠，隨着鳳姐的車往北而去。"清紀昀《閲微草堂筆記·槐西雜誌二》："其狀真騾真馬也，惟被以鞍勒，則伏不能起。"

【鞍銜】

即鞍勒。此稱唐代已行用。見該文。

【鞚鞍】

即鞍勒。此稱明代已行用。見該文。

【鞍籠】

即鞍勒。此稱明代已行用。見該文。

【韉勒】

即鞍勒。此稱明代已行用。見該文。

鞁

泛指馭馬之物。此稱先秦時期已行用，明代亦稱"馬鞁"。《國語·晋語九》："吾兩鞁將絕，吾能止之。"韋昭注："鞁，靷也。能止馬徐行，故不絕。"明田汝成《西湖游覽志餘·委巷叢談二》："〔李陽旻〕將赴春闈，友人鎖戀堅者送之，賦《正宫謁金門》詞云：'人艤畫船，馬鞁上錦韉，催起瓊林宴。'"

【馬鞁】

即鞁。此稱明代已行用。見該文。

鞌馬

鞍和馬，亦泛指馭馬之物。此稱漢代已行用，南北朝時期亦作"鞍馬"。《史記·田叔列傳》褚少孫論："其後有詔募擇衛將軍舍人以爲郎，將軍取舍人中富給者，令具鞌馬絳衣玉具劍，欲入奏之。"《木蘭詩》："願爲市鞍馬，從此替爺征。"唐殷堯藩《上巳日贈都上人》詩："鞍馬皆爭麗，笙歌盡鬥奢。"《水滸傳》第五〇回："前日又受他鞍馬羊酒，采段金銀，你如何賴得過？"

【鞍馬】

同"鞌馬"。此體南北朝時期已行用。見該文。

馬彎

馬和彎，亦泛指馭馬之物。此稱唐代已行用。唐温庭筠《禁火日》詩："馬彎輕銜雪，車衣弱向風。"宋梅堯臣《再送蒙寺丞赴郢州》詩："身輕抛馬彎，地暖厭狐裘。"

鞍彎

鞍和彎，亦泛指馭馬之物。此稱唐代已行用，宋代亦稱"韉彎"。唐韓愈《招揚之罘》詩："馬悲罷還樂，振迅矜鞍彎。"宋文瑩《續湘山野錄》："〔晏殊〕既辭，〔寇准〕命所乘賜馬、韉彎送還旅邸，復諭之曰：'馬即還之，韉彎奉資桂玉之費。'知人之鑒今邈其比。"《水滸傳》第四七回："後槽牽過一匹快馬，備上鞍彎。"

【韉彎】

即鞍彎。此稱宋代已行用。見該文。

箠彎

箠和彎，泛指馭馬之物。此稱漢代已行用。《漢書·王吉傳》："口倦乎叱咤，手苦於箠彎，身勞乎車輿。"

鞍韉

鞍和韉，亦泛指馭馬之物。此稱南北朝時期已行用。《木蘭詩》："東市買駿馬，西市買鞍韉。"唐杜甫《送人從軍》詩："馬塞防失道，雪没錦鞍韉。"

鞍韉

鞍和韉，泛指馭馬之物。此稱唐代已行用。唐韓愈《送區弘南歸》詩："騰蹋衆駿事鞍韉，佩服上色紫與緋。"

鞍韝

鞍和韝，泛指馭馬之物。此稱明代已行用。《醒世恒言·杜子春三入長安》："〔子春〕就去買了一匹駿馬，一付鞍韝，又做幾件時新衣服。"

槽櫪

槽和櫪，泛指牲口之圈。此稱漢代已行用，唐代亦作"槽歷"。《後漢書·馬援傳》："今者歸老，更欲低頭與小兒曹共槽櫪而食，併肩側身于怨家之朝乎？"《漢書·李尋傳》"馬不伏歷，不可以趨道。"唐顏師古注："伏歷謂伏槽歷而秣之也。"宋陸游《醉歌》："戰馬死槽櫪，公卿守和約。"清劉獻廷《廣陽雜記》卷四："北牖下有槽櫪，馬矢堆積，令人歎絕。"

【槽歷】

同"槽櫪"。此體唐代已行用。見該文。

皁²

泛指盛放畜獸飼料的器具。此稱漢代已行用，亦稱"槽"。《史記·魯仲連鄒陽列傳》："今人主沈於諂諛之辭，牽於帷裳之制，使不羈之士，與牛驥同皁。"《說文·木部》："槽，畜獸之食器。"清段玉裁注："槽，皁之食器。皁，各本作畜獸二字，今正。皁，六皁也。"桂馥義證："《聲類》：'槽，飤豕器也。'"《宋史·孝義傳·陳兢》："有犬百餘，亦置一槽共食。"《儒林外史》第二回："和尚，把我的驢牽在後園槽上，卸了鞍子，將些草喂的飽飽的。"沈厚慈《哲夫枉顧走筆成此并寄南社諸子》詩："心清何礙牛同皁，境困渾疑犬亦仙。"

【槽】⁴

即皁²。此稱漢代已行用。見該文。

牛宮²

泛指國家飼養禽畜的處所。此稱漢代已行用。漢袁康《越絕書·外傳記·吳地傳》："桑里東，今舍西者，故吳所蓄牛羊豕雞也，名爲牛宮。"

斧斤

斧和斤，泛指斧子。此稱先秦時期已行用。《詩·豳風·七月》："取彼斧斤，以伐遠揚。"毛傳："斤，方銎也。"唐白居易《爲宰相賀殺賊表》："斧斤欲加而先折，鍼石未攻而自潰。"金元好問《續夷堅志·高白松》："异材詎肯資梁棟，靈夢還能避斧斤。"明何景明《皇告》詩之二："既加斧斤，屢罹兇年。"

斧斤

斧和斤，泛指斧子。此稱先秦時期已行用，亦稱"斤斧"，南北朝時期亦作"斧釿"，清代又作"釜斤"。《孟子·梁惠王上》："斧斤以時入山林，材木不可勝用也。"《管子·乘馬》："其木可以爲棺，可以爲車，斧斤得入焉。"晉葛洪《抱朴子·廣譬》："凡木結根於靈山，而匠石爲之寢斧斤。"北齊劉晝《新論·言苑》："倕無斧釿，不能善斲。"唐杜甫《枯棕》詩："交橫集斧斤，雕喪先蒲柳。"宋蘇軾《築高麗亭館一絕》："簷楹飛舞垣牆外，桑柘蕭條斤斧餘。"清紀昀《閱微草堂筆記·槐西雜志三》："不需梁柱之材，故斧斤不至。"清袁枚《續新齊諧·虹橋板》："朱文公云：'是堯時居民所棲避洪水處，後水退而木存，然木狀非受過釜斤者，山洞羅列羣木，如民間開木行者。'"

【斧釿】

同"斧斤"。此體南北朝時期已行用。見該文。

【釜斤】

同"斧斤"。此體清代已行用。見該文。

【斤斧】

即斧斤。此稱先秦時期已行用。見該文。

斤欘

斤和欘，代指斧子。此稱先秦時期已行用。《管子·小稱》："匠人有以感斤欘，故繩可得料也；羿有以感弓矢，故穀可得中也；造父有以感轡筴，故遬獸可及。"

斤鑿

斤和鑿，泛指砍鑿工具。此稱唐代已行用。唐吳融《沃焦山賦》："上無灌木誇良工之斤鑿，下無靈鼇招巨人之鈎索。"唐段成式《酉陽雜俎·天咫》："見一人布衣甚潔白，枕一襆物……因開襆，有斤鑿數事，玉屑飯兩裹，授與二人。"

砥礪

砥和礪，泛指磨石。此稱先秦時期已行用，亦稱"礪砥"。《山海經·西山經》："西南三百六十里，曰崦嵫之山……苕水出焉，而西流注于海，其中多砥礪。"郭璞注："磨石也。精爲砥，粗爲礪。"《書·禹貢》："厥貢羽毛齒革，惟金三品，杶榦栝柏，礪砥砮丹。"孔傳："砥細於礪，皆磨石也。"三國魏曹丕《以鄭稱爲武德傳令》："礱之以砥礪，錯之以他山。"唐柳宗元《與崔饒州論石鐘乳書》："雍之塊璞，皆可以備砥礪。"

【礪砥】

即砥礪。此稱先秦時期已行用。見該文。

礱礪

礱和礪，泛指磨石。此稱先秦時期已行用，漢代亦作"礲礪"。《尸子·勸學》："磨之以礱礪，加之以黄砥，則其刺也無前，其擊也無下。"漢賈誼《新書·官人》："知足以爲礲礪，行足以爲輔助，仁足以訪議。"明袁宏道《答蹇督撫書》："唯是溟渤之大，不讓滲濕；以茲沙石之頑，得效礱礪。"

【礲礪】

同"礱礪"。此體漢代已行用。見該文。

磨礱底厲

磨、礱、砥和礪，泛指磨石。此稱漢代已行用，亦作"磨礱砥礪""磨礲砥礪"。《漢書·枚乘傳》："磨礱底厲，不見其損，有時而盡。"顏師古注："礱亦磨也；底，柔石也；厲，皂石也；皆可以磨者。"《文選·枚乘〈上書諫吳王〉》作"磨礱砥礪"，李周翰注："磨礱砥礪，皆磨石。"李善注本作"磨礲砥礪"。

【磨礱砥礪】

同"磨礱底厲"。此體漢代已行用。見該文。

【磨礲砥礪】

同"磨礱底厲"。此體漢代已行用。見該文。

場圃

場和圃，泛指農家收打作物、種植蔬菜的地方。此稱先秦時期已行用。《詩·豳風·七月》："九月築場圃，十月納禾稼。"毛傳："春夏爲圃，秋冬爲場。"鄭玄箋："場圃同地，自物生之時，耕治之以種菜茹，至物盡成熟，築堅以爲場。"晋潘岳《閑居賦》："傲墳素之場圃，步先哲之高衢。"唐孟浩然《過故人莊》詩："開軒面場圃，把酒話桑麻。"宋秦觀《田居四首》詩之四："寥寥場圃空，踮踮烏鳶下。"元王禎《農書·耙勞篇》："必欲撻者，須待白背濕撻，令地堅硬也，又用曳打場圃，極爲平實。"清方文《趙止安招同馬倩若周穎侯小集》詩："委巷通場圃，高人此隱居。"

場園

場和園，泛指農家收打作物、種植蔬菜的地方。此稱先秦時期已行用，明代亦作"塲園"。《荀子·大略》："塚卿不脩幣，大夫不爲場園。"楊倞注："治稼穡曰場，樹菜蔬曰園。"《墨子·天志下》："竊人之牛馬者，與入人之場園，竊人之桃李瓜薑者，數千萬矣。"明楊繼盛《楊忠愍集》卷三："癸未年八歲夏，即善牧牛，或宿於場圃，或宿於瓜鋪。"

【塲圃】

同 "場圃"。此體明代已行用。見該文。

繘徽

繘和徽，泛指汲水井繩等。此稱漢代已行用，唐代亦稱 "井索"。《漢書·遊俠傳·陳遵》："〔瓶〕酒醪不入口，臧水滿懷，不得左右，牽於繘徽。" 顏師古注："繘徽，井索也。"

【井索】[2]

即繘徽。此稱唐代已行用。見該文。

五溝五涂

指遂、溝、洫、澮、川五溝和徑、畛、涂、道、路五涂。此稱先秦時期已行用。《周禮·夏官·司險》："設國之五溝五涂。" 鄭玄注："五溝，遂、溝、洫、澮、川也。五涂，徑、畛、涂、道、路也。" 賈公彦疏："溝涂所作隨所須大小而爲之，皆準約田間五溝五涂。"

六輔渠

漢代關中地區的六條人工灌溉渠道。漢元鼎六年（前 111），左内史兒寬在鄭國渠上游南岸開鑿六條小渠，以輔助灌溉鄭國渠難以輸水的高地，故稱。此稱漢代已行用，唐代省稱 "輔渠" "六渠"。《漢書·溝洫志》："自鄭國渠起，至元鼎六年，百三十六歲，而兒寬爲左内史，奏請穿鑿六輔渠，以益溉鄭國傍高卬之田。" 顏師古注："在鄭國渠之裏，今尚謂之輔渠，亦曰六渠也。" 宋宋庠《漕渠春臺》詩："縹陂春色極晴虚，新水遥連六輔渠。" 清秦蕙田《五禮通考》卷二〇五："關中則有靈軹渠、成國渠、湋渠、六輔渠、白渠，皆溉田各萬餘頃。"

【輔渠】

"六輔渠" 之省稱。此稱唐代已行用。見該文。

【六渠】

"六輔渠" 之省稱。此稱唐代已行用。見該文。

鄭白

鄭國渠和白渠，在今陝西省境内。此稱漢代已行用。漢班固《西都賦》："下有鄭白之沃，衣食之源。"《文選·左思〈吳都賦〉》："繞霤未足言其固，鄭白未足語其豐。" 劉逵注："鄭、白，二渠名。" 南朝梁劉孝標《〈金華山棲志〉序》："良田區畛，通接山泉，膏液鬱潤肥腴。鄭白決漳，莫之能擬。"

澮畎

澮和畎，泛指田間水道。此稱先秦時期已行用。《書·益稷》："一畝之間，廣尺深尺曰畎；方百里之間，廣二尋深二仞曰澮。澮畎深之至川，亦入海。" 宋葉適《梁父吟》："天既溉之以雨露兮，余又滋之以澮畎。" 宋薛季宣《浪語集》卷一三："城郭依然，澮畎通兮。惻我心摧，悼人亡兮。" 明高啓《次韻楊孟載早春見寄》詩："春耕咫尺阻歸計，野水自流間澮畎。"

隄梁

隄和梁，泛指堤壩、橋梁等水利設施。此稱先秦時期已行用。《荀子·王制》："脩隄梁，通溝澮，行水潦，安水藏，以時決塞。" 楊倞注："隄，所以防水；梁，橋也。"

隄川

隄和川。泛指堤壩、河川。此稱先秦時期已行用。《管子·度地》："乃取水左右各一人，使爲都匠水工，令之行水道、城郭、隄川、溝池、官府、寺舍及洲中，當繕治者，給卒財足。"

隄塍

隄和塍，泛指堤壩、田界。此稱漢代已行用，宋代起亦作"堤塍"。漢張衡《南都賦》："溝澮脉連，隄塍相輔。"宋鄒浩《次韻文仲冬夜書懷》之二："長冰迎日動堤塍，堤上人行似獨醒。"明徐光啓《農政全書》卷一九："今作龍尾車，物省而不煩，用力少而得水多，其大者，一器所出，若決渠焉，累接而上，可使在山。是不憂高田，築爲堤塍而出之，計日可盡。"

【堤塍】

同"隄塍"。此體宋代已行用。見該文。

溝塍

溝和塍，泛指溝渠、田埂。此稱漢代已行用。《文選·班固〈西都賦〉》："溝塍刻鏤，原隰龍鱗。"李善注："鄭玄曰：'遂，廣深各二尺，溝倍之。'《説文》曰：'塍，稻田之畦也。'"唐戴叔倫《女耕田行》："疏通畦隴防亂苗，整頓溝塍待時雨。"《舊唐書·李愬傳》："愬將襲元濟，會雨水，自五月至七月不止，溝塍潰溢，不可出師。"宋王安石《送沈康知常州》詩："溝塍半廢田疇薄，廚傳相仍市井貧。"明楊士奇《題劉逸人樂耕卷》詩："初來正溝塍，爰方藝禾黍。"清趙執信《昭陽湖行書所見四首》詩其二："白波如沸浸溝塍，禾黍菰蘆互作層。"

潏

泛指人類所建的水中土石設施堤堰、魚梁等。此稱漢代已行用。《爾雅·釋水》："水中可居者曰洲，小洲曰陼，小陼曰沚，小沚曰坻，人所爲爲潏。"郭璞注："人力所作。"《釋名·釋水》："人所爲之曰潏。潏，術也，堰使鬱術也，魚梁、水碓之謂也。"宋張耒《贈翟公巽》詩：

"金山蕩潏浪花裏，一舸遥去隨漁郎。"元馬祖常《黄河》詩："黄流蕩中潏，萬里費波濤。"明如蘭《殊別峰習静卷》詩："百川相蕩潏，萬竅争怒號。"王闓運《常公神道碑》："公不煩徭役，自出俸錢，爰疏潏堰。"

溝涂

溝和塗，泛指溝渠、道路。此稱唐代已行用。《周禮·夏官·司險》："設國之五溝、五涂。"鄭玄注："五溝，遂、溝、洫、澮、川也；五涂，徑、畛、涂、道、路也。"唐賈公彦疏："溝涂所作隨所須大小而爲之，皆準約田間五溝、五涂。"元柳貫《同楊仲禮和袁集賢上都詩十首》之四："謡俗隨方异，溝塗隔舍迷。"明李東陽《葉公墓誌銘》："命蒞衛事實授爲僉事，總都城溝涂。"明張國維《吳中水利全書》卷一八："昔人謂有一尺之隄障，一尺之水是也。無此而田蝕於水，謂之坍湖；水積於田，謂之抛荒。因成積荒溝塗之講，非禹之所急乎？"

水利

泛指水利設施。此稱宋代已行用。宋高承《事物紀原·利源調度·水利》："《沿革》曰：'井田廢，溝澮堙，水利所以作也。本起於魏李悝。'"《明史·太祖紀三》："乙亥，遣國子監分行天下，督吏民修水利。"《清史稿·河渠志四》："近年水旱爲災，民生重困，皆因水利失修，致誤農工。"

溝堰

溝和堰，泛指溝渠、土堰。此稱宋代已行用。宋田錫《池上》詩："溝堰新分野水來，池邊日夕自徘徊。"《宋史·英宗紀》："甲寅，賞知唐州趙尚寬修溝堰，增户口，進一官，賜錢二十萬。"清弘曆《命直隸總督方觀承疏濬安國河詩以紀事》詩："歲久溝堰廢，入沙滲以乾。"

堤埽

堤和埽，亦泛指堤壩。此稱金代已行用。《金史·河渠志八》："竊惟禦水患者，不過堤埽。"清吳偉業《汴梁》詩之二："城上黃河屈注來，千金堤埽一時開。"

甽[3]

泛指溝渠、河流。此稱明代已行用，清代亦作"畎"。明章懋《東園先生張君小傳》："縣有芹墅堰……失其利者六十餘年，則爲之開築水甽一百三十餘丈。"清姚鼐《望岱》詩："連峰渤海外，流畎穆陵西。"

【畎】[3]

同"甽[3]"。此體清代已行用。見該文。

隄工

泛指堤防設施。此稱清代已行用。《清會典·工部·河工》："直隸省千里長隄，自張青口以東，隄工接頭之處，改隸天津道。"

杵臼

杵和臼，泛指舂搗糧食等的器具。此稱先秦時期已行用，亦稱"臼杵"。《六韜·農器》："戰攻守禦之具盡在於人事：耒耜者，其行馬蒺藜也……钁鍤、斧鋸、杵臼，其攻城器也。"

杵臼
（元王禎《農書》）

《易·繫辭下》："臼杵之利，萬民以濟。"《三國志·魏書·阮籍傳》："官至步兵校尉"。南朝宋裴松之注："蘇門山有隱者，莫知名姓，有竹實數斛，臼杵而已。"北魏酈道元《水經注·河水四》："東廂石山猶傳杵臼之跡。庭中亦有舊宇處，尚髣髴前基。"唐杜甫《九成宮》詩："蒼石八百里，崖斷如杵臼。"元王禎《農書·杵臼門》："杵臼：舂也。《易·繫辭》曰：'黃帝堯舜氏作……斷木爲杵，掘地爲臼。杵臼之利，萬民以濟。'按：古舂之制：'秅，百二十斤。''稻重一秅，爲粟二十斗。爲米十斗曰毇，爲米六斗大半斗曰粲。'又曰：'糯米一石，舂爲九斗曰糳。'毇，米之精者。斯古舂之制，自杵臼始也。"

【臼杵】

即杵臼。此稱先秦時期已行用。見該文。

磑碾

磑和碾，泛指磨碎、碾軋糧食等的農具。此稱宋代已行用。宋王溥《唐會要》卷八九："大曆四年五月十五日……京兆尹黎幹開決鄭白二水支渠及稻田、磑碾，復秦漢水道以溉陸田。"元趙孟頫《題耕織圖二十四首奉懿旨》詩："激水轉大輪，磑碾亦易成。"明唐文鳳《石人灘》詩："有時風濆淪，神力旋磑碾。"《清史稿·災異志一》："〔康熙〕十九年七月，陽曲雨雹，大如雞卵，有大如磑碾者，擊死人畜甚多。"

水輪三事

指水轉輪軸可兼三事：用磨由麥製麪，用䯏由麪製糯米，用碾由糯米製熟米。水輪是以水流爲動力的舊式機械裝置，用以帶動石磨、風箱等。明徐光啓《農政全書》卷一八："既引水注槽，激動水輪，則傍二磨隨輪俱轉。"又："或遇天旱，旋於大輪一週，列置水筒，晝夜溉田數頃。此一水輪，可供數事，其利甚博。"此稱元代已行用，明代亦稱"水輾三事"。元王禎《農書·利用門》："水輪三事，謂水轉輪軸可兼三事，磨、礱、碾也。初則置立水磨，變麥作麪，一如常法。復於磨之外周造碾圓槽。如欲礱米，惟就水輪軸首，易磨置礱。既得糙米，則去礱置碾，碾䃏循槽碾之，乃成熟米。夫一機三事，始終俱備，變而能通，兼而不乏，省而有要，誠便民之活法，造物之潛機。今創此制，幸識者述焉。"明徐光啓《農政全書》卷一八"水輾三事"略同。

【水輾三事】

即水輪三事。此稱明代已行用。見該文。

水輪三事
（元王禎《農書》）

簸籭

簸和籭，泛指簸揚、篩選糧食的農具。此稱明代已行用。明陶安《陶學士集》卷一："遠郊外邑，舟車囊橐，如期紛至。躬驗露，積簸籭，精鑿吏，無以售。其姦民得以節其費，仁厚之意，藹然被物。"清唐甄《潛書·用賢》：

"簸籭既施，稊稗乃去，嘉穀乃得。"

釜鼓

釜和鼓，兩種糧食量器。此稱先秦時期已行用。《管子·樞言》："釜鼓滿，則人概之；人滿，則天概之。"

釜鎔

釜和鎔，兩種糧食量器。此稱先秦時期已行用。《管子·輕重甲》："子與之定其券契之齒，釜鎔之數。"

釜庾

釜和庾，兩種糧食量器。此稱三國時期已行用。《三國志·魏書·管寧傳》："王烈者，字彥方……卒於海表。"裴松之注引《先賢行狀》："烈乃分釜庾之儲，以救邑里之命。"《晉書·翟湯傳》："人有餽贈，雖釜庾一無所受。"明宋濂《莆田陳府君墓銘》："君子之爲善，固不在乎位之大小哉，若君者，一介之士，未嘗受釜庾之祿，而汲汲焉以化其鄉人爲心。"

釜鍾

釜和鍾，兩種糧食量器。此稱唐代已行用。唐柳宗元《唐故尚書戶部郎中魏府君墓誌》："既斂，家宰庀其政。視廩，唯釜鍾；視藏，唯束帛，無餘積焉。"明徐渭《子效索贈其兩叔》詩："時時惠釜鍾，廚中作糜啜。"

釜甖

釜和甖，泛指存米粟、貯水酒等的容器。此稱清代已行用。清黃六鴻《福惠全書·刑名·詞訟》："起蓋平房五間，編爲五號，與外牆稍隔一院而不相通，使訟至女子居之，其竈炕、釜甖、盂箸之類備具，居者惟携薪米而已。"

鍾斛

鍾和斛，兩種糧食量器。此稱晉代已行用。

晋郭璞《鹽池賦》："所瞻不過一鄉，所營不過鍾斛。"

斛斗

斛和斗，兩種糧食量器。此稱南北朝時期已行用。《宋書·律曆志上》："器有大小，故定以斛斗。"北魏賈思勰《齊民要術·笨麴並酒》："其七酘以前，每欲酘時，酒薄霍霍者，是麴勢盛也……雖勢極盛，亦不得過次前一酘斛斗也。"

鍾庾

鍾和庾，兩種糧食量器。此稱南北朝時期已行用。南朝梁任昉《與沈約書》："鍾庾之秩，散之故舊。"《舊唐書·魏玄同傳》："夫尺丈之量，所及者蓋短；鍾庾之器，所積者寧多。"

概量

概和斗斛等量器。此稱唐代已行用。《新唐書·叛臣傳上·梁崇義》："〔梁崇義〕以概量業於市，力能舒鉤。"《宋史·理宗紀二》："諸路和糴給時直，平概量，毋科抑，申嚴收租苛取之禁。"清紀昀《閱微草堂筆記·灤陽續録五》："〔富人〕徵集僕隸，陳設概量……今擬以歷年積粟，盡貸鄉鄰。"

籯筐

籯和筐，泛指儲藏糧食的器具。此稱漢代已行用。《淮南子·精神訓》："有之不加飽，無之不爲之飢，與守其籯筐，有其井，一實也。"高誘注："籯筐，受穀器。"

倉窌

倉和窌，泛指貯藏糧食的處所。此稱先秦時期已行用。《呂氏春秋·季春》："命有司發倉窌，賜貧窮，振乏絶。"高誘注："方者曰倉，穿地曰窌。"

廩籍

廩和籍，泛指糧倉、籍田。此稱晋代已行用。《初學記》卷一二引晋張華《大司農箴》："家有廬井，王有廩籍。"

三倉

指儲藏糧食的太倉、石頭倉、常平倉。此稱南北朝時期已行用。《梁書·陳伯之傳》："臺家府庫空竭，無復器仗，三倉無米，東境饑流，此萬代一時也，機不可失。"《資治通鑑·梁武帝天監元年》引此文，胡三省注云："三倉，太倉、石頭倉及常平倉。"《宋史·張惟孝傳》："萬城下三倉軍糧四十餘萬石。"《明史·食貨志三》："概運糧四百萬石，京倉貯十四，通倉貯十六，臨徐淮三倉各遣御史監收。"

京倉[2]

清代在北京設有十三個糧倉，通稱"京倉"。其中：禄米、南新、舊太、富新、興平五倉在朝陽門内，海運、北新二倉在東直門内，太平、萬安二倉在朝陽門外，本裕、豐益二倉在德勝門外，儲濟、裕豐二倉在東便門外。此稱清代已行用。《大清會典·户部·倉庾》："雍正三年，奏准通倉向有席片鋪墊，例無板木。京倉以板木鋪墊，十年一換，應將京倉木板展限至十六年一換。"

社廟

社和廟。此稱南北朝時期已行用。《宋書·武帝紀論》："晋自社廟南遷，禄去王室，朝權國命，遞歸台輔。"

蓑笠

蓑和笠，泛指蓑衣、笠帽等農具。此稱先秦時期已行用，明代亦作"簑笠"，亦稱"笠蓑"。《國語·越語上》："夫雖無四方之憂，然謀臣與爪牙之士，不可不養而擇也。譬如蓑笠，時雨既至必求之。"《儀禮·既夕禮》："道車載朝服，槀車載蓑笠。"鄭玄注："蓑笠，備雨服。"《後漢書·蔡邕傳下》："故當其有事也，則蓑笠立載。"明沈采《千金記·北追》："乘駿馬雕鞍，向落日斜陽岸。伴簑笠綸竿，我只待釣西風渭水寒。"明宋應星《天工開物·乃粒》："紈綺之子，以赭衣視笠蓑。"清戴名世《田子說》："負耒耜，荷簑笠。"清唐甄《潛書·明鑒》："茅舍無恙，然後寶位可居；蓑笠無失，然後袞冕可服。"

【簑笠】

同"蓑笠"。此體明代已行用。見該文。

【笠蓑】

即蓑笠。此稱明代已行用。見該文。

軌漏

泛指漏壺。此稱唐代已行用。《新唐書·曆志三上》："觀晷景之進退，知軌道之升降。軌與晷名舛而義合，其差則水漏之所從也。總名曰軌漏。"《新五代史·司天考一》："測岳臺之中晷，以辨二至之日夜，則軌漏實矣。"

索　引

索引凡例

一、本索引爲詞條索引，凡正文詞條欄目出現的主詞條均用"＊"標示，副詞條則無特殊標識。

二、本索引諸詞條收錄順序以漢語拼音音序爲基礎，兼顧古音、方言等差异，然爲方便檢索，又與音序排列法則有异，原則如下：

首先，以詞條首字所對應的拼音字母爲序排列，詞條首字相同（讀音亦同）者爲同一單元；詞條首字不同但讀音相同的各個單元，一般按照各單元詞條首字的筆畫，由簡至繁依次排列。例如以huáng爲首字的詞條，則按首字筆畫依次分作"皇""黃"等不同單元；又如以diāo爲首字的詞條，則按首字筆畫依次分作"虭""蛁""貂"等不同單元。此外，爲方便查閱和比較，在對幾個同音且各只有一個詞條的單元排序時，一般將兩個或幾個含義相同或相近的單元鄰近排列。如"埋頭蛇""貍蟲""薶頭蛇"都屬於mái爲首字的單元，且"埋頭蛇"與"薶頭蛇"含義相同，因此這三個單元的排列順序是"貍蟲""埋頭蛇""薶頭蛇"。

其次，同一單元内按各詞條第二字讀音之音序排列，第二字讀音相同者則按第三字讀音之音序排列，以此類推。例如以"皇"爲首字的單元各詞條的排列依次爲"皇成、皇帝鹵簿金節……皇貴妃儀仗金節……皇史宬……皇太后儀駕卧瓜……皇庭"。

三、本索引中詞條右側的數字爲該詞條在正文位置的起始頁碼。

四、本索引所收詞條僅限於正文、附錄中明確按主、副詞條格式撰寫的詞條，而在其他行文中涉及的詞條不收錄。

五、多音字、古音字或方言字詞條按其讀音分屬相應的序列或單元，如"大常"古音爲tàicháng，因此歸入音序T序列；又如"葛上亭長"，"葛"是多音字，此處讀gé，因此歸入音序G序列之ge的二聲單元；互爲通假的詞條，字雖异然而讀音同者，如"解食""解倉"皆爲芍藥別稱，因"食"與"倉"通，故"解食"讀音與"解倉"同；等等。

六、某些詞條多次出現，在正文中以詞條右上標記數字爲標志，如"朝[1]""朝[2]""百足[1]""百足[2]"等，索引中亦按照其右上標記數字的順序排列。詞條相同但讀音不同的則按照其讀音分屬相應的音序序列和單元。如"蟒[1]"（měng）、"蟒[2]"（mǎng），"蟒[1]"歸入音序M序列之meng的三聲單元，"蟒[2]"則歸入音序M序列之mang的三聲單元。

七、某些特殊詞條，如數字詞條、外文字母詞條等，則收入《索引附錄》。

A

B

C

D

E

F

J

M

N

R

S

T

W

X